한국외교문서

제4차 한일회담 I

한일회담
자료총서 3

한국외교문서

제4차 한일회담 I

동북아역사재단 편

동북아역사재단
NORTHEAST ASIAN HISTORY FOUNDATION

• 이 책은 2020년도 동북아역사재단 기획연구와 용역연구 수행 결과물임(NAHF-2020-기획연구-10), (NAHF-2023-용역-2).

발간사

한일관계에서 한일협정만큼 민감하고 논쟁적인 주제는 없을 것입니다. 한일 양국은 1951년 10월 국교정상화를 위한 회담을 시작하였습니다. 이후 회담은 13년 8개월에 걸쳐 중단과 재개를 되풀이하였고, 1965년 6월 한일 양국은 협정에 조인하였습니다. 한일회담은 해방 후 한일관계뿐만 아니라 한국현대사의 기본 틀을 만드는 과정이었습니다. 한일 양국이 최근 첨예하게 대립하는 근본 원인도 한일회담에 있다고 할 수 있습니다. 2018년 10월 30일 일제 강제동원 피해자 손해배상소송 판결과 2021년 1월 9일 일본군'위안부' 피해자 손해배상소송 판결은 1965년 한일협정이 지나간 과거가 아닌 현재진행형의 문제라는 사실을 확인시켰습니다.

한국 정부와 법원은 1910년 강제병합조약은 원천 무효이고 반인도적 범죄에 대한 배상 문제는 1965년 한일청구권협정으로 해결되지 않았다고 주장합니다. 하지만 일본 정부와 법원은 강제병합조약은 합법이고 청구권협정으로 모든 배상 문제가 해결되었다고 주장합니다. 한일협정에 대한 평가와 해석을 둘러싸고 이처럼 첨예하게 대립하는 근본 원인은 무엇일까요? 한일협정 해석을 둘러싼 갈등은 해결할 수 있는 것일까요?

이 문제들에 대한 해답을 찾기 위해서는 한일협정 조문 해석뿐만 아니라 협정이 어떤 과정을 거쳐 체결되었는지, 당시 양국 정부가 어떠한 역사인식과 전략을 토대로 협상하였는지를 한일회담 당시 관련 일차 자료에 근거하여 파악할 필요가 있습니다.

한일회담 외교문서가 공개된 것은 강제동원 피해자들이 2002년 한국 정부를 상대로 문서공개요구소송을 한 것이 계기였습니다. 강제동원 피해자들은 일본에서 제소한 소송에서 일본 법원이 1965년 청구권협정으로 모든 배상은 해결되었다는 판결을 내리자, 청구권협정에서 강제동원 피해자 문제가 어떻게 다루어졌는지 공개하라며 한국 정부를 상대로 소송을 하였습니다. 이후 2004년 강제동원 피해자들이 승소하였고, 한국 정부는 2005년 약 3만 5,000장의 문서를 공개하였습니다. 일본에서도 시민단체인 '일한회담문서 전면공개를 요구하는 모임'이 문서 공개를 요구하자, 일본 정부는 2008~2015년까지 약 9만 장의 문서를 공개하였습니다.

동북아역사재단은 한일 양국에서 한일회담 외교문서가 공개된 이후 국민대학교 일본학연구소와 협력하여 방대한 분량의 외교문서를 체계적으로 정리하는 작업을 해왔습니다. 그 첫 작업으로 한국외교문서를 체계적으로 분류·해제한 『한일회담 외교문서 해제집』 5권을 2008년에 발간하였습니다. 이후에는 소송을 통해 추가로 공개된 문서를 포함한 일본외교문서 약 9만 장을 체계적으로 분류하여 그 결과물을 『한일회담 일본외교문서 상세목록』(2021) 5권으로 발간하였습니다. 한국외교문서 원본은 동북아역사재단 〈동북아역사넷〉에 올렸으며, 일본외교문서 원본도 올리는 중입니다. 그 외 미국 국무성 문서도 국사편찬위원회의 협력을 받아 〈동북아역사넷〉에 올렸습니다.

이렇게 외교문서의 원문을 제공하는 작업은 한일회담의 전모를 밝히는 데 크게 기여하고 있지만, 외교문서를 찾아보는 일반 대중과 연구자, 정책 입안자들이 필기체로 된 방대한 문서에서 필요한 자료를 찾아내는 것은 쉬운 일은 아닙니다. 이에 우리 재단은 국민과 학계, 관계 기관에서 한일회담 관련 자료를 폭넓게 활용할 수 있도록 한일회담 관련 핵심 문서를 자료총서로 발간하는 작업을 하고 있습니다. 이 자료총서가 한일회담의 전모를 파악하고 핵심 쟁점이 어떻게 논의되었는지를 이해하고 한일회담에 대한 객관적인 이해를 토대로 한국과 일본이 현재 직면한 문제를 해결하는 데에 기여할 수 있기를 기대합니다. 나아가 앞으로 진행될 북일 국교정상화 관련 대응에도 도움이 될 수 있을 것입니다.

한일회담 자료총서 발간 작업은 연구자들과 활동가들의 열정적인 노력이 있었기에 시작할 수 있었습니다. 외교문서가 공개될 수 있도록 노력하신 많은 분들과 방대한 분량의 외교문서를 한 장 한 장 검토해 주신 분들께 감사를 드립니다.

2023년 12월

동북아역사재단 이사장

이영호

책머리에

한국과 일본이 8월 15일을 각각 '광복절'과 '종전기념일'로 부르고 있는 것에서 상징적으로 드러나듯이 일본의 식민지배에 대한 인식 차이는 오늘날도 여전하다. 인식의 차이는 인식의 영역에만 머무르지 않는다. 비근한 예로, 근년 벌어지고 있는 강제동원과 일본군'위안부' 피해자 소송 판결을 둘러싼 한일 간의 외교적 갈등은 1910년 한국병합과 35년간의 식민지배에 대한 불법·합법론 및 합당·부당론적 인식과 평가에 기반을 둔 법적 논쟁이기도 하다. 한일협정의 교섭 과정이나 체결과 연관된 문제들은 여전히 오늘의 한일 관계를 규정하는 중요한 요인이 되고 있다. 따라서 한일회담의 핵심을 이루는 자료와 기록을 면밀히 검토하는 일은 한일협정에서 기인하는 갈등과 마찰을 풀어가는 데 매우 중요한 단서가 될 수 있다.

1965년 6월 22일 한국과 일본은 1951년 10월부터 시작한 약 14년에 걸친 마라톤 교섭을 마무리하고 국교를 정상화했다. 이 교섭은 해방 후 한국이 모든 외교적 역량을 쏟아부었음에도 외교사상 유래를 찾을 수 없을 정도로 힘겨운 싸움이었다. 하지만 한일협정을 체결한 지 56년이 지난 오늘날에도 이를 둘러싼 논란은 여전히 뜨겁다. 냉전하에서 경제 논리를 내세워 과거사 문제를 봉인한 굴욕적인 협정이라는 평가는 협정 체결 당시부터 제기되었다. 최근에는 한일 간 과거사 문제를 둘러싼 갈등은 한일협정에서 이 문제를 제대로 처리하지 못한 것에 기인하기 때문에 협정을 폐기하고 다시 맺어야 한다는 주장마저 제기되고 있다. 현재의 시점에서 과거의 교섭을 보면 부족하고 미흡한 게 많을 수밖에 없다. 한일회담과 한일협정을 객관적으로 평가하기 위해서는 당시 한국 정부가 어떤 국내외적 상황 속에서 교섭을 추진했는지를, 기록에 근거하여 실증적으로 파악할 필요가 있다.

2005년 8월 한국 정부는 한일협정과 관련된 외교문서를 전면 공개했다. 2002년 강제동원 피해자 99명이 제기한 문서공개요구소송에서 원고가 승소함에 따라 3만 5,245쪽에 이르는 외교문서를 공개한 것이다. 한국 정부가 공개한 문서에는 정부가 협상을 앞두고 내부적으로 정책을 검토한 자료, 조약 및 협약 초안, 양국의 회담 회의록 등 중요자료가 대거 포함되어 있다. 하지만 문서의 분량이 워낙 방대하고 가독성이 떨어지는 필사본도 있어 접근하기 어려운 문제가 있다.

이 자료집은 연구자나 일반인들이 자료와 기록에 근거하여 한일회담의 전체상과 주요 쟁점을 상세하고도 구체적으로 살펴볼 수 있도록 발간되었다. 이 자료집의 발간은 세 가지 의미를 지닌다. 첫째, 한일회담은 현대 한국외교사의 대표적인 협상 사례로서 관련 문서와 기록이 비교적 풍부하게 남아있다. 이 자료들은 한국외교사 연구의 질적 수준을 높이고 연구의 지평을 확대하는 데 크게 기여할 수 있을 것이다. 둘째, 강제동원, 일본군'위안부' 문제 등에서 보듯이 어떤 의미에서 한일회담은 여전히 종결되지 않았다고 할 수 있다. 따라서 한일 과거사 현안을 면밀하게 파악하고 해석하기 위한 토대로서 한일회담 관련 자료는 여전히 의미가 크다. 더 나아가 이 자료집은 대일 외교정책의 수립과 합리적 추진이라는 실천적 차원에서도 중요한 참고자료가 될 수 있을 것이다. 셋째, 이 자료집은 향후 북일 관계의 향방을 전망하고 예측하는 데도 중요한 길라잡이가 될 수 있을 것이다. 북일 관계는 현재 미수교 상태에 놓여있다. 국교를 정상화하기 위한 북일협상은 1990년대 이래 여러 차례 진행되었으나 중단과 결렬을 거듭하였고 현재는 완전히 중단된 상태이다. 그러나 언젠가는 북일 국교정상화 협상이 재개될 것으로 예상된다. 장차 한일 관계와 북일 관계 및 남북한 관계가 서로 영향을 주고받는 역동적인 국제관계로 진화할 가능성을 배제할 수 없다.

이 자료집의 발간은 동북아역사재단과 국민대학교 일본학연구소의 공동 노력으로 이루어졌다. 자료집 발간은 관련 연구를 하는 많은 연구자들의 엄청난 열정과 노력 덕분에 가능했다. 이 자리를 빌려 이 자료집 편찬 작업에 참여한 모든 분께 진심으로 감사의 말씀을 전하고 싶다. 특히 유의상 대사님은 교정이 허락되는 마지막 순간까지 원문 하나하나를 철저히 검토하며 대조하였다. 유의상 대사님은 한일청구권협정을 주제로 박사학위 논문을 집필하고 대일 외교 일선에서 일하신 경험이 있어 외교문서의 어려운 행간을 읽어내는 데 많은 도움과 노력을 주었다. 작은 사항 하나하나 세세하게 챙기며 검토를 거듭해 주었기 때문에 자료집의 완성도가 높아졌다. 마지막으로 흔쾌히 이 자료집의 발간을 허락해 주신 이영호 동북아역사재단 이사장님께도 감사의 말씀을 전한다.

2023년 12월

조윤수 씀

차 례

제4차 한일회담 I (1958. 4. 15~1960. 4. 19)

일러두기

이 자료집의 원문과 구성 원칙은 다음과 같다.

· 원문은 2005년 외교부에서 공개한 한일회담 외교문서이며, 동북아역사넷(contents.nahf.or.kr) 및 외교부 외교사료관, 국회도서관, 국가기록원에서 확인할 수 있다.
· 이 자료집은 공개된 문서 중 사료 가치가 크지 않은 일부 문서를 제외하고 대부분의 문서를 수록하였다.
· 이 자료집에 수록된 문서의 문서명에 '전문', '공문', '내부 재가 문서', '훈령안', '보고서' 등을 첨기하여 문서의 종류를 구분할 수 있도록 하였다.
· 원문과 비교할 수 있도록 본문 왼쪽에 마이크로필름 프레임 번호를 제시하였다.
· 내용은 원문대로 표기하는 것을 원칙으로 하였다.
· 원문에는 없지만 편집 과정에서 추가한 내용은 [ ]로 처리하였다.
· 원문 상태가 좋지 않아 판독이 어려운 일부 단어는 □로 표기하였다.
· 이 자료집에 수록된 일본어 및 영어 사료는 감수자가 번역한 한글 번역본을 함께 수록하였다.

가독성을 고려하여 다음과 같이 수정하였다.

· 띄어쓰기와 맞춤법은 국립국어원 표준어 규정에 맞추었다.
· 원문의 명백한 오기 및 현대어 문법에 맞지 않는 단어는 일부 바로잡았다.
· 한자는 한글로 표기하되, 필요한 경우 원문을 병기하였다.
· 한자식 고어 일부와 고유명사는 현대어로 수정하였다.
· 『 』와 「 」는 서명, 신문·잡지명, 문서, 조약, 법령, 안을 제외하고 큰따옴표, 작은따옴표로 수정하였다.
· 문서의 제목과 번호, 날짜 위치는 문서의 유형에 따라 임의로 왼쪽, 오른쪽, 또는 중앙으로 편집하여 정렬하였다.

외래어 표기는 다음과 같은 규정을 적용하였다.

· 일본어 고유명사(인명, 지명 등)는 일본어 독음으로 표기하고 [ ]에 원문을 병기하였다.
· 고유명사와 보통명사가 결합된 일본어는 고유명사만 일본어 독음으로 표기하였다.
· 인명, 지명, 국명 중 주요한 것은 국립국어원 외래어 규정에 맞춰 표기하였다.

해제

제4차 한일회담

유의상 광운대학교 겸임교수

1. 한일회담의 재개

1953년 10월 21일 구보타 '망언'과 일본의 한국에 대한 역청구권 주장 등으로 결렬된 한일회담이 그 후 제4차 회담으로 재개되기까지는 무려 4년 반이라는 긴 세월이 소요되었다.

한국은 제3차 회담 결렬 후 일본에 대한 압박 수단으로 평화선 침범 일본 어선에 대한 나포를 강화하였다. 또한 나포 어선의 선원들에 대한 사법 처리가 가능하도록 1953년 12월 12일에 '어업자원보호법'을 제정, 공포하였다. 어업자원보호법은 평화선 내 수역을 전관수역으로 규정한 것으로서, 위반 시 3년 이하의 징역 또는 금고형에 처하고 어선, 어구 및 어획물을 몰수하도록 규정하고 있었다.[1] 일본에서는 이러한 한국 측 조치에 반발하는 어업 단체의 항의 성명 발표 및 집회 개최, 국회의 항의 결의안 통과 등이 이어졌다. 한일회담 중단기인 1954년부터 1957년까지 한국이 나포한 일본 어선 및 어민의 수는 총 93척, 1,285명에 이르렀다.[2]

예상치 못했던 사안으로 한일회담이 결렬되자 그간 회담에 직접적인 개입을 자제해 왔던 미국이 다시금 적극적인 자세로 한일 양국에 대한 중재 노력을 기울이기 시작하였다. 미국은 1953년 11월 초에 ①회담 재개 시 일본이 (구보타 발언과 관련) 한국 측의 감정을 완화시킬 수 있는 내용을 인사말에 포함하고, ②청구권 문제는 양국이 상

1 국가법령정보센터, 「어업자원보호법」, 1953. 12. 12(http://www.law.go.kr/lsSc.do?menuId=0&p1=&subMenu=4&nwYn=&section=&query=#Eundefined, 2023. 10. 27 검색).

2 『日本外交文書(일본 외교 문서)』 526, 「日韓會談重要資料集(續)[일한회담 중요자료집(속)]」, 1962. 7. 1, 87쪽.

호 포기하되 일본이 한국에 징병, 징용자들의 미지불 임금과 은급[3]을 지불하고 국유 문화재 일부를 증여 형식을 통해 반환하며, ③ 한국은 억류 중인 일본 어선과 어민을 돌려보내는 내용의 중재안[4]을 마련하였다. 일본은 이 안을 수용하였으나 한국은 구보타 발언 관련 일본 측의 발언 내용에 불만을 표하면서 반대하였다. 이후 미국은 일본과의 협의를 통해 구보타 발언에 관한 표현이 수정된 새로운 중재안을 한국 측에 제시하였으나 한국은 이 또한 받아들이지 않았다. 한국이 미국 중재안을 수용하지 않은 이유는 일본의 역청구권 포기 내용이 포함되어 있지 않았기 때문이다. 미국은 대일강화조약 제4조에 관한 재해석을 통해 일본이 역청구권을 완전히 포기하도록 유도하는 한편, 한국에 대해서도 회담을 재개할 것을 계속해서 종용하였다.

한일회담은, 일본에서 한국에 전혀 양보의 여지를 보이지 않았던 요시다 총리가 퇴진하고 하토야마 이치로(鳩山一郎, 1954년 12월 10일~1956년 12월 23일 총리 재임), 이시바시 단잔(石橋湛山, 1956년 12월 23일~1957년 2월 25일 총리 재임) 정권을 거쳐 한국에 비교적 우호적이었던 기시 노부스케(岸信介) 정권이 들어선 연후에야 재개의 물꼬를 트게 되었다.

회담이 중단되었던 기간에 양국은 한국에 억류 중이던 일본 어민들과 불법 입국 및 일본 국내법 위반 등의 혐의로 오무라(大村)수용소에 수용되어 있던 한인들의 상호 송환 문제를 해결하기 위한 교섭을 계속 진행하였다. 이 교섭이 한일회담 재개를 위한 교섭으로 이어졌으며, 양국은 마침내 1957년 12월 31일에 ① 일본의 구보타 발언 철회, ② 일본의 대한 청구권 포기, ③ 한국에 억류 중인 일본인 및 일본에 억류 중인 한인의 상호 석방 및 송환, ④ 일본의 한국 문화재 일부 반환, ⑤ 한일회담의 1958년 3월 1일 재개 등에 합의하였다. 한국은 이와 같은 합의를 도출한 교섭을 '제4차 회담 예비교섭(1957년 4월~12월)'이라고 불렀다.[5]

한국이 회담 재개에 합의하게 된 것은 미국의 적극적인 중재 노력이 있었기 때문이

---

3 연금의 일본식 표현이다.

4 『日本外交文書(일본외교문서)』 658, '日韓請求權相互放棄について(일한청구권 상호포기에 관해), 1953. 11. 10', 1~5쪽.

5 『한국외교문서』 99, 「제4차 한일회담 예비교섭, 1956-58, V. 1」; 『한국외교문서』 100, 「제4차 한일회담 예비교섭, 1956-58, V. 2」; 『한국외교문서』 101, 「제4차 한일회담 예비교섭, 1956-58, V. 3」.

기도 하지만, 보다 결정적인 이유는 일본이 구보타 '망언' 철회와 함께 그간 무리하게 주장해 온 한국에 대한 역청구권을 완전히 포기하였기 때문이다. 일본 정부는 어느 정도 경제력이 회복되자 한국에서 사유재산을 몰수당한 자국인들에 대한 보상이 가능토록 국내 조치[6]를 취하게 되었으며, 이에 따라 한국에 대한 청구권 주장도 철회할 수 있었던 것으로 보인다.

한일 양국이 1958년 3월 1일 개최하기로 합의했던 제4차 회담은 상호 억류자 석방 실시 계획 수립을 위한 교섭 과정에서 양국 간 의견 대립이 빚어지면서 지체되어 4월 15일이 되어서야 개최되었다. 일본이 오무라수용소에 억류 중인 한인 불법 입국자 중 93명을 본인 희망에 따라 한국이 아닌 북한으로 송환하겠다는 뜻을 밝히면서 한국이 그 반발로 일부 일본인 어부의 송환을 거부하는 사태가 발생하였기 때문이다. 양국은 북한행을 원하는 재일한인들은 본인 의사의 변경을 기다려 한국에 송환한다는 미봉책에 합의한 후 회담을 개최하기로 하였다.

2. 제4차 한일회담 경과

제4차 회담은 1958년 4월 15일부터 12월 19일(전반기)까지 개최되고, 8개월의 중단 기간을 거쳐 다시 1959년 8월 12일부터 11월 2일(후반기)까지 개최되었으며, 5개월 뒤인 1960년 4월 15일 본회의 한 차례 개최를 마지막으로 종료되었다. 한국에서 4.19혁명으로 이승만 정권이 무너져 더 이상 회담을 계속할 수 없었기 때문이다.

가. 전반기 회담

제4차 회담의 한국 측 수석대표는 임병직 전 유엔 대사가 맡았다. 임 대표는 제1차 회담 수석대표였던 양유찬 주미 대사와 마찬가지로 이승만 대통령의 최측근 인사였다. 미국에서 대학 졸업 후 독립운동에 참가하였으며, 1949부터 1951년까지 한국의

6 일본은 1957년 3월 각의에서 재외 재산 보유자에 대한 정부의 법적 보상 의무는 없으나, 그들의 특별한 사정을 고려하여 정책적 조치를 취하기로 결정하였다(장박진, 『미완의 청산』, 역사공간, 2014, 482쪽).

외무부 장관을 거치고 1951년 4월부터 1955년 2월까지 유엔 대사로 근무하였다. 일본은 재계 출신 인사를 임명하려던 계획을 바꾸어 유엔에서 임 대표와 친교를 맺어온 유엔 대사(1953년 3월~1955년 8월) 출신의 사와다 렌조(澤田廉三) 외무성 고문을 수석대표로 임명하였다.[7] 사와다 대표는 한일회담 재개 전 시게미쓰 외상이 다니 대사의 후임으로 지명해 김용식 공사와 협의를 해왔던 인물이다.

회담은 앞서 3차 회담과 마찬가지로 본회의와 각 의제별 분과위원회, 그리고 수석대표 간 비공식 협의로 진행되었다. 1958년 5월 6일 제6차 본회의에서 양측은 '기본관계위원회', '한국청구권위원회'(청구권 문제는 일본이 재한일본인 사유재산 청구권을 공식적으로 철회한 관계로 의제가 한국의 대일 청구권에 한정됨에 따라 종전의 '재산청구권위원회'라는 명칭을 '한국청구권위원회'로 개칭[8]하였음), '어업 및 평화선위원회', '재일한인 법적지위위원회' 등 4개의 위원회를 설치하는 데 합의하였다. 분과위원회는 '재일한인 법적지위위원회'가 전·후반기 모두 개최되었을 뿐, 나머지 위원회는 전반기에만 개최되었다. '기본관계위원회'는 아예 한 차례도 열리지 않았다. 1958년 5월 18일 부산수용소에 남아있던 일본 어민 122명의 송환이 완료되면서 '재일한인 법적지위위원회'는 5월 19일부터, '청구권위원회'는 5월 20일부터 개최되었다. 일본이 조기 개최를 희망했던 '어업 및 평화선위원회'는 개최가 지연되어 10월 2일이 되어서야 열렸다. 청구권 문제와 재일한인 국적 문제를 해결한 다음 논의를 개시한다는 이승만 대통령의 교섭 전략과 오무라수용소에 수용 중이던 재일한인 중 북한으로의 귀환을 요구하던 25명의 가석방 문제를 둘러싸고 양국이 대립했기 때문이다. '어업 및 평화선위원회'의 개최가 늦어지면서 이미 시작된 다른 위원회의 협의도 본궤도에 오르지 못하였다.

한국 측 이호 전 법무장관, 일본 측 쇼지 게지로(正示啓次郎) 대장성 이재국장이 수석위원을 맡은 '청구권위원회'는 1958년 5월 20일부터 29일까지 세 차례 개최된 뒤, 제3차 회의에서 분야별 소위원회, 즉 '일반청구권소위원회', '문화재 전담 청구권소위원회', '선박소위원회'로 분리하여 개최하기로 하였다. '문화재 전담 청구권소위원회'

7 김유택, 『회상 65년』, 합동통신사 출판부, 1977, 302쪽.

8 『한국외교문서』 708, 「제4차 한일회담: 본회의 회의록, 제1-15차, 1958. 4. 15-60. 4. 15」, '제6차 본회의, 1958. 5. 6', 1635쪽.

는 6월 4일부터 12월 13일까지 총 12회, '선박소위원회'는 6월 6일부터 12월 6일까지 총 24회, '일반청구권소위원회'는 12월 1일부터 17일까지 3회에 걸쳐 개최되었다. '일반청구권소위원회'의 개최가 늦어진 이유는 일본이 '어업 및 평화선위원회'의 진행 상황을 이 소위원회의 개최와 결부시켰기 때문이다. 한국대표단의 경우는 문화재 문제를 먼저 해결한 다음 일반청구권 문제의 교섭을 시작하라는 이승만 대통령의 훈령이 있었기 때문에 '일반청구권소위원회'의 개최를 서두르지 않았던 것으로 보인다. '일반청구권소위원회'는 개최된 뒤에도 일본 측이 소극적인 태도로 일관했던 관계로 구체적인 토의가 이루어지지 못했다. 이 회의에서 한국은 1952년 2월의 제1차 회담 시 일본 측에 제출한 바 있는 '대일 청구권 요강'을 토대로 협의할 것을 제의했다. 그러나 일본은 이 문제를 더 연구한 후 공식 견해를 제시할 것이라는 선에서 대응하는 등 성의를 보이지 않았다.[9]

일본은 12월에 들어, 한국이 계속해서 평화선의 존속을 기초로 어업 문제의 협의를 주장하는 상황에서는 회담을 계속해 봐야 무의미하다는 결론을 내리고, 양국 간 국교정상화를 위한 기본조약 체결에 관한 협의만을 진행하든가, 아니면 회담의 휴회를 제안한다는 방침을 정하였다.[10] 이에 따라 사와다 대표는 12월 19일 임병직 대표와의 비공식 협의(양국 수석대표 간 비공식 협의는 4월 16일부터 12월 19일까지 총 28회 개최)에서 12월 20일부터 회담을 휴회하고 명년(1959년) 1월 26일 재일한인 법적지위위원회를 시작으로 각 위원회의 토의를 재개할 것을 제의하였다. 한국도 이에 동의함으로써 회담은 휴회에 들어갔다.[11] 회담 휴회 기간 중인 1959년 1월 11일 서울에 체류 중이던 한국대표단의 임병직 수석대표가 사의를 표명하였다. 한국 언론은 임병직 대표가 유태하 공사와의 불화로 사의를 표명하였다고 보도하였으나[12] 사실 관계를 확인할 수 있는 기록은 한국 외교 문서에 남아있지 않다.

---

9 유의상, 『대일외교의 명분과 실리』, 역사공간, 2016, 240, 241쪽.

10 『日本外交文書(일본외교문서)』 1544, '對韓交涉方針に關する件(대한교섭방침에 관한 건), 1958. 12. 3'.

11 유의상, 위의 책, 241쪽.

12 「임 대표 사표, 수리를 보류」, 『경향신문』, 1959. 1. 12.

나. 후반기 회담

1959년 1월 26일 속개 예정이었던 회담은 열리지 않았다. 회담이 속개되지 못한 데에는 다음과 같은 몇 가지 이유가 있다. 첫 번째, 1959년에 들어와 유태하 공사와 사와다 대표, 야마다 히사나리(山田久就) 차관 및 이타가키 오사무(板垣修) 아시아국장 간에 이어진 비공식 협의에서, 각 위원회별로 회의를 진행하기보다는 실질적인 성과를 거두기 위해 적당한 기회에 고위급에서 회담 진행 방식을 협의하는 것으로 양측이 원칙적인 합의를 보았기 때문이다. 두 번째, 자민당 내 주류파와 비주류파 간 대립, 1월 24일 자민당 총재 선거 등 일본 국내 정정(政情)이 회담 개최에 영향을 끼쳤다. 당내 기반이 취약했던 기시가 자민당 총재 선거에서 패배할 경우 총리직에서도 물러나야 하는 상황이었던 만큼, 일본 외무성으로서는 정국의 동향을 지켜볼 수밖에 없었다. 기시는 결국 총재선에서 승리하면서 총리 자리를 지킬 수 있게 되었다. 세 번째, 재일한인의 북송과 관련한 일본 정부의 움직임이 적극화되면서 이에 반발한 한국이 회담 재개에 응하지 않았기 때문이다. 일본의 후지야마 외상은 1월 29일 국회에서 "북한 귀환을 희망하는 재일한인들에게는 이를 허가할 것"이라는 취지의 발언[13]을 한 후, 1월 30일 기자회견을 통해 "재일한인의 북한 귀국 문제를 가능한 한 조속히 처리할 방침"[14]이라고 발표하였다. 이로 인해, 어업 문제 등과 관련하여 유연한 입장으로 회담 준비를 하던 한국 측의 태도가 경화(硬化)되고 말았다.[15]

첫 번째, 두 번째 요인으로 회담 재개가 늦어지고 있는 상황에서 세 번째 재일한인 북송 문제로 인하여 회담 개최가 무기 연기되었다고 보아야 할 것이다. 이후 1959년 4월부터 6월까지는 제네바에서 일본적십자사와 북한적십자사 간에 재일한인의 북송 문제 관련 협의가 진행되는 가운데, 일본이 계속해서 한국 측에 회담의 재개를 요청하는 국면이 이어졌다. 그러나 한국은 이에 응하지 않으면서, 한일회담과는 별도로 재일한인의 북송을 저지하기 위해 일본에 대한 압박, 미국에 대한 중재 요청 등 외교적 노력을 전개하였다(이에 관해서는 본 한일회담 자료총서 5권 참조 요망). 6월 24일 일본적

---

13 『第31回 國會參議院本會議 會議錄(제31회 국회 참의원 본회의 회의록)』第10號, 1959. 1. 29, 13쪽.

14 「北朝鮮歸國近く決定(북조선 귀국 곧 결정)」,『朝日新聞(아사히신문)』, 1959. 1. 30, 석간.

15 유의상, 앞의 책, 242쪽.

십자사와 북한적십자사가 재일한인 북송에 관한 협정에 가(假)조인하게 되자, 한국은 입장을 바꾸어 7월 30일 유태하 대사[16]가 후지야마 아이이치로(藤山愛一郎) 외상을 면담, 회담 재개를 요청하였다. 일본도 이에 응하면서 8월 12일 회담이 재개되었다. 한국이 회담 재개로 입장을 바꾼 것은 회담을 통해 어업 등 다른 현안 문제와 연계시키면서 재일한인의 북송을 저지해 보고자 하는 의도에서였다.[17]

8개월의 공백 끝에 재개된 회담의 한국 측 수석대표는 허정 전 서울시장으로 바뀌었다. 일본 측은 사와다 대사가 계속 수석대표를 맡았다. 회담은 1959년 8월 12일부터 11월 2일까지 수석대표회의 2회, 본회의 4회, 어업위원회 2회, 재일한인 법적지위위원회 6회가 개최된 후 다시 중단되었다. 이 기간 중 개최된 회담의 주된 토의 내용은 재일한인의 북송 문제와 재차 현안으로 부각된 상호 억류자 석방 문제였으나 양국간 이견은 좁혀지지 않았다.

이후 회담 재개에 관한 분위기가 다시 조성된 것은 4개월 뒤인 1960년 3월에 들어서서다. 1959년 12월 14일 재일한인 북송 제1진 975명이 니가타(新潟)항을 출발하면서 재일한인의 북송이 기정사실화되자 한국도 반발만을 계속할 수는 없었다. 일본이 한국산 쌀 3만 톤을 수입하는 조건으로[18] 한국은 억류된 일본 어부를 송환하기로 하면서 상호 억류자 송환에 관한 건도 원만히 해결되었다. 3월 15일 이승만이 대통령에 재선되면서 회담 재개에 관한 협의가 급진전되었다. 이승만은 1960년 3월 26일 자신의 생일날 유태하 대사에게 "살아있는 동안에 금년[1960년] 중에는 어떻게든 회담을 타결하고 싶다"라는 뜻을 표명하였는데, 이 이야기가 일본 측에 긍정적 의미로 전해졌다.[19] 일본도 그간 견지해 왔던 선(先) 어업 문제 해결, 후(後) 문화재·선박 문제 해결의 입장에서 벗어나, 어업 문제의 진전과 관계없이 한국 측에 문화재와 선박 반환을

---

16 유태하 공사는 1958년 9월 19일 자로 김유택 주일 대표부 대사가 주영 대사로 자리를 옮기게 되면서 주일 대표부의 대표가 되었다. 1959년 3월 20일에는 주일 대사로 승진하였다.

17 『한국외교문서』 706, '제4차 한일회담 대표에 대한 설명자료, 1959. 8. 11', 1447~1448쪽.

18 한국산 쌀 3만 톤의 일본 수출은 최종적으로 1960년 6월 24일 허정 과도내각하에서 이루어졌다. 일본이 한국 쌀 3만 톤을 사들이고 한국은 쌀 수출 대금으로 일본으로부터 같은 액수의 물자를 수입한다는 협정이 체결된 것이다.

19 浅野豊美 外 編(아사노 도요미 외 편), 『日韓國交正常化問題資料 基礎資料編 第6券 日韓國交正常化交渉の記録(일한국교정상화 교섭의 기록)』, 現代史料出版(현대사료출판), 2011, 182쪽.

약속한 연후에 어업 문제에 관해 한국의 양보를 받아내며 청구권 문제는 국교 수립 후 협의한다는 기본 방침을 정하였다.[20] 양측은 이와 같은 적극적인 입장하에 4월 15일 한일회담 본회의를 개최하였다. 그러나 곧이어 4월 19일 이승만 정권이 학생 혁명에 의하여 붕괴되면서 제4차 회담은 아무런 성과도 거두지 못하고 종료되고 말았다.

3. 제4차 한일회담에 대한 평가

'구보타 발언'으로 결렬되어 4년 6개월 만에 어렵게 재개된 제4차 회담은, 재일한인의 북송 문제라는 커다란 악재와 함께 기본적으로 한국이 우선시하는 현안(문화재와 선박의 반환, 일반청구권 문제)과 일본이 중시하는 현안(어업 및 평화선 문제)이 달랐던 관계로 평행선을 달릴 수밖에 없었다. 한국은 일본이 회담 개최 전 수립하였던 유화적인 입장과 달리 선박 및 문화재 반환에 적극적이지 않았기 때문에 어업 및 평화선 문제 토의에 열의를 보이지 않았다. 한국 외무부는 일본의 교섭 태도와 관련하여, 중단되었던 제4차 회담의 재개를 앞둔 1959년 8월 11일에 작성한 자료(신임 허정 수석대표에 대한 설명 자료)에서 "일본은 ① 정부의 기본 방침이 결정되지 않았다, ② 국내법의 규정상 우리의 요구에 응하기 곤란하다, ③ 국내 여론에 비추어 우리 측의 요구에 응하기 곤란하다 등의 구실을 들면서 회담을 지연시키고 있다"라고 비판하였다.[21]

여기서 또 한 가지 짚고 넘어가야 할 사항은 제4차 회담에서 청구권 관련 금액이 제시되었다는 주장이다. 오타 오사무(太田修)와 다카사키 소지(高崎宗司)는 선행 연구에서 임병직의 회고록을 인용, "한국 측은 대일 청구권 금액이 3억 불 이상이라고 추산했고, 일본 측은 4,000만 불 내외로 추산해서 대립하였으며 그 후 진전이 없었다"라고 기술하고 있다.[22] 그러나 임병직-사와다 간 비공식 회담을 포함하여 공개된 한국 외

---

20 『日本外交文書(일본외교문서)』 1403, '日韓全面會談に關する基本方針(일한전면회담에 관한 기본 방침), 1960. 4. 12'.

21 『한국외교문서』 706, '제4차 한일회담 대표에 대한 설명자료, 1959. 8. 11', 1430쪽.

22 오타 오사무(송병권 외 역), 『한일교섭 청구권 문제 연구』, 선인, 2008, 178쪽; 高崎宗司(다카사키 소지), 『檢證日韓會談(검증일한회담)』, 岩波書店(이와나미 서점), 1996, 93쪽; 임병직, 『임병직 회고록-

교 문서상의 회담 기록에는 이러한 내용이 전혀 발견되지 않는다(일본 외교 문서도 마찬가지임). 아마도 그러한 협의가 있었다면 기록에 남아있지 않은 비공식 협의 등에서 이루어진 일화가 아닐까 추정된다.

한일회담 기록에 양국이 생각하는 청구권의 금액이 나타난 것은 제5차 회담 때부터다. 그 전에 한국이 생각하는 청구권 금액이 막연한 형태로나마 최초로 나타난 것은 1956년 3월 28일 이승만 대통령이 김용식 주일 공사에게 회담 재개 관련 지침을 하달한 외교 문서에서다. 여기에는 "(전략) 일본이 필리핀에 지불하기로 했던 전쟁 배상금의 10배에 해당하는 금액을 일본에 전쟁 피해 보상금으로 청구할 것 (후략)"이라는 내용이 포함되어 있다.[23] 일본은 1955년 5월 필리핀의 8억 달러(무상 지원 5억 5,000만 달러, 상업 차관 2억 5,000만 달러) 배상 요구를 그대로 수용하였으며, 따라서 필리핀 배상금의 10배는 80억 달러를 의미한다.

제4차까지의 한일회담에서 한국 정부의 교섭 목표는 일본과의 국교 정상화가 아닌, 일본의 과거 행위에 대한 각성을 촉구하는 가운데 일본과의 배상 문제를 어떻게 해결해 나가는가에 방점이 찍혀있었다고 할 수 있다. 이승만 대통령은 1956년 5월 김유택 주일 대사를 임명하는 자리에서 배석한 각료들에게 "내가 김유택 총재를 주일 대사로 임명했는데 김 총재더러 국교 정상화하라고 보내는 게 아니야. 지금은 일본과 국교 정상화할 때가 아니야. 적어도 40세 이상 된 한국 사람들이 모두 죽은 뒤라야 국교 정상화가 제대로 되는 거야. (후략)"라고 말한 적이 있다.[24] 그의 의중에는 국교 정상화보다는 한일회담을 통해 일본을 중요시하는 미국을 견제함으로써 한국에 대한 미국의 관심과 지원을 유지하고, 일본에 대해 강경한 모습을 보여줌으로써 국민의 지지를 획득하고자 하는 의도가 숨어있었다.[25]

이승만의 이와 같은 개인적인 대일 노선뿐만 아니라 당시 한국 내 여론도 반일 감정이 지배하고 있었기 때문에 한국대표단은 회담에서 일본 측에 대해 강경 기조를 유지할 수밖에 없었다. 이 기간 일본 역시 한국에 대한 역청구권 주장 이외에도 제3차 회

근대 한국 외교의 이면사』, 여원사, 1964, 515쪽.

23 『한국외교문서』 99, 1488, 1489쪽.

24 김유택, 앞의 책, 268, 269쪽.

25 유의상, 앞의 책, 246, 247쪽.

담에서의 구보타 일본 대표의 '식민지 시혜' 발언, 제4차 회담 기간을 전후로 추진된 재일한인의 북송 등을 통해 지속적으로 한국 국민의 감정을 자극하였다. 한국은 이에 대항하는 조치로 '평화선'을 침범하는 일본 어선을 나포함으로써 양국 관계는 전반적으로 반목 또는 소강의 국면을 벗어나지 못하였다. 결국 이승만 대통령 재임 기간 중에 개최된 네 차례의 한일회담은 대일 교섭사의 중단과 반복을 되풀이하면서 별다른 진전을 이루지 못한 회담들로 기록될 수밖에 없었다.

한편 이승만 정부 시절 한국의 대일 교섭은 이승만이라는 개인의 역량에 의해 모든 것이 이루어졌다고 해도 과언이 아니다. 당시 신생 독립국으로 외교 인프라가 열악할 수밖에 없었던 한국은 직업 외교관의 부재로 인해 사회 각층의 전문가로 회담대표단을 구성하여 회담에 임하였다. 외교 교섭 경험이 일천하였던 한국대표단은 대일 교섭 자세에서부터 교섭 방침 수립에 이르기까지 일일이 이승만 대통령의 지휘 감독을 받았다. 이승만은 또한 자신의 심복이었던 유태하를 주일 대표부에 보내 교섭을 주도하도록 하였으나 유태하의 역할은 긍정적인 평가를 받지는 못하였다. 한국이 대일 교섭상 여러 면에서 열세에 놓여있었던 점(외교 인프라의 미비, 미국의 대일 중시 정책 등)을 고려하여 일본에 대한 압박 수단이 된 '평화선'을 선포하거나, 회담 수석대표를 양유찬, 임병직 등 미국통으로 임명하여 미국과의 원활한 소통을 통해 미국이 일본에 편향된 정책적 판단이나 간섭을 하지 않도록 도모한 것은 이승만의 오랜 외교 경험에서 나온 전술적으로 매우 유효한 조치였다고 생각된다.[26]

한국은 제4차까지의 회담 자체에서는 별다른 성과를 거두지 못하였으나 이승만 대통령의 지도 아래 한국대표단이 교섭의 기술과 경험을 축적할 수 있었으며, 이러한 소중한 외교적 자산이 다음 정권으로 이어진 일본과의 어려운 교섭에서 큰 역할을 한 것으로 평가할 수 있다.

26 유의상, 앞의 책, 248쪽.

다음은 제4차 한일회담 관련 사항을 표로 간략하게 정리한 것이다.

<table>
<tr><th colspan="2" rowspan="2">개최 기간</th><th colspan="2">수석대표</th><th rowspan="2">의제</th><th rowspan="2">특기사항</th></tr>
<tr><th>한국</th><th>일본</th></tr>
<tr><td>전반기</td><td>1958. 4. 15~
12. 19</td><td>임병직
전 유엔
대사</td><td>사와다 렌조
외무성 고문</td><td rowspan="2">① 재일한인의 국적 및 처우 문제
② 청구권 문제
③ 선박 문제
④ 어업 문제
⑤ 문화재 문제</td><td rowspan="2">ㅇ 제3차 회담 결렬 후 4년 반 만에 일본의 구보타 발언 철회 및 역청구권 주장 포기로 회담 재개
- 회담 중단 기간에도 양국은 상호 억류자 석방 문제, 어업 문제, 구보타 망언 철회 문제, 일본의 역청구권 문제 포기 등에 관한 교섭 지속
ㅇ 본회의와 청구권위원회(일반청구권, 선박 및 문화재 소위원회로 분리 개최), 재일한인 법적지위위원회, 어업 및 평화선위원회 등 3개 위원회 개최
- 기본관계위원회는 미개최
ㅇ 한국 중시 현안(문화재, 선박의 반환, 일반청구권 문제)과 일본 중시 현안(어업 및 평화선 문제)의 상이, 일본의 재일한인 북송 문제 등으로 진전이 없는 가운데 이승만 정권의 붕괴로 중단</td></tr>
<tr><td>후반기</td><td>1959. 8. 12~
1960. 4. 12</td><td>허정
전 서울
시장</td><td>사와다 렌조
외무성 고문</td></tr>
</table>

4. 『한일회담 자료총서』 제3권 수록 내용

이 자료집은 다음과 같은 총 6개의 파일에 편철되어 있는 외교 문서 가운데 사료 가치가 큰 자료들을 선별하여 수록하였다.

① 제4차 한일회담(1958. 4. 15-60. 4. 19) 예비교섭, 1956-58. 전 3권 V. 1 경무대와 주일 대표부와의 교환 공문, 1956-57(파일 번호 99)

② 제4차 한일회담(1958. 4. 15-60. 4. 19) 예비교섭, 1956-58. 전 3권 V. 2 1957 (파일 번호 100)

③ 제4차 한일회담(1958. 4. 15－60. 4. 19) 예비교섭, 1956－58. 전 3권 V. 3 1958. 1－4(파일 번호 101)

④ 제4차 한일회담: 교섭 및 훈령, 1958－60(파일 번호 706)

⑤ 제4차 한일회담: 대표단 임면 관계, 1958－60(파일 번호 707)

⑥ 제4차 한일회담: 본회의 회의록, 제1－15차, 1958. 4. 15－60. 4. 15(파일 번호 708)

『한일회담 자료총서』 제2권에서도 기술하였지만, 이승만 대통령 재임 기간 중 진행된 한일회담 한국 측 외교 문서는 영어로 작성된 것이 대부분이며, 제4차 회담도 예외는 아니다. 제4차 회담 이후의 자료집에 수록된 영어나 일본어 외교 문서는 독자들의 편의를 위해 편집자가 번역한 한국어 번역문을 함께 수록하였다.

【참고문헌】

『경향신문』.

국가법령정보센터(https://www.law.go.kr/), 「어업자원보호법」, 1953. 12. 12.

김유택, 『회상 65년』, 합동통신사 출판부, 1977.

오타 오사무 저(송병권 외 역), 『한일교섭 청구권 문제 연구』, 선인, 2008.

유의상, 『대일외교의 명분과 실리』, 역사공간, 2016.

임병직, 『임병직 회고록－근대 한국 외교의 이면사』, 여원사, 1964.

장박진, 『미완의 청산』, 역사공간, 2014.

高崎宗司, 『檢證日韓會談』, 岩波書店, 1996.

国会会議録検索システム(https://kokkai.ndl.go.jp/#/).

浅野豊美 外 編, 『日韓國交正常化問題資料 基礎資料編 第6巻 日韓國交正常化交渉の記錄』, 現代史料出版, 2011.

제4차 한일회담 I
(1958. 4. 15~1960. 4. 19)

예비교섭 : V. 1 경무대와 주일 대표부 간의 교환 공문, 1956~1957

분류번호 : 723.1JA 예1956-58
등록번호 : 99
생산과 : 경무대/아주과
생산연도 : 1958
필름번호 : C1-0002-00
프레임번호 : 1479~1687

상호 억류자 석방 문제, 대일평화조약 제4조에 관한 미국의 해석 등과 관련해 이승만 대통령과 일본대표부의 김용식 공사, 주미 대사관의 양유찬 대사 등 간에 오간 서한, 대통령의 지시가 담긴 서한, 김용식 공사의 일본 대내외 정세 동향에 관한 보고 서한 등이 수록되어 있다. 모든 교신은 영어로 작성되어 있다. 특기할 만한 사항은 처음에는 주일 대표부 김용식 공사에 대해 깊은 신뢰를 보이던 이승만 대통령이 점차 그의 일처리를 못마땅하게 생각하면서 신뢰도가 점차 저하되는 모습이 (이 대통령의) 일련의 김 공사 앞 서한에서 보인다는 점이다. 기시 노부스케 전 수상의 측근인 야쓰기 가즈오도 서한에 자주 등장한다.

2. 도쿄로부터의 보고 서한

1484 Tokyo

September 21, 1955

Ambassador Limb and Minister Kim met U.S. Ambassador Allison at his office last Friday and talked for about 30 minutes. The followings are details of their conversation:

Mr. Allison told the guest he had quite a light schedule during his Washington visit. Amb. Limb himself mentioned that he was back in Seoul for three weeks this time and was on his way back to New York.

Amb. Limb, referring to the recent UNCURK move to ave a have a big commissioner or a subcommittee, stated that our Government was against it. He said that our Government favored the continued existence of the UNCURK in Korea and asked the support of the U.S. Government in this regard. Without giving any direct answer Amb. Allison suggested that Mr. Limb see Mr. □iles□ □ond who is in charge of UN affairs in Washington.

Before Amb. Limb and Minister Kim mentioned about the Korea-Japan relations, Mr. Allison himself brought out the subject, saying that he had met Japanese Foreign Minister Shigemitsu a few days before(he met Shigemitsu on Wednesday last week).

According to Amb. Allison the Japanese Foreign Minister and his deputy, Mr. Tani, are now considering the way to improve the current relationship between the two countries. Minister Kim asked Allison whether the Japanese Government would withdraw the property claims this time. Allison replied that the Japanese were now seriously studying the formula whereby the talks would be resumed.

Amb. Limb said that Japan was responsible for the current deterioration for the Korea-Japan relations, because she blocked the way for the resumption of the talks by persisting in the absurd property claims.

Mr. Allison told them that Shigemitsu told him that in the event the Japanese side withdraw the property claims, there would arise a question of compensations for its nations on which he was discussing with the Finance Minister.

Mr. Limb and Minister Kim emphatically stated that Japan should withdraw the said property claims before the resumption of the talks and that there would be no resumption of the talks until Japan complies. Allison said that the U.S. side would not allow Japan to maintain such property claims, when the talks are resumed. Therefore, Allison continued, at the end of the conference the Korean side will find that Japan did not make such property claims to Korea, "So, why not start talking now?"

Minister Kim told Mr. Allison firmly that since the Japanese side made the absurd property claims, she should make the official withdrawal. Mr. Allison replied that Japan was now considering the matter further.

번역

도쿄

1955년 9월 21일

임 대사와 김 공사는 지난 금요일 집무실에서 앨리슨 미국 대사를 만나 약 30분간 대화를 나눴습니다. 다음은 대화 내용입니다.

앨리슨 대사는 워싱턴 방문 일정이 상당히 빠듯하다고 말했습니다. 임 대사는 이번에 3주 동안 서울에 머물렀고 뉴욕으로 돌아가는 중이라고 했습니다.

임 대사는 최근 유엔 중립국감독위원회에서 위원장과 소위원회를 두려는 움직임에 대해 언급하면서 우리 정부는 이에 반대한다고 말했습니다. 그는 우리 정부는 유엔사령부가 한국에 계속 존속하는 것을 선호한다고 하면서, 이와 관련하여 미국 정부의 지지를 요청했습니다. 앨리슨 대사는 직접적인 답변은 하지 않은 채 임 대사에게 워싱턴에서 유엔 업무를 담당하고 있는 □□□ 씨를 만나보라고 제안했습니다.

임 대사와 김 공사가 한일 관계에 대해 언급하기 전에 앨리슨 대사는 며칠 전 시게미쓰 일본 외무상을 만난 적이 있다며(지난주 수요일 시게미쓰 외무상을 만남) 직접 이 주제를 꺼냈습니다.

앨리슨 대사에 따르면 일본 외무상과 그의 차석인 타니 차관은 현재 양국 관계를 개선하기 위한 방안을 검토 중이라고 합니다. 김 공사는 앨리슨 대사에게 일본 정부가 이번에 재산청구권을 철회할 것인지 물었습니다. 앨리슨 대사는 현재 일본이 회담 재개 방안을 진지하게 검토하고 있다고 답했습니다.

임 대사는 터무니없는 재산청구권을 고집하며 회담 재개의 길을 막은 일본에 현재의 한일 관계 악화의 책임이 있다고 말했습니다.

그는 시게미쓰 외상이 일본 측이 재산청구권을 철회할 경우 국가에 대한 배상 문제가 제기될 것이며, 이에 대해 대장상과 협의 중이라고 한 말을 전했습니다.

임 대사와 김 공사는 일본이 회담 재개 전에 재산청구권을 철회해야 하며, 일본이 이에 응할 때까지 회담 재개는 없을 것이라고 단호하게 말했습니다. 앨리슨은 미국 측은 회담이 재개되더라도 일본이 그러한 재산청구권을 유지하는 것을 허용하지 않을 것이라고 말했습니다. 따라서 앨리슨은 회담이 끝나면 한국 측은 일본이 한국에 그러한 재산 청구를 하지 않았다는 것을 알게 될 것이라며 "그러니 지금 대화를 시작하지 않겠느냐"라고 했습니다.

김 공사는 앨리슨 대사에게 일본 측이 터무니없는 재산 청구를 했으니 공식적인 철회를 해야 한다고 단호하게 말했습니다. 앨리슨 대사는 일본이 이 문제를 더 검토하고 있다고 답했습니다.

4. 이승만 대통령이 김용식 공사에게 보내는 서한

1488 March 28, 1956

TO: Minister Yong Shik Kim

FROM: The President

U.S. Mediation Re K-J Relations

We did not say much to either Mr. Dulles or Mr. Robertson. If they got the impression from here that this Government desires U.S. mediation I do not wish to confirm that information. I have been telling Americans that U.S. mediation is not acceptable at the present time because U.S. hesitates to urgy the Japs that they must do what is right. For instance U.S. knows that Japan should not hesitate to withdraw the property claim which is positively a violation of the San Francisco Treaty and the State Department must tell them so publicly. So long as S.D. declines to do that it is clear the Department is afraid to mediate on any problems the Japs are unwilling to agree to settle with justice.

We would welcome mediation if the U.S. fairly and positively tells the Japs that what they insist on demanding from Korea is unjust.

******

Fishery Line

Japan should agree to support the Peace Line because it is for the equal benefit of both countries. There is no unfair idea in that plan. If U.S. does not want to call a spade a spade what hopes are there that U.S. mediation will settle the problems on the basis of justice and fairness?

******

I think we ought to make some special effort to settle all our cutstanding problems now. Japan delays to settle any of them because it finds the situation unfavorable to the Japs at the present time, therefore, it is trying to win over American support with the hope of settling the problems to its advantage. I think we should tell American authorities in Seoul, Tokyo and Washington that if the Japs refuse to settle these urgent questions now, we will give up the idea of settling anything satisfactory to us and instead demand reparations which should be about 10 times the amount they promised to pay to the Philippines. Once in a while you should make a public statement to that effect to let the Japs know that if they do not settle all problems now we will break up the whole negotiation with the Japs and demand reparations.

1489 I understand that some American begin to think that the Fishery Line cannot be ignored now because of the fact that Communist infiltration and threats are very serious. By using this opportunity I think we should raise the question that the Japs are starting to worry about it. As I had told you before, you should use your own judgement in telling the Japs that if they withdraw the property claim and the Kubota statement we would be willing to open the preliminary talks. But the moment they know that we are not pressing them they will think we are trying to be reconciled to the matter.

The Japs had been in the habit of gaining every point whenever they had conference with American high authorities and naturally they had thought that Dulles' visit would give them other big concessions but when it turned out to the contrary they were peeved. However, I noticed that in other places Mr. Dulles is still supporting the idea of Japan being the leader in Asian questions.

Mr. Dulles has come down considerably since he found out that Japs are not as soft as be had thought but we want him to abandon the idea that Japan should be built up to the extent that it becomes a dominating nation again.

One thing we tried to impress on Mr. Dulles was that it would be a grave mistake on the part of U.S. to continue the policy of giving aid to South-east Asian countries in order to buy Japanese goods with the aid funds so as to build up Japan's economy.

Mr. Dulles indicated to the Japs that should change its Constitution so as to be able to send troops abroad and thus be eligible to join the SEATO Pact.

I would like to know more in detail what the technological pact between U.S. and Japan means. If the U.S. agreed to reveal all the information regarding strategic war machines and arms including atomic bombs and other modern weapons, it is a most important matter and we must demand to have the same privilege. I wish you would investigate this matter quite throughly and as soon as you have the information we should take it up with our American friends.

While Mr. Dulles think much more about Korean friendship and alliance, he still believes Japs are superior in every way and we should correct that impression. The opinion among high ranking U.S. officials is that Korea is a better and more important ally and unless we can persuade the S.D. to share that feeling the danger of Japs aggression in the Far East cannot be eliminated.

You will realize how I feel about all the question mentioned above and I wish you could in some secret way find one what the S.D. is really trying to do for Japan.

번역

1956년 3월 28일

수신인: 김용식 공사
발신인: 대통령

한일 관계에 대한 미국의 중재

덜레스 장관이나 로버트슨 특사에게 많은 말을 하지는 않았습니다. 이들이 한국 정부가 미국의 중재를 원한다는 인상을 받았다면 사실이 아닙니다. 미국이 일본에 대해 옳은 일을 하라고 촉구하기를 주저하고 있기 때문에 현재로서는 미국의 중재를 수용할 수 없다는 것이 내가 미국 측에 전달해 온 입장입니다. 미국은 일본이 샌프란시스코 강화조약에 대한 위반 행위인 재산 반환 청구를 즉각 철회해야 한다는 사실을 알고 있으며, 국무부는 재산 반환 청구를 철회할 것을 일본에 공개적으로 요청해야 합니다. 이렇게 하지 않을 경우 일본이 정당하게 해결할 의지가 없는 문제라면 미국이 중재하기를 두려워한다고 생각할 수밖에 없습니다.

한국에 대한 일본의 요구가 정당하지 않다고 미국이 분명하고 타당하게 말한다면 미국의 중재를 기꺼이 받아들일 것입니다.

어업선

일본은 양국 모두의 이익에 부합하는 평화선에 동의해야 합니다. 평화선의 개념은 불공평하지 않습니다. 미국이 바른 말을 하지 않는다면 미국의 중재를 통해 이 문제를 정의롭고 공정하게 해결할 가망성이 있을지 모르겠습니다.

중대한 문제들을 해결하기 위해 특별히 노력해야 할 것 같습니다. 일본은 작금의 상황이 자신들에게 불리하다고 생각하여 모든 현안의 해결을 지연시키고 자신들에게 유리한 방향으로 문제를 해결하기 위해 미국의 지지를 얻으려 합니다. 서울, 도쿄, 워싱턴의 미국 당국자들에게 일본이 시급한 문제의 해결을 거부하면 한국은 만족스러운 해결책을 모색하겠다는 생각을 버리고 보상을 요구하는 방향으로 선회할 계획이라고 전해야 합니다. 우리가 요구할 보상액은 필리핀에 지불하기로 약속한 금액의 10배에 달할 것입니다. 일본이 모든 문제를 즉시 해결하지 않으면 일본과의 협상 일체를 파기하고 보상을 요구하겠다는 내용의 공식 성명을 이따금씩 발표해야 합니다.

공산주의의 침투와 위협이 매우 심각해지면서 일부 미국인들은 어업선을 무시할 수 없다고 생각하기 시작했습니다. 이 기회를 활용하여 일본이 우려하기 시작했다는 의문을 제기해야 한다고 생각합니다. 전에도 말했듯이 김 공사가 스스로 판단하여 일본이 재산 반환 청구와 구보타 발언을 포기하면 한국은 예비교섭을 시작할 의향이 있다고 전해야 합니다. 지금은 우리가 일본에 대해 무언가를 요구하는 것이 아니라 조정과 타협을 통해 문제를 해결하려 한다고 생각하고 있을 것입니다.

일본은 미국의 고위 당국자와 만날 때마다 습관처럼 최대한 점수를 따려고 노력했고 덜레스 장관의 방문으로 자연스레 또 한 번의 큰 타협이 이루어질 것을 기대했으나 정반대의 상황이 펼쳐지자 짜증이 난 것입니다. 그러나 다른 곳에서는 여전히 덜레스 장관이 아시아 문제에서 일본이 주도적인 국가라고 생각하는 것을 알게 되었습니다. 덜레스 장관은 자신이 생각했던 만큼 일본이 온건하지 않음을 깨달은 후에 일본에 대한 생각을 상당 부분 내려놓은 상태이긴 하지만, 우리가 바라는 것은 그가 일본이 다시 지배적인 국가가 될 정도로 강해져야 한다는 생각을 버리는 것입니다.

덜레스 장관의 마음을 움직이기 위한 노력의 일환으로 일본의 경제 성장을 위해 일본 제품을 구매하도록 동남아시아 국가에 지원금을 제공하는 정책을 이어가는 것은 미국의 엄청난 실수로 남을 것이라고 말했습니다.

덜레스 장관은 해외로 군대를 파병하여 동남아시아조약기구에 가입할 수 있는 자격을 갖추려면 헌법을 수정해야 한다고 일본 측에 언급한 바 있습니다.

미국과 일본이 말하는 기술 조약에 대해 보다 자세히 알고 싶습니다. 미국이 원자폭탄 및 기타 현대식 무기 등 전략적 군수품과 무기에 대한 모든 정보를 공개하는 데 합의했다면 이것은 가장 중요한 문제 중 하나이며 우리도 동일한 권한을 요구해야 합니다. 이 문제를 철저히 조사하고 미국 측과 논의하기 위해 필요한 정보를 최대한 조속히 확보해 주기를 바랍니다.

덜레스 장관은 한국과의 우정과 동맹에 훨씬 더 큰 무게를 두고 있기는 하지만 일본이 모든 측면에서 (한국보다) 우위에 있다고 생각하는 것이 사실이며 이러한 생각을 바꿔주어야 합니다. 미국의 고위급 관료들은 한국이 보다 좋은, 그리고 더 중요한 동맹국이라고 생각합니다. 국무부도 같은 생각을 가지도록 설득할 수 없다면 극동 지역에서 일본의 공격 행위가 지니는 위험을 제거할 수 없습니다.

앞서 언급한 여러 문제들에 대한 내 생각을 파악할 수 있었으리라 생각하며, 국무부가 일본에 대해 실제로 어떠한 조치를 취하려는 것인지 비밀리에 알아낼 수 있기를 바랍니다.

6. 이승만 대통령이 김용식 공사에게 보내는 서한

1491 April 4, 1956

To: Minister Yong Shik Kim

From: The President

I am in receipt of your letter dated March 29 and your cable of the 1st of April.

I am sorry that I was unable to respond to your cable at once.

I felt I should read your letters first. As you know I am in Chinhae for a little rest and the pouch had to be sent down but the first thing I did in the morning was to read the mail.

After reading your mail I sent word to Seoul to wire you that "YOU MAY CONTINUE EXPLORATORY TALK BUT FORMAL CONFERENCE SHOULD NOT BE RESUMED UNTIL KUBOTA STATEMENT AND PROPERTY CLAIMS ARE WITHDRAWN"

I underlined the word 'continue' because you had already begun the preliminary talks. This is an important point.

Mr. Strom, charge d'affaires of the American Embassy, called on Dr. Cho and talked with him about K-J issues. I am enclosing a copy of the Report of Conversation held between Dr. Cho and Mr. Strom.

It is the habit of Jap propagandists to make news based on their imagination and wishful thinking and often create such information with the hope of digging out news from the other side. Of course, you know that well enough.

I see that you have succeeded in getting the Jap and other press interested in knowing there would be more talks between Japan and Korea. Some Jap newspapers made it appear as if your informal talks would be a formal conference. We must be careful enough to mention each time that it is only an informal exchange of views because the Japanese government has not done its part in withdrawing the Kubota statement and 85% property claim. I smiled when reading your very appropriate remark that the Kubota statement and property claim should be withdrawn before such a formal conference. The Japs still think they are the only ones who are smart in dealing with other nations and that the Koreans would agree to their proposal to withdraw at the opening of the formal conference.

I am suggesting a few points which are more or less familiar to you:

1492 1) The release of Korean detainees seemed agreeable to the Japanese when they began to believe that such a thing should be done. You have advanced our cause to that extent. You may recall that when we were holding conferences with them we agreed to accept those Koreans who entered Japan illegally. In fact we did accept shiploads of them a number of times until the Japs tried to cheat us by including with them some Koreans who entered Japan before 1945. We are more than willing to take those Koreans who by remaining in Japan serve no good purpose and only do a great deal of damage to the relations between our two countries.

Now the Japs are worrying what to do with the illegal entrants. We will accept them if they include a list of illegal entrants whom we insisted on being either deported by the Japs or returned with the rest of the illegal entrants. Please get together with Counselor Yiu and prepare the list. I do not have to tell you all the names but a few like Jong Won Sunwoo, Ke Jo Kim, Sam Kyu Kim, IL Kwon and 3 ROKA deserters including two pilots are causing a great deal of trouble which makes friendly relations between Korea and Japan impossible. Therefore we must insist on returning these people before we sit down with them. As most of these traitors are illegal entrants there will not be any trouble to include them.

2) If the Japanese government releases the Korean detainees in the Omura Camp it will create a more conciliatory feeling in Korea. But Japan must agree not to arrest or detain any Korean national without a legal charge. This is against international practices. Even when they arrest their own citizens with legal charge it is against the law and the principle of human rights which is a very serious issue.

The statement made by the Jap justice minister cannot be accepted. If any Korean who entered Japan before 1945 commits a crime he will deport him or her. That is unfeasible. These Koreans are residing in Japan and must be treated according to the existing Laws and the principle of human rights. It would be easy for the Japs to arrest and deport any one-particularly those who have wealth in Japan.

When they asked you if we would release their fishermen in Pusan who are still serving their sentences of course you said No. Whenever you have an opportunity you may show them that as far as Korea is concerned the capture of the Jap fishermen will no longer be a problem if the Jap government agrees to observe the Peace Line. If and when the Jap government signs such an agreement we will not try any of their fishermen who violate the Line but only arrest and send them back to Japan. We are arresting and trying them because we are determined to retain the Line for the good of both countries.

******

When they ask if there is active trade between the two countries, you can tell
1493 them that our position is to buy or sell whenever we find it profitable to us and
whether there is a formal agreement regarding commercial relations or not.
You may remind them of our trade agreement which they failed to live up to,

etc.

I wish you would tell the Japs that good will cannot be created by a good will mission, not even by Shigemitsu's personal visit to Korea. Good will can be created by accepting our minimum terms. I could not help smiling at the suggestion of Shigemitsu to visit Korea. It seems like heaven to the Japs to return to Korea or even to get a glimpse of it.

In dealing with Shigemitsu you must try to pin him down on any of our terms-which would certainly be quite a step ahead. Just as the Philippines got some concrete commitment on their basis the Japs have to give in.

(Dictated by telephone from Chinhae)

번역

1956년 4월 4일

수신인: 김용식 공사
발신인: 대통령

3월 29일 자 서한과 4월 1일 자 전보를 잘 받았고 바로 회신하지 못해 미안합니다.

서한부터 읽어야겠다고 생각했습니다. 알다시피 지금 진해에서 잠시 휴식 중입니다. 행낭도 보내야 하는데 아침에 우선 서한부터 읽어보았습니다.

서한을 읽은 후 '탐색을 위한 대화는 계속해도 좋지만 구보타 발언과 재산 반환 청구를 철회할 때까지 공식적인 회담은 재개하지 않아야 한다'는 내용의 전보를 김 공사에게 보내라고 지시했습니다.

'계속해도'에 밑줄을 친 것은 이미 예비교섭을 시작했기 때문입니다. 중요한 부분입니다.

미국 대사관의 칼 스트롬 대리대사가 조 박사와 한일 문제에 대해 논의했습니다. 조 박사와 스트롬이 나눈 대화에 대한 보고서를 첨부합니다.

일본 선전원들은 습관적으로 상상과 희망을 바탕으로 뉴스를 만들어 내고 상대방의 소식을 들춰내기 위해 정보를 조작합니다.

김 공사가 일본 언론이 한일 간에 추가로 회담이 개최될 것인가의 여부를 파악하는 데 관심을 가지도록 유도하는 데 성공한 듯합니다. 일본의 일부 신문에서는 김 공사가 진행하고 있는 비공식적인 대화를 공식 회담인 듯이 묘사하기도 했습니다. 매번 비공식적인 의견 교환일 뿐이라고 밝힐 정도로 신중한 태도를 취해야 합니다. 일본 정부가 구보타 발언과 85퍼센트 재산 반환 청구를 철회하지 않은 상태이기 때문입니다. 공식적으로 회담을 가지기 전에 먼저 구보타 발언과 청구권을 철회해야 한다는 내용을 보고 너무도 적절한 말이라 미소가 지어졌습니다. 일본은 아직도 다른 국가를 현명하게 상대할 줄 아는 국가는 자신들뿐이며 공식적인 회담을 시작하면서 구보타 성명과 청구권을 철회하겠다는 제안을 우리가 수용할 것이라고 생각합니다.

김 공사가 이미 숙지하고 있을 수도, 아닐 수도 있는 몇 가지 쟁점을 언급하고 싶습니다.

1) 한국인 억류자들의 석방은 일본이 석방을 해야 한다고 생각하기 시작하면 합의를 도출할 수 있는 문제로 보입니다. 김 공사가 그 정도로 우리의 명분을 높여주었습니다. 과거 일본과 회담을 진행하면서 불법으로 일본에 입국한 한국인들을 받아들이기로 합의했던 것을 기억할 것이라고 생각합니다. 일본이 1945년 이전에 입국한 한국인들까지 일부 포함시켜 추방하면서 우리를 속이려 했을 때까지 몇 차례에 걸쳐 매우 많은 인원의 추방자들을 수용한 바 있습니다. 일본에 남아있어서 좋을 것이 없으며 양국 관계에 큰 피해만 입히는 한국인 불법 입국자들의 추방은 기꺼이 수용할 의향이 있습니다.

현재 일본은 불법 입국자 문제를 어떻게 해결할 것인지 우려하고 있습니다. 추방하거나 나머지 불법 입국자들과 함께 송환하라고 일본에 종용했던 불법 입국자들까지 포함시켜 추방한다면 수락할 계획입니다. 유 공사와 협조하여 명단을 작성해 주기 바랍니다. 이름을 나열할 필요는 없겠지만 종원, 선우, 김계조, 김삼규, 일권 및 조종사 2명 등 총 3명의 육군 탈영병이 우호적인 한일 관계의 수립을 가로막는 심각한 문제를 초래하고 있습니다. 따라서 일본과 공식적인 대화를 재개하기 전에 이들의 송환을 요청해야 합니다. 앞서 말한 반역자들의 대부분은 불법 입국자이므로 송환 대상에 포함시키는 데 문제는 없을 것입니다.

2) 일본 정부가 오무라(大村)수용소에 억류되어 있는 한국인들을 석방한다면 한국에서는 보다 회유적인 분위기가 조성될 것입니다. 그러나 일본이 법적 혐의 없이 어떠한 한국인도 체포 또는 억류하지 않겠다고 동의해야 합니다. 국제 관행에 위배되는 행위입니다. 법적 혐의가 있는 자국민을 체포한다 해도 중요한 문제인 인권의 원칙과 법에 위배되는 행위입니다.

일본 법무상의 발언은 수용할 수 없습니다. 1945년 이전에 일본에 입국한 한국인이 범죄를 저지르면 추방당할 것입니다. 현실성이 없는 발언입니다. 이 한국인들은 현재 일본에 거주하고 있으며 기존의 법과 인권의 원칙에 의거하여 취급받아야 합니다. 일본은 어떠한 재일한인이든 쉽게 체포하고 추방할 수 있을 것입니다. 일본에서 부를 축적한 자라면 더욱 그럴 것입니다.

부산에 억류 중인, 형기를 마치지 못한 일본 어민들을 석방할 것이냐고 물었을 때 아니라고 답한 것은 당연합니다. 기회가 있을 때마다 일본 정부가 평화선을 준수하는 데 합의한다면 일본 어민 체포는 더 이상 문제가 되지 않는다는 입장임을 표명해야 합니다. 일본 정부가 평화선에 합의하는 순간 한국은 평화선을 위반한 어민들을 재판에 회부하지 않고 체포하여 일본으로 송환할 계획이라고 알려야 합니다. 우리가 지금 일본 어민들을 체포하고 재판에 회부하는 것은 양국 모두의 이익을 위해 평화선을 유지하겠다는 의지가 확고하기 때문입니다.

양국 간에 무역이 활발한지에 대해 묻는다면, 우리 측의 이익에 부합한다고 판단되면 상업적 교류에 대한 공식적 협정의 존재 여부와 무관하게 언제든 수출 또는 수입하겠다는 입장이라고 답변하면 됩니다. 일본이 준수하지 않았던 무역 협정에 대해 언급하는 것도 좋습니다.

시게미쓰가 개인적으로 한국을 방문한다 한들 친선사절단으로 친선을 만들어 낼 수는 없다고 전하기 바랍니다. 우리가 제시한 최소한의 조건을 수용해야만 친선을 쌓을 수 있을 것입니다. 시게미쓰가 방한을 제안했다는 것을 알고 기분이 좋을 수밖에 없었습니다. 한국에 돌아오거나 잠깐 보는 것조차도 아주 기쁜 일인가 봅니다.

시게미쓰를 상대하면서 (한발 앞선 내용일 것이 확실한) 우리 측이 제시한 조건 중 무엇이라도 받아들이도록 설득해야 합니다. 필리핀이 어느 정도 구체적인 약속을 받아낸 것과 같이 우리가 바라는 바를 수용하게 해야 합니다.

(진해에서 전화로 구술한 내용을 받아씀)

7. 이승만 대통령이 김용식 공사에게 보내는 서한

1494 April 5, 1956

To: Minister Yong Shik Kim

From: The President

Re your cable of April 1st:

You need not remind me of the understanding I had with you at our last conference in Seoul. Your discreet and statesmanlike dealing with the Jap government proved that you are competent and I have trust in you. You have the authority and the privilege of advancing new ideas to them as long as you act within the bounds of your authorization. You must feel free to use your own judgment. If necessary you may consult with Mr. Yiu whenever you are doubtful about anything.

The main thing is that whatever you do, you must be successful and there will be no difficulties or complaints from any side. I want you to feel free from unnecessary worry or timidity. I have that much confidence in your ability.

******

Please let me remind you again that while the Japs will leave no stone unturned until they have saved their masked face, we must always keep in mind to save our own true face. They must comply with the two points we claimed as the basis for resuming the conference: –1) Withdrawal of the Kubota statement and 2) Property claim. If they agree to this we may open the conference although we would like to find out, either directly or indirectly, whether or not they are sincere in regarding our original terms as reasonable.

******

Cable of April 3rd:

Koreans who illegally entered Japan after 1945 will be accepted. But the list must include all criminal suspects as already mentioned. The Japs intend to retain the authority to decide who should remain in Japan and who should return to Korea. We must insist on the deportation of Koreans in Japan as we have our authorities to decide who should be deported to Korea. If we force them to return some of these criminal suspects and trouble-making Koreans, it will have a tremendous effect in our favor. I know you will realize the importance of this point.

For the purpose of bringing our two countries to a feeling of mutual friendliness Japan must agree to the Peace Line. Of course the Japs will think this is a new demand but whenever we show them our conciliatory attitude
1495 we should try to convince them that the trouble lies in the fact that Japan demonstrated no sign of establishing friendly and peaceful relations with ROK. I will leave with you to decide whether or not to use this point at present. I think it will not hurt any.

******

There is another thing I wish to point out to you. The Japs still insist that the release of the ROK detainees will depend on the decision made by both sides. This shows they are not promising to release them unconditionally. You are right in saying that they must first release those detainees who entered Japan before 1945. Since the Japs stated that they will consider the matter of Korean refugees in Japan, it seems time for us to stress our demand to include the return of these Koreans.

If the Jap government will agree to the Peace Line as requested by us, this Government will release all the Japs who are serving their sentences or are detained, and, in future, if the Japs recognize the Peace Line we will not arrest and try them but will return than to Japan.

We must make clear to the public that the Koreans are illegally detained at the Omura Camp and have been waiting for many years to be released whereas the fishermen have to serve out their sentences.

The fact that some have finished their sentences but are not released is due to the Jap government's refusal to release our people detained illegally at the Omura Camp.

번역

1956년 4월 5일

수신인: 김용식 공사
발신인: 대통령

4월 1일 자 전보에 대한 회신

서울에서 만났을 때 우리가 의견을 같이한 내용에 대해 잘 기억하고 있습니다. 일본 정부를 상대하면서 보여준 신중함과 정치력이 김 공사의 능력을 증명해 주었고 신뢰하고 있습니다. 김 공사에게 주어진 권한을 벗어나지만 않는다면 새로운 아이디어를 개진해 봐도 좋습니다. 스스로의 판단에 따라 행동해 주기 바랍니다. 어떠한 문제든 의구심이 있으면 유 참사관과 상의해도 좋습니다.

무엇을 하든 성공적이어야 하고 어느 곳도 불만을 제기하거나 어려움을 겪지 않는 것이 중요합니다. 불필요하게 걱정하거나 위축되지 않기를 바랍니다. 김 공사의 능력에 대해 그 정도의 신뢰는 가지고 있습니다.

일본은 가식적인 모습으로 체면을 세우기 위해 모든 수단을 동원할 것입니다. 우리는 진실된 모습으로 체면을 지켜야 합니다. 일본은 회담을 재개하기 위한 조건으로 우리가 제시한 두 가지, 즉 1) 구보타 발언과 2) 재산 반환 청구를 철회해야 합니다. 여기에 동의한다면 회담을 개최할 수 있겠지만 직접적으로든 간접적으로든 우리가 당초 내건 조건을 진심으로 타당하다고 생각하는지 파악하고 싶습니다.

4월 3일 자 전보

1945년 이후에 일본에 불법 입국한 한국인들은 수용할 계획입니다. 하지만 이미 언급했다시피 송환자 명단에 피의자 전원을 포함해야 합니다. 일본은 잔류시킬 대상과 한국에 송환할 대상을 결정할 수 있는 권한을 유지하려 합니다. 한국으로 추방할 대상을 결정할 권한이 우리에게 있기 때문에 일본 내 한국인의 강제 송환을 강경하게 요구해야 합니다. 일부 피의자 및 문제 유발 재일한인을 송환하게 만들면 한국 측에 매우 유리한 효과가 있을 것입니다. 이 문제의 중요성은 잘 알고 있으리라 생각합니다.

양국이 우호적인 분위기를 조성하기 위해서는 일본이 평화선에 합의해야 합니다. 일본은 평화선을 새로운 요구사항으로 인식할 수 있지만, 우리가 회유적 태도를 보일 때마다 일본이 친밀하고 평화로운 관계를 수립할 신호를 표명하지 않는다는 데 문제가 있다고 설득해야 합니다. 이러한 전략을 지금 활용할 것인가의 여부는 김 공사가 판단하시기 바랍니다. 누구에게도 피해를 줄 만한 방식은 아니라고 생각합니다.

또 한 가지 강조하고 싶은 부분이 있습니다. 일본은 아직도 한국인 억류자들의 석방은 양국이 내리는 결정에 달려있다고 주장합니다. 일본이 무조건적으로 억류자들을 석방할 생각이 아님을 보여주는 주장입니다. 1945년 이전에 일본에 입국한 억류자들을 일단 석방해야 한다는 김 공사의 말이 맞습니다. 일본이 한국인 억류자 문제를 검토하겠다고 했으니 이제는 우리가 이러한 한국인들을 송환 대상에 포함시키라고 강하게 요구할 시점입니다.

우리가 요청한 바와 같이 일본이 평화선에 합의한다면 한국 정부는 복역 중인 또는 억류 중인 모든 일본인들을 석방하고, 일본이 평화선을 인정한다면 향후 일본인을 체포하여 재판에 회부하지 않고 일본으로 송환할 계획입니다.

오무라수용소에 한국인들이 불법적으로 억류되어 있고 수년간 석방되기를 기다려 왔으며, 일본 어민들은 형기를 마쳐야 하는 상황임을 대중에게 명확하게 알려야 합니다.

일부 어민들이 복역을 마쳤음에도 아직 석방되지 않은 것은 일본이 오무라수용소에 불법 구금 중인 한국인들을 석방하기를 거부하고 있기 때문입니다.

9. 김용식 공사가 대통령실과 외무부 장관에게 보내는 전문

1497 NO. T.S. 90413

DATE. 101800

TO. OFFICE OF THE PRESIDENT, FOREIGN MINISTER

I MET FOREIGN MINISTER SHIGEMITSU TUESDAY AFTERNOON AND TALKED FOR ABOUT FORTYFIVE MINUTES AT HIS OFFICE. I TOLD HIM THAT THOUGH AGREEMENT ON DETAINEE ISSUE HAS BEEN REACHED LAST WEEK NO ACTION HAS BEEN TAKEN IN THIS REGARD YET. MR SHIGEMITSU ASSURED ME THAT HE WANTED TO START A MEETING OF WORKING COMMITTEE IMMEDIATELY TO CARRY OUT THE AGREEMENT. HE ALSO STATED THAT THOUGH OFFICIALS OF JUSTICE MINISTRY WERE DISSATISFIED WITH THE SAID AGREEMENT HE SUCCESSFULLY PERSUADED THEM TO ACCEPT IT THEREFORE THE AGREEMENT IS NOW THE DECISION OF JAPANESE CABINET

AND THE RELEASE OF DETAINEES WILL TAKE PLACE AS SOON AS PROCEDURAL MATTERS ARE WORKED OUT AT THE WORKING COMMITTEE.

I APPRECIATE YOUR EXCELLENCYS GUIDING PRINCIPLES CONTAINED IN LAST WEEKS LETTERS AND WE WILL PRESS OUR DEMANDS TO JAPANESE SIDE AT THE WORKING COMMITTEE. REGARDING SHIGEMITSU'S WAY OF THINKING ON THE PENDING ISSUES I WILL REPORT IN DETAIL BY CONFIDENTIAL LETTER VIA POUCH.

MINISTER KIM

번역 번호: T.S. 90413

일자: 101800[1956. 4. 11]

수신인: 대통령실, 외무부 장관

화요일 오후에 시게미쓰 외무상을 집무실에서 만나 45분간 대화를 나눴습니다. 지난주에 억류자 문제에 대해 합의했음에도 아직까지 어떠한 조치도 취해지지 않았다고 말했습니다. 시게미쓰 외무상은 합의사항을 이행하기 위해 즉시 실무위원회 회의를 시작하고 싶다면서 법무성에서 억류자에 대한 합의에 불만을 가지고 있기는 하지만 설득에 성공했기 때문에 이제 일본 내각의 결정만 남아있는 상태라고 말했습니다.

그리고 실무위원회에서 절차상의 문제가 결정되면 바로 억류자를 석방할 예정이라고 했습니다.

지난주 서한을 통해 기본 원칙을 제시해 주셔서 감사하며, 실무위원회 회의에서 우리 측의 요구를 일본에 확실히 전달하겠습니다. 현안에 대한 시게미쓰 외무상의 생각은 행낭으로 보낼 기밀 서한을 통해 상세히 보고하겠습니다.

김 공사

10. 경무대 비서실에서 김용식 공사에게 보내는 전문

1498 NO. ST-94013

DATE. 121630[1956. 4. 12]

SENT TO. 김용식 공사 귀하

하기와 같은 대통령 각하의 유시가 있어 재차 전달하오니 사수하시고 이 조목을 반드시 일본과의 교섭에 먼저 관철케 하라 하시오니 의명 전달하나이다.

기

1945년 이후에 일본에 간 우리나라 사람이 범법한 것이 있어 보낸다면 우리가 이들을 받아들일 것이나 따라서 1945년 후에 일본에 들어간 사람들 가운데 한일 간의 교의를 상하게 하는 사람도 우리가 요구하면 잡아서 보내주어야 할 것이나 이 범과한 사람들을 우리가 불러주겠으니 반드시 우리에게 넘겨주어야 할 것이다.

이상

경무대 비서실

11. 이승만 대통령이 김용식 공사에게 보내는 서한

1499 April 13, 1956

TO: Minister Yong Shik Kim

FROM: The President

Your cable message of April 11 is very interesting and encouraging. I am sure the Japs will accept our terms because they will do any-thing that is beneficial to them.

One thing I want you to insist on is the point I have stated a number of times. The trouble-making Koreans must be deported and that is a source of our difficulties. If we fail to have them returned now it will be very difficult to find another opportunity like this. If you cannot bring up and settle this question now you may tell them this is the instruction from your home government and you are helpless in this matter. I am sure you have submitted our list to them (see my last letter).

You may tell the Japs we will accept any Korean the Jap government wishes to deport excluding those who entered Japan before 1945. Included should be some Koreans who are creating constant friction between the two peoples. We want the Jap government not to allow Koreans to land in Japan without proper passport and visa and it should be responsible for those who enter Japan illegally.

The Japs are always trying to save their face so if you think it will be better for them to agree to accept our terms in this connection they can publicly state that theses Koreans are causing trouble for Japan therefore they wish to deport them to Korea. At any rate these people should be brought them. This is very important.

I think it is well for you to tell the Japs that if they take the Koreans to north Korea you will announce this government is willing to do all it can to intervene.

1500 I wish you would prepare data on the property claims which we asked them to withdraw and send it to me so that we can draft a statement for you.

When the working committee discusses the procedure for the release of our people you may tell the Jap representatives that all the Koreans in Japan, especially the illegal entrants and other lawless elements should be returned to Korea and Korea will accept them. In other words, there is no fairness in the Jap logic that those who are working for Korea should be deported and those for Japan be allowed to remain. What they mean is they will let the Koreans when released either remain in Japan or return to Korea according to their will but we do not recognize that as a fair preposition because as you say their will do not always represent their free will.

Tell Mr. Shigemitsu or any other Jap that Koreans believe Japs are still claiming Korea as their property. The Koreans will not welcome them and if anything happens this government cannot be responsible, therefore they must give up the idea of coming to Korea until they have met Korea's demands which will eliminate all fear and suspicion.

Besides we suspect Japan's motive in dealing with Red China.

Your suggestion that U.S., Japan and Korea conclude a non-aggression pact or a joint declaration for our mutual security is very good but so far Japan has not cleared herself by proving that she has no ulterior motive in her dealings with Korea. U.S. and Japan may be in favor of such a pact but from our point of view we cannot trust Japan whatever she may say. At the same time, in the name of such an understanding, the Japs will utilize that to their advantage by forcing us to show a cooperative spirit.

What I said in connection with normalization of our relation with Japan is nothing new to you. Our original terms have not been accepted by Japan. If we talk about normalization of relations with Japan without insisting on settling the problems, don't you think we are going a little too fast? As soon as we agree to a normalized relationship, they will demand establishment of their embassy or consulate here. Then how are we going to get back all the things we demanded? We made these minimum terms and they turned them down. Are we so anxious to normalize relations with Japan that we are willing to drop these demands and conclude a mutual defense pact?

I would like to caution you not to show the slightest interest in such a proposal. That would undo your hard work of many years. You know our stand and until the Japs meet our minimum demands you must refuse such premature talks.

번역 1956년 4월 13일

수신인: 김용식 공사
발신인: 대통령

4월 11일 자 귀하의 전문 메시지는 매우 흥미롭고 고무적인 것입니다. 나는 일본이 자국에 이익이 되는 일이라면 무엇이든 할 것이기 때문에 우리의 조건을 받아들일 것이라고 확신합니다.

한 가지 강조하고 싶은 것이 있는데 그것은 내가 그간 여러 번 말한 사안입니다. 문제를 일으키는 재일한인은 반드시 추방해야 하며 그것이 우리 어려움의 근원입니다. 지금 그들을 송환하지 못하면 다시는 이런 기회를 찾기가 매우 어려울 것입니다. 지금 이 문제를 제기하고 해결하지 못하면 귀하는 이것이 본국 정부의 지시이며 이 문제에 대해 다른 방법이 없다고 일본 측에 말하십시오. 나는 귀하가 그들에게 우리의 명단을 제출했을 것이라고 확신합니다(마지막 편지 참조).

1945년 이전에 일본에 입국한 사람을 제외하고 일본 정부가 추방하고자 하는 한국인은 모두 수용하겠다고 일본 측에 말해도 좋습니다. 여기에는 두 국민 사이에 지속적인 마찰을 일으키는 일부 한국인이 포함되어야 합니다. 우리는 일본 정부가 한국인이 제대로 된 여권과 비자 없이 일본에 상륙하는 것을 허용하지 않기를 바라며, 일본 정부는 불법으로 일본에 입국한 사람들에 대한 책임을 져야 합니다.

일본인들은 항상 체면을 살리려고 노력하기 때문에 이와 관련하여 그들이 우리의 조건을 받아들이는 데 동의하는 것이 더 낫다고 귀하가 생각한다면, 그들이 일본에서 문제를 일으키는 한국인을 본국(한국)으로 추방하기 원한다고 표명하십시오. 어쨌든 이 사람들은 데려와야 합니다. 이것은 매우 중요합니다.

일본이 한국인을 북한으로 데려가면 한국 정부가 개입하기 위해 무슨 일이든 할 것임을 발표하겠다고 일본에 말하는 것이 좋다고 생각합니다.

우리가 일본 측에 포기를 요구한 재산청구권에 대한 자료를 준비해서 내게 보내주면 성명서 초안을 작성할 수 있을 것입니다.

실무위원회에서 우리 국민 석방 절차를 논의할 때 일본 대표들에게 재일한인, 특히 불법 입국자와 범법자 등을 모두 한국으로 돌려보내야 한다고 하고, 한국이 이들을 모두 받아들일 것이라고 말해주십시오. 한국을 위해 일하는 사람은 추방하고 일본을 위해 일하는 사람은 남아야 한다는 일본의 논리에는 형평성이 없습니다. 석방된 한인들이 본인의 의사에 따라 일본에 남거나 한국으로 돌아갈 수 있도록 하겠다는 뜻인데, 말씀하신 것처럼 본인의 의사가 항상 자유의사를 대변하는 것은 아니기 때문에 우리는 그것을 공정한 처사로 인정하지 않습니다.

시게미쓰 씨나 다른 일본인에게 한국인은 일본인들이 여전히 한국을 자국의 땅이라고 주장하는 것으로 믿고 있다고 말하십시오. 한국인은 일본인을 환영하지 않을 것이며, 만약 무슨 일이 생기면 한국 정부는 책임질 수 없으므로 그들은 한국의 요구가 충족되어 한국인들이 두려움과 의문을 지울 때까지 한국에 오려는 생각을 포기해야 합니다.

게다가 우리는 일본이 공산 중국을 상대하는 동기가 의심스럽습니다.

미국, 일본, 한국이 상호 안보를 위해 불가침조약이나 공동선언을 체결하자는 귀하의 제안은 매우 좋지만 지금까지 일본은 한국과의 거래에서 불순한 동기가 없다는 것을 명확하게 증명하지 않았습니다. 미국과 일본은 그런 협정에 찬성할지 모르지만 우리 입장에서는 일본이 무슨 말을 하든 믿을 수 없습니다. 동시에 일본은 그러한 이해를 명분으로 우리에게 협력 정신을 보이도록 강요함으로써 이를 유리하게 활용할 것입니다.

일본과의 관계 정상화와 관련하여 내가 말씀드린 내용은 여러분에게 새로운 것이 아닙니다. 우리의 원래 조건은 일본이 받아들이지 않았습니다. 문제 해결을 주장하지 않고 일본과의 관계 정상화를 이야기한다면 우리가 너무 빨리 가고 있다고 생각하지 않습니까? 우리가 관계 정상화에 합의하자마자 일본이 한국에 대사관이나 영사관 설치를 요구할 것입니다. 그러면 우리가 요구한 모든 것을 어떻게 되찾을 수 있을까요? 우리는 최소한의 조건을 제시했는데 그들은 이를 거절했습니다. 우리는 일본과의 관계 정상화가 그렇게도 간절해서 이런 요구를 포기하고 그들과 상호방위조약을 체결할 용의가 있습니까?

그런 제안에 조금도 관심을 보이지 말 것을 경고하고 싶습니다. 그렇게 되면 지난 수년간의 노력이 물거품이 될 것입니다. 귀하는 우리의 입장을 알고 있으며 일본이 우리의 최소한의 요구를 충족시킬 때까지 그러한 성급한 회담을 거부해야 합니다.

12. 김용식 공사가 이승만 대통령에게 보내는 전문

1501 NO. TS-90421

DATE. 141330

TO. OFFICE OF THE PRESIDENT

I ACKNOWLEDGE WITH APPRECIATION THE RECEIPT OF YOUR EXCELLENCYS LETTER OF APRIL THIRTEENTH. AS I REPORTED BEFORE, FOREIGN MINISTER SHIGEMITSU TOLD ME THAT HE WOULD CONSIDER OUR REQUEST CONCERNING RETURN OF CRIMINAL SUSPECTS-TROUBLE MAKING KOREANS-FROM JAPAN AND ALSO THAT THIS MATTER WOULD BE TAKEN UP AT MEETING OF WORKING COMMITTEES ON THE RELEASE OF THE DETAINEES TO BE HELD SHORTLY.

NOW AFTER AGREEMENT WITH MR SHIGEMITSU ON THE DETAINEE ISSUE, HOWEVER, THE JAPANESE FOREIGN MINISTER HAS BEEN UNDER FIRE MAINLY FROM JUST ICE MINISTRY SOURCES AND LIBERAL DEMOCRATIC PARTY LEADERS FOR SO CALLED ONE-SIDED CONCESSION. HOWEVER, THE JAPANESE GOVERNMENT AFTER ALL HAS NO CHOICE BUT TO RELEASE OUR DETAINEES THOUGH IT MIGHT TAKE A FEW MORE DAYS BEFORE WORKING COMMITTEES START TALKING ON PROCEDURAL MATTERS FOR THE SAID RELEASE. WITH REGARD TO SETTLEMENT OF OVERALL PROBLEMS WITH JAPAN WE ARE ONLY AT THE STAGE OF CONDUCTING INFORMAL EXPLORATORY TALKS AND NO FORMAL TALK WILL BE HELD YET UNTIL OUR TERMS ARE ACCEPTED BY JAPAN. DETAILS WILL BE REPORTED BY LETTER.

MINISTER KIM

번역 번호: TS-90421

일자: 141330[1956. 4. 14]

수신처: 대통령실

4월 13일 자 서한을 잘 받아보았습니다. 전에 보고드린 바와 같이 시게미쓰 외무상이 범죄자(문제 유발 한국인) 송환에 대한 우리 측의 요청사항을 검토할 것이며, 이 문제를 곧 열릴 억류자 석방에 대한 실무위원회 회의에 회부할 계획이라고 말했습니다.

억류자 문제에 대하여 시게미쓰 외무상과 합의를 도출했으나 법무성과 자민당 지도자들이 일방적인 양보라며 시게미쓰 외무상을 비난하고 있습니다. 실무위원회에서 절차상의 문제를 논의하기 시작할 때까지 며칠이 더 소요되기는 하겠지만 일본 정부는 한국인 억류자들을 석방할 수밖에 없을 것입니다. 일본과의 현안 전반에 대해 아직 탐색을 위한 비공식적 대화를 진행하는 단계이고 우리 측이 요구하는 조건을 수용할 때까지 공식적인 대화는 이루어지지 않을 것입니다. 자세한 내용은 서한으로 보고드리겠습니다.

김 공사

13. 이승만 대통령이 김용식 공사에게 보내는 서한

1506 April 19, 1956

To: Minister Yong Shik Kim

From: The President

Thank you for your two letters dated April 12 and confidential cable of the 16th.

Your opinion regarding Japan's military strength to be on a higher level within 10 years and then they will start expansionist policy again is right. I think it may not even take them 10 years to reach such level.

In regard to your observation that as long as U.S. maintains its forces abroad, especially in Asia, such danger will not be so serious, I wish to remind you of the fact that on the contrary U.S. will be instrumental in Japan's expansionism. So long as American public opinion is controlled and influenced by Jap propagandists the American government will be inclined to support Japan's policy rather than block it. For example, all Jap papers, magazines, radio broadcasts and TV are talking more about Japan and Japs than of any other countries in the world. Nothing unfavorable to Japan and Japs is mentioned. The Koreans are the only people who are willing to point out Japan's aggressive motive. That small voice began to grow so loud and strong that the State Department asked our Ambassador to stop talking against Japan.

So long as this situation continues, and we have every reason to believe that it will continue, the American people will be kept ignorant of Japan's intention until another Pearl Harbor blows up. I would like very much to bring this fact to high-level American military friends. They are about the only people who agree with us about the Jap menace. I do not depend on U.S. sympathy or support.

Your talk about a tri-partite agreement or joint declaration does not interest us in the least. Of course, we want to show them that we are willing to support such an idea but as long as Japan maintains its aggressive intention on Korea, Korea will not trust Japan's going into such a relationship. Since the beginning of Korea-Japan conferences and through all the difficulties and setbacks in our
1507 relations Japan has not yielded one inch from the original stand she took.

All the Japs want us to do is to let them come to Korea and yield our position to create friendly atmosphere while they are publicly insulting us by saying that international Red Cross would visit Korean prisons. Now the Jap Red Cross wrote to the Korean National Red Cross offering their money to help the Korean government to feed Jap prisoners better. Our Red Cross will answer that the Japs are insulting Koreans by saying that Koreans are on a low level of civilization for their treatment of prisoners is far below world standards. If this is their spirit they cannot get far with the Koreans. We will ask them for proof of their accusation that Koreans are feeding Jap prisoners poorly and treating them unfairly.

The Red Cross copied out letters which the released fishermen in Pusan wrote after they returned home thanking us for the fine treatment, etc., accorded them while in prison. Instead of wasting your time and breath I wish you would tell the Japs that if they really want to be on friendly terms with Koreans they must settle the problems and our minimum demands and then if they are sincere we might agree to talk things over. Until then not a single Jap, premier, foreign minister or anyone, will be allowed to land on Korean soil.

The moment you sign a tri-partite pact or any other agreement with Japan they will make that a stepping stone and we must do this and that in order to prove our sincerity in supporting this pact. America will side with Japan in any critical problem that may arise between Korea and Japan. The State Department did not say anything in reference to the property claim and the fishery line issue. The United States cannot do or say anything to make Korea accept Jap demands. They do not want to say who is right or wrong because they know the Japs are wrong. If we make a tri-partite agreement, will the U.S. come out in the open and say Japan is wrong? On the contrary they will say Koreans must obey because we have an agreement.

We are not afraid of a Jap attack now. If they make their army the overwhelming military power in Asia, we too will grow in strength. We will never fall behind Japan although we have not been able to salt down 1.5 billion dollars with the aid of American money.

If America suggests that we should sign such an agreement with Japan just say that we are like the wolf and lamb and will not sign until the wolf has
1508 changed its heart. America's best service should be to make either party get rid of its aggressive intention. As soon as Japan proves that she does not want Korean property or the Korean nation Koreans would know it and that will be the beginning of the opening of our relations. We are very disappointed with the State Department.

We are getting sick and tired of Jap request to visit Seoul. Tell them that we still consider them as our enemy because they have not proved themselves our friend but only as the aggressor. President Rhee will not accept any Jap who maintains the idea of getting back to Korea as owner of 85% of all Korean property. Even if he were to agree the Korean people will not accept them and the Korean government cannot be responsible for their safety. But first of all they must change their heart and prove it, then they will be allowed to visit any place in Korea.

I should like to make clear to you that in our demand to the Jap government we should include in the list of Korean illegal entrants a number of Koreans who are in that category (see my letter of April 4 for names). The only difficulty is that those illegal entrants whom they want to deport are not desirable to Japan while those whose deportation we demand are the ones the Jap government wants to detain. While the Japs want to deport the detainees as soon as they are released, at the same time they would have the privilege of letting these Koreans to decide of their own free will either to stay in Japan or return to Korea. That again shows their desire to let the pro-Jap Koreans remain in Japan and anti-Japs to be deported. We have the right to tell them there must be no favoritism or discrimination. If they want to deport the illegal entrants all of them should be included whether Japan likes it or not so that the Korean criminals, traitors and trouble-makers would also be deported.

You are not asking them more than what you originally requested because they may increase their demand, just as we, to meet the situation.

I wrote you last week that we will be willing to accept all those Koreans who illegally entered Japan, with the exception of those who are in Japan before 1945.

Then again we demanded to include all those who entered Japan after 1945. Do you know why? Because the Japs want to utilize these Koreans against Korea. That is what they did during the Yi dynasty. We are determined to stop that channel. If we ever agree to come to new relations mutual extradition will
1509 be one of the terms we shall demand. At the present time we want to urge the Japs not to create a colony in Japan and all the Korean traitors will become the instrument for Japan's aggressive tendency.

In my last letter I told you that if this question puts you in a difficult position—although I do not see why it should—you may tell them that as your government's instruction is such you cannot alter it. You have more than that for a loophole if it is needed. Shigemitsu says he wanted to keep the agreement but that the justice minister was against it, then why the same token? In other words we are not so anxious to settle the detainee issue because that is disadvantageous to us. It is the Japs who are in a hurry because their fishermen who are detained here are causing them a lot of trouble. These people know it is their government's mishandling of the situation that keeps the fishermen in Pusan prison. They also know well that as long as their fishermen continue violating the Peace Line we will keep on catching and arresting them and that causes trouble for the Japs. On our part we want to carry out our point by insisting that Korean criminals be turned over to us. If they want to settle the detainee question they will have to agree to our point. You can explain that to our American friends there.

In the meanwhile, I want you to notify the Jap government that we will hold it responsible if it allows certain Koreans like Sunwoo and others to get out of Japan. They must remain in Japan until they are turned over to us.

They may try to go to north Korea, Red China or America.

Tell the Japs that we are not afraid of their army now or any other time and that if they think our future negotiations with them will not be easy later they themselves will not find it easier to approach us.

번역

1956년 4월 19일

수신인: 김용식 공사
발신인: 대통령

4월 12일 자 서한과 16일 자 기밀 전보 잘 받아보았습니다.

10년 내에 일본의 군사력은 한층 강해질 것이고, 그때부터 일본이 팽창 정책을 펼치기 시작할 것이라는 김 공사의 의견에 동의합니다. 10년이 채 걸리지 않을 수도 있습니다.

미국이 (특히 아시아의) 해외 주둔군을 지금과 같이 유지하는 한 일본의 군사력이 미치는 위험이 그다지 심각하지 않을 것이라는 김 공사의 의견에 대해서는 오히려 일본의 팽창주의에서 일본이 매우 중요한 역할을 하며, 일본 선전원들이 미국의 여론을 통제하고 이들에 영향을 미친다면 미국 정부는 일본의 정책을 저지하기보다는 지지하게 될 것입니다. 예를 들어, 신문, 잡지, 라디오와 텔레비전 방송에서 세계 다른 어떠한 국가보다도 일본과 일본인에 대해 많이 언급하고 있습니다. 일본과 일본인에 대한 부정적인 내용은 전혀 언급되지 않습니다. 오직 한국인들만이 일본의 공격적 동기를 지적하기를 불사합니다. 이 작은 목소리가 커져 국무부가 일본에 대한 비판을 멈출 것을 우리 대사에게 요청하기에 이른 것입니다.

지금과 같은 상황이 지속되고 앞으로도 이어질 것이라는 근거가 충분하다는 사실을 고려하면 미국인들은 또 다른 진주만 사태가 벌어질 때까지 일본의 의도를 인지하지 못할 것입니다. 이 사실을 미군의 고위 관계자들에게 알리고 싶습니다. 일본의 위협에 대해 우리와 같은 입장인 국가는 미국이 거의 유일합니다. 미국의 동정이나 지지에 의존하고 싶지는 않습니다.

삼자 간 협약이나 공동선언에 대한 발언에는 전혀 관심이 없습니다. 물론 그러한 생각을 지지할 의향이 있음을 보여주고 싶지만, 일본이 한국에 대한 공격적 의도를 버리지 않는 한 한국은 일본이 우호적인 관계로 나아가고 있다고 믿지 않을 것입니다. 한일회담 시작 후 양국이 여러 가지 좌절과 어려움을 겪어오는 과정에서 일본은 조금도 양보하는 모습을 보이지 않았습니다.

일본이 원하는 것은 한국에 와서 우리 측의 타협을 통해 우호적인 분위기를 조성하고 국제적십자가 한국 감옥을 방문할 예정이라고 말하며 한국을 공개적으로 모욕하는 것뿐입니다. 일본적십자는 한국 정부가 일본인 재소자들에게 제공하는 음식을 개선할 수 있도록 지원하겠다고 한국적십자에 제안했습니다. 일본은 우리 적십자가 재소자들을 대하는 방식이 세계적인 기준에 크게 미달되고, 시민 의식(수준)이 낮다고 말하며 일본이 한국을 모독하고 있다고 답변할 계획입니다. 이러한 태도로는 한국과 좋은 관계를 맺을 수 없습니다. 한국에 억류 중인 일본인 재소자들에게 제공되는 식사가 열악하고 부당하게 취급하고 있다는 비난에 대한 증거를 제시하라고 요청할 것입니다.

부산에서 석방된 어민들이 일본으로 귀국한 후 좋은 대우 등에 대해 고맙다고 쓴 편지를 첨부했습니다. 시간과 체력을 낭비하기보다는 일본이 진정으로 우호적인 관계를 맺고 싶다면 산재한 문제들을 해결하고 우리가 제시한 최소한의 조건을 수용해야 한다고 전하고, 진정성을 보인다면 대화로 상황을 타개하는 데 동의할 수 있다고 전달하기 바랍니다. 그 전까지는 총리든 외무상이든 어떠한 일본인도 한국 땅에 발을 들일 수 없을 것입니다.

일본과 삼자 간 협약 또는 기타 일체의 협정을 체결하는 순간 일본은 그것을 디딤돌 삼을 것이며, 조약에 대한 진정성을 증명하기 위해 우리가 이것저것 해야 하는 상황에 놓일 것입니다. 한국과 일본 사이에 중대한 사안이 발생하면 미국은 일본 편에 설 것입니다. 국무부는 재산 반환 청구와 어업선 문제에 대해 어떠한 언급도 하지 않았습니다. 미국은 우리가 일본의 요구를 수용하도록 어떠한 행동이나 말도 할 수 없으며, 일본의 행보가 잘못되었음을 알고 있기 때문에 누가 옳고 그르다고 말하고 싶어 하지 않습니다. 삼자 간 협정을 체결한다면 미국이 공개적으로 일본이 잘못했다고 말하겠습니까? 오히려 협정을 체결했으므로 한국이 일본의 요구에 응해야 한다고 말할 게 분명합니다.

이제 일본의 공격은 두렵지 않습니다. 일본이 아시아에서 압도적인 군사력을 보유하게 되더라도 우리 또한 힘을 키울 것입니다. 미국이 원조한 15억 달러를 비축해 두지는 못했지만 절대로 일본에 뒤처지지는 않을 것입니다.

미국이 일본과 협약을 체결하라고 제안한다면 한국과 일본이 늑대와 양 같은 관계이며, 늑대가 마음을 바꿀 때까지는 협약에 서명할 수 없다고 말하십시오. 미국이 할 수 있는 최선의 선택은 모두가 공격 의도를 버리게 만드는 것입니다. 일본이 한국의 재산이나 주권을 탐하지 않는다는 것을 보여주면 우리가 바로 알 수 있을 것이며 그것이 한일 관계의 시발점이 될 것입니다. 국무부에 실망이 큽니다.

서울에 방문하고 싶다는 일본의 요구에 신물이 납니다. 우리의 우방국이 아닌 침탈자로서의 모습만 보여주었기 때문에 일본을 여전히 적으로 생각한다고 전하기 바랍니다. 대통령은 한국 재산의 85퍼센트를 소유하고자 한국으로 돌아오려는 단 한 명의 일본인도 받아들이지 않을 것이고, 설령 대통령이 동의한다 하더라도 우리 국민들이 허락하지 않을 것이며, 정부가 이들의 안전을 책임지지 않을 것입니다. 마음을 바꾸고

증명을 해야만 한국을 방문할 수 있을 것입니다.

한국인 불법 입국자의 명단과 이 유형으로 분류되는 한국인의 숫자를 제시할 것을 일본 정부에 대한 요구사항에 포함시켜야 합니다(이름은 4월 4일 자 서한 참고). 유일한 문제는 일본이 추방하려는 불법 입국자들은 일본에 이득이 될 것이 없는 반면, 우리가 석방을 요구하고 있는 한국인들은 일본 정부가 억류하기를 원하는 이들이라는 것입니다. 일본은 한국인 억류자들을 석방한 후에 바로 송환하기를 바라면서도, 한국인들이 자의로 일본에 잔류하거나 한국에 귀환하는 것 중 하나를 선택할 수 있게 하고 싶어 합니다. 여기에서도 친일 한국인은 일본에 남기고 반일 한국인은 추방하고 싶어 하는 일본의 갈망을 엿볼 수 있습니다. 우리는 일본에 대해 어떠한 편파나 차별도 없어야 한다고 말할 자격이 있습니다. 불법 입국자들을 추방하려면 일본이 원하든 아니든 한국인 범죄자, 반역자 및 문제 유발자들까지 모두 추방해야 합니다.

일본도 상황을 타개하기 위해 더 많은 것을 요구할 수 있으므로 우리가 지금 처음보다 많은 요구를 하는 것이 아닙니다.

내가 지난주 편지에서 말했듯 1945년 이전에 일본에 입국한 사람들을 제외하고 일본에 불법 입국한 모든 한국인을 수용할 의향이 있습니다.

1945년 이후 일본에 입국한 모든 한국인을 송환하라고 다시 요구했는데, 그 이유가 무엇인지 아십니까? 일본이 이러한 한국인들을 우리에게 불리하게 이용하려 하기 때문입니다. 이조시대에도 그랬습니다. 이러한 행태에 종지부를 찍을 것입니다. 새로운 양국 관계에 합의하기 위해 요구해야 하는 조건 중 하나가 바로 상호 범죄인 인도입니다. 일본이 자국 내에 식민지를 조성하지 않고 한국인 반역자들을 침략 행위를 위한 도구로 이용하지 않도록 촉구해야 합니다.

지난 편지에서 언급했듯이 이 문제로 인해 (곤란해질 이유는 없다고 생각하지만) 김 공사의 입장이 곤란해지면 정부의 지시사항이므로 변경할 수 없다고 말하면 됩니다. 이러한 허점을 이용하면 됩니다. 시게미쓰 외무상이 자신은 합의사항을 유지하고 싶었지만 법무상이 반대했다고 말했습니다. 우리도 같은 조건만 고수할 이유가 없습니다. 억류자 문제를 시급하게 해결하면 우리에게 불리한 일이니 그렇게 할 이유가 없습니다. 이 문제의 해결에 급급한 쪽은 일본입니다. 한국에 억류되어 있는 일본 어민들로 인해 많은 문제가 발생하고 있기 때문입니다. 일본인들은 자국 정부가 상황에 잘 대처하지 못해서 어민들이 부산의 수용소에 억류되어 있음을 알고 있고, 일본 어민들이 평화선을 침해하면 한국이 계속해서 체포할 것이고 이것이 일본에 문제가 된다는 것도 잘 알고 있습니다. 우리는 한국인 범죄자들을 송환하라고 요구함으로써 우리의 입장을 관철하고자 합니다. 일본이 억류자 문제를 해결하고 싶다면 우리가 제시한 조건에 합의해야 합니다. 이러한 내용을 미국에 설명해 주십시오.

또한 선우 등 특정 한국인들이 일본을 빠져나가도록 허용하면 일본에 책임을 물을 것이라고 일본 정부에 통보하십시오. 우리에게 인도되기 전까지는 일본에 억류해야 합니다.

이들이 북한, 중공 또는 미국으로 넘어가려고 할 수 있습니다.

지금도 그렇지만 그 어느 때라도 일본군은 두렵지 않다고 말하고, 앞으로의 양국의 협상이 쉽지 않겠다고 생각한다면 나중에는 우리에게 접근하는 것조차 쉽지 않을 것이라고 전하십시오.

14. 김용식 공사가 대통령실에 보내는 전문

1510 NO. TS-90432

DATE. 212310

TO. OFFICE OF THE PRESIDENT

I RECEIVED YOUR EXCELLENCYS LETTER OF APRIL NINETEENTH WITH APPRECIATION. IN CONNECTION WITH THE DETAINEE ISSUE I WOULD LIKE TO MAKE FOLLOWING POINTS CLEAR :

FIRST APRIL SECOND AGREEMENT WITH SHIGEMITSU IN THIS REGARD PROVIDES THAT ALL ILLEGAL ENTRANTS AT OMURA CAMP WHO ENTERED JAPAN AFTER THE END OF WAR WILL BE ACCEPTED BY US REGARDLESS OF THEIR WILL.

SECONDLY ONLY THOSE WHO ENTERED JAPAN BEFORE THE END OF WAR WILL BE ALLOWED TO STAY IN JAPAN OR RETURN TO KOREA DEPENDING ON THEIR FREE WILL AFTER THE RELEASE FROM OMURA CAMP. THEREFORE ALL ILLEGAL ENTRANTS AFTER THE WAR WILL BE DEPORTED TO KOREA WITHOUT CHOICE WHILE FREE WILL APPLIES ONLY TO THE PREWAR ENTRANTS. REGARDING REPATRIATION OF TROUBLE MAKING KOREANS WE ARE CONTINUING OUR EFFORTS BY MAKING STRONG DEMAND TO JAPANESE SIDE. MOST OF THESE PERSONS ENTERED JAPAN ILLEGALLY AFTER THE END OF WAR THEREFORE OUR DEMAND FOR THEIR RETURN TO KOREA IS FULLY CONSISTENT WITH OUR ORIGINAL POSITION, EVEN IF THEY ARE OF OMURA CAMP. THE WORKING COMMITTEE STARTED MEETING TO DISCUSS PROCEDURES FOR

1511 THE RELEASE AND THEIR NEXT MEETING IS SCHEDULED FOR WEDNESDAY APRIL TWENTYFIFTH. HOWEVER AS JAPANESE JUSTICE MINISTRY STILL BELIEVES THE ARRANGEMENT IS DISADVANTAGEOUS TO JAPAN AND FOREIGN MINISTRY HAS NOT YET SEEN ABLE TO ADJUST ITS DIFFERENCE OF OPINIONS WITH JUSTICE MINISTRY, IT SEEMS JAPAN IS NOT LIKELY TO CARRY OUT THE AGREED RELEASE SO SOON. I WOULD LIKE TO MAKE IT CLEAR THAT ALL THE POSTWAR ILLEGAL ENTRANTS WILL BE DEPORTED FROM OMURA TO KOREA WHILE ALL THE PREWAR KOREAN DETAINEES WILL BE RELEASED IN JAPAN AND THAT THE FREE WILL BASIS WILL GOVERN ONLY THOSE PREWAR KOREANS RELEASED FROM OMURA DETAILS IN THIS REGARD WILL BE REPORTED BY LETTER.

MINISTER KIM

번역 번호: TS-90432

일자: 212310[1956. 4. 21]

수신처: 대통령실

대통령께서 4월 19일에 보내주신 서한을 감사히 받아보았습니다. 억류자 문제에 대해 다음과 같은 내용을 명확히 밝히고 싶습니다.

첫째, 4월 2일에 시게미쓰 외무상과 합의한 사항에 따르면 종전 후에 일본에 입국한 오무라수용소의 모든 불법 입국자들은 당사자들의 의지와 무관하게 송환되고 우리 정부가 수용하게 됩니다.

둘째, 종전 전에 일본에 입국한 한국인들에 한하여 오무라수용소에서 석방된 후 일본 잔류 또는 한국 송환 중 하나를 자의로 선택할 수 있습니다. 따라서 종전 후에 입국한 모든 불법 입국자들은 선택의 여지없이 한국으로 추방되고 종전 전에 입국한 한국인들에게만 선택권이 주어지는 것입니다. 문제 유발 한국인의 송환에 대해서는 일본 측에 강경하게 우리 측의 조건을 제시하는 등의 노력을 이어가고 있습니다. 억류자 대부분이 종전 후에 일본에 입국했기 때문에 오무라수용소에 억류되어 있는 경우에도 이들을 한국에 송환하라는 요구는 우리가 처음부터 취했던 입장과 일치합니다. 실무위원회가 석방을 위한 논의를 시작했으며 4월 25일 수요일에도 회의를 개최할 예정입니다. 그러나 일본 법무상은 여전히 이러한 합의사항이 일본에 불리하다고 생각하며, 외무성이 법무성과의 의견 차이를 조율하지 못하고 있는 것으로 보이기 때문에 일본이 합의한 바에 따라 조속히 억류자들을 석방할 것 같지는 않습니다. 종전 후에 일본에 입국한 모든 불법 입국자들은 오무라수용소에서 한국으로 전원 추방될 것이고, 종전 전에 입국한 모든 한국인 억류자들은 일본에서 석방될 것입니다. 오무라수용소에서 석방된 종전 이전 일본에 입국한 한국인들만이 자유의지로 일본 잔류 또는 한국 송환을 선택할 수 있다는 점을 확실히 하고 싶습니다.

자세한 내용은 서한으로 보고드리겠습니다.

김 공사

15. 이승만 대통령이 김용식 공사에게 보내는 서한

1512 April 26, 1956

To: Minister Y.S. Kim

From: The President

I wish to acknowledge your letters and Report dated April 19. Thank you for all of them.

Judging from your Report I am quite sure that your wise dealing with Japs has put them on the defensive. I think it would be good to raise our diplomats to such an extent that they can make the different Jap leaders and parties quarrel among themselves. You have set an example to a certain extent. At the same time we must not overlook the fact that the Japs may utilize this quarrel among themselves for certain purposes.

I believe it would be wise for you to explain to the Japs and even friendly foreigners that since the Japs have failed to convince Koreans that they are sincere in their desire to live in peace with Koreans our people will fear and suspect them.

Until then Koreans will not trust Japs and the proposal for friendly relationship will be very difficult. This should be pounded on continuously so that friendly nations will know Japan's attitude and that is the reason why we have to be careful.

You are right in saying that unless U.S. definitely tells Japs to withdraw the property claim, return all the things they had stolen from us, recognize the Peace Line, etc., Japs will always ride high and refuse to come to our terms.

We knew that from the very beginning but America told us to support Japan instead of telling the Japs to support us. We have been fighting the Americans and they are more or less beginning to realize the fairness of our stand.

I would like you and other diplomats to declare that Korea is absolutely against Japan's rearmament. U.S. must not rearm Japan because she is stronger now than she ever was. Japan is disloyal to U.S. and is going over to the enemy's side. Americans will suffer again.

Whenever Japs report in their papers or statements that Shigemitsu made one-sided concessions to Korea, I want you to answer them that Korea does not want Japan to make any concessions to us.

1513 In regard to the preliminary talks you have been conducting it is not for us to conciliate. We are willing to go as far as we can to make an agreement with Japan to enable our two countries to live in peace, but the principle of justice must be the main point in our discussions. The reason why we must emphasize that we do not want Jap concessions is because when we have established understanding with Japan in preliminary talks and later in discussions, Japas may come back on us and say they made concessions with the understanding that Korea would be conciliatory to Japan.

I do not understand what they mean by asking if we will recognize the Korean detainees in OMURA when released as nationals of ROK. As a matter of fact we never denied them ROK nationality in Japan or elsewhere.

I am glad you are going to take up the question of deporting the Korean trouble makers. That is one of the very important points and you have much to explain in our defense. So long as Japs insist on keeping these people no one can deny that Japan is keeping them to make trouble for Korea. I hope you will insist on their release and if they are sufficiently pressed I believe they will agree.

We have recently captured several fishing vessels and 12 fishermen. Even after the fishermen have served their sentences we will keep them until the Jap government releases our citizens whom they have kept in prison for all these years without any legal charge.

General Lemnitzer will return in a few days. I hope you will have a good talk with him as he is one of cur very good friends.

We entertained at dinner Secretaries Gates, Smith and Higgins and their parties. They were very cordial and friendly and promised to do all they could to help us.

I understand General and Mrs. Van Fleet are coming too very shortly. I know you will give them a warm welcome.

We are anxiously awaiting the Korea-Japan Report.

번역

1956년 4월 26일

수신인: 김용식 공사
발신인: 대통령

4월 19일 자 서한과 보고서 잘 받았습니다. 고맙습니다.

김 공사가 일본을 현명하게 상대하여 일본이 방어적인 태도를 보인다는 확신이 듭니다. 우리 외교관들이 일본 지도자와 정당들 사이에 싸움이 벌어지도록 유도하는 것도 좋을 것 같습니다. 김 공사가 선례를 남겨주었습니다. 동시에 일본이 내부적인 마찰을 특정한 목적으로 이용할 수도 있다는 사실 또한 간과해서는 안 될 것입니다.

한국과 평화롭게 공존하기를 진심으로 원한다는 것을 우리 국민들에게 설득하지 못했으니 한국인들은 일본을 두려워하고 의심하게 될 것이라고 일본과 한국에 우호적인 외국인들에게 설명하면 좋을 것입니다.

일본이 진심임을 증명할 때까지 한국인들은 일본을 믿지 않을 것이고 우호적인 관계를 구축하기란 매우 어려울 것이라는 점을 계속 강조하여 우방국들에 일본의 태도를 알리고, 우리가 신중할 수밖에 없는 이유를 알려야 합니다.

미국이 재산 반환 요구를 철회하고 모든 약탈품을 반환하며 평화선을 인정하라고 일본 측에 분명하게 요청하지 않는 한 일본은 계속 승승장구하며 우리가 제시한 조건을 수용하지 않을 것이라는 의견에 동감합니다. 우리는 처음부터 알고 있었던 사실이지만, 미국은 일본을 향해 한국을 지지하라고 말하는 대신 우리에게 일본을 지지하라고 했습니다. 우리는 미국의 이러한 입장에 맞서 싸워왔고 이제 미국이 우리의 입장이 타당함을 깨닫기 시작했습니다.

김 공사와 외교관들이 한국은 일본의 재무장에 절대적으로 반대하는 입장임을 선포해주십시오. 일본은 과거 어느 때보다도 강력한 상태이므로 미국은 일본을 재무장시키지 않아야 합니다. 일본은 미국에 충실한 우방국이 아니며 적군의 편으로 넘어가고 있습니다. 미국인들이 또다시 고통받을 것입니다.

일본이 보고서나 성명서를 통해 시게미쓰 외무상이 한국에 일방적으로 양보했다고 주장할 때마다 김 공사는 한국은 일본의 양보를 바라는 것이 아니라고 답변하기 바랍니다.

김 공사가 진행 중인 예비교섭에서 우리가 회유할 필요가 없다고 생각합니다. 양국의 평화를 위해 일본과 합의를 도출하고자 최선을 다할 의향이 있지만, 정의의 원칙을 논점으로 삼아야 합니다. 우리가 바라는 것이 일본의 양보가 아님을 강조해야 하는 이유는 예비교섭과 추후에 이루어질 회담을 통해 일본과 상호적 이해에 도달하면 일본이 우리의 회유적인 태도를 기대하며 양보했다고 주장할 가능성이 있기 때문입니다.

오무라수용소의 한국인 억류자들을 대한민국 국적자로서 석방했을 때 우리가 인정할 것인지 묻는 의도가 무엇인지 모르겠습니다. 일본이든 어디든 재외한국인들의 대한민국 국적을 부인한 바가 없는데 말입니다.

문제 유발 한국인들의 추방 문제를 언급할 계획이라니 좋습니다. 매우 중요한 문제이고, 우리의 입장을 대변하기 위해 설명할 내용이 많을 것입니다. 일본이 문제 유발 한국인들을 일본에 억류하고 싶어 하는 이유가 한국에 문제를 일으키길 원하기 때문임을 부정할 수는 없을 것입니다. 이들의 석방을 요구하고 충분히 압박하면 일본도 동의할 것입니다.

최근 일본 어선 몇 척과 어민 12명을 체포했습니다. 일본 정부가 죄명 없이 수년간 수용소에 억류한 우리 국민들을 석방할 때까지는 일본 어민들이 형기를 마친 후에도 잡아둘 계획입니다. 렘니처 장군이 며칠 내로 복귀할 예정입니다. 현재 우리에게 가장 우호적인 인물 중 한 명이니 김 공사가 의미 있는 대화를 할 수 있기를 바랍니다.

만찬에서 게이츠, 스미스, 히긴스 장관과 동료들을 만났습니다. 매우 우호적이고 친절했으며, 한국을 돕기 위해 최선을 다하겠다고 약속했습니다. 밴 플리트 장관 내외도 곧 방문할 텐데 김 공사가 환대해 주리라 생각합니다.

한일 보고서를 빨리 받아볼 수 있기를 바랍니다.

16. 김용식 공사가 경무대, 외무부 장관에게 보내는 전문

1514 NO. TS-90443

DATE. 252030

TO. KYUNG MU DAI, FOREIGN MINISTER

THE WORKING COMMITTEE MEETING ON THE DETAINEE ISSUE STARTED ON APRIL TWENTIETH. TODAY APRIL TWENTYFIFTH BOTH SIDES MET AGAIN FROM TENTHIRTY TO NOON. IN THE COURSE OF CONVERSATIONS AT BOTH OF THESE TWO MEETINGS JAPAN CLEARLY EXPRESSED ITS RELUCTANCE TO CARRY OUT THE RELEASE OF PREWAR KOREAN DETAINEES FROM OMURA CAMP DESPITE OF THE COMMITMENT MADE BY FOREIGN MINISTER SHIGEMITSU ON APRIL SECOND.

JAPAN ATTEMPTED TO STICK TO ITS ORIGINAL STAND THAT EVEN PREWAR KOREANS ARE IN PRINCIPLE SUBJECT TO DEPORTATION. TO THIS UNREASONABLE ARGUMENT OF THE JAPANESE SIDE OUR SIDE EMPHASIZED THE POINT THAT SINCE MR SHIGEMITSU COMMITTED HIMSELF TO RELEASE SUCH PREWAR KOREANS IN JAPAN, JAPAN SHOULD ENDEAVOR TO MAP OUT DETAILED PLANS FOR RELEASE AT AN EARLY DATE. THE JAPANESE SIDE ONLY TRIED TO BRING OUT THE OVERALL SETTLEMENT OF OUTSTANDING PROBLEMS BETWEEN THE TWO COUNTRIES, INTENTIONALLY AVOIDING TO TOUCH UPON MEASURES FOR ACTUAL RELEASED. IT WAS SURPRISING TO SEE JAPANESE SIDE ARGUING AMONG THEMSELVES BRACKET FOREIGN AND JUSTICE MINISTRY OFFICIALS BRACKET. UNDER THESE CIRCUMSTANCES OUR SIDE COULD

1515 NOT BUT DECLARE THAT JAPAN WAS RELUCTANT TO ABIDE BY OFFICIAL COMMITMENT MADE BY ONE OF ITS CABINET MEMBERS WITH VARIOUS DELAYING TACTICS. OUR SIDE ALSO POINTED OUT THAT JAPAN SHOULD TURN OVER TO KOREA.

THOSE KOREANS WHO SMUGGLED THEMSELVES INTO JAPAN AFTER COMMITTING CRIMES IN KOREA TOGETHER WITH SIMPLE ILLEGAL ENTRANTS AFTER WAR END. THE JAP SIDE ONLY REPEATED STATEMENT THAT IT CANNOT RELEASE EVEN PREWAR KOREANS FROM OMURA UNCONDITIONALLY.

OUR SIDE COUNTERED THAT SUCH ARGUMENT OF JAPAN IS A CLEAR CUT EVIDENCE OF JAPAN EATING ITS WORDS AND CONDUCTING A DUAL DIPLOMACY IN INTERNATIONAL DEALINGS. THUS THE TALKS AT THE MEETING HAVE ALMOST COME TO RUPTURE POINT. THE JAP ATTITUDE HAS STIFFENED SINCE THE APRIL SECOND COMMITMENT WAS REPORTED IN THE PRESS. MOST OF PRESS EDITORIALS LAUNCHED A VIGOROUS CAMPAIGN OF CRITICIZING SHIGEMITSU FOR YIELDING TO KOREA. SOME JUSTICE MINISTRY OFFICIAL EVEN WENT SO FAR AS TO SAY JAPANS ACCEPTANCE OF SUCH TERMS AMOUNTS TO SURRENDER OF ITS SOVEREIGN RIGHT.

1516 SOME NEWS COMMENTATOR CRITICIZED SHIGEMITSU OF CONDUCTING WHAT HE CALLED HUMILIATION DIPLOMACY BECAUSE SHIGEMITSU COMMITTED HIMSELF TO RELEASE PREWAR KOREANS IN JAPAN. SUCH VIEWS OF THE PRESS AND JUSTICE MINISTRY OFFICIALS ARE GENERALLY SUPPORTED BY THE JAPANESE DIET. THROUGHOUT THE WORKING COMMITTEE MEETINGS THE JAP SIDE FAILED TO SHOW ANY SINCERITY TOWARD THE IMPLEMENTATION OF THE RELEASE IN AN ATTEMPT TO BREAK ITS COMMITMENT. YOUR EXCELLENCYS INSTRUCTIONS ON THIS MATTER ARE RESPECTFULLY AWAITED.

DETAILS IN THIS REGARD WILL BE REPORTED BY LETTER.

MINISTER KIM

번역 번호: TS-90443

일자: 252030[1956. 4. 25]

수신인: 경무대, 외무부 장관

억류자 문제에 대한 실무위원회 회의가 4월 20일에 시작되었고, 오늘(4월 25일) 10시 30분부터 정오까지 두 번째 논의를 진행했습니다. 두 번의 회의에서 일본은 4월 2일 시게미쓰 외무상이 약속한 내용임에도 불구하고 종전 전에 입국한 한국인 억류자들을 오무라수용소에서 석방하기를 주저하고 있다는 것을 명확하게 드러냈습니다. 일본은 종전 전 입국 한국인들도 원칙적으로 추방 대상이라는 당초의 입장을 고수하려고 했습니다. 이렇게 부당한 주장에 대해 우리 측은 시게미쓰 외무상 스스로가 종전 전에 입국한 한국인들을 석방하기로 약속했으니 일본은 억류자들을 조속히 석방하기 위한 구체적인 계획을 수립하기 위해 노력해야 한다고 강조했습니다. 일본 측은 양국 간의 중대한 문제를 전체적으로 해결하려고만 하고, 실질적인 석방을 위한 대책에 대해서는 언급을 회피했습니다. 일본 측이 외무성과 법무성 관계자들로 나뉘어 설전을 벌이는 모습을 보고 놀랐습니다. 이러한 상황에서 우리 측은 일본이 갖가지 책략을 동원하여 외무상이 공식적으로 약속한 바를 이행하기를 주저하고 있다고 언명할 수밖에 없었습니다. 또한 종전 후 일본에 입국한 단순 불법 입국자들과 함께 한국에서 범죄를 저지른 후 일본에 밀입국한 한국인들도 인도해야 한다고 강조했습니다. 일본은 종전 전에 입국한 한국인들마저 무조건적으로 석방할 수는 없다는 말만 반복했습니다.

우리 측은 일본의 이러한 주장이 스스로의 발언을 번복하고 있다는 명확한 증거이고, 국제적인 교섭에서 이중 외교를 자행하고 있다고 반박하여 이에 대화가 거의 결렬될 상황에 이르렀습니다. 4월 2일의 약속이 언론에 보도된 이후 일본은 경직된 태도를 보였습니다. 대부분의 신문 사설은 시게미쓰가 한국에 양보했다며 강력히 비판했습니다. 일부 법무성 관계자들은 이러한 조건을 수용한 것이 자국의 주권을 포기하는 것과 마찬가지라고 말하기까지 했습니다.

일부 시사 평론가들은 시게미쓰가 종전 전에 입국한 한국인들을 석방하기로 약속함으로써 소위 굴욕 외교를 펼쳤다며 비판했습니다. 일본 의회는 언론과 법무성의 이러한 시각에 전반적으로 공감하고 있습니다. 실무위원회 회의에서 일본 측은 약속을 파기하려 했으며, 석방 이행을 향한 어떠한 진정성도 보이지 않았습니다. 이 문제에 대해 지시해 주시기를 기다리겠습니다.

자세한 내용은 서한으로 보고드리겠습니다.

김 공사

17. 이승만 대통령이 김용식 공사에게 보내는 서한

1517 May 1, 1956

TO: Minister Yong Shik Kim

FROM: The President

Your letter of April 26 clearly shows that Japs are not sincere in their talks with us. I think you are right in saying that you should expose Jap diplomats for their duplicity. Tell them that Korean government would like to know who represents the Jap government in dealing with Korea government because there seems to be 2 Jap governments—the foreign minister and justice minister. I think you have accomplished at least one point: that the Jap government is insincere in its proposal to open preliminary talks.

Shigemitsu is pressed by his own people on account of the Jap fishermen who completed their prison terms but are not released by us because their government has kept our citizens for many years in prison without a legal charge. Unless the Jap government release our people we will keep their fishermen even after they have completed their sentences. If the Japs are allowed to deport to Korea the illegal entrants we must insist that those who committed crimes in Korea and were allowed by the Jap government to enter Japan(Sunwoo and others)should be in the same category of illegal entrance. That should be our positive stand. If the Jap government refuses to include in the deportation list the names of Korean criminals(mentioned in previous letter) we will not accept their proposal.

In the meanwhile, Jap fishermen continue to come over and we have arrested them. They will not be returned unless Japan agree to our fair proposal. This is our justification for not agreeing to the preliminary agreement you made with Shigemitsu. You should make this clear to the press and let the situation be made known to the American public. In the meantime we will do our best to reveal the facts.

You mentioned that the Japs refuse to discuss the matter concerning the deportation of trouble-making Koreans because there is no extradition law between our two countries. If that is the reason the Japs refuse to talk more that will be the and of the whole matter. We will not release their fishermen whether or not they have completed their terms.

I wish you would send us a copy of your letters so that we can send it minister Han in Washington. Meanwhile you must keep on demanding the Jap government not to deal with north Korean communist regime regarding Korean communist who go back and forth between Japan and north Korea. We consider that as a hostile action against the ROK government.

번역

1956년 5월 1일

수신인: 김용식 공사
발신인: 대통령

4월 26일 자 서한을 통해 일본이 진정성 있는 대화를 하고 있지 않다는 사실을 확실히 알 수 있었습니다. 일본 외교관들의 이중성을 노출시켜야 한다는 데 동감합니다. 외무상과 법무상의 편으로 나뉘어 일본 정부가 두 곳인 것 같은데 한국 정부를 상대하는 일본 정부의 대표자가 누구인지 알고 싶다고 전하기 바랍니다. 최소한 한 가지는 확실해졌습니다. 예비교섭을 시작하자는 일본 정부의 제안에 진정성이 결여되어 있었다는 사실입니다.

일본 정부가 협의 없이 한국 국민들을 수년간 억류했기 때문에 우리 측이 형기를 마쳤음에도 일본 어민들을 석방하지 않고 있는 것인데, 이로 인해 시게미쓰가 일본인들의 비난을 받고 있습니다. 일본 정부가 우리 국민들을 석방하지 않으면 우리도 형기를 마친 일본 어민들을 계속 억류할 계획입니다. 일본이 불법 입국자들을 한국으로 추방할 수 있다면 한국에서 범죄를 저지른 후 일본 정부가 일본 입국을 허락한 이들(선우 및 기타 인물들) 또한 불법 입국자와 같은 유형으로 구분해야 한다고 주장해야 합니다. 이것을 우리의 확고한 입장으로 내세워야 합니다. 일본 정부가 (이전 서한에서 언급한) 한국인 범죄자들을 추방자 명단에 포함시키지 않으면 일본의 제안을 수용하지 않을 것입니다.

또한 일본 어민들이 계속해서 평화선을 넘어와서 체포를 했습니다. 일본이 우리가 제시한 타당한 조건에 동의하지 않는 한 일본 어민들을 송환하지 않을 계획입니다. 김 공사가 시게미쓰와 합의한 사항에 동의하지 않는 데 대한 정당한 대응입니다. 이것을 언론에 명확히 전달하고 미국의 대중에게도 상황을 알려야 합니다. 진실을 알리기 위해 최선을 다해야 할 것입니다.

양국 간에 범죄자 인도에 대한 법이 수립되어 있지 않기 때문에 일본이 문제 유발 한국인의 추방에 대한 논의를 거부하고 있다고 언급했는데, 이러한 이유로 일본이 대화를 거부한다면 더 이상의 논의도 없을 것입니다. 형기를 마쳤든 마치지 않았든 이 경우에는 일본 어민들을 석방하지 않을 것입니다.

워싱턴의 한 공사에게 보낼 수 있게 김 공사가 보낸 서한의 사본을 송부해 주십시오. 또한 일본과 북한 사이를 오가고 있는 한국인 공산주의자와 관련하여 북한 공산 정권과 상대하지 않을 것을 일본 정부에 계속해서 요구해야 합니다. 공산 정권을 상대하면 대한민국 정부에 대한 적대 행위로 간주합니다.

18. 억류자 문제 4월 2일 합의에 관한 김용식 공사의 보고 서한

1518 TO: Office of the President

FROM: Minister Yong Shik Kim

SUBJECT: Explanations on the April Second Agreement on the Detainee Issue

With regard to Japanese reactions on the arrangement on the detainee issue as appearing in Japanese newspapers here, a report was made to the Government by cable No. TS-90407 on April 3, but in addition to the Japanese reactions, it is deemed necessary to make explanations, paragraph by paragraph, on the provisions of the agreement reached between Shigemitsu and myself on April 2 from our standpoint.

The agreement provides:

1. that Japan will release in Japan those Korean detainees at Omura who entered Japan before the end of world war II,

2. that Korea will release Japanese fishermen who completed their respective prison terms and will accept deportation of Koreans who entered Japan by illegal means after the end of world war II,

3. that whether the released Korean detainees will remain In Japan or return to Korea will be left up to their free will, and

4. that procedural matters for the release of Korean detainees will be discussed and decided by the working level between the two side.

A. With regard to Article 1

This is the most important article of the present agreement, for it is immediately connected with the legal resident status of those Koreans who, entering Japan before 1945, have continuously resided in Japan. Regarding this issue, the Japanese view was that Japan has the right to compulsorily deport all the Koreans, regardless of whether or not they had entered Japan before the end of world War II, since they are foreign nationals (Korean nationals).

On the other hand, the Korean argument was that Japan has no right to compulsorily deport those Koreans who entered Japan before the end of
1519 World War II. Japan should not unilaterally deport these Koreans pending the settlement of the legal status and treatment of such Koreans at the formal Korea-Japan conference And Japan, therefore, should not detain any of such Koreans in Japanese detention camps for the purpose of deportation, and they are entitled to enjoy their free will with respect to their desire to return home or remain in Japan. SCAP also gave such Koreans in Japan a free choice between remaining in Japan and going back to Korea.

If the problem on whether such pre-war Koreans in Japan are subject to deportation were once decided disadvantageously to the Korean side, the interest of the whole Korean residents here would definitely be menaced, and if they are deported to Korea, they will be obliged to leave behind all their immovable properties In Japan, except for a few packages of personal effects.

From this standpoint, our side was bound to have Japan recognize this insistence of ours. On this point, Japan officially accepted our insistence in the April 2 agreement. Therefore, it can be said that Japan recognized the principle that the pre-war-end Koreans should not be subject to compulsory deportation, for she decided to release the pre-war-end Koreans detained in the Omura Camp. In this connection, some Japan newspapers contended that, in the April 2 agreement, only Korea's insistence was accepted, while Japanese view were disregarded.

B. With regard to Article 2

This article provides (1) that Korea will release only those Japanese fishermen who completed their prison terms and (2) that she will accept the deportation of Koreans who entered Japan by illegal mans after the liberation of Korea.

The main reason why the 'Korean Government detained even those Japanese fishermen who completed their respective prison terms was that Korea was obliged to do so, because Japan adamantly refused to release pre-war-end Koreans from Omura despite that Japan has no right to detain such Koreans in the light of international practice. Now, since Japan agreed. to release such pre-war-end Koreans, there exists no reason why Korea hodd continue to detain Japanese in Korea at the public expense of the Government. Another point which should not be overlooked in this connection is that Korea agreed only on the release of those Japanese who served out their sentences. Japan, in the beginning of negotiations on the detainee issue, strongly demanded that Korea release all the Japanese fishermen now in Korea, irrespective of whether or not they completed their prison terms. But our side insisted that Korea can not release Japanese fishermen who have not finished their prison terms, particularly because we wanted to it Japan give at least tacit approval to the
1520 sentences imposed by Korean courts upon Japanese Fishermen on the change of violation of our Peace Line. Thus, it is particularly significant that Korea agreed only to the release of such Japanese who served cut their sentences.

In respect of the acceptance of the simple illegal entrants after the end of the war, it is the policy of the Government that Korea will accept the deportation of bona fide post-war smugglers, particularly because they also committed the Korean law when they illegally got our of Korea for Japan. The reason why

Korea so far refused to accept the deportation of Koreans belonging to this category was that Korea only wanted to give Japan a considerable pressure so that Japan should agree to release pre-war-end Koreans from Omura at an earliest possible date.

It is also true the Japan held such a large number of Korean smugglers at the cost of a considerable financial burden on the port of the Japanese Government. Another reason for our temporary refusal to accept the deportation of Korean smugglers after 1945 is that Japan sometimes deported deceitfully a number of pre-war-end Koreans together with simple illegal entrants.

Now that Japan agreed to release pre-war-end Koreans from Omura, it has come to be possible that Korea will receive such smugglers in compliance with international practice. In this connection, it should be noted that Korea also had better accept such deportation of illegal entrants for a thorough investigation in Korea, because there may be quite a number or Communists elements as well as criminals suspected, who fled from Korea for fear of their arrest by the Korean police among about 1,000 illegal entrants now under detention in Omura.

C. With regard to Article 3

Since Japan agreed to release pre-war-end Koreans numbering about 400 from Omura, they will be set free in Japan in the near future. It is also expected that, after being set free, there are some who are desirous of returning to Korea at their free will to meet their parents and families in Korea. In this case, there will be no reason why Korea should compulsorily let them remain in Japan. They are also eligible to return to Korea as free men, just as other pre-war-end Koreans are repatriated to Korea at their own free will. In fact, every month there are a few hundred pre-war-end Koreans who apply to this Office for issuance of the repatriation certificate, being voluntarily desirous of returning to Korea. The pre-war-end Korean detainees, upon being released from Omura, should be treated just as other pre-war-end Koreans in Japan are. Thus, this office agreed to insert in tile agreement a paragraph that whether the released Korean detainees will remain in Japan or return to Korea will be left up to their free will.

D. With regard to Article 4

1521 This article just provides the procedural matter on how to implement the other three as above. The various technical matters on how to take care of those detainees after being released, to arrange the shipping schedule, to confirm the bona fide illegal entrants, etc. are to be decided at meetings of the Working Party composed of representatives of this Office and the Japanese Government.

However, in view of the fact that Japanese Justice Ministry officials are still dissatisfied with Shigemitsu's acceptance of our insistence, it is deemed necessary that representatives of this Mission should always be on alert in dealing with Japanese representatives of the Working Party.

In connection with the Japanese reactions on the terms of the arrangements, as reported previously, most of Japanese newspapers editorially charged that the Japanese Government made too much concession to the Korean side, no matter how reservedly Japanese people in general try to comment on the three-point arrangement. Such being the case, our side will also have to be careful about the Japanese Government's actions on the implementation of the arrangement in the future.

One Important thing that must be added is that it is also a serious problem how those released detainees will be taken care of because most of them are "repeated criminals" and also penniless without the place where to be accomodated. Of course, our side will strongly demand that Japan take care of all these released people.

COPY TO: Foreign Minister

번역 수신처: 대통령실

발신인: 김용식 공사

제목: 억류자 문제 관련 4월 2일 자 합의에 대한 설명

일본 신문이 보도한 억류자 문제에 대한 합의사항에 일본이 어떻게 반응했는지 4월 3일 자 전보 TS-90407로 정부에 보고드렸습니다. 추가적으로 4월 2일에 시게미쓰와 제가 합의한 조건을 항목별로 우리 입장에서 설명드릴 수 있다고 생각했습니다.

합의한 내용은 다음과 같습니다.

1. 일본은 제2차세계대전 종전 전 일본에 입국한 한국인들을 오무라수용소에서 석방한다.
2. 한국은 형기를 마친 일본 어민들을 석방하고 제2차세계대전 종전 후에 불법적인 방법으로 일본에 입국한 한국인의 추방을 수용한다.
3. 석방된 한국인 억류자의 일본 잔류 또는 한국 귀환 여부는 당사자가 선택한다.
4. 한국인 억류자의 석방에 대한 절차상의 문제는 양국이 실무급에서 논의하여 결정한다.

A. 제1조 관련

1945년 이전에 일본에 입국했으며 일본에서 계속 거주해 온 한국인들의 합법적 거주자 신분과 직접적으로 연관되어 있기 때문에 현재 합의한 내용 중 가장 중요한 조항입니다. 외국인(한국 국적자)이기 때문에 제2차세계대전 종전 이전 일본 입국 여부와 무관하게 모든 한국인을 강제 추방할 수 있는 권리를 일본이 보유한다는 것이 일본의 주장이었습니다.

우리 측은 제2차세계대전 종전 전 일본에 입국한 한국인을 강제로 추방할 권한은 일본에 없으며, 한국과 일본이 공식적인 회담에서 이러한 한국인의 법적 지위와 처우에 대해 합의할 때까지 일본이 이들을 일방적으로 추방하지 않아야 한다고 주장했습니다. 또한 이러한 한국인 중 누구도 추방을 목적으로 일본 수용소에 억류하지 않아야 하고, 여기에 해당하는 한국인들은 본국 귀국 또는 일본 잔류 여부를 자유롭게 결정할 권한을 보유한다는 것이 우리의 입장입니다. 연합국최고사령관(SCAP) 또한 이러한 재일한인들이 일본 잔류 또는 한국 귀환을 자유롭게 선택할 수 있는 권한을 부여한 바 있습니다.

종전 전 입국 한국인이 추방 대상인가의 여부가 한국 측에 불리하게 결정되면 재일한인 전체의 이익이 결국 위협받을 것이고, 이들이 한국으로 추방된다면 개인 물품 몇 박스를 제외한 일본 내 모든 부동산을 남겨두고 떠나게 될 것입니다.

따라서 일본이 우리 측의 주장을 수용하게 해야만 했고, 일본은 4월 2일 합의를 통해 한국 측의 조건을 공식적으로 받아들였습니다. 일본이 오무라수용소에 억류 중인 종전 전 입국 한국인들을 석방하기로 결정했으므로 종전 전 입국 한국인들은 강제 추방 대상이 아니라는 원칙을 수용했다고 말할 수 있습니다. 일부 일본 신문은 4월 2일 합의사항을 통해 한국 측의 조건만 수용하고 일본의 의견은 묵살되었다며 비판했습니다.

B. 제2조 관련

이 조항은 (1) 한국은 형기를 마친 일본 어민들만 석방하고, (2) 한국 해방 이후 불법적인 수단으로 일본에 입국한 한국인의 추방을 받아들일 것이라는 내용입니다.

한국 정부가 형기를 마친 일본 어민들을 억류하고 있는 것은 일본이 국제 관행에 따라 그렇게 할 권한을 보유하지 않음에도 불구하고 종전 전에 입국한 한국인들을 오무라수용소에서 석방하는 것을 단호하게 거부했기 때문에 어쩔 수 없는 선택이었습니다. 이제 일본이 종전 이전 입국 한국인을 석방하기로 합의했으므로 한국이 공적 자금을 소모하며 일본인들을 계속 억류할 이유가 사라졌습니다. 여기에서 간과해서는 안 되는 또 다른 사실은 한국이 형기를 마친 일본인을 석방하는 데에만 합의했다는 점입니다. 억류자 문제에 대한 협의를 시작할 때 일본은 형기 종료 여부와 관계없이 현재 한국에 억류되어 있는 모든 일본 어민들을 석방할 것을 강력하게 요구했습니다. 평화선 위반 혐의로 한국 법정이 일본 어민들에게 부여한 형기를 일본이 암묵적으로나마 인정하는 것이 우리 측이 특히 바랐던 바이기 때문에, 한국이 형기를 마친 일본인들의 석방에만 합의했다는 사실이 매우 중요합니다.

종전 후 단순 불법 입국자의 수용에 대해서는 이들이 한국에서 일본으로 불법 출국하면서 한국 법도 위반했기 때문에 전후 불법 입국자(smugglers)의 추방을 수용한다는 것이 우리 정부의 방침입니다. 현재까지 이러한 한국인의 추방을 수용하지 않은 것은 최대한 조속한 시일 내에 오무라수용소에서 종전 이전 한국인 석방 합의를 함에 있어 일본을 강력히 압박하기 위한 선택일 뿐이었습니다.

일본 정부가 상당한 재정적 부담을 감내하며 다수의 한국인 불법 입국자들을 억류하고 있는 것도 사실입니다. 우리가 일시적으로 1945년 이후 입국한 한국인 불법 입국자의 추방을 거부하고 있는 또 다른 이유는 일본이 일부 종전 이전 입국 한국인들을 단순 불법 입국자로 속여 추방한 전적이 있기 때문입니다.

이제 일본이 종전 이전 입국 한국인들을 오무라수용소에서 석방하기로 합의했으므로 한국도 국제 관행에 따라 불법적으로 입국한 한국인들을 수용할 수 있게 되었습니다. 특히 오무라수용소에 억류 중인 1,000여 명의 불법 입국자 중에는 한국 경찰에 체포될 것이 두려워 한국을 떠난 범죄 용의자와 공산분자들도 상당수 포함되어 있을 가능성이 있기 때문에 한국에서 철저하게 조사하기 위해서는 불법 입국자의 추방을 수용하는 것이 좋다고 생각합니다.

C. 제3조 관련

일본이 종전 전 입국 한국인 약 400명을 오무라수용소에서 석방하기로 합의했기 때문에 이들은 근 시일 내에 일본에서 자유의 몸이 될 것입니다. 또한 석방 후에 한국의 부모님과 가족을 만나기 위해 한국으로 귀국하기를 바라는 이들이 있습니다. 한국이 이들을 강제로 일본에 잔류시킬 이유는 없을 것입니다. 다른 종전 전 입국 한국인이 자유의지로 한국에 송환되는 것과 마찬가지로, 이러한 한국인들 또한 자유의 몸으로 귀국할 권리를 가집니다.

사실상 매달 수백 명의 종전 이전 입국 한국인들이 자발적으로 한국에 귀국하기를 원해 송환 허가를 신청하고 있습니다. 종전 전 입국 한국인 억류자들은 오무라수용소에서 석방된 후 일본 내 다른 종전 전 입국 한국인들과 동일하게 취급받을 것입니다. 이러한 이유에서 일본과의 합의사항에 석방된 한국인 억류자의 일본 잔류 또는 한국 귀환 여부는 이들의 자유의지에 따라 결정한다는 내용을 삽입하기로 합의했습니다.

D. 제4조 관련

위에서 말한 세 가지 사항을 이행하는 방식에 관한 절차상의 문제에 대한 조항입니다. 주일 대표부와 일본 정부 관계자들로 구성된 실무위원회에서 석방 후 억류자 관리, 해운 일정 수립, 선량한 불법 입국자 확인 등 여러 가지 기술적인 문제에 대한 결정을 내려야 합니다.

그러나 여전히 일본 법무성 관계자들이 시게미쓰가 우리 측 요구를 수용한 것에 불만을 가지고 있음을 고려하여 주일 대표부는 실무위원회의 일본 대표자들을 상대할 때 항상 경계하는 자세를 유지해야 할 것입니다.

기존에 보고드렸듯이 일반적인 일본인들은 세 가지 합의사항에 대해 운운하기를 삼가고 있지만 대부분의 일본 신문 사설에서는 일본 정부가 한국에 너무 많이 양보했다고 비판했습니다. 우리도 앞으로 합의사항을 이행하는 과정에서 일본 정부가 보이는 행동에 대해 신중한 태도를 취해야 할 것입니다.

억류자의 대부분이 머무를 곳 없는 상습범이자 극빈자이기 때문에 석방 후에 이들을 어떻게 관리할 것인지도 심각한 문제입니다. 물론 석방한 모든 한국인을 신경 써달라고 일본에 강력하게 요구할 계획입니다.

사본: 외무부 장관

21. 이승만 대통령이 김용식 공사에게 보내는 서한

1524 8 May 1956

To: Minister Yong Shik Kim

From: the President

I have received your reports of 3 May, including your Political Report No. 17. With the Japanese Ministry of Justice and the Minister of Foreign Affairs disagreeing among themselves we cannot do much more than you have been doing. But of course you must continue to reveal Japan's diplomatic duplicity as strongly as possible, and give correct information to the Japanese public as well as outsiders. I hope our Embassy in Washington is doing something along these lines also.

I want you to think over very carefully whether this is now an opportune time to demand reparations. The Philippines' repatriation question is settled, I understand. According to a report the Japanese have agreed to pay 800 million dollars for four years of occupation of the Philippine Islands. We had better ask Japan for eight billion dollars. Of course this is only my suggestion for you to think over and discuss with some of your trustworthy confidants and friends. We might as well tell the world that we have exhausted every means to reach some agreement with Japan for permanent peaceful relations. In order to do so, as We have explained, Japan must show her desire to be a peaceful neighbor to Korea by settling our minimum terms. Instead, she claims nearly all the Korean peninsula and its properties and absolutely refuses to retract her preposterous claims which are positively in violation of the Japanese peace treaty. We asked Japan to accept our peace line for the sake of peaceful relations between our two peoples and their fisheries interests, but now Japan threatens to expel some 700,000 Korean residents in Japan without any compensation and will not allow them to bring their own properties to Korea. If Japan insists on returning some of the Korean residents we may consider receiving them if the Japanese Government compensates the Korean residents and also allows those who have property to take it along with them.

Japan has benefited by United States aid and by supplying raw materials, war machines and weapons for the Korean war. There are certain American friends who would give everything they could to make Japan richer and stronger. At present the Japanese Government has in reserve $1\frac{1}{2}$ billion dollars, but refuses to return the Korean gold reserves which they took away from Korea with no reason or excuse.

1525 Japan propagandists tell the world that President Rhee, out of hatred for the Japanese, makes peaceful relations with the two countries impossible. We would like to know what Japan has done to show her love for Korea and Koreans. We have told Japan that we are willing to forgive and forget the past if they are willing to meet us half way. But they never think of meeting us half way. They are still the domineering and conqueror nation of Asia, suspected and feared by all other Asiatic peoples. We are willing to forgive and forget the past, but we cannot forgive and forget what the Japanese are doing now. We do not love them enough to tell them to come and take the 85% of our property they claim and give them our nation.

번역

1956년 5월 8일

수신인: 김용식 공사
발신인: 대통령

주일 대표부 정치보고서 제17호가 포함된 5월 3일 자 보고서를 잘 받았습니다. 일본 법무성과 외무성의 의견이 대치되고 있는 상황에서 김 공사가 해온 활동 외에 우리가 추가로 취할 수 있는 조치는 없을 듯합니다. 그래도 계속해서 일본 외교의 이중성을 최대한 강력하게 드러내고 일본 대중과 외부인들에게도 올바른 정보를 제공하기 위해 노력해 주시기 바랍니다. 주워싱턴 대사관도 이러한 맥락에서 무언가 노력하고 있기를 바랍니다.

지금이 송환을 요구하기에 적절한 시기인지 매우 신중히 생각해 보기를 바랍니다. 필리핀의 보상 문제가 해결되었다고 알고 있습니다. 한 보고서에 따르면 일본이 필리핀제도를 4년간 점령한 데 대해 8억 달러를 지불하기로 합의했다고 합니다. 우리는 일본에 80억 달러를 요구해야겠습니다. 물론 제안해 보는 내용일 뿐이니 생각해 보고 믿을 만한 동료들과 논의해 보시기 바랍니다. 영구적인 평화 관계를 위해 일본과 합의를 도출하고자 모든 수단을 시도해 봤다고 전 세계에 알릴 수도 있을 것입니다. 그렇게 하기 위해서는 이미 설명했듯이 일본이 우리가 제시한 최소한의 요구를 수용하여 한국의 평화로운 이웃이 될 의지를 보여주어야 합니다. 하지만 일본은 반대로 한반도와 한반도가 지닌 대부분의 재산에 대한 권리를 주장하며 대일강화조약에 명확하게 위배되는 가당치 않은 주장을 철회하기를 강력하게 거부하고 있습니다. 양국 국민 간의 평화로운 관계와 어업의 이익을 위해 평화선을 인정할 것을 요청했으나 현재 일본은 어떠한 보상도 없이 재일한인 약 70만 명을 추방하고 재산을 한국으로 가져가지 못하게 하겠다며 위협하고 있습니다. 일본이 이들의 추방을 고집하는 경우, 일본 정부가 보상을 제공하고 재산을 보유한 자들이 함께 떠날 수 있도록 허용할 시 재일한인의 송환 수락을 고려할 수 있습니다.

일본은 미국의 원조를 받고 한국 전쟁에 원자재, 군수 및 무기를 공급하며 이익을 봤습니다. 일부 미국인들은 일본을 더욱 부강하게 만들기 위해서라면 무엇이든지 줄 의향이 있는 듯합니다. 현재 일본 정부는 15억 달러를 보유하고 있으나 어떠한 이유나 명분도 없이 가져간 한국의 금괴 반환을 거부하고 있습니다.

일본의 선전원들은 이승만 대통령이 일본인에 대해 품은 분노로 인해 양국이 평화로운 관계를 구축하지 못하고 있다고 전 세계에 말하고 있습니다. 일본이 한국과 한국인들에 대한 애정을 보여주기 위해 어떠한 노력을 했는지 묻고 싶습니다. 일본이 타협한다면 과거를 용서하고 잊을 의향이 있다고 말했지만 일본은 타협할 생각을 조금도 하지 않고 있습니다. 여전히 일본은 아시아의 지배자이자 정복자로 군림하고 있으며 다른 모든 아시아인은 일본을 의심쩍어 하며 두려워하고 있습니다. 과거를 용서하고 잊어줄 의향은 있지만 지금 일본이 보이고 있는 행태를 용서하거나 잊을 수는 없습니다. 그들이 주장하는 우리 재산의 85퍼센트를 와서 가져가라고 하고 우리나라를 넘겨줄 만큼 일본을 사랑하지는 않습니다.

28. 북한으로 간 한국인 48명 사건에 대한 우리 대표부의 견해 보고 서한

1541 JULY 12, 1956

TO: OFFICE OF THE PRESIDENT

FROM: MINISTER YONG SHIK KIM

SUBJECT: ACTIVITIES OF THIS OFFICE ON THE CASE OF THE 48 KOREANS GOING TO NORTH KOREA

1. In view of the seriousness of this case, this Office had been determined to prevent these Koreans by all means from leaving Japan for North Korea via Red China. This Office was always on the alert, against the movement of the 48 Koreans in question. This group of the 48 Koreans consisted of 14 men, 11 women and 23 children. But what this office was most concerned about was that Japan might try to establish a precedent. This is particularly true because among the 48 Koreans there are included some five Koreans who had been detained in the Omura detention camp. It is, therefore, easily thought of that the Japanese Government might try to make use of this case in weakening our position not only in regard to the Omura case but also in handling Korean residents in Japan as a whole.

2. Under these circumstances, this Office had already filed a most energetic protest in a written form with the Japanese Government against its action on issuance of exit permits to the said Koreans. And in the mean time, this Office

found out that the 48 Koreans are the same persons who had conducted a week-long sit-down strike at the gate of the Japan Red Cross Headquarters requesting that they be allowed to get a board "Kojima" Maru which had sailed for North Korea Sometime in April to pick up some 36 Japanese nationals formerly residing in North Korea. But at that time, the Japan Red Cross did not allow them to go to North Korea aboard the Kojima Maru due to our strong objection.

But this time, the Japan Red Cross shrewdly made a contract with a British Shipping Company for transporting the 48 Koreans to Shanghai. Japan's tactics was believed to be that she makes a third country get involved in this case.

Thus, on July 2, this Office got in touch with the British Embassy here and found out that although the Japan Red Cross applied to the Embassy for visas good for Hong Kong on behalf of the 48 Koreans, the Embassy did not issue visas for them. But the Embassy implied that the Japan Red Cross might negotiate with the International Red Cross in Geneva on the issuance by the IRC of the so-called travel documents for the 48 Koreans.

(This information was immediately transmitted to the Government.)

In the meantime, this office received information that a British vessel SS Hunan would transport the Koreans from Miike port, Kyushu, to Shanghai
1542 on or about July 9. Under these circumstances, this office again dispatched Consul-General Choi to the British Embassy here. He met Counseller Selby and made a strong representation to the effect that the Korean Government has strongly opposed to any British vessel transporting them to Red China. We particularly pointed out to the Embassy that these Koreans, without holding documents issued by the Republic of Korea authorities concerned, are attempting to proceed to North Korea via Red China aboard a British vessel to join the Korean Communist Puppet Regime which is the common enemy of the UN including the Republic of Korea and Britain. And we requested the

Embassy to take appropriate steps so that the Butterfield and Swire would refrain from transporting them to Shanghai.

On July 6, the Manager of the Tokyo Branch of the Butter-field and Swire Company visited Consul-General Choi, who told the Manager that the Company should not transport them to Shanghai, explaining about the reason why our Government is so strongly opposed to anyone transporting them to Red China. Separately from political & Legal arguments, we emphasized to the manager that it was inadvisable for the Company to get involved in this case. The Manager finally told us that he would send a wire to his head office in London to receive instructions on this matter.

On the same day, this Office again requested the Japanese Foreign Ministry to promptly stop the departure of these Koreans.

On July 7. this Office instructed our Fukuoka Branch Office to take proper measures to prevent the departure of the Koreans from Miike and to mobilize loyal Koreans in Kyushu to carefully watch the movement of the 48 Koreans.

In the meantime, I met Ambassador Allison and requested that the Ambassador render his good offices for prevention of the departure of these people (on July 7). I also visited the Japanese Foreign Ministry and told Japanese that Japan's failure to stop their departure would bring about most serious consequences for which the Japanese Government should be solely responsible.

In the meantime, this Office received Information that SS Hunan changed its course and would not call at any Japanese ports. We confirmed the above-information through the Butterfield and Swires manager who told us that the Company has no intention to transport these Koreans in question in the foreseeable future and that the SS Hunan would not call at Japan.

Thus, so far the departure of the Koreans in question has been stopped anyway.

3. But in view of the fact that both the Japan Red Cross and the International Red Cross Committee have been involved in this case, this Office thought that it had better tell them that they should not render any assistance to such Koreans as attempting to proceed to north Korea. Thus, on July 10, Consul-General Choi met vice-president of the Japan Red Cross and Mr. Angst, Tokyo representative of the International Red Cross Committee. We strongly demanded that that Japan Red Cross should not render any assistance to the Koreans going to North Korea and that the IRC should immediately withdraw
1543 the so-called international travel documents issued to the Koreans. Mr. Angst assured us that he would transmit the request to Geneva.

4. On July 10, I visited General Lemnitzer at his office and requested the General to render good offices for preventing the departure of the 48 Koreans from Japan. To the General, I handed over a copy of a cable we sent from the Government to Geneva. The General was fully in agreement with us on the necessity for stopping the Korean's departure from Japan.

5. In the course of the conversation on July 10 between Mr. Choi and Japan Red Cross officials, Mr. Inouyo, chief of the Japan Red Cross Liaison Department said as follows :

"Sometime in December 1953, the JRC sent an official cablegramme to the IRC in Geneva to the effect that if the north Korean Red Cross provided assistance for Japanese nationals residing in north Korea in their attempt to be repatriated Japan, the JRC would be ready to extend the similar assistance to Korean residents in Japan in their attempt to go to north Korea. The TRC also requested the IRC to transmit the message to the north Korean Red Cross. The JRC received a reply from the north Korean Red Cross through the IRC in Geneva, confirming the north Korean Communist agreement on the proposal made by the JRC."

In this connection, it is reminded that the north Korean puppet Red Cross rendered assistance to the 36 Japanese residents in north Korea so that the Japanese could return to Japan in April. Thus, it is almost certain that the Japan Red Cross was reciprocating the so-called north Korean Communists' assistance in the Japanese repatriation to Japan in April. Now, it is evident that there has been reached a secret arrangement between the JRC and the north Korean Red Cross through the intermediary of the IRC in Geneva.

6. In view of the above-mentioned facts, the Japan Rec cross, the north Korean Red Cross and the IRC in Geneva are equally to blame. Regarding the question of the Korean residents in Japan, it is a strictly intragovernmental issue pending between the Republic of Korea & Japan. It will be imperative to crush down the so-called triangular arrangement on Koreans' going to north Korea.

7. According to recent information received by this Office, the Japan Red Cross is dispatching SS Koan Maru to Tangku, Red China to pick up a number of former Japanese war-criminals in Red China. The vessel is reportedly to sail from Maizuru to Red China on July 17. Thus, this office is now carefully watching whether the Japan Red Cross will allow the 48 Koreans to board the SS Koan Maru, while it has instructed loyal Koreans in Maizuru areas to present the 48 Koreans from getting a board the Koan Maru.

8. Thus, it is recommended that in our effort to smash the so-called triangular arrangement, our Red Cross issue a strong statement, making a charge against the IRC, the Japan Red Cross and the north Korean Red Cross. And it is also recommended that the Government carefully make a study on the possibility of taking a sort of retaliatory measure, such as our Naval vessels'

visiting the vessel transporting these Koreans and arresting them on the high seas, in case any foreign vessel transports them north Korea via Red China.

9. This office will closely watch whether any neutral nation's vessel (Norway, Sweden, etc.) will carry the 48 Koreans to Red China, while continuing to make protest to the Japanese Government on this matter.

/s/ Yong Shik Kim

번역

1956년 7월 12일

수신처: 대통령실
발신인: 김용식 공사

제목: 북한으로 가는 48명의 한인 사건에 관한 본 대표부의 활동

1. 본 대표부는 이 사건의 심각성을 감안, 모든 수단을 동원하여 이 한인들이 일본을 출국하여 공산 중국을 경유, 북한으로 가는 것을 막기로 결심하였습니다. 본 대표부는 문제의 한국인 48명의 이동에 대해 항상 경계 태세를 유지하고 있었습니다. 48명의 한국인은 남자 14명, 여자 11명, 어린이 23명으로 구성되어 있었습니다. 그러나 대표부가 가장 우려했던 것은 일본이 선례를 남기려 할지도 모른다는 점이었습니다. 특히 48명의 한인 중에는 오무라수용소에 구금되어 있던 5명의 한인이 포함되어 있었기 때문에 더욱 그러했습니다. 일본 정부가 이번 오무라 사건뿐 아니라 재일한인 전반에 대한 우리의 입지(입장)를 약화하는 데 해당 사건을 이용할 가능성 또한 쉽게 생각해 볼 수 있습니다.

2. 이러한 상황에서 본 대표부는 이미 일본 정부의 상기 한국인들에 대한 출국 허가

조치에 대해 일본 정부에 서면으로 강력히 항의한 바 있습니다. 그 와중에 본 대표부는 48명의 한인이 지난 4월경 북한에 거주하고 있던 일본인 36명을 태우기 위해 북한으로 출항한 '고지마' 마루(호)에 승선을 허용해 줄 것을 요구하며 일본 적십자사 본부 정문에서 일주일간 연좌 농성을 벌였던 사람들과 동일 인물이라는 사실을 알게 되었습니다. 그러나 당시 일본적십자사는 우리의 강력한 반대에 부딪혀 이들이 고지마 마루(호)를 타고 북한으로 가는 것을 허용하지 않았습니다.

그러나 이번에는 일본적십자사가 교묘하게 영국 해운회사와 48명의 한인을 상하이로 이송하는 계약을 맺었습니다. 제3국을 끌어들여 이 사건에 개입하게 하는 것이 일본의 전술로 여겨졌습니다.

따라서 본 대표부는 7월 2일 주일 영국 대사관을 접촉했고, 일본적십자사가 48명의 한인을 대신하여 홍콩 입국이 가능한 비자를 대사관에 신청했지만 대사관이 비자를 발급하지 않았다는 사실을 알게 되었습니다. 그러나 대사관은 일본적십자사가 제네바에 있는 국제적십자위원회와 한국인 48명을 위한 이른바 여행증명서 발급에 대해 협상할 수 있음을 암시했습니다.

(이 정보는 즉시 정부에 전달되었습니다.)

한편 대표부는 영국 선박 SS후난호가 7월 9일경 규슈 미이케항에서 상하이로 한인들을 수송할 것이라는 정보를 입수했습니다. 당시 이러한 상황에서 대표부는 최 총영사를 주일 영국 대사관에 보냈고, 그는 셀비 참사관을 만나 영국 선박이 이들을 공산 중국으로 수송하는 것을 한국 정부가 강력히 반대한다는 입장을 표명했습니다. 특히 대사관 측에, 이 한인들이 대한민국 당국이 발급한 서류를 소지하지 않은 채 대한민국과 영국을 포함한 유엔의 공동의 적인 북한 공산주의 괴뢰 정권에 합류하기 위해 영국 선박을 타고 공산 중국을 경유해 북한으로 가려는 시도를 하는 것임을 지적했습니다. 그리고 우리는 버터필드호와 스와이어호가 그들을 상하이로 수송하는 것을 자제할 수 있도록 대사관이 적절한 조치를 취해줄 것을 요청했습니다.

7월 6일 버터필드 앤드 스와이어사의 도쿄지점장이 최 총영사를 방문했는데, 최 총영사는 우리 정부가 이들을 중국으로 이송하는 것을 강력히 반대하는 이유에 대해 설명하면서 상하이로 이송해서는 안 된다는 입장을 전달하였습니다. 정치적, 법적 논쟁과는 별개로 우리는 관리자에게 회사가 이 사건에 관여하는 것은 바람직하지 않다는 점을 강조했습니다. 마침내 관리자는 런던에 있는 본사에 전문을 보내 이 문제에 대한 지시를 받겠다고 말했습니다.

같은 날, 대표부는 일본 외무성에 이 한인들의 출국을 조속히 중지해 줄 것을 재차 요청하였습니다.

7월 7일 대표부는 후쿠오카 출장소를 향해 미이케에서 한인의 출국을 막기 위한 적절한 조치를 취하고 규슈에 있는 충성스러운 한인을 동원하여 48명의 한인의 동태를 주의 깊게 관찰할 것을 지시하였습니다.

한편 본직은 앨리슨 대사를 만나 이들의 출국 방지를 위해 미 대사관이 적극 나서줄 것을 요청하였습니다(7월 7일). 또한 일본 외무성을 방문하여 일본이 이들의 출국을 막지 못하면 일본 정부가 전적으로 책임져야 할 가장 심각한 결과가 초래될 것이라는 점을 일본 측에 이야기하였습니다.

그러던 중 대표부는 SS후난호가 항로를 변경하여 일본 어느 항구에도 기항하지 않을 것이라는 정보를 입수하였습니다. 버터필드 앤드 스와이어사 관리자를 통해 위 정보를 확인한 결과, 회사는 가까운 장래에 문제의 한인들을 수송할 의사가 없으며 SS후난호는 일본에 기항하지 않을 것이라고 말했습니다.

따라서 지금까지 문제의 한국인의 출국은 어쨌든 중단되었습니다.

3. 그러나 일본적십자사와 국제적십자위원회가 이 사건에 연관되어 있다는 점을 감안할 때, 대표부는 일본적십자사와 국제적십자위원회를 향해 북한행을 시도하는 한인에 대해 어떠한 지원도 해서는 안 된다는 점을 알려야 한다고 생각했습니다. 이에 최 총영사는 7월 10일 일본적십자사 부사장과 국제적십자위원회 도쿄 대표 앵스트 씨와 면담을 하였습니다. 우리는 일본적십자사가 북한에 가는 한인들에게 어떠한 지원도 해서는 안 되며, 국제적십자위원회가 한인들에게 발급한 이른바 국제여행증명서의 즉각 철회를 요구하였습니다. 앵스트는 우리에게 이 요청을 제네바에 전달하겠다고 언약하였습니다.

4. 7월 10일 본직은 렘니처 장군[1]의 사무실을 방문하여 장군에게 48명의 한인의 출국을 막기 위해 나서줄 것을 요청하였습니다. 본직은 장군에게 정부에서 제네바에 보낸 전문의 사본을 건네주었습니다. 장군은 한인의 일본 출국을 막아야 할 필요성에 대해 우리와 전적으로 의견을 같이했습니다.

5. 7월 10일 최 총영사와 일본적십자사 관계자들 간의 대화 과정에서 일본적십자사 연락부장 이노우에는 다음과 같이 말했습니다.

"1953년 12월 어느 날, 일본적십자사는 제네바에 있는 국제적십자위원회에, 북한적십자사가 일본으로의 송환을 시도하는 북한 거주 일본인들에 대해 지원을 제공한다면, 일본적십자사는 북한으로의 송환을 시도하는 재일한인들에 대해서도 유사한 지원을 제공할 준비가 되어있다는 취지의 공식 전보를 보냈습니다. 또한 국제적십자위원회에 이 메시지를 북한적십자사에 전달해 줄 것을 요청했습니다. 일본적십자사는 제네바의 국제적십자위원회를 통해 북한적십자사로부터 일본적십자사의 제안에 대한 북한 공산주의자들의 동의를 확인하는 회신을 받았다고 밝혔습니다."

이와 관련하여 북한 괴뢰 적십자사가 4월에 재북 일본인들이 일본으로 돌아갈 수 있도록 이들 36명에게 지원을 제공했다는 사실을 상기할 필요가 있습니다. 따라서 일본적십자사가 지난 4월 재일한인의 북한 송환과 관련하여 이른바 북한 공산당의 지원에 보답한 것임이 거의 확실하다고 할 수 있습니다. 이제 일본적십자사와 북한적십자사 사이에 제네바의 국제적십자위원회 중개를 통해 비밀리에 합의가 이루어졌음이 분명해졌습니다.

6. 위에서 언급한 사실에 비추어 볼 때 일본적십자사, 북한적십자사, 제네바 국제적십자위원회는 함께 비난받아 마땅합니다. 재일한인 문제는 엄밀히 말해 대한민국과 일본 사이에 계류 중인 정부 간 문제입니다. 재일한인의 북한행에 대한 이른바 삼각합의를 분쇄하는 것이 급선무입니다.

---

1 Lyman Lemnitzer는 미국의 장군으로, 1955. 3~1957. 6까지 미 극동군 사령관 겸 8군 사령관을 역임하였다.

7. 본 대표부가 최근 입수한 정보에 따르면, 일본적십자사는 공산 중국에 있는 다수의 일본 전범들을 송환하기 위해 SS코안 마루(호)를 공산 중국 탕쿠에 보내는 중이라 합니다. 이 선박은 7월 17일에 마이즈루를 출발해 탕쿠로 항해할 것으로 알려졌습니다. 이에 본 대표부는 일본적십자사가 한인 48명의 SS코안 마루(호) 승선을 허용할지 여부를 예의 주시하는 한편, 마이즈루 지역의 충성스러운 한인들에게 한인 48명이 코안 마루(호)에 승선하지 못하도록 할 것을 지시한 상태입니다.

8. 소위 삼각 합의를 파기하기 위해 우리 적십자사는 국제적십자위원회, 일본적십자사, 북한적십자사에 대해 강력한 성명을 발표하고 이를 고발하는 것이 바람직합니다. 또한 정부는 외국 선박이 우리 국민을 북한으로 이송할 경우, 우리 해군 함정이 우리 국민을 이송하는 선박을 찾아가 공해상에서 나포하는 등 일종의 보복 조치를 취할 수 있는 방안에 대해서도 신중히 검토할 것을 건의합니다.

9. 본 대표부는 중립국 선박(노르웨이, 스웨덴 등)이 우리 국민 48명을 공산 중국으로 이송하는 사례가 있는지 예의 주시하는 한편, 동 사안에 대해 일본 정부에 지속적으로 항의해 나갈 예정입니다.

김용식

29. 조정환 외무부 장관대리가 존 덜레스 미국 국무장관에게 보내는 서한

1544 July 21, 1956

Dear Mr. Secretary:

I have the honor again to refer to the Korea-Japan relations and to discuss some basic aspects of the problem, having an intense apprehension that the growing arrogance of Japan toward Korea, if left unchecked, would come to endanger the very independence of the Republic of Korea.

We have been repeatedly advised of your Government's desire to see friendly relations established between Korea and Japan and also of your Government's willingness to render good offices, if necessary, for bringing this about, of which we are deeply appreciative. Apart from the general desirability of having two neighbouring countries on friendly terms, the particular importance attached to the thought seems to be that with Korea and Japan closely tied together the defense of the free world in the Far East would be greatly strengthened. This is, of course, highly desirable and my Government has been patiently endeavouring for the achievement of this desideratum thus far.

As things are now, however, this desideratum seems more apparent than
1545 real. In order to achieve this, two prerequisites must be met: First, there must be developed between the two countries a genuine friendship; and secondly, Japan must be a nation genuinely and unequivocally anti-communist. For the achievement of the first requisite, there has to be a genuine mutual desire to foster friendship, absolutely devoid of any harmful intentions against the other. An open lip-service to the cause of friendship accompanied by

surreptitious contrivance to undermine the very neighbour whose friendship is avowedly cherished is worse than useless. Korea had this sort of friendship offered by Japan half a century ago and since learned costly lessons through bitter experiences of forty years of slavery under the Japanese "friendship and dispensation of benefits."

When we started the Korea-Japan talks in 1951, we wished to lay a firm basic upon which the future friendly relations between the two countries could be built. With the liquidation of the vestiges of the Japanese domination of Korea, it seemed possible to achieve just solution of various problems arising from the new relations between the two countries. We expected perhaps naively some evidence of the sincere desire on the part of Japan for a genuine friendship, if not repentance. However, to our disappointment and regret, we found the self-same old imperialistic Japan.

1546 Japan claimed eighty-five per cent of the whole property of this country, despite her solemn pledge in the San Francisco Treaty to "renounce all right, title and claim to Korea" and to recognize the validity of dispositions of Japanese property by the United States Military Government in Korea. This is exemplary of the Japanese duplicity and her dual way of behaviour toward the stronger and the weaker. The renascent Japanese aggressive intention toward Korea has been made more expressly manifest by the ignominious Kuboda statement and subsequent numerous statement by responsible officials of the Japanese government, to the effect that Korea-Japan relations could be settled as same as the Japanese armed forces will have been sufficiently strengthened.

Moreover, it is highly doubtful if Japan meets the other pre-requisite, closely related to the former, of being a genuine anti-communist nation. The increasing tendency of the Japanese Government to seek friendly relations with Soviet Russia, Red China and even the north Korean puppet regime should be most significant in judging the Japanese position in our common struggle

against Communist totalitarianism. Japan is now drifting toward neutralism with the belief that it serves her interest best. The surging anti-Americanism, in contrast to the ever increasing friendly gestures in favor of Communist
1547 causes(e. g. the recent Japanese Government's appeal to outlaw atomic weapon and ban hydrogen-bomb test), is clearly indicative of the direction of the Japan's future course.

The brief occupation of Japan by United States Forces has not brought about a reborn Japan that loves freedom and peace. Japan is essentially an imperialistic and totalitarian nation. Like Communist, they respect only power and aspire at conquest. It is only when she has no big sword to brandish that she remains docile and appear to be peace-loving. Her history abundantly attests to this and we Koreans personally experienced this truth beyond any shadow of doubt.

Thanks to the United States' leniency and also to the Korean War, Japan has been completely rehabilitated even to above the pre-war level. What benefit will it be for the free would, if Japan uses her regained power for her own egotistic ends, probably in collaboration with the Communists as she did with Nazism in the last war? Again, what real strength could be added to the defense of the free world, if Korea is superficially allied with Japan on the basis of spurious friendship? I fear that Japan will again prove to be a menace, rather than a dependable ally, to the free world, especially to Asiatic countries and the United States, if her present tendency is not effectively checked before it is too late.

1548 Please let me reiterate that Japan, sitting on the fence and seeking to exploit whatever chance for her own imperialistic ends, could never be a material help to the defense of the free world. I earnestly hope that the United States Government will expert its prestige and influence to check the current dangerous tendency of Japan before, too late for the common interest of the nations concerned and of the free world at large.

I would like, Mr. Secretary, to make it clear that for the Korean Government there can be no possibility whatever of considering a friendly settlement of the outstanding problems with Japan so long as she continues to claim fantastic property rights to this country and maintains her aggressive intentions against us. We will, however, await a complete change of Japanese attitude evidenced by deeds, and in that event we will be ready to enter into talks with Japan for possible future friendship between the two countries.

Can we have friendly relations with this unchanged old Japan? They still do not renounce the notorious claim to "return" eighty-five per cent of our property to Japan. I assure you, Mr. Secretary, there can be no friendship for Korea upon this basis with Japan. If this claim were ever met, it could be nothing but Korea's re-subjugation by Japan. It is, therefore, absolutely necessary that Japan respect the Korea's independence and honour her pledge made in the Peace Treaty in respect to Korea before any friendship between
1549 Korea and Japan can be seriously discussed. We also think the United States Government as a party to the San Francisco Peace Treaty has a moral, if not legal, obligation to see to Japanese observance of the Peace Treaty terms pertaining to Korea in the interest of the close friendship of our two countries and of creating Far Eastern link of free world defend healthier and stronger. We earnestly request the U.S. Government to make a strong and rightful demand upon the Japanese Government to carry out the terms of San Francisco Treaty in respect to Korea. We honestly believe it is a wisdom, as well as an obligation, on the part of U.S.A. to make Japan to observe her treaty obligation to Korea.

Accept, Excellency, the assurance of my highest consideration.

Chung W. Cho

Acting Minister
His Excellency
John Foster Dulles
Secretary of State
United States of America
Washington D. C.

번역

1956년 7월 21일

국무장관님,

한일 관계와 한일 문제의 기본적인 요소들에 대해 논의할 수 있는 영광을 다시 한 번 누리게 되어 기쁘게 생각하며, 한국에 대한 일본의 오만함이 높아져 심히 우려되는 상황에서 이러한 문제들을 짚고 넘어가지 않아 대한민국의 독립을 위협하게 방치해서는 안 될 것입니다.

미국 정부가 우호적인 한일 관계를 바란다는 사실은 여러 차례 들은 바 있으며, 이를 실현하기 위해 필요하면 미국 정부가 도움을 줄 의향도 있다는 점에 대해서도 매우 고맙게 생각합니다. 두 이웃 국가가 우호적인 관계를 구축하는 데 대한 일반적인 희망과는 별개로 이러한 생각이 특히 중요한 이유는 한일 관계가 긴밀하면 극동 지역 자유 진영에 대한 방어를 크게 강화할 수 있기 때문일 것입니다. 이것은 물론 매우 바람직한 지향점이며 한국 정부는 오늘날까지 이러한 바람을 실현하기 위해 인내심을 가지고 정진해 왔습니다.

그러나 현재의 상황을 고려하면 이러한 바람은 현실과는 거리가 있어 보입니다. 이와 같은 목표를 달성하려면 두 가지 전제조건이 충족되어야 합니다. 첫째, 양국이 진정한 우정을 쌓아야 합니다. 둘째, 일본이 확실한 반공 국가가 되어야 합니다. 첫 번째 조건을 충족하기 위해서는 서로를 해하려는 의도가 완전히 배제된 상태에서 진심으로 우정을 도모하려는 상호적 목표가 있어야 합니다. 우정이라는 명분을 그럴싸하게 포장하며 은밀하게 수완을 발휘하는 행태가 이웃 국가와의 관계를 저해하고 매우 부정적인 영향을 미칩니다. 한국은 50년 전 일본으로부터 이러한 종류의 우호 관계를 제안받았고, 그 후 '우정과 시혜'라는 미명하에 40년간의 식민 지배라는 뼈아픈 경험을 통해 값비싼 교훈을 얻었습니다.

1951년 한일회담을 시작하면서 앞으로 양국이 우호적인 관계를 구축할 수 있는 단단한 토대를 마련하고자 했습니다. 일제의 잔재 청산을 통해 새로운 관계로부터 발생하는 여러 가지 문제에 대한 해결책을 마련할 것으로 보였습니다. 일본이 회개 또는 진실된 우정에 대한 진정성을 보일 것이라고 순진하게 기대했는지도 모릅니다. 그러나 안타깝고 실망스럽게도 우리가 맞이한 것은 과거와 같은 제국주의 일본이었습니다.

샌프란시스코 강화조약을 통해 '한국에 대한 모든 권리, 소유권 및 청구권을 포기'하기로, 그리고 주한 미군정을 통한 일본 재산 처분의 유효성을 인정하기로 엄숙히 서약했음에도 일본은 한국 전체 재산의 85퍼센트에 대한 소유권을 주장했습니다. 강자와 약자에 대한 일본의 이중성과 이중적 행동 방식을 보여주는 대표적인 사례입니다. 수치스러운 구보타 성명과 여러 일본 정부 관료들의 후속 발언에 따라, 일본의 군사력이 충분히 강해질 시 한일 관계를 해결할 수 있을 것이라는 한국에 대한 일본의 공격 의도가 분명히 드러났습니다.

더욱이 일본이 첫 번째 조건과 긴밀히 연관되어 있는 두 번째 조건, 즉 진정한 반공 국가여야 한다는 조건을 충족할 수 있을지는 매우 의심스럽습니다. 일본 정부가 갈수록 소련, 중공, 그리고 심지어는 북한 괴뢰 정권과도 우호적인 관계를 도모하는 경향을 보인다는 사실이 공산 전체주의에 맞선 우리의 투쟁에 있어서 일본의 입장을 판단하기 위한 가장 중요한 기준이 되어야 합니다. 공산주의적 명분에 대해 갈수록 우호적인 제스처(예: 최근 일본 정부가 핵무기와 수소 폭탄 시험을 금지할 것을 호소)를 보내고 있는 반면, 반미주의가 강화되고 있는 것은 일본이 향후 나아갈 방향을 명확하게 보여줍니다.

미군이 일본을 잠시 지배한 것은 자유와 평화를 사랑하는 일본으로의 재탄생으로 이어지지 않았습니다. 일본은 본질적으로 제국주의 국가이며 전체주의 국가입니다. 공산주의자들과 마찬가지로 힘을 높이 사고 정복을 꿈꿉니다. 휘두를 수 있는 강력한 칼이 없을 때만 평화를 사랑하는 것 같습니다. 일본의 역사가 이것을 충분히 입증합니다. 우리 한국인들은 이러한 진실을 어떠한 의심의 여지도 없이 직접 경험했습니다.

미국의 관용과 한국 전쟁 덕분에 일본은 세계대전 발발 전의 수준 이상으로 완전히 재기했습니다. 일본이 지난 세계대전에서 나치즘과 손을 잡았던 것처럼 공산주의자들과 공조하여 다시 얻은 힘을 자국의 패권을 위해 이용한다면 자유 세계에 어떠한 이익이 있겠습니까? 한국이 거짓된 우정을 토대로 일본과 피상적인 동맹 관계를 맺는다면 자유 세계의 수호에 어떠한 실질적인 힘을 더해줄 수 있겠습니까? 너무 늦기 전에 일본의 행보를 효과적으로 견제하지 않는다면 일본이 다시 한 번 자유 세계, 특히 아시아 국가들과 미국에 믿을 수 있는 동맹이 아닌 위협적인 존재가 될 것이 두렵습니다.

경계에 서서 제국주의적 목표를 위해 닥치는 대로 기회를 잡으려는 일본은 자유 세계의 수호에 절대로 실질적인 도움이 될 수 없음을 다시 한 번 말씀드리고 싶습니다. 관련 국가들의 공동의 이익, 그리고 크게 보면 자유 세계 공동의 이익을 위해 너무 늦기 전에 미국 정부의 영향력과 명망을 발휘하여 일본의 위험한 행보를 저지해 주시기를 진심으로 바랍니다.

일본이 계속해서 한국에 가상의 재산권을 청구하고 공격 의도를 유지한다면 현안들을 우호적으로 해결할 가능성은 존재할 수 없습니다. 그러나 우리는 일본이 행동으로 태도의 완전한 변화를 증명해 주기를 기다릴 것이며, 그렇게 한다면 양국이 향후 우정을 쌓을 수 있도록 일본과 대화할 준비를 갖출 것입니다.

과거 그대로인 일본과 우호적인 관계를 구축할 수 있겠습니까? 일본은 여전히 한국 재산의 85퍼센트를 일본에 '반환'해야 한다는 악명 높은 주장을 단념하지 않고 있습니다. 국무장관님, 이러한 상태로는 일본과 우정을 쌓을 수 없다고 장담합니다. 이러한 주장이 받아들여진다면 한국이 일본에 다시 종속되는 상황일 것입니다. 따라서 한국과 일본 사이의 일체의 우정을 진지하게 논의하기 위해서는 먼저 일본이 한국과 관련하여 강화조약에서 서약한 사항을 준수하고 한국의 독립을 존중해야 합니다. 또한 샌프란시스코 강화조약의 조인국 중 하나로서 미국 정부는 한미 양국의 긴밀한 우호 관계와 더 건강하고 강력한 방어망을 구축한 자유 세계의 일환으로서의 극동 지역을 만들기 위해 일본이 한국과 관련한 강화조약의 조항들을 준수하도록 할 윤리적인 의무, 법적인 의무는 아니더라도, 도덕적 의무를 가지고 있다고 생각합니다.

미국 정부가 일본 정부에 대해 한국과 관련한 샌프란시스코 조약의 조건을 이행하라고 정당하고 강경하게 요구할 것을 진지하게 부탁드립니다. 일본이 한국에 대하여 조약을 통해 약속한 의무사항을 준수하도록 하는 것이 미국이 보여줄 지혜로운 모습이자 의무라고 생각합니다.

감사합니다.

조정환 외무부 장관서리

워싱턴 D.C.
존 포스터 덜레스 미국 국무장관

30. 김용식 공사가 이승만 대통령에게 보내는 서한

1550 TOKYO, August 23, 1956

No. 41

Excellency:

I met Director Nakagawa of the Japanese Foreign Ministry Asian Bureau, last Monday and he told me that his Government was desirous of settling the Omura detainee issue. He asked me if it was possible for our side to merely say that we would discuss the deportation problem at the formal Korea-Japan Conference, saying that the Justice Ministry was concerned about this case, because to carry out the Shigemitsu commitment (on April 2, this year) might make a precedent in the future.

I replied to him that the Japanese Government had not withdrawn the property claims yet which was the prerequisite to the resumption of the talks and that it was quite meaningless to say such a thing when it wasn't even known when the talks would be resumed.

Nakagawa then told me that his Government had no intention to make the said property claims, only it was afraid that the problem of compensating those Japanese concerned, would arise, in case the withdrawal of the property claims was made public. He continued, the Japanese Planning Board in fact was now calculating the total amount of such compensation.

I said that the San Francisco peace treaty clearly provided that Japan renounce her property rights in Korea and that the matter of compensation was not a subject for an international conference.

At this point Nakagawa said that some time ago the problem concerning the property claims was discussed between Ambassador Allison and Japanese Government leaders. Amb. Allison[2], according to him, said that Japan should renounce the property claims to Korea and they were further discussing on the wording of the withdrawal statement to be published.

It appears that the Japanese Government is going to accept the State Department note pertaining to this problem sent to our Embassy in Washington early in 1952 and act in accordance with the spirit contained in the said note, according to Nakagawa. (as Your Excellency is aware, the US State Department in 1952 made clear in a note to our Washington Embassy that Japan had no claims at all in Korea) Mr. Nakagawa further said that if the Japanese Government publicly announce it, it would amount to withdrawing the property claims.

1551 Throughout the entire conversation I made no commitment at all, only asking him if Japan still was considering the above-mentioned formula, to which Nakagawa replied in the affirmative.

It is evident that the Japanese side is interested in settling the detainee issue before the resumption of the formal Korea-Japan Conference, in order to seek the release of Japanese fishermen now in Pusan. I believe that if we press the Japanese side, they might resume the talks with us after withdrawing the property claims. In that case, we can just attempt settlement of our property claims to Japan, while avoiding discussion of other matters. In this manner, we can prevent the entry of Japanese into our land. I carefully avoided making any commitment in this regard, however, from strategical standpoint of dealing with them and also in view of the fact that there are no instructions in this regard from the Government.

Regarding the travel to North Korea of 48 Korean we were successful so far in preventing their departure from Japan. I met General Lemnitzer and

---

2 John M. Allison, 1953. 5. 28~1957. 2. 2 주일 미국 대사를 역임한 미국의 외교관.

Ambassador Allison to seek their assistance in our effort to stop their departure. Both of them were quite cooperative and assured us that they would do all they can to comply with our request.

As for the travel documents issued to them by the International Committee of Red Cross, I received a cable from the Foreign Ministry, containing our memorandum sent to the ICRC in reply to its note of July 24.

It would be desirable for our Charge d'Affaires in Paris to continue to approach the ICRC Secretariat and press for the withdrawal of the travel certificates. Of course, I will continue to do everything possible to accomplish our objective, at this end.

With sentiments of loyalty and esteem, I remain,

Most respectfully,

/S/ Yong Shik Kim

번역

주일 대한민국대표부

1956년 8월 23일, 도쿄

번호: 41

각하,

일본 외무성 나카가와 아시아국장을 지난 월요일에 만났습니다. 나카가와는 일본 정부가 오무라수용소 억류자 문제를 해결하기를 원한다고 말했습니다. 그는 우리 측이 공식 한일회담에서 추방 문제를 논의하겠다고 말해줄 수 있는지 물으며 시게미쓰가 약속한 사항(올해 4월 2일)을 이행하는 것이 선례를 남길 수 있어서 법무성이 우려하고 있다고 했습니다.

일본 정부가 회담 재개의 전제조건인 청구권 철회를 하지 않았고, 언제 회담이 재개될지조차 모르는 상황에서 그런 발언을 하는 것은 무의미하다고 답변했습니다.

나카가와는 일본 정부가 청구권을 주장할 의도는 아니었고, 청구권 철회를 공개하면 관련 일본인들에 대한 보상 문제가 대두될 것을 우려했을 뿐이라고 말했습니다. 또한 일본기획국이 현재 보상금의 총액을 계산하고 있다고 했습니다. 저는 샌프란시스코 강화조약에 일본이 한국에 대한 재산권을 포기한다고 명시되어 있으며 보상 문제는 국제 회담에서 다룰 주제가 아니라고 말했습니다.

이때 나카가와는 앨리슨 대사와 일본 정부 지도자들이 청구권 문제에 대해 얼마 전에 논의했다면서, 앨리슨 대사가 일본이 한국에 대한 청구권을 포기해야 한다고 말했고 발표할 청구권 철회 성명의 문구에 대해 추가로 논의하고 있다고 했습니다.

나카가와에 따르면 일본 정부가 앞서 1952년에 해당 문제와 관련하여 워싱턴에 위치한 우리 대사관에 전달된 국무부의 서한을 받아들이고, 이 서한에 담긴 정신에 입각하여 행동할 것으로 보입니다(아시다시피 1952년 미국 국무부는 주미 대한민국 대사관에 보낸 서한에서 일본이 한국에 대한 어떠한 소유권도 보유하지 않음을 명확히 했습니다). 나카가와는 또한 일본 정부가 이러한 내용을 공개적으로 발표하면 이것이 곧 청구권 철회에 상응하게 될 것이라고 했습니다.

대화 전반에 걸쳐 저는 일본이 앞서 말한 방식을 여전히 고려하고 있는지만 묻고(나카가와가 그렇다고 답변했습니다) 어떠한 내용도 약속하지 않았습니다.

일본이 공식적인 한일회담을 재개하기 전에 현재 부산에 억류되어 있는 일본 어민들의 석방을 위해 억류자 문제를 해결하고 싶어 하는 것은 분명합니다. 우리가 일본 측을 압박하면 청구권을 철회한 후 대화를 재개할 수 있을 것입니다. 그렇게 되면 우리의 대일 청구권을 청산하려고 시도함과 동시에 다른 문제에 대한 논의는 회피할 수 있을 것입니다. 이렇게 함으로써 일본인들이 우리 땅에 들어오는 것을 방지할 수 있습니다. 그러나 이들을 상대하는 전략적인 관점에서, 그리고 정부에서 지시가 내려오지 않았기에 저는 어떠한 약속도 하지 않도록 신중을 기했습니다.

한국인 48명의 북한 방문과 관련하여 현재까지는 일본에서 출국하지 못하도록 막아둔 상황입니다. 렘니처 장군과 앨리슨 대사를 만나 이들의 출국을 막기 위한 지원을 요청했습니다. 두 사람 모두 상당히 협조적이었고 우리 요구에 부응하기 위해 모든 노력을 기울이겠다고 확약했습니다.

국제적십자위원회가 이들에게 발급한 여행증명서에 대해서는 7월 24일 자 서한에 대한 회신으로 국제적십자위원회에 보낸 우리 측 각서가 첨부된 전보를 외무부로부터 받았습니다.

파리의 한국 대리대사가 계속해서 국제적십자위원회 사무국에 접촉하여 여행증명서를 철회하도록 압박하면 좋을 것 같습니다. 물론 저도 이 문제에 대한 우리의 목표를 달성하기 위해 최선을 다하겠습니다.

감사합니다.

/S/ 김용식

33. 김용식 공사가 경무대, 외무부 장관에게 보내는 전문

1559 NO. TS-90979

DATE. 291400

TO. KYUNG MU DAI, FOREIGN MINISTER

I MET AMBASSADOR ALLISON FRIDAY AFTERNOON AND TALKED ON PROPERTY CLAIMS ISSUE. REPERING TO STATE DEPARTMENT NOTE OF 1952 SENT TO OUR WASHINGTON EMBASSY REGARDING THIS ISSUE, I ASKED ALLISON WHAT HIS VIEW WAS, ALSO REQUESTING HIS SUPPORT OF OUR PROPERTY CLAIMS AGAINST JAPAN. ALLISON REPLIED THAT FOR THE PAST THREE YEARS HE HAS BEEN ADVISING JAPANESE GOVERNMENT TO WITHDRAW ALLEGED PROPERTY CLAIMS TO KOREA ALONG THE LINE OF THE SAID NOTE. HE ADDED THAT THE NOTE WAS DEFINITELY GIVING KOREA A BARGAINING POINT AND THAT HE BELIEVES THAT THERE IS A GOOD CHANCE TO MAKE JAPAN ACCEPT THE NOTE AND PUBLICIZE THE WITHDRAW OF THE ALLEGED PROPERTY CLAIMS. I GOT THE IMPRESSION GENERALLY THAT AMB. ALLISON WILL SUPPORT OUR CLAIMS AGAINST JAPAN. HE ALSO MENTIONED THAT NOW THE JAPANESE GOVERNMENT POSITION IS WEAK. THEREFORE I BELIEVE IF WE TACTFULLY CAPITALIZE THE SITUATION, WE CAN NOT ONLY MAKE JAPAN WITHDRAW ALLEGED CLAIMS BUT ALSO HAVE HER TAKE UP OUR PROPERTY CLAIMS AGAINST HER. THIS WILL PUT JAPAN
1560 DEFINITELY ON THE DEFENSIVE. IN MY OBSERVATION IT IS A GOOD TO PUSH JAPAN NOW BECAUSE DUE TO CURRENT RUSSO JAPANESE

TALKS WE HAVE BETTER CHANCE TO GET US SUPPORT OF OUR STAND. BESIDES THERE ARE INDICATIONS THAT JAPANS IS ANXIOUS TO SEEK RETURN OF JAPANESE FISHERMEN FROM KOREA BEFORE WINTER COMES AND IT IS A GOOD CHANCE FOR US TO PUSH JAPAN HARD TO ACCEPT OUR TERMS ON OUR PROPERTY CLAIMS AGAINST HER.

MINISTER KIM IN KORDIPSION

번역 번호: TS-90979

일시: 291400[1956. 9. 30]

수신인: 경무대, 외무부 장관

금요일 오후 앨리슨 대사를 만나 재산청구권 문제에 대해 이야기하였습니다. 저는 이 문제에 관하여 우리 워싱턴 대사관에 보낸 1952년 국무부 공문을 언급하면서 앨리슨 대사에게 그의 견해를 물었고, 또한 일본에 대한 우리의 재산청구권에 대한 그의 지지를 요청하였습니다. 앨리슨은 지난 3년 동안 일본 정부에 그 메모의 내용에 따라 한국에 대한 재산청구권을 철회하도록 조언해 왔다고 대답했습니다. 그는 이 메모가 확실히 한국에 협상 포인트를 제공하고 있으며 일본이 이 메모를 받아들이고 재산청구권 철회를 공론화할 좋은 기회가 있다고 믿는다고 덧붙였습니다. 저는 대체로 앨리슨 대사가 일본에 대한 우리의 주장을 지지할 것이라는 인상을 받았습니다. 그는 또한 현재 일본 정부의 입장이 약하다고 언급했습니다. 따라서 우리가 이 상황을 잘 활용한다면 일본이 청구권 주장을 철회하게 할 수 있을 뿐만 아니라 일본에 대한 우리의 재산청구권 주장도 받아들이게 할 수 있다고 믿습니다. 그러면 일본이 확실히 수세에 몰리게 될 것입니다. 제 관찰에 따르면 현재 러일회담으로 인해 우리의 입장에 대한 지지를 얻을 수 있는 더 좋은 기회가 있기 때문에 지금 일본을 밀어붙이는 것이 좋습니다. 게다가 일본이 겨울이 오기 전에 한국에서 일본 어부들의 귀환을 원하고 있다는 징후가 있으며, 우리가 일본에 대한 우리의 재산청구권에 대한 우리의 조건을 받아들이도록 일본을 강하게 밀어붙일 수 있는 좋은 기회입니다.

주일 대표부 김 공사

34. 이승만 대통령의 지시사항 요약서

1561 October 1, 1956

MEMORANDUM SUMMARIZING INSTRUCTIONS FROM THE PRESIDENT

By Yong Shik Kim

The following is a summarization of the instructions given me by the President at Kyung Mu Dai on September 24, 1956. Acting Foreign Minister Cho Chung Whan was also present on the occasion.

I.

a. With regard to the alleged Japanese property claims a memorandum containing United States interpretation on the issue which was given by Ambassador Dowling to Acting Foreign Minister Cho will be made the basis.

b. In our effort to press the Japanese Government to accept the said US interpretation, cooperation of Ambassador Allison of the US Embassy in Tokyo and also of General Lemnitzer, Commander-in-Chief of the United Nations Command, will be sought. For this purpose meetings with them will be requested after my return to the pose in Tokyo.

c. In case Japan is prepared to accept the said interpretation on the property claims issue a simultaneous announcement can be made in Seoul,
1562 Tokyo and Washington, inasmuch as the matter is a common concern of the three countries.

d. When Japan publicizes its acceptance of the US interpretation on the property claims issue and also the withdrawal of the Kubota statement, informal talks between the Japanese Government and myself will be started.

II. Regarding our own property claims Japan should return of the gold reserve, art treasures and other items, a total of $400-million in the term of US currency will be demanded.

III. With regard to the status in addition to our previous stand a request will be made of the Japanese Government for payment of $500-per capita, whenever any of the Korean residents leave Japan for Korea permanently. The amount will be in compensation for contribution they were forced to make toward Japan during World War II and after. Korean residents who refuse to return to Korea will forfeit their K. citizenship by our Government.

IV. Regarding the detainee problem it is recognized that the issue is developing to the advantage of our side, recently. We continue to press Japan
1563 to obtain its pledge against further detention of pre-war Korean residents in the future.

V. After all the above problems are pushed through, we will present our reparations program to the Japanese Government for its consideration and payment.

VI. Regarding the Okinawa problem it is the contention of the Government that the entire Ryukyu Islands be given the status as an independent state.

번역

1956년 10월 1일

대통령 지시사항 요약서

작성자: 김용식

1956년 9월 24일 경무대에서 대통령께서 내린 지시사항을 요약한 내용입니다. 조정환 외무부 장관서리도 동석했습니다.

I.

a. 일본의 청구권과 관련하여 다울링[3] 대사가 조 외무부 장관서리에게 전달한 미국의 해석을 담은 견해서를 근거로 삼을 계획입니다. 해당 견해서에 담긴 미국의 해석을 수용하도록 일본을 압박하기 위해 노력할 것이고 미국의 의견을 수용했음을 공표하도록 일본 정부를 압박해야 할 것입니다.

b. 일본 정부가 미국의 해석을 수용하도록 압박하기 위해 도쿄 미국 대사관의 앨리슨 대사와 유엔군사령부 렘니처 총사령관의 협조를 구할 것입니다. 도쿄로 복귀한 후에 이들과의 만남을 요청할 계획입니다.

c. 일본이 청구권 문제에 대하여 앞서 말한 해석을 수용할 준비가 되어있고 이러한 해석을 수용함을 공표할 준비가 되었다고 선언한다면 이 문제는 삼국 공동의 우려사항이므로 서울, 도쿄 및 워싱턴에서 동시에 발표가 이루어질 수 있도록 사전에 조율할 계획입니다.

d. 일본이 청구권 문제에 대한 미국의 해석을 수용하고 구보타 성명을 철회한다고 공표한다면 제가 일본 정부와 비공식적 대화를 시작할 것입니다.

II. 한국의 청구권과 관련하여 금괴, 예술품 및 기타 품목 등 총 4억 달러를 반환할 것을 요구할 계획입니다.

---

3 Waler C. Dowling, 1956. 5. 29~1959. 10. 2 주한 미국 대사를 역임한 미국 외교관.

III. 재일한인의 지위와 처우 문제에 대해서는 우리의 기존 입장에 더하여 한국으로 이주하기 위해 일본을 영구적으로 떠나는 재일한인 1인당 500달러를 지불할 것을 일본 정부에 요청할 계획입니다. 이 금액은 제2차세계대전 기간과 그 이후에 일본에게 지불하도록 강요한 기여금에 대한 보상액입니다. 한국 귀환을 거부하는 재일한인들은 우리 정부의 보호를 받을 권리를 박탈할 것입니다.

IV. 억류자 문제는 최근 우리에게 유리한 방향으로 진행되고 있습니다. 종전 전에 입국한 한국인들을 억류하지 않겠다는 약속을 이행하도록 계속해서 일본을 압박할 계획입니다.

V. 앞서 언급한 모든 문제를 해결한 후에는 검토와 지급을 위해 보상 프로그램을 일본 정부에 제시할 것입니다.

VI. 오키나와 문제의 경우 일본이 현재 쿠릴열도의 소규모 섬들에 대한 반환을 위해 소련과 협의 중이기 때문에 류큐섬 전체에 독립국으로서의 지위를 부여해야 한다는 것이 정부의 의견입니다.

35. 김용식 공사가 경무대, 외무부 장관에게 보내는 전문

1564 NO. TS-91010

DATE. 031100

TO. KYUNG MU DAI, FOREIGN MINISTER

I CALLED ON FORMIN SHIGEMITSU MONDAY AFTERNOON AND TALKED FOR ABOUT SEVENTY MINUTES. FOREIGN OFFICE ADVISER AMBASSADOR SAWADA WAS ALSO PRESENT AT THE MEETING. SHIGEMITSU TOLD ME THAT HE WANTED TO SETTLE THE DETAINEE ISSUE BEFORE WINTER CAME. I TOLD HIM IMMEDIATELY THAT RESPONSIBILITY FOR DELAY IN SETTLING THIS PROBLEM RESTED SOLELY WITH JAPANESE GOVERNMENT BECAUSE IT FAILED TO CARRY OUT ITS COMMITMENT MADE IN APRIL THIS YEAR. AT THIS POINT AMB. SAWADA SAID THAT JUSTICE MINISTRY WAS CONCERNED BECAUSE IT MIGHT MAKE PRECEDENT IN FUTURE. I INSISTED THAT NO KOREAN WHO ENTERED JAPAN BEFORE THE WAR SHOULD BE DETAINED. SHIGEMITSU THEN SAID THAT THOUGH IT IS TRUE THAT JUSTICE MINISTRY IS RELUCTANT TO CARRY OUT AGREED FORMULA ON DETAINEE ISSUE, HE WOULD TRY TO MAKE THEM IMPLEMENT IT. TAKING THIS OPPORTUNITY I TOLD THEM THAT MAIN OBSTACLES THE WAY OF RESUMPTION OF SUSPENDED TALKS ARE ALLEGED PROPERTY CLAIMS TO KOREA KUBOTA STATEMENT AND DEMANDED WHAT THE REAL INTENTION OF JAPAN WAS IN NOT WITHDRAWING THEM. SHGEMITSU REPLIED THAT JAPAN IS READY TO COMPROMISE ON ALL THE PENDING PROBLEMS.

1565 I ASKED SHIGEMITSU, QUOTE AM I CORRECT IN UNDERSTANDING THAT JAPAN WILL WITHDRAW THE PROPERTY CLAIMS UNQUOTE SHGEMITSU SAID, QUOTE UNLESS THE TALKS ARE RESUMED, I CANNOT MAKE ANY COMMITMENT ON THE MATTER UNQUOTE IMPLYING THAT THE WITHDRAWAL OF THE PROPERTY CLAIMS WILL BE CONSIDERED AFTER THE RESUMPTION OF THE TALKS. I THEN TOLD THEM THAT DURING PAST FOUR YEARS ENOUGH TALKS WERE EXCHANGED AND BIGGEST STUMBLING BLOCK IS THE PROPERTY CLAIMS AND IT IS FUTILE TO CONTINUE TALKS UNLESS JAPAN WITHDRAWS THEM. SHIGEMITSU AT THIS POINT STATED THAT HE MUST DISCUSS THE MATTER WITH FINANCE MINISTER BEFORE MAKING ANY COMMITMENT. I TOLD SHIGEMITSU THAT WHEN I WAS IN SEOUL ALL OUR PEOPLE THOUGHT JAPAN INSINCERE BECAUSE SHE FAILED TO WITHDRAW GROUNDLESS PROPERTY CLAIMS. IF JAPAN HAS ANY INTENTION TO SHOW SPIRIT AS A GOOD NEIGHBOR SHE SHOULD WITHDRAW THE PROPERTY CLAIMS WITHOUT DELAY, I SAID. SHIGEMITSU AGAIN SAID THAT HIS GOVERNMENT IS READY TO COMPROMISE. I THEN TOUCHED ON THE PROBLEM CONCERNING
1566 ARTICLE FOUR OF SAN FRANCISCO PEACE TREATY, POINTING OUT THAT JAPAN HAS NO CLAIM TO HER FORMER PROPERTY IN KOREA. SHIGEMITSU AGAIN SAID THAT IF THE DETAINEE ISSUE IS SETTLED, ATMOSPHERE BETWEEN THE TWO COUNTRIES WILL BE IMPROVED AND WILL TURN IN FAVOR OF SETTLEMENT OF OTHER PENDING ISSUES. ARGUMENT WERE EXCHANGED ON THIS POINT HOWEVER I MADE NO MENTION OF US STATE DEPARTMENT NOTE CONTAINING US INTERPRETATION OF THE ISSUE. SHIGEMITSU THEN TOUCHED ON TRADE BETWEEN KOREA AND JAPAN SAYING THAT TRADE RELATIONS NEED IMPROVEMENT. I SAID THAT KOREA IS NOW BUYING MORE FROM JAP THAN JAP FROM KOREA INCLUDING ICA PURCHASES AND IF JAP DESIRES IMPROVEMENT OF TRADE

RELATIONS SHE SHOULD PREVENT DEPARTURE OF THE 48 KOREANS IN QUESTION FOR NORTH KOREA. THOUGH SHIGEMITSU TRIED TO EXPLAIN DIFFICULTY TO COMPLY WITH OUR DESIRE DUE TO LEGAL PROBLEM I MADE IT CLEAR TO HIM THAT OUR COUNTRY WAS DEFINITELY AGAINST ANY SORT OF CONTACT BETWEEN JAP AND THE PUPPETS IN NORTH KOREA. LASTLY SHIGEMITSU SAID THAT THE SETTLEMENT OF DETAINEE ISSUE SHOULD BE MADE WITHOUT DELAY.

1567 I REPLIED TO HIM THAT JAP SHOULD FIRST READJUST DIFFERENCE OF VIEWS AMONG MINISTERS CONCERNED ON THIS ISSUE AND ALSO JAP SHOULD CONSIDER THE WITHDRAWAL OF THE PROPERTY CLAIMS. IT IS EVIDENT FROM THE ABOVE MEETING THAT JAP IS VERY ANXIOUS TO HAVE HER FISHERMEN RETURNED FROM KOREA ESPECIALLY BEFORE WINTER SEASON SETS IN. IF OUR SIDE CAPITALIZE THIS SITUATION TACTFULLY WE CAN MAKE JAP ACCEPT THE US STATE DEPARTMENT INTERPRETATION ON THE PROPERTY CLAIMS ISSUE AND WE WILL DEFINITELY BE IN A BARGAINING POSITION AND THEN WE CAN BRING UP OUR CLAIMS TO JAP.

PREMIER HATOYAMA IS NOW SEATED TO LEAVE FOR MOSCOW AND AFTER HIS RETURN THE PROBLEM CONCERNING HIS RETIREMENT WILL BE TAKEN UP BY JAPANESE POLITICAL CIRCLES. IN THIS SENSE IT SEEMS TO ME THAT THIS IS RIGHT TIME FOR US TO LAUNCH DIPLOMATIC OFFENSIVES AGAINST JAPAN, FOURTEEN.

MINISTER KIM IN KORDIPSION

번역 번호: TS-91010

일자: 031100[1956. 10. 3]

수신인: 경무대, 외무부 장관

시게미쓰 외무상과 약 70분간 대화를 나누었고 이 자리에 사와다 대사도 동석했습니다. 시게미쓰는 겨울이 오기 전에 억류자 문제를 해결하고 싶다고 말했고, 저는 이 문제의 해결이 지연된 데 대한 책임은 전적으로 올해 4월 약속한 바를 이행하지 않은 일본 정부에 있다고 즉각 답변했습니다. 사와다 대사는 법무성이 선례를 남기게 될 것을 우려했다고 말했습니다. 전쟁 전에 일본에 입국한 한국인은 누구도 억류되어서는 안 된다고 말하자 시게미쓰는 법무성이 억류자 문제에 대해 합의한 사항을 이행하기를 주저하는 것은 사실이지만 약속한 바를 이행하도록 노력하겠다고 했습니다. 이 기회를 빌려 저는 중단된 회담의 재개를 가로막는 가장 큰 장애물은 한국에 대한 청구권과 구보타 성명이라고 말하며 일본이 이 두 가지를 철회하지 않는 진의가 무엇인지 물었습니다. 시게미쓰는 일본이 모든 현안에 대해 타협할 준비가 되어있다고 했습니다.

일본이 청구권을 철회할 것이라고 이해하면 되느냐고 시게미쓰에게 물었고, 시게미쓰는 회담이 재개되지 않는 한 어떠한 약속도 할 수 없다고 답변하며 회담 재개 후에 청구권 철회를 고려할 것임을 암시했습니다. 저는 지난 4년간 충분한 대화가 있었고 가장 큰 장애물은 청구권이며 일본이 청구권을 철회하지 않는 한 대화를 이어갈 이유가 없다고 말했습니다. 시게미쓰는 이 문제에 대해서는 무엇이든 약속하기 전에 먼저 재무상과 논의해야 한다고 말했습니다. 저는 모든 한국인이 근거 없는 청구권을 철회하지 않는 일본의 태도에 진정성이 없다고 생각했다고 말했습니다. 일본이 좋은 이웃 국가로서의 정신을 보여줄 생각이 조금이라도 있다면 지체하지 않고 청구권을 철회해야 한다고 덧붙였습니다. 시게미쓰는 다시 한 번 일본 정부가 타협할 준비가 되어 있다고 말했고, 저는 샌프란시스코 강화조약 제4조를 언급하며 일본은 한국의 재산에 대한 권리를 보유하지 않는다고 지적했습니다. 시게미쓰는 억류자 문제가 해결되면 양국의 분위기가 개선되어 다른 현안의 해결에도 유리하게 작용할 것이라고 말했습니다. 이 지점에서 논쟁이 오갔으나 저는 이 문제에 대한 미국의 해석이 담긴 미국 국무부 문서에 대해서는 언급하지 않았습니다. 시게미쓰는 한국과 일본 간 무역에 대해 언급하며 양국의 무역을 개선해야 할 필요가 있다고 말했습니다. 저는 현재 국제상품협정(ICA) 구매를 포함하여 일본이 한국에서 수입하는 것보다 한국이 일본에서 수입하는 규모가 큰 상황이며, 일본이 무역을 증진하고 싶으면 한국으로부터의 수입 규모를 확대해야 한다고 말했습니다. 문제가 되고 있는 한국인 48명이 북한으로 출국하는 것을 막아야 한다고도 말했습니다. 시게미쓰가 법적인 문제로 한국이 원하는 바를 충족하기 어려움을 설명하려고 했지만, 저는 한국은 일본과 북한 괴뢰 정권이 어떠한 방식으로든 접촉하지 않기를 바란다고 확실히 말했습니다. 마지막으로 시게미쓰는 억류자 문제를 지체 없이 해결해야 한다고 말했습니다.

저는 일본이 먼저 이 문제에 대한 부처 간의 견해 차이를 살펴보고 청구권 철회도 고려해야 한다고 답변했습니다. 이번 회의에서 일본이 특히 겨울이 시작되기 전에 어민들이 한국에서 귀환시켜야 한다는 점에 매우 우려하고 있음을 명확히 알 수 있었습니다. 이러한 상황을 전략적으로 활용하면 일본이 청구권 문제에 대한 미국 국무부의 해석을 수용하게 만들 수 있고 유리한 입지를 점하여 요구사항을 일본에 제시할 수 있을 것입니다.

하토야마 총리는 모스크바로 출국할 예정이며 일본 정계는 하토야마가 일본에 귀국한 후에 그의 퇴임 문제를 거론할 것입니다. 따라서 우리가 일본에 대한 외교 공세를 개시하기에 적기라고 생각합니다.

주일 대표부 김 공사

37. 김용식 공사가 이승만 대통령에게 보내는 서한

1571 Tokyo, October 4, 1956

No. 61

Excellency:

Through my meeting with Foreign Minister Shigemitsu last Monday (on which I already reported by cable) I learned definitely that Japan is now very much anxious to settle the detainee issue in order to have an early release of Japanese fishermen now at Pusan. I did not reply directly to Shigemitsu's remark in this regard, instead I told him that Japan should withdraw the alleged property claims without delay.

On the detainee issue Shigemitsu attempted to get my commitment to the effect that release of Korean detainees from OMURA Camp, even if carried out, would not be used as a precedent in the future. I refused to give such commitment and press Japan to show more sincerity on all other outstanding problems.

As I mentioned several times, the US-Japanese relations are going through delicate change, since the start of the Russo-Japanese talks. Therefore, if we successfully obtain some understanding of our stand against Japan from the US side, we can convince the US as to the justifiability of our property claims to Japan.

The US side already made it clear, in the form of a memorandum, that the US takes the view that Japan has no right to her former property in Korea and also indicated that as for our property claims to Japan, separate arrangements
1572 should be made between the two parties concerned. If the Government

approves it, I can have Japan accept the US interpretation on the property claims issue in accordance with the said memorandum with assistance from Ambassador Allison here. (I already reported by cable last week that Ambassador Allison believes Japan will publicize its acceptance of the US interpretation)

It will be necessary in the meantime for us to prepare detailed itemization of our claims to Japan with sufficient reasoning. It will be particularly helpful in convincing the US side as to the propriety of each item of claims.

I am enclosing here memoranda containing the gist of my conversation with Ambassador Allison and Foreign Minister Shigemitsu during the past week.

With sentiments of loyalty and esteem, I remain,

Most respectfully,

Enclosures: Two (2) memoranda

1573 Following is the gist of my conversation with Foreign Minister Shigemitsu on Monday, October 1. 1956

By Yongshik Kim

I called on Foreign Minister Shigemitsu Monday, October 1, afternoon and talked for about 70 minutes. Foreign Office adviser, Ambassador Sawada, was also present at the meeting.

Mr. Shigemitsu told me that he wanted to settle the detainee issue before winter came. I told him immediately that responsibility for delay in settling the issue rested solely with the Japanese side, since it failed to carry out its commitment made in April, this year.

At this point Amb. Sawada said that the Justice Ministry was concerned because it might make a precedent in future, if Korean detainees were released in accordance with said commitment. I insisted that no Korean resident who entered Japan prior to the end of World War II should be detained. Shigemitsu then said that though it is true that the Justice Ministry is reluctant to the release of Korean detainee, he would try to make them implement the agreed formula.

Taking this opportunity, I told them that the main obstacles in the way of resumption of the suspended talks are alleged property claims and Kubota statement. I asked the what was the real intention of Japan in not withdrawing them. Shigemitsu replied that Japan is ready to compromise on all the outstanding problems. I asked him if I was correct in understanding that Japan would withdraw the property claims, to which Shigemitsu said that he could not make any commitment until the talks were resumed, implying that the withdrawal of the property claims would be considered after the resumption of the talks.

I then told them that during the past four years enough talks had been exchanged and the biggest stumbling-block was the property claims and it was futile to continue the talks unless Japan withdraws them. Shigemitsu at this point stated that he must discuss the matter with the Finance Minister before making any commitment in this regard.

I told Shigemitsu that while I was in Seoul, all our people thought Japan lacked sincerity, because she failed to withdraw unfounded property claims. I said, if Japan had any intention to show spirit of a good neighbor, she should withdraw the property claims without delay. Shigemitsu again said that his Government was ready to compromise.

1574 I then touched on the problem concerning Article 4 of the San Francisco peace treaty, pointing out that Japan had no claim to property in Korea. Shigemitsu again said that if the detainee issue was settled, the atmosphere between the two countries would be improved and would turn in favor of settling other pending problems.

Arguments were exchanged on this point, however, I made no mention of US State Department note containing US interpretation on the issue. Shigemitsu then touched on the trade problem between Korea and Japan, saying that trade relations need improvement. I said that Korea is now buying more from Japan than Japan from Korea, including ICA purchases, and if Japan wanted improvement of trade relations, she should increase her purchases from Korea.

I then said that Japan should prevent departure of the 48 Koreans in question for North Korea. Though he tried to explain legal difficulty to comply with our request, I made it clear to him that our country was definitely against any sort of contact between Japan and Communists in north Korea. Lastly, Shigemitsu said treat the settlement of the detainee issue should be reached without delay. I replied that Japan should first read just difference of opinions among Ministries concerned and also Japan should promptly withdraw the property claims.

-The end-

1575 Following is the gist of my conversation with the US Ambassador here, Mr. John M. Allison. on September 28. 1956

By YongShik Kim

I met Ambassador Allison Friday afternoon (September 28, 1956) and talked with me on the property claims issue.

Referring to the US State Department note of April 29, 1952 concerning the interpretation on the property claims issue which was sent to our Embassy in Washington, I asked Mr. Allison what was his view in this regard. I also requested his support of our stand regarding our property claims against Japan.

Ambassador Allison replied that for the past three years he had been advising the Japanese Government to withdraw the alleged property claims along the line of the said US note. He added that the note was definitely giving Korea a bargaining point and that he believed that there was a good chance for Japan to accept the note and publicize its acceptance.

-The end-

번역

1956년 10월 4일, 도쿄

번호: 61

각하,

(전보로 이미 보고한) 지난 월요일에 있었던 시게미쓰 외무상과의 만남을 통해 일본이 현재 부산에 억류되어 있는 일본 어민들의 조기 석방을 위해 억류자 문제 해결에 대해 매우 크게 염려하고 있음을 확실히 알게 되었습니다. 이 문제에 대한 시게미쓰의 발언에 직접적인 답변을 하는 대신 일본은 지체 없이 청구권을 철회해야 한다고 말했습니다.

억류자 문제에 대하여 시게미쓰는 오무라수용소의 한국인 억류자 석방을 향후 선례로 이용하지 않겠다는 약속을 받아내려고 했습니다. 저는 그러한 약속을 하지 않았고 일본이 다른 모든 문제에 대해 보다 진정성을 보일 것을 요구했습니다.

몇 차례 언급했듯이 러일회담 시작 후 미일 관계는 매우 민감한 변화를 거치고 있습니다. 따라서 미국으로부터 일본에 대한 우리 측 입장에 대한 어느 정도의 이해를 구할 수 있다면 대일 청구권이 지니는 정당성에 대해 미국을 설득할 수 있을 것입니다.

미국은 이미 각서 형식으로 일본은 한국의 과거 재산에 대한 권리를 가지고 있지 않으며 한국의 대일 청구권에 대해서는 양국이 별도로 합의해야 한다는 것이 미국의 의견임을 확실히 한 바 있습니다. 정부가 승인한다면 앨리슨 대사의 도움을 받아 앞서 말한 각서에 따라 청구권에 대한 미국의 해석을 일본이 수용하도록 할 수 있습니다(이미 지난주에 전보를 통해 앨리슨 대사는 일본이 미국의 해석을 수용한다고 공표할 것이라고 생각한다고 보고했습니다).

그동안 우리는 충분한 근거를 가지고 일본에 대해 청구하는 내용을 구체적으로 항목화해야 합니다. 이 작업은 각 청구 항목의 적절성에 대해 미국을 설득하는 데 특히 도움이 될 것입니다.

지난주 앨리슨 대사, 시게미쓰 외무상과 나눈 대화의 요록을 첨부하였습니다.

감사합니다.

별첨: 메모 2건

다음은 1956년 10월 1일(월) 시게미쓰 외무상과 나눈 대화의 핵심을 요약한 내용입니다.

작성자: 김용식

10월 1일 월요일, 시게미쓰 외무상과 약 70분간 대화를 나눴습니다. 사와다 대사도 참석했습니다.

시게미쓰는 겨울이 오기 전에 억류자 문제를 해결하고 싶다고 말했고, 저는 이 문제의 해결이 지연된 데 대한 책임은 전적으로 올해 4월 약속한 바를 이행하지 않은 일본 정부에 있다고 즉각 답변했습니다.

사와다 대사는 법무성이 선례를 만드는 것을 우려했다고 말했습니다. 저는 전쟁 전에 일본에 입국한 한국인 중 누구도 억류하지 않아야 한다고 주장했습니다. 그러자 시게미쓰는 법무성이 억류자 문제에 대해 합의한 방식을 이행하는 것을 주저하는 것은 사실이나, 약속한 바를 이행하도록 노력하겠다고 말했습니다.

이 기회를 빌려 저는 중단된 회담의 재개를 가로막는 가장 큰 장애물은 한국에 대한 청구권과 구보타 성명이라고 말하며 일본이 이 두 가지를 철회하지 않는 진의가 무엇인지 물었습니다. 시게미쓰는 일본이 현안들에 대해 타협할 준비가 되어있다고 말했습니다. 일본이 청구권을 철회할 것이라고 이해하면 되느냐고 시게미쓰에게 물었고, 시게미쓰는 회담이 재개되지 않는 한 어떠한 약속도 할 수 없다고 답변하며 회담 재개

후에 청구권 철회를 고려할 것임을 암시했습니다.

저는 지난 4년간 충분히 대화했고 가장 큰 장애물은 청구권이며 일본이 청구권을 철회하지 않는 한 대화를 이어갈 이유가 없다고 말했습니다. 시게미쓰는 이 문제에 대해서는 무엇이든 약속하기 전에 먼저 재무상과 논의해야 한다고 말했습니다.

저는 모든 한국인이 근거 없는 청구권을 철회하지 않은 일본의 태도에 진정성이 없다고 생각한다고 말했습니다. 일본이 좋은 이웃 국가로서의 정신을 보여줄 생각이 조금이라도 있다면 지체하지 않고 청구권을 철회해야 한다고 덧붙였습니다. 시게미쓰는 다시 한 번 일본 정부가 타협할 준비가 되어있다고 말했고, 저는 샌프란시스코 강화조약 제4조를 언급하며 일본은 한국의 재산에 대한 권리를 보유하지 않는다고 지적했습니다. 시게미쓰는 억류자 문제가 해결되면 양국의 분위기가 개선되어 다른 현안의 해결에도 유리하게 작용할 것이라고 다시 한 번 말했습니다.

이 지점에서 논쟁이 오갔으나 저는 이 문제에 대한 미국의 해석이 담긴 미국 국무부 문서에 대해서는 언급하지 않았습니다. 시게미쓰는 한국과 일본 간 무역에 대해 언급하며 양국의 무역을 개선해야 할 필요가 있다고 말했습니다. 저는 현재 국제상품협정(ICA) 구매를 포함하여 일본이 한국에서 수입하는 것보다 한국이 일본에서 수입하는 규모가 큰 상황이며, 일본이 무역을 증진하고 싶으면 한국으로부터의 수입 규모를 확대해야 한다고 말했습니다.

문제가 되고 있는 한국인 48명이 북한으로 출국하는 것을 막아야 한다고 말했습니다. 시게미쓰가 법적인 문제로 한국이 원하는 바를 충족하기 어려움을 설명하려고 했지만, 저는 한국은 일본과 북한 괴뢰 정권이 어떠한 방식으로든 접촉하지 않기를 바란다고 확실히 말했습니다. 마지막으로 시게미쓰는 억류자 문제를 지체 없이 해결해야 한다고 말했습니다. 저는 일본이 먼저 이 문제에 대한 부처 간의 견해 차이를 살펴보고 청구권 철회도 고려해야 한다고 답변했습니다.

끝

다음은 1956년 9월 28일 존 M. 앨리슨 미국 대사와 나눈 대화의 핵심을 정리한 내용입니다.

작성자: 김용식

(1956년 9월 28일) 금요일 오후 앨리슨 대사를 만나 청구권 문제에 대해 대화를 나눴습니다.

워싱턴의 한국 대사관으로 발송된 청구권 문제에 대한 해석과 관련한 1952년 4월 29일 자 미국 국무부 각서에 대하여 앨리슨 대사의 의견을 묻고 일본에 대한 한국의 청구권에 대한 한국의 입장을 지지해 줄 것을 요청했습니다.

앨리슨 대사는 지난 3년간 앞서 말한 미국 각서와 함께 청구권을 철회할 것을 일본 정부에 조언해 왔다고 답변하며, 해당 각서는 한국이 협상에서 이용할 수 있는 핵심적인 요소가 될 것이며, 일본이 이 각서를 수용하고 그러한 사실을 공표할 가능성이 상당하다고 덧붙였습니다.

끝

38. 이승만 대통령이 양유찬 대사에게 보내는 서한

1576 October 4, 1956

No. 90

To: Ambassador You Chan Yang

From: the President

I have noted the contents of your letter No.81 and confidential statement enclosed which interprets the U.S. position on interpretation of Article 4 of the Japanese Peace Treaty with respect to Korean-Japanese claims settlement.

It seems to be quite satisfactory in that it states it is of the opinion that Japanese have no claims to Korea. However, this 'opinion' cannot be the basis for further negotiations as it is possible that other and future officials in the state department might have other 'opinion.' The statement is not sufficiently positive to reduce the effect we need and to be really helpful the state department should make a definite statement of its analysis of the terms of the Peace Treaty.

I wish you would approach the state department and explain that we know the Japanese will find come loophole, and therefore we want it to be more clear that there will be no later dispute or question arising from the interpretation. Perhaps we should ask the state department to put into writing its official understanding between our two countries in the form of an aide memoir or letter or agreement that the Japanese cannot claims any property from Korea. If you fail to have them do this, I wish you would ask them to release the note of 28 April 1952 simultaneously with out(our) Government and the Japanese Government.

I feel a move on our part to have this one is very important and we should not lose any opportunity with the State Department in this connection.

When Minister Kim was here I gave him several points based on our minimum requests and what we stand for and I told him to put my instructions into a memorandum, but I have not yet received it. When I do I shall look it over and let you have copy.

With regard to the release or repatriation of prisoners of both countries: we demand that Japan release all the Koreans in Japanese prisons who are there without any legal charge. It is not the practice of civilized law-abiding nation to lock up even their own nationals is without any legal charge of crime,
1577 and the Japan is violating international practice and the principle of human rights by doing so. Japan should release these prisoners immediately without conditions, and pay indemnity for what they have suffered. Of course, whether or not we will insist on their paying indemnity is another matter, but we must tell them that have to do something by way of compensation. They must also promise never to arrest or detain or otherwise molest any Korean citizen in Japan without charge.

If the Japanese will agree to the above we will agree to release all the Japanese prisoners in Korea when have served their terms. The other Japanese prisoners in Korea will be released with them, without consideration of their sentences, as soon as the Japanese Government signs an agreement to observe the Peace Line.

As far as the establishment of normal diplomatic relations is concerned, we need not tell them at the present time what obstacles stand in the way of this. The main thing we would demand is that Japan stand definitely against Communism so that Japan and Korea could stand together in resisting Communism. We would never vary our policy to fight communism by way of cooperating with Japan, as it would be detrimental to our security and unification. We might deal commercially and otherwise with them now, but the formal establishment of diplomatic relations could come only when Japan stands together with US and Korea and other anti-Communist nations. It would be very difficult for us to join with any nation which was not anti-Communist.

However, if we make this known to the State Department at present, they might think we do not intend to open up diplomatic relations with Japan at all. And even the Japanese would have material for propaganda against us. Therefore, I leave it absolutely to you to decide whether this is the right time to bring us this particular point.

In my talks with Minister Kim I said that if the Japanese wish to get rid of the 600,000 Koreans in Japan, we would be willing to take all of them at once, whether they are Communist or not, provided Japan agrees to pay $500 to each person and allows all of them to bring their property to Korea. The question of compensation would then not be missed again. The above-mentioned Koreans would include those who are fugitives from justice and those who are making trouble for our country. We have no jurisdiction over Japanese territory and it is up to the Japanese to send them back to Korea. All those who refuse to repatriate to Korea will lose their citizenship. There will be no discrimination against Korean communists when they arrive in this country, so long as they obey the law and declare they will give up their Communist affiliations and theories.

1578 I believe the Japanese would be very glad to take advantage of their opportunity. Minister Kim said that the Japanese Government was prepared to pay some compensation. The amount of $500 for each repatriate would be considered compensation for all the claims he might have. All those Korean who wanted to remain in Japan would lose the privilege of receiving this money.

I think that the State Department would also consider this an offer which the Japanese are likely to accept.

번역

1956년 10월 4일

번호: 90

수신인: 양유찬 대사
발신인: 대통령

한일 청구권 문제 해결 관련 대일평화조약 제4조의 해석에 관한 미국의 입장을 해석한 귀 서한 제81호 및 동봉한 기밀 문서의 내용을 잘 알고 있습니다.

일본이 한국에 대한 청구권이 없다는 의견이라고 밝히고 있다는 점에서 상당히 만족할 만한 내용인 것 같습니다. 그러나 이 '의견'은 국무부의 다른, 그리고 미래의 직원들이 상이한 '의견'을 가질 가능성이 있기 때문에 향후 협상의 근거가 될 수는 없습니다. 이 성명문(statement)은 우리가 필요로 하고 또 도움이 될 수 있는 효과, 즉 국무부가 평화조약 조항에 대한 명확한 해석을 밝힘으로써 가져오는 효과를 줄이고 있다는 점에서 충분히 긍정적이지는 못합니다.

국무부에 가서 우리는 일본이 허점을 찾으리라는 것을 잘 알고 있으며, 따라서 나중에 해석으로 인한 분쟁이나 의문이 발생하지 않도록 더 명확하게 설명해 주기를 기다리고 있다고 이야기하기 바랍니다. 아마도 우리는 국무부에 일본이 한국에 대해 어떠한 재산도 청구할 수 없다는 양국 간의 공식적인 이해를 비망록이나 서한 또는 합의서 형태로 문서화하도록 요청해야 할 것입니다. 만약 그렇게 하지 못한다면 1952년 4월 28일 자 구상서를 우리 정부와 일본 정부가 동시에 공개하도록 요청해 주셨으면 좋겠습니다.

나는 이 문제를 해결하기 위한 우리 측의 움직임이 매우 중요하다고 생각하며, 이와 관련해 국무부와의 기회를 놓쳐서는 안 된다고 생각합니다.

김 공사가 서울에 왔을 때 우리의 최소한의 요구사항과 우리의 입장에 근거해서 몇 가지를 이야기했고, 내가 지시사항을 각서에 담으라고 했는데 그 각서를 아직 받지 못했습니다. 내가 받으면 검토해서 사본을 보내도록 하겠습니다.

양국 수감자의 석방 또는 송환에 관하여: 우리는 일본이 아무런 혐의 없이 일본 감옥에 가두고 있는 모든 한인을 석방할 것을 요구합니다. 범죄 혐의가 없는 자국민을 감옥에 가두는 것도 문명화된 법치 국가의 관행이 아닌데, 일본은 이러한 행위를 통해 국제 관행과 인권을 위반하고 있습니다. 일본은 이 수감자들을 조건 없이 즉각 석방하고 그들이 겪은 고통에 대해 배상해야 합니다. 물론 배상금 지급을 요구할지 여부는 또 다른 문제이지만, 보상을 통해 무언가를 해야 한다고 말해야 합니다. 또한 일본에 있는 우리 국민을 범죄 혐의 없이 체포하거나 구금하거나 괴롭히지 않겠다고 약속해야 합니다.

일본이 위 사항에 동의한다면 우리는 한국에 있는 모든 일본인 구금자들이 형기를 마치면 석방하는 데 동의할 것입니다. 한국에 있는 다른 일본인 구금자들도 일본 정부가 평화선 준수에 관한 협정에 서명하는 즉시 형량에 관계없이 함께 석방할 것입니다.

국교 정상화에 관해서는, 우리는 현재로서는 어떤 장애물이 이를 가로막고 있는지 그들에게 말할 필요가 없습니다. 우리가 일본에 요구하는 것은 일본이 공산주의에 확실히 반대하여 일본과 한국이 공산주의에 저항하는 데 함께 설 수 있도록 하는 것입니다. 우리는 일본과 협력하는 방식으로 공산주의와 싸우는 우리의 정책을 결코 바꾸지 않을 것입니다. 정책 변경은 우리의 안보와 통일에 해가 될 것이기 때문입니다. 지금 당장은 일본과 상업적 거래 등을 할 수 있겠지만 공식적인 국교 수립은 일본이 미국과 한국, 그리고 다른 반공 국가들과 함께할 때만 가능합니다. 공산주의를 반대하지 않는 국가와 수교하는 것은 매우 어려울 것입니다.

그러나 지금 이 사실을 국무부에 알린다면 국무부는 우리가 일본과 수교할 의사가 전혀 없다고 생각할 수 있습니다. 그리고 일본조차도 우리에 대한 선전 자료로 이를 활용하게 될 것입니다. 따라서 지금이 우리에게 이 문제를 제기할 적절한 시기인지 판단하는 것은 전적으로 대사께 맡기겠습니다.

김 공사와의 협의에서 나는 일본이 60만 명의 재일한인을 없애고 싶다면 한 사람당 500달러를 지불하고 재산을 모두 한국으로 가져올 수 있도록 허락할 경우 공산주의자든 아니든 간에 우리는 그들을 한꺼번에 데려올 용의가 있다고 말했습니다. 그러면 보상 문제는 다시는 실기(失期)하지 않을 것입니다. 위에서 언급한 한인에는 정의에 반하는 사람, 우리나라에 폐를 끼치는 사람들도 포함될 것입니다. 우리는 일본 영토에 대한 관할권이 없으므로 이들을 한국으로 돌려보내는 것은 일본 측의 몫입니다. 한국으로의 송환을 거부하는 사람은 모두 국적을 상실하게 될 것입니다. 재일조선 공산주의자들이 이 나라에 도착하여 법을 준수하고 공산주의자들과의 연계와 이론을 포기하겠다고 선언하는 한, 이 나라에 도착했을 때 그들에 대한 차별은 없을 것입니다.

나는 일본이 이 기회를 이용하게 되면 매우 기뻐할 것이라고 믿습니다. 김 공사는 일본 정부가 약간의 보상금을 지급할 준비가 되어있다고 말했습니다. 송환자 한 사람당 500달러가 지급되면 그가 가질 수 있는 모든 청구권에 대한 보상으로 간주될 것입니다. 일본에 남아있기를 원하는 모든 한인은 이 돈을 받을 수 있는 특권을 잃게 될 것입니다.

국무부도 일본이 이 제안을 받아들일 가능성이 높다고 볼 것으로 생각합니다.

39. 이승만 대통령이 김용식 공사에게 보내는 서한

1579 October 11, 1956

No. 29

To: Minister Yong Shik Kim

From: The President

I have received your letters Nos. 60, 61 and 62 dated October 4th together with the attached memorandums for which I thank you.

As things seem to be developing in our favor now we have to concentrate on them. Our position should be made clear and definite to both the U.S. and Japan.

In the memorandum summarizing instructions I had personally given you, I find that you did not quite understand some of the points I told you. For instance, we should not use the word "interpretation" and only state that this is the State Department's decision in reference to Korean claims.

As you may have seen from the copy of my letter No.90 to Ambassador Yang I asked him to request the State Department to dispense with the word 'opinion' because it only makes the statement more vague and complicated. If the State Department makes certain interpretations now they may make a different interpretation later and therefore we want something more definite.

Even among ourselves we should never use the word 'opinion'.

We know the Japanese government is sufficiently pressed by the Japanese people to have their fishermen released as soon as possible. We know also that Ambassador Allison will continue to advise the Japanese government to withdraw the property claims. He should also urge them to act on it and the sooner the better. General Lemnitzer has been thoroughly convinced that Japan has no right to claim any property in Korea. In this connection we must emphasize the fact that when the Japanese government releases the note of April 29, 1952, it must state that the Kubota statement will also be withdrawn.

I think it is better for us not to mention the amount of gold reserve. The Japanese have created among the Americans the impression that the gold
1580 reserve amounts to very little. If the Japanese should demand that we name the sum we must ask them if they will pay and when and how. Let them commit themselves and then we will name the sum.

The question of Korean residents should not be mixed up with the property and gold reserve issues. It must be kept aside until certain questions they raise are more or less related to the residents' issue. My idea is the more we demand the harder it will be for them to agree to the settlement of the previous demands we made, so we will settle them first and the others later. Whether that can be worked out or not I am leaving to your judgment. But it seams to me that an effort should be made to settle our minimum requests first and when that is done we could bring up other demands.

In your talks with Ambassador Allison and General Lemnitzer you should always raise the question of compensation for past labor and tell them that the Japanese will have to pay something in that connection. Therefore I am asking you to rewrite the memorandum touching upon the property withdrawal and retraction of the Kubota statement, which must be included in the simultaneous release.

Whenever the Korean residents' question is raised and whenever the Japanese bring up the question of 48 Koreans to be sent to north Korea you may tell them the Koreans believe Japan is trying to send these 48 people to north Korea only to open the way for the 600,000 residents to be also sent to north Korea; therefore the Korean government and people are deeply concerned about it.

This is all connected with the pro-Japanese communist policy of normalizing diplomatic and commercial relations with the Soviet Union. We are definitely against any dealing with the communists and if Japan unites with Russia we cannot deal with Japan because of the fact that she will smuggle into north Korea goods, weapons and underground agents. Therefore Korea stands opposed to Japan's close relations with the communists against America which has built it up economically and otherwise to its present status as the most powerful nation in Asia.

Japan must stand on the side of democracy and be loyal to her benefactor nation, the United States.

In reference to the repatriation of Korean residents you should mention that the Japanese have admitted they will make some compensation to the 2 million Koreans although the Japanese say there are only 900,000 Koreans in Japan. We will take that as the correct figure and demand Japan to pay $500 to each of them. This question will not be raised again if the Japs pay this sum.
1581 Then the Korean Government will announce to the Koreans in Japan that all loyal Koreans must return and that each of them will receive $500 each from the Japanese government, but that those who refuse will forfeit their Korean citizenship and never be allowed to land on Korean soil.

This will settle the question of Korean residents in Japan, but Japan must pay this minimum sum now. If she refuses we may raise the sum later according to changes in the situation.

In regard to the fishermen held in Pusan you will see from the letter I wrote to Ambassador Yang where we stand and I want you to act accordingly. There is no sense in repeating it now as you have already received a copy of my instructions to the Ambassador.

I want you to make the above clear to the Japs and to our American friends, but you cannot tell it too often. Explain all this separately to General Lemnitzer and whenever Admiral Stump visits Japan be sure to brief him thoroughly on the situation.

번역

1956년 10월 11일

번호: 29

수신인: 김용식 공사
발신인: 대통령

첨부한 메모와 함께 10월 4일 자 60, 61, 62호 서한을 잘 받았습니다. 고맙습니다.

상황이 우리에게 유리하게 전개되고 있는 것으로 보이니 집중해야 할 때입니다. 미국과 일본 모두에 대해 우리의 입장을 확실히 해야 합니다.

김 공사에게 개인적으로 전달하는 지시사항을 요약한 메모에서 내가 언급한 포인트 중 몇 가지를 잘 이해하지 못한 것 같습니다. 예를 들자면 내 말은 우리가 '해석'이라는 표현을 사용하지 않고 청구권에 대한 국무부의 결정이라고만 언급해야 한다는 의미였습니다.

내가 양 대사에게 보낸 90호 서한에서 알 수 있듯이 국무부에 '의견'이라는 단어를 사용하지 말아줄 것을 요청했습니다. 이 단어를 사용하면 내용이 모호하고 복잡해질 뿐이기 때문입니다. 국무부가 현재 특정한 해석을 하면 향후 다른 해석을 할 수도 있다는 의미가 되는데 우리는 보다 확실한 무언가를 원합니다.

우리들 사이에서도 '의견'이라는 단어는 절대 사용하지 않아야 합니다.

일본 정부는 어민들이 최대한 빨리 석방되어야 한다는 압박을 자국민들로부터 충분히 받고 있다는 것을 우리도 알고 있으며, 앨리슨 대사가 일본 정부에 청구권을 철회하라고 계속해서 조언할 것도 알고 있습니다. 또한 앨리슨 대사는 일본 정부가 말한 바를 최대한 조속히 이행하도록 촉구해야 할 것입니다. 렘니처 장군은 일본이 한국의 어떠한 재산에 대한 권리도 보유하지 않음을 납득한 상태입니다. 이와 관련하여 우리는 일본 정부가 1952년 4월 29일 자 문서를 공개할 때 구보타 성명 또한 철회할 것임을 천명해야 한다고 강조해야 합니다.

금괴의 액수에 대해서는 언급하지 않는 것이 좋다고 생각합니다. 일본은 미국인들에게 금괴의 액수가 매우 적다는 인상을 심어주었습니다. 일본이 금괴의 액수를 제시하라고 요구하면 우리는 그러한 금액을 일본이 지급할 것인지, 그렇다면 언제 어떻게 지급할 것인지 물어야 합니다. 일본이 스스로 약속을 하게 한 다음에 금액을 언급해야 합니다.

재일한인 문제는 재산 반환 및 금 문제와 섞이지 않아야 하고, 재일한인 문제와 어느 정도 관련이 있는 문제가 제기될 때까지는 별도의 문제로 남겨두어야 합니다. 우리의 요구가 많아질수록 일본이 우리 측의 기존 요구에 합의하기가 어려워질 것이므로, 먼저 해결을 보고 다른 문제는 나중에 해결합시다. 이러한 방식의 성공 가능성에 대해서는 김 공사가 판단해 주기를 바랍니다. 하지만 개인적으로는 먼저 최소한의 요구 조건을 관철시키기 위해 노력하고, 그 과정이 끝난 후에 다른 요구사항을 거론해야 한다고 생각합니다.

앨리슨 대사 및 렘니처 장군과 대화할 때는 항상 과거에 있었던 노역에 대한 보상 문제를 제기하고, 일본이 무언가 보상을 제공해야 한다고 말해야 합니다. 이를 위해 동시에 발표되어야 할 청구권 및 구보타 성명 철회에 대한 메모를 다시 작성해 주시기 바랍니다.

재일한인 문제가 거론될 때마다, 그리고 일본이 북송할 한국인 48명에 대해 언급할 때마다 한국인들은 일본이 이 48인을 북송하려는 것은 나머지 60만 명의 한국인들까지 북한으로 보내기 위한 길을 열기 위해서일 뿐이라고 생각하며, 따라서 한국 정부와 국민들이 매우 우려하고 있다고 말하면 되겠습니다.

이러한 상황들은 모두 소련과의 외교 및 상업 관계를 정상화하기 위한 친공산 정책과 관련이 있습니다. 우리는 공산주의자들과의 일체의 접촉을 강경히 반대하며, 일본이 러시아와 연합하면 북한에 물품, 무기 및 간첩이 밀반입될 것이기 때문에 일본과 상대할 수 없습니다. 따라서 한국은 경제적으로나 다른 측면에서도 일본이 아시아 최강대국이 되도록 키워준 미국에 등을 돌리고 공산 세력과 긴밀한 관계를 맺는 것을 반대하는 입장입니다.

일본은 민주주의 편에 서야 하며 도움을 베푼 미국에 충성하는 모습을 보여야 합니다.

재일한인 송환에 대해서는 일본이 한국인 200만 명에게 어느 정도의 보상을 하겠다고 했으나 현재 일본에 거주 중인 한국인이 90만 명에 불과하다고 말하고 있음을 언급해야 합니다. 우리는 이 숫자가 정확하다고 받아들이고 1인당 500달러를 지급할 것을 일본에 요구할 계획입니다. 일본이 해당 금액을 지급하면 이 문제는 다시 제기하지 않을 것입니다. 한국 정부는 재일 한인들에게 조국에 충성하는 모든 한국인은 귀국해야 하고 일본 정부가 1인당 500달러를 지급할 것이나, 본국 송환을 거부하는 경우 한국 국적을 박탈하고 다시는 한국 땅에 발을 들일 수 없을 것이라고 공표할 예정입니다.

이렇게 하면 재일한인 문제는 해결될 것이나 일본이 바로 앞서 말한 최소 금액을 지급해야 합니다. 이를 거부한다면 추후 상황의 변화에 따라 보상액을 올릴 수도 있습니다.

부산에 억류 중인 어민들에 대해서는 내가 양 대사에게 쓴 서한에서 우리의 입장을 확인할 수 있을 것이며, 그에 따라 조치해 주시기 바랍니다. 이미 양 대사에게 보낸 훈령의 사본을 받아보았을 것이므로 반복할 필요는 없을 것 같습니다.

위에서 언급한 사항을 일본과 미국 측에 확실히 전달해야겠지만, 너무 자주 언급해서는 안 됩니다. 모든 내용을 렘니처 장군에게 별도로 설명하고 스텀프 제독[4]이 일본을 방문할 때마다 상황을 알려주시기 바랍니다.

---

4 Felix B. Stump, 1953. 7. 10~1958. 8. 1 미 태평양함대 사령관.

40. 이승만 대통령이 양유찬 주미 대사에게 보내는 서한

1582 No. 106

□□ October, 1956

To: Ambassador You Chan Yang

From: The President

As you know, Japan is □…□ we are worried over this Japanese attitude towards America coming our openly to reveal what the Japanese are planning to do.

I have told you before of the conversation I had with Secretary of State Dulles in the presence of Mr. Robertson, and I would like to repeat it here.

Mr. Dulles told me that if the U.S. did not build Japan, economically and militarily, it could not keep Japan from going communist. I laughed and told him that if the U.S. built up Japan to make her the most powerful nation she would join hands with the Soviet Union to yet even with America.

After Mr. Dulles returned to the States wrote him a couple of times reminding him that it was an unwise policy of the U.S. to make Japan once again the dominating power in Asia because all the other oriental nations were afraid that, being a militaristic power, Japan would destroy all the small independent states of Asia. If these nations were forced to join with Japan they would join with the Communist and stand against America, rather than be forced into slavery by the Japanese.

One of these days I shall tell Americans how the State Department officials bluntly told you to stop talking against Japan and America.

Mr. and Mrs. Allen Dulles were here and we did all we could to entertain them and they were very happy. As a matter of fact, they brought with them from America a beautiful large silver platter and we certainly appreciated this gift. I told Mr. Dulles personally America and Korea are very good friends but that our policies are dissimilar. Duty to one's nation and duty to a friend are two different things and I would not let personal friends interfere with my duty to my nation.

In my letter No.90 I told you I wished you to do all you could to have the State Department make a definite statement of its analysis of Article 4 of the Japanese Peace Treaty with respect to the Korean-Japanese claims settlement and not, just given an "opinion."

Subsequent to my writing to you, Minister Kim prepared a memorandum but unfortunately did not get some of the points straight. A copy of this memorandum is enclosed with my penciled markings. I sent him a copy of my letter to you an have dictated another letter to him so I hope that something may now be achieved. When the State Department makes a definite statement we can have them release it in Washington simultaneously with Seoul and Tokyo.

We should also strongly protest the rearming of Japan and her proposed peace treaty with Russia. We should point out that Japan should stand loyal to the United States because it did not make Japan a territory of the United States after she lost their war, but instead restored her to independence and built her up economically and militarily. She is now turning against her benefactor nation.

번역 번호: 106

1956년 10월 □□일

수신인: 양유찬 대사

발신인: 대통령

[첫 번째 문단은 판독 곤란으로 번역 생략]

로버트슨 차관보가 있는 자리에서 덜레스 국무장관과 나눈 대화에 대해 전에 이야기한 적이 있는데 여기서 다시 반복하고 싶습니다.

덜레스 장관은 미국이 경제적으로나 군사적으로 일본을 건설하지 않으면 일본이 공산주의화되는 것을 막을 수 없다고 말했습니다. 나는 웃으며 미국이 일본을 가장 강력한 국가로 만들면 일본은 미국은 물론 소련과도 손을 잡을 것이라고 말했습니다.

덜레스 장관이 미국으로 돌아간 후 나는 그에게, 일본이 군국주의 국가로서 아시아의 모든 작은 독립 국가들을 파괴할 것을 다른 모든 동양 국가들이 두려워하고 있기 때문에 일본을 다시 한 번 아시아를 지배하는 강대국으로 만드는 것은 미국의 현명하지 못한 정책이라는 것을 상기시키는 편지를 몇 번이나 보냈습니다. 만약 이 나라들이 일본에 복속해야 한다면 일본에 의해 노예가 되느니 차라리 공산주의자들과 협력해 미국에 대항할 것입니다.

언젠가 나는 국무부 관리들이 일본과 미국에 반대하는 말을 하지 말라고 귀하에게 퉁명스럽게 말한 것을 미국인들에게 말할 것입니다.

앨런 덜레스 부부가 이곳에 왔고 우리는 최선을 다해 그들을 대접했고 그들은 매우 행복해했습니다. 사실 그들은 미국에서 아름다운 대형 은쟁반을 가져왔고 우리는 이 선물에 확실히 감사했습니다. 나는 덜레스 장관에게 개인적으로 미국과 한국은 매우 좋은 친구이지만 양국의 정책은 다르다고 말했습니다. 국가에 대한 의무와 친구에 대한 의무는 별개의 문제이며, 나는 개인적인 친구 관계가 국가에 대한 의무를 방해하지 않도록 할 것입니다.

90호 서한에서 나는 국무부가 한일 청구권 협정과 관련하여 일본 평화조약 제4조에 대한 해석을 '의견'으로만 제시하지 말고 명확한 입장을 밝히도록 최선을 다해주기를 바란다고 말씀드렸습니다.

내가 귀하에게 편지를 보낸 후 김 공사는 각서를 준비했지만 불행히도 몇 가지 요점을 제대로 파악하지 못했습니다. 이 각서의 사본은 내가 연필로 표시한 내용과 함께 동봉되어 있습니다. 김 공사에게는 내가 귀하께 보낸 편지의 사본과 함께 또 다른 내 구술 편지를 보냈으니 이제 뭔가 성과가 있기를 바라고 있습니다. 국무부가 확실한 성명을 발표하면 서울과 도쿄와 동시에 워싱턴에서 발표하도록 할 수 있습니다.

우리는 또한 일본의 재무장과 러시아에 대한 평화조약 제안에 강력히 항의해야 합니다. 일본이 전쟁에서 패한 후 일본을 미국의 영토로 만든 것이 아니라 독립을 회복시키고 경제적, 군사적으로 일본을 부흥시켰기 때문에 일본이 미국에 충성해야 한다는 점을 지적해야 합니다. 이제 일본은 은혜를 베푼 국가에 등을 돌리고 있습니다.

41. 이승만 대통령이 김용식 공사에게 보내는 서한

1583 7 November 1956

No. 36

To: Minister Yong Shik Kim

From: the President

I wish to thank you for your letter of 1 November.

I note that Director Nakagawa of the Japanese Foreign Ministry has stated that Japan will propose to the Korean side to release all the pre-war detainees from Omura Camp and we will in turn release the Japanese fishermen who have served their prison sentences. You should endeavor to obtain this in writing from the Japanese Government. We cannot, of course, return the Japanese fishing vessels which our Government has condemned. The Japanese should put this in writing because it is useless to just talk about it without coming to a conclusion.

I do not understand why Mr. Nakagawa states it is difficult for his Government to make a commitment not to detain cur residents in the future. What does he mean by 'under present circumstances'? No Government has the right to detain any individual. If someone commits a crime then he is arrested and charged with it, and with this we agree, of course, but he cannot be detained. And naturally, if a Korean is charged with some offense, a Korean representative should be present at his trial.

Mr. Nakagawa's suggestion that his Government will consider the gold reserve claim if concrete evidence is produced is ridiculous. His Government knows full well that we have this claim against them as they have the record in their books. They are merely making another excuse.

I recommend that you talk with no one but the Foreign Minister or the Vice-Foreign Minister in this connection. You have read of Mr. Takasaki's conversation with Ambassador Yang and what he clearly told the Ambassador. We have made our position clear so far as the gold reserve is concerned.

I am glad you took up the matter of the banning of propaganda publications in Japan which emanate from Communist sources, and that the Government recognizes the importance of passing an anti-strike bill but because of the opposition may fail to do so. It is evident that the Government is aware of the dangerous influence of such publications.

번역

1956년 11월 7일

번호: 36

수신인: 김용식 공사
발신인: 대통령

11월 1일 자 서한 잘 받았습니다.

일본 외무성의 나카가와가 종전 전 입국한 모든 한국인 억류자들을 오무라수용소에서 석방하고 한국은 형기를 마친 일본 어민들을 석방하는 방안을 제안할 것이라고 말했다고 했는데, 이 내용을 일본 정부가 서면으로 기록하도록 조치해 주기를 바랍니다. 물론 우리 정부가 체포한 일본 어선들을 반환할 수는 없습니다. 결론 없는 대화는 의미가 없기 때문에 일본이 이러한 내용을 서면으로 작성해야 합니다.

나카가와가 일본 정부의 입장에서는 향후 재일한인들을 억류하지 않겠다고 약속하기가 어렵다고 말한 이유가 이해되지 않습니다. '현재 상황에서는'이라는 말이 무슨 의미입니까? 어떠한 정부도 개인을 억류할 권리를 보유하지 않습니다. 누군가 범죄를 저지르면 체포하고 처벌하는 데는 물론 동의하지만 억류해서는 안 됩니다. 한국인이 잘못을 저질러 처벌을 받는다면 재판에 한국 측 대표도 참여해야 합니다.

구체적인 증거가 제시되면 일본 정부가 금괴 보상을 고려할 것이라는 나카가와의 의견은 터무니없습니다. 일본 정부의 기록에 한국 금괴에 대한 내용이 남아있기 때문에 우리가 돌려받을 권리가 있다는 것을 일본 정부도 잘 알고 있으니 또 다른 핑계일 뿐입니다.

이 문제에 대해서는 외무상이나 외무차관과만 논의할 것을 권고합니다. 다카사키가 양 대사와 나눈 대화와 다카사키가 양 대사에게 명확히 전달한 내용에 대해 확인했을 것이라고 생각합니다. 금괴에 대한 우리의 입장을 확실히 표명한 상황입니다.

공산주의 진영에서 시작된 일본 내 선전물 금지 문제를 거론했다니 기쁘고, 정부가 파업금지법 통과의 중요성을 인지하고 있지만 반대로 인해 통과시키지 못할 수도 있습니다. 정부가 이러한 선전물의 위험한 영향력에 대해 인지하고 있음은 분명합니다.

43. 이승만 대통령이 김용식 공사에게 보내는 서한

1586 December 13, 1956

No. 49

To: Minister Yong Shik Kim

From: The President

I read your good letters Nos. 97, 98 and 99 and Political Report No. 47 and wish to thank you for the informations.

It is natural that Korean communists in Japan are encouraged by the establishment of diplomatic relations with Japan and the Soviet Union. Therefore it is very important for you to counteract any move the Jap government tries to make regarding our citizens.

The Socialists' statement of policies is interesting. I am glad you told them that unless their suggestion or proposal comes through the Jap government you cannot consider it as official. The Russo-Jap agreement is passed and signed over our protests. We must make our government strong enough for them to worry about our attitude and policies toward them. We have to do everything we can to build up our strength.

I would like to know definitely how far from the coastal lines of Russian territory are Jap fishermen allowed to fish.

The Japs still do not realize our attitude toward the Koreans who entered Japan before 1945. We told them a number of times that those Koreans (including criminals and political refugees) who entered Japan after 1945 will be accepted by this government but that the repatriation of pre-war detainees will have to be handled differently.

In this connection we might as well tell them that this government will accept all or more of the 600,000 Koreans if they are sent back to Korea, whether they are communists or not. Therefore, they must agree with us in writing they will pay $500 compensation to each of them. I think we should propagandize that in order not to cause friction for an indefinite length of time between the two countries we are offering to settle this question in an easy way and that if they refuse to accept this now it will be difficult for them later on.

You may assure them all their fishermen who have served their sentences and even those who have not will be sent back any day on condition they agree to sign the peace line agreement and the agreement that they will never arrest any Korean without legal charge.

1587 The Japs maintain they can deport our people under the Immigration Law. Your answer should be that although they may have all the laws of the world they cannot treat Korean residents in Japan as immigrants or foreign aliens who have violated immigration Law. They must know that Koreans did not go to Japan voluntarily but were forcibly taken by the Japs to help Japan in her fight against America without compensation all these years.

In order to settle this knotty problem we shall make it easy for them by asking them to pay compensation for everyone of these people. If they agree we will accept them.

You may have noticed that our radio stations are broadcasting each day at a certain times in Korean, English and Japanese, commentaries which explain the true situation to the Jap public because we believe that if these people know it they will be able to settle all problems to their satisfaction. Please have someone in the Mission advertise in Jap papers that we ask them to hear these broadcasts.

The Jap government must pay what is due us. I am glad they are willing to buy the boats and send them to Korea. That is one of the things the Jap government must do if they want to do what we ask.

You have been working hard to solve some of the problems. I think we should bring pressure to bear on the Japs now that they are anxious to get their fishermen back before the year ends. You may tell them in a statement that "we do not want to keep any of them but that we are forced to do it. If the Japs do what is right there is no earthly reason why we should detain even a single Jap for one day. So please think this over carefully and do not lose the opportunity to do what is right."

Hatoyama's retirement does not interest us, but we want to know how things are going on in Japan because it might help us to make our policies clear regarding Japan. We do not have to wait until they find it convenient to attend to our problems.

Do your best now and let us settle something before the year is over.

번역

1956년 12월 13일

번호: 49

수신인: 김용식 공사

발신인: 대통령

97, 98, 99번째 서한과 정치보고서 제47호를 잘 받았습니다. 고맙습니다.

일본과 소련의 외교 관계 수립으로 인해 일본 내 한국인 공산주의자들이 힘을 얻은 것은 당연한 일입니다. 따라서 김 공사가 우리 국민들에 대한 일본 정부의 모든 시도에 대응하는 것이 매우 중요합니다.

정책에 관한 사회당의 성명이 흥미롭습니다. 일본 정부를 통해 전달되는 제안사항이 아닌 이상 공식적인 내용이라고 간주할 수 없다고 말했다니 좋습니다. 우리가 항의했음에도 러일협정이 통과 및 체결되었습니다. 우리의 태도와 정책에 대해 우려할 만큼 강력한 정부가 되어야 합니다. 힘을 키우기 위해 할 수 있는 모든 노력을 기울여야 합니다.

러시아 해안선으로부터 어느 정도 범위까지 일본 어민들이 조업할 수 있는지 정확히 알고 싶습니다.

일본은 아직도 1945년 이전에 일본에 입국한 한국인에 대한 우리의 입장을 인지하지 못하고 있습니다. (범죄자와 정치적 망명자를 포함하여) 1945년 이후 일본에 입국한 한국인들은 우리 정부가 받아들일 것이나, 전쟁 전에 억류된 한국인들의 송환은 다르게 취급해야 할 것이라고 이미 수차례 전달했습니다.

이에 우리도 억류자가 송환되는 경우 공산주의자든 아니든 한국인 60만 명 전원 또는 그 이상도 수용할 것이니 각 억류자에 대한 보상금으로 500달러를 지불하겠다는 내용을 서면으로 작성하기로 합의할 것을 요청할 수 있겠습니다. 양국이 기약 없이 마찰을 겪는 상황을 방지하기 위해 문제를 수월하게 해결할 수 있는 방안을 제안하고 있으며, 일본이 지금 제안을 받아들이지 않는다면 나중에 상황이 어려워질 것임을 알려야 합니다.

일본이 평화선 협정에 서명하고 법적 혐의가 없는 어떠한 한국인도 절대로 체포하지 않는 데 합의한다는 조건을 충족하면 형기를 마친 어민들과 심지어는 형기를 마치지 못한 어민들까지도 언제든 송환하겠다고 확언해도 좋습니다.

일본은 이민법에 따라 한국인들을 추방할 수 있다는 입장을 고수하고 있습니다. 이 문제에 대해서는 이 세상의 어떠한 법을 이용하든 재일한인들을 이민법을 위반한 외국인이나 이민자로 취급할 수는 없다고 답변해야 합니다. 한국인들은 자의로 일본에 간 것이 아니라 강제로 동원되어 그토록 오랜 시간 동안 보상도 없이 일본이 미국에 맞서는 과정을 도왔다는 사실을 일본이 자각해야 합니다.

이렇게 복잡한 문제를 해결하기 위해서는 억류된 한국인들 모두에 대한 보상금을 지급하라고 요청함으로써 쉽게 해결할 수 있는 방안을 제시해야 합니다. 일본이 합의하면 우리도 억류자들을 수용할 것입니다. 이미 알 수도 있겠지만 라디오 방송국에서 매일 정해진 시간에 한국어, 영어, 일본어로 상황의 진실을 일본 대중에게 설명하는 방송을 내보내고 있습니다. 일본 대중이 상황을 파악하면 만족스러운 방향으로 모든 문제를 해결할 수 있다고 생각하기 때문입니다. 주일 대표부에서 일본 신문을 통해 이 방송을 광고해 주기 바랍니다.

일본 정부는 우리에게 지불해야 금액을 반드시 지불해야 합니다. 선박을 매입하여 한국으로 보낼 의향이 있다는 소식은 반갑습니다. 우리 측의 요구 조건을 이행하기 위해 일본 정부가 해야 할 일 중 하나였습니다.

현안들을 해결하기 위해 많은 노력을 해주셨습니다. 일본이 연말 전에 어민들을 귀환시키지 못할까 봐 우려하는 상황이므로 일본을 압박해야 합니다. 성명을 통해 "일본 어민 중 누구도 억류하고 싶지 않지만 그럴 수밖에 없었다. 일본이 올바른 행동을 보인다면 어떠한 일본인이든 단 하루도 억류할 이유가 전혀 없다. 따라서 신중히 생각하여 올바른 행동을 할 수 있는 기회를 놓치지 않기 바란다"라고 전달하면 되겠습니다.

하토야마의 퇴진에 대해서는 관심이 없습니다만, 우리가 일본에 대한 분명한 정책을 수립하는 데 도움이 될 수 있기에 일본의 상황에 대해서는 파악하고 싶습니다. 일본 입장에서 우리와의 현안을 다루는 것이 수월해질 때까지 기다릴 필요가 없습니다.

올해가 가기 전에 어느 정도 해결을 보도록 최선을 다하길 바랍니다.

45. 조정환 외무부 장관서리가 로버트슨 국무차관보에게 보내는 서한

1590 December 18, 1956

My dear Mr. Secretary,

I should like to avail myself of this opportunity of again calling to your attention this Government's deep concern regarding current difficulties in the relationship between Korea and Japan arising out of the latter's intransigence and growing tendency toward pro-Communism. A brief review of current aspects of Korea-Japan relations is attached hereto for your information and perusal.

As you have already pointed out in your letter of September of this year, it is essential that relations between the Republic of Korea and Japan be on a friendly and cooperative basis. The improvement of Korea-Japan relations, with a view to forming a strong Far Eastern link in the defense against the rising tide of Communism, would be in the interest of the two countries and of the free world in general.

It is with this view that the Korean Government has been patiently and consistently endeavoring to seek rapprochement with Japan. In our approach, as you know, there are only two prerequisites to be met on the part of Japan: first, to evince a genuine friendliness toward Korea in solution of the impasse between the two countries; second, to stand definitely and unequivocally on the side of those who oppose Communism.

1591 The United States Government, as the sponsor and a signatory of the San Francisco Peace Treaty, has a moral as well as a legal obligation to ensure

Japanese observance of the terms of that treaty pertinent to Korea. I am presenting the attached Memorandum to solicit your renewed efforts to strongly admonish the Japanese Government to observe the terms of the San Francisco Treaty by publicly and officially renouncing its unwarranted property claims upon Korea and by retracting the Kubota Statement which challenges the sovereignty of the Republic of Korea.

I am also enclosing herewith for your consideration Memoranda on the Korean economy and on the Korean military problem prepared respectively by the Ministries of Reconstruction and National Defense of my Government.

Very sincerely yours,

Chung W. Cho
Acting Foreign Minister

The Honorable Walter S. Robertson,
Assistant Secretary of State,
United States

번역

1956년 12월 18일

차관보님,

친공산주의를 향한 일본의 움직임과 비타협적인 태도로 인해 한일 관계가 현재 당면하고 있는 어려움에 대한 한국 정부의 깊은 우려에 관심을 기울여 주실 것을 다시 한번 요청합니다. 참고하고 읽어보실 수 있도록 현재 한일 관계를 간략하게 정리하여 첨부합니다.

올해 9월 서한에서 이미 지적하셨듯이 대한민국과 일본이 우호적이며 협력적인 관계를 구축하는 것이 매우 중요합니다. 상승 중인 공산주의의 물결에 맞서 싸우기 위한 강력한 극동 공동체를 형성하는 맥락에서 한일 관계가 개선되면 양국 및 자유 진영 전체의 이익이 될 것입니다.

이러한 맥락에서 한국 정부는 일본과의 관계를 회복하기 위해 인내심을 가지고 일관적으로 노력해 왔습니다. 아시다시피 한국은 일본이 두 가지 조건만 충족하면 된다고 말해 왔습니다. 첫째는 양국의 교착 상태를 해결하기 위해 한국에 대한 진정성 있는 친선을 보이는 것, 둘째는 확실하며 의심의 여지없이 공산주의를 반대하는 편에 서는 것입니다.

샌프란시스코 강화조약의 후원국이자 조인국인 미국 정부는 일본이 한국과 관련한 조약의 조항을 준수하도록 할 도의적 및 법적 의무를 가지고 있습니다. 일본 정부가 한국에 대한 근거 없는 재산 반환 청구를 공개적 및 공식적으로 중단하고 대한민국의 주권을 위협하는 구보타 성명을 철회함으로써 샌프란시스코 강화조약을 준수할 것을 강력하게 요청하기 위한 노력을 도모해 주시기를 간청하기 위해 메모를 첨부합니다.

우리 정부의 재건부와 국방부가 각각 작성한 한국경제 및 한국 군사 문제에 대한 메모도 검토하실 수 있도록 첨부합니다.

감사합니다.

외무부 장관서리 조정환

월터 R. 로버트슨 미국 국무부 차관보

47. 이승만 대통령이 김용식 공사에게 보내는 서한

1598 December 20, 1956

No. 51

To: Minister Yong Shik Kim

From: The President

After reading Ishibashi's statement I have come to the conclusion that the new premier of Japan wishes to win over the good will of his people by getting the Jap prisoners home for the new year and we must take this opportunity to obtain results. It is our best policy to stick to the original demands which we had made to them. You must know by heart what we had been repeatedly telling them as the first step for them to take in order to prepare for the opening of the conference: 1) withdrawal of the Kubota statement and 2) exchange of prisoners.

Concerning the prisoners, the Jap government must release all our people who entered Japan before and after 1945, with the definite understanding that no Korean citizen should be arrested again without legal charge and we on our part will release all their people who have served their terms.

Those fishermen who have not finished their terms will be released as soon as their government has signed the Peace Line agreement. If the Japs hesitate to sign it for fear of losing their face, we will help them by inserting a clause which will provide for a term of 10 or 15 years, after which time we may either terminate the Line or renew it. (This is an offhand suggestion for your consideration.) If you think this suggestion unwise you may drop it altogether.

Re our prisoners who entered Japan before 1945: We must insist on their immediate release without any conditions because their imprisonment was an open violation of the principle of human rights and of International Law. In addition Japan had also wronged them by making them serve as forced laborers. If Japan pays $500 as compensation to everyone of our people we will accept them when Japan releases and sends them back to Korea.

But there is one thing they must agree to. That is that Japan will never send even a single Korean to north Korea or anywhere else without consulting the Korean Government and receiving its concurrence.

1599 We must warn the Japs again that if payment is not made now the amount will be increased later on. You should remind them that we are not adding a new clause to our original demands by asking them to promise not to send any of our people in Japan to the north. We found it necessary to include it now because the Japanese government has been trying to send them to the north and also to infiltrate into the south through the north by utilizing the Red Chinese and Swedish Red Cross Communist elements. Ever since Japan turned away from the U.S. and joined with Soviet Union and Red China against the free nations, we are threatened from these forces and have to take steps to defend ourselves.

I am sure if you talk to General Lemnitzer he will do everything within his power to help us. Also quietly have a talk with Mr. Foster Hailey, Tokyo representative of The New York Times, that we are quite worried about Japan's lining up with the Communists and that we are opposed to the State Department's allowing Japan to go against the U.S. I told Secretary Dulles when he was last here that if U.S. builds up Japan economically and militarily she will join with Russia and Red China against America.

Please treat this as confidential. I told Mr. Robertson that if Mr. Dulles does not settle the Korean property question for us, I would reveal everything through the press regardless of our friendship and he said he would write to the Secretary about what I had mentioned to him (Robertson).

I hope you have immediately made a release with regard to Ishibashi's statement about buying laver and how ROK was trying hard for over a year to sell it. Also that the Japs cannot deport any Korean who is a legal resident and only detained by them, etc. His statement was made solely for the purpose of showing Robertson what they are willing to do etc.

번역

1956년 12월 20일

번호: 51

수신인: 김용식 공사
발신인: 대통령

이시바시의 성명서를 보고 신임 일본 총리가 새해에 맞춰 일본인 수감자들을 송환시켜 국민들의 신임을 얻고자 하며, 우리는 이 기회를 잡아 원하는 결과를 얻어야 한다는 결론에 도달했습니다. 기존에 일본에 요구한 조건을 고수하는 것이 최선입니다. 회담 재개를 위해 일본이 가장 먼저 취해야 할 조치는 1) 구보타 성명 철회와 2) 수감자 교환이라는 것을 일본에 수차례 전달했습니다.

수감자와 관련하여 일본 정부는 법적 협의 없이 다시는 어떠한 한국인도 체포하지 않고 한국은 형기를 마친 모든 일본인들은 석방한다는 전제하에 1945년 전후로 일본에 입국한 모든 한국인들을 석방해야 합니다.

형기를 마치지 않은 어민들은 정부가 평화선 협정을 체결하는 즉시 석방할 것입니다. 일본이 체면을 구길까 두려워 평화선 협정에 서명하는 것을 주저한다면 우리는 10년 또는 15년 후에 평화선을 폐지 또는 갱신할 수 있다는 조항을 삽입하여 도움을 줄 것입니다 (이 부분은 김 공사가 검토해 보기를 바라며 가볍게 제안하는 사항입니다). 이 방식이 현명하지 않다고 생각하면 배제해도 좋습니다.

1945년 이전에 일본에 입국한 한국인 억류자의 경우 이들을 구금한 행위가 인권의 원칙과 국제법에 대한 위반이기 때문에 조건 없이 즉시 석방할 것을 요구해야 합니다. 또한 일본은 이들을 강제 노역에 동원하며 학대했습니다. 일본이 억류자 1인당 500달러의 보상금을 지급한다면 이들을 석방하고 한국으로 송환했을 때 수용할 것입니다.

하지만 일본이 반드시 동의해야 하는 한 가지 조건이 있습니다. 바로 일본이 한국 정부와 협의하고 동의를 구하지 않고 한 명의 한국인도 북한이나 다른 국가로 보내지 않아야 한다는 조건입니다.

지금 보상금을 지급하지 않으면 추후 보상액이 늘어날 수 있다고 다시 한번 경고해야 합니다. 현재 일본에 있는 한국인 중 누구도 북한으로 보내지 않겠다고 약속하라고 요구함으로써 기존의 요구사항에 새로운 조건을 추가하는 것이 아님을 상기시키기 바랍니다. 일본 정부가 한국인 억류자들을 북송하고 중공과 스웨덴 적십자의 공산분자들을 이용하여 북한을 통해 남한으로 침투시키려 했기에 이러한 조건을 포함시켜야 한다고 판단한 것입니다. 일본이 미국에 등을 돌리고 자유 국가와 반하는 소련 및 중공과 손을 잡은 이후로 우리는 이러한 세력의 위협을 받아왔고 스스로를 방어하기 위한 조치를 취했습니다.

렘니처 장군과 이야기를 나누면 최선을 다해 도움을 줄 것이라고 확신합니다. 또한 『뉴욕 타임스』의 도쿄 대표인 포스터 헤일리와도 비밀리에 접촉하여 공산 진영과 손을 잡은 일본에 대해 상당히 우려하고 있고 국무부가 일본이 미국에 등을 돌리는 것을 묵과하는 것에 반대한다고 전달하기 바랍니다. 덜레스 장관과 만났을 때 저는 미국이 일본의 경제력 및 군사력 강화를 지원하면 일본은 미국에 등을 돌려 러시아 및 중공과 손잡을 것이라고 말한 바 있습니다.

이 내용은 기밀로 취급하기 바랍니다. 덜레스 장관이 한국 재산 문제를 해결해 주지 않으면 우리의 우정과 무관하게 모든 내용을 언론을 통해 공개할 것이라고 내가 로버트슨에게 말했고, 로버트슨은 내가 언급한 내용을 덜레스 국무장관에게 전달하겠다고 말했습니다.

한국이 1년 넘게 김을 판매하기 위해 많은 노력을 기울였다는 것과 김 구매에 대한 이시바시의 성명에 대해 바로 자료를 준비했기를 바랍니다. 또한 일본은 합법적으로 거주 중이며 일본에 의해 억류당했을 뿐인 어떠한 한국인도 추방할 수 없다는 내용도 언급했기를 바랍니다. 이시바시의 성명은 로버트슨에게 일본이 앞으로 계획하고 있는 일들을 보여주기 위한 목적에서 발표된 것입니다.

48. 이승만 대통령이 김용식 공사에게 보내는 서한

1600 December 21, 1956

No. 52

To: Minister Yong Shik Kim

From: the President

I have received your cable informing me of your talk with the Japanese Foreign Minister Takasaki. From your conversation with him I understood that the Japanese Government is ready to retract the Kubota statement and withdraw the property claims; that they are ready to pledge not to arrest and or detain any Koreans without legal charge. I note that you told him that the Japanese should promise"not to arrest or detain Korean residents who entered Japan before 1945." This clause should apply to all Koreans and not only to those who entered Japan before 1945.

All illegal entrants who'll be turned over to ROK Government including at least the four illegal entrants: Sunwoo Cheong Won, Kim Ke Jo, Kwon Il, Chang Hoon.

Legal prewar 1945 residents: If the Japanese do not wish to set them free in Japan they can return back to Korea, but they should be turned over to ROKG with $500 compensation paid for each person before they leave, with the understanding that the question of compensation of the rest of the ROK residents will be taken up at the formal conference.

With regard to our pre-war residents from Omura Camp, we will, according to my previous instruction, have to insist that they release the total number of detainees in Omura. Please clarify whether you omitted mention in the cable that the illegal residents would be released, or is it that the Japanese will only release the prewar residents from Omura?

To sum it up we will release all fishermen in Busan who have served their sentences as soon as the Japanese Government retracts the Kubota statement and withdraws the property claim (as a first step); agrees not to arrest and or detain any Koreans without legal charge, without consideration as to when they entered Japan; agrees to turn over to ROK Government all illegal entrants including the four Koreans mentioned above: legal prewar 1945 residents to be turned over to ROK Government and payment of $500 made to ROK Government as compensation for them; the matter of compensation for all prewar 1945 Korean residents returning to Korea to be taken up at the formal conference.

번역

1956년 12월 21일

번호: 52

수신인: 김용식 공사
발신인: 대통령

일본 외상 다카사키와의 회담 결과를 알려주는 귀하의 전보를 받았습니다. 그와의 대화에서 나는 일본 정부가 구보타 성명을 철회하고 재산청구권을 철회할 준비가 되어있으며, 법적 책임 없이 한인을 체포하거나 구금하지 않겠다고 서약할 준비가 되어 있다는 것을 이해했습니다. 일본이 "1945년 이전에 일본에 입국한 한인을 체포하거나 구금하지 않겠다"라고 약속해야 한다고 했는데, 이 조항은 1945년 이전에 일본에 입국한 사람뿐만 아니라 모든 한인에게 적용되어야 합니다.

최소한 다음 4명의 불법 입국자를 포함해 한국 정부에 인계될 모든 불법 입국자들이 포함되어야 합니다. 선우청원, 김계조, 권일, 장훈.

1945년 전후 합법 거주자: 일본이 이들을 일본 내에 석방하기를 원하지 않는다면 한국으로 송환할 수 있겠으나 출국 전에 1인당 500달러의 보상금을 지급하고 한국 정부에 인계하며, 나머지 한인에 대한 보상 문제는 공식 회담에서 다룰 것입니다.

오무라수용소의 전쟁 전 한인들과 관련하여, 귀하는 나의 이전 지시에 따라 오무라수용소의 전체 수감자를 석방하도록 주장해야 할 것입니다. 전문에서 불법 체류자 석방에 대한 언급을 생략한 것인지, 아니면 일본이 오무라수용소의 전쟁 전 한인들만 석방하겠다는 것인지 명확히 해주시기 바랍니다.

요약하면, 일본 정부가 구보타 발언을 철회하고 재산청구권을 철회하는 즉시 우리는 형기를 마친 부산의 모든 일본인 어부들을 석방(1단계), 일본은 일본에 입국한 시기를 고려하지 않고 범죄 혐의가 없는 한인을 체포하거나 구금하지 않으며 위에 언급한 한국인 4명을 포함한 모든 불법 입국자를 한국 정부에 인계할 것에 동의, 1945년 전후의 합법적 거주자를 한국 정부에 인도하고 이에 대한 보상으로 500달러를 한국 정부에 지급, 1945년 전후 귀국한 모든 한국인에 대한 보상 문제는 공식 회의에서 다루기로 합의 등 이상과 같습니다.

49. 이승만 대통령이 김용식 공사에게 보내는 서한

1602 January 10, 1957

No. 54

To: Minister Yong Shik Kim

From: The President

Thank you for your several letters Nos. 104, 5, 6, 7, 8, 9 and 2.

I have carefully read your Political Reports Nos. 49, 50 and 1, and noted their contents. I know you will do all you can to stop the Japanese members of the Diet from visiting north Korea. I think if you tell the Foreign Office that we deeply resent such an action and that it will widen the rift between our two countries I know the Japanese government will stop their going.

Much has been said in your report as well as in newspaper clippings that the Ishibashi government will call for a new election.

Due to my vacation in Chinhae the mail had accumulated and I shall try to answer them as briefly as I can.

#104–In your letter to Secretary Robertson you failed to mention that a tremendous amount of seaweed is already in Japan, but waiting to be purchased.

#105–On page two, 3rd paragraph, you insisted that Japan should not "detain the Koreans in question until the matter is settled at a formal conference." We never asked that. We only requested them not to arrest or detain Koreans without legal charge. You seemed to have misunderstood my instructions and I am afraid I did not make them clear to you before.

Thank you for sending me the outline of the Russo-Japanese peace treaty and the terms of the Bulganin Line.

I am glad you met the successor of Gordon Walker and hope you will be able to talk to him from time to time and present our point of view. So far the Christian Science Monitor has been rather onesided.

1603 In your letter #2, paragraph 4, you again mentioned "not to detain our residents." I know you meant "without legal charge." You should always make it clear to them that we do not want to be unfair and demand anything unjustified but they should not arrest or detain any of our people "without legal charge."

You again requested cable instruction in letter #2. I do not know what more instructions you need. There are no new ones since I last wrote to Ambassador Yang on October 4, 1956, No.90. Only recently I added in my letter No.52 that if they do not wish to release the legal residents who are now held in Omura camp but prefer to return them to Korea they must pay $500 to each.[XX] This is the only concession we made. I can not understand why the Japanese papers report that you are waiting for instructions.

You mentioned that the Japanese papers reported that we asked the Japanese government to compensate the Korean residents. The money matter should have been discussed first with the Japanese Foreign Office and until a definite understanding had been reached you should not have mentioned anything at all to the press. You may have embarrassed the Japanese government by not talking it over with them and waiting for a decision on the matter.

Am I right to deduce from your letters that in your conferences with the Japs you have come so far as to make them promise they will withdraw the Kubota statement and the property claim, and release all Omura camp detainees and we on our part would release all their fishermen who have served their terms? Please let me know immediately if my conclusion is right or not.

Another point in your letter is that you have discussed the return of certain illegal entrants. I know I had written you about it for over a year if not longer and by this time the Japanese could have made some arrangement for their residence permits to expire and shown their intention of creating a friendly atmosphere by complying with our demands.

xx Plus personal properties.

번역

1957년 1월 10일

번호: 54

수신인: 김용식 공사

발신인: 대통령

104, 105, 106, 107, 108, 109 및 2호 서한 잘 받아 보았습니다.

주일 대표부 정치보고서 49, 50호와 1호를 정독했습니다. 일본 의원들의 북한 방문을 중단하기 위해 모든 노력을 기울일 것임을 알고 있습니다. 그러한 행위에 대해 한국이 매우 분개하고 있으며 양국의 균열을 악화시킬 것이라고 말하면 일본 정부가 북한 방문을 중단할 것이라고 생각합니다.

이시바시 정부가 새로운 선거를 요청할 것이라는 내용을 김 공사의 보고서와 신문 스크랩에서 찾아볼 수 있었습니다.

진해에서 휴가를 보내는 동안 서한이 쌓여있는 상황이라 최대한 간략하게 작성하겠습니다.

104호 – 로버트슨 장관에게 보낸 서한에서 상당 규모의 해초가 이미 일본에 있으나 구입이 되기를 기다리고 있는 상황임을 언급하지 않았습니다.

105호 – 2페이지 3번째 문단에서 "공식적인 회담에서 이 문제를 해결할 때까지 일본은 해당 한국인들을 억류하지 않아야 한다"라고 했는데, 우리는 이러한 조건을 요구한 적이 없습니다. 법적 혐의 없이 한국인들을 체포하거나 억류하지 않을 것을 요청했을 뿐입니다. 지시사항을 오해한 것으로 보이며 내가 전에 확실히 전달하지 못한 것이 아닌가 생각합니다.

러일강화조약과 불가닌라인의 조건에 대한 개요를 보내주어 고맙습니다.

고든 워커의 후임자를 만났다니 기쁘고 종종 만나 우리의 입장을 전달해 줄 수 있으면 좋겠습니다. 현재까지 크리스천 사이언스 모니터는 편파적인 보도를 했습니다.

2호 서한 4번째 문단에서도 "우리 국민들을 억류하지 말 것"을 언급했는데, '법적 혐의 없이 억류하지 말 것'을 의미한다는 것은 압니다. 하지만 공정하지 않은 무언가를 원하거나 타당하지 않은 요구를 하고 싶은 것이 아니라, '법적 혐의 없이' 우리 국민들을 체포하거나 억류하지 않아야 한다고 주장하는 것임을 언제나 확실히 해야 합니다.

2호 서한에서 전보로 지시를 내려달라고 다시 한 번 요청했는데, 추가로 어떠한 지시가 필요한지 모르겠습니다. 1956년 10월 4일 양 대사에게 전달한 내용 외에 새로 지시할 사항은 없습니다. 최근에 보낸 52호 서한에서 오무라수용소에 억류된 합법적 거주민들을 일본에 석방하지 않고 한국으로 송환하기를 원한다면 1인당 500달러를 지급해야 한다는 조건을 추가했습니다.[xx] 이것이 우리가 양보한 유일한 사항입니다. 일본 신문에서 왜 김 공사가 지시를 기다리고 있다고 보도했는지 모르겠습니다.

일본 신문이 우리가 일본 정부에 재일한인에 대한 보상금 지급을 요청했다고 보도했다고 했는데, 금전적인 문제는 먼저 일본 외무성과 논의해야 합니다. 완전한 이해에 도달할 때까지는 언론에 어떠한 내용도 언급하지 않았어야 합니다. 일본 정부와 상의하고 결정을 기다리지 않은 것이 일본 정부를 난처하게 했을 수 있습니다.

김 공사의 서한을 통해 일본과의 회의에서 일본이 구보타 성명과 재산 반환 청구를 철회하고 오무라수용소에 억류된 모든 한국인을 석방하며, 한국은 형기를 마친 모든 일본 어민을 석방하기로 약속했다고 이해하면 되는지 궁금합니다. 제가 생각한 것이 맞는지 즉시 알려주기 바랍니다.

또 한 가지는 특정 불법 입국자들의 송환에 대해 논의했다고 했는데, 1년 전 또는 더 오래전에 이 문제에 대해 김 공사에게 서한을 쓴 적이 있습니다. 일본이 체류허가증이 만료되도록 조치하고 우리의 요구에 부응함으로써 우호적인 분위기를 조성할 의향을 보이기에 충분한 시간이 지났다고 생각합니다.

xx 추가 개인 재산

50. 김용식 공사가 이승만 대통령에게 보내는 서한(사본)

1604 Tokyo, January 10, 1957

No. 3

Excellency:

It appears that the Japanese Foreign Office sources consider the hopes for an early return of the fishermen from Pusan are dwindling. Upon our refusal to return the fishermen by the year-end, the Foreign Office sources leaked out to the press stories that the Korean side is attaching additional conditions irrelevant to the detainee issue.

At the UN headquarters, Japan's Ambassador Sawada told the press that there are good propects for an early resumption of the Korea-Japan talks, implying that Japan is ready to reopen the talks. In addition, the Japanese are beginning to stress, in their statement to the press, "humanitarian point of view" in the settlement of the detainee issue, forgetting that they themselves refused to release our detainees from the OMURA camp, when we demanded it from humanitarian standpoint.

During the past week Foreign Minister Kishi stated at the Cabinet meeting held Tuesday (as reported by cable this morning) that informal talks between Asian Affairs director Nakagawa and the Korean Minister had proven unsuccessful and he intended to employ a new approach in settling the detainee issue, saying that the Korean side attached additional conditions which are irrelevant to the original issue, etc.

1605 Mr. Kishi also stated that he has a new approach in finding a solution to the detainee issue, including a plan to instruct the Japanese Representative at the

UN, Amb. Sawada, to find out the real intention of the Korean Government regarding the release of the Japanese fishermen who served their terms.

As I mentioned in my cable report, Mr. Kishi intends to take heretofore informal talks (exchanged between Mr. Nakagawa and myself on the detainee issue) formal, probably by starting talks between either himself or his vice Minister and myself and to make public the contents of the talks at each phase of the development in the detainee issue. This action of the Japanese Government can only be interpreted as an attempt to shift the blame for failure in settling the issue to our side.

Another piece of evidence that the Japanese have already launched an active propaganda campaign against us is that the Japanese Representative at the UN spoke in favor of an early realization of our membership of the UN. It shows that Japan is eager to impress the world as if she were very fair vis-a-vis the Republic of Korea.

According to the information Prime Minister Ishibashi, now touring Hokkaido, said in his statement to the press that "the Korean side attached new conditions, when Japan agreed to release Korean residents from the Omura camp," and he considers it better to make the talks formal rather than informal one, as heretofore, and to announce the contents at each phase of their development.

Foreign Minister Kishi separately told the press conference for foreign correspondents yesterday that the release of each other's detainees should be the prerequisite to the settlement of the Korea-Japan dispute. He also stated that if this question is solved, the long-pending problems will be taken up. Upon question by a reporter, Mr. Kishi, however, said that he did not consider the formalization of the talks at this moment.

The above is roughly a report on the development here following my last report. I would like to have instructions regarding the settlement of the current detainee issue, as it appears that it is approaching the stage of a showdown, along the following line:

1606 (i) Whether we are ready to release the Japanese fishermen who served their terms, now that I managed to obtain Japan's agreement to release our residents from the Omura camp and make a written pledge not to detain our residents hereafter in addition to the retraction of the Kubota statement and the withdrawal of the property claim along the line of SD note.

(ii) In case our policy requires simultaneous settlement of the detainee issue along with all other pending problems, including the compensation problem, it is believed that the first thing to be done by our side is to map out our strategy with a view to countering Japanese propaganda effectively which, in a way, can be considered to have been launched already.

It is believed that Foreign Minister Kishi is planning to wait for a few days to find out if the return of the fishermen is altogether impossible. But, by the time the Diet is reconvened on Jan. 20, the Japanese Government will probably either send an official note on the detainee issue or make formal proposal to commence formal talks on the issue to this office, and then will make public views of both sides.

I have definite information that Mr. Kishi stated at Tuesday's Cabinet meeting that Japan would make the talk on the detainee issue formal and announce the contents of arguments by both sides at such formal talks, as Prime Minister Ishibashi told the press on Jan. 9 on the occasion of his stumping tour of Hokkaido.

With sentiments of loyalty and esteem, I remain,

Most respectfully,

번역

1957년 1월 10일, 도쿄

번호: 3

일본 외무성에 따르면 부산에 억류 중인 어민의 조기 송환에 대한 기대가 낮아지고 있는 것으로 보입니다. 우리가 연말까지 어민들을 송환하는 것을 거부하자 외무성이 언론에 한국 측이 억류자 문제와 무관한 추가적인 조건을 요구하고 있다는 이야기를 흘렸습니다.

유엔 본부에서 사와다 대사가 언론에 한일회담이 조기에 재개될 가능성이 상당하다고 말하며 일본이 대화를 재개할 준비가 되어있다고 암시했습니다. 또한 일본은 언론 성명을 통해 억류자 문제를 해결하는 과정의 '인도적 관점'을 강조하기 시작하면서 인도적 차원에서 오무라수용소의 억류자 석방을 요청했을 때 자신들은 거부했다는 사실을 망각한 듯한 모습을 보이고 있습니다.

지난주 기시 외무상은 (오늘 아침 전보를 통해 보고드린 바와 같이) 화요일에 열린 내각회의에서 나카가와 아시아국장과 한국의 장관이 가진 비공식적 대화가 성공적이지 않았고 억류자 문제를 해결하기 위해 새로운 방식을 적용할 계획이라고 밝히며 한국이 본래의 문제와는 무관한 추가적인 조건을 제시했다고 말했습니다.

기시는 유엔의 일본 대표인 사와다 대사에게 형기를 마친 일본 어민의 석방에 대한 한국 정부의 진의를 파악하라고 지시하는 등 억류자 문제를 해결하기 위한 새로운 접근법을 취할 것이라고도 말했습니다.

전보에서 말씀드렸듯이 기시는 자신 또는 외무차관이 저와 대화를 시작함으로써 (나카가와와 제가 억류자 문제에 대해 나눈) 비공식적 대화를 공식화하고 억류자 문제의 각 진행 단계마다 대화의 내용을 공개하려는 계획을 가지고 있습니다. 일본 정부의 이러한 행위는 억류자 문제를 해결하지 못한 데 대한 책임을 우리 측에 넘기려는 시도로밖에 해석할 수 없습니다.

일본이 이미 우리를 향한 적극적인 선전전을 시작했다는 또 다른 증거는 유엔 일본 대표가 한국의 유엔 조기 가입을 옹호하는 발언을 했다는 것입니다. 대한민국에 대한 일본의 태도가 매우 공정하다는 인상을 주고 싶어서 애쓰고 있음을 보여줍니다.

정보에 따르면 현재 홋카이도를 순방 중인 이시바시 총리는 언론 성명을 통해 "일본이 오무라수용소의 한국인들을 석방하기로 합의하자 한국이 새로운 조건을 요구했다" 라면서, 지금까지와 같이 비공식적 대화보다는 공식적인 회담을 개최하는 것이 낫다고 생각하며 각 진행 단계마다 대화의 내용을 공개하겠다고 말했습니다.

기시 외무상은 어제 해외 기자들을 대상으로 하는 기자회견에서 한일 분쟁을 해결하기 위해서는 각 측의 억류자를 석방하는 것이 전제조건이 되어야 한다고 말하고, 또한 억류자 문제가 해결되면 오랜 시간 해결되지 않고 남아있는 다른 현안들을 논의하게 될 것이라고 말했습니다. 그러나 한 기자의 질문에 기시는 현재로서는 공식적인 회담 개최를 고려하고 있지 않다고 답변했습니다.

위의 내용은 지난 보고서 이후의 상황을 간략히 요약한 것입니다. 억류자 문제가 최종 결전의 단계에 접어들고 있는 것으로 보이기 때문에 아래 사항과 관련하여 억류자 문제 해결에 대한 지시를 받고 싶습니다.

(i) 오무라수용소에서 우리 국민들을 석방하고 추후 한국인들을 억류하지 않겠다는 것을 서면으로 서약하고, 국무부 각서에 따라 구보타 성명과 재산 반환 청구를 철회하는 것에 대해 일본이 합의한 상황입니다. 형기를 마친 일본 어민들을 석방할 준비가 되었는지 궁금합니다.

(ii) 우리 정책에 따라 억류자 문제와 함께 보상 등 다른 모든 문제를 동시에 해결해야 하는 경우 가장 먼저 해야 할 작업은 이미 시작된 일본의 선전 공작에 효과적으로 대응하기 위한 전략을 수립하는 것이라고 생각합니다.

기시 외무상은 며칠 기다린 후 어민 송환이 아예 불가능한 것인지 파악하려는 계획인 것으로 보입니다. 그러나 1월 20일에 일본 의회가 다시 소집되면 일본 정부는 억류자 문제에 대한 공문을 보내거나 이 문제에 대한 공식적인 대화를 시작하기 위한 공식적인 제안을 하고, 양측의 견해를 공개할 것이라고 생각합니다.

화요일 내각회의에서 기시 외무상이 홋카이도에서 선거 유세 중이었던 1월 9일에 언론에 말했듯이 일본은 억류자 문제에 대한 대화를 공식화하고 이러한 공식적 대화에서 양국이 나눈 대화의 내용을 공개할 것이라고 말했다는 확실한 정보가 있습니다.

감사합니다.

51. 김용식 공사가 이승만 대통령에게 보내는 서한(사본)

1607 Tokyo, January 10, 1957

No. 4

Excellency:

I called on Foreign Minister Kishi at his office at 10:55 this morning and talked for about 25 minutes. This was originally one of the new Foreign Minister's series of routine meetings with members of the diplomatic corps to get officially acquainted with each other.

In addition to formal greetings which were exchanged at the beginning of the meeting, the following conversation took place:

Foreign Minister Kishi first expressed his hopes for an early settlement of the pending problems between the two countries, as is usually the case. He said he regretted the problems are still pending, despite geographical and cultural proximity of the two nations. He also told me that he was from Yamaguchi Prefecture which is close to Korea and where many of our countrymen now reside.

Reciprocating his hopes for an early settlement of the pending problems, I told Mr. Kishi that the Korean side is as much anxious to settle the pending problems as Japan, pointing out that I have been stationed in this country for more than five years for the purpose of reaching a just settlement of the pending problems. I continued, my efforts during the past years proved futile, however. I said that when the talk started in 1951, we had not expected it would be prolonged and that it was due to groundless property claim and
1608 the insulting remark by Mr. Kubota that the conference was broken off in the

middle and they are still barring the resumption of the talks.

I continued, when the new Cabinet took office last December, Prime Minister Ishibashi publicly stated that Japan would withdraw the Kubota statement and make concession on the property claim. I was looking forward to these being translated into action.

Foreign Minister Kishi at this point stated that he can assure us that the Japanese Government would retract the Kubota statement and make concession regarding the property claim issue, without regard to Japan's stand in the past.

Mr. Kishi then tole me that the Japanese Government and public are deeply concerned about the return of the fishermen now in Pusan. Therefore, Mr. Nakagawa (Asian Bureau director) was sent to me to convey the decision of the Japanese Government on the detainee issue to the Korean side, he said.

Mr. Kishi further told me that Japan can now formally assure the Korean side that no Korean residents would be detained hereafter, if simultaneous release of the detainees at Omura and Pusan is carried out. He said, unless this issue is settled first, the Japanese public will not permit settlement of the other pending problems, as the Korean side desires, adding that he hopes for on early settlement of the detainee issue from humanitarian standpoint.

Countering his remark, I reminded the Foreign Minister that when the talks began in 1951, there was no such problem as the detainee issue. Nevertheless, Japan started detaining our residents after the first Conference was broken off and despite our strong protest Japan refused to release them from the detention camp. This, in turn, forced the Korean side to continue detention of the Japanese fishermen despite their terms were served.

I drew his attention to the fact that our side took initiative in settling this issue by seeking a talk with the then Justice Minister, Mr. Hanamura, who agreed to release our residents from the Omura camp, if we agree to return

the fishermen who served their sentences. Then the Foreign Office objected to this arrangement and the release was not carried out. And later, last April, another talk was exchanged with former Foreign Minister Shigemitsu who
1609 committed himself in a similar manner which, however, did not materialize due to objection raised by the Justice Ministry. I made it clear that if there was any delay in the settlement of this issue, it was the responsibility of the Japanese side which failed to adjust the difference of views of the two ministries concerned.

Reiterating our desire to settle the detainee issue at an early date, I told the Japanese Foreign Minister that the Korean side, at the same time, wanted to know prospects of the settlement of the other pending issues as well.

Mr. Kishi said that the Diet would be reconvened on the 20th of this month and the government as well as the opposition parties are expected to raise the detainee issue. In that event it would make it difficult for his Government to take up the other problems, Kishi said. He continued that the other problems could be taken up at the ensuing talks, either formal or informal, after mutual release of the detainees at Omura and Pusan is carried out. He repeated that Japan can assure our side that Korean residents would not be detained hereafter besides withdrawing the Kubota statement and making concession on the property claim issue.

I repeated my insistence that our side wanted to know if there are clear-cut prospects for the settlement of the pending problem, if such mutual release were to be carried out.

The above is the general line of our conversation this morning. Though Mr. Kishi, in his statement to the press earlier, stated that the detainee issue would be taken up at a formal talk rather than informal, as heretofore, and the contents of the talk announced to the public, as each phase develops, he made no mention in this regard at this meeting.

I have information indicating that the Foreign Office called a staff meeting yesterday afternoon and decided to convey the decision of the Japanese Government formally at a Foreign Minister-to-Korean Minister level and wait for our reaction in this regard.

Under these circumstances Your Excellency's urgent guidance would be highly appreciated.

With sentiments of loyalty and esteem, I remain,

Most respectfully,

번역

1957년 1월 10일, 도쿄

번호: 4

각하,

기시 외무상의 집무실을 오늘 오전 10시 55분에 방문하여 약 25분간 대화를 나눴습니다. 이번 회동은 본래 신임 외무상이 외교단과 공식적으로 친분을 쌓기 위해 정기적으로 가지는 만남 중 하나였습니다.

회의를 시작하면서 공식적인 인사를 나눈 것 외에 다음과 같은 대화가 오갔습니다.

먼저 기시 외무상은 으레 그렇듯 양국 간에 남아있는 문제를 조기에 해결하고 싶다는 바람을 표명하고, 양국의 지리적 및 문화적 인접성에도 불구하고 아직까지 현안들이 해결되지 않고 남아있는 상황에 대해 유감을 표했습니다. 또한 자신이 한국과 가까운 야마구치현 출신이고, 그곳에 현재 많은 한인들이 거주하고 있다고도 했습니다.

저도 문제들을 조속히 해결하고 싶다고 말하고 이러한 문제들을 해결하고자 5년 넘게 일본에 주재하고 있다고 강조하며 일본과 마찬가지로 한국도 현안들이 해결되기를 염원하고 있다고 말했습니다.

그러나 지난 5년간 저의 노력은 결실을 맺지 못했다고 말하며, 1951년에 회담이 시작되었을 때 이렇게 오랜 시간이 걸릴 것이라고 예상하지 못했다고 했습니다. 또한 지금의 상황에 이르게 된 것은 근거 없는 재산 반환 청구와 구보타의 모욕적인 발언 때문이고, 한일회담이 중간에 결렬되었고 여전히 재개되지 못하고 있다고도 말했습니다.

이어 지난 12월 새로운 내각이 들어서고 이시바시 총리가 구보타 성명을 철회하고 재산 반환 청구에 대해 타협할 것이라고 발표했을 때 이러한 발언이 행동으로 이어질 것을 기대했다고 말했습니다.

이때 기시 외무상은 과거 일본 정부가 보였던 입장과는 무관하게 구보타 성명을 철회하고 재산 반환 청구에 대해 물러설 것이라고 확언할 수 있다고 말했습니다.

그리고 일본 정부와 대중이 부산에 억류되어 있는 어민들의 귀환에 대해 크게 우려하고 있고, 억류자 문제에 대한 일본 정부의 결정을 한국 측에 전달하고자 나카가와(아시아국장)를 보낸 것이라고 했습니다.

그는 또한 오무라수용소와 부산의 억류자들이 동시에 석방되면 일본은 한국 측에 앞으로 어떠한 한국인도 억류하지 않을 것이라고 공식적으로 보장할 수 있다고 말했습니다. 이 문제가 먼저 해결되지 않는다면 일본 대중은 다른 현안들을 한국이 원하는 대로 해결하는 것을 수용하지 않을 것이라며 자신은 인도적인 차원에서 억류자 문제가 조기에 해결되기를 바란다고 덧붙였습니다.

이에 대해 저는 1951년에 회담을 시작했을 때는 억류자 문제가 존재하지 않았음에도 불구하고 일본이 첫 번째 회담이 결렬된 후 우리 국민들을 억류하기 시작했고 우리 측의 강한 반대에도 불구하고 수용소에서 석방하는 것을 거부했다고 상기시켜 주었습니다. 따라서 한국은 형기를 마쳤음에도 일본 어민들을 계속해서 억류할 수밖에 없었다고 말했습니다.

우리는 형기를 마친 어민들을 송환하기로 합의하면 오무라수용소의 한국인들을 석방하기로 동의한 하나무라 법무상과 대화를 꾀함으로써 이 문제를 해결하기 위한 선도적인 노력을 기울였다는 사실에 외무상의 주의를 환기시켰습니다. 당시 외무성에서 반대하여 석방이 이루어지지 않았고, 법무성의 반대로 실현되지는 않았으나 유사한 약속을 했던 시게미쓰 전 외무상과 지난 4월 또다시 대화를 가졌다고 말했습니다. 이 문제의 해결이 지연된 부분이 있다면 그 원인은 두 부처의 의견 차이를 조율하지 못한 일본 측에 있음을 확실히 했습니다.

억류자 문제를 조속히 해결하기를 바란다고 다시 한 번 말하며 한국은 다른 현안의 해결에 대한 전망도 파악하고 싶다고 외무상에게 말했습니다.

기시 외무상은 이달 20일에 일본 의회가 다시 소집되면 정부와 야당이 억류자 문제를 거론할 것이며, 그렇게 되면 정부가 다른 문제를 다루기는 어려워질 것이라고 했습니다. 오무라수용소와 부산의 억류자들이 석방된 후에 공식적이든 비공식적이든 후속적인 대화를 통해 다른 문제에 대해 논의할 수 있을 것이라고 합니다. 기시는 일본이 구보타 성명을 철회하고 재산 반환 청구에 대해 양보하는 것 외에도 향후 한국인들을 억류하지 않을 것을 한국에 보장할 수 있다고 거듭 말했습니다.

우리 측은 서로 억류자들을 석방하는 경우 다른 문제를 어떻게 해결할 것인가에 대한 확실한 계획이 존재하는지 알고 싶다고 말했습니다.

위에 작성한 내용은 오늘 오전에 가진 대화의 전반적인 내용입니다. 기시 외무상이 앞서 언론 성명을 통해 종전과 같은 비공식적 대화보다는 공식적인 회담을 통해 억류자 문제에 대해 논의하고 상황의 각 전개 상황에 대화의 내용을 대중에 공개할 계획이라고 말했지만, 이번 회의에서 이러한 내용을 언급하지는 않았습니다.

외무성이 어제 오후 내부 회의를 소집하고 외무부 장관급 회의를 통해 일본 정부의 결정을 공식적으로 전달하고 한국 정부의 반응을 기다리기로 결정했다는 정보를 입수했습니다.

상황을 고려하여 긴급히 지시를 내려주시면 감사하겠습니다.

감사합니다.

53. 김용식 공사가 경무대에 보내는 전문

1613

January 20, 1957

TO: KYUNG MU DAI

I WISH TO ACKNOWLEDGE RECEIPT OF YOUR EXCELLENCYS LETTER NUMBER FIFTYFIVE OF JAN SEVENTEENTH. IN REPLY TO MY INSISTENCE TO PUT DOWN THEIR COMMITMENT IN WRITING. THE JAPANESE SIDE TODAY ON AN INFORMAL BASIS SHOWED FOR OUR CONSIDERATION A DRAFT MEMORANDUM CONSISTING OF TWO PARTS. CONTENTS ARE AS FOLLOWS COLON PART ONE QUOTE THE STATEMENT MADE BY DELEGATE KUBOTA IN OCT. FIFTYTHREE AGAINST WHICH THE KOREAN DELEGATE PROTESTED IN NO WAY REPRESENTS OFFICIAL VIEW OF THE JAPANESE GOVERNMENT. THEREFORE JAP GOVERNMENT HEREBY RETRACTS THE STATEMENT MADE BY MR. KUBOTA. FURTHER IN FUTURE KOREA JAPAN TALKS.

REGARDING INTERPRETATION OF ARTICLE FOUR OF SAN FRANCISCO PEACE TREATY JAP GOVERNMENT WILL ADHERE TO THE INTERPRETATION GIVEN BY THE US GOVERNMENT UNDER ITS NOTE OF ETC,. ACCORDINGLY JAP GOVERNMENT WITHDRAWS ITS CLAIM TO FORMER JAPANESE PROPERTY IN KOREA WHICH WAS MADE AT THE KOREA JAPAN CONFERENCE IN MARCH FIFTYTHREE. UNQUOTE IN THIS REGARD JAP GOVERNMENT IS WILLING TO SUBMIT TO OUR SIDE AN OFFICIAL NOTE AS QUOTED ABOVE AND THEN PUBLICLY ANNOUNCE IT.

FURTHER THE JAPANESE SIDE IS PREPARED TO PUT DOWN WRITING

THE DATE OF RESUMPTION OF THE TALKS AT THE CONVENIENCE OF OUR SIDE.

1614 THEY INDICATED THAT EVEN LATTER PART OF FEBRUARY IS ACCEPTABLE TO THEM PD PART TWO QUOTE FIRST CMA JAP GOVERNMENT WILL COLON A PD RELEASE IN JAPAN KOREAN RESIDENTS WHO ARE DETAINED AT THE CONCENTRATION CAMP ON DEPORTATION ORDERS PD IN CONNECTION WITH THE ABOVE RELEASE CONSIDERATION WILL BE GIVEN TO NECESSITY FOR ASSISTANCE IN THESE PERSONS LIVING PD SECOND CMA THE KOREAN GOVERNMENT WILL SEND BACK TO JAPAN JAPANESE FISHERMEN WHO HAVE SERVED THEIR SENTENCES BY EARLIEST PRACTICABLE MEANS AFTER THE COMING INTO EFFECT OF THIS MEMORANDUM AND WILL RECEIVE KOREAN ILLEGAL ENTRANTS TO BE DEPORTED BY JAP GOVERNMENT PD UNQUOTE DRAFT ANNEX MEMORANDUM OF WHICH THE CONTENTS ARE AS FOLLOWS COLON QUOTE THE FORMAL KOREA JAPAN CONFERENCE WILL BE RESUMED ON SUCH AND SUCH DATE PD JAPANESE GOVERNMENT CMA EXPECTING THAT THE PROBLEM ON THE TREATMENT OF THE KOREAN RESIDENTS IN JAPAN INCLUDING DEPORTATION STANDARDS WILL BE SETTLED AT THE CONFERENCE CMA WILL REFRAIN FROM DETAINING KOREAN RESIDENTS FOR DEPORTATION UNTIL THE SETTLEMENT OF THIS PROBLEM UNQUOTE IN COMPLIANCE WITH INSTRUCTIONS CONTAINED IN LETTER NUMBER FIFTYFIVE I AGAIN PRESS THE JAPANESE TO TURN OVER CERTAIN PERSONS IN QUESTION CMA HOWEVER CMA THEY PARTICULARLY JUSTICE MINISTRY ARE STRONGLY OPPOSED TO SUCH RETURN ON THE GROUND THAT THERE IS NO TREATY OF EXTRADITION AND HAS NEVER BEEN SUCH INTERNATIONAL PRACTICE PD HOWEVER CMA IN RESPONSE TO MY STRONG INSISTENCE THEY HINTED THAT THEY MIGHT CONSIDER THE POSSIBILITY OF DISCUSSING MATTER CONCERNING INTENSIFIED

CONTROL OVER ILLEGAL ENTRANTS AT THE FORMAL CONFERENCE WHEN
RESUMED PD THE ABOVE MENTIONED CENTS OF DRAFT MEMORANDUM
ARE OF COURSE TO OUR CONCURRENCE PD JAPANESE MADE IT CLEAR
1615 THAT UNLESS DETAINEE ISSUE IS SETTLED CMA THEY WILL WITHDRAW
ALL THE IN PROPOSITIONS MENTIO NED ABOVE PD UNDER THESE
CIRCUMSTANCES YOUR EXCELLENCYS INSTRUCTIONS ARE RESPECTFULLY
AWAITED PD

MINISTER KIM

번역

1957년 1월 20일

수신처: 경무대

1월 17일 자 각하의 서신 제55호를 수령했음을 확인합니다. 그들의 약속을 서면으로 작성해 달라는 저의 주장에 대한 답으로 일본 측은 오늘 비공식적으로 두 부분으로 구성된 각서 초안을 우리의 검토를 위해 보여주었습니다. 내용은 다음과 같습니다. 제1부는 "한국대표단이 항의한 1953년 10월의 구보타 대표의 발언은 일본 정부의 공식 견해를 대표하지 않는다. 그러므로 일본 정부는 이에 따라 구보타의 성명을 철회한다. 또한 향후 한일회담에서 샌프란시스코 평화조약 제4조의 해석과 관련하여 일본 정부는 미국 정부가 각서 등에 따라 제공한 해석을 준수할 것이다. 이에 따라 일본 정부는 1953년 3월 한일회담에서 이루어진 한국 내 구 일본 재산에 대한 청구를 철회한다." 이와 관련하여 일본 정부는 위에 인용한 바와 같은 공식적인 통지문을 우리 측에 제출하고 이를 공개적으로 발표할 용의가 있습니다.

또한 일본 측은 우리 측의 편의에 따라 회담 재개 날짜를 문서로 작성할 준비가 되어있습니다.

그들은 2월 하순이라도 받아들일 수 있다고 밝혔습니다.

제2부 "첫 번째, 한국 정부는 이 각서의 발효 후 가능한 한 빠른 시일 내에 형기를 마친 재일한인 어부들을 일본으로 돌려보낼 것이며, 그 대가로 일본 정부는 추방 명령에 따라 강제 수용소에 구금되어 있는 재일한인 주민을 석방한다. 상기 석방과 관련하여 이들의 생활에 대한 지원의 필요성을 고려한다." 부속 각서 초안의 내용은 다음과 같습니다. "공식 한일회담은 어떠 어떠한 날짜에 재개될 것이다. 일본 정부는, 추방 기준을 포함한 재일한인의 처우 문제가 회의에서 해결되기를 기대하면서 이 문제가 해결될 때까지 추방을 위해 한국인을 구금하지 않을 것이다." 일본 법무성은 범죄인인도 조약이 없고 그런 국제 관행이 없었다는 이유로 그러한 송환에 강력히 반대하고 있지만, 저는 서한 번호 55에 포함된 지침에 따라 일본 측에 재차 문제의 한인들을 인도할 것을 촉구하였습니다. 그러나 저의 강력한 주장에 대한 응답으로 그들은 공식 회의가 재개되면 불법 입국자에 대한 강화된 통제에 관한 문제를 논의할 가능성을 고려할 수 있다고 시사했습니다. 위에서 언급한 각서 초안은 물론 우리의 동의가 있어야만 합니다. 일본은 억류자 문제가 해결되지 않는 한 위에서 언급한 모든 제안을 철회할 것임을 분명히 했습니다. 이런 상황에서 각하의 지시를 기다리겠습니다.

김 공사

54. 김용식 공사가 경무대에 보내는 서한

1616 Tokyo, January 24, 1957

No. 10

Excellency:

I am enclosing herewith for confirmation a copy of the cable I sent last Sunday in which I reported on the Japanese draft memorandum which was given on an informal basis for our consideration.

This draft memorandum was presented us as the result of my strong insistence that the Japanese Government put its pledges—concerning the withdrawal of the Kubota statement and the property claim as well as the detainee issue—in writing.

With regard to the alleged property claims, the Japanese pledge to withdraw their claim to all property in Korea. They told me that they will send an official note to this office, if we so desire, covering the withdrawal of the property claims and the Kubota statement and then publicly announce such withdrawal. They are also ready to promise us in writing as to the date of the resumption of the talks.

Regarding the detainee issue, a clause concerning the assistance in the living of Korean detainees to be released was inserted in the draft memorandum. In other words, by virtue of this clause the Japanese Government will take responsibility for finding jobs and places to live for these persons.

At first, the Japanese side wanted to have three months before completing the release of our residents. But, as I insisted upon immediate release, they
1617 consented only to say, "consideration will be given to the assistance of their

living," thus cropping the word "within three months". The Justice Ministry sources were unhappy about this point, however, I am sure Foreign Minister Kishi will persuade on this matter.

As for the illegal entrants at the Omura camp, the Japanese side will turn them over to our side, just as soon as agreement is reached on mutual release of the detainees and they are willing to make public announcement in this regard.

The draft annex memorandum was dealing with quite controversial matter, because the Japanese side was most reluctant, at first, to pledge "not to detain Korean residents, etc." reminded them of a public statement they made at the time of the initial Korea-Japan Conference in early 1952, saying that Japan agrees not to deport Korean residents unilaterally, etc. Several staff meetings were held, according to information, to discuss this matter and it has been decided to make such pledge to our side, in anticipation of the early release of their fishermen.

Public announcement in this regard, however, will not be made by the Japanese side and they want our understanding in this respect. Since they were made, as the result of our strong insistence, to pledge not to detain Korean residents until a final settlement of the Korean residents problems, they will be most anxious to discuss this problem at the formal talks, thus placing us in a bargaining position. It will also enable us to take up the matter concerning compensation of Korean for wartime labor at the formal talks and make them recognize that all Koreans in Japan are nationals of the Republic. I think this clause is very important and will prove helpful in putting the Japs on the defensive, when the talks are resumed.

Lastly, I would like to report that I have conducted painstaking negotiations with the Japanese in having them agree to turn over the four persons in question, though unsuccessfully. As reported on many occasions before, the

Japanese have made it clear that they will not turn them over on the ground that there is no treaty of extradition and has never been such international practise. I told them that other issues will not be settled, unless these four persons are turned over to us first.

1618 Upon my persistent demand the Japanese side finally said that they would make a written promise to discuss what they call, "intensified control over illegal entrants" at the talks, implying that the question concerning the four persons in question will also be taken up under this title. As I felt it helpful to enlist US assistance in this regard, I sent a cable report last Sunday.

In presenting the above draft memorandum the Japanese made it clear that it is their last line of proposition (meaning no further concession is possible) and that the draft memorandum will be executed only if the mutual release is agreed upon.

Under such circumstances it is well expected that the Japanese side will launch an active propaganda campaign against us, while moulding public opinion, in case the detainee issue is not settled.

With sentiments of loyalty and esteem, I remain,

Most respectfully,

Enclosure: Copy of cable

번역

1957년 1월 24일

번호: 10

각하,

검토를 위해 비공식적으로 우리 측에 전달된 일본의 공문 초안에 대해 보고한 지난 일요일 자 전보를 첨부합니다.

이 초안은 제가 구보타 성명 및 청구권 철회와 억류자 문제에 대해 서면으로 서약하라고 강하게 요구한 결과 작성된 것입니다.

일본은 한국 내 모든 재산에 대한 청구권을 철회하기로 서약했으며, 우리가 원하면 청구권 및 구보타 성명의 철회까지 포괄하는 공문을 보낸 후 철회를 공식적으로 발표하겠다고 했습니다. 회담 재개 일자에 대해서도 서면으로 약속할 준비가 되어있는 상황입니다.

억류자 문제에 대해서는 해당 초안에 한국인 억류자의 생계 지원에 대한 조항이 삽입되어 있습니다. 다시 말해, 이 조항에 따라 이들이 일자리와 살 곳을 찾을 수 있도록 일본 정부가 책임질 것입니다.

처음에 일본은 석 달 내에 한국인 억류자 석방을 완료하겠다고 했습니다.

그러나 즉시 석방할 것을 요구했고 "3개월 내에"라는 표현을 생략하고 "생계 지원을 고려할 것"이라고만 작성하는 데 동의했습니다. 법무성에서 불만을 표했다지만, 기시 외무상이 설득할 것이라고 확신합니다.

상호 억류자를 석방하고 공개적으로 발표하겠다고 합의하는 즉시 일본은 오무라수용소의 불법 입국자들을 우리에게 인계할 것입니다.

일본이 처음에는 '한국인을 억류하지 않겠다'고 서약하는 것을 가장 주저했기 때문에 첨부한 부록의 초안은 상당히 논란이 된 문제를 다루고 있습니다. 저는 1952년 초 최초의 한일회담이 열렸을 시기에 일본이 한국인을 일방적으로 추방하지 않기로 합의한다는 내용의 공식 성명을 발표했다는 사실을 상기시켜 주었습니다. 정보에 따르면 이 문제에 대해 논의하기 위해 내부 회의가 몇 차례 열렸고 일본 어민의 조기 석방을 위해 우리 측에 위와 같은 내용을 약속하기로 결정했다고 합니다.

그러나 일본은 이러한 내용을 공개적으로 발표하지는 않을 것이며, 이 부분에 대해 우리가 이해해 주기를 바라고 있습니다. 우리 측의 강력한 주장으로 재일한인 문제가 완전히 해결될 때까지 한국인들을 억류하지 않겠다고 서약해야 했기 때문에 공식적인 대화에서 이 문제를 논의하기를 갈망할 것이고, 따라서 우리가 유리한 입지를 점하게 될 것입니다. 또한 이렇게 되면 우리가 공식 회담에서 전쟁 중 노역 동원에 한국인에 대한 보상 문제를 거론할 수 있고, 일본 내 모든 한국인이 한국 국민임을 인정하게 만들 수 있을 것입니다. 이 조건이 매우 중요하다고 생각하고 회담이 재개되면 일본이 방어 태세를 취하게 하는 데 도움이 될 것입니다.

마지막으로 문제의 4명을 우리 측에 인계하기로 합의하기 위해 심혈을 기울여 협상했으나 성공을 거두지는 못했음을 보고드립니다. 이미 여러 차례 보고드린 바와 같이 일본은 범죄인인도조약이 존재하지 않고 국제적으로 선례가 없다는 이유로 인계하지 않겠다는 의향을 확실히 밝혔습니다. 저는 이 4명을 먼저 우리에게 넘기지 않으면 다른 문제를 해결하지 못할 것이라고 말했습니다.

계속해서 요구한 결과 일본이 마침내 회담에서 '불법 입국자에 대한 통제 강화'라고 부르는 내용에 대해 논의하기로 서면으로 약속하겠다고 말하며, 이 4명에 관한 문제도 이러한 맥락에서 거론할 것임을 암시했습니다. 이 부분에 있어서 미국의 지원을 받으면 도움이 될 것이라고 생각되어 지난 일요일 전보로 보고서를 발송했습니다.

위에서 말한 초안을 전달하며 일본은 (더 이상의 타협은 불가능하다는 의미에서) 이것이 그들의 최종적 제안이며 상호적 석방에 합의하는 경우에만 초안에 담긴 내용을 이행할 것임을 확실히 밝혔습니다.

이러한 상황을 고려했을 때 억류자 문제가 해결되지 않으면 일본이 여론을 조작하며 한국에 대한 적극적인 선전 공작을 펼칠 가능성이 높다고 예상됩니다.

감사합니다.

별첨: 전보 사본

57. 이승만 대통령이 김용식 공사에게 보내는 서한

1621 February 1, 1957

No. 59

TO: Minister Yong Shik Kim

FROM: The President

I want to answer your two cables received January 29, Numbered TS-900155 and TS-900156.

First of all, I want to ask you again to get all promises of the Japanese side in writing.

In one of your messages you asks it this Government would consider superfluous the clause "consideration will be given to the necessity for assistance for these persons, etc." By no means. We recognize fully the fact that the Koreans to be released from Omura will need material help and we insist that the Japanese Government not only consider their welfare but make a definite commitment to help them after their release.

Our demand that Japan recognize legal residence right and compensation for forced labor of our people and their right to take their property with them when they return should be clear to the Japanese. In your message you say we will have to make the Japanese recognize these rights and not abuse the right of deportation. We agree that this is a subject for discussion at the formal conference but we would like to have your views on the reaction of the Japanese to our demands before the conference is convened. If you are convinced that the Japanese absolutely will not agree to changing the wording "refrain from detaining" to "will not detain" as we still insist and if you think we should concede this point, please so recommend and we will let you know whether we agree or disagree with your recommendation.

I am glad that you were able to get the Japanese Government to promise verbally to withdraw the property claim along the lines of the State Department memorandum. Now can we get this promise in the form of a written agreement signed by the Japanese Government disclaiming all right, title and interest or Japan and of Japanese Nationals in property etc. in Korea.

1622 I have reviewed the proposed agenda for the formal conference and have noted your assurance that the agenda includes all the problems listed in the outstanding problems memorandum of January 15. The problems in the memorandum of January 15 must be written point by paint in the agenda of the conference and the Japanese must agree in advance to a full discussion of each problem. We know from experience that when these questions were brought up in previous conferences the Japanese evaded them, therefore we must have their written assurance that this will not happen again.

Do I understand correctly that satisfactory agreement will be reached before the conference is convened on the withdrawal of the property claim, the withdrawal of the Kubota statement, and the release of the detainees. These items must be settled by written agreement.

Regarding the four illegal entrants named in problem three of the January fifteen memorandum, we insist that they be included with the other illegal entrants in OMURA Camp. Why does the Japanese Government insist on harboring these Koreans unless they have an ulterior purpose in wanting to keep these illegal entrants in Japan. Do they want to make the return of these four men who entered Japan illegally a stumbling block in the settlement of the detainee issue.

번역

1957년 2월 1일

번호: 59

수신인: 김용식 공사

발신인: 대통령

1월 29일에 받은 TS-900155 및 TS-900156에 대한 회신입니다.

먼저 일본 측의 모든 약속은 서면으로 받을 것을 거듭 요청합니다.

'이들의 생계를 지원할 필요성을 고려할 것이다'라는 조건이 불필요하다고 생각하는지 물었는데, 절대로 그렇지 않습니다. 오무라수용소에서 석방될 한국인들이 물질적인 도움을 필요로 할 것이라는 데 우리도 전적으로 동의하고, 일본 정부가 이들의 복지를 고려하는 것뿐만이 아니라 석방 후에 지원하겠다고 확실히 약속할 것을 요청합니다.

한국인의 강제 노역에 대한 보상과 합법적 거주권, 그리고 귀국 시 소지 중인 재산을 가지고 떠날 권리를 인정해 달라는 우리 측의 요구사항을 일본에 명확하게 전달해야 합니다. 전보에서 일본이 이러한 권리를 인정하게 하고 추방권을 남용하지 않게 해야 한다고 언급했습니다. 공식 회담에서 다룰 주제라는 말에 동의하지만 회담을 개최하기 전에 우리 측 요구사항에 대한 일본의 반응을 알려주기 바랍니다. 일본이 우리가 지금까지 요구한 바와 같이 "억류를 삼간다"에서 "억류하지 않을 것이다"로 변경하는 것에 절대로 합의하지 않을 것이라고 확신하고 이 부분에 대해서는 우리가 타협해야 한다고 생각한다면 그렇게 하자고 제안해 주시기 바랍니다. 김 공사의 제안사항에 정부가 동의 여부를 알려주겠습니다.

일본 정부가 국무부 각서에 따라 재산 반환 청구를 철회하겠다는 약속을 구두로 받아낸 것에 대해 기쁘게 생각합니다. 이제는 이러한 약속을 한국 내 일본 국민과 일본의 모든 재산, 권리, 권한 및 이익을 포기한다는 내용을 담아 서면 합의서의 형태로 작성하여 일본 정부의 서명을 받을 수 있게 되었습니다.

공식 회담에 대해 계획된 의제를 검토해 보았고 이 의제에 1월 15일 자 메모에서 언급된 모든 문제들이 포함되어 있다고 언급한 것을 확인했습니다. 1월 15일 자 메모에 담긴 문제들을 회담의 의제에 개별 안건으로 포함시키고 확실히 논의하기로 사전에 합의해야 합니다. 과거 한일회담에서 이러한 문제가 거론되면 일본이 회피했던 경험이 있기 때문에 같은 상황이 벌어지지 않도록 서면으로 약속을 받아야 합니다.

회담을 개최하기 전에 재산 반환 청구 철회, 구보타 성명 철회 및 억류자 석방에 대해 만족할 만한 합의가 도출될 것이라고 이해하면 되는 것이 맞는지요? 이 사안들에 대해 서면으로 합의해야 합니다.

1월 15일 자 메모에서 세 번째 문제로 포함된 불법 입국자 4인은 오무라수용소의 다른 불법 입국자와 함께 포함시켜 줄 것을 요구합니다. 일본 정부가 이들을 일본에 억류하기를 원하는 이면의 다른 목적이 있지 않은 이상 계속해서 잡아두려는 이유가 무엇일까요? 일본에 불법 입국한 4명의 귀국을 억류자 문제 해결의 장애물로 활용하고 싶은 것은 아닐까요?

58. 김용식 공사로부터 온 전문

1623 CODE CABLE FROM MINISTER YONG SHIK KIM, TOKYO, No. 900212

With reference to Your Excellency's letter No. 59 of February 1, I am presenting the following to supplement my cable report TS 900206 of February 2.

Regarding the question concerning post release welfare of our Omura detainees the Jap government is willing to put into writing "consideration will be given to the necessity for assistance for these persons," but not any further. However by virtue of such clause they will be required to provide place to live and help them find jobs after the release.

Regarding the problem concerning our residents here the letter asked for my view of the Jap reaction to our demand in this regard. I take the view that when the conference is resumed the Jap government will recognize residence right of our residents and compensate them for wartime labor and will not abuse their right of deportation and also allow our residents to take their properties with them when they return to Korea. In this connection it is pointed out that after we get Japan's written pledge to refrain from detaining our people we will be in a bargaining position when discussing the above problems at formal conference.

Further as I reported previously they will virtually cease detention of our residents after signing a pledge to "refrain from detaining." even though they would not say "will not detain."

Regarding the Kubota statement and property claim, the Jap government is willing to send to this office an official note verbale saying in effect that the Jap government retracts the Kubota statement and the property claim along the line of the State Department memorandum.

Reference my cable report TS 90133 of January 19 in which I transmitted
1624 Japan's draft memorandum. The Japanese will also make public announcement of such withdrawal of the Kubota statement and the property claim together with the text of the S.D. memorandum, if we so desire.

Regarding our insistence that the Japanese sign a memorandum agreeing to discuss point by point every problem listed in our Jan. 15th memorandum, it is not likely for them to go beyond signing a memorandum agreeing to discuss the proposed 5 items on the conference agenda. I have continued my efforts in this regard, however the Japanese have only repeated its commitment to discuss the 5 items expressed in general terms.

Regarding the issue concerning the 4 illegal entrants in question, as Your Excellency will note in my previous reports,

I have made exhaustive efforts to bring the Japanese to our terms. Even today I pressed them again in this regard but they have not made any further commitment than to discuss the matter under the title "Intensified Control Over Illegal Entrants" at the formal conference.

Minister Kim

번역 김용식 공사의 암호 전보. 도쿄, 제900212호

대통령께서 2월 1일에 보내주신 59번째 서한에 대하여 2월 2일에 제가 보낸 전보 보고서 TS 900206를 보완하고자 다음과 같은 내용을 송부합니다.

오무라 억류자에 대한 석방 후 지원에 관하여 일본 정부는 서면으로 "이들을 지원할 필요성을 검토할 것이다"라고 약속할 의향이 있으나, 그 이상에 대해서는 말하지 않은 상황입니다. 그러나 이러한 조건을 삽입하면 일본은 석방 후에 억류자들이 살 공간을 마련하고 일자리를 찾도록 도와야 할 것입니다.

재일한인에 대해서는 우리 측 요구에 대한 일본의 반응에 대한 제 의견을 물으셨는데, 회담이 재개되면 일본 정부가 우리 국민들의 거주권을 인정하고 전시 노역에 대해 보상하고 추방권을 남용하지 않을 것이며 재일한인들이 한국으로 돌아갈 때 재산을 가지고 갈 수 있도록 허용할 것이라는 의견입니다. 이와 관련하여 한국인 억류를 삼가겠다는 일본의 서약을 서면으로 받은 후 공식 회담에서 위의 문제들을 논의할 때 우리가 유리한 입지를 점하게 될 것이라고 판단됩니다.

그리고 전에 보고드렸듯이 "억류하지 않겠다"라고 약속하지는 않더라도 "억류를 삼가겠다"라는 서약에 서명한 후에 우리 국민들의 억류를 사실상 중단할 것입니다. 구보타 성명과 재산 반환 청구 문제에 대해서는 일본 정부가 국무부 각서에 따라 재산 반환 청구와 구보타 성명을 철회한다는 내용의 공문을 우리 측에 발송할 생각을 하고 있습니다.

일본의 메모 초안을 송부한 1월 19일 자 전보 보고서 TS 90133을 참고해 주시기 바랍니다. 일본은 우리가 원하면 국무부 각서의 텍스트와 함께 구보타 성명과 재산 반환 청구의 철회를 공표할 것입니다.

우리가 송부한 1월 15일 자 메모에 나열한 각각의 문제를 논의하겠다고 동의하는 각서에 일본 측이 서명하라는 우리 측의 요구와 관련하여, 일본이 회담 의제로 제안된 5개 항목을 논의하기로 동의하는 각서에 서명하는 것 외에 더 많은 협조를 해줄 것 같지는 않습니다. 이 부분에 있어서 계속 노력해 왔으나 일본은 제안된 5개 항목을 논의하기로 약속한다는 말만 반복했습니다.

기존 보고서에서도 언급했던 문제의 불법 입국자 4인에 대해서는 우리 측 조건을 관철시키기 위해 정말 많은 노력을 했습니다. 오늘도 시도했지만 공식 회담에서 '불법 입국자에 대한 통제 강화'라는 주제하에 이 문제를 논의하겠다는 것 외에 추가적인 약속은 하지 않는 상황입니다.

김용식 공사

59. 김용식 공사가 경무대에 보내는 전문

1625 TO: KYUNG MU DAI

FROM: MINISTER KIM IN TOKYO

YOUR EXCELLENCYS CABLE ST-900140 OF JAN 29 HAS BEEN RECEIVED.

AS I REPORTED IN MY CABLE TS-900155 AND 900156 JAPAN HAS PLEDGED TO PUT INTO WRITING IN THE FORM OF AGREED MINUTES TO DISCUSS ALL FIVE ITEMS ON THE AGENDA OF THE FORMER CONFERENCE. HOWEVER, NOT FURTHER THAT THIS CAREFUL ANALYSIS OF THE PROBLEMS LISTED IN OUR OUTSTANDING PROBLEMS MEMORANDUM OF JAN 15 SHOWS THAT THESE ARE A BROKEN DOWN FORM OF THE ABOVE FIVE ITEM. IT SHOULD BE NOTED

HOWEVER, THAT JAPANS AGREEMENT TO DISCUSS AT THE FORMAL CONFERENCE ALL THE FIVE ITEMS AMOUNTS TO HER PROMISE TO DISCUSS EVERY ON OF THE PROBLEMS LISTED IN OUR MEMORANDUM BECAUSE THESE PROBLEMS ARE MORE SPECIFIED VERSION OF THE FIVE ITEMS. IN MY OPINION THEREFORE I MAKE THE JAPANESE DISCUSS EVERYONE OF THE PROBLEMS LISTED IN OUR JAN 15 MEMORANDUM ON THE BASIS OF THEIR WRITTEN PROMISE TO DISCUSS ALL THE FIVE ITEMS ON THE AGENDA. I AM GIVING BELOW FOR YOUR EXCELLENCYS REFERENCE MY ANALYSIS REGARDING THE RELATIONSHIP OF EACH PROBLEM IN OUR MEMORANDUM WITH THE FIVE ITEMS ON CONFERENCE AGENDA.

NUMBER FOUR OF OUR MEMO WILL BE TAKEN UP AT THE FORMAL CONFERENCE UNDER ITEM ONE CONCERNING TREATMENT AND STATUS OF OUR RESIDENTS IN JAPAN NUMBER SIX IN OUR MEMO UNDER TWO CONCERNING FISHERIES ISSUE NUMBER FIVE G IN OUR MEMO

UNDER ITEM THREE CONCERNING RETURN OF VESSELS, NUMBER FIVE A THROUGH U EXCEPT G, UNDER ITEM FOUR CONCERNING OUR PROPERTY CLAIMS AGAINST JAPAN, NUMBERS TWO AND SEVEN, UNDER ITEM FIVE CONCERNING BASIS RELATIONS PROBLEM.

1626 FURTHER, NUMBER ONE IN OUR MEMORANDUM BE SETTLED BEFORE THE RESUMPTION OF THE CONFERENCE AS OUR PREREQUISITE AND JAPAN HAS ALREADY SHOWN READINESS TO ACCEPT IT, WHILE NUMBER THREE IN OUR MEMO, EXCEPT THE CASE OF FOUR PERSONS IN QUESTION DEALS WITH THE DETAINEE ISSUE WHICH WILL BE SETTLED UNDER ACTUAL RELEASE FORMULA. REGARDING THE QUESTION ON THE FOUR PERSONS, JAPAN HAS AGREED TO MAKE WRITTEN PLEDGE, IN THE FORM OF AGREED MINUTES, TO DISCUSS INTENSIFIED CONTROL OVER ILLEGAL ENTRANTS, ON THE BASIS OF WHICH THIS PROBLEM WILL BE TAKEN UP UNDER ITEM ONE ABOVE AT THE FORMAL CONFERENCE. IN OTHER WORDS EVERYONE OF THE PROBLEMS LISTED IN OUR OUTSTANDING PROBLEMS MEMORANDUM WILL BE DISCUSSED

AT THE FORMAL CONFERENCE UNDER RESPECTIVE ITEMS ON THE AGENDA WITH THE EXCEPTIONS OF THE WITHDRAWAL OF THE KUBOTA STATEMENT AND THE PROPERTY CLAIM AND THE DETAINEE ISSUE WHICH WILL HAVE BEEN SETTLED SEPARATELY PRIOR TO THE RESUMPTION OF THE FORMAL CONFERENCE.

MINISTER KIM

번역 수신처: 경무대

발신인: 도쿄 김용식 공사

1월 29일 자 전보 ST-900140를 잘 받았습니다.

전보 TS-900155 및 900156에서 보고했듯이 일본은 공식 회담의 의제에 포함된 5개 사안을 모두 논의할 것을 합의의사록의 형태로 합의하겠다고 약속했습니다. 하지만 1월 15일 메모에 나열된 문제들을 신중히 분석해 보면 앞서 말한 5개 사안을 구체적으로 분류한 것임을 알 수 있고, 이 점에 유념해야 합니다.

그러나 공식 회담에서 5개 사안을 모두 논의하겠다는 일본의 약속은 우리가 보낸 메모에 나열된 각각의 문제를 논의하기로 약속하는 것과 같습니다. 왜냐하면 이 문제들은 의제로 제안한 5개 사안을 보다 구체화한 버전이기 때문입니다. 따라서 의제에 포함된 5개 안건 모두를 논의하겠다고 서면으로 합의한다는 전제하에 1월 15일 자 메모에 나열된 모든 문제를 논의하도록 해야 한다고 생각합니다. 다음은 우리 측 메모의 각 문제와 회담 의제에 포함된 5개 사안의 관계에 대해 분석한 내용이오니 참고해 주시기 바랍니다.

우리 메모의 4번 항목은 공식 회담에서는 재일한인의 지위와 취급에 대한 첫 번째 안건으로 다루어질 것입니다. 우리 메모의 6번 항목은 어업 문제에 대한 두 번째 안건으로, 우리 메모의 5번 항목 G는 선박 송환에 대한 세 번째 안건으로, 5번 항목의 A–U(G 제외)는 일본에 대한 한국의 재산 반환 청구에 관한 네 번째 안건으로, 메모의 2번 및 7번 항목은 기본적 관계에 관한 다섯 번째 안건으로 다룰 예정입니다.

우리 메모의 1번 항목은 우리가 제시한 전제조건으로서 회담을 재개하기 전에 해결될 사안이고 일본은 이미 이 조건을 수용할 준비가 되었음을 보여준 바 있습니다. 우리 메모의 3번 항목은 문제의 불법 입국자 4인의 경우를 제외하면 억류자 석방을 통해 해결될 억류자 문제에 대한 내용입니다. 문제의 불법 입국자 4명에 대해서는 일본이 공식 회담에서 1번 안건에 포함시켜 논의한다는 조건하에 불법 입국자에 대한 통제를 강화하는 방안을 논의한다는 내용을 합의의사록의 형식으로 서면으로 서약하기로 합의했습니다. 다시 말해, 회담 재개 전에 별도로 해결될 예정인 구보타 성명 및 재산 반환 청구 철회와 억류자 문제를 제외하고 우리 측 메모에서 나열한 모든 사안을 의제에 포함된 각각의 안건으로 공식 회담에서 논의할 것입니다.

김 공사

60. 협상 재개 시 일본이 반환해야 할 항목이 담긴 문서

1627 [작성 일자 불명]

In the event the Korea-Japan conference is to be resumed the Korean side has the following to request the Japanese side as restitution:

Item I. to return the classical books and documents (number: 7,834), art objects, curious, other national treasures, map negatives and gold bullion (249,633,198.61 gram) and silver bullion (89,076,205.12 gram) taken away from Korea,

Item II. to repay the obligations and debts of the Government of Japan to the Government-General of Chosun as of August 9, 1945, (Estimated amount: ¥5,634,722,252.54)

Item III. to return the monetary accounts transferred or remitted from Korea on and or since August 9, 1945, (Estimated amount: ¥5,719,421,602.85)

Item IV. to return the properties in Japan of the juridical persons with head offices in Korea as of August 9, 1945, (Estimated amount ¥2,983,165,878.63)

Item V. to repay the national or public bonds and the Bank of Japan notes, issued by the Japanese authorities, in possession of Korean nationals and or juridical persons, the Japanese obligations to the conscripted Korean laborers including the Japanese compensations for damage occurred to the military

personnels and other claims of Korean nationals or its juridical persons to
1628 the Government of Japan and or her nationals, (Estimated amounts; more than ¥14,618,820,025.25)

Item VI. to recognize the legality of the Korean natural and or juridical persons' ownership of the shares or other securities issued by Japanese Juridical persons, (Estimated amount: more than ¥25,757,730.19)

Item VII. to return those vessels registered in Korea as of August 9, 1945 and located in the Japanese waters thereafter, and also to return those vessels located in the Korean waters as of August 9, 1945 and found in the Japanese waters thereafter, (Number 177)

Item VIII. to return all the interests as have been or will have been yielded by the afore-mentioned properties and or claims.

번역

[작성 일자 불명]

한일회담이 재개된다면 한국은 일본에 다음과 같은 보상을 요구한다.

I. 한국에서 반출한 고서와 고문서(수량: 7,834), 예술품, 귀중품, 기타 국보, 지도 원판 및 금괴(249,633,198.61그램)와 은괴(89,076,205.12그램)를 반환할 것.

II. 1945년 8월 9일 기준 조선총독부에 대한 일본 정부의 부채를 상환할 것(추정액: 5,634,722,252.54엔).

III. 1945년 8월 9일 또는 그 이후에 한국에서 이체 또는 송금된 금융계좌를 반환할 것(추정액: 5,719,421,602.85엔).

IV. 1945년 8월 9일 기준으로 한국에 본사를 둔 법인의 재일본 재산을 반환할 것(추정액: 2,983,165,878.63엔).

V. 한국인 및/또는 한국 법인이 소유하고 있으며 일본 당국이 발행한 일본은행권과 국채 또는 공채, 군 인력에 발생한 피해에 대한 일본의 보상금을 포함하여 징집된 한국 노역자에 대한 일본의 지급금, 일본 정부 및/또는 일본 국민에 대하여 한국인 또는 한국 법인이 청구한 금액을 상환할 것(추정액: 14,618,820,025.25엔 이상).

VI. 일본 법인이 발행한 주식 또는 기타 증권에 대한 한국 자연인 및/또는 법인의 합법적 소유권을 인정할 것(추정액: 25,757,730.19엔 이상).

VII. 1945년 8월 9일 기준 한국에 등록되어 있었으며 그 후에 일본의 해역에 있었던 선박을 반환하고, 1945년 8월 9일 기준 한국의 해역에 있었고 그 후에 일본의 해역에서 발견된 선박도 반환할 것(177척).

VIII. 위에서 언급한 재산 및/또는 청구로 인해 발생했거나 발생할 모든 이자를 반환할 것.

63. 김용식 공사가 이승만 대통령에게 보내는 서한

1632 NO. 25

March 14, 1957

Excellency:

Last Saturday at 9:45 a.m. 1 called on Prime and Foreign Minister Kishi for the first time after his assumption of premiership and talked with him for about 20 minutes. Mr. Nakagawa, Director of the Asian Bureau, who acted as his representative in our informal talks, was present.

The purpose of my visit was to 1) get Mr. Kishi's confirmation in his capacity as Foreign Minister of What his representative was so far committed and 2) request expeditious implementation of such commitments and 3) insure Japan's commitment on the return of our art objects. (Mr. Nakagawa previously stated that the Committee for Custody of Cultural Articles and schools concerned have jurisdiction over such art objects and if they get an impression that the Japanese Government has agreed to return them in connection with the settlement of the detainee issue, the Government will be placed in difficulty.)

In the first place, I asked Mr. Kishi if he had received reports on the progress of our informal talks. He replied that he had been fully informed of them in detail and he personally endorses every point committed by his representative.

Referring to the delay in respect of the detailed agenda, I said that the Japanese side is making an issue of mere wording, therefore, agreement has not been reached in this regard. I particularly stressed that, from my past experience, it would greatly facilitate the smooth proceeding of the conference, if detailed agenda are agreed in advance.

Mr. Kishi told me that he openly advocated an early settlement of the Korea-Japan problems, when he was Foreign Minister under Premier Ishibashi and he remained of the same opinion, saying that Japan was as anxious to settle the problems as Korea.

1633 Concerning all □□□□ difficulties which the Foreign Ministry is faced with in relation to dissenting views held by other Ministries concerned, I told Mr. Kishi to press the Ministries concerned so that an early agreement can be brought about.

Upon my leaving the meeting, I over-heard Mr. Nakagawa discussing the matter concerning press release with Mr. Kishi. Later in the afternoon, Nakagawa informed me that Japan accepted the return of our art objects notification would follow shortly.

In the same evening the Asahi, the Mainichi and the Yomiuri reported that I called on Prime and Foreign Minister Kishi and talked about the Korea-Japan problems. Some other dailies, on the other hand, reported inaccurately that I called on Mr. Kishi to tender my congratulations upon his assumption of premiership, etc.

It is believed that the Japanese Government is so fearful of the press detecting that concession is being made to the Korean side in reaching an agreement on the detainee issue and apparently leaked a story to forestall such eventuality.

Mr. Kishi today received a courtesy call from US Ambassador Douglas MacArthur, II. On that occasion Kishi reportedly conveyed to the Ambassador his desire to visit the US some time in May.

With sentiments of loyalty and esteem, I remain,

Most respectfully,

/S/Yong Shik Kim

번역 번호: 25

1957년 3월 14일

각하,

지난 토요일 오전 9시 45분, 총리 취임 후 처음으로 기시 총리 겸 외무상을 방문하여 약 20분간 회담을 나누었습니다. 이 자리에는 우리의 비공식 회담 대표인 나카가와 아시아국 국장이 배석했습니다.

저의 방문 목적은 1) 기시 외무상이 지금까지 약속한 사항에 대해 외무상 자격으로 확인을 받고, 2) 그 약속의 조속한 이행을 요청하고, 3) 우리 미술품 반환에 대한 일본의 약속을 확보하는 것이었습니다. (나카가와 국장은 앞서 해당 미술품에 대한 관할권은 문화재보존위원회와 관련 학교에 있으며, 억류자 문제 해결과 관련해 일본 정부가 반환에 동의했다는 인상을 줄 경우 정부가 곤란한 상황에 처할 수 있다는 입장을 밝힌 바 있습니다.)

저는 기시 외무상에게 비공식 회담의 진행 상황에 대한 보고를 받았는지 물었습니다. 그는 상세히 보고를 받았으며 일본 대표가 약속한 모든 사항을 개인적으로 지지한다고 대답했습니다.

세부 의제에 대한 합의가 지연되고 있는 것과 관련해서는 일본 측이 단순한 문구상의 문제를 제기하고 있기 때문에 이 부분에 대해서는 합의가 이루어지지 않고 있다고 말했습니다. 특히 과거 경험에 비추어 볼 때 세부 의제에 대한 사전 합의가 이루어질 경우 원활한 회의 진행에 큰 도움이 될 것이라는 점을 강조했습니다.

기시 외무상은 이시바시 총리 시절 외무상으로 재직할 때 한일 문제의 조기 해결을 공개적으로 주장한 바 있으며, 일본도 한국 못지않게 문제 해결을 갈망하고 있다면서 같은 의견을 견지하고 있다고 말했습니다.

다른 관계 부처의 반대 견해와 관련하여 외무성이 직면하고 있는 모든 □□□□ 어려움에 대해, 저는 기시 외무상에게 관계 부처를 압박하여 조속히 합의가 이루어질 수 있도록 하라고 말했습니다.

회의를 마치고 나오면서 나카가와 국장이 기시 외무상과 언론 발표에 관한 문제를 논의하는 것을 우연히 들었습니다. 오후 늦게 나카가와 국장은 일본이 우리 미술품 반환 통보를 곧 받아들일 것이라고 알려주었습니다.

같은 날 저녁 아사히, 마이니치, 요미우리는 제가 기시 총리 겸 외무상에게 전화를 걸어 한일 문제에 대해 이야기했다고 보도했습니다. 반면에 일부 다른 일간지에서는 제가 기시 총리에게 전화를 걸어 총리 취임 축하 인사를 전했다고 부정확하게 보도했습니다.

일본 정부가 억류자 문제 합의에 있어 한국 측에 양보하는 것이 언론에 감지될 것을 우려해 이를 막기 위해 기사를 흘린 것으로 추정됩니다.

기시 총리는 오늘 더글러스 맥아더 2세 주일 미국 대사의 예방을 받았습니다. 이 자리에서 기시 총리는 5월 중 미국을 방문하고 싶다는 의사를 대사에게 전달한 것으로 알려졌습니다.

감사합니다.

/S/ 김용식

64. 김용식 공사가 이승만 대통령에게 보내는 서한

1634 No. 26

Tokyo, March 14, 1957

Excellency:

As Your excellency will find under separate cover I am sending this week my analysis of the US memorandum concerning the property claim.

The Japanese have already shown willingness to withdraw the Kubota statement and the property claim in an official note verbale to our side. In this connection it is very important to get U.S. understanding and support of our stand in regard to the eight-point property claims against Japan, through the US Embassy in Seoul inasmuch as Ambassador Dowling is familiar with our problems, as reported separately (though Japan agreed to discuss this point).

Another point on which I would like to be instructed is, am I authorized to express, in the Agreed Minutes, our view that the Korean side is of the same opinion with regard to the US memorandum.

All the five draft documents sent separately will be signed by Mr. Kishi in his capacity as Foreign Minister, if finally approved by our side. However, if Your Excellency feels that Japanese commitments are insufficient in any way, or the time is not opportune to finalize the informal talks, I would like to be so instructed.

With sentiments of loyalty and esteem, I remain,

Most respectfully,

/S/ Yong Shik Kim

His Excellency
President Syngman Rhee

번역 번호: 26

1957년 3월 14일, 도쿄

각하,

이번 주에 보내는 별도의 문서에 재산 반환 청구에 대한 미국 측 각서를 분석한 내용을 담았습니다.

일본은 이미 우리 측에 보낸 공문에서 구보타 성명과 재산 반환 청구를 철회하겠다는 의향을 표명했습니다. 이와 관련하여 다울링 대사가 우리 문제에 대해 잘 알고 있으므로 서울에 있는 미국 대사관을 통해 대일 청구권 8항목과 관련한 미국의 이해와 우리 입장에 대한 지지를 얻는 것이 매우 중요합니다(일본이 이 문제를 논의하기로 합의했지만).

대통령 각하의 지시를 받고자 하는 또 다른 사안은 합의의사록에서 한국 측이 미국 각서와 동일한 의견이라는 견해를 표명해도 되는가에 관한 것입니다.

별도로 송부한 5개 초안 모두 우리 측이 승인한다면 기시가 외무상으로서 서명할 것입니다. 그러나 대통령께서 어떠한 측면에서든 일본이 약속한 바가 부족하다고 생각하시거나 비공식적 대화를 종결하기에 적절한 시기가 아니라고 생각하신다면 알려주시기 바랍니다.

감사합니다.

김용식

대통령 각하

65. 1957년 3월 20일 경무대에서의 미 대사 논평이 기재된 문서

1635 COMMENTS OF THE AMERICAN AMBASSADOR AT KYUNG MU DAI ON 20 MARCH 1957

It would seem to me advisable at this stage to reach early agreement with the Japanese on the following lines:

1. Renunciation of all Japanese property claims in Korea and acceptance of the United States treaty interpretation
2. Withdrawal of the Kubota statement
3. Return of Korean art treasures in Japanese Museums in Japan
4. Agreement to discuss all outstanding questions in accordance with an agreed agenda
5. Agreement on a date for the resumption of the discussions
6. Simultaneous release of Korean detainees in the Omura Camp with understanding that they will not be rearrested pending agreement with the Korean Government on repatriation procedures, and at the same time release of the Japanese fishermen in Korea.

It is believed that if an announcement along the foregoing lines can be made and the discussions resumed at an early date the Japanese will then be under pressure to take a reasonable attitude in the talks and to settle the outstanding issues to the satisfaction of the Korean Government.

번역 1957년 3월 20일 경무대에서의 미 대사 논평

다음과 같은 사항에 대하여 일본과 조기에 합의를 도출하는 것이 바람직한 시기라고 판단됩니다.

1. 한국의 모든 재산에 대한 일본의 권리 포기 및 조약에 대한 미국 측 해석 수용
2. 구보타 성명 철회
3. 일본 박물관에 소장되어 있는 한국 예술품 반환
4. 합의된 의제에 따라 해결되지 않은 모든 현안들을 논의하는 데 합의
5. 논의(회담) 재개 일자에 대한 합의
6. 송환 절차에 대해 한국 정부가 합의할 때까지 다시 체포하지 않는다는 전제로 오무라수용소의 한국인 억류자와 한국에 억류 중인 일본 어민을 동시 석방

위의 사항이 발표되고 조기에 논의를 재개할 수 있다면 일본은 회담에서 합리적인 태도를 취하고 한국 정부가 만족할 수 있는 방향으로 문제를 해결해야 한다는 압박을 받을 것입니다.

66. 1957년 3월 20일 경무대에서의 미 대사 논평에 대한 의견서

1636

28 March 1957

Regarding Comments of the American Ambassador at Kyung Mu Dai on 20 March 1957

1. Renunciation of all Japanese property claims in Korea.
2. Withdrawal of the Kubota statement.
3. Return of Korean art treasures in possession of Japan.
4. Agreement to discuss and settle all outstanding questions in accordance with an agreed agenda.
5. Agreement on a date for the resumption of the discussions.
6. Simultaneous release of Korean detainees in the Omura camp with understanding that they will not be rearrested pending agreement with the Korean Government on the status and treatment of the Korean residents in Japan, and at the same time release of the Japanese fishermen who have finished prison terms in Korea.

Note: Upon completion of presentation and exchange of all the documents concerned, namely, (1) Japanese Note Verbale for both withdrawal of its property claims and retraction of Kubota statement, (2) Japanese notification to return Korean art treasures, (3) memorandum and attached understanding for detainee issue and (4) agreed minutes concerning the agenda to be discussed at the formal conference, simultaneous announcement on the contents of the above documents shall be made by both parties either jointly or separately.

번역

1957년 3월 28일

1957년 3월 20일 경무대에서의 미 대사 논평에 관하여

1. 한국의 모든 재산에 대한 일본의 권리 포기
2. 구보타 성명 철회
3. 일본이 소유 중인 한국 예술품 반환
4. 합의된 의제에 따라 남아있는 모든 문제를 논의 및 해결하기로 합의
5. 논의 재개 일자 합의
6. 한국인의 지위와 처우에 대해 한국 정부가 합의할 때까지 다시 체포하지 않는다는 전제로 오무라수용소의 한국인 억류자와 한국에서 형기를 마친 일본 어민을 동시 석방

비고: (1) 재산 반환 청구 및 구보타 성명 철회에 대한 일본의 공문, (2) 한국 예술품 반환에 대한 일본의 통고, (3) 억류자 문제에 대한 각서와 첨부된 합의서, (4) 공식 회담에서 논의할 의제에 대한 합의의사록 등 모든 관련 문서의 제출과 교환이 완료되면 양측이 위 문서들에 담긴 내용을 합동으로 또는 별도로 동시에 발표할 예정입니다.

67. 유태하 공사의 대통령 앞 서한

1639 Tokyo, July 23, 1957

No. 31

TO: His Excellency
The President
FROM: Tai Ha Yiu

At my luncheon meeting with Tanaka and Yatsugi this afternoon, I told them of today's preliminary meeting with the administrative level of the Foreign Ministry and of the impression I received of Itagaki, the new Asian Affairs director. The two men had high praise for him stating that Itagaki was chosen after long deliberation as to his character and ability to deal with the Korean side.

Tanaka repeated what he said the other day that the Korean proposal could not be accepted as it is, not that the Japanese side will reject it as a whole, but that there should be concessions from both sides. I strongly reiterated that our plan was the final one and that I could not see anything in it which would make it difficult for Japan to accept. He asked that I bring to the President's attention the difficulty facing the Japanese government.

I took up Yatsugi's article which appeared this morning in the Sankei Jiji and complimented him on it. He stated that he had often advised Fujiyama to effect personnel changes in the Foreign Office. To this Tanaka remarked that the changes were being contemplated and Yatsugi should refrain from putting out such articles.

The Japs have not shown any indication they would accept our terms, but it is quite evident that they are anxious to settle the problems.

번역

1957년 7월 23일, 도쿄

번호: 31

수신인: 대통령 각하
발신인: 유태하 공사

오늘 오후 다나카 및 야쓰기와 가진 점심 회동에서 오늘 개최된 외무부 사전회의와 이타가키 신임 아시아국장의 인상에 대해 대화를 나눴습니다. 다나카와 야쓰기는 이타가키 국장이 오랜 숙고 끝에 임명되었다면서 그의 성격과 한국을 상대하며 보여줄 능력을 높이 평가했습니다.

다나카는 일본이 한국의 제안을 전면적으로 거부하지는 않겠지만 양측 모두 타협해야 할 것이고 전달된 그대로 수용되지는 못할 것이라고 거듭 말했습니다. 저는 우리가 제시한 계획은 최종안이며, 일본이 받아들이기에 어려운 내용이 없다고 강조했습니다. 다나카는 일본 정부가 당면하고 있는 어려움에 대해 대통령 각하의 주의를 환기시켜 줄 것을 요청했습니다.

저는 오늘 오전 산케이 지지에 게재된 야쓰기의 기사를 거론하며 치하했습니다. 야쓰기는 후지야마에게 외무성 인사 교체를 단행하라고 자주 조언했다고 했습니다. 이에 대해 다나카는 인사 교체를 고려하고 있다며 야쓰기가 이러한 기사를 게재하는 행위를 자제해야 한다고 말했습니다.

일본이 우리가 요구한 조건을 수용할 것이라는 신호를 보내지는 않았지만, 문제 해결을 갈망하고 있음은 상당히 분명해 보입니다.

70. 한국 정부의 성명서

1640 STATEMENT

The Republic of Korea has sought to normalize relations with Japan continuously since negotiation in 1951 of the San Francisco Peace Treaty, which came into effect and restored the independence and sovereignty of the Japanese in 1952. It has always been the desire of this country to forget and forgive the cruel Japanese invasion of Korea and the arrogant occupation that was ended in 1945. We have assiduously sought to settle the differences between the two countries, and for this reason participated in a series of three conferences with Japan during the period of 1951-53.

But from the very beginning of the 1951 conference, it became apparent that Japan intended to delay settlement of outstanding problems, apparently in belief that as time passed the Japanese Government would be in a stronger bargaining position. Accordingly, at the 1951 and 1952 conferences, Japan sought to restrict the agenda to only a few of the issues and appeared unprepared to discuss many of the most crucial problems. As a delaying tactic, the Japanese introduced surprise proposals and otherwise obstructed the work of the conferences.

It also became apparent that Japan's real intention was not to settle anything, but to prolong the advantages and profits gained from the long occupation of Korea. This attitude finally was brought into the open at the third conference in 1953. The Japanese Chief Delegate, Kanichiro Kubota, declared that "the establishment of an independent state of Korea before the Japanese Peace Treaty was signed was a violation of international law," and that "Japan's 40 year occupation of Korea was benevolent and beneficial to Korea." Japan, was in other words, laying the basis for continued claims to hegemony over this country-an illegal, aggressive contention that neither Korea nor the Free World could ever accept.

1641 Under such circumstances, it was not surprising that Japan declined to abide by the Korean provisions of the San Francisco Peace Treaty. That Treaty-which also is the basis of Japan's restored sovereignty-clearly stipulates Japanese recognition of the validity of the disposition of property, formerly held by the Japanese Government or Japanese nationals, by the U.S. Military Government in Korea. Ignoring the Treaty completely, the Japanese said illegal claim to all of their former Korean property-a claim that constitutes 85 percent of all property in the whole of Korea.

Somewhat later, Japan came to realize that the absurdity of the claims was alienating world opinion. Even then the Japanese could not bring themselves to a straightforward renunciation. They thought they might be able to get a quid pro quo-in return for absolutely nothing-and therefore suggested that Korea reciprocally withdraw its well-founded and fully legitimate property claims against Japan. The Japanese made much of this so-called concession, but the record proves that there was no concession at all, and that Japan fabricated the claims in 1952 with the idea of subsequently offsetting them against what Japan owes Korea.

Even now, Japan refuses to discuss the Korean claims, and continues to demand the offset. The Japanese know that while the assertion to title to 85 percent of Korean property has absolutely no validity, the Korean claims are fully justified. Korea has asked far nothing more than rightfully belongs to it: return of the national treasures carried off to Japan, repayment of national and other public bonds, honoring of notes of the Bank of Japan, payment of salaries and obligations to Korean labor draftees, restoration of the Korean gold

reserves, and so on. These obligations are such as would be recognised under the civil code of any civilized country, and they cannot be written off for the
1642 worthless extinguishing of property titles that were acquired through plunder and that subsequently were abrogated by the United States and the other Allied powers.

In calling for "reciprocal renunciation, of property claims, the Japanese have resorted to deceit, deception, and misleading statements. They have distorted the interpretation of various documents and have tried to imply that the San Francisco Peace Treaty does not really mean what it says so clearly and so flatly. This apparently is what the Japanese mean when they talk of "concessions" and "compromise."

Meanwhile, Japan has been publicizing a propaganda line that detention of Japanese fishermen who violated the Peace Line is unjustifiable from a humanitarian point of view. Nothing is said about the more than 1,500 Koreans who have been so cruelly wronged and so viciously mistreated at the notorious Omura concentration camp. Some have been held for many years-without charge, without trial, and without hope-and may of the were forcibly taken to Japan in the first place as laborers in Japanese war industries.

Yet Japan has the effrontery to speak of the "right of deportation" under international law-a right that cannot possibly apply to those Koreans who were forced to go to Japan and who then established homes and acquired property there. Korea has not declined to accept the repatriation of those who went to Japan illegally after the end of World War II, but it will never cease to defend the rights of those who are fully entitled to remain in Japan as long as they wish.

Japan also has sought to make deceptive propaganda capital about the treatment of Japanese fishermen held at Pusan. These assertions are disported by the record. The death rate at Omura has been many times higher than that

at Pusan–and the Korean Government has followed a policy of returning to Japan those who are ill or infirm. Omura captives, on the other hand, have not
1643 been released, and there are authenticated cases of extreme harshness on the part of Japanese guards, of treatment that is reminiscent of that in the infamous Japanese "death camps" of the World War II period. The International Red Cross inspected both Pusen and Omura, and reported conditions at the Korean camp acceptable, while saying those at the Japanese camp were deplorable and a disgrace to a supposedly civilized country.

Korea has consistently sought an equitable settlement of the detainee issue on a basis of humanitarianism toward both Japanese and Koreans. An agreement on mutual releases was reached more than a year and a half ago between the Korean Minister in Japan and the Japanese Justice Minister. But the Japanese Government subsequently disavowed its own promises and refused to keep its part of the agreement. Korea tried again, and in April of 1956, the Korean Minister and the Japanese Foreign Minister reached another agreement. That, too, was dishonored by the Japanese because of a conflict in views between the Foreign and Justice Ministries. We can only conclude that behind the Japanese unwillingness to effect mutual release resides a conspiracy to deport all of the more than 600,000 Korean residents of Japan and confiscate their hard–won properties.

Japan has tried to emphasize the need for priority release of the Japanese fisherman that violated our fisheries and defense line. Yet the problem itself is of Japan's making. The Japanese refused, at the conferences already held, to discuss a fisheries agreement, and said they would fish where and when they pleased. After the drawing of the Peace Line, Japanese authorities openly encouraged fishermen to violate it and offered the protection of Japan's so–called self–defense forces. This Japanese attitude toward Korea is in strange
1644 and revealing contrast with that demonstrated toward other powers. Japan

has agreed to refrain from fishing in certain international waters adjacent to the coasts of the United States and Canada, and even of Soviet Russia and Red China. For Korea–and for Korea only–Japan sticks to the outmoded principle of the three–mile limit. The plain and simple truth is that Korea has asked no more than Japan has given to our Communist enemies, but that Japan has refused to settle for anything less than the exploitation of the waters over our continental shelf, the privilege of wide–open smuggling, and the opportunity for infiltration.

Japan has made a great pretense of desire to establish normal and friendly relations with Korea. But this is the side of the coin shown in propaganda addressed to the United States. For Korea there is only insincerity, duplicity, and outright betrayal–and the never–cessing attempt to place all the blame upon the Korean side. Some instances of this record have been cited in connection with the property claims and the detainee issue. But many other cases can be submitted in evidence. During the detainee negotiations, for example, Japan maneuvered to send 48 Koreans to Communist north Korea under the dubious pretext of voluntary repatriation. Japan presumably does not recognise north Korea–at least that is its claim–and it makes much of affiliation with the Free World. Yet it actually sent 20 of the 48 to the Communists, over the strongest possible protests of this Government, and used its Red Cross as a tool to seek travel documents through the International Red Cross.

Another area of Japanese distortion is that of trade. Korea has bought heavily from Japan during post–war years, and the Japanese Government has talked much of trade promotion and the advantages to be gained by both countries. But at the very same time the Japanese Government has been refusing customs clearance of a considerable quantity of edible seaweed of Korean origin.

1645 This refusal to accept laver imports that previously were agreed upon has caused severe loss to Korean traders and has virtually ruined the laver industry, which is highly important to the Korean economy. The reasons are entirely political, since Japan is far from self-sufficient in laver and since the end-effect actually has been to force the market price so high that many Japanese families cannot buy this favored foodstuff. What Japan apparently wants is one-way, colonial type trade with Korea, while reserving two-way trade for Red China, which has been branded as an aggressor by the United Nations and whose warmaking potential will be greatly increased by the availability of Japanese strategic goods.

Judging entirely upon a basis of the unemotional record, Korea must continue to doubt that Japan has the slightest intention of showing the sincerity necessary to establish normal and friendly relations with this country. That Korea stands in the vanguard of the Free World fight against Communism seems to matter not at all to the Japanese, whose Government prefers to trade and to enter into diplomatic and cultural relationships with Soviet Russia, Red China, and the satellites.

Under these circumstances, we call upon other Asians, the United States, and the rest of the Free World to take warning. If Japan can succeed in the renewal of an aggressive attitude toward Korea, it will go on toward an aggressive attitude toward others-just as the occupation of 1905 led eventually to Pearl Harbor. The time to stop aggressive tendencies is at their inception, not after damage and suffering have been inflicted upon large territorial areas and millions of people. We hope that our friends of the Free World will join with us in helping the Japanese to realise the dangers of the course they are pursuing, and finally to bring them into the family of democratic and peaceful nations.

번역 **성명서**

대한민국은 1952년 발효되어 일본의 자주성과 주권을 복구해 준 샌프란시스코 강화조약에 대한 1951년 협상 이래 지속적으로 일본과의 관계 정상화를 꾀하였다. 1945년 막을 내린 일본의 오만한 지배와 잔악한 침략을 잊고 용서할 수 있기를 계속해서 염원하였다. 양국의 차이를 좁히고자 부단히 노력했고, 이를 위해 1951년부터 1953년까지 일본과 세 차례 회담을 개최하였다.

그러나 1951년 회담이 처음 시작되었을 때부터 일본은 시간이 지나면 일본 정부가 유리한 입장을 점하게 될 것이라는 믿음을 가지고 문제 해결을 지연시키려 하였다. 이에 1951년 및 1952년 회담에서 일본은 회담의 의제를 소수의 문제로 제안하고 대부분의 중대한 사안에 대해서는 논의할 준비조차 하지 않고 회담에 임했다. 문제 해결을 지연시키고자 놀랄 만한 제안을 내놓는 등 다양한 방식으로 회담에 훼방을 놓았다.

무언가를 해결하는 것이 아니라 장기적인 한국 지배에서 얻은 이익과 이점을 더 오래 누리는 것이 일본의 진정한 계획이었다는 것도 분명해졌다. 1953년에 열린 3차 한일회담에서 이러한 태도가 마침내 드러났다. 일본 측 수석대표 구보타 간이치로가 "대일강화조약 체결 전에 한국이 독립 국가로 건립된 것은 국제법 위반이다. 40년에 걸친 일본의 한국 지배는 한국에 자비롭고 도움이 되는 일이었다"라고 말하였다. 다시 말해 일본은 한국에 대한 패권을 이어나가기 위한 토대를 마련하는 중이었고, 이는 한국이나 자유 세계가 절대로 수용할 수 없는 불법적이고 공격적인 행보다.

이러한 상황에서 일본이 샌프란시스코 강화조약의 한국 관련 조항을 준수하기를 거부한 것은 놀랍지 않았다. 일본 주권 회복의 근간이기도 한 이 조약은 과거 일본 정부나 일본 국민이 소유했던 재산에 대한 주한 미군정 처분의 유효성을 인정한다고 명시한다. 일본은 조약을 완전히 무시하고 기존에 소유했던 한국 재산 전체, 즉 한국 전체 재산의 85퍼센트에 대한 불법적 권리를 주장하였다.

시간이 어느 정도 흐른 후에 일본은 자신들의 모순된 주장으로 세계 여론이 등을 돌리고 있음을 깨달았다. 이때에도 일본은 바로 포기하지 않았다. 일본은 무엇도 타협하지 않고 대가를 얻을 수도 있다고 생각했기 때문에 근거 있고 완전히 타당한 한국의 대일 청구권을 호혜적으로 철회할 것을 제안하였다. 일본은 이러한 방식으로 소위 타협했으나 사실은 양보한 것이 전혀 없고, 일본이 한국에 지불해야 하는 내역을 상쇄하고자 1952년에 청구권을 조작했다.

지금까지도 일본은 한국의 대일 청구권에 대해 논의하기를 거부하고 있으며 청구권을 상쇄하기 위한 방안을 계속 요구하고 있다. 일본은 한국 재산의 85퍼센트에 대한 자신들의 청구권 주장이 절대적으로 유효하지 않지만 한국의 대일 청구권은 모든 면에서 타당함을 알고 있다. 한국은 마땅히 자신이 돌려받아야 할 것 이상을 요구하지 않았다. 일본으로 반출된 국보의 반환, 국채와 기타 공채의 상환, 일본은행권의 지급, 한국인 노역자의 임금 및 비용 지불, 한국 금괴 반환 등을 요구했을 뿐이다. 어떠한 문명국가의 민법에서든 인정할 요구이며, 약탈하여 얻은 후 미국과 기타 연합국에 의해 무효화된 재산권의 무가치한 소멸로 치부할 수 없는 일이다.

일본은 '호혜적 청구권 포기'를 외치며 기만적이고 거짓으로 가득하며 호도적인 발언을 이어나갔다. 수많은 문서에 대한 해석을 왜곡하고 샌프란시스코 강화조약이 매우 명확하고 단호하게 명시한 내용이 실제로는 그러한 의미가 아니라는 인상을 주려고 했다. 이것이 일본이 말하는 "양보"와 "타협"이었다.

또한 일본은 평화선을 위반한 일본 어민의 억류는 인도적인 관점에서 정당화될 수 없다는 선전 공작을 펼쳤다. 악명 높은 오무라수용소에서 잔혹하게 학대당하고 끔찍한 취급을 받은 1,500명이 넘는 한국인에 대해서는 언급조차 하지 않았다. 이들 중 일부는 혐의, 재판, 희망도 없이 수년간 수감되었고, 애초에 일본 군수산업에 투입하고자 일본이 강제로 동원한 이들이었다.

그러나 일본은 뻔뻔하게도 강제로 일본으로 동원되어 살 곳을 찾고 재산을 쌓은 한국인들에게 절대로 적용될 수 없는 국제법에 따른 '추방권'을 거론했다. 한국은 제2차 세계대전 종전 후 일본에 불법적으로 입국한 한국인들의 송환은 거부하지 않았으나, 원하면 계속해서 일본에 체류할 수 있는 권리를 가진 한국인들의 권리를 보호하기 위한 노력은 중단하지 않을 것이다.

일본은 또한 부산에 억류되어 있는 일본 어민들의 처우에 대해 기만적인 선전을 펼치려 했다. 이러한 내용이 기록에 남아있다. 오무라수용소의 사망률이 부산에 억류된 이들의 사망률보다 높은 때가 많았으며, 한국 정부는 병들거나 쇠약한 억류자들은 일본으로 송환하는 정책을 취했다. 반면 오무라수용소의 수감자들은 석방되지 않았고 일본인 간수들이 수용자들을 제2차세계대전 중 악명 높던 일본의 '죽음의 수용소'를 연상시킬 정도로 매우 거칠게 취급한 사례들이 확인된 바 있다. 국제적십자위원회는 부산과 오무라 두 곳의 수용소를 모두 점검했고, 한국 수용소의 환경은 수용 가능하다고 보고하며 일본 측 수용소는 개탄스럽고 문명국가의 수치라고 말했다.

한국은 일본인과 한국인 모두에 대한 인도주의를 바탕으로 억류자 문제를 공정하게 해결하고자 지속적으로 노력해 왔다. 주일 한국공사와 일본 법무상이 1년 반도 전에 상호 석방하기로 합의했으나, 일본 정부는 스스로의 약속을 부인하고 약속한 바를 이행하기를 거부했다. 한국은 다시 시도했고 1956년 4월 한국 측 대표와 일본 외무상이 또다시 합의를 도출했다. 일본 외무성과 법무성 사이의 의견 충돌로 인해 이때의 합의도 실현되지 않았다. 상호 석방을 이행하지 않으려는 일본의 태도 뒤에는 60만 명이 넘는 재일한인 전원을 추방하고 이들이 힘겹게 축적한 재산을 몰수하려는 음모가 숨어있다고 판단할 수밖에 없다.

일본은 한국의 어업선과 방어선을 위반한 일본 어민들을 우선 석방해야 할 필요성을 강조하려 했다. 그러나 일본이 어려움을 자초하고 있다. 기존에 개최했던 회담에서 일본은 어업협정에 대해 논의하기를 거부했고 원하는 곳에서 원하는 때 조업하겠다고 말했다. 평화선 지정 후에 일본 당국은 어민들에게 평화선을 위반할 것을 공공연히 독려하고 일본의 소위 자위대를 통한 보호를 약속했다. 한국에 대한 일본의 이와 같은 태도는 다른 강대국을 향한 태도와는 이상하고도 노골적인 방식으로 대조적이다. 일본은 미국과 캐나다, 심지어 소련과 중공 연안 인근의 특정 공해에서 조업을 자제하기로 합의했다. 유일하게 한국에 대해서만 '3마일 이내'라는 오래된 원칙을 고수하고 있다. 여기에서 알 수 있는 명백하고도 단순한 진실은, 한국이 요구하는 것은 일본이 다른 공산주의 적국들에 대해 제공한 것 이상이 아니고, 일본은 우리 대륙붕 위의 수역 이용, 무방비 상태의 밀수와 침투할 기회를 요구하며 타협하기를 거부하고 있다는 것이다.

일본은 한국과 정상적이고 우호적인 관계를 구축하고 싶다며 가식적인 행보를 보였으나 이는 미국에 대한 선전을 위해 동전의 한쪽만을 보여준 것이었다. 한국에 보여준 것은 무성의함, 이중성, 노골적인 배신뿐이었고, 계속해서 한국 측에 모든 비난을 돌리려 했다. 이 기록에는 재산 반환 청구와 억류자 문제에 대한 사례를 인용했으나, 증거로 제출할 수 있는 다른 많은 사례가 존재한다. 예컨대 억류자에 대한 협상 과정에서 일본은 자발적인 송환이라는 수상쩍은 핑계를 대며 한국인 48명을 공산주의 북한으로 출국시키기 위해 책동했다. 일본은, 적어도 주장하기로는, 북한을 인정하지 않고 자유 세계와 많은 부분 연대하고 있다. 그러나 일본은 우리 정부의 가장 강력한 반대를 무릅쓰고 48명 중 20명을 공산주의 진영으로 보냈고, 국제적십자위원회를 통해 여행증명서를 확보하기 위한 도구로 자국 적십자를 활용했다.

무역 분야에서도 일본의 왜곡이 있었다. 한국은 전후 몇 년간 일본에서 대규모로 수입했고, 일본 정부는 무역 증진과 그에 따라 양국에 돌아갈 이득에 대해 강조했다. 그러나 동시에 일본 정부는 한국산 김의 상당량에 대한 통관을 거부해 왔다.

사전에 합의한 김 수입을 거부함으로써 한국 무역업체에 심각한 손실이 발생했고 한국 경제에 매우 중요한 김 산업이 사실상 무너졌다. 일본은 김을 자급자족할 수 없는 상황이고 통관을 거부함으로써 결국 김의 시가가 지나치게 상승하여 일본의 많은 가정에서 좋아하는 식품인 김을 구입하지 못하는 상황이 벌어졌으니 통관을 거부한 이유는 온전히 정치적인 것이었다. 일본이 원하는 것은 한국과 일방적이며 식민지적인 교역을 도모함과 동시에 유엔이 침략국으로 규정했으며 일본의 전략 물자를 이용할 수 있으면 전쟁 수행 능력이 크게 상승할 중공과는 양방향 교역을 도모하는 것이다.

감정을 배제하고 기록만으로 판단하면 한국은 일본이 한국과 정상적이고 우호적인 관계를 구축하기 위해 필요한 진정성을 보일 의향이 조금이나마 있는지 계속해서 의심해야 한다. 한국이 공산주의에 맞선 자유 세계의 투쟁에서 선봉에 서있다는 사실은 소련, 중공 및 그 위성 국가들과 교역하고 외교적 및 문화적 관계를 수립하는 것을 선호하는 일본으로서는 전혀 중요하지 않은 듯하다.

이에 우리는 다른 아시아 국가들, 미국, 그리고 자유 세계가 경고할 것을 촉구한다. 일본이 한국에 대한 공격적 태도를 이어나갈 수 있다면 1905년의 지배가 결국 진주만 사건으로 이어진 것과 마찬가지로 다른 국가에 대해서도 공격적 태도를 보이게 될 것이다. 공격성은 여러 지역과 수백만 명의 사람들이 피해를 입고 고통을 겪은 후가 아니라 시작될 때 바로 중단시켜야 한다. 자유 세계의 우방국들이 일본이 현재 추구하는 행보의 위험성을 인식하고 결과적으로는 민주주의 평화 국가의 일원이 될 수 있도록 돕고자 하는 한국의 노력에 동참해 줄 것을 요청한다.

71. 한일교섭에 관한 이승만 대통령의 지시사항이 기재된 메모

1646 Chinhae, June 21, 57

기록: 김영주

한일예비교섭에 관한 대통령 각하의 말씀과 지시사항

I. 조정환 외무부 장관은 4290년[1957년] 6월 21일 오전 9시 45분부터 30분간 진해 별저에서 한일예비교섭의 결과를 보고, 이에 관한 지시를 앙어(仰語)하였다. 이 좌석에 박찬일 비서관, 김영주 정무국장이 동석하였다.

II. 대통령 각하는 약 10분간 8개의 관계 문서의 외무부 수정안(주일 대표부 안에 대하여 대통령 각하의 지시사항을 포함한 것)을 독료(讀了)하신 후 다음과 같은 말씀과 지시가 있었다.

1. MEMORANDUM(for detainees)급(及) ANNEXED UNDERSTANDING 중, "compensation of the Korean laborers—"는 오히려 석방 대상의 한인의 범위를 좁히는 결과가 된다는 박 비서관의 설명에 대하여 양승하시고 대표부 안을 재료(裁了)하심.

1647 2. AGREED MINUTES 제2항에 관련하여 "대체 illegal entrants의 수가 얼만가?"라는 대통령 각하의 말씀에 대하여, 김 정무국장이 현재 일본 내 수용소에 있는 분이 약 1,300명이라고 답하고, 동 1,300명과 나머지 400명(형여자)의 성격에 관하여 설명을 올림.

3. AGREED MINUTES 제4항에 관하여 대통령 각하는 차항에 "Gold bullions는 왜 말하지 않느냐?"라고 하심에 대하여, 김 정무국장은 "the same proposal—운운은 구체적으로 말하면 아 측이 1952년 2월 제시한 8개 항목 제안을 말하는 것이며, 28개

항목 중 Gold bullions가 포함되어 있습니다"라고 설명함.

NOTE VERBALE(from Japan) 및 AGREED MINUTES 제4항 말에 관하여 박 비서관이 설명하기를 "ⓐ does not signify the reciprocal renunciation of the property
1648 claims—ⓑ—no objection to discussing for settlement such Korean claims with sincerity 등의 일본 측의 언급은 있으나 U.S. MEMORANDUM의 내용을 생각해 볼 때 이 두 가지 문구만으로는 불충분하므로 Note Verbale에 This in no way relates—Agreed Minutes에—does not affect the Korean claims를 넣는 것이 좋을 것이며 경우에 따라서는 Agreed Minutes에만 넣을 수도 있을 것이나, 좌우간 일본 측이 반대할 것이 예상됩니다" 한바, 대통령 각하는 Mr. Dowling이 무어라 하더냐 하시므로 조 장관이 답하여 "Ambassador Dowling은 아주 좋다고 합니다" 한 즉, 대통령 각하 "Ambassador Dowling이 좋다고 그대로 두어! 왜놈이 싫어하는 것을 받도록 하는 것도 필요해"라고 하심.

1649 4. ORAL STATEMENT에 관하여 대통령께서는 부분적인 반환을 받는 데 관하여 그리 만족하지 못하다는 표정을 하시면서 그러나 "나중에도 받을 수 있도록 문구가 되어 있으니 괜찮다"라고 말씀하심.

(그 이하에—이 건에 관하여서도 Poland가 Russia에서 철군할 때 Poland-Russia Treaty에 선례가 있음을 지적하시고 "일본 황실의 세 가지 보물이 있다는데 그중 둘은 우리 것이라는데 그것은 그대로 두지" 하심. 그 밖에 "풍덕에 있는 무슨 유명한 비석도 일본에 가있다는 데—"라고 하심.)

III. 대통령께서 외무부 수정안에 대하여 전체적인 재결(裁決)을 하시고 "자네들이 다 잘하니 나는 믿는다"라고 부언하심.

72. 한국 억류자와 일본 수용소 당국의 충돌에 관한 유태하 공사의 보고 서한

1650 No. 45

Tokyo, August 21, 1957

To: His Excellency The President

From: Tai Ha Yiu

Subject: Clash between Korean detainees and Japanese camp authorities

The clash between Japanese authorities at Hamamatsu detention camp and the Korean detainees occurred on the 15th when the latter group of 230 demonstrated for better treatment. All of the 230 detainees at the camp are illegal entrants who entered Japan after 1945. About 30 Chinese are also detained at the camp.

The incident occurred when the detainees requested and was given permission to play baseball. However, this was used to carry out a demonstration. The Jap authorities ordered them to return to their quarters but they refused and came to clash with the Japs. About ten Koreans were injured with four of them confined to the camp jail for breaking into the chief's room and smashing the furnishings. One Japanese was injured in the brawl.

As soon as I received this report, I sent a member of the Mission to the camp to investigate the riot and at the same time issued a press release protesting against the action taken by the Japanese camp authorities.

One thing which tied us from taking any stronger action was the fact that all the 230 detainees at the Hamamatsu were illegal entrants.

I would like to bring another matter to His Excellency's attention. Some two months ago, certain organizations in Japan requested and obtained permits to go to Korea, all with pious and worthwhile objectives. However, once they landed in Korea, they undertook all kinds of undesirable activities. Before returning to Japan some of them (including Mindan members) visited the Pusan detention camp for Jap fishermen and brought them medicine and foodstuffs. After their return to Japan, they condemned the conditions at the Pusan camp as deplorable and this was published in the Japanese language paper run by Koreans for all the Japs to read.

We cannot condone such actions on the part of Koreans and I am at a loss
1651 to understand why those people visited the camp and why such a request was granted by the camp authorities in the first place. I would like to strongly suggest that an investigation be carried out as to the identity of the Koreans who visited the camp and the authorities who allowed the visit. We fight the Japs on one hand while on the other there are Koreans who say such treacherous things of their own government and people.

The Korean residents in Japan who visit Korea go there for no other purpose than to smuggle in goods and cause confusion. During my stay in Seoul I told the Foreign Minister several times that travel between the two countries must be restricted. This Mission is forced to accent the applications and send them to the Foreign Ministry in order to avoid any unpleasant situation as that which arose last summer before the very eyes of the Japs, but it is up to our Ministry whether to issue the permits or not. If the Ministry does not take strong action in restricting travel of Koreans there will be incessant smuggling and flow of spies. I have talked to Secretary Park with evidence documents and I am anxious to know if anything has been done.

The visit of the Koreans to the Pusan detention camp must be investigated at all cost. It is also recommended that travel of Koreans between the two countries should be restricted as early as possible. We must not be deceived when they try to give their reason as going to Korea to attend the Liberal Party training center.

번역 번호: 45

1957년 8월 21일, 도쿄

수신인: 대통령
발신인: 유태하

제목: 한국인 억류자와 일본 수용소 당국의 충돌

한국인 억류자 230명이 처우 개선을 위해 시위를 벌인 15일 하마마쓰 수용소와 한국인 억류자 간에 충돌이 발생했습니다. 이들 230명은 모두 1945년 이후에 일본에 입국한 불법 입국자들입니다. 중국인 약 30명도 이곳에 구금되어 있습니다.

억류자들이 야구를 하게 해달라고 요청하고 허락을 받았을 때 사건이 발생했는데, 이 기회를 사용하여 시위를 벌였습니다. 일본 당국이 방으로 돌아가라고 명령하자 거부했고 일본 측과 충돌했습니다. 한국인 약 10명이 부상을 당했고 이들 중 4명은 소장실에 침입하여 가구를 부숴 수용소 감옥에 구금되었습니다. 소란 중에 일본인 1명이 부상을 입었습니다.

보고를 받은 즉시 소요 사태에 대해 조사하기 위해 대표부 구성원 중 한 명을 수용소로 보내는 동시에 일본 수용소 당국이 취한 조치에 항의하는 내용의 보도 자료를 발표했습니다.

보다 강력한 조치를 취하지 못한 이유는 하마마쓰 수용소에 억류되어 있는 230명 모두 불법 입국자이기 때문입니다.

또 다른 문제를 말씀드리고자 합니다. 약 두 달 전에 일본 내 일부 단체에서 모두 순수하고 그럴 만한 목적으로 한국에 방문하기 위한 허가증을 신청하여 허가를 받았습니다. 그러나 한국에 입국한 후에 온갖 바람직하지 않은 활동들을 자행했습니다. 일본으로 돌아가기 전에 이들 중 일부(민단 대표 등)가 일본 어민들이 있는 부산 수용소에 방문하여 약품과 음식을 가져다주었습니다. 일본으로 귀국한 후에는 부산 수용소의 환경이 개탄스럽다고 비판했고, 이러한 내용은 모든 일본인들이 읽을 수 있도록 한국인이 운영하는 일본어 신문에 게재되었습니다.

한국의 입장에서는 이러한 행동을 용납할 수 없으며, 왜 이들이 수용소를 방문했으며 수용소 당국은 애초에 이들의 요청을 왜 수락한 것인지 도저히 이해가 되지 않습니다. 수용소를 방문한 한국인들의 신원과 이번 방문을 허용한 수용소 관계자에 대한 조사를 실시할 것을 강력하게 제안하고 싶습니다. 우리가 일본에 맞서는 동안 일부 한국인들은 한국 정부와 국민을 배반하는 발언을 하는 상황인 것입니다.

이러한 재일한인들이 한국을 방문하는 목적은 오로지 물품을 밀수하고 혼돈을 초래하기 위함입니다. 제가 서울에 머무르는 동안 외무부 장관에게 여러 차례 양국 간 이동을 제한해야 한다고 말했습니다. 우리 대표부의 입장에서는 일본인들이 보는 앞에서 지난 여름과 같이 유쾌하지 않은 상황이 벌어지는 것을 피하고자 신청서를 받아 외무부에 보낼 수밖에 없었지만 방문허가증 발급 여부는 외무부가 결정합니다. 외무부가 재일한인의 한국행을 제한하기 위해 강력한 조치를 취하지 않는다면 밀수와 간첩 유입이 끊이지 않을 것입니다. 근거 자료와 함께 박 비서관과 이야기를 나누었고 조치가 취해졌는지 알고 싶습니다.

재일한인들의 부산 수용소 방문에 대해 모든 수단을 동원하여 조사해야 합니다. 또한 한국인의 양국 간 이동을 최대한 조속히 제한할 것을 권고드립니다. 자유당 훈련센터 출석을 위해 한국에 방문한다는 등의 이유를 제시하는 경우 속아서는 안 됩니다.

74. 김유택 주일 대표부 대사가 이승만 대통령에게 보내는 서한

1653 Tokyo, August 22, 1957

No. 17

Excellency:

1. I beg to acknowledge with appreciation the receipt of Your Excellency's letter No. 92 of last week.

2. As has been reported in succession, there has been little progress in the current preliminary talks with the Japanese side on the reciprocal release of the detainees and possible resumption of the formal talks. In such situation, at the request of the Japanese side, a meeting was called into session at 10:00 a.m. and 3:00 p.m. Tuesday, August 20. Our side was represented at the morning session by Minister Yiu and the afternoon session by Counselor Choi, while the Japanese side by Asian Bureau Director Itagaki and Counselor Miyake at the respective sessions.

As briefly reported by cable, the Japanese side at this meeting presented our side its counter-proposal to our proposal for revision centering on the property claim issue, consisting of the following two alternatives:

a. In Article 4 of the agreed minutes (concerning the property claim issue), the first half and the latter half be reversed in order, thus putting emphasis on the clause: "In such case, the Japanese side has no objection to discussing for settlement such Korean claims with sincerity" (only the order will be reversed without change in wording).

b. In case our side finds the above unacceptable, the Japanese side suggests that the preliminary talks be held alongside with the formal talks, to enable simultaneous discussion of the Korean property claim and the reciprocal release of the detainees.

Our side immediately refuted the above counter-proposal of the Japanese side for the following reasons;

First, the mere change in order of the expression has no effect on the substance of the matter and, therefore, the proposal does not contain necessary revision as proposed by our side. Secondly, the idea to hold simultaneous discussion of our property claim and the reciprocal release of the detainees is contrary to the principle in which the current preliminary talks are held and, therefore, it is not acceptable to us.

1654 The Japanese side, nevertheless, requested that our side refer this matter to our Government for its official reaction.

3. In this regard, it is observed that the following factors underlie the above-mentioned counter-proposal by the Japanese side:

a. They wanted to set back on the track the preliminary talks which appear to have developed into a snag.

b. They intended to induce our side to make some new proposal to break the deadlock on the property claim issue.

c. As Foreign Minister Fujiyama is scheduled to leave on September 14 for the UN General Assembly and talks with US leaders during his US stay, they figured it wise to show the US officials that they are doing their best to settle the pending issue (by making suggestion to hold the so-called formal conference simultaneous with the talks on the detainee issue).

4. The Japanese side, at the outset of the Tuesday meeting, made it clear that our original revision proposal (particularly on the US memorandum issue) is

not acceptable. Judging from the past negotiations this stand of the Japanese seems still unchanged. It seems to me that the Japanese side intends to launch a diplomatic offensive on our side by making the so-called new suggestion.

In view of the above situation, it is deemed highly necessary for our side to be fully prepared to face the Japanese side in future meetings. I would, therefore, be grateful, if the Government instructs me, taking into consideration the above-mentioned situation.

With sentiments of loyalty and esteem, I remain,

Most respectfully,

/s/ Yu Taik Kim

번역

1957년 8월 22일, 도쿄

번호: 17

각하,

1. 지난주에 보내주신 92번째 서한 잘 받았습니다.

2. 연달아 보고드렸듯이 억류자의 상호 석방과 공식적 대화 재개에 대한 일본과의 예비교섭에는 진전이 거의 없습니다. 이러한 상황에서 일본의 요청에 따라 8월 20일(화) 오전 10시와 오후 3시에 회의가 소집되었습니다. 오전 회의에는 유 공사가, 오후 회의에는 최 참사관이 참석했고, 일본 측에서는 각각 이타가키 아시아국장과 미야케 참사관이 참석했습니다.

전보로 간략히 보고드렸듯이 이 회의에서 일본은 청구권 문제를 중심으로 우리 측이 제안에 대한 역제안을 제시했는데, 역으로 제안한 내용에는 다음과 같은 두 가지 대안이 포함되어 있었습니다.

a. (청구권 문제에 대한) 합의의사록 제4조에서 전반부와 후반부의 순서를 바꿔 "그러한 경우 일본은 한국의 청구에 합의하기 위한 논의에 진정성 있게 임하는 것에 반대하지 않는다"라는 문구를 강조하는 것(문구는 수정하지 않고 순서만 변경될 것입니다).

b. 위의 요청사항을 수용할 수 없다면 일본 측은 한국의 재산 반환 청구와 억류자의 상호 석방을 동시에 논의할 수 있도록 공식 회담과 함께 예비교섭을 진행할 것을 제안하고 있습니다.

우리 측은 다음과 같은 이유에서 일본의 위와 같은 역제안을 즉시 거부했습니다.

첫째, 표현의 순서만을 변경하는 것이 문제의 본질에 영향을 미치지 않기 때문에 우리 측이 제안한 내용에 수정이 필요한 부분이 없다고 판단된다. 둘째, 한국의 청구권과 억류자의 상호 석방을 동시에 논의하자는 의견은 현재 예비교섭을 개최하는 원칙에 위배되므로 수용할 수 없다.

그럼에도 일본은 이 제안을 정부에 전달하고 공식적인 답변을 받을 것을 요청했습니다.

3. 일본이 역제안한 위와 같은 내용의 기저에는 다음과 같은 요인이 존재한다고 생각합니다.

a. 일본은 골칫거리가 된 듯한 예비교섭의 진행이 지연되기를 원합니다.

b. 우리 측이 청구권 문제의 교착 상태를 해소하기 위해 새로운 제안을 하도록 유도하려고 했습니다.

c. 후지야마 외무상이 유엔 총회 참석차 9월 14일에 출국할 예정이고, 미국 체류 중에 미국 지도자들과 만날 계획이기 때문에 미국 관계자들에게 현안을 해결하기 위해 (억류자 문제를 논의함과 동시에 소위 공식 회담을 개최하는 방안을 제안함으로써) 일본이 최선을 다하고 있음을 보여줘야 한다고 생각했을 것입니다

4. 화요일 회의를 시작할 때부터 일본은 우리가 당초 제시한 수정안(특히 미국 각서 문제에 대한)을 수용할 수 없음을 명확히 밝혔습니다. 과거에 있었던 협의를 근거로 판단하건대 일본의 이러한 입장에는 여전히 변화가 없을 것입니다. 일본 측이 소위 새로운 제안을 함으로써 우리 측에 대한 외교 공세를 펼치려는 의도 같습니다.

이러한 상황을 고려하여 앞으로 있을 회의에서 일본 측을 상대하기 위한 만반의 준비를 갖춰야 한다고 판단됩니다. 위의 내용을 고려하여 정부가 지시를 내려주시면 감사하겠습니다.

감사합니다.

/s/ 김유택

75. 8월 22일 자 김유택 대사의 한일회담 관련 보고서(NO. 17)에 대한 외무부 입장 문서

1655 Prepared by Political Bureau 9 Sept 57

VIEW OF THE FOREIGN MINISTRY ON THE KOREA-JAPAN TALKS AS WAS REPORTED BY AMBASSADOR KIM IN HIS REPORT NO. 17 OF AUGUST 22

1. On the significance of the two points which the Japanese side newly counter-proposed in the meeting held on August 20, 1957, the Ministry shares the view of Ambassador Kim as was reported in his report No. 17, according to which our side in the above-mentioned meeting immediately refuted the two counter-proposals of the Japanese side.

2. The said two counter-proposals by the Japanese side was made to counter our revised draft which was approved by the President on June 21, 1957, The said revised draft does not contain any significant change in substantial matters, but only proposes minor changes in wording for the purpose of making the meaning of the draft clearer.

3. Merely adhering to formalities, the Japanese side is showing no sincerity in the current talks. Completely oblivious of its past wrong via-a-vis Korea, the Japanese side is taking advantage of the U.S. attitude on property claims issue in which, according to the Japanese side, it found a way of countering the Korean claims against Japan which the latter is legally obligated to pay. At the

present stage of the talks, an essential thing to be done is not to work merely wording change or to revise negotiation tactics but to make the Japanese side reconsider seriously the basis attitude toward Korea.

번역 1957년 9월 9일 정무국 작성

8월 22일 자 김 대사의 한일회담 관련 보고서(제17호)에 대한 외무부 견해

1. 1957년 8월 20일 회의에서 일본이 새로이 역으로 제안한 두 가지 사안에 대하여, 일본의 두 가지 역제안을 우리 측이 즉시 거부했다는 내용이 담긴 보고서 제17호에서 김 대사가 표명한 의견에 외무부도 동감합니다.

2. 일본의 두 가지 역제안은 1957년 6월 21일 대통령께서 승인하신 수정안에 대응하는 내용이었습니다. 이 수정안에 문제의 본질을 유의미하게 변경하는 부분은 없었고 단지 의미를 명확히 하고자 표현을 약간 수정하자고 제안했을 뿐입니다.

3. 현재 진행 중인 교섭에서 일본은 형식적인 절차를 따르고 있을 뿐 진정성을 보이지 않고 있습니다. 한국에 대한 과거의 범법 행위는 완전히 무시한 채, 일본이 지불할 법적인 의무가 있는 한국의 청구권에 반박할 여지가 발견되었다는 미국의 입장을 이용하고 있습니다. 현 단계에서는 문구를 수정하거나 협상 전략을 변경하는 것보다는 일본이 한국에 대한 기본적인 태도를 진지하게 재고하도록 만들어야 합니다.

76. 유태하 공사가 이승만 대통령에게 보낸 또 하나의 일본 측 제안이 담긴 서한

1656 Tokyo, September 9, 1957

No. 49

TO: His Excellency

The President

FROM: Tai Ha Yiu

SUBJECT: Another Japanese Proposal

On the afternoon of the 9th I met Miyake, Asian Affairs Bureau Chief of the Foreign Ministry accompanied by Counselor Choi.

According to Miyake, the Korean amendment proposal that the U.S. memorandum does not affect Korea's claims in any way was utterly unacceptable. However, to assure the Korean side, the Japanese side would insert the phrase "for fair and equitable settlement" in addition to the term "the Japanese side has no objection to discussing for settlement the Korean claims with sincerity." Miyake stated that the addition was the utmost concession the Japanese side would make and therefore we should not insist on the term "does not affect Korea's claims, etc. …"

I told Miyake that we would not accept anything short of having our amendment proposals inserted at least in the agreed minutes.

Another proposal Miyake made was this: "Although the U.S. memorandum does not affect the right of Korean property claims in any way, it does affect their settlement."

To this I replied that it was no progress from what Itagaki had proposed and that it was the same as reversing the contents of the agreed minutes relating to property claims. If the Japanese side continues to take such an attitude, I said to Miyake, I would take it as meaning that it wants to break off the talks. Miyake reacted with surprise saying that if they were to be broken off the situation would become more difficult. I also told Miyake that responsibility for the capture of Japanese fishing vessels violating our Peace Line during the coming fishing season would rest with the Japanese side.

Miyake replied that the Japanese side was anxious to settle the problem because of such a probability.

When I told Miyake that his proposals were unacceptable to us, he stated that the estimate the Japanese side made from the list of claims the Koreans presented at the 1953 conference ran to about $100 million. I reminded Miyake that the Korean side never mentioned figures, for as I have always said, they would make their appearance during the formal discussions. I asked him for an explanation of their $100 million estimate when the information bureau chief of the Foreign Ministry at that time estimated the Korean claims as $600 million.

At the 1953 conference, the Japs estimated our claims at $600 million, but of late, the $100 million figure was mentioned several times by Nakagawa and
1657 several of the other officials with whom I came into contact.

In parting Miyake stated that he would report our meeting to Itagaki and that the latter would have something to say to me. He further asked that we understand their difficult position and how anxious they are to settle the problems with sincerity.

1957년 9월 9일, 도쿄

번호: 49

수신인: 대통령 각하
발신인: 유태하

제목: 일본의 또 다른 제안

9일 오후 최 참사관과 함께 외무성의 미야케 아시아국 참사관을 만났습니다.

미야케는 미국의 각서가 한국의 청구권에 영향을 미치지 않는다는 한국의 수정안은 절대로 받아들일 수 없지만 한국에 대해 확신을 주기 위해 "일본은 한국의 청구권을 진정성을 가지고 논의하는 데 대해 반대하지 않는다"라는 문구에 "공정하고 공평한 해결을 위해"라는 표현을 추가하겠다고 말했습니다. 그는 이 문구를 추가하는 것이 일본 측이 할 수 있는 최대한의 타협이기 때문에 "한국의 청구권에 영향을 미치지 않는다"라는 문구를 고집하지 않아야 할 것이라고 했습니다.

저는 적어도 합의의사록에서 우리가 제시한 수정안을 포함시켜야 하고, 더 이상의 타협은 없다고 말했습니다.

미야케는 "미국의 각서가 어떠한 방식으로도 한국의 청구권에 영향을 미치지 않으나, 청구권에 대한 합의에는 영향을 미친다"라고 수정하자고도 제안했습니다.

여기에 대해서는 이타가키가 제안한 내용에서 진전된 바가 없고 청구권에 대한 합의의사록의 순서를 바꾸는 것과 다를 바 없다고 답변했습니다. 일본이 이러한 태도를 고수한다면 회담이 결렬되기를 원하는 것으로 받아들이겠다고 미야케에게 말했습니다. 미야케는 놀라는 반응을 보이며 회담을 결렬시키면 상황은 더욱 어려워질 것이라고 말했습니다. 저는 다가오는 어획 시즌에 평화선을 위반하여 일본 어선이 체포되면 그에 대한 책임은 일본 측에 있다고도 말했습니다.

미야케는 그러한 상황이 발생할 가능성이 있기 때문에 조속히 어업 문제를 해결하기를 바란다고 답변했습니다.

그의 제안사항을 받아들일 수 없다고 하자 미야케는 1953년 회담에서 한국이 제시한 청구 목록을 바탕으로 일본이 추정한 금액이 1억 달러에 달한다고 말했습니다. 저는 언제나 말했듯 한국은 금액에 대해 언급한 적이 없으며, 공식적인 논의에서 금액을 거론할 것임을 상기시켜 주었습니다. 저는 당시 외무부의 정보국장이 한국이 청구한 금액을 6억 달러로 추정했는데 일본이 추정한 금액은 1억 달러였던 것에 대한 설명을 요구했습니다.

1953년 회담 당시 일본은 우리 측 청구액을 6억 달러로 추정했으나, 최근 나카가와 및 제가 접촉한 몇몇 관계자들이 1억 달러라는 금액을 수차례 언급한 바 있습니다.

대화를 마무리하면서 미야케는 이번 만남을 이타가키에게 보고할 것이고, 이타가키가 저에게 할 말이 있을 것이라고 했습니다. 또한 자신들의 입장이 곤란함을 이해해 달라면서 진정성을 가지고 문제를 해결하고 싶다고 말했습니다.

78. 유태하 공사가 이승만 대통령에게 보내는 서한

1660 Tokyo, September 12, 1957

No. 51

TO: His Excellency
The President
FROM: Tai Ha Yiu

When I saw Yatsugi last evening I solicited his help to get the high level Jap authorities to accept our terms. At our meeting this afternoon at the Imperial Hotel, he related to me his activities during the day.

At 8:00 a.m. this morning, Yatsugi met Kishi who voiced anxiety over the detainee and property claims issues and expressed regrets that the Korean side failed to understand that his sincerity was genuine. Kishi told Yatsugi that since it was not possible for him to explain his difficult situation to the Korean side, Yatsugi should do it for him. Personally, Kishi is not concerned about the Korean amendment proposals and he would like to accept them, Yatsugi said, if it were not for so much bitter opposition from his political foes. Kishi further advised Yatsugi to get in hand with Tanaka and see that Kono and the finance authorities come to some understanding.

At 10:00 a.m. Yatsugi met Fujiyama who, being close to Kishi, was sympathetic, and knowing the anxiety and difficulty confronting Kishi was most understanding. However, Fujiyama voiced his annoyance at the Korean side insisting only on its own terms. But with the problems having to be settled, he told Yatsugi to exert all efforts as he would not be able to do anything personally since he would be leaving tor the U.S. on the 14th.

In the afternoon, the meeting of Yatsugi, Itagaki and Tanaka took place as scheduled. Tanaka shared Kishi's views as did Itagaki, but since the opposition was so strong, they in turn asked Yatsugi to do something in his freer position.

At 2:00 p.m. Yatsugi went to see Kono and when he explained the situation, Kono's reply was that not being a diplomat and inexperienced in such matters, he was not in a position to say anything. What he could say however was that he had never heard of one-sided concessions as the right kind of diplomacy. Kono reminded Yatsugi that before he departed for the U.S. last summer, Kishi called for an emergency cabinet meeting saying that the agreements between Korea-Japan were about to be concluded. The cabinet members waited for four hours but at the end of that time were told there was to be no signing. According to Yatsugi, Kono was adamant saying there must be no further concessions adding that he would have to consult with his staff. However, his parting remark was that Kishi being the prime minister, if he insisted on doing so despite the opposition, there was no one to stop him.

In his meeting with Ichimada, the finance minister late in the afternoon, the latter expressed his fears that the Korean side might claim a tremendous
1661 amount and although the conference could be broken off anytime, it was meaningless to open it just to break it off. Having been a financier all his life, there was no nonsense about him, Yatsugi said. Ichimada will leave for the U.S. in a few days to attend the IMF conference.

From his conversations Yatsugi received the impression that a very long time would be taken to bring them to understanding. It is a Kishi cabinet, but his ministers are more bent on hurting him than helping him, he said.

In conclusion, Yatsugi stated that together with Tanaka and Itagaki he would try to get something done, for however strange the situation was, Kishi is still the president of the party and prime minister of the government.

번역

1957년 9월 12일, 도쿄

번호: 51

수신인: 대통령 각하

발신인: 유태하

어제저녁 야쓰기를 만나 일본의 고위급 당국이 우리 측의 조건을 수용할 수 있도록 지원해 줄 것을 요청했습니다. 제국호텔에서 오늘 오후에 가졌던 회의에서는 오늘 어떠한 활동을 했는지 알려주었습니다.

오늘 오전 8시에 야쓰기는 억류자 및 청구권 문제에 대한 우려를 표시한 기시를 만나 한국 측이 그의 진정성을 이해하지 못하여 안타깝다고 전했습니다. 기시는 야쓰기에게 자신의 곤란한 상황을 한국에 설명할 수 없었기 때문에 야쓰기가 대신 설명해 줘야 한다고 말했답니다. 개인적으로 기시는 한국이 제시한 수정안에 대해서는 우려하지 않으며 수용하기를 원하는 입장입니다. 야쓰기는 자신의 정적들이 심하게 반대했다고 말했습니다. 기시는 야쓰기에게 다나카와 접촉하여 고노와 재무당국이 어느 정도 이해에 도달했는지 알아볼 것을 요청했습니다.

오전 10시에 야쓰기는 기시의 측근인 후지야마를 만났습니다. 후지야마는 기시의 불안함과 곤란함에 공감하고 있었고, 잘 알고 있었습니다. 그러나 후지야마는 자신들이 조건만을 관철시키려는 한국에 짜증을 표현했습니다. 하지만 해결할 문제들이 있기 때문에 그는 야쓰기에게 자신은 14일 미국으로 출국하여 개인적으로 할 수 있는 일이 없으니 자신을 대신하여 모든 노력을 기울여 달라고 말했습니다.

오후에는 예정대로 야쓰기, 이타가키, 다나카가 만났습니다. 다나카는 이타가키와 마찬가지로 기시의 의견에 공감했으나, 강한 반대에 부딪힌 상태이므로 입장이 상대적으로 자유로운 야쓰기가 무언가 조치를 취할 것을 요청했습니다.

오후 2시에 야쓰기는 고노를 만났고, 상황을 설명하자 고노는 외교관 신분이 아니고 이러한 문제에 경험이 없기 때문에 뭐라고 말할 수 있는 입장이 아니라고 답변했습니다. 고노는 자신이 할 수 있는 말은 일방적인 양보가 좋은 외교라는 말은 한 번도 들어본 적이 없다는 것 정도라고 했습니다. 고노는 야쓰기에게 지난여름 미국으로 출국하기 전에 기시가 긴급 내각회의를 소집하고 한국과 일본이 곧 협정을 체결할 것이라고 말했음을 상기시켜 주었습니다. 내각대신들이 4시간 동안 기다렸지만 결국 협정이 체결되지 않을 것이라고 통보받았습니다. 야쓰기에 따르면 고노는 더 이상 타협해서는 안 되고 참모들과의 논의가 필요하다는 단호한 태도를 보였습니다. 그러나 자리를 떠나기 직전에 기시가 총리이니 반대에도 불구하고 강행한다면 누구도 막을 수 없다고 말했습니다.

오후 늦게 이치마다 재무상을 만났을 때 재무상은 한국이 거액을 청구하는 것에 대한 두려움을 표시하고 회담은 언제든지 결렬될 수 있지만 결렬시키기 위해 회담을 시작하는 것은 무의미하다고 말했습니다. 야쓰기는 평생 금융가였던 재무상의 생각은 모두 합리적이었다고 말했습니다. 이치마다는 IMF 회의에 참석하기 위해 며칠 내에 미국으로 출국할 예정입니다.

이 대화에서 야쓰기는 이해에 도달하려면 매우 긴 시간이 걸릴 것 같다는 인상을 받았다고 했습니다. 기시의 내각이지만 내각 대신들은 기시를 돕기보다는 상처 입히는 것에 집중하고 있습니다.

마무리 지으며 야쓰기는 다나카, 이타가키와 함께 노력해 볼 것을 약속하고 상황이 매우 이상하기는 하지만 기시는 여전히 당 대표이자 일본 총리라고 말했습니다.

80. 김유택 대사가 이승만 대통령에게 보내는 한일회담 재개 관련 서한

1663 TOKYO, September 12, 1957

No. 21

Excellency:

1. Your Excellency's letter No. 94 of Sept. 6 has been received with appreciation and I have been much impressed by Your Excellency's warm words about my recent hospitalization. I am happy to report to Your Excellency that I am now fully well.

2. Last week I reported that the administrative level talk with the Japanese side is now at a standstill, however, both sides are agreed that it does not mean complete rupture of the preliminary talk itself.

It seems now that the Japanese side is studying on ways and means whereby to break the current deadlock. It is also very clear to us that Japan will not accept our revision proposal, especially on the property claim issue, and that, if we continuously persists in this point, the whole preliminary talk is in danger of being totally ruptured.

3. Under these circumstances, feeling the necessity to gather inside information of the Japanese Government and ascertain its attitude, I together with Minister Yiu invited Deputy Cabinet Secretary Tatsuo Tanaka to a dinner last Monday (Sept. 9). Incidentally, Tanaka hails from Yamaguchi Prefecture where he was formerly elected to governorship for a few terms in the early

post-surrender years. He, being from the same province as Prime Minister Kishi, is much concerned about the outcome of the current talk on the reciprocal release of the detainees and the resumption of the formal talk. Also, he exercises quite a voice in the Kishi Cabinet the lapse of only a few years since he entered central politics.

At the diner table our side insisted upon Japan's acceptance of our original revision proposal. Tanaka, citing the alleged strong opposition among top Liberal-Democratic party leaders as well as bureaucratic circles such as the Foreign and Finance Ministries and the Economic Planning Board, stated that Japan's outright acceptance of our proposal was inconceivable in consideration of the substance of the matter.

1664 After a series of arguments lasting more than two hours, one idea was suggested. That is to say:

a. With regard to the draft Note Verbale on the withdrawal of the Kubota statement and the Japanese property claims, and the draft Joint Communique, the original drafts made on June 14 will remain unchanged.

b. However, with regard to Article 4 of the draft Agreed Minutes, our revision plan will be accepted.

The above idea has come out from the following considerations:

In view of Japan's domestic repercussion, no change will be made in the draft Note Verbale and the Joint Communique drawn up on June 14. On the other hand, a clause to the effect that the Korean claims will not be affected by the US memorandum in question, will be added to Article 4 of the draft Agreed Minutes. Thus, the main point of our revision plan on the property claims issue is substantially accepted.

Mr. Tanaka further stated in this regard that he would persuade Prime Minister Kishi on this trial compromise proposal. However, before doing it, he wanted to know also of our definite view in this regard.

4. One thing to be pointed out is that since the preliminary talk got deadlocked, the Japanese Foreign Ministry seems to be making every effort to make the talk successful, though, on the other hand, making it clear that our original revision plan, if as it is, will not be acceptable to them.

In this connection a few days ago Counselor Miyake of the Japanese Foreign Ministry (who is directly in charge of the administrative side of the talk for the Japanese side) indicated to our officials that the two countries would be placed in considerable difficulty, unless the current negotiations were concluded successfully before the forthcoming UN General Assembly and the International Red Cross Convention scheduled for late October (in India). From this remark it seems that in case the detainee issue is not settled by then Japan might take steps to appeal to the so-called world opinion in an attempt to put us in a bad light, particularly regarding the so-called Japanese fishermen case. It is, therefore, considered necessary for us to be fully prepared for such eventuality, unless settlement is reached on the detainee issue and the resumption of the formal conference.

1665 5. All the above-mentioned situation leads me to believe that it is also to our advantage to conclude the current talks on the reciprocal detainee-release and the resumption of the formal talk, without much delay.

It seems to me that, judging from the afore-mentioned development, the current preliminary talk has now reached the decisive point, because arguments have been almost exhausted mutually, leaving very little room for further debate.

I would be very grateful, if the Government give due consideration to the above-mentioned situation and give me instructions. If the Government considers it helpful, I would be very happy to report his development in person and be instructed personally by Your Excellency on the future policy of our Government vis-a-vis Japan.

With sentiments of loyalty and esteem, I remain,
Most respectfully,

/s/ Yu Taik Kim

번역

1957년 9월 12일, 도쿄

번호: 21

각하,

1. 9월 6일 자 94번째 서한 감사히 받아보았으며 최근 입원한 것에 대해 따뜻하게 격려해 주셔서 깊이 감동했습니다. 완쾌했다고 말씀드릴 수 있어서 기쁩니다.

2. 지난주에 일본과 실무급에서 진행하고 있는 교섭이 교착 상태에 빠졌다고 보고드렸으나 현재 상황이 예비교섭 자체가 완전히 결렬되었음을 의미하지는 않는다는 데 양측이 동의했습니다.

일본은 교착 상태를 극복하기 위한 방법과 수단을 연구하고 있는 것으로 보입니다. 또한 일본이 특히 청구권과 관련하여 우리가 제시한 수정안을 받아들이지 않을 것이고, 우리가 이 부분을 계속 고집한다면 예비교섭 전체가 완전히 결렬될 가능성이 존재한다는 것은 매우 확실합니다.

3. 이러한 상황에서 일본 정부의 내부 정보를 수집하고 일본의 태도를 확인할 필요를 느껴 저는 유 공사와 함께 다나카 다쓰오 관방차관을 지난 월요일(9월 9일) 만찬에 초대했습니다. 우연하게도 그는 전쟁 항복 후 초기 몇 년 동안 몇 차례 지사로 선출되었던 지역인 야마구치현 출신입니다. 기시 총리와 같은 지역 출신인 다나카는 억류자의 상호적 석방과 공식적 대화의 재개에 대한 이번 회담 결과에 크게 우려하고 있습니

다. 다나카는 중앙 정계에 입문한 지 몇 년밖에 되지 않았음에도 기시 내각에서 꽤나 목소리를 내고 있기도 합니다.

만찬 테이블에서 우리 측은 일본이 한국의 당초 수정안을 수용할 것을 주장했고, 다나카는 자민당 지도자들과 외무성, 재무성, 경제기획이사회 등 관료들의 강한 반대를 이유로 들며 이 문제의 본질을 생각했을 때 일본이 한국의 제안을 그대로 수용하는 상황은 생각하기 어렵다고 했습니다.

2시간 이상 논쟁을 이어간 후 다음과 같은 제안이 이루어졌습니다.

a. 구보타 성명과 일본 측 재산 반환 청구의 철회에 관한 구상서 초안과 공동성명서 초안의 본안은 6월 14일에 작성된 내용에서 수정하지 않는다.

b. 그러나 합의의사록 제4조에 대해서는 한국 측 수정안을 수용한다.

정리하면 다음과 같은 내용의 제안입니다.

일본 국내의 반향을 고려하여 6월 14일에 작성된 구상서 및 공동성명서의 초안은 수정하지 않을 것입니다. 그러나 한국의 청구권이 미국의 각서로부터 영향을 받지 않는다는 내용을 합의의사록 초안의 제4조에 추가합니다. 따라서 청구권에 대한 우리 측 수정안의 핵심이 대부분 수용되는 제안입니다.

다나카는 이러한 실험적인 타협안에 대해 자신이 기시 총리를 설득할 것이나 먼저 해당 안에 대한 한국 측의 확실한 견해를 알고 싶다고 했습니다.

4. 한 가지 유의해야 할 사항은 예비교섭이 교착 상태에 빠진 이래 일본 외무성이 회담을 성공으로 이끌기 위해 최선을 다하면서도 우리 측이 제시한 당초 수정안이 그대로 유지된다면 수용되지 않을 것임을 확실히 했다는 점입니다.

이와 관련하여 며칠 전 (회담의 일본 측 행정을 직접적으로 책임지는) 일본 외무성의 미야케 참사관이 우리 관계자들에게 (인도에서) 10월에 개최될 예정인 국제적십자대회와 유엔 총회가 열리기 전에 이번 교섭을 성공적으로 마무리하지 않으면 양국 모두 상당히 곤란해질 것이라고 말했습니다. 미야케가 말한 시점까지 억류자 문제를 해결하지 않으면 일본이 특히 소위 일본 어민 사건과 관련하여 우리에게 부정적인 이미지를 씌우고자 세계 여론에 호소하기 위한 단계를 밟을 수도 있다고 판단됩니다. 따라서 억류자 문제가 해결되고 공식 회담이 재개되지 않는다면 이러한 상황이 발생할 것에 대비해 만반의 준비를 갖춰야 한다고 생각합니다.

5. 위에서 말한 모든 상황을 고려하면 상호적 억류자 석방과 공식 회담의 재개를 큰 지연 없이 달성하는 것이 우리에게도 유리한 결정이라고 판단됩니다.

논쟁으로 인해 양측 모두 기진맥진한 상태고 더 이상 논의할 여지가 거의 없는 상황이므로 이번 예비교섭이 결정적인 순간을 맞이했다고 생각합니다.

정부가 이러한 상황을 적절히 검토하여 지시를 내려주시면 매우 감사하겠습니다. 도움이 된다면 향후 우리 정부의 대일정책에 대하여 대통령 각하께 직접 상황을 보고 드리고 지시를 받고 싶습니다.

감사합니다.

/s/ 김유택

81. 주미 한국 대사관이 미국 측에 전달하기 위해 작성한 재일한인 북송 관련 비망록[Aide Memoire]

1666 On December 31, 1957 the Governments of the Republic of Korea and Japan signed agreements on the mutual release and repatriation of detainees held in both countries, and the resumption of the Fourth Korea-Japan Overall Talks. It was specifically agreed that the problem of Korean residents in Japan would be taken up as an agenda item at the resumed talks in accordance with the "Agreed Minutes."

The Fourth Korea-Japan Overall Talks were resumed on April 15, 1958 to deal with various outstanding issues, including the question of the Korean resident in Japan, which was subsequently taken up at the Committee on the Problem of Korean Residents in Japan. These talks entered into recess on December 21, 1958.

However, on Friday 13, 1959 when the talks were about to be resumed, the Japanese Government unilaterally decided, in direct violation of the Agreements of December 31, 1957, to deport en masse Korean residents in Japan-allegedly so desiring-to the northern part of Korea in an attempt to get rid of as many Korean residents as possible. Despite vigorous protests of the Korean Government, the Japanese Government and the Japan Red Cross(which was ostensibly to assume responsibility for this political scheme) endeavored to obtain the approval of the International Committee of the Red Cross so as to present a facade of "humanitarianism."

1667 Then it became apparent that it was unable to obtain the approval of the International Committee of the Red Cross for the deportation scheme, the Japan Red Cross began on April 13, 1959 to conduct direct negotiation in Geneva with puppet Northern Korean "Red Cross." The text of agreement was finally drafted on June 24, 1959.

This Japanese action resulted in seriously aggravating the relationship between the Republic of Korea and Japan, thereby endangering the peace of Northeast Asia. In order to avert this danger, the Korean Government proposed on July 30, 1959 the unconditional resumption of the Fourth Korea-Japan Overall Talks, which they had been unable to resume due to Japan's insistence on the deportation scheme. In making this proposal, the Korean Government was of the opinion that it could ease the tension between Korea and Japan and create a favorable atmosphere for the overall settlement of various outstanding issues between the two countries by taking up for settlement once and for all the Korean residents' issue which had directly caused that tension.

While accepting the Korean proposal for the unconditional resumption of the Korea-Japan talks, the Japanese Government and Red Cross demonstrated on the other hand their determination to go ahead with the deportation scheme by formally signing the deportation agreement with the puppet northern Korean "Red Cross" at Calcutta, India, on August 13, 1959. Meanwhile, the International Committee of the Red Cross announced on August 11 that it would lend its services to the Japan Red Cross for the implementation of this agreement.

As a result of the Korean proposal, the Korea-Japan talks were resumed on August 12, 1959. It was agreed between the delegations that the problem
1668 of Korean residents in Japan was to have priority over the other issues to be discussed. Consequently, the Committee on the Problem of Korean Residents held several meeting in which, however, little substantial progress could be made due to the insincere attitude of the Japanese side. The Korean Government, prompted by an earnest desire to expedite the solution of this problem, made it clear that it was prepared to receive, or even encourage, mass repatriation of Korean residents in Japan to the Republic of Korea only

if the Japanese Government met two conditions (a) compensation to the Korean residents for their forced immigration and labor in the past, and (b) no limitation to their taking away their own properties when returning to the Republic of Korea.

Notwithstanding these sincere and patient efforts on the part of the Korean Government, the Japanese Government and Red Cross continued to proceed with their deportation scheme. On September 3, 1959, the Japan Red Cross released the so-called "repatriation Guide Book" with a view to implementing the deportation agreement. Dr. Marcel Junod, Vice President of the International Committee of the Red Cross, and a team of its staff arrived in Japan on August 23, 1959 to participate in the plan.

On September 21, 1959 the Japan Red Cross began to receive applications from Koreans desiring "repatriation" to the northern part of Korea at 3655 ward offices set up all over Japan. It was known that in the first five days some 180 Koreans applied for "repatriation." However, about 20 of them subsequently withdraw their applications.

In the meantime, the Korean Communist elements in Japan, organized into so-called "General Federation of Korean Residents", demanded that the Japanese Government and Red Cross revise the so-called "Guide Book" so as to make it more acceptable and to disguise the fact that most of those who
1669 allegedly had expressed their desire to proceed to the Northern part of Korea were deluded, intimidated or bribed into doing so.

The Japan Red Cross yielded to this demand by revising two points in the contents of the "Guide Book", namely, 1) that minors under 16 years of age were not required to appear in person to register, and 2) that applicants were not required to write down their permanent domicile in the application forms.

The Communists demand further revision of such points as: ban on meeting of prospective "returnees" with outsiders on route to Niigata, the embarkation port, and at the Niigata centre, reconfirmation of "free will" at the Niigata centre, ban on the use of puppet flag, and others. By these demands and compliance therewith, the Communists and Japanese once again revealed their malicious political purposes in undertaking the deportation scheme.

All patriotic Koreans in Japan stood up resolutely against the deportation scheme. For instance, patriotic Koreans numbering 52 even risked their lives by staging a hunger strike from September 21st to 26th. However, the Japanese Government and Red Cross, contrary to their assertions for humanitarianism, did not show even a token of concern for these strikers. Mr. Tai Ha Yiu, Korean Ambassador in Japan, seriously concerned over their feeble health, strongly persuaded them to suspend the strike, and they reluctantly agreed to a temporary suspension. Some 500 Korean detainees at the Omura camp also staged a hunger strike during September 26－27, demanding from the Japanese authorities better treatment and withdrawal of the deportation scheme. About 300 detainees resumed their hunger strike on September 30th. Also, some 300 Korean female detainees staged a demonstration on September 28th to oppose deportation.

1670 The Korean Communist elements in Japan, realizing that they are unable to force the Japanese Government and Red Cross to accept all of their demands, finally resorted to violence to enforce the deportation scheme. A leader of the Association of Korean Residents in Japan was assaulted on September 24th by some forty Communists. There are other signs of threat or use of force by the Communists.

The Korean Government is earnestly of the opinion that a settlement of the resident problem along the lines outlined above could be effected expeditiously with the positive cooperation of the United States Government, and that there will also be found a way, not so difficult as some pessimistic circles avow, of settling other outstanding issues such as the fisheries problem, Korean claims against Japan, and others. The Korean Government is also of the opinion that the Japanese Government should refrain from disposing unilaterally of the very problem which is on the agenda at the Korea-Japan overall talks while such talks are under way.

Washington, D.C.
October 30, 1959

번역 1957년 12월 31일 대한민국 정부와 일본 정부는 양국에 구금 중인 억류자들의 상호 석방과 송환, 그리고 제4차 한일회담의 재개에 관한 합의서에 서명했다. 재일한인 문제는 '합의의사록'에 의거하여 재개된 회담의 안건 중 하나로 다루기로 합의했다.

1958년 4월 15일 재일한인 문제 등 여러 가지 현안을 논의하기 위해 제4차 한일회담이 재개되었다. 재일한인 문제는 재일한인문제위원회에서도 논의되었다. 1958년 12월 21일에 회담이 휴회되었다.

그러나 회담을 재개하기 직전인 1959년 13일 금요일에 일본 정부가 1957년 12월 31일의 합의를 직접적으로 위반하며 최대한 많은 재일한인을 내보내기 위해 (일본에 따르면) 북한으로 가기를 매우 갈망했다는 재일한인들을 일시에 북으로 송환하기로 일방적으로 결정했다. 한국 정부의 강한 반대에도 불구하고 일본 정부와 (이 정치적 책략을 담당할 것으로 예상되는) 일본적십자는 '인도주의'라는 허울을 내세워 국제적십자위원회의 허가를 받고자 노력했다.

국제적십자위원회로부터 대북 송환 계획을 승인받지 못할 것이 확실해지자 일본적십자는 1959년 4월 13일 괴뢰 북한의 '적십자'와 제네바에서 직접 협의하기 시작했고, 1959년 6월 24일에 협약서를 작성했다.

일본의 이러한 행태로 인해 대한민국과 일본의 관계가 심각하게 악화되어 동북아의 평화가 위험에 처했다. 이러한 위험을 피하기 위해 1959년 7월 30일 한국 정부는 일본이 송환 계획을 고집하여 재개할 수 없었던 한일회담의 무조건적 재개를 제안했다. 이렇게 제안하면서 한국 정부는 한일 간의 긴장을 완화하고 긴장의 직접적인 원인인 재일한인 문제를 완전히 해결함으로써 남아있는 문제들을 전체적으로 해결할 수 있는 우호적인 기류를 조성할 수 있을 것을 기대했다.

한일회담의 무조건적 재개에 대한 한국 측 제안을 받아들이면서도 일본 정부와 적십자는 1959년 8월 13일 인도 콜카타에서 괴뢰 북한 '적십자'와 송환협약을 공식적으로 체결함으로써 송환 계획을 계속 추진했다. 한편 8월 11일 국제적십자위원회는 이 협약의 이행을 위해 일본 적십자에 서비스를 지원하겠다고 발표했다.

한국의 제안으로 인해 1959년 8월 12일 한일회담이 재개되었다. 다른 문제에 앞서 재일한인 문제를 우선적으로 논의하기로 양측이 합의했다. 결과적으로 재일한인문제위원회가 몇 차례 회의를 개최했으나 일본 측의 불성실한 태도로 인해 실질적인 진전은 거의 이루어지지 않았다. 재일한인 문제를 조속히 해결하고자 하는 바람으로 한국 정부는 일본 정부가 두 가지 조건만 만족한다면 재일한인을 대규모로 대한민국으로 송환하는 것을 수용 또는 심지어는 독려까지 할 준비가 되어있음을 명확히 했다. 두 가지 조건이란 (a) 과거에 있었던 강제 이민과 노역에 대해 재일한인에게 보상할 것과 (b) 대한민국으로 돌아갈 때 개인의 자산을 가지고 가는 것을 제한하지 않을 것이었다.

한국 정부의 진실되고 인내심 있는 노력에도 불구하고 일본 정부와 적십자는 송환 계획을 계속해서 추진했다. 1959년 9월 3일 일본적십자는 송환협약을 이행하고자 소위 '송환 가이드북'을 공개했다. 마르셀 쥐노 국제적십자위원회 부회장과 관계자들이 계획에 동참하고자 1959년 8월 23일 일본에 입국했다.

1959년 9월 21일, 일본적십자는 일본 전역에 설치된 사무소 3,655개소에서 북으로의 '송환'을 원하는 한국인들의 신청서를 받기 시작했다. 처음 5일간 한국인 약 180명이 '송환'을 신청했으나, 이들 중 약 20명은 후에 신청을 취소했다.

그동안 '재일한인총연맹'이라는 조직을 구성한 일본 내 한국인 공산분자들은 북송을 원한다고 밝힌 이들의 대부분이 속거나, 위협받거나, 대가를 받았다는 사실을 숨길 수 있도록 '가이드북'을 수정할 것을 일본 정부와 적십자에 요청했다.

일본적십자는 이러한 요청을 받아들여 '가이드북'의 내용 중 두 부분을 수정했다. 수정된 내용은 1) 16세 미만 미성년자는 직접 방문하여 등록할 필요가 없다, 2) 신청자는 신청서에 본적을 작성할 필요가 없다는 것이다.

공산분자들은 출항지인 니가타로 이동하는 과정에서 예비 '송환자'들과 외부인의 접촉 금지, 니가타 중심에서 '자유의지' 재확인, 괴뢰국 깃발 사용 금지 등 추가적인 수정을 요구했다. 이러한 요구를 수용하면서 공산분자들과 일본은 송환 계획을 이행하는 악의적인 정치적 목적을 다시 한 번 드러냈다.

조국을 사랑하는 모든 재일한인들은 송환 계획에 반대하며 결연히 일어섰다. 예컨대, 한국인 52명은 9월 21일에서 26일까지 단식투쟁을 벌이며 목숨을 걸기까지 했다. 그러나 일본 정부와 적십자는 인도주의를 외치는 것과는 모순되게도 단식투쟁자들에 대해 조금도 걱정하는 모습을 보이지 않았다. 유태하 주일 한국 대사는 이들의 건강을 심각하게 우려하여 투쟁을 중단할 것을 강하게 설득했고 투쟁자들은 일시적으로 중단하는 것에 겨우 합의했다. 오무라수용소에 억류되어 있는 한국인 약 500명 또한 9월 26~27일에 단식투쟁을 하며 처우 개선과 송환 계획 철회를 요구했다. 300명 정도의 수용자들은 9월 30일 단식투쟁을 재개했다. 또한 한국인 여성 약 300명은 9월 28일에 송환에 반대하는 시위를 했다.

일본의 한국인 공산분자들은 일본 정부와 적십자가 자신들의 모든 요구를 수용하도록 할 수는 없음을 깨닫고 끝내 송환 계획을 시행하기 위해 폭력을 행사했다. 9월 24일 공산주의자 약 40명이 재일민단의 한 지도자를 폭행했다. 공산분자들이 위협을 가하거나 무력을 사용했다는 다른 정황들도 존재한다.

한국 정부는 위와 같은 맥락에서 미국 정부와의 긍정적인 공조가 재일한인 문제의 해결에 급격히 영향을 미칠 수 있고 비관적인 견해를 나타내는 이들의 생각처럼 어렵지 않게 어업 문제, 한국의 대일 청구권 등 남아있는 문제들을 해결할 수 있는 방법을 찾을 것이라고 진심으로 믿는다. 한국 정부는 일본 정부가 회담이 진행되는 중에 한일회담의 의제에 포함되어 있는 문제를 일방적으로 처리하는 행태를 삼가야 한다고 생각한다.

워싱턴 D.C.

1959년 10월 30일

82. 조정환 외무부 장관이 이승만 대통령에게 보낸 한일회담 관련 서한

1671 September 27, 1957

TO: His Excellency the President

FROM: Foreign Minister

SUBJECT: The Korea-Japan Talks

In the Korea-Japan preliminary talks as of today, our draft which was approved by Your Excellency on June 21, 1957 was agreed to by the Japanese side except the part of the said draft referring to the property claims issue particularly in connection with the so-called U.S. Memorandum.

As a result of negotiation for the foregoing three months, it was learned difficult for our side to expect that Japan will accent our position in the said draft.

Under these circumstances, I hereby submit, for Your Excellency's approval, a recommendation for our position to be taken at this moment as attached herewith.

Most respectfully

/s/ Chung W. Cho

번역

1957년 9월 27일

수신인: 대통령 각하

발신인: 외무부 장관

제목: 한일회담

오늘 한일예비교섭에서 소위 미국 각서와 관련한 청구권 문제를 언급하는 부분을 제외하고 1957년 6월 21일 대통령께서 승인하신 우리 측 초안에 일본이 합의했습니다.

지난 3개월 동안 이어진 협상을 통해 일본이 앞서 말한 초안에서 우리가 표명한 입장을 수용할 것이라고 기대하기는 어렵다는 것을 깨달았습니다.

이에 대통령 각하의 승인을 받고자 현시점에서 우리가 취해야 하는 입장에 대한 권고사항을 첨부하여 제출합니다.

감사합니다.

/s/ 조정환

86. 조정환 외무부 장관이 김유택 대사에게 보내는 서한

1682 December 22, 1957

TO: Ambassador Yu Taik Kim

FROM: Minister of Foreign Affairs

This is to acknowledge receipt of your letter No. 38 addressed to the President dated December 19, 1957, in which you have reported on Japan's latest proposals: a) that Japan will accept the Korean amendment proposal to the Japanese draft documents of June 14, 1957 concerning the points other than the property claims issue; b) that Korea will accept the Japanese draft documents of the same date regarding the property claims issue without modification; and c).

It is considered that the above-mentioned Japanese proposals are in line with my instructions No.Woijung 4010 dated November 11, 1957, and that they are the same effect, in principle, with my instructions No.Woijung 4355 dated December 12, 1957, though in the latter instruction you were additionally instructed to obtain a secret statement to be signed by the Japanese Prime Minister or Foreign Minister committing the Japanese on the point "the U.S. Memorandum does not affect substantially the Korean claims."

In view of the present stage of the negotiations, however, you are now instructed to negotiate further with the Japanese keeping in your mind the following points:

1. The proposed statement to be signed by the Japanese Prime Minister or Foreign Minister may be superseded by a personal letter to the President from

the Japanese Prime Minister setting forth the same written commitments;

2. If issued, this letter may contain some words of mere greetings but nothing else except a clear statement that the Japanese side positively intends that the so-called U.S. Memorandum does not impair substantially the Korean claims;

1683 3. Being written in English, this letter, if issued, should be signed personally by the Japanese Prime Minister in the presence of you and Minister Yiu.

The Japanese commitment on the above stated point in the form of a personal letter is suggested now not because it will obligate the Japanese Government legally to abide by the terms set forth therein, but because it will place on the Prime Minister as a responsible political official an obligation to honor the terms to which he agrees by this letter. If the Japanese Government later does not fully comply with the terms of the letter the Prime Minister's political integrity will be endangered. Such being the value of the proposed personal letter, you may assure the Japanese that our Government will be most careful to keep the very existence of the letter, if issued, in top secret.

If you succeed in obtaining a draft of the above mentioned letter from the Japanese Prime Minister, please report to the Government for final approval of the proposed letter. You will then be authorized to receive the letter after the wording has been approved, to accept the so-called Japan's last proposals and thereafter to sign the necessary documents to finalize the present Korea-Japan preliminary talks.

CHUNG W. CHO

Minister

번역

1957년 12월 22일

수신인: 김유택 대사
발신인: 외무부 장관

대통령께 보낸 1957년 12월 19일 자 38호 서한에 대한 회신입니다. 이 서한에서 김 대사는 일본이 최근 제안한 내용, 즉 1) 일본은 청구권 문제를 제외한 다른 주제에 대하여 1957년 6월 14일 자 일본 측 초안에 대한 한국의 수정안을 수용한다, 2) 한국은 청구권 문제에 관한 동일 일자의 일본 측 초안을 수정 없이 수용한다는 제안에 대해 보고했습니다. 앞서 말한 일본의 제안은 1957년 11월 11일 자 외정 제4010호에 담긴 지시사항에 부합한다고 판단되며, 기본적으로 1957년 12월 12일 자 외정 제4355호에 담긴 지령과 동일한 효과를 가지나 여기에 담긴 지시사항에는 "미국 각서는 한국의 청구권에 중대한 영향을 미치지 않는다"라는 논점에 일본이 합의하도록 일본 총리 또는 외무상이 서명할 비밀성명서를 작성하라는 내용이 포함되어 있었습니다.

그러나 교섭의 진행 상황을 고려하여 다음과 같은 내용을 염두에 두고 일본과 추가적인 교섭을 진행할 것을 지시합니다.

1. 일본 총리 또는 외무상이 서명할 것을 제안한 성명서는 동일한 서면 약정사항을 담아 일본 총리가 대통령에게 개인적으로 발송하는 서한으로 대체할 수 있습니다.

2. (작성된다면) 이 서한에는 미국 각서가 한국의 청구권을 중대하게 훼손하지 않는다는 데 동의한다는 사실만 명확하게 기술하며, 인사말 정도를 제외한 다른 내용은 포함시키지 않아야 합니다.

3. (작성된다면) 김 대사와 유 공사 앞에서 일본 총리가 영문으로 작성된 이 서한에 직접 서명해야 합니다.

위에서 언급한 내용을 총리의 개인 서한 형태로 작성할 것을 제안하는 이유는 이렇게 하면 일본 정부가 위의 조건을 법적으로 준수할 의무를 부여할 수 있어서가 아니라, 책임을 지닌 정치인인 일본 총리에게 서한에서 스스로가 동의한 조건을 이행할 의무가 발생할 것이기 때문입니다. 추후 일본 정부가 이러한 서한의 조건을 완전히 이행하지 않는다면 일본 총리의 정치적 건전성이 위협받을 것입니다. 이것이 지금 제안하는 개인적 서한의 가치이며 이러한 서한을 작성한다면 한국 정부가 서한의 존재 자체를 일급 기밀로 유지하기 위해 신중을 기할 것을 일본 측에 약속해도 좋습니다.

일본 총리로부터 서한의 초안을 받는 데 성공한다면 최종 승인을 위해 정부에 보고해 주십시오. 내용과 표현이 승인된 후에 서한을 수락하고 일본이 가장 최근에 제안한 사항을 수용하여 현재 진행 중인 한일예비교섭을 마무리하기 위해 필요한 문서에 서명하라는 승인이 내려질 것입니다.

조정환 장관

87. 한국 정부가 작성한 재일한인 문제 관련 입장 문서

1684 MEMORANDUM

Despite strenuous efforts on the part of the Government of the Republic of Korea ever since 1951 to settle the problem of Korean residents in Japan, the Japanese Government decided unilaterally last February to deport en masse Korean residents in Japan to the northern part of Korea. Needless to say, this decision was motivated by Japan's desire to get rid of as many Korean residents as possible out of its territory.

The Korean Government felt it necessary to settle urgently this problem once and for all, since the said Japanese decision had unduly aggravated the relationship between Korea and Japan, thus constituting a threat to the peace of Northeast Asia. In order to prevent this unfortunate situation from further deteriorating, the Korean Government went last July so far as to propose the unconditional resumption of the Fourth Korea-Japan Overall Talks, which had long been unable to convene due to Japanese insistence on the deportation scheme. The Korean Government was of the opinion that, at the resumed talks, the resident problem which had directly given rise to this tension between Korea and Japan should be discussed for settlement with utmost priority, creating thereby a favorable atmosphere for the settlement of other outstanding issues between the two countries.

1685 Out of its sincere desire to expedite the solution of the resident problem and to ease the tension, the Korean Government is ready to receive, or even □… □ repatriation of Korean residents in Japan to the Republic of Korea only if two conditions are met. It is already a historical fact that Korean residents in

Japan were forced to immigrate into Japan in the past as a result of Japan's occupation policies in Korea. A large number of them, in particular, were drafted as forced laborers to work in Japanese war industries. In view of this special historical back-ground of Korean residents in Japan, it is natural and proper that the Japanese Government should pay compensation to them. Such compensation fund will be expended for resettlement of the repatriates in the Republic of Korea. The repatriates should also be allowed to take away all their properties with them, without limitation to the value and quantity, and without any customs duties or other charges being imposed upon such properties. Unless these conditions are met, it would be extremely difficult for the repatriates to start their new life in the Republic of Korea.

The Korean Government believes that only this kind of solution will bring about a substantial reduction of the number of Korean residents in Japan, which is the real purpose of the Japanese Government in thinking out the deportation scheme as pointed out above, and that the resident problem will
1686 thus be settled to the satisfaction of the two Governments concerned as well as in the interest of Korean residents affected. The question of those Korean residents who neither wish to return to the Republic of Korea nor to remain in Japan, if it should exist, must be taken up thereafter for discussion and settlement at the resumed overall talks.

The Korean Government is earnestly of the opinion that a settlement of the resident problem along the lines outlined above will be effected expeditiously with a positive cooperation of the United States Government, and that there will also be found a way, not so difficult as some pessimistic circles avow, of settling other outstanding issues such as fisheries problem, Korean claims against Japan, and so forth. The Korean Government is also of the opinion that the Japanese Government should refrain from disposing unilaterally of the very problem which is on agenda at the Korea-Japan overall talks while such talks are under way.

September, 1959.

번역 **각서**

1951년 이후 재일한인 문제 해결을 위한 대한민국 정부의 부단한 노력에도 불구하고, 일본 정부는 지난 2월 재일한인을 북으로 강제 추방하기로 일방적으로 결정하였습니다. 이 결정은 일본이 가능한 한 많은 재일한인을 자국 영토 밖으로 내쫓으려는 의도에서 비롯된 것임은 두말할 나위가 없습니다.

한국 정부는 일본의 이러한 결정이 한일 관계를 부당하게 악화시켜 동북아 평화에 위협이 되는 만큼 이 문제를 시급히 해결해야 한다고 생각했습니다. 이러한 불행한 상황이 더 이상 악화되는 것을 막기 위해 우리 정부는 지난 7월 일본의 강제 송환 문제 고집으로 오랫동안 개최되지 못했던 제4차 한일회담의 조건 없는 재개를 제안하기에 이르렀습니다. 우리 정부는 재개된 회담에서 한일 간 긴장의 직접적 원인이 된 송환 문제를 최우선적으로 해결하기 위한 논의가 이루어져야 하며, 이를 통해 양국 간 여타 현안 해결에 우호적인 분위기를 조성할 수 있어야 한다는 입장이었습니다.

우리 정부는 재일한인 문제의 조속한 해결과 긴장 완화를 바라는 진정성 있는 마음에서 두 가지 조건이 충족될 경우 재일한인의 대한민국으로의 송환, 나아가 □…□ 송환을 받아들일 준비가 되어있습니다. 과거 일본의 한국 점령 정책으로 인해 재일한인들이 일본으로 강제 이주되었다는 것은 역사적 사실입니다. 특히 이들 중 상당수가 강제 징용되어 일본의 전쟁 산업에 종사했습니다. 이러한 재일한인의 특수한 역사적 배경을 고려할 때, 일본 정부가 이들에게 보상금을 지급하는 것은 당연하고 적절한 조치입니다. 이러한 보상금은 송환된 재일한인들의 대한민국 정착을 위해 사용될 것입니다. 또한 송환자들은 가치와 수량에 제한 없이 모든 재산을 가져갈 수 있어야 하며, 해당 재산에 관세나 기타 비용을 부과하지 않아야 합니다. 이러한 조건이 충족되지 않는다면 송환자들이 대한민국에서 새로운 삶을 시작하기는 매우 어려울 것입니다.

우리 정부는 이와 같은 해결만이 일본 정부가 위에서 지적한 바와 같이 강제 퇴거 제도를 입안한 진정한 목적인 재일한인의 대폭적인 감소를 가져올 것이며, 따라서 재일한인 문제가 양국 정부가 만족할 수 있을 뿐만 아니라 해당 재일한인들의 이익에도 부합하는 방향으로 해결될 수 있을 것으로 믿고 있습니다. 대한민국으로의 귀국을 원하지도 않고 일본에 남아있기를 원하지도 않는 재일한인들의 문제는, 만약 그것이 존재한다면, 재개되는 전체 회담에서 논의되고 해결되어야 할 것입니다.

한국 정부는 위에 설명한 바와 같이 재일한인 문제의 해결이 미국 정부의 적극적인 협조하에 조속히 이루어질 수 있을 것이며, 일부 비관론자들이 주장하는 바와 같이 어업 문제, 한국의 대일 청구권 문제 등 기타 미해결 현안의 해결도 그리 어렵지 않은 방법으로 모색될 수 있을 것으로 진지하게 생각하고 있습니다. 우리 정부는 또한 일본 정부가 한일회담에서 의제로 다루고 있는 그러한 문제(재일한인 문제)를 한일 전체 회담이 진행 중인 상황에서 일방적으로 처리하는 것은 자제해야 한다는 입장입니다.

1959년 9월

88. 한일회담 재개 시 필수 고려사항이 담긴 문서[5]

1687

February 5, 1958

I do not wish to be repetitious or to show a lack of understanding of the problems with which you are confronted in the forthcoming negotiations with Japan. Nevertheless, I venture to indicate what seems to me the fundamental consideration — namely, that since you have agreed to re-open the negotiations, the primary consideration now is to make manifest in every public way you can, and as emphatically as possible, your sincere desire to reach a fair and agreeable settlement of relations with Japan. In order to accomplish this in a way that will assure the widest possible support of public and governmental opinion, it seems to me wise to keep attention centered on the goals to be achieved, but without at this time any discussion of the background of Japanese double-dealing. If we can make our friends all understand that what Korea wants is a fair and just solution of the difficulties — and that is all Korea wants — then the blame for the failure of negotiations (if they do fail) will be placed upon Japan. This, it seems to me, is the great necessity of this particular time. That, of course, is what motivated the writing of that editorial — to place emphasis upon the goals, and to declare a hopefulness that Japan would be fair-minded in working with you to achieve them. If the results should turn out otherwise, you will get all the greater credit for making a noble effort!

5 이승만 대통령이 작성한 것으로 추정.

1958년 2월 5일

곧 일본과 하게 될 교섭에서 당면하게 될 문제를 이해하지 못한 것도 아니고 같은 말을 반복하고 싶지도 않지만 기본적으로 고려해야 한다고 생각하는 내용을 언급하고자 합니다. 교섭을 재개하기로 합의했으니 이제 가장 먼저 해야 할 일은 최대한 공개적인 방식으로, 최대한 단호하게 일본과의 관계를 공정하고 합의 가능한 방향으로 수립하고자 하는 진정성을 분명히 보여주는 것입니다. 대중과 정부로부터 최대한의 지지를 확보할 수 있는 방식으로 이러한 목표를 달성하기 위해서는 달성할 목표에 집중하되 일본의 일구이언에 담긴 의도에 대한 논의도 간과하지 않는 것이 현명하다고 생각합니다. 한국이 원하는 것은 (교섭에 실패한다면) 일본을 향해 협상이 실패한 책임을 묻는 것이 아니라 문제를 공정하고 정당하게 해결하는 것뿐임을 모든 우방국들을 대상으로 이해시키는 것이 현재로서 가장 필요한 작업이라고 생각합니다. 이것이 목표에 역점을 두고 일본이 이러한 목표를 달성하는 과정에 공정하게 임할 것이라는 희망을 갖자는 내용의 논설을 작성하게 된 이유입니다. 결과가 기대와 다르더라도 숭고한 노력을 기울인 데 대해 더 큰 공을 인정받게 될 것입니다!

예비교섭 : V. 2 경무대와 주일 대표부 간의 교환 공문, 1957

분류번호 : 723.1JA 예1956-58 V. 2
등록번호 : 100
생산과 : 경무대/아주과
생산연도 : 1958
필름번호 : C1-0002
프레임번호 : 1688~1910

한일회담 재개를 위한 주일 한국대표부와 일본 외무성 간 예비교섭 제9차(1957. 6. 13~14)부터 제19차 회의(1957. 9. 6) 기록, 회담 재개를 위한 합의 문서 교섭 과정에 관한 기록, 재개 합의 문서 등이 수록되어 있다. 한국 측은 회담 재개를 위한 조건으로 일본의 한국에 대한 청구권 포기와 구보타 발언의 철회를 요구하였으며, 미국 측의 중재 등에 따라 양측은 한국 측의 요구를 포함하여 회의 재개를 위한 총 8건의 문서 작성에 합의하였다. 이 문서들은 1. 구보타 발언 철회에 따른 회담 재개 합의에 관한 공동성명서, 2. 구보타 발언 및 재한 재산에 대한 청구권 철회 관련 구상서, 3. 2에 대한 한국 측 접수 확인 구상서, 4. 대한민국과 일본국 간의 전면회담 재개에 관한 각서, 5. 일본 내에 억류된 한국인 및 한국 내에 억류된 일본인 어부에 대한 제 조치에 관한 대한민국 정부 및 일본 정부 간의 양해각서, 6. 5의 부속 문서(제2차대전의 종료 전부터 일본에 계속 거주하던 한인을 입국자 수용소에 수용하는 것을 자제한다는 내용), 7. 재개되는 회담에서의 청구권 문제 협의 관련 합의의사록, 8. 한국 예술품 반환에 관한 구두 전달문 등이다.

1. 한일 간 실무자급 예비교섭 제9차 회의록

1693

June 14, 1957

SUMMARY RECORDS OF THE PRELIMINARY TALKS AT THE ADMINISTRATIVE LEVEL BETWEEN THE REPUBLIC OF KOREA AND JAPAN–IX

1. Time and Place:

From 2 : 00 p.m., June 13, to 12 : 25 a.m., June 14, 1957, at the Kayu Kaikan(Foreign Ministry Club) at Kudan, Tokyo.

2. Conference:

Korean side: Mr. Yu Taik Kim, Ambassador, Chief of the Korean Mission,
Mr. Kyu Hah Choi, Counselor of the Korean Mission,
Mr. Kibong Han, Second Secretary of the Korean Mission.

Japanese side: Mr. Katsumi Ohno, Vice Minister, Foreign Ministry
Mr. Tooru Nakagawa, Director, Asian Bureau, Foreign Ministry
Mr. Kijiro Miyake, Counselor of Asian Bureau, Foreign Ministry

3. Background of the present session:

(This session was called, following the preliminary talks held on June 11–12. As a result of the said talks the Korean side regarded that there still were many points to be settled, thus necessitating the present session, on the other hand, the Japanese side unilaterally considered that the matter was almost settled, only waiting for the final concurrence of the Korean Government. The Japanese press in the morning reported to such effect. Upon receipt of instructions of the Government cabled by Minister Yiu from Seoul, the current session was held.)

4. Proceedings:

AMBASSADOR KIM: The Korean side has been disturbed by inaccurate press report in the Japanese newspapers, saying that the final settlement on the detainee issue and the resumption of the Korea-Japan talks has been made and that the Japanese Government is only awaiting the final reply from the Korean Government, etc. Such is not the case and it is regretted that the Japanese Government had done nothing to set the record straight in this regard.

MR. OHNO: We do not know why such a report was circulated. As you know, the Japanese Government has no control over the press and I really do not know where the press got such information from.

AMBASSADOR KIM: We called this meeting for the purpose of making the final draft on the detainee issue and the resumption of the formal talks between the two countries. As far as we are concerned, we want to reach agreement on the drafts, if it takes until after midnight.

MR. OHNO: The Japanese side has no objection.

1694 I. DETAINEE ISSUE MEMORANDUM

AMBASSADOR KIM: We propose that the word: "after the end of World War II" be inserted after "the Korean Government will accept the deportation of Korean illegal entrants", appearing in the draft memorandum of the mutual release of detainees.

MR. OHNO: As I am not familiar with circumstances under which the original terminology has been adopted, I would rather have Director Nakagawa reply to your proposal. (Mr. Ohno sent for Mr. Nakagawa and as the latter raised no objection to this proposal of the Korean side, the said proposal was agreed upon.)

AMBASSADOR KIM: Regarding the order of the action by respective government in the memorandum concerning the detainee issue, the Korean side prefers that each side has its memorandum start with its own name.

COUNSELOR MIYAKE: International practise shows that the heading of the memorandum may be made that way but text itself should be the same in both memorandum.

AMBASSADOR KIM: In the case, would Japan have no objection to making the draft of the text itself mention the Japanese side first? In other words, we put in the first paragraph, "the Government of Japan will release those Koreans, etc." and in the second paragraph, "the Government of the Republic of Korea will repatriate, etc."

MR. OHNO: I suggest that the actions to be taken by the respective governments should not be numbered, because such actions should be simultaneous and, if numbered, they might be interpreted as chronological. The title, however, can be changed by each side to indicate its own side first.

AMBASSADOR KIM: It is agreeable.

(Counselor Miyake then expressed the hope that the Korean side favorably consider Japan's desire to have a certain number of Japanese fishermen due to complete their sentence on June 16 included among those to be repatriated by virtue of the agreement, even if the agreement was to be signed on June 15. Ambassador Kim stated that he could not make any commitment in this regard, except saying that he would see what he could do about it.)

II. ANNEXED UNDERSTANDING

AMBASSADOR KIM: In the last sentence there is a mention about "initial period", etc. The Korean side proposes that the word "initial period" be stricken out of the text. Or in case it is found difficult to do so by Japan, I suggest that stronger meaning than mere "necessity for the help for their livelihood…" be used.

1695 MRSRRS. OHNO AND MIYAKE: It is quite difficult to comply with the Korean request, for it touches upon the general subject concerning the Korean residents in Japan. The Japanese side cannot afford to take care of the livelihood for the released for ever.

(Mr. Nakagawa entered the room at this stage. After briefed on what took place before he came in, he stated that there was nothing wrong in inserting the word "after the end of World War II" after "Korean illegal entrants", in the memorandum concerning the detainee issue. Thus, the Korean suggestion was accepted, as mentioned in the preceding paragraph.)

AMBASSADOR KIM: (After listening to a long explanation by the Japanese side on why it is difficult to have the word "initial period" stricken out, he consented to keep the original word in the text.)

III. NOTE VERBALE CONCERNING WITHDRAWAL OF KUBOTA STATEMENT AND JAPANESE PROPERTY CLAIMS

AMBASSADOR KIM: In this regard I propose that the wording of the Note Verbale from Japan should be made, for simplicity's sake, as follows:

"The Government of Japan withdraws the remarks made by Mr. Kanichiro Kubota, Chief of Japanese Delegate, on October 15, 1953."

DIRECTOR NAKAGAWA: The said remarks, I admit, infuriated the Korean side. However, as far as the Japanese Government is concerned, they are not official remarks. In addition, it is necessary to retain the original explanatory phrase in the sense of face-saving on the part of the Japanese Government.

AMBASSADOR KIM: Also, regarding the latter half of the Note Verbale, I propose that it should only say: "the Government of Japan hereby withdraws the claim to property in Korea made by the Japanese delegation on March 6,

1952, on the basis of the "Statement on the US Position of Interpretation of Article 4 of the Japanese Peace Treaty with Respect to Korean-Japanese Claims Settlement". It is much simpler and clear cut.

MR. OHNO: This Note Verbale has been worded as it is now, after much discussion due to objections raised by other Ministries concerned and it seems difficult to comply with the Korean request.

AMBASSADOR KIM: At my meeting with Prime Minister Kishi the other day, he agreed to settle the matter from overall standpoint. And I do not think it is difficult to comply with our request, if the Japanese side really meant it.

MR. OHNO: I believe it depends on which idea of the alternative in Item 4 of the Agreed Minute the Korean side will take. Because, depending on w□…□ the Korean side adopts, the Korean side might end in making no mention □…
1696 □ intention regarding the US memorandum.

(Thus, both sides decided to set aside the wording problem on the withdrawal of property claims for a while.)

IV. MEMORANDUM CONCERNING RESUMPTION OF OVERALL TALKS BETWEEN THE REPUBLIC OF KOREA AND JAPAN

AMBASSADOR KIM: Instead of following the formula that the Korean side proposes the resumption of the overall talks and the Japanese side accepts it, I think it better to adopt the form of memorandum which both sides sign. I will read the text of the Korean draft of this memorandum:

"The Government of the Republic of Korea and Government of Japan have agreed to resume the overall talks between the Republic of Korea and Japan at the time and place designated below:

Time: September 2, 1957

Place: Tokyo

Done in duplicate in Tokyo, this day of June, 1957.

For the Government of the Republic of Korea:

For the Government of Japan: ”

MR. OHNO: It is acceptable.

V. AGREED MINUTES

AMBASSADOR KIM: With regard to the length of time allowed by each side to complete respective release of the detainees, it seems unfair that the Korean side is given only one month and Japanese side has two months. I think it should be the same length of time.

DIRECTOR NAKAGAWA: It takes longer to release the Korean detainees at Omura and other Japanese detention camps, because of consideration of their living after the release, etc. Therefore, the Justice Ministry will have to be checked beforehand.

MR. OHNO: Let us make it one and a half months each other, so we both will have the same length of time to act.

AMBASSADOR KIM: It is agreed, to make it one and a half months after the coming into force of the memorandum concerning the detainee issue.

(At this point the meeting was recessed due to Amb. Kim's meeting with Premier Kishi scheduled for 4:00 p. m.)

1697 (The meeting was thus adjourned 4:50 p. m.)

(The meeting was reopened at 5:45 p. m.)

AMBASSADOR KIM: Regarding the clause concerning the agenda for the formal conferene[conference] I propose that the Peace Line issue be included as a separate item. In other words, a. Peace Line and b. Conclusion of a fishery agreement to provide for measures to prevent fishing disputes and to conserve fishery resources.

MR. OHNO: (At this point a suggestion was made by the conferees that all the words appearing in the draft documents, reading "Formal Conference be changed uniformly to "overall talks". And, this suggestion has been agreed upon by the conferees.)

Japan is firmly opposed to the idea of Korea's fishing conservation one from international angle and in case sue accepts the Korean proposal in this regard, it contradicts this basic stand of the Japanese Government. Therefore, the maximum line Japan can say is: "The so-called Peace Line."

AMBASSADOR KIM: The so-called, etc. is absolutely not acceptable.

MR. OHNO: Then, how about making it one item, saying: "fishery issue, including the so-called Peace Line, etc."

AMBASSADOR KIM: I insist that two separate items be provided in the agenda.

MR. OHNO: Its is the last line to quote Peace Line. The Japanese side will desire it, if the word: "The so-called" be left alone.

AMBASSADOR KIM: We have to delete the word: "The so-called" and "fisheries and Peace Line" should be two separate items.

MR. OHNO: How about Fisheries and "Peace Line" as the title No. 3: and then we will divide the two items into two sub-items?

AMBASSADOR KIM: Then, the result will be as follows:

"3) Fisheries and Peace Line":

a. Matters concerning "Peace Line,"

b. Matters concerning the conclusion of a fishery agreement to provide for measures to prevent fishing disputes and conserve fishery resources.

1698 MR. OHNO: Yes, it is a sort of compromise, because in Sub-items, matters concerning "Peace Line" comes as item (a).

AMBASSADOR KIM: If the Japanese side strongly insists upon it, it seems to be all right.

VI. NOTE VERBALE CONCERNING WITHDRAWAL OF KOREA STATEMENT AND JAPANESE PROPERTY CLAIM

AMBASSADOR KIM: (Amb. Kim read the Korean draft in this regard:)

"The Ministry of Foreign Affairs notified the Korean Mission as follows:

The Government of Japan retracts the statement made by Mr. Kanichiro Kubota, Chief Japanese Delegate, on October 15, 1953, against which the Koreans delegation protested. Further, the Government of Japan, on the basis of the "Statement of the US Position on the Interpretation of Article 4 of Japanese Peace Treaty with Respect to Korean-Japanese Claims Settlement", hereby withdraws the claim to property in Korea made by the Japanese delegation at the Korea-Japan Conference on March 6, 1952."

MR. OHNO: We want the phrase, on the basis of, etc., at the end of the sentence, and further the US statement clearly dated. And also, instead of using the word: "…retract the statement", how about, "withdraws the remarks made…"?

AMBASSADOR KIM: I have no objection. Also, regarding the Agreed Minutes Item 4, the Korean side will take the second idea(at the preliminary talks held on June 11-12, two alternative ideas were suggested and decision was to be made this matter at the present meeting. Refer to Page 3 and 4 of the Summary Record of the June 11-12 Session-VIII.)

MR. OHNO: Necessary alteration will have to be made, then.

Final draft of Note Verbale should read Note Verbale(from Japan)

"The Ministry of Foreign Affairs presents its compliments to the Korean Mission in Japan and has the honor to notify the latter as follows:

"The Government of Japan withdraws the remarks made by Mr. Kanichiro Kubota, Chief Japanese Delegate, on October 15, 1953, against which the Korean delegation protested. Further, the Government of Japan hereby withdraws the claim to property in Korea made by the Japanese delegation at the Japan-Korea talks on March 6, 1952, on the basis of the "Statement of US Position on the Interpretation of Article 4 of the Japanese Peace Treaty with Respect to the Korean-Japanese Claims Settlement", dated June, 1957."

And the Japanese side has to have at least a note of acknowledgement from the Korean side, according to international practise. Such note should read:

1699 Note Verbale from Korea

"The Korean Mission in Japan presents its compliments to Ministry of Foreign Affairs and has the honor to acknowledge the receipt of Note Verbale…, dated, 1957."

AMBASSADOR KIM: It is accepted.

VII. ORAL STATEMENT

(Considerable arguments have been exchanged between the two parties on this matter, particularly over the period of transfer of Korean art objects. Finally, the Japanese side agreed to make the text read: "at an early possible date", instead of "as soon as practicable", as originally suggested by the Japanese side.)

AMBASSADOR KIM: "Aside from the agenda of the overall talks between Japan and the Republic of Korea, the Government of Japan will turn over to Korea, at an early possible date, those Korean art objects now in its possession of which the immediate is possible."

MR. OHNO: It is agreed.

VIII. AGREED MINUTES CONCERNED KOREAN PROPERTY CLAIM

AMBASSADOR KIM: we may accept the US memorandum on the condition that the Japanese side gives the assurances that it would discuss and settle the Korean claim against Japan with sincerity and that the Japanese side also recognizes that the Japanese side does not propose the so-called reciprocal renunciation of the property claims.

In this connection, I conferred with Mr. Kishi and he agreed with my view. Therefore, I hope that your side will agree to the formulation of the commitment made by Prime Minister Kishi in the present draft agreed minutes which should be recorded item 4 of Agreed Minutes.

MR. OHNO: I also heard that you met Mr. Kishi but as far as I know it is obvious that even a prime minister cannot change the basic policy of the Japanese Government at his own discretion. But after careful consideration of Mr. Kishi's words, we have made the following draft to be inserted as Item 4 of the draft Agreed Minutes:

"4) Minister of Foreign Affairs of Japan:

The Government of Japan is prepared to negotiate with the Government of the Republic of Korea as regards the issue of the property claim on the basis of the "Statement of US Position on the Interpretation of Article 4 of the Japanese Peace Treaty with Respect to Korean-Japanese Claims Settlement" which was forwarded to both government by the US Government on June,
1700 1957. I understand, however, the statement of the US Government does not predetermine mutual waiver of the Japanese and Korean claims and that the Japanese side will discuss with sincerity the Korean claims at the overall talks to be reopened."

The Chief of the Korean Mission in Japan:

"The Government of the Republic of Korea acknowledge the above intention of the Japanese Government and is prepared to negotiate with the Government of Japan as regards the issue of property claims on the basis of the said statement of the Government of United States at the overall talks."

AMBASSADOR KIM: In the first place it is too long and it is regretted that you tried to put the words, the Japanese Government is prepared to negotiate with the Korean Government, etc, while the Korean side wishes to see those words deleted completely even in the Note Verbale on the withdrawal of the property claims, therefore, the implication of the draft proposal seems to be that you will change Prime Minister Kishi's attitude entirely. Under these circumstances I am obliged to make the following counter-proposal:

"4) Chief of the Korean Mission in Japan:

In connection with the Korean claim against Japan and Japanese nationals, the Korean side would like to submit for discussion and settlement at the overall talks to be resumed, the same proposal that it had submitted at the previous talks.

Minister of Foreign Affairs of Japan:

In such case the Japanese side will discuss and settle such Korean claims with sincerity.

Minister for Foreign Affairs of Japan:

I understand that in regard to the "Statement of US Position…," the Government of the Republic of Korea is also of the same opinion. I further understand that the said US Statement does not signify reciprocal renunciation of the property claim.

Chief of the Korean Mission in Japan:

So do I."

Let us decide on the Note Verbale on the withdrawal of the property claims.

MR. OHNO: Your proposal on the Note Verbale on the withdrawal of the property claims, which is very simple one, is acceptable.

In regard to your proposal on Item 4 of the draft Agreed Minute, we wish to make the following change:

With regard to the Korean claim against Japan and Japanese nationals, since it is very clear that the "Korean claims" themselves refer to Korean claims against Japan and Japanese nationals, I do not think it necessary to say "against Japan and Japanese nationals." We also would like to see the word: "settlement" deleted from the text.

1701 In regard to the US memorandum, the clause "the Korean Government is also of the same opinion", is too vague and, therefore, I would suggest that "The Korean side is also of the same opinion with said statement", be used. You simply say, "So do I". But I prefer the expression, "It is also understanding."

AMBASSADOR KIM: As regards your counter-proposal to delete the word: "against Japan and Japanese nationals", it is acceptable on the condition that Korean claims mean those against Japan and Japanese nationals, as you stated, We might also agree to you proposal that we would add the word, "with the said statement" after "the same opinion", etc. We also accept your wording: "it is also my understanding", however, we cannot agree to your proposal that the words "settle" or "settlement" be deleted from the text of the Agreed Minutes completely.

MR. OHNO: We may add the word "settlement" in the first paragraph of the draft Agreed Minutes Item 4, but we cannot agree to adding "settle" or "settlement" to the second paragraph that in such case the Japanese Government will discuss, etc.

AMBASSADOR KIM: We got to see the word "settle" in one form or another inserted in the Agreed Minutes Item 4.

MR. OHNO: We cannot accept it.

AMBASSADOR KIM: In such case we cannot but postpone the final drafting of the documents and I must see Mr. Kishi again. In such case, I cannot guarantee that I would submit the draft documents by the pouch on June 14.

(However, the Japanese side conferred among themselves at the critical stage and formulated a plan which might be acceptable to Ambassador Kim. A long discussion and hot debate were exchanged.)

MR. OHNO: In the expectation that the draft agreement may be signed before Mr. Kishi's departure for the US, we will make the final concession on this point. This is the last line of the Japanese Government and I will read the compromise plan:

"In such case the Japanese side will discuss such Korean claims with sincerity."

I hope you will accept this one.

AMBASSADOR KIM: (After consulting his aids, including Counselor Choi, on this question and it took quite a while and made the following remark.)

Well, it is not sufficient. We must see the word "settle" or "settlement" somewhere in the Agreed Minutes. This is very important from our past
1702 experience, because even in those days you agreed to discuss our claim but the result was such that we all know about. Therefore, I insist upon the insertion of such words: as "settle" or "settlement".

MR. OHNO: (Consulting his own assistants for a long time and finally answered)

If the Korean side agrees that instead of the word: "the Korean side will discuss such Korean claims with sincerity," the word "the Japanese side has no objection to discussing such Korean claim with sincerity", is accepted, then the Japanese side might consider the word "for settlement" which may be inserted after the word "to discussing".

AMBASSADOR KIM: In that case, I understand the purpose of discussion of the Korean claims is not simply for the sake of discussion but for settlement. With the above-mentioned understanding we might accept your suggestion.

MR. OHNO: Then the compromise clause will read:

"The Minister for Foreign Affairs of Japan:

In such case the Japanese side has no objection to discussing for settlement such Korean claims with sincerity."

AMBASSADOR KIM: As I said before, with the understanding that the purpose of discussion of the Korean claims is to settle them, the so-called compromise plan is accepted.

IX. JOINT COMMUNIQUE

(The following draft of joint communique was suggested and was accepted by both sides.)

JOINT COMMUNIQUE

At a meeting between Ambassador Yu Taik Kim, Chief of the Korean Mission in Japan, and Mr. Nobusuke Kishi, Minister for Foreign Affairs of Japan, on June, 1957, it has been agreed that the Government of Japan will release those Koreans who are being detained at the Aliens Detention Camps of Japan and who have been residing in Japan since prior to the end of World War II and that the Government of the Republic of Korea will repatriate Japanese fishermen detained at the Aliens Detention Camp in Korea and also will accept the deportation of Korean illegal entrants after the end of World War II.

At the same time, the Government of Japan has notified the Government of the Republic of Korea that it withdraws the remarks made by Mr. Kanichiro Kubota, chief Japanese delegate, on October 15, 1953, and that it also withdraws the claim to property in Korea made by the Japanese delegation on March 6, 1952, on the basis of the statement of the US Government, dated June, 1957. As a result, it has been agreed that the overall talks between the Republic of Korea and Japan will be resumed on September 2, 1957, in Tokyo.

(After both sides decided to meet again on June 15 for proof reading of all these draft documents, the meeting adjourned at 12:25 a.m., June 14.)

번역

1957년 6월 14일

한일 실무자급 예비교섭 9차 회의 요록

1. 일시 및 장소

1957년 6월 13일 오후 2시~6월 14일 오전 12시 25분, 도쿄 구단의 가유회관(외무성 클럽)

2. 참석자

한국 측 한국대표부 대표 김유택 대사
한국대표부 최규하 참사관
한국대표부 하기봉 2등서기관

일본 측 오노 가쓰미 외무차관
외무성 나카가와 도루 아시아국장
외무성 미야케 기지로 아시아국 참사관

3. 회의의 배경

(이번 회의는 6월 11~12일에 개최된 예비교섭에 후속하여 소집되었다. 보충회의를 진행한 결과 한국은 해결할 문제가 여전히 많다고 판단하여 이번 회의가 필요하다고 판단했으나 일본 측은 문제가 대부분 해결되었고 한국 정부의 최종적인 동의만 남은 상황이라고 일방적으로 생각했다. 일본 언론은 이러한 내용을 오전에 보도했다. 서울에서 유 공사가 전보로 전달한 정부의 지시를 받아 개최한 회의였다.)

4. 회의록

김 대사: 억류자 문제와 한일회담 재개 문제가 최종적으로 합의되었고 일본 정부는 한국 정부의 최종적인 답변만을 기다리고 있다는 일본 신문의 부정확한 보도가 유감스럽다. 이는 사실이 아니며 일본 정부가 오보를 정정하기 위해 어떠한 조치도 취하지 않았다는 사실도 유감이다.

오노: 그렇게 보도된 이유를 모르겠다. 알다시피 일본 정부는 언론을 통제할 권한이 없으며 언론이 그러한 정보를 어디에서 입수했는지 정말 모르겠다.

김 대사: 양국 간 공식적 회담의 재개와 억류자 문제에 대한 최종적인 초안을 만들기 위해 소집한 회의다. 자정이 넘어 완성되더라도 초안에 대한 합의를 도출하고 싶다는 것이 우리 측 입장이다.

오노: 이의 없다.

I. 억류자 문제 각서

김 대사: 억류자 상호 석방에 대한 각서 초안에서 "한국 정부는 한국인 불법 입국자의 추방을 수락할 것이다" 다음에 '제2차세계대전 종전 후에 입국한'이라는 문구를 삽입하는 것을 제안한다.

오노: 기존 용어를 선택한 배경을 잘 모르기 때문에 그 의견에는 나카가와 국장이 답변하는 것이 좋겠다(오노가 나카가와에게 발언권을 넘겼고 나카가와가 한국 측 제안에 이의를 제기하지 않아 제안한 내용에 합의했다).

김 대사: 억류자 문제에 대한 각서에서 각 측 정부가 취할 조치를 명시하는 순서에 대하여 우리는 각 정부의 각서를 해당 정부의 이름으로 시작하는 형식으로 작성하고 싶다.

미야케 참사관: 각서의 제목은 한국 측이 선호하는 방식으로 작성해도 좋지만 두 각서의 본문 자체는 동일하게 작성하는 것이 국제 관행이다.

김 대사: 그렇다면 본문 초안에서 일본 측을 먼저 언급하는 데 대해 일본 측은 동의하는가? 다시 말해, 첫 번째 문단에 '일본 정부는 한국인을 석방할 것이다'를 넣고, 두 번째 문단에 '대한민국 정부는 …를 송환할 것이다'라고 작성해도 되는가?

오노: 각 정부가 취할 조치의 경우 동시에 이행될 조치들이고, 순서를 정하여 작성하면 조치를 이행할 순서대로 작성했다고 해석할 수 있기 때문에 순서를 정하지 않는 것을 제안하고 싶다. 하지만 제목은 각 측이 자국의 각서에서 먼저 표시되도록 변경할 수 있다.

김 대사: 수용 가능한 방식이다.

(이때 미야케 참사관은 협약이 6월 15일에 체결되더라도 6월 16일에 형기를 마치게 될 일

본 어민들도 송환 대상에 포함시켜 주기를 바란다며 한국 측이 긍정적으로 검토해 줄 것을 요청했다. 김 대사는 자신이 할 수 있는 일이 있는지 알아보겠다는 말 외에 어떠한 약속도 할 수 없다고 답변했다.)

II. 부속 양해서

김 대사: 마지막 문장에 '초기'라는 단어가 있는데, 이 단어를 삭제하는 것을 제안한다. 일본 측에서 수용하기 어렵다면 '생계를 지원할 필요성'보다는 강력한 의미를 반영하고 싶다.

오노 및 미야케: 한국 측 요청을 받아들이기는 상당히 어렵다. 재일한인에 대한 전반적인 문제를 다룬 부분이기 때문이다. 일본이 석방된 억류자들의 생계를 영원히 지원해 주기란 재정적으로 불가능하다.

(이때 나카가와가 회의실에 입장했다. 그가 도착하기 전까지 논의된 내용에 대해 설명을 들은 후 나카가와는 억류자 문제에 대한 각서에서 '한국인 불법 입국자' 다음에 '제2차세계대전 종전 후에 입국한'이라는 단어를 삽입하는 것은 문제가 없다고 말했다. 이로써 위 문단에서 한국이 제안한 내용이 수용되었다.)

김 대사: ('초기'라는 단어를 삭제하는 것이 어려운 이유에 대한 일본 측의 긴 설명을 들은 후 해당 단어를 그대로 유지하는 것에 동의했다.)

III. 구보타 성명 및 일본 청구권 철회에 관한 구상서

김 대사: 간결하게 작성하기 위해 일본이 제시한 구상서 초안의 표현을 다음과 같이 조정할 것을 제안한다.

"일본 정부는 일본 측의 구보타 간이치로 수석대표가 1953년 10월 15일에 한 발언을 철회한다."

나카가와 국장: 해당 발언으로 한국 측이 격노했음을 인정한다. 그러나 일본 정부의 입장에서는 공식적인 발언이 아니었다. 또한 일본 정부의 체면을 지키기 위해서는 우리 측 초안에 담긴 설명을 위한 문구가 필요하다.

김 대사: 그리고 구상서 후반부에서는 '이에 일본 정부는 한일 청구권 청산에 관한 대일강화조약 제4조의 해석에 대한 미국의 입장을 바탕으로 1952년 3월 6일에 일본 대표단이 제기한 한국에 대한 재산 반환 청구를 철회한다'라고만 하는 것을 제안한다.

이렇게 작성하는 것이 훨씬 간결하고 명확하다.

오노: 다른 관련 부처의 반대로 인해 많은 논의 끝에 현재의 구상서를 작성한 것이다. 한국 측 요청을 수용하기 어려워 보인다.

김 대사: 기시 총리와 만났을 때 종합적인 관점에서 문제를 해결하는 데 동의했다. 그 말이 진심이었다면 우리 측 요구를 받아들이기가 어려울 것이라고 생각하지 않는다.

오노: 합의의사록의 네 번째 항목에 대하여 한국이 어떠한 대안을 선택하느냐에 따라 달라진다고 생각한다. 왜냐하면 한국이 선택하는 □…□ □…□에 따라 미국 각서에 대해 언급하지 않을 수도 있기 때문이다.

(이에 양측은 청구권 철회와 관련한 표현 문제는 잠시 보류하기로 결정했다.)

IV. 대한민국과 일본의 공식 회담 재개에 대한 각서

김 대사: 우리 측이 공식 회담의 재개를 제안하고 일본이 수용하는 방식을 따르는 대신 양측이 서명하는 각서를 채택하는 것이 낫다고 생각한다. 한국이 작성한 각서 초안을 읽어보겠다.

"대한민국 정부와 일본 정부는 아래에서 명시하는 시간과 장소에서 대한민국과 일본 간의 회담을 재개하기로 합의했다.

일시: 1957년 9월 2일

장소: 도쿄

1957년 6월 오늘 도쿄에서 2부 작성

대한민국 정부:

일본 정부: "

오노: 수용 가능하다.

V. 합의의사록

김 대사: 각 측이 억류자 석방을 완료하기까지 한국은 1달, 일본은 2달의 기간을 여유로 주는 것이 공정하지 않아보인다. 동일한 기간을 부여해야 한다고 생각한다.

나카가와 국장: 석방 후 생계 등을 고려해야 하기 때문에 오무라 및 일본의 기타 수용소에서 한국인 억류자들을 석방하는 데 상대적으로 더 많은 시간이 소요된다. 따라

서 이 문제는 법무성과 사전에 조율해야 할 것이다.

오노: 각 측이 1달 반의 기간을 갖는 것으로 석방 전까지의 시간 여유를 동일하게 하자.

김 대사: 억류자 문제에 대한 각서가 발효된 후 1달 반의 기간을 갖는 것에 동의한다.

(김 대사와 기시 총리의 회의가 오후 4시로 예정되어 있어 이때 회의가 휴회되었다.)

(회의가 오후 4시 50분에 중단되었다.)

(회의가 오후 5시 45분에 재개되었다.)

김 대사: 공식 회담의 의제에 평화선 문제를 별도의 안건으로 포함시키는 것을 제안한다. 다시 말해, ㄱ. 평화선, ㄴ. 어업협정 체결을 통해 어업 분쟁을 예방하고 해양 자원을 보호하기 위한 대책을 명시하자는 것이다.

오노: (이때 참석자들이 초안의 '공식 회담'이라는 단어를 모두 '전면회담'으로 변경하자고 제안했고 동의했다.)

일본은 국제적인 과점에서 한국의 해양 자원 보존이라는 개념을 확고히 반대하며, 한국의 제안을 받아들이면 일본 정부의 기본적인 입장에 위배된다. 따라서 '소위 평화선'이 일본이 말할 수 있는 최대한의 범위다.

김 대사: '소위' 등의 표현은 절대로 받아들일 수 없다.

오노: 그렇다면 '소위 평화선 등을 포함하는 어업 문제'라고 하여 한 가지 안건으로 하는 것은 어떤가?

김 대사: 의제에 두 가지 별도의 안건으로 포함시켜야 한다.

오노: 평화선을 언급할 수 있는 마지막 선이다. 일본은 '소위'라는 단어를 유지하고 싶다.

김 대사: 우리는 '소위'와 '어업 및 평화선'을 두 가지 별도의 안건으로 포함시키고 싶다.

오노: 어업과 '평화선'을 세 번째 제목으로 하고, 이것을 두 가지 하위 항목으로 나누는 것은 어떠한가?

김 대사: 그렇게 하면 최종적으로 다음과 같은 형식으로 작성하는 것이 맞는가?

3) 어업 및 '평화선'

a. '평화선' 관련 문제

b. 어업 분쟁 예방과 해양 자원 보존을 위한 대책을 규정하기 위한 어업협정 체결 관련 문제

오노: 그렇다. '평화선' 관련 문제라는 제목의 하위 항목이 안건 (a)로 들어가므로 일종의 타협안이다.

김 대사: 일본이 강력하게 원하는 방식이라면 문제는 없어보인다.

VI. 구보타 성명 및 일본의 청구권 철회에 관한 구상서

김 대사: (김 대사가 한국 측 초안을 읽는다.)

외무부는 주일 한국대표부에 다음과 같이 통보했다.

일본 정부는 구보타 간이치로 일본 수석대표가 1953년 10월 15일에 발표했으며 한국대표단이 반대한 성명서를 철회한다. 또한 일본 정부는 '한일 청구권 청산과 관련한 대일강화조약 제4조의 해석에 대한 미국의 입장 성명서'를 바탕으로 1952년 3월 6일 한일회담에서 일본대표단이 한국에 제기한 재산 반환 청구를 철회한다."

오노: 문장 끝에 '…를 바탕으로'를 삽입하고 미국 측 성명서의 일자를 명확하게 표기하고 싶다. 또한 '…성명서를 철회한다' 대신 '…의 발언을 철회한다'로 변경하고 싶다.

김 대사: 반대하지 않는다. 그리고 합의의사록 네 번째 항목에 대하여 한국 측은 두 번째 대안을 선택하겠다(6월 11~12일에 있었던 예비교섭에서 두 가지 대안이 제안되었고 이번 회의에서 결정을 내리기로 했다. 6월 11~12일 8차 예비교섭 요록의 3~4페이지 참고).

오노: 필요에 따라 수정해야 할 것이다.

구상서 최종안은 (일본 측) 구상서라고 불러야 한다.

"외무부는 주일 한국대표부에 경의를 표하며 다음과 같이 통보하게 되어 영광이다.

"일본 정부는 구보타 간이치로 일본 수석대표가 1953년 10월 15일에 했으며 한국대표단이 반대한 발언을 철회한다. 또한 일본 정부는 1957년 6월 자 '한일 청구권 청산과 관련한 대일강화조약 제4조의 해석에 대한 미국의 입장 성명서'를 바탕으로 1952년 3월 6일 한일회담에서 일본대표단이 한국에 제기한 재산 반환 청구를 철회한다."

그리고 국제 관행에 따라 일본 측은 한국 측으로부터 최소한의 확인서를 받아야 한다. 이러한 확인서는 다음과 같은 내용을 담고 있어야 한다.

한국 측 구상서

"주일 한국대표부는 외무성에 경의를 표하며, 1957년 …일 자 구상서의 수신을 확인하게 되어 영광이다."

김 대사: 동의한다.

VII. 구두전달문

(이 문제에 대해, 특히 한국 예술품 반환 기간에 대하여 양측 사이에 상당한 논쟁이 오갔다. 마침내 일본이 당초 제안한 바대로 '실현 가능한 범위에서 최대한 조속히' 대신 '최대한 빠른 시일 내에'로 표기하는 데 합의했다.)

김 대사: "일본과 대한민국의 전면회담 의제와 별개로 일본 정부는 현재 일본이 소유하고 있으며 즉시 인도가 가능한 한국 예술품을 최대한 빠른 시일 내에 한국으로 반환한다."

오노: 동의한다.

VIII. 한국 청구권에 관한 합의의사록

김 대사: 일본이 진정성을 가지고 한국의 대일 청구권에 대해 논의하고 청산하며, 또한 청구권에 대한 소위 상호 포기를 제안하지 않겠다고 보장한다는 조건하에 미국 각서를 수용할 수 있다.

이와 관련하여 기시 총리와 논의했고 총리도 동의했다. 따라서 합의의사록의 네 번째 항목으로 기록해야 하는, 현재의 합의의사록 초안에서 기시 총리가 제시한 약정사항의 형식에 동의하기 바란다.

오노: 기시 총리를 만났다는 것은 나도 들었다. 그러나 어떠한 총리도 자신의 재량으로 일본 정부의 기본적 방침을 바꿀 수는 없는 것으로 안다. 하지만 기시의 표현을 신중하게 검토한 결과 합의의사록 초안의 네 번째 항목으로 다음과 같은 문장을 삽입하는 것으로 결정했다.

"4) 일본 외무상:

일본 정부는 대한민국 정부와 함께 1957년 6월에 미국 정부가 양국 정부에 전달한 '한일 청구권 청산과 관련한 대일강화조약 제4조의 해석에 대한 미국의 입장 성명서'

를 바탕으로 청구권 문제에 대해 교섭할 준비가 되어있다. 그러나 미국 정부의 성명서가 일본과 한국의 청구권의 상호 면제를 미리 정의하지는 않는다고 생각하며 일본은 재개될 전면회담에서 한국의 대일 청구권에 대해 진정성을 가지고 논의할 것이다."

주일 한국대표부 대표:

"대한민국 정부는 일본 정부의 위와 같은 의향을 이해하며 앞서 언급한 미국 정부의 성명서를 바탕으로 전면회담에서 청구권 문제에 대해 일본 정부와 교섭할 준비가 되어있다."

김 대사: 먼저 '일본 정부는 한국 정부와 교섭할 준비가 되어있다'와 같은 문구를 삽입하면서 문장이 지나치게 길어져서 안타깝다. 한국 측은 이러한 문구를 청구권 철회에 관한 구상서에서도 완전히 삭제하기를 원한다. 제안된 초안을 보면 기시 총리의 입장을 완전히 바꾸어 놓는 것으로 보인다. 이를 고려하여 다음과 같이 역으로 제안할 수밖에 없는 입장이다.

"4) 주일 한국대표부 대표:

일본 및 일본 국민에 대한 한국의 청구권과 관련하여 한국 측은 재개될 전면회담에서의 논의를 위해 기존 회담에서 제출한 것과 동일한 제안서를 제출하고자 한다.

일본 외무상:

그러한 경우 일본은 한국의 청구권을 진정성 있게 논의하고 청산할 것이다.

일본 외무상:

'…미국의 입장 성명서'와 관련하여 대한민국 정부도 동일한 의견임을 이해했다. 또한 미국의 해당 성명서가 청구권의 상호 포기를 의미하지 않는다는 것도 이해한다.

주일 한국대표부 대표:

같은 입장이다."

청구권 철회에 관한 구상서에 대해 결론을 내리자.

오노: 청구권 철회에 관한 구상서에 대해 제안한 초안이 매우 간결하고 수용 가능하다. 합의의사록의 네 번째 항목에 대해 제안한 초안은 다음과 같이 수정하고 싶다.

일본 및 일본 국민에 대한 한국의 청구권과 관련하여, '한국의 청구권' 자체가 일본 및 일본 국민에 대한 한국의 청구권을 의미하는 것이 매우 명확하기 때문에 '일본 및 일본 국민에 대한'이라고 말할 필요가 없다고 생각한다. 또한 '청산'이라는 단어를 삭제하고 싶다.

미국 각서와 관련하여, '한국 정부도 동일한 의견이다'라는 표현은 너무 모호하기 때문에 '한국 측 또한 해당 성명서와 동일한 의견이다'라는 문장을 사용하는 방안을 제안한다. 간결하게 '같은 입장이다'라고 했지만 나는 '이해를 같이한다'라는 표현을 선호한다.

김 대사: '일본 및 일본 국민에 대한'이라는 문구를 삭제하자는 역제안사항은 방금 말했듯이 한국의 청구권이 일본 및 일본 국민에 대한 청구권을 의미한다는 조건하에 수용 가능하다. '동일한 의견이다.' 다음에 '해당 성명서와'라는 표현을 추가하는 것도 동의할 수 있다. '이해를 같이한다'라는 표현도 수용 가능하나, 합의의사록에서 '청산한다' 또는 '청산'이라는 단어를 완전히 삭제하자는 제안에는 동의할 수 없다.

오노: 합의의사록 네 번째 항목의 첫 번째 문단에 '청산'이라는 단어를 추가할 수도 있으나, 두 번째 문단에 '청산한다' 또는 '청산'을 추가하는 것에는 동의할 수 없다.

김 대사: 합의의사록 네 번째 항목에 어떠한 형식으로든 '청산'이라는 단어를 넣어야 한다.

오노: 수용할 수 없다.

김 대사: 그렇다면 합의의사록 최종안 작성을 연기하고 기시 총리를 다시 만나볼 수밖에 없다. 이렇게 되면 6월 14일까지 행낭을 통해 문안을 제출하겠다고 보장할 수 없다.

(그러나 일본 측 참석자들이 내부적으로 논의를 거쳐 김 대사가 수용할 만한 계획을 세웠다. 긴 논의와 첨예한 논쟁이 있었다.)

오노: 기시 총리가 미국으로 출국하기 전에 합의의사록 초안에 서명할 수 있을 것을 기대하며 이 문제에 있어서 최종적인 타협을 하겠다. 이것이 일본 정부가 타협할 수 있는 마지막 지점이다. 타협안을 낭독하겠다.

"그러한 경우 일본 측은 진정성을 가지고 한국의 청구권에 대해 논의한다."

수용해 줄 것을 기대한다.

김 대사: (이 문제에 대해 최 참사관 등 보좌진과 논의하면서 상당한 시간이 소요되었고 다음과 같이 발언했다.)

충분하지 않다. 합의의사록의 어느 부분에라도 '청산한다' 또는 '청산'이라는 단어를 넣고 싶다. 과거에도 일본이 한국의 청구권에 대해 논의하겠다고 합의해 놓고 결국 우리가 모두 알고 있는 결과로 이어졌던 경험이 있기 때문에 매우 중요한 부분이다. 따라서 '청산한다' 또는 '청산'이라는 단어를 반드시 삽입해야 한다는 입장이다.

오노: (오랜 시간 보좌진과 논의한 끝에 답변했다.)

'일본 측은 진정성을 갖고 한국의 청구권에 대해 논의한다' 대신 '일본 측은 진정성을 갖고 한국의 청구권에 대해 논의하는 것에 이의를 제기하지 않는다'는 표현을 수용한다면, '논의하는 것에' 뒤에 '청산을 위해'라는 문구를 삽입하는 것을 고려해 볼 수 있다.

김 대사: 그렇게 하면 한국의 청구권을 논의하는 목적이 단순히 논의만을 위한 것이 아니라 청산을 위한 것이라는 이해가 조성될 것이다. 이러한 이해를 조건으로 한다면 제안한 내용을 수용할 수 있겠다.

오노: 그렇다면 타협한 조항은 다음과 같이 작성될 것이다.

"일본 외무상: 이 경우 일본 측은 진정성을 갖고 청산을 위해 한국의 청구권에 대해 논의하는 것에 이의를 제기하지 않는다."

김 대사: 이미 언급했듯이 한국의 청구권을 논의하는 목적은 청구권의 청산이라는 이해를 전제로 방금 언급한 소위 타협안을 수용한다.

IX. 공동성명서

(아래와 같은 공동성명서 초안이 제안되었고 양측 모두 수용했다.)

공동성명서

주일 한국대표부 대표 김유택 대사와 기시 노부스케 일본 외무상이 1957년 6월에 가진 만남에서 일본 정부는 일본 외국인수용소에 억류되어 있으며 제2차세계대전 종전 전부터 일본에 거주해 온 한국인들을 석방하고, 대한민국 정부는 한국의 외국인수용소에 억류되어 있는 일본 어민들을 송환하고 제2차세계대전 종전 이후에 불법 입국한 한국인들의 송환을 수락하기로 합의했다.

동시에 일본 정부는 일본의 구보타 간이치로 수석대표가 1953년 10월 15일에 한 발언을 철회하고, 1957년 6월자 미국 정부의 성명서를 바탕으로 1952년 3월 6일 일본대표단이 한국에 제기한 청구권을 철회할 것을 대한민국 정부에 통보했다. 그 결과, 도쿄에서 1957년 9월 2일 대한민국과 일본의 전면회담을 재개하기로 합의했다.

(양측이 초안 문서 전체를 교정하기 위해 6월 15일에 다시 만나기로 결정한 후 6월 14일 오전 12시 25분에 회의가 마무리되었다.)

2. 한일 간 실무자급 예비교섭 제10차 회의록

1704 SUMMARY RECORDS OF THE PRELIMINARY TALKS AT THE ADMINISTRATIVE LEVEL BETWEEN THE REPUBLIC OF KOREA AND JAPAN –X

(10th Session)

June 15, 1957

RECORDING: TO KYONG LIMB

1705 June 15, 1957 Saturday

SUMMARY RECORDS OF THE PRELIMINARY TAIKS AT THE ADMINISTRATIVE LEVEL BETWEEN KOREA AND JAPAN–X

1. Time and place:

From 1:30 p.m. to 7:30 p.m., on June 15, 1957, at Kayukaikan, Sambancho, Tokyo.

2. Conferees:

The Korean side: Counsellor Kyu Hah Choi of the Korean Mission.
Third Secretary To Kyong Limb of the Korean Mission.

The Japanese side: Counsellor Miyake of the Japanese Foreign Office.
Mr. Suganuma, Chief of the First Section of the Asian Affairs Bureau of the Japanese Foreign Ministry.

3. The gist of talks:

COUNSELLOR MIYAKE: Let's read the final draft documents through so that we may have complete one.

COUNSELLOR CHOI: No objection.

COUNSELLER MIYAKE: (Here Counsellor Miyake took out the Japanese draft and started reading it) I think that headings of each document in capital letter without underline is preferable. What do you think about it?

1706 COUNSELLOR CHOI: So do I.

COUNSELLOR MIYAKE: As to the annexed understanding, it is our practice that the initial of each other's delegate is usually inked instead of the full signature.

COUNSELLOR CHOI: I agree with you.

COUNSELLOR MIYAKE: As to the annexed understanding, agreed minutes, and the oral statement, I want to put capitalized confidential on the left upper side of each document.

COUNSELLOR CHOI: (After the telephone conversation with Ambassador Kim) So do I. In some documents, 'Korea' is used instead of 'the Republic of Korea', I would like to correct them into the 'Republic of Korea'.

COUNSELLOR MIYAKE: No objection,

COUNSELLOR CHOI: It has been already agreed that in the second paragraph of Article 4 of the Agreed Minutes, the sentence begins with "I understand…" Now that the Japanese side inserted a new phrase 'In this connection' without our knowledge and agreement. This phrase should be deleted.

COUNSELLOR MIYAKE: If my memory is correct, it has already been decided that the phrase 'In this connection' be inserted in the previous session to make the meaning of that paragraph clear to everybody. What does it make
1707 difference having this phrase in the final draft and not having it ?

COUNSELLOR CHOI: First of all, this phrase is not agreed to be inserted here. I think it is quite of no use at all too. Therefore, it should be deleted.

COUNSELLOR MIYAKE: If you insist on having the phrase 'In this connection' be deleted, it may be deleted.

COUNSELLOR MIYAKE: In the Joint Communique, in the sentence which reads:

"It has been agreed that the Government of Japan will release those Koreans who are detained at the Aliens Detention Camps in Japan and who have been residing in Japan since prior to the end of World War II", the underlined part seems to me illogical to say nothing of the fact that it runs against the same part appeared in Memorandum of Understanding. Therefore, I would like to propose that the underlined part should be amended as "those Koreans who have been residing in Japan since prior to the end of World War II and who are being detained at the Aliens Detention Camps in Japan".

COUNSELLOR CHOI: No objection on the condition that the communique will strictly follow the original wording of the draft memorandum itself.

COUNSELLOR MIYAKE: In the Joint Communique, the sentence reads: "it also withdraws its property claim against Korea which was made on March 6, 1957, on the basis of the Statement of the United States Government dated June   , 1957.", the underlined part should be amended as "…it also withdraws the claim to property in Korea made by the Japanese Delegation at the Japan-Korea Talks on March 6, 1952…" in order to square it with the same part of the sentence appeared in the Note Verbale to be sent to Korean Mission by the Japanese side.

COUNSELLOR CHOI: No objection since it merely follows the same wording with the draft note verbale itself,

1708 COUNSELLOR MIYAKE: In the Memorandum of Understanding, there appears "Done in duplicate in Tokyo…". It is our general practice that at Tokyo is preferable. Do you have any objection to this?

COUNSELLOR CHOI: I know that "at Tokyo" is more literary than "in Tokyo" in this case. In the Joint Communique, the last paragraph reads: "… it has been agreed that the overall talks between the Republic of Korea and Japan will be resumed on September 2, 1957 in Tokyo." The underlined part seems to me very awkward from the viewpoint of English grammar. Therefore, the said sentence should be amended as "… resumed in Tokyo on September 2, 1957."

COUNSELLOR MIYAKE: No objection. (Handing the Japanese text of the Oral Statement to Counsellor Choi) I understand that Foreign Minister Kishi will read the Japanese Oral Statement in Japanese before he hands it to Ambassador Kim together with English translation.

COUNSELLOR CHOI: I understand that the Oral Statement itself is drafted in English and has been already agreed upon. Therefore, it is quite natural that Foreign Minister Kishi should read it in English, and that the English text should be regarded as the official one.

COUNSELLOR MIYAKE: It is our general practice that all official documents are prepared in Japanese. Foreign Minister Kishi should, therefore, read the oral statement in Japanese.

COUNSELLOR CHOI: We cannot accept your proposal because your own Japanese version is slightly different from what is expressed in the English text. Since it is drafted in English, there will be no further question about reading it in English. Let's make this matter pending for a while.

Both sides agreed to meet next at 9 p.m. at the Director's office of the Asian Affairs Bureau of the Japanese Foreign Ministry.

번역

한일 실무급 예비교섭 10차 회의 요록

(10차 회의)

1957년 6월 15일

기록: 임도경

1957년 6월 15일 토요일

한일 실무급 예비교섭 10차 회의 요록

1. 일시 및 장소

1957년 6월 15일 오후 1시 30분~7시 30분, 도쿄 삼반초 가유회관

2. 참석자

한국 측 한국대표부 최규하 참사관
한국대표부 임도경 3등서기관.

일본 측 일본 외무성 미야케 참사관
일본 외무성 아시아국 스가누마 아시아국 제1과장

3. 회의록

미야케 참사관: 완성본을 준비할 수 있도록 최종안을 처음부터 끝까지 읽어보자.

최 참사관: 이의 없다.

미야케 참사관: (미야케 참사관이 일본 측 초안을 읽기 시작했다.) 각 문서의 제목은 밑줄 없이 대문자로 작성하는 것이 좋을 것 같은데, 어떻게 생각하는가?

최 참사관: 동의한다.

미야케 참사관: 부속 양해서의 경우 정식 서명 대신 각 측 대표가 가서명하는 것이 우리 측 관행이다.

최 참사관: 동의한다.

미야케 참사관: 부속 양해서, 합의의사록 및 구두전달문에서 각 문서의 좌측 상단에 대문자로 '기밀'임을 표기하고 싶다.

최 참사관: (김 대사와 전화 통화 후) 동의한다. 일부 문서에 '대한민국' 대신 '한국'으로 표기되어 있는데 모두 '대한민국'으로 수정하고 싶다.

미야케 참사관: 이의 없다.

최 참사관: 합의의사록 제4조의 두 번째 문단에서 문장을 '이해한다…'로 시작하는 것에 대해 이미 합의를 했는데, 일본 측은 우리 측에 통보 및 합의하지 않고 '이와 관련하여'라는 새로운 문구를 삽입했다. 해당 문구를 삭제해야 한다.

미야케 참사관: 지난 회의에서 모두에게 명확한 의미를 전달하기 위해 '이와 관련하여'라는 문구를 삽입하기로 결정했던 것으로 기억한다. 최종안에 이 문구를 넣으면 넣지 않았을 경우와 차이가 있는가?

최 참사관: 일단 문구를 삽입하는 것에 대해 합의하지 않은 것이 문제다. 나도 전혀 의미가 없는 문구라고 생각하고, 따라서 삭제해야 한다는 의견이다.

미야케 참사관: '이와 관련하여'를 삭제하는 것을 요구한다면 삭제해도 좋다.

미야케 참사관: 공동성명서에 '일본 정부는 일본 외국인수용소에 억류되어 있으며 제2차세계대전 종전 전부터 일본에 거주해 온 한국인들을 석방한다'는 문장이 있는데 밑줄 친 부분이 양해각서의 동일한 부분에 담긴 내용과 상충하여 비논리적으로 느껴진다. 따라서 밑줄 친 부분을 '제2차세계대전 종전 전부터 일본에 거주해 오고 있으며 일본 외국인수용소에 억류되어 있는 한국인들'로 수정할 것을 제안하고 싶다.

최 참사관: 성명서에서 각서 초안의 당초 문구를 엄격히 따른다는 조건하에 이의 없다.

미야케 참사관: 공동성명서 중 "1957년 6월 자 미국 정부의 성명서를 바탕으로 1957년 3월 6일 일본대표단이 한국에 제기한 청구권을 철회한다"라는 문장에서 밑줄 친 부분은 일본 측이 한국대표단에 송부할 구상서에 포함되어 있는 동일한 부분의 문장과 상응하도록 '1952년 3월 6일에 개최된 한일회담에서 일본대표단이 제기한 한국의 재산에 대한 청구권을 철회한다'로 수정해야 한다.

최 참사관: 구상서 초안과 동일한 문구를 적용하는 것일 뿐이므로 이의 없다.

미야케 참사관: 양해각서에 '도쿄에서(in Tokyo) 2부 작성'이라고 되어있는데 '도쿄에서(at Tokyo)'로 표기하는 것이 우리 측 관행이다. 이의 있는가?

최 참사관: 이 경우에는 'in Tokyo'보다 'at Tokyo'가 보다 적합하다는 것을 알고 있다. 공동성명서 마지막 문단을 보면 "도쿄에서 1957년 9월 2일 대한민국과 일본의 전면회담을 재개하기로 합의했다(it has been agreed that the overall talks between the Republic of Korea and Japan will be resumed on September 2, 1957 in Tokyo)"라고 작성되어 있는데 영문법상 매우 어색해 보인다. 이 문장은 '…1957년 9월 2일 도쿄에서 재개(… resumed in Tokyo on September 2, 1957)'로 수정해야 한다.

미야케 참사관: 이의 없다. (일본의 구두전달문 텍스트를 최 참사관에게 전달하며) 기시 외무상이 영문 번역본과 함께 김 대사에게 전달하기 전에 작성된 일본 측 구두전달문을 일본어로 낭독할 예정이다.

최 참사관: 구두전달문 자체의 초안을 영문으로 작성했고 이미 양측이 합의했기 때문에, 기시 외무상이 영문본을 낭독하는 것이 당연하고 영문본을 공식적인 버전으로 간주해야 한다.

미야케 참사관: 모든 공문서를 일본어로 작성하는 것이 우리 측의 일반적 관행이다. 따라서 기시 외무상은 일본어로 작성된 구두전달문을 낭독해야 한다.

최 참사관: 자국어인 일본어 버전이 영문 텍스트에 표현된 것과 약간 다를 수 있기 때문에 방금 제안한 내용은 수용할 수 없다. 초안을 영문으로 작성했으므로 영문본을 낭독하는 것이 당연하다. 이 문제는 잠시 보류해 두자.

양측은 오후 9시에 일본 외무성 아시아국장의 집무실에서 모이기로 합의했다.

3. 한일 간 실무자급 예비교섭 제11차 회의록

1710 SUMMARY RECORDS OF THE PRELIMINARY TALKS AT THE ADMINISTRATIVE LEVEL BETWEEN THE REPUBLIC OF KOREA AND JAPAN－XI

(11th Session)

June 16, 1957

RECORDING: TO KYONG LIMB

1711 June 16, 1957 Sunday

SUMMARY RECORDS OF THE PRELIMINARY TALKS AT THE ADMINISTRATIVE LEVEL BETWEEN KOREA AND JAPAN－XI

1. Time and place:

From 9:00 p.m. on June 15, 1957 to 0:15 a.m., on June 16, 1957, at the Director's office of the Asian Affairs Bureau of the Japanese Foreign Ministry.

2. Conferees:

The Korean side: Counsellor Kyu Hah Choi of the Korean Mission.
Third Secretary To Kyong Limb of the Korean Mission.

The Japanese side: Counsellor Miyake of the Asian Affairs Bureau of the Japanese Foreign Office.
Mr. Nakagawa, Director of the Asian Affairs Bureau of the Japanese Foreign Office.

3. The gist of talks:

COUNSELLOR CHOI: Do you re-consider the matter pending in the previous session?

COUNSELLOR MIYAKE: I hope the Korean side would make concession as to whether the oral statement should be read in English or Japanese.

(Please refer to the previous summary records No. 10.)

1712 COUNSELLOR CHOI: As I have mentioned in the previous session, the oral statement is drafted in English from the very outset. Therefore, it is quite natural that Foreign Minister Kishi will make the statement in English instead of Japanese unless you make your Japanese version of which the meaning is strictly same as the English version.

DIRECTOR NAKAGAWA: Then, I propose that Foreign Minister Kishi will make the statement in English for convenience sake.

COUNSELLOR CHOI: Since you agreed that the oral statement should be made by Foreign Minister Kishi in English, the English text should be regarded as the official one.

DIRECTOR NAKAGAWA: I cannot agree with you. As I have told you just before, the oral statement is read by Foreign Minister Kishi in English for convenience sake only. Then, I would like to propose that English is considered as the working language instead of the official language.

COUNSELLOR CHOI: May I understand that in case of making the oral statement regarding Korean art objects, Foreign Minister Kishi will make the statement in English as the working language therefor, and that it is natural that the interpretation of the remarks made in English should be made on the basis of what was expressed in English itself.

DIRECTOR NAKAGAWA: I agree with you

COUNSELLOR CHOI: Then, the word 'Translation' appearing on the left upper side of the English text of the draft oral statement should be deleted,

leaving capitalized confidential as it is if you really wish to keep the document in confidence, and the Japanese side will withdraw the Japanese version of the
1713 draft oral statement and the Japanese version will have no effect on the Korean side's interpretation thereof.

DIRECTOR NAKAGAWA: No objection.

COUNSELLOR CHOI: (Handing the Japanese oral statement to Counsellor Miyake) I don't think it (Japanese text) is necessary for our side.

DIRECTOR NAKAGAWA: The Korean side may tear it away.

-The end-

번역

한일 실무급 예비교섭 회의 요록

(11차 회의)

1957년 6월 16일

기록: 임도경

1957년 6월 16일 일요일

한일 실무급 예비교섭 11차 회의 요록

1. 일시 및 장소

1957년 6월 15일 오후 9시~1957년 6월 16일 오전 12시 15분, 일본 외무성 아시아 국장 집무실

2. 참석자

한국 측 한국대표부 최규하 참사관

한국대표부 임도경 3등서기관

일본 측 일본 외무성 미야케 참사관

외무성 나카가와 아시아국장

3. 회의록

최 참사관: 지난 회의에서 보류한 문제를 재고해 보았는가?

미야케 참사관: 구두전달문을 영어로 낭독할지 또는 일어로 낭독할지에 대해서는 한국이 타협해 주기를 바란다.

(10차 회의 요록 참고)

최 참사관: 지난 회의에서 언급했듯이 구두전달문의 경우 처음부터 영문으로 작성했다. 따라서 영문본과 엄격하게 동일한 의미를 담아 일본어 버전을 작성하지 않는 이상 기시 외무상이 일본어가 아닌 영어로 성명을 발표하는 것이 자연스럽다.

나카가와 국장: 그렇다면 기시 외무상에게 편의를 위해 영어로 성명을 발표할 것을 제안하겠다.

최 참사관: 기시 외무상이 영어로 구두전달문을 발표하기로 합의했으므로 영문본을 공식 문서로 간주해야 한다.

나카가와 국장: 동의할 수 없다. 방금 말했듯이 오로지 편의를 위해서 기시 외무상이 영어로 구두전달문을 발표하는 것이다. 그렇다면 영어를 공식 언어가 아닌 통용 언어로 삼는 것을 제안하고 싶다.

최 참사관: 한국 예술품에 대한 구두전달문 발표 시 기시 외무상이 통용어로서의 영어로 발표한다 할 경우 영어로 발언한 내용은 영문으로 표현된 내용을 바탕으로 해석하는 것이 자연스럽다고 이해하겠다.

나카가와 국장: 동의한다.

최 참사관: 그렇다면 구두전달문 초안의 영문 텍스트 좌측 상단에 표기된 '번역본'이라는 단어를 삭제하고, 이 문서를 정말 기밀로 유지하고자 한다면 대문자로 표기되어 있는 '기밀' 표시는 그대로 남겨두어야 한다. 일본 측은 구두전달문 초안의 일문본

을 철회하고 일문본은 구두전달문에 대한 한국 측의 해석에 효력을 갖지 않도록 해야 한다.

나카가와 국장: 이의 없다.

최 참사관: (일본 측 구두전달문을 미야케 참사관에게 전달하며) 우리 측에 (일문본이) 필요하지는 않을 것 같다.

나카가와 국장: 한국 측이 찢어버려도 좋다.

끝

4. 제16차 예비교섭에서의 일본 측 제안에 관해 유태하 공사가 이승만 대통령에게 보낸 보고 서한

1715 Tokyo, August 20, 1957

No. 44

To: His Excellency The President

From: Tai Ha Yiu

Subject: Japanese Proposals at 16th Preliminary Session

The 16th preliminary session opened this morning at the Kayukaikan. I agreed to the meeting with Itagaki and Miyake after receiving their telephone call the previous evening.

The gist of the talk is as follows:

Itagaki: "It is utterly impossible for Japan to accept the Korean PROPOSAL ON THE U.S. Memorandum. I had no chance with the authorities concerned; they were so opposed. However, since the problem has to be settled one way or the other, we hope the Korean side will give the matter further consideration.

"I am going to place before you a proposal which might be acceptable to the Korean side. As a result of consultations with vice foreign minister Ohno, we have decided to make one or two revisions in the draft Agreed Minutes. That is, change the order of contents leaving the wordings intact with respect to article 4 of the Agreed Minutes. (Please see attached) Reversing the order of contents would make the Korean stand stronger, for as I have told you, the

Korean amendment proposal will not be accepted. Although the terms are the same, if experts were to study them, they would notice the change."

Itagaki took a long time to explain the advantages of the Korean side were the contents to be reversed.

Yiu: "What you proposed seems like a bit of nonsense to me. It is nothing more than shifting plates from your left to your right. It gives no advantages to the Korean side. Why can't you just make yourself plain and clear instead of making vague proposals.

"You speak of opposition from the authorities concerned, but as I know it, the Japanese government went ahead with their own plans in disregard of the
1716 opposition and settled the Philippine and Burmese reparations problems. What annoys me is why you take such an attitude to our property claims."

Itagaki: "I must contradict that statement. The Philippine and Burmese reparations problems were not as complicated as the Korean claims because the two countries presented the amount of their claims and we had something to work on, while the Korean side did not such thing except to demand guarantees that its property claims will not be affected by the U.S. Memorandum and so on."

Yiu: "The nature of our claims is quite different from your reparations problem with the other countries."

Itagaki: "I have to refer to the Kim-Nakagawa talks again. They failed to reach any agreement and instead resulted in the government getting into trouble with the socialists and the families of the fishermen detained in Korea.

I have another proposal to make to you. The Korean side is anxious to obtain written commitments from the Japanese side on the various issues prior to resuming the overall talks. In his statement issued the other day, Foreign Minister Cho made similar references. Such being the case, I see no hope of our fishermen being released from Pusan unless the property claims and other problems are settled. Therefore, I would like to propose that we open the overall talks parallel with the preliminary meetings because there will be no settlement of the detainee issue without the settlement of the other problems.

"The Korean side refuses to present its claims amount. The Japanese side has stated it will discuss the Korean claims with sincerity. But that too failed to satisfy you. The best way, therefore, would be to open the formal conference at which time will be decided whether these problems will be settled or not. If we fail to reach agreement on any one of the problems, we will have to accept that as breaking up the talks.

"As a prerequisite to resuming the formal conference, the Korean side requested the withdrawal of the Kubota statement and the renunciation of the property claims. The request was accepted; therefore, the formal talks should be resumed.

Yiu: "The preliminary talks started quite some time ago, but as yet we failed to come to any agreement. Under such a circumstance, opening of the formal talks would cause further confusion and difficulties. We should try to come to agreement on each of our problems at this time instead of resuming the conference and trying to tackle them all at once.

1717 "I would like to know what prompted you to state that failure to settle the overall pending problems will result in further detention of Japanese fishermen in Korea. You forget that we are as anxious as you are to have our people released from the Omura camp. You seem to also forget that you have such people in detention."

Itagaki: "I did not mean it that way. As an official of my government it is only natural for me to think of our people, while it is natural that you as the Korean representative in Japan should think of your people."

Yiu: "Your proposals are not acceptable to the Korean side."

Itagaki: "The Japanese side has made two proposals. I want you to relay them to your government."

On returning to the office, I held a staff meeting to discuss my talk with the Japs. It was the unanimous opinion that the Jap proposal concerning the reversing of the order of contents with respect to article 4 of the draft agreed minutes was not to be considered and that I had made an appropriate answer.

As to opening the formal talks parallel with the preliminary sessions, we should study the matter more closely for we are rather suspicious of the purpose behind the Jap proposal.

In the afternoon, I contacted the Jap officials again and sent Counselor Choi together with first secretary Chin to Miyake who repeated the same things that Itagaki had said to me at our morning session. (Gist of talk attached)

The Japs made the above two proposals at today's meeting which I hope will be thoroughly studied, although they are not even worth any consideration, and instructions issued accordingly.

번역

1957년 8월 20일, 도쿄

번호: 44

수신인: 대통령 각하

발신인: 유태하

제목: 16차 예비교섭에서 이루어진 일본의 제안

오늘 오전 가유회관에서 16차 예비교섭이 개최되었습니다. 어제저녁 전화를 받고 이타가키 및 미야케와 회의를 하기로 했습니다.

논의의 요점은 이렇습니다.

이타가키: 일본은 미국 각서에 대한 한국 측 제안을 전혀 수용할 수 없다. 관련 당국

의 반대가 매우 심해 받아들일 가능성이 없어보인다. 하지만 어떻게든 해결해야 하는 문제이므로 한국 측이 좀 더 생각해 보기를 바란다.

한국 측이 수용할 수 있을 만한 제안을 해보려고 한다. 오노 외무차관과 협의한 결과 합의의사록 초안에서 한 가지 또는 두 가지 부분을 수정하기로 결정했다. 바로 합의의사록 제4조의 표현은 그대로 유지하되 내용의 순서를 변경하는 것이다. (별첨 참고) 내용의 순서를 뒤바꾸면 한국의 주장이 강화될 것이다. 이미 말했듯이 한국이 제시한 수정안은 수용되지 않을 것이다. 용어는 같지만 전문가들이 분석하면 변화가 느껴질 것이다.

이타가키는 오랜 시간을 들여 순서를 바꿀 경우 한국 측에 돌아가는 이익에 대해 설명했습니다.

유: 제안한 내용이 약간 터무니없게 느껴진다. 접시를 왼쪽에서 오른쪽으로 옮기는 것 이상의 의미가 없는 제안이다. 한국 측에 유리한 부분이 없다. 모호한 제안을 하지 말고 솔직하고 확실하게 원하는 바를 말하는 것이 어떤가.

관련 당국의 반대에 대해 언급했는데, 일본 정부는 반대를 무릅쓰고 자체적인 계획을 세워 필리핀과 버마의 보상 문제를 해결한 것으로 알고 있다. 그런데 왜 우리 한국의 청구권에는 지금과 같은 태도를 취하는 것인지 짜증이 난다.

이타가키: 방금 말한 내용은 맞지 않다. 필리핀 및 버마의 보상 문제는 한국의 청구권 문제만큼 복잡하지 않았다. 이 두 국가의 경우 청구액을 제시하여 조율하면 되는 상황이었는데, 한국은 미국 각서가 한국의 청구권에 영향을 미치지 않을 것이라는 등을 보장하라고 요구하는 것 외에 우리에게 제시한 것이 없지 않나.

유: 우리 청구권은 다른 국가와의 보상 문제와 성격이 상당히 다르다.

이타가키: 김 대사와 나카가와 국장이 나눈 대화를 다시 언급해야 될 것 같다. 이 둘은 합의를 도출하지 못했고, 그 결과 정부가 사회당 및 한국에 억류되어 있는 어민들의 가족과 마찰을 겪게 되었다.

한 가지 더 제안하고 싶다. 한국 측은 전면회담 재개 전에 여러 가지 문제에 대해 일본이 서면으로 약속할 것을 강력하게 요구했다. 조 외무부 장관이 며칠 전 발표한 성명에서도 비슷한 내용을 언급했다. 이러한 상황을 고려하면 청구권과 다른 문제들이 해결되지 않으면 부산의 우리 어민들은 석방될 가능성이 없어보인다. 따라서 다른 문제가 해결되지 않으면 억류자 문제가 해결될 수 없으므로 예비교섭과 병행하여 전면 회담을 재개하는 것을 제안하고 싶다.

한국 측은 청구액을 제시하는 것을 거부하고 있다. 일본은 진정성을 가지고 한국의 청구권에 대해 논의하겠다고 명확히 말했음에도 불구하고 한국 측을 만족시키지는 못했다. 따라서 공식 회담을 개최하는 것이 최선의 방법이고, 공식 회담을 개최할 때쯤이면 여타 문제들의 해결 여부가 결정될 것이다. 이러한 문제들 중 어떠한 것에 대해서든 우리가 합의를 도출하지 못하는 상황이 오면 회담이 결렬된 것으로 간주해야 할 것이다.

한국 측은 공식 회담을 재개하기 위한 전제조건 중 하나로 구보타 성명과 청구권의 철회를 요구했다. 이 요구사항을 수용했으니 공식 회담을 재개해야 한다.

유: 예비교섭을 시작한 후 상당한 시간이 흘렀음에도 아직 어떠한 합의에도 이르지 못했다. 따라서 공식 회담을 개최하면 더욱 큰 혼란과 어려움이 따를 것이다. 지금 시점에서는 회담을 재개하고 모든 문제를 한 번에 해결하려 하기보다는 각각의 문제에 대한 합의를 도출해야 한다.

양국 간에 남아있는 전반적인 문제들을 해결하지 못하면 한국에 억류 중인 일본 어민들이 더 오랜 기간 구금될 것이라고 말하게 된 이유가 무엇인지 알고 싶다. 우리도 일본만큼이나 오무라수용소에서 한국인들을 석방시키고 싶어 한다는 사실을 잊은 것 같고, 일본도 한국인들을 억류하고 있다는 사실도 잊은 것 같다.

이타가키: 그런 의미는 아니었다. 정부 관료로서 우리 국민들을 생각하는 것은 당연한 일이고, 주일 한국대표인 유 공사는 한국 국민들을 생각하는 것이 당연하다.

유: 한국 측은 일본의 제안을 받아들일 수 없다.

이타가키: 일본은 두 가지를 제안했다. 이 두 가지 제안사항을 한국 정부에 전달해 주기를 바란다.

집무실로 복귀하는 길에 일본 측과 나눈 대화에 대해 내부 회의를 가졌습니다. 합의의사록 초안 제4조에 담긴 내용의 순서를 바꾸자는 일본의 제안은 고려할 만한 내용이 아니며 제 답변이 적절했다는 데 모두 동의했습니다.

예비교섭과 병행하여 공식 회담을 개최하는 것에 대해서는 일본의 제안 뒤에 숨은 의도가 의심되므로 보다 면밀히 검토해 봐야 합니다.

오후에 일본 측 관계자들과 다시 연락하여 진 1등서기관과 함께 최 참사관을 보내 미야케와 만나게 했습니다. 미야케는 오전 회의에서 이타가키가 저에게 했던 말들을 반복했다고 합니다(대화의 핵심 내용 첨부).

고려할 가치도 없는 내용이지만 일본이 오늘 회의에서 제시한 위의 두 가지 제안사항을 면밀히 검토한 후 적절한 지시를 내려주셨으면 하는 바람입니다.

첨부

4-1. 합의의사록 초안의 제4조(유태하 공사가 이승만 대통령에게 보낸 서한)

1718 ARTICLE 4 OF THE DRAFT AGREED MINUTES TENTATIVELY AGREED TO JUNE 16, 1957

4. Chief of the Korean Mission in Japan:

In connection with the Korean claims, the Korean side would like to submit for discussion and settlement at the overall talks to be resumed the same proposal that it had submitted at the previous talks.

Minister for Foreign Affairs of Japan:

In such case, the Japanese side has no objection to discussing for settlement such Korean claims with sincerity.

Minister for Foreign Affairs of Japan:

I understand that with respect to the "Statement of U.S. Position on Interpretation of Article 4 of the Japanese Peace Treaty with respect to the Korea-Japanese Claims Settlement" dated June, 1957, the Government of the Republic of Korea is also of the same opinion with the said Statement. I further understanding that the said U.S. Statement does not signify the reciprocal renunciation of the property claims.

Chief of the Korean Mission in Japan:

It is also my understanding.

1719 JAPANESE AMENDMENT PROPOSAL WITH RESPECT TO ARTICLE 4 OF THE DRAFT AGREE MINUTES

The Japanese side proposes to change the order of contents as follows, leaving the wording of it exactly as it was tentatively agreed to on June 16,

1957.

Minister for Foreign Affairs of Japan:

I understand that with respect to the "Statement of U.S. Position on Interpretation of Article 4 of the Japanese Peace Treaty with Respect to the Korea-Japanese Claims Settlement" dated June , 1957, the Government of the Republic of Korea is also of the same opinion with the said Statement. I further understand that the said U.S. Statement does not signify the reciprocal renunciation of the property claims.

Chief of the Korean Mission in Japan:

It is also my understanding.

Chief of the Korean Mission in Japan:

In connection with the Korean claims, the Korean side would like to submit for discussion and settlement at the overall talks to be resumed the same proposal that it had submitted at the previous talks.

Minister for Foreign Affairs of Japan:

In such case, the Japanese aide has no objection to discussing for settlement such Korean claims with sincerity.

번역 1957년 6월 16일 잠정 합의한 합의의사록 초안의 제4조

4. 주일 한국대표부 대표:

한국의 청구권과 관련하여 한국 측은 재개될 전면회담에서의 논의를 위해 기존 회담에서 제출한 것과 동일한 제안서를 제출하고자 한다.

일본 외무상:

그러한 경우 일본은 한국의 청구권을 청산하기 위해 진정성을 가지고 논의하는 데 이의를 제기하지 않는다.

일본 외무상:

1957년 6월 자 '한일 청구권 청산과 관련하여 대일강화조약 제4조의 해석에 대한 미국의 입장 성명서'와 관련하여 대한민국 정부도 해당 성명서와 의견을 같이한다. 또한 미국 성명서가 청구권의 상호 포기를 의미하지 않는다는 것도 이해한다.

주일 한국대표부 대표:

동일하게 이해했다.

합의의사록 초안 제4조에 대한 일본의 수정안

일본 측은 문구는 1957년 6월 16일 잠정적으로 합의한 그대로 유지하고 내용의 순서를 다음과 같이 변경할 것을 제안한다.

일본 외무상:

1957년 6월 자 '한일 청구권 청산과 관련하여 대일강화조약 제4조의 해석에 대한 미국의 입장 성명서'와 관련하여 대한민국 정부도 해당 성명서와 의견을 같이함을 이해한다. 또한 미국 성명서가 청구권의 상호 포기를 의미하지 않는다는 것도 이해한다.

주일 한국대표부 대표:

동일하게 이해했다.

주일 한국대표부 대표:

한국의 청구권과 관련하여 한국 측은 재개될 전면회담에서의 논의를 위해 기존 회담에서 제출한 것과 동일한 제안서를 제출하고자 한다.

일본 외무상:

그러한 경우 일본은 한국의 청구권을 청산하기 위해 진정성을 가지고 논의하는 데 이의를 제기하지 않는다.

5. 한일 간 실무자급 예비교섭 제17차 회의록

1721 SUMMARY RECORD OF THE PRELIMINARY TALKS AT THE ADMINISTRATION LEVEL BETWEEN THE REPUBLIC OF KOREA AND JAPAN……. XVII

Tokyo, August 20, 1957

1. Time and place:

FROM 3:00 p.m. to 4:30 p.m., August 20, 1957, at Kayukaikan, Sambancho, Tokyo.

2. Conferees:

The Korean side: Consellor Kyu Hah Choi of the Korea Mission.
First Secretary Pil Shik Chin of the Korean Mission.

The Japanese side: Counsellor Kijiro Miyake of the Japanese Foreign Ministry.

3. The gist of talks

COUNSELLOR CHOI: Minister Yiu advised me to review with you the remarks made by Mr. Itagaki at this morning's meeting to the question of revising Article 4 of the draft Agreed Minutes concerning the U.S. Memorandum issue and the Korean claims. Would you please start with explaining your new suggestion?

COUNSELLOR MIYAKE: The Korean amendment proposal to add the words, "and does not affect Korean claims in any way" in Article 4 of the Agreed Minutes is definitely not acceptable to Japan. At this morning's talks, Mr.

Itagaki, Asian Affairs Director, proposed personally to change the order of clauses of Article 4, putting the clause on U.S. Memorandum first and placing the clause regarding the Korean claims issue at the last part of the article. The proposed text would therefore read as follows:

"4. Minister for Foreign Affairs of Japan:

I understand that with respect to the "Statement of U.S. Position on Interpretation of Article 4 of the Japanese Peace Treaty with Respect to the Korean-Japanese Claims Settlement" dated June , 1957, the Government of the Republic of Korea is also of the same opinion with the said Statement. I further understand that the said U.S. Statement does not signify the reciprocal renunciation of the property claims.

1722 Chief of the Korean Mission in Japan:

It is also my understanding.

chief of the Korean Mission in Japan:

In connection with the Korean claims, the Korean side would like to submit for discussion and settlement at the overall talks to be resumed the same proposal that it had submitted at the previous talks.

Minister for Foreign Affairs of Japan:

In such case, the Japanese side has no objection to discussing for settlement such Korean claims with sincerity."

The change of the order of clauses of the article is proposed with a view to easing anxiety entertained by the Korean side by concluding the article with the words "…the Japanese side has no objection to discussing for settlement such Korean claims with sincerity." and also to make the arrangement of the article more logical.

COUNSELLOR CHOI: It seemed to me that there is no change in substance of the meaning of the article if the order of clauses was changed as suggested by the Japanese side when there is no revision of words of the article.

COUNSELLOR MIYAKE: As you said, there would be no substantial change of meaning by changing the order of clauses of the article. However, the amending of words which would effect substantial change of meaning of the article cannot be considered at present. I think it appropriate to take up any divergency and differences of views in this regard at the overall talks. Our view on the proposed change of order of clauses of Article 4 is that we feel that emphasis is placed on the Korean claims clause by placing the clause regarding the Korean claims at the last part of the article and that the change of order would help ease the feeling of anxiety entertained by the Korean side. I hope that you would furnish us with an early reply to our new suggestion.

COUNSELLOR CHOI: It is hardly believed that there is any change of meanings in substance by re-arranging only order of clauses of The article. I hope that the Japanese side either accepts the most reasonable amendment proposal presented by the Korean side or work out a practicable counter proposal regarding the issue.

******

번역 한일 간 실무급 예비교섭 17차 회의 요록

1957년 8월 20일, 도쿄

1. 일시 및 장소

1957년 8월 20일 오후 3시~4시 30분, 도쿄 삼반초 가유회관

2. 참석자

한국 측　한국대표부 최규하 참사관

한국대표부 진필식 1등서기관

일본 측　일본 외무성 미야케 기지로 참사관

3. 회의록

최 참사관: 유 공사가 미국 각서 문제와 한국 청구권에 관한 합의의사록 초안 제4조를 수정하는 문제에 대해 오늘 오전에 있었던 회의에서 이타가키가 발언한 내용을 검토할 것을 요청했다. 새로 제안하는 내용에 대한 설명을 부탁한다.

미야케 참사관: 일본은 합의의사록 제4조에 '어떠한 방식으로도 한국의 청구권에 영향을 미치지 않는'이라는 표현을 추가하자는 한국 측 수정안을 절대로 수용할 수 없다. 오늘 오전에 있었던 회의에서 이타가키 아시아국장은 미국 각서에 대한 조항을 먼저 표기하고 한국 청구권 문제에 대한 조항을 뒷부분에 넣어 제4조의 순서를 변경하는 방안을 개인적으로 제안했다. 따라서 새로 제안한 텍스트는 다음과 같다.

"4. 일본 외무상:

1957년 6월 자 '한일 청구권 청산과 관련하여 대일강화조약 제4조의 해석에 대한 미국의 입장 성명서'와 관련하여 대한민국 정부도 해당 성명서와 의견을 같이함을 이해한다. 또한 미국 성명서가 청구권의 상호 포기를 의미하지 않는다는 것도 이해한다.

주일 한국대표부 대표:

동일하게 이해했다.

주일 한국대표부 대표:

한국의 청구권과 관련하여 한국 측은 재개될 전면회담에서의 논의를 위해 기존 회담에서 제출한 것과 동일한 제안서를 제출하고자 한다.

일본 외무상:

그러한 경우 일본은 한국의 청구권을 청산하기 위해 진정성을 가지고 논의하는 데 이의를 제기하지 않는다."

조항의 순서를 변경하는 안을 제안한 것은 '일본은 … 한국의 청구권을 청산하기 위해 진정성을 가지고 논의하는 데 이의를 제기하지 않는다'는 문구로 해당 조항을 마무리함으로써 한국 측의 불안함을 완화시키고 이 조항의 구조를 보다 논리적으로 만들기 위함이었다.

최 참사관: 일본 측이 제안한 대로 표현을 변경하지 않고 내용의 순서만 바꾸면 의

미는 바뀌지 않는다고 생각했다.

미야케 참사관: 말했듯이 내용의 순서를 바꾼다고 해서 의미가 크게 바뀌지 않는다. 그러나 현시점에서 조항의 의미를 크게 바꿀 만한 표현 수정을 고려할 수는 없다. 이 문제에 대한 견해 차이나 수정은 전면회담에서 논의하는 것이 적절하다고 생각한다. 제4조의 순서에 대해 제안한 변경사항에 대해서는 조항의 마지막 부분에 한국의 청구권에 대한 내용을 삽입함으로써 한국의 청구권에 중점을 두면 한국 측의 불안을 완화하는 데 도움이 된다는 것이 우리 측의 입장이다. 이러한 제안사항에 대해 조속히 답변을 주기 바란다.

최 참사관: 조항의 순서만 재배치함으로써 의미의 본질이 변한다고 생각하기 어렵다. 한국 측이 제시한 가장 합리적인 수정안을 일본이 수용하거나 이 문제에 대해 실현 가능한 해결책을 역으로 제안해 주었으면 한다.

******

6. 구보타 발언 및 일본의 청구권 철회의 구상서 수정 각서

1723 August 21, 1957

MEMORANDUM

On the morning of August 21, 1957, Counsellor Miyake of the Japanese Foreign Office, by telephone, notified Counsellor CHOI that the Japanese side has no objection to deleting the mark "TRANSLATION" appearing in the left upper corner of the English text of the draft note varbale to withdraw the Kubota statement and Japanese property claims, as requested by the Korean side at the preliminary talks held on July 31, 1957. (Please refer to the summary record of the preliminary talks…………XIII)

REMARKS:

According to the draft note verbale on the withdrawal of the Kubota statement and Japanese property claims, the mark "Translation" was put in the left upper corner of the English text of the draft. Our side requested the Japanese side to delete the nark "Translation". We told the Japanese side that as both sides diseased the problem on the basis of the English text of the draft and further all other documents on the detainees issue and the resumption of the overall talks are drafted in English, the Korean side believed that there should be an authentic English text of the note verbale and not the one of more "Translation". So, the Japanese side, today, gave us a reply accepting our request in this regard.

번역

1957년 8월 21일

각서

1957년 8월 21일 오전, 일본 외무부의 미야케 참사관은 유선상으로 최 참사관에게 1957년 7월 31일에 열린 예비교섭에서 한국 측이 요청한 바대로 구보타 성명 및 일본 청구권 철회에 대한 구상서 초안의 영문본 좌측 상단에 표기되어 있는 '번역본(Translation)' 부호를 삭제하는 것에 일본 측이 반대하지 않는다고 통보했다(13차 예비교섭 요록 참고).

비고: 구보타 성명 및 일본 청구권 철회에 대한 구상서 초안의 영문본 좌측 상단에 '번역본' 부호를 삽입했다. 우리 측은 일본 측에 '번역본' 부호를 삭제할 것을 요청했다. 우리는 양측이 초안의 영문본을 기준으로 삼아 논의했고, 억류자 문제와 전면회담 재개와 관련한 모든 다른 문서도 영문으로 작성했기 때문에 한국 측은 1개 이상의 '번역본'이 아닌 구상서의 영문 진본이 있어야 한다고 생각했다. 이에 오늘 일본은 이 문제에 대한 우리 측 요청을 수용한다고 답변했다.

7. 한일 간 제19차 예비교섭의 회의록[6]

1725 Tokyo, September 6, 1957

No. 48

TO: His Excellency
The President
FROM: Tai Ha Yiu

SUBJECT: The XIX Preliminary Session

The following is the gist of my meeting with Itagaki this afternoon:

Itagaki: "I met the finance authorities at the office of the vice foreign minister but opinions differed so widely that nothing resulted from our talk. However, the opinion was unanimous that the problems must be settled.

I would like to make another proposal to you, and that is—to delete altogether article 4 of the Agreed Minutes pertaining to the U.S. Memorandum except that part which states that Japan has no objection to discussing for settlement the Korean claims with sincerity. Also delete any reference to the U.S. memorandum in the note verbale."

Yiu: "I told you the other day that the Japanese side must accept our amendment proposal as it is. Our meetings are to prepare the way for the resumption of the formal conference, but before we do so, the Japanese side must withdraw the Kubota statement and the claim to property in Korea

6 유태하 공사가 이승만 대통령에게 한 보고 형식.

unconditionally. An to the detainee issue, your side must promise not to detain any more Korean. All these problems are so intertwined that there can be no one settlement without the other."

Itagaki: "Because we know this is why we are so anxious to settle them. If the Japanese side agrees to accept the Korean demand that the proposed amendments be inserted in the Agreed Minutes, do I take it that there will be no further conditions on the part of Korea?"

Yiu: "That is correct."

Itagaki: "Is there no other way? The authorities concerned are perturbed not about your proposed amendments but of the amount the Korean side will claim."

Yiu: "Our property claims amount will be a minimum and reasonable one. As I have told you, if the Japanese side is sincere we might not bring up the question of reparations.

With the fishing season nearing, there will be mass violation of our Peace Line by Japanese vessels forcing our side to seize them. We must come to agreement by the end of next week."

Itagaki: "If this is a matter for the foreign Ministry alone to decide we can
1726 settle it right away but with so many divergent opinions it is not so easy. I will try my best and I want you to have faith in me. And do relay my proposal to your government."

Yiu: "I have given you our answer. The Korean amendment proposal on the property claims must be inserted in the agreed minutes."

Itagaki: "I shall do whatever I can."

The cable report sent of this meeting made no mention of the proposal I made that our amendments must at least be inserted in the agreed minutes. I have therefore sent a separate cable in code.

1957년 9월 6일, 도쿄

번호: 48

수신인: 대통령 각하
발신인: 유태하

제목: 19차 예비교섭

오늘 오후 이타가키와 논의한 내용의 요점입니다.

이타가키: 외무차관 집무실에서 재무 당국과 만났으나 의견 차이가 너무 커 어떠한 결과도 얻지 못했다. 그러나 제반 문제들을 해결해야 한다는 점에는 모두 동의했다.

또 한 가지 제안을 하고 싶다. 일본이 진정성을 가지고 한국의 청구권을 청산하기 위해 논의하는 것에 이의를 제기하지 않는다고 명시하는 부분을 제외하고 미국 각서에 대한 합의의사록 제4조 자체를 모두 삭제하는 것이다. 구상서에서 미국 각서를 언급하는 모든 부분 또한 삭제하는 것을 제안하고 싶다.

유: 전에 일본 측이 우리가 제시한 수정안을 그대로 수용해야 한다고 말한 바 있다. 우리가 지금 교섭을 진행하는 목적은 공식 회담 재개 준비를 위함이지만, 그 전에 일본은 구보타 성명과 한국에 대한 재산 반환 청구를 무조건적으로 철회해야 한다. 그리고 억류자 문제에 대해서는 더 이상 한국인을 억류하지 않겠다고 약속해야 한다. 이 모든 문제들이 서로 얽혀있기 때문에 하나의 문제가 해결되려면 다른 문제도 해결되어야 한다.

이타가키: 그것이 우리가 이 문제를 간절히 해결하고 싶은 이유다. 합의의사록에 수정안을 삽입하자는 한국의 요구를 일본 측이 수용하면 한국은 더 이상 추가적인 조건을 제시하지 않을 것으로 이해해도 되겠는가?

유: 그렇다.

이타가키: 다른 방법은 없겠는가? 관련 당국들은 한국의 수정안이 아니라 한국 측이 청구할 금액에 대해 동요하고 있다.

유: 우리가 청구할 금액은 최소한의 수준이고 합리적인 액수일 것이다. 이미 말했듯

이 일본이 진정성을 보인다면 보상금 문제는 거론하지 않을 수도 있다.

조업기가 다가오면서 일본 선박들이 평화선을 대거 위반하면 우리 측이 나포하게 될 것이다. 다음 주 말까지 합의를 도출해야 한다.

이타가키: 외무성이 독단적으로 결정할 수 있는 문제였다면 바로 해결할 수 있었겠지만 의견이 너무 다양하게 나뉘고 있어서 상황이 그렇게 쉽지 않다. 최선을 다하겠으니 유 공사도 믿어주기를 바란다. 제안한 사항을 한국 정부에 전달해 주기를 바란다.

유: 우리 측 답변은 이미 제시했다. 청구권에 대한 한국 측 수정안을 합의의사록에 삽입해야 한다는 것이 우리 답변이다.

이타가키: 가능한 모든 노력을 해볼 것이다.

오늘 있었던 회의에 대해 발송한 전보 보고서에는 최소한 합의의사록에는 우리 측 수정안을 삽입해야 한다는 저의 제안이 언급되어 있지 않아서 별도의 암호화된 전보를 송부했습니다.

8. 한일 간 예비교섭 회의록

1728

Tokyo, December 29, 1957

SUMMARY RECORD OF THE PRELIMINARY TALKS BETWEEN THE REPUBLIC OF KOREA AND JAPAN

1. Time and place:

From 4:00 p.m. to 4:40 p.m. December 29, 1957, at the Japanese Foreign Minister's official residence at Shiba-Shirogane, Tokyo.

2. Conferees:

The Korean side:	Ambassador Yu Taik Kim of the Korean Mission
	Minister Tai Ha Yiu of the Korean Mission
	Counsellor Kyu Hah Choi of the Korean Mission
	First Secretary Pil Shik Chin of the Korean Mission.
The Japanese side:	Foreign Minister Aiichiro Fujiyama
	Vice Foreign Minister (Administrative) Katsumi Ohno
	Mr. Osamu Itagaki, Director of the Asian Affairs Bureau of the Foreign Office
	Counsellor Kijiro Miyake of the Foreign Ministry

3. The gist of talks:

FOREIGN MINISTER FUJIYAMA: Thanking your coming this afternoon, I would like to make it clear to you that, in connection with the preliminary talks under way, there is no room left for the Japanese side to make any further concession beyond the line that was set on June 14, 1957.

AMBASSADOR KIM: Because both you and Premier Kishi were ill, I was not able to see either of you for a certain period of time and therefore 1 had opportunity on November 15, 1957 to meat Deputy Premier Ishii in my efforts to break the deadlock of the preliminary talks. At the meeting, I told Mr. Ishii that the Korean side might consider the point in question concerning the property claims if the Japanese side accept the rest of the Korean amendments proposal as a whole.

FOREIGN MINISTER FUJIYAMA: In principle, the Japanese side could not go beyond "the June 14th line", but I would like to be informed of your amendments proposal in this sense.

AMBASSADOR KIM: I would like to point out that the Korean amendments
1729 proposal I am referring to now has been made clear to the Japanese side before and that, at my meeting with Mr. Ishii on November 15, 1957, the both sides agreed that the Japanese side will accept the Korean amendments proposal as a whole except the point concerning the property claims issue.

FOREIGN MINISTER FUJIYAMA: I would like to confirm the Korean amendments proposal here.

AMBASSADOR KIM: (Ambassador Kim rend the text of the Korean amendments proposal point by point, a copy of which is attached hereto.)

FOREIGN MINISTER FUJIYAMA: Tough there existed differences of views among the ministries concerned of the Japanese Government regarding the terms to be agreed upon for the conclusion of the preliminary talks, I wish to inform you that I accept the Korean amendments proposal, excepting the point on property claims issue.

AMBASSADOR KIM: On the condition that the Japanese side accepts the Korean amendments as a whole excepting the point on property claims issue, I will accept the June 16 line on property claim issue.

Following the above agreement on the basic issue, the both sides agreed to the following procedural matters in connection with the signing of the documents for the conclusion of the preliminary talks.

1. The signing ceremony will be held at the Japanese Foreign Ministry at 12:00 noon on December 31, 1957. (The time is tentative.)

2. Immediately following the signing of the documents, the Joint Communique will be released at 12:00 KST (12:30 JST) noon in Seoul and Tokyo simultaneously.

3. Confirmation was made to the effect that 1) the Annexed Understanding, Oral Statement and the Agreed Minutes will be kept in secret and shall not be publicly released after the conclusion of the preliminary talks; 2) Oral Statement will be read by the Japanese Foreign Minister at the signing ceremony in English; 3) Joint Communique shall be initialed by the both sides; 4) the Japanese Note Verbale should be made out in English only.

4. The Japanese side proposed that the overall talks small be convened March 15, 1958. In this connection, the Korean side told the Japanese side that it will inform the Japanese side of its decision on the date for the resumption of the overall talks later upon instructions from the home Government.

5. A joint working committee will be formed for the preparation for the signing of the documents, the composition of the Korean delegation to the committee is as follows: Counsellor Choi Kyu Hah, First Secretary Chin Pil Shik and Third Secretary Limb To Kyong, Mr. Suganuma, Chief of Asia First Section and Mr. Ikawa, Chief of First Section of Treaty Bureau of the Japanese Foreign Office.

6. The Japanese side informed the Korean side that they will contact the U.S. Embassy in Tokyo in order that the U.S. Statement in question be issued on the date of December 31, 1957.

-The end-

1730 The both sides agree as follows:

1. The Japanese side accepts all the Korean amendments to the draft documents prepared on June 14, 1957, concerning the settlement of the detainees issue and the resumption of the overall talks between the Republic of Korea and Japan, except the points with regard to the property claims issue. (Text of the Korean amendments attached hereto)

2. The Korean side accepts the draft note verbale, article 4 of the draft agreed minutes and the draft joint communique, in connection with the property claims issue.

번역

1957년 12월 29일, 도쿄

한일예비교섭 회의 요록

1. 일시 및 장소

1957년 12월 29일 오후 4시~4시 40분, 도쿄 시바 시로가네 일본 외무성 관저

2. 참석자

한국 측 한국대표부 김유택 대사
한국대표부 유태하 공사
한국대표부 최규하 참사관
한국대표부 진필식 1등서기관

일본 측 후지야마 아이이치로 외무상
오노 가쓰미 (사무) 외무차관
외무성 이타가키 오사무 아시아국장

외무성 미야케 기지로 참사관

3. 회의록

후지야마 외무상: 방문해 줘서 고맙다. 진행 중인 예비교섭과 관련하여 일본 측은 1957년 6월 14일에 제시한 선 이상으로 더 이상 타협할 여지가 없음을 확실히 하고 싶다.

김 대사: 외무상과 기시 총리가 모두 병중이라 한동안 만날 수가 없었기 때문에 예비교섭의 교착 상태를 타개하고자 1957년 11월 15일 이시 부총리를 만났다. 이때 일본 측이 한국이 제시한 수정안의 나머지 부분 전체를 수용하면 청구권 관련 문제의 쟁점에 대해 검토할 수도 있다고 이시 부총리에게 말했다.

후지야마 외무상: 원칙적으로 일본은 '6월 14일 선'을 넘어갈 수 없지만 수정안에 대해 들어보고 싶다.

김 대사: 지금 말하는 한국 측 수정안은 기존에 일본 측에 명확하게 설명한 부분이고 1957년 11월 15일 이시 부총리와 만났을 때 양측은 일본이 청구권 문제에 대한 부분을 제외하고 한국의 수정안 전체를 수용하는 데 합의했다.

후지야마 외무상: 이 자리에서 한국의 수정안에 대해 확인하고 싶다.

김 대사: (김 대사가 한국 측 수정안을 항목별로 읽어나갔다. 수정안 사본을 첨부한다.)

후지야마 외무상: 예비교섭의 타결을 위해 합의해야 할 사안에 관하여 일본의 정부 부처 간 의견 차이가 있기는 했으나 청구권 문제를 제외하고 한국 측 수정안을 수용함을 통보하고자 한다.

김 대사: 일본이 청구권 문제를 제외하고 한국 측 수정안 전체를 수용한다는 조건하에 청구권 문제에 대하여 6월 16일에 제시한 선을 수용하겠다.

기본적인 문제에 대한 위의 합의사항에 따라 양측은 예비교섭의 결론에 대한 문서에 서명하는 것과 관련하여 다음과 같은 절차상의 문제에 합의했다.

1. 협약체결식은 1957년 12월 31일 정오에 일본 외무성에서 개최할 예정이다(시간 변동 가능).

2. 문서에 서명한 직후 공동성명서를 12:00 한국 표준시(12:30 일본 표준시)에 서울과 도쿄에서 동시에 발표할 예정이다.

3. 1) 부속 양해서, 구두전달문 및 합의의사록은 기밀로 유지하며 예비교섭 종료 후에 공개하지 않고, 2) 구두전달문은 일본 외무상이 협약체결식에서 영어로 낭독하며, 3) 공동성명서는 양측이 가서명하고, 4) 일본 측 구상서는 영문으로만 작성함을 확인했다.

4. 일본 측은 1958년 3월 15일에 전면회담을 개최하자고 제안했다. 한국 측은 한국 정부의 지시사항을 바탕으로 추후 전면회담 재개 일자에 대한 결정사항을 일본 측에 통보하겠다고 말했다.

5. 문서에 서명할 준비를 하기 위해 공동실무위원회가 수립될 것이다. 해당 위원회의 한국대표단은 최규하 참사관, 진필식 1등서기관, 임도경 3등서기관으로 구성되며, 일본 측에서는 스가누마 아시아국 제1과장, 조약국 이카와 제1과장이 참여한다.

6. 일본은 1957년 12월 31일 자로 미국 성명서가 발표되도록 도쿄의 미국 대사관에 연락하겠다고 한국 측에 통보했다.

끝

양측은 다음과 같이 합의한다.

1. 일본은 청구권 문제에 대한 부분을 제외하고 대한민국과 일본의 전면회담 재개와 억류자 문제 해결과 관련하여 1957년 6월 14일에 작성한 초안에 대하여 한국이 제시한 수정사항을 모두 수용한다(한국 측 수정안 첨부).

2. 한국은 청구권 문제와 관련하여 구상서 초안, 합의의사록 초안 제4조 및 공동성명서 초안을 수용한다.

9. 한국 측이 제시한 수정 제안

1731 THE AMENDMENT PROPOSAL SUBMITTED BY THE KOREAN SIDE

1. With regard to the Note Verbale to be sent by the Japanese Foreign Ministry to the Korean Mission regarding the withdrawal of the Kubota Statement and of the Japanese property claims:

The Note Verbale shall be made out in English only.

2. With regard to the Memorandum on the detainees issue:

a. The title of the memorandum is to be amended as follows:

"MEMORANDUM OF UNDERSTANDING BETWEEN THE GOVERNMENT OF THE REPUBLIC OF KOREA AND THE GOVERNMENT OF JAPAN REGARDING MEASURES ON KOREANS DETAINED IN JAPAN AND ON JAPANESE FISHERMEN DETAINED IN KOREA". (The existing title: "MEMORANDUM OF UNDERSTANDING BETWEEN THE GOVERNMENT OF THE REPUBLIC OF KOREA AND THE GOVERNMENT OF JAPAN REGARDING MEASURES ON JAPANESE FISHERMEN DETAINED IN KOREA AND ON KOREAN RESIDENTS IN JAPAN DETAINED UNDER DEPORTATION ORDER")

b. On the first paragraph of the Memorandum:

In the clause "who are being detained at the Aliens Detention Camps in Japan under deportation order", the words "under deportation" should be deleted.

3. With regard to the Annexed Understanding:

a. The words "criteria" should be amended as "arrangements".

b. The words "for the purpose of deportation" should be deleted.

c. After deletion of the clause "and who violated criminal laws and regulations of Japan", the phase "to keep then in the Aliens Detention Camps" should be added to the end of the first sentence of the Annexed Understanding.

4. With regard to the Agreed Minutes:

a. In paragraph one Article 1, the words "on Korean residents in Japan detained under deportation orders" should be substituted by the words "on Koreans detained in Japan".

1732 b. In paragraph one of Article 3, the words "at the first, second and third conferences" should be substituted by the words "at the first, second and third Korea-Japan Conferences".

5. With regard to the Oral Statement on Art Objects:

a. The phase "aside from the agenda of the overall talks between Japan and the Republic of Korea" should be deleted.

b. The clause "and for the later transfer of other Korean art objects discussion and settlement will be made at the overall talks" should be added immediately after the clause "of which the immediate transfer is possible."

번역

한국 측이 제시한 수정안

1. 구보타 성명 및 일본 청구권 철회에 대해 일본 외무성이 한국대표부에 보낼 구상서와 관련하여

구상서는 영문으로만 작성한다.

2. 억류자 문제에 대한 각서와 관련하여

a. 각서의 제목을 다음과 같이 수정한다.

'일본에 억류 중인 한국인과 한국에 억류 중인 일본 어민에 대한 대책에 관한 대한민국 정부와 일본 정부 간 양해각서' (기존 제목: '한국에 억류 중인 일본 어민과 추방 명령하에 일본에 억류 중인 재일한인에 대한 대책에 관한 대한민국 정부와 일본 정부 간 양해각서')

b. 각서의 첫 번째 문단:

"추방 명령하에 일본의 외국인수용소에 억류되어 있는"이라는 문장에서 '추방 명령하에'를 삭제한다.

c. "형법과 일본의 규정을 위반한 자들"이라는 문구를 삭제하고 부속 양해서의 첫 번째 문장의 끝에 '외국인수용소에 구금'이라는 문구를 추가한다.

3. 부속 양해서와 관련하여

a. '기준'이라는 단어는 '정리'로 되어야 한다.

b. '추방의 목적으로'라는 단어는 삭제되어야 한다.

4. 합의의사록과 관련하여

a. 제1조 첫 번째 문단에서 "추방 명령하에 억류 중인 재일한인"을 '일본에 억류 중인 한국인'으로 교체한다.

b. 제3조 첫 번째 문단에서 "1차, 2차 및 3차 회담에서"를 '1차, 2차 및 3차 한일 회담에서'로 교체한다.

5. 예술품에 관한 구두전달문과 관련하여

a. "일본과 대한민국 간 전면회담의 의제와 별개로"라는 문구를 삭제한다.

b. "추후 인도할 한국의 기타 예술품에 대해서는 전면회담에서 논의 및 합의한다"를 "즉각 인도가 가능한" 바로 뒤에 추가한다.

10. 한일 간 실무자급 예비교섭 회의록

1734 Tokyo, December 30, 1957

SUMMARY RECORD OF THE PRELIMINARY TALKS AT THE ADMINISTRATIVE LEVEL BETWEEN THE REPUBLIC OF KOREA AND JAPAN

1. Time and place:

From 3:20 p.m. to 8:30 p.m. on December 30, 1957, at the office of the Japanese Foreign Office Asian Affairs Bureau Chief, Tokyo.

2. Conferees:

The Korean side:	Counsellor CHOI, Kyu Hah
	First Secretary CHIN, Pil Shik
	Third Secretary LIMB, To Kyong
The Japanese side:	Counsellor Kijiro Miyake
	Asia First Section Chief Kiyoshi Suganuma
	Treaty First Section Chief Ikawa

3. The gist of talks:

COUNSELLOR CHOI: As to the release for publication of the related documents after the signing, what sort of the documents are the Japanese side going to release for publication except the joint communique?

COUNSELLOR MIYAKE: The Japanese side is going to release for publication all the documents except those carrying confidential marks. The documents to be publicly released to the press are : (1)Memorandum of Understanding concerning the mutual release of the detainees, (2)Note Verbale from Japan, (3)Note Verbale from Korea, (4)Memorandum concerning the resumption of the overall talks, and (5)Joint Communique.

COUNSELLOR MIYAKE: Another thing is that the Japanese side is going to release for publication the full text of the U.S. Statement since it is not a secret document.

COUNSELLOR CHOI: In this connection, I propose that the announcement of the full text of the U.S. Statement should not be made until such time when both sides agree to release it.

COUNSELLOR MIYAKE: Since it is not a secret document as I mentioned before, there is no reason to keep it in secret for the time being.

COUNSELLOR CHOI: However, the Korean side desires that the U.S.
1735 Statement should be kept in secret.

COUNSELLOR MIYAKE: Then, let us understand that the U.S. Statement will not be released for the time being and in future the consultations will be made on how to deal with this problem.

COUNSELLOR CHOI: (Proof-reading the finalized documents for the signing and finding that the size of form on which Oral Statement is typewritten is different from the other documents) Mr. Miyake. Is there any reason why the Japanese side prepared the Oral Statement in such a small-sized and thin form as different from the other documents? I propose that the size of form on which Oral Statement is typewritten should be the same in size and form as the other documents.

COUNSELLOR MIYAKE: As the Oral Statement is neither a letter nor a document in its true sense, the size and quality of the form paper on which the Oral Statement is typewritten should be different from other documents. However, if the Korean side insists on having the Oral Statement typewritten on the same sort of form as the other documents, the Japanese side has no objection to it.

COUNSELLOR CHOI: What kind of cover paper should be used for binding the documents after signing? The Korean side has its own ribbon with which to bind the documents. The documents should be bound with both Korean and Japanese ribbons. I want you to put cover paper to four documents: namely, (1) Agreed Minutes, (2) Memorandum concerning the resumption of overall talks, (3) Annexed Understanding, (4) Memorandum of Understanding concerning the mutual release of the detainees.

COUNSELLOR MIYAKE: How about binding the documents to be kept by the Korean side with Korean ribbons and those to be kept by the Japanese side with Japanese ribbons?

COUNSELLOR CHOI: No objection.

COUNSELLOR MIYAKE: (Handing a draft greeting to be made by the Japanese Foreign Minister at the signing ceremony) Japanese Foreign Minister will make a brief ceremonial remark in Japanese language at the signing ceremony.

COUNSELLOR CHOI: I think that Japanese Foreign Minister's greeting should be translated (interpreted) into English, and Ambassador Kim's remark will also be made in Korean language and then interpreted into English.

COUNSELLOR MIYAKE: No objection.

1736 After a series of arguments between both sides, the following schedule for the signing ceremony was adopted:

1. Greetings

a). Japanese Foreign Minister Fujiyama

b). Ambassador Kim of the Korean Mission in Japan

2. Exchange of each other's Note Verbale.

Signing of two Memorandums concerning the resumption of the overall talks and mutual release of the detainees. (These three documents will be simultaneously exchanged between Ambassador Kim and Foreign Minister Fujiyama after the signing.)

(Reporters will withdraw from the signing hall.)

3. Initialing of Annexed Understanding and signing of Agreed Minutes.

4. Japanese Foreign Minister Fujiyama will read Oral Statement in English language.

5. Initialing of Joint Communique.

6. Shaking hands between Ambassador Kim and Foreign Minister Fujiyama, and toast.

COUNSELLOR MIYAKE: Representing the Japanese side, Foreign Minister Fujiyama, Messrs. Matsumoto, Parliamentary Vice Minister, Ohno, Administrative Vice Minister, Takahashi, Director of the Treaty Bureau, Kondo, Director of the Information and Cultural Bureau, Miyake, Counsellor and some assistants will be present at the signing ceremony. Of course, Foreign Minister Fujiyama is the Chief delegate. We would like to be informed of the roster of the Korean delegation to this signing ceremony.

COUNSELLOR CHOI: The Korean delegates are as follows:

Chief delegate: Ambassador Yu Talk Kim

Alternate chief delegate: Minister Tai HA Yiu Delegate :

Delegate: Counsellor Kyu Hah Choi

Delegate: First Secretary Pil Shik Chin and some assistants

COUNSELLOR CHOI: The Korean side proposed that March 1, 1958 will be the date for resumption of the overall talks.

COUNSELLOR MIYAKE: No objection.

-The end-

번역

1957년 12월 30일, 도쿄

한일 간 실무급 예비교섭 회의 요록

1. 일시 및 장소

1957년 12월 30일 오후 3시 20분~8시 30분, 도쿄 일본 외무성 아시아국장 집무실

2. 참석자

한국 측　최규하 참사관
　　　　진필식 1등서기관
　　　　임도경 3등서기관

일본 측　미야케 기지로 참사관
　　　　스가누마 기요시 아시아제1과장
　　　　이카와 조약국 제1과장

3. 회의록

최 참사관: 서명 후 관련 문서의 공개와 관련하여 일본 측은 공동성명서 외에 어떠한 문서들을 공개할 계획인가?

미야케 참사관: 일본은 기밀 부호가 표시된 것들을 제외한 모든 문서를 공개할 계획이다. (1) 억류자 상호 석방에 관한 양해각서, (2) 일본 측 구상서, (3) 한국 측 구상서, (4) 전면회담 재개에 관한 각서, (5) 공동성명서를 언론에 공개할 예정이다.

미야케 참사관: 또한 일본은 기밀 문서가 아니므로 미국 성명서 전문도 공개할 예정이다.

최 참사관: 이와 관련하여 미국 성명서의 전문은 양측이 공개하기로 합의하는 시점까지 공개하지 않는 것을 제안한다.

미야케 참사관: 방금 언급했듯이 기밀 문서가 아니므로 그 시점까지 기밀로 유지할 이유가 없다.

최 참사관: 그러나 한국 측은 미국 성명서를 기밀로 유지하기를 원한다.

미야케 참사관: 그렇다면 당분간은 미국 성명서를 공개하지 않고, 이 문제를 어떻게 처리할 것인지 추후 협의하는 것으로 생각하겠다.

최 참사관: (서명할 최종 문서를 감수하는 과정에서 구두전달문을 타이핑한 용지의 크기가 다른 문서와 다름을 발견했다.) 구두전달문을 다른 문서와 달리 크기가 작고 얇은 용지에 작성한 이유가 있는가? 다른 문서와 크기 및 형태가 동일한 용지에 구두전달문을 타이핑하는 것을 제안한다.

미야케 참사관: 구두전달문은 사실 서한도 아니고 문서도 아니기 때문에 구두전달문의 문구를 타이핑한 용지의 품질과 크기는 다른 문서와 상이해야 한다. 하지만 한국측이 다른 문서와 동일한 용지에 타이핑하는 것을 요청한다면 이의는 없다.

최 참사관: 서명 후에 문서들을 제본할 때 어떠한 종류의 커버 용지를 사용해야 하는가? 우리는 문서들을 제본할 자체적인 리본을 가지고 있다. 한국과 일본의 리본으로 문서들을 묶어야 한다. 네 가지 문서 즉, (1) 합의의사록, (2) 전면회담 재개에 관한 각서, (3) 부속 양해서, (4) 억류자 상호 석방에 관한 양해각서에 커버 용지를 씌워주었으면 좋겠다.

미야케 참사관: 한국이 보관할 문서들은 한국 리본으로 제본하고, 일본이 보관할 문서는 일본 리본으로 제본하는 것은 어떤가?

최 참사관: 이의 없다.

미야케 참사관: (체결식에서 일본 외무상이 발언할 인사말 초안을 전달하며) 체결식에서 일본 외무상이 일본어로 짧은 인사말을 할 것이다.

최 참사관: 일본 외무상의 인사말을 영어로 번역(통역)하고, 김 대사도 한국어로 발언하고 영어로 통역해야 한다고 생각한다.

미야케 참사관: 이의 없다.

일련의 논의 끝에 체결식 일정을 다음과 같이 합의했다.

1. 인사말

  a). 후지야마 일본 외무상

  b). 주일 한국대표부 김 대사

2. 각 측 구상서 교환

전면회담 재개 및 억류자 상호 석방에 관한 각서 2건에 서명(서명 후 김 대사와 후지야마 외무상이 3개의 문서를 동시에 교환한다).

(기자들은 체결식장에서 퇴장한다.)

3. 부속 양해서에 가서명.

4. 후지야마 일본 외무상이 영어로 구두전달문 낭독.

5. 공동성명서 가서명.

6. 김 대사와 후지야마 외무상 악수 및 건배 제의.

미야케 참사관: 후지야마 외무상, 마쓰모토 정무차관, 오노 사무차관, 다카하시 조약국장, 곤도 정보문화국장, 미야케 참사관과 일부 보좌진이 체결식에 참석할 예정이다. 물론 일본 측 대표는 후지야마 외무상이다. 체결식에 참석할 한국대표단의 명단을 알고 싶다.

최 참사관: 한국대표단은 다음과 같이 구성된다.

대표: 김유택 대사

교체대표: 유태하 공사

대표단: 최규하 참사관

대표단: 진필식 1등서기관 및 일부 보좌진

최 참사관: 한국 측은 1958년 3월 1일에 전면회담을 재개할 것을 제안한다.

미야케 참사관: 이의 없다.

끝

11. 한국에 억류된 일본 어부들과 일본에 억류된 한국인들의 조치에 관한 한일 간 양해각서 일본 측 초안

March 18, 1957

(Japanese Side)

1739 Confidential

(Draft) (March 18, 1957)

MEMORANDUM OF UNDERSTANDING BETWEEN THE GOVERNMENT OF JAPAN AND THE GOVERNMENT OF THE REPUBLIC OF KOREA REGARDING MEASURES ON JAPANESE FISHERMAN DETAINED IN KOREA AND ON KOREAN RESIDENTS IN JAPAN DETAINED UNDER DEPORTATION ORDER

The Governments of the Republic of Korea and of Japan have agreed to take the following measures:

1. The Government of the Republic of Korea will repatriate to Japan the Japanese fishermen who have served out their sentences and are being detained at the Aliens Detention Camp of Korea; and will accept the deportation of the Korean illegal entrants.

2. The Government of Japan will release those Koreans who have been residing in Japan since before the end of war and who are being detained at the Aliens Detention Camps of Japan under deportation order.

3. The present memorandum of understanding shall come into force on the date of signature.

1740 Done in duplicate at Tokyo, this ____ day of June, 1957.

For the Government of the Republic of Korea: ________

For the Government of Japan: ________

번역

1957년 3월 18일

(일본 측)

3급 비밀

(초안) (1957년 3월 18일)

한국에 억류 중인 일본 어민과 추방 명령하에 일본에 억류 중인 재일한인에 대한 대책에 관한 일본 정부와 대한민국 정부 간 양해각서

대한민국 정부와 일본 정부는 다음과 같은 대책을 시행하기로 합의했다.

1. 대한민국 정부는 형기를 마쳤으며 한국 외국인수용소에 억류되어 있는 일본 어민들을 일본으로 송환하고 한국인 불법 입국자들의 추방을 수락할 것이다.

2. 일본 정부는 종전 전부터 일본에 거주하고 있으며 추방 명령하에 일본 외국인수용소에 억류되어 있는 한국인들을 석방할 것이다.

3. 본 양해각서는 서명 일자에 발효된다.

1957년 6월 ____ 오늘 도쿄에서 2부 작성되었다.

대한민국 정부를 대신하여: ________

일본 정부를 대신하여: ________

12. 부속 양해서 일본 측 초안

1741 DRAFT

Confidential

ANNEXED UNDERSTANDING

In the expectation that the general talks between Japan and Korea will be resumed from th, 1957, and that the problem of the treatment of Korean residents in Japan, including criteria for the acceptance of deportees, will be discussed and settled without delay in those talks, the Government of Japan will, until satisfactory arrangements are made, refrain from detaining for the purpose of deportation those Koreans who have been residing in Japan since before the end of war and who violated criminal laws and regulations of Japan. In releasing the Korean residents detained at the Aliens Detention Camps, necessity for the help for their livlihood (during the initial period) after their release will also be taken into consideration.

번역 초안

3급 비밀

부속 양해서

일본과 한국 간의 전면회담이 1957년 월 일에 재개되고, 송환자 수용 기준 등 재일한인의 처우 문제를 재개될 회담에서 지체 없이 논의 및 해결할 것이라는 기대를 가지고 일본 정부는 만족스러운 합의가 도출될 때까지 종전 전부터 일본에 거주해 왔고 일본의 형법과 규정을 위반한 한국인들을 추방하기 위해 억류하는 것을 삼간다. 외국인수용소에 억류되어 있는 한국인들을 석방할 때는 석방 후 (초기) 생계를 지원해야 할 필요성도 검토할 것이다.

13. 합의의사록 일본 측 초안

1742 Confidential

Agreed Minutes

1. Minister for Foreign Affairs of Japan:

Clause 1 of the memorandum should not be interpreted as signifying Japan's recognition of so-called "Peace Line."

Chief of the Korean Mission in Japan:

I take note of the above-expression of interpretation.

2. Chief of the Korean Mission in Japan:

I understand that when the problem of treatment of Korean residents in Japan is discussed at the general talks to he resumed between Japan and Korea, the problem of the deportation of illegal entrants will also be a subject of discussion.

Minister for Foreign Affairs of Japan:

So do I.

3. Chief of the Korean Mission in Japan:

I understand that the agenda of the general talks to be resumed between Japan and Korea will be the same five items that were discussed at the first, second and third conferences.

I further understand that the following problems are included in the said five major items to be discussed at the general talks:

1743 1) Basic Relation

a. Matters concerning the confirmation of the fact that the treaties and agreements concluded in or before 1910 are null and void.

b. Respect for and non-intervention in sovereign rights.

2) Status and Treatment of Korean Residents

a. Status of Korean residents in Japan.

b. Property right acquired by Korean residents.

c. Property to be taken by repatriating Koreans.

Minister for Foreign Affairs of Japan:

So do I.

4. Minister for Foreign Affairs of Japan:

I understand that, with regard to the "Statement of U.S. Position on Interpretation of Article 4 of the Japanese Peace Treaty with respect to Korean-Japanese Claims Settlement" dated March th, 1957, the Korean Government is also of the same opinion.

Chief of the Korean Mission in Japan:

Yes. In this connection, the Korean side would like to submit far discussion at the resumed talks the same proposal that it had submitted at the previous talks with regard to the problem of claims.

1744 Japanese Delegate:

In case the Korean side submits Bach proposal we would have no objection to discussing it in the first instance. The opinion of the Japanese side as regards the proposal will be expressed at the general talks.

Tokyo, March , 1957

3급 비밀

번역 합의의사록

1. 일본 외무상:

각서 제1항을 일본이 소위 '평화선'을 인정하는 것으로 해석하지 않아야 한다.

주일 한국대표부 대표:

앞서 말한 해석에 주의하겠다.

2. 주일 한국대표부 대표:

일본과 한국 간 재개될 전면회담에서 재일한인 처우 문제를 논의할 때 불법 입국자 송환 문제 또한 논의의 주제가 될 것으로 이해하고 있다.

일본 외무상:

동일하게 이해했다.

3. 주일 한국대표부 대표:

일본과 한국 간에 재개될 전면회담의 의제는 1차, 2차 및 3차 회담에서 논의된 것과 동일한 다섯 가지 사안으로 구성된다고 이해했다.

또한 전면회담에서 논의할 다섯 가지 주요 사안에 다음과 같은 문제들이 포함되어 있다고 이해했다.

1) 기본관계

a. 1910년 및 그 이전에 체결된 조약 및 협약은 무효임을 확인하는 것과 관련된 문제

b. 주권 존중 및 불간섭

2) 재일한인의 지위와 처우

a. 재일한인의 지위

b. 재일한인이 취득한 재산권

c. 송환 대상 한국인이 가지고 갈 재산

일본 외무상:

동일하게 이해했다.

4. 일본 외무상:

1957년 3월 O일 자 '한일 청구권 청산과 관련하여 대일강화조약 제4조의 해석에 대한 미국의 입장 성명서'와 관련하여 대한민국 정부도 해당 성명서와 의견을 같이한다고 이해했다.

주일 한국대표부 대표:

그렇다. 이와 관련하여 한국 측은 재개될 전면회담에서의 논의를 위해 기존 회담에서 제출한 것과 동일한 제안서를 제출하고자 한다.

일본대표단:

한국 측이 제안서를 제출한다면 우선적으로 해당 문제를 논의하는 데 이의가 없다. 제안서에 대한 일본 측 의견은 전면회담에서 표명할 것이다.

1957년 3월 일, 도쿄

14. 구상서 일본 측 초안

1745 DRAFT

NOTE VERBALE

The Ministry of Foreign Affairs presents its compliments to the Korean Mission in Japan and has the honour to state as follows:

The remarks which were made at the meeting of the Claims Sub-committee of the Japan-Korea Talks on October 15, 1953, by Mr. Kanichiro Kubota, Chief Japanese Delegate, and against which the Korean Delegate protested, no way reflect the official view of the Government of Japan. Accordingly, the above remarks are withdrawn. Further, the Government of Japan is prepared to negotiate hereafter with the Government of the Republic of Korea as regards the issue of property claims on the basis of the "Statement of U.S. Position on Interpretation of Article 4 of the Japanese Peace Treaty with respect to Korean-Japanese Claims Settlement" which was forwarded to both Governments by the Government of the United States of America on March , 1957.

Accordingly, the claims with regard to Japanese assets in Korea which were made by the Japanese side at the Japan-Korea talks on March 6, 1952, are withdrawn.

번역 초안

구상서

외무성은 주일 한국대표부에 경의를 표하며 다음과 같이 진술하게 됨을 영광으로 생각한다.

1953년 10월 15일에 개최된 한일회담 청구권위원회 회의에서 일본 측 구보타 간이치로 수석대표가 발언했고 한국대표단이 항의한 내용은 일본 정부의 공식적인 견해를 전혀 반영하지 않는다. 이에 위의 발언을 철회한다. 또한 일본 정부는 미국 정부가 1953년 3월 일 양측 정부에 전달한 '한일 청구권 청산과 관련하여 대일강화조약 제4조의 해석에 대한 미국의 입장 성명서'를 바탕으로 청구권 문제에 대해 대한민국 정부와 교섭할 준비가 되어있다.

이에 1952년 3월 6일 한일회담에서 일본 측이 제기한 한국 내 일본 자산에 대한 청구권을 철회한다.

1746 DRAFT

NOTE VERVALE

The Korean Mission in Japan presents its compliments to the Ministry of Foreign Affairs and has the honor to inform the latter as follows:

The Ministry of foreign Affairs, in its Note Verbale No. dated March , 1957, has stated as follows:

"   "

The Government of the Republic of Korea acknowledges the above statement, and, accordingly, wishes to propose tie resumption of the talks for the settlement of problems pending between the two countries as from April , 1957 at Tokyo.

번역 초안

구상서

주일 한국대표부는 외무성에 경의를 표하며 다음과 같이 통보하게 됨을 영광으로 생각한다.

외무부는 1957년 3월 일 자 구상서 제 호에 다음과 같이 서술했다.

" "

대한민국 정부는 위의 성명을 받아들이며, 이에 1957년 4월 일부터 도쿄에서 양국 사이에 남아있는 문제들을 해결하기 위한 회담을 재개할 것을 제안하고자 한다.

1747 DRAFT

NOTE VERBALE

The Ministry of Foreign Affairs presents its compliments to the Korean Mission in Japan and has the honour to acknowledge the receipt of the latter's Note Verbale No. dated March , 1957. The Ministry has further the honour to inform the Mission in reply that the Government of Japan has no objection to resuming the talks for the settlement of problems pending between the two countries as from April , 1957 at Tokyo.

번역 초안

구상서

외무성은 주일 한국대표부에 경의를 표하며, 1957년 3월 일 자 주일 한국대표부 구상서 제 호를 수신하였음을 확인하게 됨을 영광으로 생각한다. 또한 외무성은 한국대표부에, 일본 정부가 1957년 4월 일부터 도쿄에서 양국 사이에 남아있는 문제들을 해결하기 위한 회담을 재개하는 것에 이의가 없다고 통보하게 됨을 영광으로 생각한다.

15. 구두전달문 일본 측 초안

1748 (Tentative and informal draft)

Confidential

(Oral Statement)

Apart from the agenda of the Japan-Korea talks, the Japanese Government would like to hand over to the Korean Government, at an early possible date, those objects of ancient art of the Korean origin which are in the possession of the Japanese Government and which it finds practicable to deliver to Korea.

번역 (잠정적 비공식 초안)

3급 비밀

(구두전달문)

한일회담의 의제와 별개로 일본 정부는 일본 정부가 소유하고 있으며 한국으로 인도하는 것이 현실적으로 가능한 한국의 고대 예술품을 최대한 빠른 시일 내에 한국 정부에 인도하고자 한다.

30. 한일회담 재개에 수반하는 교환 문서에 관한 건[7]

1767 **건명 한일회담 재개에 수반하는 교환 문서에 관한 건**

단기 4290년 6월 14일 기안

단기 4290년 월 일 접수

1768 수제지건 한일 양국 간의 예비교섭의 결과 한일회담 재개에 선행할 제반 교환 문서를 별첨과 여한 안에 의거하여 서명하도록 주일 대사에게 훈령하고 이를 시행함이 어떠하올지 고재[결재]를 앙청하나이다.

별첨 1. 강제 퇴거 처분 억류 한인과 억류 일본 어부에 관한 각서
2. 부속 양해사항
3. 합의의사록
4. 구상서(일본 측)
5. 구상서(한국 측)
6. 한일회담 재개에 관한 각서
1769 7. 구두각서
8. 공동성명서

이상

---

7 내부 재가 문서.

별첨

30-1. 구상서(안)(일본 측)

1770 DRAFT

No. 1

NOTE VERBALE (from Japan)

The Ministry of Foreign Affairs presents its compliments to the Korean Mission in Japan and has the honor to notify the latter as follows:

The Government of Japan withdraws the remarks made by Mr. Kanichiro Kubota, Chief Japanese delegate, on October 15. 1953, against which the Korean Delegation protested.

Further, the Government of Japan hereby withdraws the claim to property in Korea made by the Japanese Delegation at the Korea-Japan Talks on March 6, 1952, on the basis of the "Statement of U.S. Position on Interpretation of Article 4 of the Japanese Peace Treaty with Respect to Korea-Japanese Claims Settlement" dated June, 1957.

This in no way relates to Korean Claims against Japan and Japanese nationals which are entirely separate matter.

Tokyo, June , 1957

번역 초안

번호: 1

(일본 측) 구상서

외무성은 주일 한국대표부에 경의를 표하며 한국대표부에 다음과 같이 통보하게 됨을 영광으로 생각한다.

일본 정부는 1953년 10월 15일에 일본 측 구보타 간이치로 수석대표가 발언했고 한국대표단이 항의한 내용을 철회한다. 또한 일본 정부는 1957년 6월 ○일 자 '한일 청구권 청산과 관련하여 대일강화조약 제4조의 해석에 대한 미국의 입장 성명서'를 바탕으로 1952년 3월 6일 한일회담에서 일본대표단이 제기한 한국 재산에 대한 반환 청구를 철회한다.

이 내용은 완전히 별개의 문제인 일본 및 일본 국민에 대한 한국의 청구권과는 전혀 관련이 없다.

1957년 6월　일, 도쿄

30-2. 구상서(안)(한국 측)

1771 DRAFT

No. 2

NOTE VERBALE (from Korea)

The Korean Mission in Japan presents its compliments to the Ministry of Foreign Affairs and has the honor to acknowledge the receipt of the latter's Note Verbale No.dated June , 1957.

Tokyo, June , 1957

번역 초안

번호: 2

(한국 측) 구상서

주일 한국대표부는 외무성에 경의를 표하며 외무성의 1957년 6월 일 자 구상서를 접수했음을 통보하게 되어 영광으로 생각한다.

1957년 6월 일, 도쿄

30-3. 한일 양국의 억류자에 대한 조치에 관한 양해각서(안)

1772 DRAFT

No. 3

MEMORANDUM OF UNDERSTANDING BETWEEN THE GOVERNMENT OF THE REPUBLIC OF KOREA AND THE GOVERNMENT OF JAPAN REGARDING MEASURES ON KOREANS DETAINED IN JAPAN AND JAPANESE FISHERMEN DETAINED IN KOREA

The Government of the Republic of Korea and the Government of Japan have agreed to take the following measures:

The Government of Japan will release these Koreans who have been residing in Japan since prior to the end of World War II and who are being detained at the Aliens Detention Camps in Japan. (-----)

The Government of the Republic of Korea will repatriate to Japan the Japanese fishermen who have served out their sentences and are being detained at the Aliens Detention Camp in Korea; and will accept the deportation of Korean illegal entrants after the end of World War II.

The present memorandum of understanding shall come into force on the date of signature.

Done in duplicate at Tokyo, this ___ day of June , 1957

For the Government of the Republic of Korea: _______

For the Government of Japan: _______

번역 초안

번호: 3

일본에 억류 중인 한국인과 한국에 억류 중인 일본 어민에 대한 대책에 관한 대한민국 정부와 일본 정부 간 양해각서

대한민국 정부와 일본 정부는 다음과 같은 대책을 시행하기로 합의했다.

일본 정부는 제2차세계대전 종전 이전부터 일본에 거주해 왔으며 일본 외국인수용소에 억류되어 있는 한국인들을 석방할 것이다. (- - - - - -)

대한민국 정부는 외국인수용소에 억류되어 있으며 형기를 마친 일본 어민들을 일본으로 송환하고, 2차세계대전 종전 이후에 일본에 입국한 한국인 불법 입국자들의 추방을 수락할 것이다.

본 양해각서는 서명 일자에 발효된다.

1957년 6월 __일 도쿄에서 2부를 작성하였다.

대한민국 정부를 대신하여: ________

일본국 정부를 대신하여: ________

30-4. 부속 양해서(안)

1773 DRAFT

CONFIDENTIAL

No. 4

ANNEXED UNDERSTANDING

In the expectation that the general talks between Japan and the Republic of Korea will be resumed from September 2, 1957, and that the problem of the treatment of Korean residents in Japan, including arrangements for the acceptance of deportees, will be discussed and settled without delay in those talks, the Government of Japan will, until satisfactory arrangements are made, refrain from detaining those Koreans who have been residing in Japan since prior to the end of World War II to keep them in the Aliens Detention Camps, In releasing the Korean residents detained at the Aliens Detention Camps, necessity for the help for their livelihood during the initial period after their release will also be taken into consideration.

번역 초안

3급 비밀

번호: 4

부속 양해서

일본과 대한민국 간의 전면회담이 1957년 9월 2일에 재개되고, 송환자 수용을 위한 계획 등 재일한인의 처우 문제를 재개될 회담에서 논의 및 해결할 것이라는 기대를 가지고 일본 정부는 만족스러운 합의가 도출될 때까지 제2차세계대전 종전 전부터 일본에 거주해 온 한국인들을 외국인수용소에 구금하기 위해 억류하는 것을 삼갈 것이다. 외국인수용소에 억류되어 있는 한국인들을 석방할 때는 석방 후 초기에 생계를 지원할 필요성도 검토할 것이다.

30-5. 합의의사록(안)

1774 DRAFT

CONFIDENTIAL

No. 5

AGREED MINUTES

1. Minister for Foreign Affairs of Japan:

With reference to the first paragraph of the Memorandum of Understanding regarding Measures on Japanese Fishermen Detained in Korea and on Korean Detainees the Government of Japan will complete the prescribed measures within one and a half months from the date of the coming into force of the Memorandum.

Chief of the Korean Mission in Japan:

With reference to the second paragraph of the said Memorandum, the Government of the Republic of Korea will complete the prescribed measures within one and a half months from the date of the coming into force of the Memorandum.

2. Chief of the Korean Mission in Japan:

I understand that when the problem of treatment of Korean residents in Japan is discussed at the overall talks to be resumed between the Republic of Korea and Japan, the problem of the deportation of illegal entrants will also be a subject of discussion.

Minister for Foreign Affairs of Japan:

So do I.

3. Chief of the Korean Mission in Japan:

I understand that the agenda of the overall talks to be resumed between the Republic of Korea and Japan will be the same five items that were discussed at the first, second and third Korea-Japan Conferences.

1775 I further understand that the following problems are included in the said five major items to be discussed at the overall talks:

1) Basic relations:

a. Matters concerning the confirmation of the fact that the treaties and agreements concluded in and before 1910 are null and void.

b. Respect for and non-intervention in sovereign rights.

2) Status and Treatment of Korean Residents:

a. Status of Korean residents in Japan.

b. Property rights acquired by Korean residents.

c. Property to be taken by repatriating Koreans.

3) Fisheries and "Peace Line".

a. Matters concerning "Peace Line."

b. Matters concerning the conclusion of a fishery agreement to provide for measures to prevent fishing disputes and to conserve fishery resources.

Minister for Foreign Affairs of Japan:

So do I.

4. Chief of the Korean Mission in Japan:

In connection with the Korean claims, the Korean side would like to submit for discussion and settlement at the overall talks to be resumed, the same proposal that it had submitted at the previous talks.

Minister for Foreign Affairs of Japan:

In such case, the Japanese side has no objection to discussing for settlement such Korean claims with sincerity.

1776 Minister for Foreign Affairs of Japan:

I understand that with respect to the "Statement of the US Position on the Interpretation of Article 4 of the Japanese Peace Treaty with Respect to the Korean-Japanese Claims Settlement" dated June , 1957, the Government of the Republic of Korea is also of the same opinion with the said statement. I further understand that the said US Statement does not signify the reciprocal renunciation of the property claims, and does not affect Korean claims in any way.

June , 1957

(Signed by Ambassador Yu Taik Kim, Chief of the Korean Mission)

(Signed by Mr. Nobusuke Kishi, Minister for Foreign Affairs of Japan)

번역 초안

3급 비밀

번호: 5

합의의사록

1. 일본 외무상:

한국에 억류 중인 일본 어민과 한국인 억류자에 대한 대책에 관한 양해각서의 첫 번째 문단과 관련하여, 일본 정부는 해당 양해각서의 발효 일자로부터 1달 반 내에 명시된 대책의 시행을 완료할 것이다.

주일 한국대표부 대표:

양해각서의 두 번째 문단과 관련하여, 대한민국 정부는 해당 양해각서의 발효 일자로부터 1달 반 내에 명시된 대책의 시행을 완료할 것이다.

2. 주일 한국대표부 대표:

대한민국과 일본 간에 재개될 전면회담에서 재일한인에 대한 처우 문제를 논의할 때 불법 입국자의 추방 문제도 논의의 주제가 될 것으로 이해했다.

일본 외무상:

동일하게 이해했다.

3. 주일 한국대표부 대표:

대한민국과 일본 간에 재개될 전면회담의 의제는 1차, 2차, 3차 한일회담에서 논의된 것과 동일한 다섯 가지 사안으로 구성된다고 이해했다.

또한 전면회담에서 논의할 다섯 가지 주요 사안에 다음과 같은 문제들이 포함되어 있다고 이해했다.

1) 기본관계

a. 1910년 및 그 이전에 체결된 조약 및 협약은 무효임을 확인하는 것과 관련된 문제

b. 주권 존중 및 불간섭

2) 재일한인의 지위와 처우

a. 재일한인의 지위

b. 재일한인이 취득한 재산권

c. 송환 대상 한국인이 가지고 갈 재산

3) 어업 및 '평화선'

a. '평화선' 관련 문제

b. 어업 분쟁을 예방하고 해양자원을 보존하기 위한 대책을 규정하기 위한 어업 협정 체결 관련 문제

일본 외무상:

동일하게 이해했다.

4. 주일 한국대표부 대표:

한국 청구권과 관련하여, 한국 측은 재개될 전면회담에서의 논의 및 청산을 위해 기

존 회담에서 제출한 것과 동일한 제안서를 제출할 것이다.

일본 외무상:

한국 측이 제안서를 제출한다면 일본 측은 해당 문제를 해결하기 위해 진정성을 갖고 논의하는 데 이의가 없다.

일본 외무상:

1957년 6월 자 '한일 청구권 청산과 관련하여 대일강화조약 제4조의 해석에 대한 미국의 입장 성명서'와 관련하여 대한민국 정부도 해당 성명서와 의견을 같이한다고 이해했다. 또한 미국 성명서는 청구권의 상호 포기를 의미하지 않으며, 어떠한 방식으로도 한국의 청구권에 영향을 미치지 않는다고 이해했다.

1957년 6월 일

(한국대표부 대표 김유택 대사 서명) (기시 노부스케 일본 외무상 서명)

30-6. 한일전면회담 재개에 관한 각서(안)

1777 DRAFT

No. 6

MEMORANDUM CONCERNING THE RESUMPTION OF THE OVERALL TALKS BETWEEN THE REPUBLIC OF KOREA AND JAPAN

The Government of the Republic of Korea and the Government of Japan have agreed to resume the overall talks between the Republic of Korea and Japan at the time and place designated below:

Time: September 2, 1957

Place: Tokyo

Done in duplicate at Tokyo, this day of June, 1957.

For the Government of the Republic of Korea: __________

For the Government of Japan: __________

번역 초안

번호: 6

대한민국과 일본 간 전면회담 재개에 관한 각서

대한민국 정부와 일본 정부는 아래의 일시와 장소에서 대한민국과 일본 간 전면회담을 재개하기로 합의했다.

일시: 1957년 9월 2일

장소: 도쿄

1957년 6월 　일 도쿄에서 2부를 작성하였다.

대한민국 정부를 대신하여: ____________

일본국 정부를 대신하여: ____________

30-7. 구두전달문(안)

1778 DRAFT

CONFIDENTIAL

No. 7

Oral Statement

The Government of Japan will turn over to the Republic of Korea, at an early possible date, those Korean art objects now in its possession of which the immediate transfer is possible, and for the later transfer of the said objects discussion and settlement will be made at the formal talks.

번역 초안

3급 비밀

번호: 7

구두전달문

일본 정부는 현재 일본 정부가 소유하고 있으며 즉시 인도가 가능한 한국 예술품을 최대한 빠른 시일 내에 한국으로 인도하고, 추후 인도가 가능한 예술품에 대해서는 공식 회담에서 논의 및 합의할 것이다.

30-8. 공동성명(안)

1779 DRAFT

JOINT COMMUNIQUE

At a meeting between Ambassador Yu Taik Kim, Chief of the Korean Mission in Japan, and Mr. Nobusuke Kishi, Minister for Foreign Affairs of Japan, on June , 1957, it has been agreed that the Government of Japan will release those Koreans who have been residing in Japan since prior to the end of World War II and who are being detained at the Aliens Detention Camps in Japan and that the Government of the Republic of Korea will repatriate Japanese fishermen detained at the Aliens Detention Camp in Korea and also will accept the deportation of Korean illegal entrants after the end of World War II.

At the same time, the Government of Japan has notified the Government of the Republic of Korea that it withdraws the remarks made by Mr. Kanichiro Kubota, Chief Japanese Delegate, an October 15, 1953, and that it also withdraws the claims to property in Korea made by the Japanese Delegation on March 6, 1952. (…)

As a result, it has been agreed that the overall talks between the Republic of Korea and Japan will be resumed in Tokyo on September 2, 1957.

June , 1957

(Signed by Ambassador Yu Taik Kim,
Chief of the Korean Mission)

(Signed by Mr. Nobusuke Kishi,
Minister of Foreign Affairs of Japan)

번역 초안

공동성명서

주일 한국대표부 대표 김유택 대사와 기시 노부스케 외무상이 1957년 6월 일에 가진 회의에서 일본 정부는 2차세계대전 종전 전부터 일본에 거주해왔고 일본 외국인 수용소에 억류 중인 한국인들을 석방하기로 합의하고, 대한민국 정부는 한국 외국인 수용소에 억류 중인 일본 어민들을 송환하고 2차세계대전 종전 후에 일본에 입국한 한국인 불법 입국자들의 추방을 수락하기로 합의했다.

동시에 일본 정부는 1953년 10월 15일에 일본 측 구보타 간이치로 수석대표가 한 발언을 철회하고 1952년 3월 6일 일본대표단이 제기한 한국 재산에 대한 반환 청구도 철회함을 대한민국 정부에 통보했다. (…)

그 결과, 대한민국과 일본 간 전면회담을 1957년 9월 2일 도쿄에서 재개하기로 합의했다.

1957년 6월 일

(한국대표부 대표 김유택 대사 서명) (기시 노부스케 일본 외무상 서명)

36. 1965년 8월 10일 한일 간 예비교섭 결과 보고 전문

1806 NO. TS-900840

DATE. 121700

TO. KYUNG MU DAI, FOREIGN MINISTER

THERE WAS HELD A PRELIMINARY TALKS BETWEEN MINISTER TAI HA YIU AND MR ITAGAKI CMA ASIAN AFFAIRS BUREAU DIRECTOR OF JAPANESE FOREIGN MINISTRY AT KAYU KAIKWAN ON THE MORNING OF AUGUST 10 PD

AT THIS MEETING CMA ITAGAKI CMA REFERRING TO HIS TALKS WITH COMPETENT OFFICIALS OF JAPANESE MINISTRIES CONCERNED REGARDING THE KOREAN AMENDMENT PROPOSAL ON PROPERTY CLAIMS ISSUE CMA MADE IT CLEAR THAT KOREA'S AMENDMENT PROPOSAL WITH REGARD TO PROPERTY CLAIMS ISSUE ON US MEMORANDUM IS UNACCEPTABLE TO JAPAN PD HE FURTHER SAID THAT JAPANESE SIDE IS NOT CONSIDERING TO PRESENT ANY COUNTER PROPOSAL IN THIS CONNECTION WHILE THE KOREAN SIDE MAINTAINS ITS AMENDMENT PROPOSAL AS IT IS PD JAPANESE REQUEST AT THIS MEETING WAS THAT KOREA ACCEPT THE ORIGINAL DRAFT WITH REGARD TO PROPERTY CLAIMS ISSUE PD ITAGAKI SAID THAT JAPAN IS READY TO ACCEPT KOREA'S REVISION ON TIE DETAINEE MEMORANDUM AND OTHER AMENDMENTS PRESENTED IF KOREA WITHDRAW ITS AMENDMENT PROPOSAL ON PROPERTY CLAIMS ISSUE PD MINISTER YIU HOWEVER REITERATED THAT KOREA'S
1807 AMENDMENT PROPOSAL WITH REGARD TO PROPERTY CLAIMS ISSUE

RELATING TO US MEMORANDUM IS NOT CHANGEABLE PD A WRITTEN REPORT WILL FOLLOW VIA POUCH

AMBASSADOR KIM

번역 번호: TS-900840

일자: 121700[1957. 8. 12]

수신인: 경무대, 외무부 장관

8월 10일 오전 가유회관에서 유태하 공사와 이타가키 일본 외무성 아시아국장이 예비교섭을 진행했습니다.

이 회의에서 이타가키는 한국이 제시한 청구권 관련 수정안에 대해 일본의 관련 정부 부처의 유능한 관료들과 논의하였음을 언급하면서, 미국 각서에 대한 한국 측의 청구권 문제 관련 수정안을 일본이 수용할 수 없음이 명확해졌다고 밝혔습니다. 그는 일본 측은 이와 관련하여 역으로 제안을 하는 것은 전혀 고려하고 있지 않다고 말했으나, 한국 측은 수정안을 그대로 유지하고 있습니다. 이 회의에서 일본 측은 한국이 청구권 문제에 대한 본래의 초안을 수용할 것을 요청했습니다. 이타가키는 한국이 청구권 문제에 대한 수정안을 철회한다면 일본은 억류자 각서에 대해 한국이 요청한 수정사항 및 기타 변경사항을 받아들일 준비가 되어있다고 말했습니다. 그러나 유 공사는 미국 각서에 한국 측의 청구권 문제 관련 수정안은 변경할 수 없다고 강조했습니다. 행낭으로 서면 보고서를 제출할 계획입니다.

김 대사

38. 1957년 8월 20일 한일 간 예비교섭 결과 보고 전문

1817 INCOMING TELEGRAM

TOKYO

NO. TS-900863

DATE. 202000

TO: KYUNG KU DAI (COPY TO MR PARK CHAN IL), FOREIGN MINISTER

TODAY CMA ON AUGUST 20 CMA THERE WERE HELD PRELIMINARY TALKS TWICE IN THE MORNING AND IN THE AFTERNOON RESPECTIVELY PD OUR SIDE WAS REPRESENTED BY MINISTER TAI HA YIU CMA COUNSELLOR CHOI AND FIRST SECRETARY CHIN WHILE JAPANESE SIDE WAS REPRESENTED BY ASIAN AFFAIRS DIRECTOR ITAGAKI AND COUNSELLOR MIYAKE PD AT THE PRELIMINARY TALKS CMA THE JAPANESE SIDE MADE REMARKS ON THE POINTS REGARDING THE PROPERTY CLAIMS ISSUE APPEARING IN ARTICLE FOUR OF THE DRAFT AGREED MINUTES AND THE SO CALLED HER IDEA ON THE PROCEEDING OF THE R.O.K.-JAPAN TALKS PD THE FOLLOWING ARE THE MAJOR REMARKS MADE BY THE JAPANESE SIDE COLON POINT ONE REGARDING PROPERTY CLAIMS ISSUE COLON THE JAPANESE SIDE SAID IN THE FOLLOWING WAY COLON THE JAPANESE SIDE CANNOT ACCEPT THE KOREAN AMENDMENT PROPOSAL ON THE ADDING OF WARDS QUOTE CMA AND IT DOES NOT AFFECT THE JAPANESE CLAIMS IN ANY WAY PD UNQUOTE HOWEVER
1818 CMA IT MAY CHANGE THE ORDER OF THE CLAUSES OF ARTICLE 4 OF

THE DRAFT AGREED MINUTES AS FOLLOWS WITHOUT REVISING ANY
WORKS COLON QUOTE FOUR PD MINISTRY OF FOREIGN AFFAIRS OF
JAPAN COLON I UNDERSTAND THAT WITH RESPECT TO THE QUOTE
STATEMENT OF AMERICAN POSITION ON INTERPRETATION OF ARTICLE
FOUR OF THE JAPANESE PEACE TREATY WITH RESPECT TO THE KOREAN
JAPANESE CLAIMS SETTLEMENT UNQUOTE DATED JUNE CMA 1957 CMA
THE GOVERNMENT OF KOREA IS ALSO OF THE SAME OPINION WITH THE
SAID STATEMENT PD I FURTHER UNDERSTAND THAT THE SAID AMERICAN
STATEMENT DOES NOT SIGNIFY THE RECIPROCAL RENUNCIATION OF
THE PROPERTY CLAIMS PD CHIEF OF KORDIPSON IN JAPAN COLON IT IS
ALSO MY UNDERSTANDING PD CHIEF OF KORDIPSON IN JAPAN COLON
IN CONNECTION WITH THE KOREAN CLAIMS CMA THE KOREAN SIDE
WOULD LIKE TO SUBMIT FOR DISCUSSION AND SETTLEMENT AT THE
1819 OVERALL TALKS TO BE RESUMED THE SAME PROPOSAL THAT IT HAD
SUBMITTED AT THE PREVIOUS TALKS PD MINISTRY OF FOREIGN AFFAIRS
OF JAPAN COLON IN SUCH CASE CMA THE JAPANESE SIDE HAS NO
OBJECTION TO DISCUSSING FOR SETTLEMENT SUCH ~~JAPANESE~~ KOREAN
CLAIMS WITH SINCERITY PD UNQUOTE TO THE ABOVE SUGGESTION
BY THE JAPANESE SIDE CMA OUR SIDE TOLD THE JAPANESE SIDE THAT
SINCE THERE WAS NO CHANGE IN THE WORDING THERE SEEMED TO BE
NO CHANCE IN SUBSTANCE OF THE MEANING OF THE ARTICLE FOUR
PD THE JAPANESE SIDE ANSWERED THAT THE CHANGE OF ORDER OF
CLAUSES WAS PURPORTED TO CONCLUDE THE ARTICLE FOUR WITH
THE WORDINGS QUOTE THE JAPANESE SIDE HAS NO OBJECTION DOT
DOT DOT DOT WITH SINCERITY UNQUOTE IN ORDER TO EASE THE
ANXIETY ENTERTAINED BY THE KOREAN SIDE IN CONSIDERATION OF
THE FEELING AS SET FORTH IN THE KOREAN AMENDMENT PROPOSAL
ON THE KOREAN CLAIMS ISSUE PD FURTHER CMA BY PUTTING THE

VIEW ON THE US MEMORANDUM FIRST AND ALSO BY PLACING THE
1820 PART OF THE KOREAN CLAIMS ISSUE AT THE LAST PART OF THE ARTICLE FOUR THE JAPANESE SIDE FEELS THAT THE EMPHASIS IS PLACED ON THE KOREAN CLAIMS ISSUE AND THAT IT COULD BE MORE LOGICAL TO CHANCE THE ORDER OF THE CLAUSES OF ARTICLE FOUR AS SUGGESTED BY THE JAPANESE SIDE PD OUR SIDE SAID THAT THERE COULD NOT BE ANY SUBSTANTIAL CHANGE IN THE MEANING OF ARTICLE FOUR ONLY IF THE ORDER OF CLAUSES WERE CHANGED PD POINT TWO REGARDING THE SO CALLED NEW IDEA ON PROCEEDING OF KOREA-JAPAN TALKS COLON THE JAPANESE SIDE SUGGESTED THAT IN CASE THE JAPANESE COUNTERPROPOSAL ON ARTICLE FOUR OF THE DRAFT AGREED MINUTES MADE IN POINT ONE ABOVE IS NOT ACCEPTABLE TO THE KOREAN SIDE CMA A FORMAL CONFERENCE MIGHT BE RESUMED IN PARALLEL WITH THE CURRENT NEGOTIATIONS ON THE DETAINEE ISSUE CMA ETC PD WE SAID THAT IT WAS HARDLY BELIEVED THAT THERE WOULD BE ANY SUBSTANTIAL PROGRESS IN THE FORMAL CONFERENCE CMA EVEN IF
1821 RESUMED CMA BECAUSE EVEN THE PRESENT NEGOTIATIONS OF THE DETAINEE ISSUE AND THE ARRANGEMENTS ON THE RESUMPTION OF THE FORMAL CONFERENCE HAVE NOT BEEN CONCLUDED IN ANY MANNER PD DETAILS WILL BE REPORTED BY LETTER THROUGH NEXT POUCH PD

MINISTER YIU

번역 수신 전보

도쿄

번호: TS-900863

일시: 202000[1957. 8. 20]

수신인: 경무대(사본: 박찬일 비서관), 외무부 장관

오늘 8월 20일 오전과 오후 두 차례에 걸쳐 예비교섭이 개최되었습니다. 우리 측은 유태하 공사와 최 참사관, 진 1등서기관이, 일본 측은 이타가키 아시아국장과 미야케 외무성 참사관이 각각 대표로 참석하였습니다. 예비교섭에서 일본 측은 합의의사록 초안 제4조에 나타난 재산청구권 문제에 관한 사항과 소위 한일회담 진행에 관한 자신의 구상에 대해 발언했습니다. 일본 측의 주요 발언 내용은 다음과 같습니다. 첫째, 재산청구권 문제에 관하여 일본 측의 주요 발언은 다음과 같이 말했습니다. 일본 측은 문구 추가에 관한 한국의 수정 제안을 받아들일 수 없으며 "그것은 일본의 청구권에 어떠한 영향도 미치지 않는다". 일본 측은 단어의 수정 없이 제4조의 조문의 순서를 다음과 같이 변경할 수 있다. 일본 외무상, "나는 한일 청구권 문제 해결 관련 대일평화조약 제4조의 해석에 관한 미국 입장에 대한 성명문 1957년 6월", "한국 정부도 상기 성명서에 대해 동일한 의견을 가지고 있다. 나는 또한 상기 미국 성명문이 재산청구권의 상호 포기를 의미하지 않는다는 것을 이해한다." 주일 한국대표부 수석, "그것은 또한 나의 이해이기도 하다." 주일 한국대표부 수석, "한국 청구권과 관련하여, 한국 측이 전체 회담에서 논의 및 해결을 위해 제출하고자 하는 제안은 과거에 제출했던 것과 동일하다. 일본 외무성은 이러한 경우 한국 청구권에 대해 성의를 가지고 해결을 위해 논의하는 데 이의가 없다." 일본 측의 위 제안에 대해, 우리 측은 문구의 변경이 없기 때문에 실질적으로 4조의 의미에 대한 변경이 없는 것으로 보인다고 일본 측에 말했습니다. 이에 대해 일본 측은 조문의 순서를 바꾼 것은 한국 청구권 문제에 관한 한국 측의 수정 제안에 나타난 느낌을 고려하여 한국 측의 불안을 해소하기 위해 "일본 측은 … 진정성을 가지고" 제4조 문제를 마무리하기 위한 것에 이의가 없기 때문이라고 답변하였습니다. 또한 미국 각서에 대한 견해를 먼저 넣고 한국의 청구권 문제를 제4조의 마지막 부분에 배치하는 것이 한국 청구권 문제를 강조할 수 있고, 일본 측이 제안한 대로 4조 조문의 순서를 바꾸는 것이 더 논리적인 것으로 보인다고 했습니다. 우리 측은 조문의 순서를 바꾸는 것만으로는 4조의 의미에 실질적인 변화가 줄 수 없다고 말했습니다. 두 번째, 소위 한일회담 진행에 관한 새로운 아이디어와 관련하여 일본 측은 위 제1항의 합의의사록 초안 제4조에 대한 일본 측의 반론을 우리 측이 수용하지 않을 경우 억류자 문제에 관한 현재의 협상과 병행하여 한일회담을 재개할 수 있다는 제안을 하였습니다. 우리 측은 현재 억류자 문제 협상과 정식 회담 재개에 대한 합의가 전혀 이루어지지 않은 상황이기 때문에 정식 회담이 재개되더라도 실질적인 진전이 있을 것으로 보지는 않는다고 했습니다. 자세한 내용은 다음 회담을 통해 서신으로 보고하겠습니다.

유 공사

39. 한일 간 예비교섭 결과 보고 공문

1822 본 사본 일부 차관 보관

한일대 제413호
단기 4290년 10월 2일

주일 대사[인장]

외무부 장관 각하

한일 간 정식 회담 재개를 위한 예비교섭의 결과 보고의 건

대(4290년 외정 제1960호)

머리의 건 한일 양국 간의 정식 회담 재개를 위한 예비교섭의 결과, 당 대표부로서는 4290년 6월 14일 자로 한일회담의 재개에 선행될 제반 교환 문서의 초안을 본부에
1823 보고한 바 있으며 이에 대하여 6월 22일 자의 상기 초안에 대한 본부의 새로운 수정안을 접하와 기간 일본 정부 당국과 교섭을 계속하여 본부의 수정안이 수락되도록 백방 진력 노력하여 오고 있는 중이며 또한 각각 예비교섭의 개요에 대하여는 수시로 보고 드린 바도 있사오나 현지 사정으로는 이 이상의 교섭 진전을 기대하기 어려운 터임으로 지금까지의 교섭 결과의 우선 총괄 보고를 별첨과 같이 제출합니다.

별첨: Memorandum concerning the result of the preliminary talks with the Japanese side in connection with the government's instructions dated June 22, 1957 under No.WOI-Chung 1960.

별첨

39-1. 1957년 6월 22일 자 정부 지시에 따른 예비교섭 결과 보고

1824

OCTOBER 2, 1957

MEMORANDUM CONCERNING THE RESULT OF THE PRELIMINARY TALKS WITH THE JAPANESE SIDE IN CONNECTION WITH THE GOVERNMENT'S INSTRUCTIONS DATED JUNE 22, 1957 UNDER NO. WOI-CHUNG 1960

1. With regard to the Note Verbale concerning the withdrawal of the Japanese properly claim aganist(against) Korea and of Kubota remarks:

The Korean amendment proposal to add the wording "This in no way relates to Korean claims against Japan and Japanese nationals which are entirely separate matter." at the end of the draft Note Verbale of June 14, 1957, was refused by the Japanese side.

The Japanese side agreed, instead, to delete the words "on the basis of the'Statement of U.S. Position on Interpretation of Article 4 of the Japanese Peace Treaty with Respect to Korean-Japanese Claims Settlement' dated June,   1957" from the draft Note Verbale of June 14, 1957, provided that the Korean side accepts the Japanese amendment proposal regarding the Article 4 of the draft Agreed Minutes (Please refer to Sub-item C, Item 5 of the present document) and that the phrase "on the basis of the Statement of the United States Government dated June, 1957" at the and of the second paragraph of the draft Joint communique remains as it is.

2. With regard to the Note verbale (from Korea) to acknowledge the above Japanese Note Verbale:

As there has been no amendment proposal regarding this document, the draft Note Verbale of June 14, 1957 remains as it is.

3. With regard to the Memorandum of Understanding concerning the reciprocal release of the detainees:

a. The Japanese side agreed to accept our proposal to read the title of this document as follows:

"MEMORANDUM OF UNDERSTANDING BETWEEN THE GOVERNMENT OF THE REPUBLIC OF KOREA AND THE GOVERNMENT OF JAPAN REGARDING MEASURES ON KOREANS DETAINED IND IN JAPAN AND JAPANESE FISHERMEN DETAINED IN KOREA"

b. The Japanese side has not agreed to our proposal to delete the words "under deportation orders" on the first paragraph of the Memorandum. However, the Japanese side said that they will consider the Korean proposal provided that the question on Article 4 of the Draft Agreed Minutes is solved.

4. With regard to the Annexed Understandings:

a. The word "criteria" may be amended as "criteria and other procedures" according to the Japanese side and they said they could hardly accept the world "arrangements" to substitute the word "criteria".

1825 b. The Japanese side has not agreed to accept our proposal to delete the words "for the purpose of deportation". However, the Japanese side said that they world reconsider the proposal provided that the question on Article 4 of the Draft Agreed Minutes is solved.

c. The Japanese side has not agreed to accept our proposal that after deletion of the clause "and who violated criminal Laws and regulations of Japan", the phrase "to keep them in the Aliens Detention Camps" be added to the end of the first sentence of the Annexed understanding. However, the

Japanese side assured as that it would reconsider the proposal provided that the question on Article 4 of the Draft Agreed Minutes is solved.

5. With regard to the Agreed Minutes:

a. The Japanese side agreed to accept our proposal that, in paragraph one of Article 1, the words "on Korean residents in Japan detained under deportation orders" should be replaced by the words "on Koreans detained in Japan."

b. The Japanese side agreed to accept our proposal that in paragraph one of Article 3, the words "at the first, second and third conferences" be replaced by the words "at the first, second and third Korea-Japan Conferences".

c. The Japanese side, refusing to accept our proposal that, in Article 4 of the Draft Agreed Minutes, the clause", and does not affect Korean claim in any may" be added after the clause "…does not signify the reciprocal renunciation of the property claim", proposed on September 20, to replace the whole of the original draft of Article 4 by the following draft text:

(draft Agreed Minutes)

"4. Minister for foreign Affairs of Japan:

With regard to the problems of property claims, I understand that the 'Statement of U.S. Position on Interpretation of Article 4 of the Japanese Peace Treaty with Respect to the Korean-Japanese Claims Settlement' dated, , 1957, which purports to give a clue to settlement of the said problems, does not signify the reciprocal renunciation of property claims and does not preclude the same Korean proposal on Korean claims as put forward to the previous Korea-Japan overall talks from being submitted by the Korean side for discussion and settlement at the overall talks to be resumed. In case such
1826 proposal is submitted by the Korean side at the said overall talks, the Japanese side will discuss for settlement Korean claims with sincerity.

I understand that the Government of the Republic of Korea is of the same opinion with the said U.S. Statement in that contest.

Chief of the Korean Mission in Japan:

It is also my understanding."

6. With regard to the Memorandum concerning the resumption of the overall talks:

As there has been no amendment proposal regarding the document, the draft text of the memorandum of June 14, 1957, remains as it is.

7. With regard to the Oral Statement on the Korean art objects:

The Japanese side refused to accept our amendment proposal that a) the phrase "aside from the agenda of the overall talks between Japan and the Republic of Korea" be deleted and b) the clause ", and for the later transfer of other Korean Art objects discussion and settlements will be made at the overall talks".

8. With regard to the joint Communique:

The Japanese side has not agreed to accept our proposal that the phrase "on the basis of the Statement of the United States Government dated June , 1957" be deleted in the second paragraph of the Joint Communique.

Notes

It is agreed that the mark "TRANSLATION" appearing in the left upper corner of the English text of the draft note verbale to withdraw the Kubota statement and Japanese property claims shall be deleted.

-The end-

1957년 10월 2일

1957년 6월 22일 자 정부 지침에 따른 일본 측과의 예비교섭 결과에 관한 각서
번호: WOI-CHUNG 1960

1. 일본 측의 한국에 대한 대일 청구권 주장 및 구보타 발언의 철회에 관한 구상서와 관련하여

1957년 6월 14일 자 구상서 초안 말미에 '이는 전혀 별개의 문제인 한국인의 일본 및 일본인에 대한 청구권과는 아무런 관련이 없다'라는 문구를 추가하자는 한국 측의 수정 제안은 일본 측에 의해 거부되었습니다.

대신 일본 측은 만일 한국 측이 합의의사록 초안 제4조(현 문서의 하위 항목 C와 항목 5 참조)와 관련한 일본 측 수정 제안을 수용하고 공동코뮈니케 초안의 두 번째 단락 마지막 부분에 "1957 6월 일 자 미국 정부의 성명문에 기초하여"라는 단락을 그대로 놔두는 데 동의한다면, "'1957년 6월 일 자 대일강화조약 제4의 해석에 관한 미국의 입장 관련 성명문'에 기초하여"라는 문구를 1957년 6월 4일 자 구상서 초안에서 삭제하는 데 동의했습니다.

2. 위 일본 측 구상서를 인정하는 (한국 측) 구상서 관련하여

이 문서에 대한 수정 제안이 없었으므로 1957년 6월 14일 자 구상서 초안은 그대로 유지합니다.

3. 억류자 상호 석방에 관한 양해각서 관련하여

a. 일본 측은 이 문서의 제목을 다음과 같이 하자는 우리 측 제안을 수용하기로 합의하였습니다.

"일본에 억류 중인 한국인과 한국에 억류 중인 일본 어민에 대한 대책에 관한 대한민국 정부와 일본 정부 간 양해각서"

b. 일본 측은 각서 첫 문단에서 "강제 퇴거 명령에 따라"라는 문구를 삭제하자는 우리 측 제안에 동의하지 않았습니다. 다만 일본 측은 합의의사록 초안 제4조에 대한

의문이 해결된다면 우리 측 제안을 검토하겠다는 입장을 밝혔습니다.

4. 부속 합의서 관련하여

a. 일본 측은 "기준"이라는 표현을 '기준 및 기타 절차'로 수정할 수 있으며, "기준"이라는 표현을 대체할 수 있는 표현인 '합의(협정)'는 수용하기 어렵다고 하였습니다.

b. 일본 측은 "강제 퇴거를 목적으로"라는 문구를 삭제하자는 우리 측 제안을 수용하지 않았습니다. 다만 일본 측은 합의의사록 초안 제4조에 대한 의문이 해결된다면 우리 측 제안을 재고할 용의가 있다고 밝혔습니다.

c. 일본 측은 합의의사록 초안의 첫 문장 끝에 "일본의 형법 및 규정을 위반한 자"라는 조항을 삭제한 후 "외국인수용소에 수용한다"는 문구를 추가하자는 우리 측 제안을 수용하지 않았습니다. 그러나 일본 측은 합의의사록 초안 제4조에 대한 의문점이 해결된다면 이 제안을 재고하겠다는 입장을 밝혔습니다.

5. 합의의사록과 관련하여

a. 일본 측은 제1조 제1항 중 "강제 퇴거 명령에 따라 구금된 재일한인에 대하여"라는 문구를 '일본에 구금된 한인에 대하여'로 대체하자는 우리 측 제안을 수용하기로 합의하였습니다.

b. 일본 측은 제3조 제1항 중 "제1차, 제2차, 제3차 회의에서"를 '제1차, 제2차, 제3차 한일회담에서'로 바꾸자는 우리 측 제안을 수용하기로 합의하였습니다.

c. 일본 측은 합의의사록 초안 제4조에서 "…재산청구권의 상호 포기를 의미하지 아니한다"라는 문구 뒤에 '…어떠한 경우에도 한국의 청구권에 영향을 미치지 아니한다'는 문구를 추가하자는 우리 측 제안을 수용하지 않고, 9월 20일 제4조 원안 전체를 다음과 같은 문구로 대체할 것을 제안하였습니다:

(합의의사록 초안)

"4. 일본 외무상:

재산청구권 문제와 관련하여, 동 문제 해결의 실마리를 제공하고자 하는 1957년 자 '한일 청구권 문제 해결 관련 대일평화조약 제4조의 해석에 관한 미국 입장 성명문'은 재산청구권의 상호 포기를 의미하는 것이 아니며, 재개될 전체 회담에서 논의 및 해결을 위해 종전에 한일전면회담에 제출된 것과 동일한 한국 측의 한국 청구권에 관한 제안이 한국 측에 의해 제출되는 것을 배제하지 않는다는 것을 이해한다. 상기 전면회담에서 한국 측에 의해 그러한 제안이 제출될 경우, 일본 측은 한국 측의 청구권 해결을 위해 성실히 협의한다.

나는 대한민국 정부가 동 회담에서 상기 미국 측 성명문에 대해 의견을 가지고 있음을 이해한다.

주일 한국 공관장:

나도 그렇게 이해한다."

6. 전면회담 재개에 관한 각서와 관련하여

동 문서에 대한 수정 제안이 없었으므로 1957년 6월 14일 자 각서 초안은 그대로 유지된다.

7. 한국 미술품에 관한 구두전달문 관련하여

일본 측은 우리 측 수정 제안, 즉 a) "한일전면회담의 의제에서 제외한다"는 문구를 삭제하고, b) '기타 한국 미술품의 인도에 대해서는 추후 전면회담에서 협의, 해결한다'는 단서를 달자는 제안을 수용하지 않았습니다.

8. 공동코뮈니케 관련하여

일본 측은, 공동코뮈니케 제2항 중 "1957년 6월　　일 자 미국 정부의 성명문에 기초하여"라는 문구를 삭제하자는 우리 측 제안을 수용하지 않았습니다.

참고

구보타 성명 및 일본 재산청구권 철회를 위한 구상서 초안 영문본의 왼쪽 상단 모서리에 표시된 "번역"을 삭제하는 데 합의하였습니다.

끝

42. 한일회담 재개에 수반하는 교환 문서 관련 훈령 공문

1839 외정 제　호

단기 4290년 11월 11일

외무부 장관

주일 대사 귀하

한일회담 재개에 수반하는 교섭 문서에 관한 건

수제의 건에 관하여 단기 4290년 6월 20일 자 외정 제1960호로써 훈령한 안에 의거하여 예비교섭을 하여온 경과 보고(단기 4290년 10월 2일 자 한일대 제1418호)를 상
1840 세 검토한 결과, 정부로서도 한일 간 정식 회담 재개를 조속히 한다는 견지에서 본건 훈령안을 여좌(如左) 수정함으로써 정부의 최종 태도를 명백히 하고 귀관이 최선을 다할 것을 기대하는 바임.

기

1. 합의의사록(agreed minutes 4)을 별첨과 여히 수정함으로써 구상서(일본 측) 공동성명서는 일본 측 안을 그대로 수락한다.

2. 이여의 교환 문서는 종래 정부 훈령(전기 외정 제1960호)대로 주장하여 일본 측이 아 수정안을 수락한다.

(추신) 별첨 교환 문서 안 중 하선을 그은 부분은 아 측 안이며 괄호 내의 하선을 부한 부분은 일본 측 주장 안임.

별첨

42-1. 구상서(일본 측)

1841 DRAFT

No. 1

NOTE VERBALE (from Japan)

The Ministry of Foreign Affairs presents its compliments to the Korean Mission in Japan and has the honor to notify the latter as follows:

The Government of Japan withdraws the remarks made by Mr. Kanichiro Kubota, Chief Japanese delegate, on October 15, 1953, against which the Korean Delegation protested.

Further, the Government of Japan hereby withdraws the claim to property in Korea made by the Japanese Delegation at the Korea-Japan Talks on March 6, 1952, on the basis of the "Statement of the US Position on the Interpretation of Article 4 of the Japanese Peace Treaty with Respect to the Korean-Japanese Claims Settlement" dated ____, 195__.

Tokyo, ____, 195__

번역 초안

번호: 1

(일본 측) 구상서

외무성은 주일 한국대표부에 경의를 표하며 한국대표부에 다음과 같이 통보하게 됨을 영광으로 생각한다.

일본 정부는 1953년 10월 15일에 일본 측 구보타 간이치로 수석대표가 발언했고 한국대표단이 항의한 내용을 철회한다. 또한 일본 정부는 195_년 _월 _일 작성된 '한일 청구권 청산과 관련하여 대일강화조약 제4조의 해석에 대한 미국의 입장 성명서'를 바탕으로 1952년 3월 6일 한일회담에서 일본대표단이 제기한 한국 재산에 대한 반환 청구를 철회한다.

195_년 _월 _일, 도쿄

42-2. 구상서(한국 측)

1842 DRAFT

No. 2

NOTE VERBALE (from Korea)

The Korean Mission in Japan presents its compliments to the Ministry of Foreign Affairs and has the honor to acknowledge the receipt of the latter's Note Verbale No.

dated ____, 195_.

Tokyo, ____, 195_

번역 초안

번호: 2

(한국 측) 구상서

주일 한국대표부는 외무성에 경의를 표하며 외무성의 195_년 _월 _일에 작성된 제 호 구상서를 수신했음을 통보하게 됨을 영광으로 생각한다.

195_년 _월 _일, 도쿄

42-3. 한일 억류자 조치에 관한 한일 정부 간 양해각서(안)

1843 DRAFT

No. 3

MEMORANDUM OF UNDERSTANDING BETWEEN THE GOVERNMENT OF THE REPUBLIC OF KOREA AND THE GOVERNMENT OF JAPAN REGARDING MEASURES ON KOREANS DETAINED IN JAPAN AND JAPANESE FISHERMEN DETAINED IN KOREA

The Government of the Republic of Korea and the Government of Japan have agreed to take the following measures:

The Government of Japan will release those Koreans who have been residing in Japan since prior to the end of World War II and who are being detained at the Aliens Detention Camps in Japan (under deportation order).

The Government of the Republic of Korea will repatriate to Japan the Japanese fishermen who have served out their sentences and are being detained et the Aliens Detention Camp in Korea; and will accept the deportation of Korean illegal entrants after the end of World War II.

The present memorandum of understanding shall come into force on the date of signature.

Done in duplicate at Tokyo, the __ day of, 195__.

For the Government of the Republic of Korea: ________

For the Government of Japan: ________

번역 초안

번호: 3

일본에 억류 중인 한국인과 한국에 억류 중인 일본 어민에 대한 대책에 관한 대한민국 정부와 일본 정부 간 양해각서

대한민국 정부와 일본 정부는 다음과 같은 대책을 시행하기로 합의했다.

일본 정부는 제2차세계대전 종전 이전부터 일본에 거주해 왔으며 (추방 명령하에) 일본 소재 외국인수용소에 억류되어 있는 한국인들을 석방할 것이다.

대한민국 정부는 한국 소재 외국인수용소에 억류되어 있으며 형기를 마친 일본 어민들을 일본으로 송환하고, 제2차세계대전 종전 이후에 일본에 입국한 한국인 불법 입국자들의 추방을 수락할 것이다.

본 양해각서는 서명 일자에 발효된다.

195_ 년 _ 월 _ 일 도쿄에서 2부 작성.

대한민국 정부를 대신하여: ______

일본국 정부를 대신하여: ______

42-4. 부속 양해서(안)

1844 DRAFT

CONFIDENTIAL

No. 4

ANNEXED UNDERSTANDING

In the expectation that the general talks between Japan and the Republic of Korea will be resumed from , 195_, and that the problem of the treatment of Korean residents in Japan, including arrangements (criteria and other procedures) for the acceptance of deportees, will be discussed and settled without delay in those talks, the Government of Japan will, until satisfactory arrangements are made, refrain from detaining (for the purpose of deportation) those Koreans who have been residing in Japan since prior to the end of World War II (and who have violated criminal laws and regulations of Japan) to keep them in the Aliens Detention Camps. In releasing the Korean residents detained at the Aliens Detention Camps, necessity for the help for their livelihood during the initial period after their release will also be taken into consideration.

번역 초안

3급 비밀

번호: 4

부속 양해서

대한민국과 일본 간의 전면회담이 195_년 월 일에 재개되고, 송환자 수용을 위한 계획(수용 기준 및 기타 절차) 등 재일한인의 처우 문제를 재개될 회담에서 논의 및 해결할 것이라는 기대를 가지고 일본 정부는 만족스러운 합의가 도출될 때까지 제2차 세계대전 종전 전부터 일본에 거주해 온 (그리고 일본 형법과 규정을 위반한) 한국인들을 외국인수용소에 계속 구금하기 위해 (추방을 목적으로) 억류하는 것을 삼갈 것이다. 외국인수용소에 억류되어 있는 한국인들을 석방할 때는 석방 후 초기에 생계를 지원할 필요성도 검토할 것이다.

42-5. 합의의사록(안)

1845 DRAFT

CONFIDENTIAL

No. 5

AGREED MINUTES

1. Minister for Foreign Affairs of Japan:

With reference to the first paragraph of the Memorandum of Understanding regarding Measures on Japanese Fishermen Detained in Korea and on Korea Detainees the Government of Japan will complete the prescribed measures within one and a half months from the date of the coming into force of the Memorandum.

Chief of the Korean Mission in Japan:

With reference to the second paragraph of the said Memorandum, the Government of the Republic of Korea will complete the prescribed measures within one and a half months from the date of the coming into force of the Memorandum.

2. Chief of the Korean Mission in Japan:

I understand that when the problem of treatment of Korean residents in Japan is discussed at the overall talks to be resumed between the Republic of Korea and Japan, the problem of the deportation of illegal entrants will also be a subject of discussion.

Minister for Foreign Affairs of Japan:

So do I.

3. Chief of the Korean Mission in Japan:

I understand that the agenda of the overall talks to be resumed between the Republic of Korea and Japan will be the same five items that were discussed at the first, second and third Korea-Japan Conferences.

1846 I further understand that the following problems are included in the said five major items to be discussed at the overall talks:

1) Basic Relations:

a. Matters concerning the confirmation of the fact that the treaties and agreements concluded in and before 1910 are null and void.

b. Respect for and non-intervention in sovereign rights.

2) Status and Treatment of Korean Residents:

a. Status of Korean residents in Japan.

b. Property rights acquired by Korean residents.

c. Property to be taken by repatriating Koreans.

3) Fisheries and "Peace Line."

a. Matters concerning "Peace Line."

b. Matters concerning the conclusion of a fishery agreement to provide for measures to prevent fishing disputes and to conserve fishery resources.

Minister for Foreign Affairs of Japan:

So do I.

4. Chief of the Korean Mission in Japan:

In connection with the Korean Claims, the Korean side would like to submit for discussion and settlement at the overall talks to be resumed, the same proposal that it had submitted at the previous talks.

Minister for Foreign Affairs of Japan:

In such ease, the Japanese side has no objection to discussing for settlement such Korean claims with all its sincerity.

1847 Minister for Foreign Affairs of Japan:

I understand that with respect to the "Statement of the US Position on the Interpretation of Article 4 of the Japanese Peace Treaty with Respect to the Korean-Japanese Claims Settlement" dated ______, 1957, the Government of the Republic of Korea is also of the same opinion with the said statement. I further understand that the said US Statement does not signify the reciprocal renunciation of the property claims.

______, 1957

(Signed by Ambassador Yu Taik Kim, Chief of the Korean Mission)

(Signed by Mr. ______ Minister for Foreign Affairs of Japan)

번역 초안

3급 비밀

번호: 5

합의의사록

1. 일본 외무상:

한국에 억류 중인 일본 어민과 한국인 억류자에 대한 대책에 관한 양해각서의 첫 번째 문단과 관련하여, 일본 정부는 해당 양해각서의 발효 일자로부터 1달 반 내에 명시된 대책의 시행을 완료할 것이다.

주일 한국대표부 대표:

양해각서의 두 번째 문단과 관련하여, 대한민국 정부는 해당 양해각서의 발효 일자로부터 1달 반 내에 명시된 대책의 시행을 완료할 것이다.

2. 주일 한국대표부 대표:

대한민국과 일본 간에 재개될 전면회담에서 재일한인에 대한 처우 문제를 논의할 때 불법 입국자의 추방 문제도 논의의 주제가 될 것으로 이해했다.

일본 외무상:

동일하게 이해했다.

3. 주일 한국대표부 대표:

대한민국과 일본 간에 재개될 전면회담의 의제는 1차, 2차 및 3차 한일회담에서 논의된 것과 동일한 다섯 가지 사안으로 구성된다고 이해했다.

또한 전면회담에서 논의할 다섯 가지 주요 사안에 다음과 같은 문제들이 포함되어 있다고 이해했다.

1) 기본관계

a. 1910년 및 그 이전에 체결된 조약 및 협약은 무효임을 확인하는 것과 관련된 문제

b. 주권 존중 및 불간섭

2) 재일한인의 지위와 처우

a. 재일한인의 지위

b. 재일한인이 취득한 재산권

c. 송환 대상 한국인이 가지고 갈 재산

3) 어업 및 '평화선'

a. '평화선' 관련 문제

b. 어업 분쟁을 예방하고 해양 자원을 보존하기 위한 대책을 규정하기 위한 어업 협정 체결 관련 문제

일본 외무상:

동일하게 이해했다.

4. 주일 한국대표부 대표:

한국 청구권과 관련하여, 한국 측은 재개될 전면회담에서의 논의 및 청산을 위해 기존 회담에서 제출한 것과 동일한 제안서를 제출할 것이다.

일본 외무상:

한국 측이 제안서를 제출한다면 일본 측은 청산을 위해 모든 진정성을 가지고 한국의 청구권을 논의하는 데 이의가 없다.

일본 외무상:

1957년 __월 __일 자 '한일 청구권 청산과 관련하여 대일강화조약 제4조의 해석에 대한 미국의 입장 성명서'와 관련하여 대한민국 정부도 해당 성명서와 의견을 같이 한다고 이해했다. 또한 미국 성명서는 청구권의 상호 포기를 의미하지 않는다고 이해했다.

1957년 ______

(주일 한국대표부 대표 김유택 대사 서명) (______ 일본 외무상 서명)

42-6. 한일회담 전면 개시에 관한 각서

1848 DRAFT

No. 6

MEMORANDUM CONCERNING THE RESUMPTION OF THE OVERALL TALKS BETWEEN THE REPUBLIC OF KOREA AND JAPAN

The Government of the Republic of Korea and the Government of Japan have agreed to resume the overall talks between the Republic of Korea and Japan at the time and place designated below:

Time: ______, 195_

Place: Tokyo

Done in duplicate at Tokyo, this ______ day of ______, 1957.

For the Government of the Republic of Korea: ________

For the Government of Japan: ________

번역 초안

번호: 6

대한민국과 일본 간 전면회담 재개에 관한 각서

대한민국 정부와 일본 정부는 다음과 같이 정한 일시와 장소에서 대한민국과 일본 간 전면회담을 재개하기로 합의했다.

일시: 195_년 _____

장소: 도쿄

1957년 __월 __일 도쿄에서 2부를 작성하였다.

대한민국 정부를 대신하여: ________

일본국 정부를 대신하여: _________

42-7. 구두전달문(안)

1849 DRAFT

CONFIDENTIAL

No. 7

ORAL STATEMENT

(Korean Draft)

The Government of Japan will turn over to the Republic of Korea, at an early possible date, those Korean art objects now in its possession of which the immediate transfer is possible, and for the later transfer of other Korean art objects discussion and settlement will be made at the formal talks.

(Japanese Draft)

(Aside from the agenda or the overall talks, the Japanese Government will turn over to Korea, as soon as possible, Korean art objects now in its possession whose immediate transfer is possible.)

번역 초안

3급 비밀

번호: 7

구두전달문

(한국 측 초안)

일본 정부는 현재 일본 정부가 소유하고 있으며 즉시 인도가 가능한 한국 예술품을 최대한 빠른 시일 내에 대한민국으로 인도하고, 추후 인도할 한국의 기타 예술품에 대해서는 공식 회담에서 논의 및 합의할 것이다.

(일본 측 초안)

(전면회담의 의제와 별개로 일본 정부는 현재 일본 정부가 소유하고 있으며 즉시 인도가 가능한 한국 예술품을 최대한 빠른 시일 내에 한국으로 인도할 것이다.)

42-8. 공동성명(안)

1850 DRAFT

No. 8

JOINT COMMUNIQUE

At a meeting between Ambassador Yu Taik Kim, Chief of the Korean Mission in Japan, and Mr.______, Minister for Foreign Affairs of Japan, on______, 1957, it has been agreed that the Government of Japan will release those Koreans who have been residing in Japan since prior to the end of World War II and who are being detained at the Aliens Detention Camps in Japan and that the Government of the Republic of Korea will repatriate Japanese fishermen detained at the Aliens Detention Camp in Korea and also will accept the deportation of Korean illegal entrants after the end of World War II.

At the same time the Government or Japan has notified the Government of the Republic of Korea that it withdraws the remarks made by Mr. Kanichiro Kubota, Chief Japanese Delegate, on October 15, 1953, and that it also withdraws the claim to property in Korea made by the Japanese Delegation on March 6, 1952, on the basis of the Statement of the United States Government, dated ______, 1957.

As a result, it has been agreed that the overall talks between the Republic of Korea and Japan will be resumed in Tokyo on______195__.

______, 1957

(Signed by Ambassador Yu Taik Kim, Chief of the Korean Mission)

(Signed by Mr. Minister for Foreign Affairs of Japan)

번역 초안

번호: 8

공동성명서

주일 한국대표부 대표 김유택 대사와 ______ 일본 외무상이 1957년 월 일에 가진 회의에서 일본 정부는 제2차세계대전 종전 전부터 일본에 거주해 왔고 일본 소재 외국인수용소에 억류 중인 한국인들을 석방하기로 합의하고, 대한민국 정부는 한국 소재 외국인수용소에 억류 중인 일본 어민들을 송환하고 제2차세계대전 종전 후에 일본에 입국한 한국인 불법 입국자들의 추방을 수락하기로 합의했다.

동시에 일본 정부는 1953년 10월 15일에 일본 측 구보타 간이치로 수석대표가 한 발언을 철회하고 미국 정부의 1957년 __월 __일 자 성명서를 바탕으로 1952년 3월 6일 일본대표단이 제기한 한국 재산에 대한 반환 청구도 철회함을 대한민국 정부에 통보했다.

그 결과, 대한민국과 일본 간 전면회담을 195__년 __월 __일 도쿄에서 재개하기로 합의했다.

1957년 ______

(한국대표부 대표 김유택 대사 서명) (______ 일본 외무상 서명)

48. 한일회담 재개에 수반하는 교환 문서 관련 훈령

1874 외정 제4355호
단기 4290년 12월 12일

외무부 장관

주일 대사 귀하

건명: 한일회담 재개에 수반하는 교환 문서에 관한 건

수제지건에 관하여 다음과 같이 훈령하나이다. 근자 한일 교섭의 진전 상황에 비추어, 정부는 재산청구권 문제에 관련한 소위 미국 측 각서에 관하여 "the U.S Memorandum does not affect(or impair) substantially the Korean claims against
1875 Japan"의 취지를 내용으로 하는 비밀 각서를 일본 정부의 수상 또는 외상으로부터 받아놓을 필요를 통감하게 되어 이 비밀 각서를 입수할 전제조건하에 4290년 11월 15일 자 외정 제4010호 훈령으로 지시한 바에 따라 본건 교환 문서에 서명하여도 가하다는 정부의 최종적인 방침을 결정하였으니 종래 귀하의 재량으로 또는 정부 훈령에 따라서 교섭하여 온 재산청구권에 관련한 전기 미국 각서에 대한 제반 교섭 방침은 오직 본건 훈령에 따라서만 행동 통일되어야 할 것이오니, 최종적 활동으로 목적 관철을 위하여 전력을 다하심을 기대하는 바입니다.

이상

49. 최종 예비교섭 및 회의 문서 조인을 위한 회의 의사록 송부 공문

1876 한일대 제48호
단기 4291년 1월 9일

주일 대사

외무부 장관 각하

최종 예비교섭 및 회의 문서 조인을 위한 회의 의사록 송부에 관한 건

수제지건에 단기 4290년 12월 29일 하오 4시부터 4시 40분에 걸쳐 일본 외상 관저에서 개최된 한일 양국 최종 예비교섭의 의사록 및 동년 동월 30일 하오 3시 20분부터 8시 30분에 걸쳐 일본 외무성 아세아국장실에서 개최된 합의 문서 조인을 위한 수
1877 속 절차를 토의한 회의 의사록을 별첨과 여히 송부하나이다.

별첨

49-1. 대한민국과 일본 간 예비교섭 및 문서 조인을 위한 회의 의사록

1878 Tokyo, December 29, 1957

SUMMARY RECORD OF THE PRELIMINARY TALKS BETWEEN THE REPUBLIC OF KOREA AND JAPAN

1. Time and place:

From 4:00 p.m. to 4:40 p.m. December 29, 1957, at the Japanese Foreign Minister's official residence at Shiba-shirogane, Tokyo.

2. Conferees:

The Korean side: Ambassador Yu Taik Kim of the Korean Mission
Minister Tai Ha Yiu of the Korean Mission
Counsellor Kyu Hah Choi of the Korean Mission
First Secretary Pil Shik Chin of the Korean Mission.

The Japanese side: Foreign Minister Aiichiro Fujiyama
Vice Foreign Minister (Administrative) Katsumi Ohno
Mr. Osamu Itagaki, Director of the Asian Affairs Bureau of the Foreign Office.
Counsellor Kijiro Miyake of the Foreign Ministry

3. The gist of talks:

FOREIGN MINISTER FUJIYAMA: Thanking your coming this afternoon, I would like to make it clear to you that, in connection with the preliminary talks under way, there is no room left for the Japanese side to make any further concession beyond the line that was set on June 14, 1957.

AMBASSADOR KIM: Because both you and Premier Kishi were ill, I was not able to see either of you for a certain period of time and therefore I had opportunity on November 15, 1957 to meet Deputy Premier Ishii in my efforts to break the deadlock of the preliminary talks. At the meeting, I told Mr. Ishii that the Korean side might consider the point in question concerning the property claims if the Japanese side accept the rest of the Korean amendments proposal as a whole.

FOREIGN MINISTER FUJIYAMA: In principle, the Japanese side could not go beyond "the June 14th line", but I would like to be informed of your amendments proposal in this sense.

AMBASSADOR KIM: I would like to point out that the Korean amendments
1879 proposal I am referring to now has been made clear to the Japanese side before and that, at my meeting with Mr. Ishii on November 15, 1957, the both sides agreed that the Japanese side will accept the Korean amendments proposal as a whole except the point concerning the property claims issue.

FOREIGN MINISTER FUJIYAMA: I would like to confirm the Korean amendments proposal here.

AMBASSADOR KIM: (Ambassador Kim read the text of the Korean amendments proposal point by point, a copy of which is attached hereto.)

FOREIGN MINISTER FUJIYAMA: Though there existed differences of views among the ministries concerned of the Japanese Government regarding the terms to be agreed upon for the conclusion of the preliminary talks, I wish to inform you that I accept the Korean amendments proposal, excepting the point on property claims issue.

AMBASSADOR KIM: On the condition that the Japanese side accepts the Korean amendments as a whole excepting the point on property claims issue, I will accept the June 16 line on property claims issue.

Following the above agreement on the basic issue, the both sides agreed to the following procedural matters in connection with the signing of the documents for the conclusion of the preliminary talks.

1. The signing ceremony will be held at the Japanese Foreign Ministry at 12:00 noon on December 31, 1957. (The time is tentative.)
2. Immediately following the signing of the documents, the Joint Communique will be released at 12:00 KST (12:30 JSP) noon in Seoul and Tokyo simultaneously.
3. Confirmation was made to the effect that 1) the Annexed Understanding, Oral Statement and the Agreed Minutes will be kept in secret and shall not be publicly released after the conclusion of the preliminary talks; 2) Oral Statement will be read by the Japanese Foreign Minister at the signing ceremony in English; 3) Joint Communique shall be initialed by the both sides; 4) the Japanese Note Verbale should be made out in English only.
4. The Japanese side proposed that the overall talks shall be convened March 15, 1958. In this connection, the Korean side told the Japanese side that it will inform the Japanese side of its decision on the date for the resumption of the overall talks later upon instructions from the home Government.
5. A joint working committee will be formed for the preparation for the signing of the documents: the composition of the Korean delegation to the committee is as follows: Counsellor Choi Kyu Hah, First Secretary Chin Pil Shik and Third Secretary Limb To Kyong, Mr. Suganuma, Chief of Asia First Section and Mr. Ikawa, Chief of First Section of Treaty Bureau of the Japanese Foreign Office.
6. The Japanese side informed the Korean side that they will contact the U.S. Embassy in Tokyo in order that the U.S. Statement in question be issued on the date of December 31, 1957.

-The end-

1880 The both sides agree as follows:

1. The Japanese side accepts all the Korean amendments to the draft documents prepared on June 14, 1957, concerning the settlement of the detainees issue and the resumption of the overall talks between the Republic of Korea and Japan, except the points with regard to the property claims issue. (Text of the Korean amendments attached hereto)
2. The Korean side accepts the draft note verbale, article 4 of the draft agreed minutes and the draft joint communique, in connection with the property claims issue.

번역 1957년 12월 29일, 도쿄

대한민국과 일본 간 예비교섭 요록

1. 일시 및 장소

1957년 12월 29일 오후 4시~4시 40분, 도쿄 시바 시로가네에 위치한 일본 외무상 관저

2. 참석자

한국 측 한국대표부 김유택 대사
한국대표부 유태하 공사
한국대표부 최규하 참사관
한국대표부 진필식 1등서기관

일본 측 후지야마 아이이치로 외무상
오노 가쓰미 사무차관
외무성 이타가키 오사무 아시아국장
외무성 미야케 기지로 참사관

3. 회의록

후지야마 외무상: 와줘서 고맙다. 진행 중인 예비교섭과 관련하여 일본 측은 1957년 6월 14일에 제시한 선 이상으로 더 이상은 타협할 여지가 없음을 확실히 하고 싶다.

김 대사: 외무상과 기시 총리가 모두 병중이라 한동안 만날 수가 없었기 때문에 예비교섭의 교착 상태를 타개하고자 1957년 11월 15일 이시이 부총리를 만났다. 이 회의에서 일본 측이 한국이 제시한 수정안의 나머지 부분 전체를 수용하면 청구권 관련 문제의 쟁점에 대해 검토할 수도 있다고 이시이 부총리에게 말했다.

후지야마 외무상: 원칙적으로 일본은 '6월 14일 선'을 넘어갈 수 없지만 수정안에 대해 들어보고 싶다.

김 대사: 지금 말하는 한국 측 수정안은 기존에 일본 측에 명확하게 설명한 부분이고 1957년 11월 15일 이시이 부총리와 만났을 때 양측은 일본이 청구권 문제에 대한 부분을 제외하고 한국의 수정안 전체를 수용하는 데 합의했다.

후지야마 외무상: 이 자리에서 한국의 수정안에 대해 확인해 보고 싶다.

김 대사: (김 대사가 한국 측 수정안을 항목별로 읽어나갔다. 수정안 사본을 첨부한다.)

후지야마 외무상: 예비교섭의 타결을 위해 합의해야 할 사안에 관하여 일본의 정부 부처 간 의견 차이가 있기는 했으나 청구권 문제를 제외하고 한국 측 수정안을 수용함을 통보하고자 한다.

김 대사: 일본이 청구권 문제를 제외하고 한국 측 수정안 전체를 수용한다는 조건하에 청구권 문제에 대하여 6월 16일에 제시한 선을 수용하겠다.

기본적인 문제에 대한 위의 합의사항에 따라 양측은 예비교섭의 결론에 대한 문서에 서명하는 것과 관련하여 다음과 같은 절차상의 문제에 합의했다.

1. 협약체결식은 1957년 12월 31일 정오에 일본 외무성에서 개최될 예정이다(시간 변동 가능).
2. 문서에 서명한 직후 공동성명서를 12:00 한국 표준시(12:30 일본 표준시)에 서울과 도쿄에서 동시에 발표할 예정이다.
3. 1) 부속 양해서, 구두전달문 및 합의의사록은 기밀로 유지하고 예비교섭 종료 후에 공개하지 않고, 2) 구두전달문은 일본 외무상이 협약체결식에서 영어로 낭독

하며, 3) 공동성명서는 양측이 가서명하고, 4) 일본 측 구상서는 영문으로만 작성함을 확인했다.

4. 일본 측은 1958년 3월 15일에 전면회담을 개최할 것을 제안했다. 이와 관련하여 한국은 한국 정부의 지시 사항을 바탕으로 추후 전면회담 재개 일자에 대한 결정을 일본 측에 통보하겠다고 말했다.
5. 문서에 서명할 준비를 하기 위해 공동실무위원회가 수립될 것이다. 해당 위원회의 한국대표단은 최규하 참사관, 진필식 1등서기관, 임도경 3등서기관으로 구성되며, 일본 측에서는 스가누마 아시아국 제1과장, 이가와 조약국 제1과장이 참여한다.
6. 일본은 1957년 12월 31일 자로 미국 성명서가 발표되도록 도쿄의 미국 대사관에 연락하겠다고 한국 측에 통보했다.

끝

양측은 다음과 같이 합의한다.

1. 일본은 청구권 문제에 대한 부분을 제외하고 대한민국과 일본의 전면회담 재개와 억류자 문제 해결과 관련하여 1957년 6월 14일에 작성한 초안에 대하여 한국이 제시한 수정사항을 모두 수용한다(한국 측 수정안 첨부).
2. 한국은 청구권 문제와 관련하여 구상서 초안, 합의의사록 초안 제4조 및 공동성명서 초안을 수용한다.

49-2. 한국 측이 제출한 수정안

1881 THE AMENDMENTS PROPOSAL SUBMITTED BY THE KOREAN SIDE

1. With regard to the Note Verbale to be sent by the Japanese Foreign Ministry to the Korean Mission regarding the withdrawal of the Kubota Statement and of the Japanese property claims:

The Note Verbale shall be made out in English only.

2. With regard to the Memorandum on the detainee issue:

a. The title of the Memorandum is to be amended as follows:

"MEMORANDUM OF UNDERSTANDING BETWEEN THE GOVERNMENT OF THE REPUBLIC OF KOREA AND THE GOVERNMENT OF JAPAN REGARDING MEASURES ON KOREANS DETAINED IN JAPAN AND ON JAPANESE FISHERMEN DETAINED IN KOREA". (The existing title: "MEMORANDUM OF UNDERSTANDING BETWEEN THE GOVERNMENT OF THE REPUBLIC OF KOREA AND THE GOVERNMENT OF JAPAN REGARDING MEASURES ON JAPANESE FISHERMEN DETAINED IN KOREA AND ON KOREAN RESIDENTS IN JAPAN DETAINED UNDER DEPORTATION ORDER")

b. On the first paragraph of the Memorandum:

In the clause "who are being detained at the Aliens Detention Camps in Japan under deportation order", the words "under deportation orders" should be deleted.

3. With regard to the Annexed Understanding:

a. The words "criteria" should be amended as "arrangements".

b. The words "for the purpose of deportation" should be deleted.

c. After deletion of the clause "and who violated criminal laws and regulations of Japan", the phrase "to keep them in the Aliens Detention Camps" should be added to the end of the first sentence of the Annexed Understanding.

4. With regard to the Agreed Minutes:

a. In paragraph one Article 1, the words "on Korean residents in Japan detained under deportation orders" should be substituted by the words "on Koreans detained in Japan".

1882 b. In paragraph one of Article 3, the words "at the first, second and third conferences" should be substituted by the words "at the first, second and third Korea-Japan Conferences".

5. With regard to the Oral Statement on Art Objects:

a. The phrase "aside from the agenda of the overall talks between Japan and the Republic of Korea" should be deleted.

b. The clause ", and for the later transfer of other Korean art objects discussion and settlement will be made at the overall talks" should be added immediately after the clause "of which the immediate transfer is possible."

번역 한국 측이 제출한 수정안

1. 일본 외무성이 한국대표단에 송부한 구보타 성명 및 일본의 재산 반환 청구 철회에 관한 구상서와 관련하여

구상서는 영문으로만 작성해야 한다.

2. 억류자 문제에 대한 각서와 관련하여

a. 각서의 제목을 다음과 같이 수정한다.

'일본에 억류 중인 한국인과 한국에 억류 중인 일본 어민에 대한 대책에 관한 대한민국 정부와 일본 정부 간 양해각서' (기존 제목: '한국에 억류 중인 일본 어민과 추방 명령하에 일본에 억류 중인 재일한인에 대한 대책에 관한 대한민국 정부와 일본 정부 간 양해각서')

b. 각서의 첫 번째 문단에서, "추방 명령하에 일본 소재 외국인수용소에 억류되어 있는"에서 '추방 명령하에'를 삭제해야 한다.

3. 부속 양해서와 관련하여

a. "기준"을 '계획'으로 수정해야 한다.

b. "추방을 목적으로"를 삭제해야 한다.

c. "일본의 형법과 규정을 위반한"을 삭제하고 '외국인수용소에 구금하기 위해'를 부속 양해서 첫 번째 문장 끝에 추가해야 한다.

4. 합의의사록과 관련하여

a. 첫 번째 문단 제1조에서 "추방 명령하에 억류되어 있는 재일한인"을 '일본에 억류 중인 한국인'으로 교체해야 한다.

b. 첫 번째 문단 제3조에서 "1차, 2차, 3차 회담에서"를 '1차, 2차, 3차 한일회담에서'로 교체해야 한다.

5. 예술품에 관한 구두전달문과 관련하여

a. "한국과 대한민국 간 전면회담의 의제와 별개로"를 삭제해야 한다.

b. "추후 인도할 기타 한국 예술품에 대해서는 전면회담에서 논의 및 합의한다 (and for the later transfer of other Korean art objects discussion and settlement will be made at the overall talks)"를 "즉시 인도가 가능한(of which the immediate transfer is possible)" 바로 뒤에 추가해야 한다.

50. 샌프란시스코 대일강화조약 제4조 해석에 관한 미 대사관 입장이 담긴 각서 한국 측 표지

1884 MINISTRY OF FOREIGN AFFAIRS

Date

This Memorandum was handed by Mr. Weil, Counsellor of the American Embassy to Minister Cho at the latter's office at 10 o'clock, December 31, 1957.

번역 외무부

일자

본 각서는 1957년 12월 31일 10시 조정환 외무부 장관의 집무실에서 미 대사관의 바일 참사관이 조 장관에게 전달한 것이다.

별첨

50-1. 미국 각서 본문

1885 No. 604

The Charge d'Affaires ad interim of the United States of America presents his compliments to His Excellency the Minister of Foreign Affairs and has the honor to transmit the following statement of the position of the Government of the United States on the interpretation of Article 4 of the Treaty of Peace with Japan with respect to settlement of claims between the Republic of Korea and Japan.

In a note to the Ambassador of Korea of April 29, 1952, the Department of State interpreted Article 4 of the Japanese Peace Treaty as follows:

"The United States is of the opinion that by virtue of Article 4(b) of the Treaty of Peace with Japan and the relevant directives and acts of the United States Military Government in Korea all right, title and interest of Japan and of Japanese national, in property within the jurisdiction of the Republic of Korea have been divested. Accordingly, in the opinion of the United States, valid claim to such assets or to an interest therein cannot be asserted by Japan. The disposition of such assets, which Japan has recognized as valid in Article 4(b) of the Treaty, is relevant, however, in the opinion of the United States, in the consideration of the arrangements contemplated by Article 4(a) of the Treaty."

The United States Government remains of the opinion expressed above. It
1886 may be useful to explain the reasoning behind that opinion and the pertinent articles of the Peace Treaty. Japanese properties in that part of Korea within the jurisdiction of the United States military government were vested and thereafter transferred to the Republic of Korea because the establishment of an independent state in Korea appeared to require a clean and absolute break

of the ties to Japan. It was the intention of the vesting decree and the transfer agreement to put the Korean authorities in full control of the properties, and while from the juridical point of view it is recognized that a distinction is possible between vesting title and the question of compensation, claims by Japan to compensation are regarded by the United States Government in the circumstances as incompatible with the language, rationale and intent of the vesting decree, the transfer agreement, and Article 4(b) of the Peace Treaty.

When it came to Korean claims against Japan and Japanese nationals, the drafters of the Peace Treaty did not consider that they had before them either sufficient facts or sufficient analysis of applicable legal theories to lay down a solution in the Treaty, although it was obvious that such claims had already been met to some degree by the vesting of Japanese-owned property in Korea. Accordingly, as in the case of other former Japanese territories, they left these questions entirely to arrangements to be made by the countries concerned. They contemplated that in the special arrangements referred to in Article 4(a) the parties would take into account the fact that Japanese-owned properties in Korea had been vested-hence the statement in the above opinion that such disposition was "relevant" in the consideration of the special arrangements. Thus the special arrangements between Korea and Japan would encompass
1887 determination of the extent to which Korean claims against Japan should be considered to be extinguished or satisfied by virtue of the take-over by the Korean Government of Japanese assets in Korea.

It was appropriate, it is believed, for the United States to give the interpretation set forth in the Department of State's note of April 29, 1952, to the Korean Ambassador because of the responsibility of the United States for the treaty provisions; but it does not appear appropriate for the United States to express opinions as to just how the disposition of Japanese properties in Korea is to be taken into account by the parties in entering into the special arrangements contemplated by the Treaty. The special arrangements are a matter between the two governments concerned, and such a determination can only be made by the parties themselves or by an authority which might be charged by them with doing so and after full examination of the facts and applicable legal theories which the parties might present.

Embassy of the United States of America,
Seoul, December 31, 1957.

번역 번호: 604

미국 대사대리는 외무부 장관에게 경의를 표하며, 대한민국과 일본 간 청구권 청산과 관련한 대일강화조약 제4조의 해석에 대한 미국 정부의 입장을 담은 다음과 같은 성명문을 전달하게 되어 영광으로 생각합니다.

1952년 4월 29일 한국 대사에게 보낸 각서에서 국무부는 대일강화조약 제4조를 다음과 같이 해석했습니다.

"대일강화조약 제4(b)조와 주한 미군정의 관련 지침 및 조치에 따라 대한민국 관할권 내의 일본 국민과 일본의 모든 권리, 권한 및 이익은 소멸되었다는 것이 미국의 의견이다. 이에 일본은 그러한 자산 또는 그에 따른 이익에 대한 유효한 청구권을 주장할 수 없다는 것이 미국의 의견이다. 그러나 조약 제4(a)조에 규정된 특별협정과 조약 제4(b)조에서 일본이 유효하다고 인정한 자산의 처분이 관련이 있다는 것이 미국의 의견이다."

현재에도 미국의 의견은 위에서 표명한 내용과 같습니다. 이러한 의견을 도출하게 된 근거와 강화조약의 관련 조항을 설명하면 도움이 될 것입니다. 미군정의 관할권에 포함되는 한국 내 일본의 재산은 소멸 후 대한민국에 양도되었습니다. 한국에 독립 국가를 건립하기 위해서는 일본과의 연계를 완전히 깨끗이 끊어야 한다고 판단했기 때문입니다. 이것이 한국 당국이 한국 재산에 대한 완전한 통제권을 확보하도록 하기 위한 처분 명령과 양도협정의 목적이었습니다. 법률적 관점에서 귀속권과 보상 문제의 구분이 인정되지만, 미국 정부는 현재 상황에서 보상에 대한 일본의 주장은 귀속 명령, 양도협정 및 강화조약 제4(b)조의 표현, 근거 및 의도에 부합하지 않는다고 판단합니다.

일본 및 일본 국민에 대한 한국의 청구권의 경우 한국 내 일본 소유 재산이 처분되면서 이미 어느 정도 충족이 되기는 했으나, 강화조약 작성자들은 이 조약에서 해결책을 제시하기에 충분한 사실을 확보하고 있거나 관련 법 이론에 대한 충분한 분석이 이루어졌다고 생각하지 않았습니다. 따라서 일본의 다른 전 식민지와 마찬가지로 이 문제는 당사국들이 체결할 특별협정의 대상으로 온전히 남겨두었습니다. 조약 작성자들은 제4(a)조에 규정되어 있는 특별협정을 논의하는 과정에서 당사국들이 일본이 소유했던 한국 내 재산이 처분되었다는 사실을 고려할 것이라고 생각했기 때문에, 위의 의견서에서 그러한 재산의 처분이 특별협정을 체결할 때 "관련이 있다(relevant)"라고 언급한 것입니다. 따라서 한국과 일본 간의 특별협정을 체결하는 과정에서 한국 정부가 한국 내 일본 자산을 인수하면서 한국의 대일 청구권이 어느 정도의 범위로 소멸 또는 충족된 것인지 판단해야 합니다.

미국은 대일강화조약의 관련 조항에 대한 미국의 책임을 고려하여 1952년 4월 29일 자 국무부 각서에서 제시한 해석을 한국 대사에게 전달하는 것이 적절하다고 생각했습니다. 그러나 당사국들이 강화조약에 규정된 특별협정을 체결하는 과정에서 한국 내 일본 재산의 처분을 어떻게 반영해야 하는가에 대해 미국이 의견을 제시하는 것은 적절하지 않다고 생각합니다. 특별협정은 두 정부 사이의 일이며, 당사국 또는 당사국이 책임을 부여한 관련 당국이 당사국들이 제시할 수 있는 관련 법 이론과 사실을 종합적으로 검토한 후에 판단할 수 있는 사안입니다.

미국 대사관

1957년 12월 31일, 서울

50-2. 미 대사관 각서의 수령을 확인하는 한국 측 문서 초안

1888 DRAFT

The Minister of Foreign Affairs presents his compliments to the Charge d'Affaires ad interim of the United States of America and has the honor to acknowledge the receipt of the former's Note No. 604 dated December 31, 1957, in which the former transmitted "the statement of the position of the Government of the United States on the interpretation of Article 4 of the Treaty of Peace with Japan with respect to settlement of claims between the Republic of Korea and Japan."

Ministry of Foreign Affairs,
Seoul, December 31, 1957

번역 초안

외무부 장관은 미국 대사대리에게 경의를 표하며, '대한민국과 일본 간 청구권 청산과 관련하여 대일강화조약 제4조의 해석에 대한 미국 정부의 입장 성명서'를 전달한, 1957년 12월 31일 자 각서 제604호를 수신하였음을 알리게 되어 영광으로 생각합니다.

외무부 장관
1957년 12월 31일, 서울

51. 한일회담 재개와 관련한 사항을 주미 대사에게 통보하는 전문

1890 No. ____

DATE. DECEMBER 31, 1957

SENT TO. AMBASSADOR YOU CHAN YANG KORIC

CONCLUDING THE KOREA JAPAN PRELIMINARY TALKS CMA KOREA AND JAPAN SIGNED NECESSARY DOCUMENTS TODAY DECEMBER THIRTYFIRST PD

SIGNING THE DOCUMENTS CMA THE JAPANESE GOVERNMENT FORMALLY WITHDREW THE SO CALLED KUBOTA STATEMENT MADE BY THE JAPANESE DELEGATION IN NINETEEN FIFITYTHREE AND WITHDREW ITS CLAIM TO PROPERTY IN KOREA CMA AND THE JAPANESE AGREED TO RESUME THE OVERALL TALKS IN TOKYO ON MARCH FIRST NINETEEN FIRTYEIGHT PD THE JAPANESE FURTHER AGREED TO RELEASE OUR DETAINEES HELD IN JAPANESE DETENTION CAMPS WHILE WE WILL ACCEPT THE DEPORTATION OF KOREAN ILLEGAL ENTRANTS INTO JAPAN AND WILL REPATRIATE JAPANESE FISHERMEN IN PUSAN TO JAPAN PD DETAILED INFORMATION ON DOCUMENTS SIGNED AND OTHER RELATED MATTERS WILL FOLLOW BY POUCH PD

THE CONCLUSION OF THE PRELIMINARY TALKS CMA HOWEVER CMA ARE ONLY A STEP TO THE RESUMPTION OF THE OVERALL TALKS WHICH WERE SUSPENDED OCTOBER NINETEEN FIRTYTHREE CMA AND MAJOR PROBLEMS ARE YET TO BE SETTLED AT THE FORMAL CONFERENCE TO BE

RECONVENED PD

1891 IN CONCLUDING THE PRELIMINARY TALKS CMA WE HAVE PARTICULAR INTEREST AND CONCERN OVER SUCCESSFUL SETTLEMENT OUR PROPERTY CLAIMS AGAINST JAPAN WHICH WAS ONE OF THE MOST KNOTTY PROBLEMS THROUGH THE NEGOTIATIONS WITH THE JAPANESE PD THERE IS A POSSIBILITY THAT AT THE FORMAL CONFERENCE THE JAPANESE SIDE MAY TRY AGAIN UNDULY TO REDUCE THE AMOUNT OF ITS PAYMENT TO KOREA TO WHICH KOREA IS LEGALLY ENTITLED PD FROM NOW ON PLEASE ACTIVELY CONTACT THE AMERICAN GOVERNMENT CIRCLE AND MAKE THEM BE SYMPATHETIC AND SUPPORT OUR STAND ON OUR CLAIMS PD

IN CONNECTION WITH US INTERPRETATION OF SAN FRANCISCO PEACE TREATY CMA PLEASE KEEP IN MIND THAT OUR SIDE ACCEPTED THE INTERPRETATION WITH UNDERSTANDING FIRSTLY THAT THE US WILL SUPPORT OUR POSITION ON PROPERTY CLAIMS ISSUE AT THE FORTHCOMING CONFERENCE AND SECONDLY THAT WE WANTED TO RESPECT CMA AMERICAN PRESTIGE PD

FORMIN

번역 번호: ___

일자: 1957년 12월 31일

수신인: 양유찬 대사

한일예비교섭을 마무리하며 한국과 일본은 12월 31일 오늘 필요한 문서들에 서명했습니다.

문서에 서명함으로써 일본 정부는 1953년 일본대표단이 발언한 소위 구보타 성명과 한국 재산에 대한 반환 청구를 철회하고, 1958년 3월 1일 도쿄에서 전면회담을 재개하기로 합의했습니다. 또한 일본은 일본 수용소에 억류되어 있는 한국인 억류자들을 석방하기로 합의했으며, 우리 측은 일본에 불법 입국한 한국인들의 추방을 수락하고 부산에 억류 중인 일본 어민들을 일본으로 송환할 예정입니다. 서명한 문서와 기타 관련 문제에 대한 자세한 정보는 행낭으로 전달될 것입니다.

그러나 예비교섭이 마무리된 것은 1953년 10월 중단된 전면회담을 재개하기 위해 한발 나아간 것일 뿐이며, 재개될 공식 회담에서 해결해야 할 중대한 문제들이 여전히 남아있습니다.

예비교섭을 종료하면서 일본과 협상하는 과정에서 가장 복잡한 문제 중 하나였던 대일 청구권의 성공적인 청산에 특히 관심과 우려를 가지고 있습니다. 공식 회담에서 일본은 한국이 법적으로 권리를 가지고 있는 지급액을 지나치게 축소하려 할 수 있습니다. 우리 측 주장에 공감하고 지지를 보내도록 지금부터 미국 정부와 적극적으로 접촉해 주시기를 바랍니다.

샌프란시스코 강화조약의 해석에 대해서는 첫째, 한일회담에서 미국이 청구권에 대한 우리 측 입장을 지지할 것이라고 생각하고 둘째, 미국의 위신을 존중하고자 미국의 해석을 수용했다는 사실을 명심하시기 바랍니다.

외무부 장관

52. 한일회담 재개를 위한 합의 문서를 주일 대표부에 송부하는 전문

1892 NO.

DATE. Dec 31, 57

SENT TO. 주일 대사

한일예비교섭에 관한 건

수제의 건에 관하여 1957년 12월 30일 자 귀부 최규하 참사관과 본부 김영주 정무국장 간의 전화 연락을 확인하고 귀부에서 사용될 한일 공동성명서의 한국 문본을 다음과 같이 전송하나이다.

외무부 장관

1893 **공동성명서**

1957년 12월 31일 자 주일 대한민국대표부 수석 '김유택' 대사와 일본국 외무대신 '후지야마 아이이치로' 간에 개최된 회담에서 일본 정부는 제2차세계대전 종결 이전부터 일본에 거주하여 온 한국인으로서 일본 외국인수용소에 억류되어 있는 한국인을
1894 석방할 것이며 또한 대한민국 정부는 한국 내 외국인수용소에 억류되어 있는 일본인 어부를 송환하고 또한 제2차세계대전 종결 후의 한국인 불법 입국자의 송환을 받아들이기로 합의를 보았다.

동시에 일본 정부는 1957년 10월 15일 일본 수석대표 '구보타 간이치로'가 행한 발언을 철회하며, 또한 1952년 3월 6일 일본대표단이 행한 한국 내 재산에 대한 청구를

1957년 12월 31일 자 미국 정부 각서에 의거하여 철회할 것을 대한민국 정부에게 통고하였다.

1895 그 결과 대한민국과 일본 간의 전면적 회담을 1958년 3월 일 도쿄에서 재개하기로 합의하였다.

1957년 12월 31일

서명:
대한민국대표부 수석 대사 김유택

서명:
일본국 외무대신 후지야마 아이이치로

1896 '발표' 1957. 12. 31

1953년 10월 한일회담이 결렬한 이후 한일 당사자의 노력이 결실되어 금일 오후 시 도쿄에서 한일 본회의의 개시를 위한 예비교섭 종결에 수반하는 제반 문서가 김유택 주일 대사와 후지야마 일본 외무대신 사이에 서명되고 다음과 같은 「공동성명서」가 발표되었다.

공동성명서

1957년 12월 31일 자 주일 대한민국대표부 수석 '김유택' 대사와 일본국 외무대신 '후지야마 아이이치로' 간에 개회된 회담에서 일본 정부는 제2차세계대전 종결 이전부터 일본에 거주하여 온 한국인으로서 일본 외국인수용소에 억류되어 있는 자를 석방할 것이며 또한 대한민국 정부는 한국 내 외국인수용소에 억류되어 있는 일본인 어부를 송환하고 또한 제2차세계대전 종결 후의 한국인 불법 입국자의 송환을 받아들이기로 합의를 보았다.

1897 동시에 일본 정부는 1953년 10월 15일 일본 수석대표 '구보다 간이치로'가 행한 발

언을 철회하며 또한 1952년 3월 6일 일본대표단이 행한 한국 내 재산에 대한 청구를 1957년 12월 31일 자 미국 정부 각서에 의거하여 철회할 것을 대한민국 정부에 통고하였다. 그 결과 대한민국과 일본의 전면적 회담을 1958년 3월 1일 도쿄에서 재개하기로 합의하였다.

1957년 12월 31일

서명:
대한민국대표부 수석대사 김유택

서명:
일본국 외무대신 후지야마 아이이치로

1898 제1호

구상서

외무성은 대한민국 주일 대표부에 경의를 표하며 동 대표부에 대하여 다음과 같이 통고하는 영광을 가지는 바입니다. 일본 정부는 한국대표단이 항의하였던 바 있는 1953년 10월 15에 일본 수석대표 구보타 간이치로 씨가 행한 발언을 철회합니다. 또한 일본 정부는 1957년 12월 31일 자「한일 청구권 해결에 관한 대일본평화조약 제4조 해석에 대한 미국 견해의 각서」에 의거하여 1952년 3월 6일 한일회담에서 일본대표단이 행한 한국에 있는 재산에 대한 청구를 자(玆)에 철회합니다.

1957년 12월 31일 도쿄

1899 제2호

구상서

대한민국 주일 대표부는 외무성에 경의를 표하며 1957년 12월 31일 자 외무성의 구상서 제 __호를 접수하였음을 통고하는 영광을 가지는 바입니다.

1957년 12월 31일 도쿄

1900 제3호

일본 내에 억류된 한국인 및 한국 내에 억류된 일본인 어부에 대한 제 조치에 관한 대한민국 정부 및 일본 정부 간의 양해각서

대한민국 정부와 일본 정부는 다음과 같은 제 조치를 취할 것을 합의하였다. 일본 정부는 제2차세계대전 종결 전부터 일본에 거주하여 온 한국인으로서 일본 내 외국인 수용소에 억류 중에 있는 자를 석방한다. 대한민국 정부는 형기를 만료하고 한국 내 외국인수용소에 억류 중에 있는 일본인 어부를 일본으로 송환한다. 그리고 한국 정부는 제2차세계대전 종결 후에 불법 입국한 한국인의 송환을 받아들인다. 본 양해각서는 서명 일자로서 효력이 발생한다. 1957년 12월 31일 도쿄에서 2통을 작성한다.

대한민국 정부를 대표하여 ________ 일본국 정부를 대표하여 ________

1901 제4호

대한민국과 일본국 간의 전면회담 재개에 관한 각서

대한민국 정부와 일본국 정부는 하기 시일 장소에서 대한민국과 일본국 간의 전면회담을 재개하기로 합의하였다.

시일: 1958년 3월 __ 일

장소: 도쿄

1957년 12월 31일 도쿄에서 2통을 작성한다.

대한민국 정부를 대표하여 ________ 일본국 정부를 대표하여 ________

53. 일한 양국 정부 간 예비교섭의 경위에 관한 일본 측 문서

1903 日韓両国政府間予備交渉の経緯

（一）一九五六年十二月十五日外務省中川前アジア局長と在日韓国代表部金首席との会談

1. 本会議において，中川前局長より「この際はっきりしておくことあり，国籍処遇の問題を決めたからといって北鮮系の人間に韓国のいうことを聞くように日本政府が力を尽すことを要求されても，それは出来ない．例えば嫌がる朝鮮人を無理に韓国へ連れて行くことに協力するようなことは出来ない」と述べたに対し，金首席は「別にそんなことをする考えはない」と答えている．

2. また右会談において在日韓人の強制退去の問題につき金首席が「それでは強制退去に当っては北鮮系の者は韓国に帰さず北鮮に帰すのか」と質問したるに対し，中川は「通常の場合ならば韓国に帰すべきであろうが，本人がどうしても韓国へ帰るの
1904 は嫌だ，しかし反りに台湾へ行くのは良いと言い，台湾でも差支えないということになれば日本の法規では台湾へ渡航せしめることも可能である」と答えている．

（二）一九五七年二月二十一日の中川，金会談

1. その後中川前局長と金首席との間に交渉が継続されて，日韓間取極案文についての討議が行われた結果，一九五七年一月半ばに至って相互釈放に関する覚書の案文が作成された．当時作成された本案文は次のとおりであったことは代表部においても御承知のとおりである．

覚書

在韓抑留日本人漁夫と被退去強制在日韓人の措置に関する件

一九五六年四月二日日重光外務大臣金公使間話合を具体化するため両国政府は左のとおり合意する.

一, 韓国政府は

(イ) 同国外国人収容所に収容中の日本人漁夫を本覚書の発効後すみやかに日本に送還する.

1905 (ロ) 日本国政府による韓人密入国者の送還をすみやかに受け入れる.

二, 日本国政府は

終戦前から日本に居住している韓人で退去強制処分に付せられ入国者収容所に収容中の者を釈放する.

三, 本覚書は一九五七年二月　日から効力を生ずる.

2. 右の案文について一九五七年二月二十一日中川前局長と金首席との会議が行われた際, 金首席は「これでは覚書本文の体裁が問題となる. 韓国側の取る措置は(イ)及び(ロ)の二つであるが日本側の取る措置は一つになる. 従って韓国側の取る措置の中(ロ)は切離して三として韓人密入国者につき日本政府はこれを送還し韓国政府はこれをすみやかに受け入れるとしたい」と述べたのに対し, 中川前局長より「それでは韓人密入国者はすべて日本側に送還の義務があるようになり困る. むしろ韓国
1906 側の措置の(イ)及び(ロ)を続けて書いてはどうか」と提 案し, 金が「まぁそれもよかろう」と答え, これによって昨年十二月三十一日の了解覚書のとおり, 韓国政府のとるべき措置が続けて書かれるようになった経緯がある.

별첨

53-1. 일한 양국 정부 간 예비교섭의 경위(일본 측 문서 첨부물)

1907 (Attachment)

Records of Preliminary Talks between the Governments of Japan and of the Republic of Korea

1. The talks held between Mr. Nakagawa, then Director of the Asian Affairs Bureau, Ministry of Foreign Affairs, and Mr. Kim, then Chief of the Korean Mission, on December 15, 1956.

(1) At this meeting Mr. Nakagawa stated: "Taking this opportunity I would like to make it clear that should an agreement be reached on the question of nationality and treatment (of the Korean residents in Japan) the Japanese Government would not be in a position to exert its influence over pro-North Koreans to follow the orders of the Republic of Korea, even if it is requested to do so—for instance, it cannot cooperate with the Republic of Korea in forcing reluctant Koreans to return to the Republic of Korea against their will." Mr. Kim replied: "We have no such intention."

(2) Also at the same meeting, in response to Mr. Kim's question on the problem of the deportation of Korean residents in Japan "Then do you intend to send pro-North Koreans to North Korea when deportation is carried out?", Mr. Nakagawa stated: "I think under normal circumstances they should be sent back to the Republic of Korea. However, if a particular person would never want to return to the Republic of Korea but wishes to go, for instance, to
1908 Formosa, and if the Formosan authorities have no objection to it, it is possible, under the Japanese laws and regulations, to let him go to Formosa."

2. The talks held between Mr. Nakagawa and Mr. Kim on February 21, 1957.

(1) During the subsequent negotiations continued between Mr. Nakagawa and Mr. Kim the drafts for the arrangements to be made between Japan and the Republic of Korea were discussed. As a result of this discussion the memorandum regarding the mutual release was drafted in Japanese in the middle of January 1957. This draft memorandum, as the Korean Mission is also well acquainted with, reads as follows:

MEMORANDUM

Regarding Measures on Japanese Fishermen Detained in Korea and on Korean Residents in Japan Detained under Deportation Order

For the purpose of implementing the talks held between Minister for Foreign Affairs Shigemitsu and Minister Kim on April 2, 1956 both Governments agree as follows:

1. The Government of the Republic of Korea

(a) will repatriate to Japan the Japanese fishermen who are being detained at the Aliens Detention Camp of Korea at an early data after the coming into force of this memorandum; and

1909 (b) will accept the deportation by the Government of Japan of the Korean illegal entrants as soon as possible.

2. The Government of Japan

will release those Koreans who have been residing in Japan since before the end of war and who are being detained at the Aliens Detention Camps of Japan under deportation order.

3. The present memorandum shall cane into force on February , 1957.

(2) During the discussion of thin draft memorandum held between Mr. Nakagawa and Mr. Kim on February 21, 1957 Mr. Kim said: "As it is, there is a question of the form of this draft memorandum, because (according to the draft) the measures to be taken by the Korean Government are two, (a) and (b), while the measure to be taken by the Japanese Government is just one. Therefore, I would like to propose that of the measures to be taken by the Korean Government (b) be separated and be made an independent paragraph under heading 3. which is to provide, for the deportation of Korean illegal entrants, that the Japanese Government will deport Korean illegal entrants and the Korean Government will accept them as soon as possible." Mr. Nakagawa made a counter-proposal saying: "Your proposal is not acceptable because it implies that the Japanese Government is under obligation to deport all Korean illegal entrants. So, how about writing the measures to be taken by
1910 the Korean Government (a) and (b) together in a single paragraph?", to which Mr. Kim replied: "Well, I think that is all right." This is how both sides came to an agreement as to the wording to express the measures to be taken by the Korean Government in a single paragraph as was actually adopted in the Memorandum of Understanding signed on December 31, 1957.

번역 (첨부)

일본 정부와 대한민국 정부 간 예비교섭 기록

1. 1956년 12월 15일에 당시 외무성 아시아국장이었던 나카가와와 주일 한국대표부 김 공사가 논의한 내용이다.

(1) 이 회담에서 나카가와는 "이 기회를 빌려 (재일한인의) 국적과 처우 문제에 대한

합의를 도출하는 경우 일본 정부는 요청을 받는다고 하더라도 친북 한국인들이 대한민국의 명령을 따르도록 영향력을 행사할 입장이 아니라는 점을 확실히 하고 싶다. 예컨대, 개인의 의지에 반하여 한국인들을 대한민국으로 강제 송환하기 위해 대한민국과 협력할 수 없다"라고 말했고, 김 공사는 "그렇게 할 의도가 없다."라고 답변했다.

(2) 또한 이 회담에서 재일한인 송환에 문제에 대해 김 공사가 "그렇다면 추방을 실시할 때 친북 한국인들을 북송할 계획인가?"라고 물었을 때, 나카가와는 "정상적인 상황이라면 대한민국으로 송환하겠으나, 누군가 대한민국으로는 절대로 돌아가고 싶지 않고 예컨대 타이완으로 이동하기를 바라고 타이완 당국이 반대하지 않는다면 일본 법과 규정에 따라 타이완행을 허용할 수 있다"라고 답변했다.

2. 1957년 2월 21일 나카가와와 김 공사의 대화

(1) 나카가와와 김 공사가 이어간 후속 교섭에서 일본과 대한민국이 결정해야 하는 계획의 초안을 논의했다. 이러한 논의의 결과로서 상호 석방에 관한 각서의 초안을 1957년 1월 중순에 일본어로 작성했다. 주일 한국대표부도 잘 알고 있는 해당 각서의 초안은 다음과 같다.

한국에 억류 중인 일본 어민과 추방 명령하에 일본에 억류 중인 재일한인에 대한 대책에 관한 각서

1956년 4월 2일 시게미쓰 외무상과 김 공사가 나눈 대화의 내용을 이행하고자 양국 정부는 다음과 같이 합의한다.

1. 대한민국 정부

(a) 대한민국 정부는 본 각서가 발효된 후 조속히 한국 외국인수용소에 억류 중인 일본 어민들을 일본으로 송환할 것이다.

(b) 한국인 불법 입국자들에 대한 일본 정부의 추방을 최대한 빠른 시일 내에 수락할 것이다.

2. 일본 정부는 종전 전부터 일본에 거주해 왔으며 추방 명령하에 일본 외국인수용소에 억류 중인 한국인들을 석방할 것이다.

3. 본 각서는 1957년 2월 일 발효된다.

(2) 각서 초안에 대해 나카가와와 김 공사가 1957년 2월 21일에 가진 논의에서 김 공사는 "각서 초안의 형식에 대해 질문이 있다. (초안에 따르면) 한국 정부가 취할 조치는 두 가지, (a)와 (b)인데, 일본 정부가 취할 조치는 한 가지다. 따라서 한국 정부가 취할 대책 중 (b)를 분리해서 한국인 불법 입국자의 추방과 관련하여 일본 정부는 한국인 불법 입국자들을 추방할 것이고 한국 정부는 수락한다는 내용의 3번 항목 밑에 별도의 문단으로 넣는 것을 제안하고 싶다"라고 말했다. 나카가와는 "제안한 내용대로 하면 일본 정부가 한국인 불법 입국자 전원을 추방할 의무가 있음을 시사하기 때문에 수용할 수 없다. 한국 정부가 취할 조치를 (a)와 (b)로 하나의 문단 안에 함께 표기하는 것은 어떤가?"라며 역으로 제안했다. 이에 대해 김 공사는 "괜찮은 것 같다"라고 답변했다. 이렇게 해서 양측은 1957년 12월 31일에 서명한 양해각서에 실제로 반영된 대로 한 문단에 한국 정부가 취할 조치를 표기하는 방식에 합의했다.

예비교섭 : V.3 경무대와 주일 대표부 간의 교환 공문, 1956~1958

분류번호 : 723.1JA 예1956-58 V.3
등록번호 : 101
생산과 : 경무대/아주과
생산연도 : 1958
필름번호 : C1-0002
프레임번호 : 1911~2187

1957년 12월 31일 한일 간에 한일회담을 재개하기로 합의한 이후 합의사항 중 하나인 양국 억류자 상호 석방 문제를 이행하기 위한 실무자 연락회의 개최 기록, 기시 총리의 서한 전달과 관련하여 야쓰기 가즈오를 개인 특사로 파견하는 문제와 관련한 외무부와 주일 김유택 대사 간 교신 문서, 당초 1958년 3월 1일 재개하기로 한 제4차 한일회담이 1958년 4월 15일이 되어서야 개최된 경위 등에 관한 기록이 수록되어 있다. 회담 개최가 늦어진 것은 일본이 오무라수용소에 억류 중인 한인 불법 입국자 중 93명을 본인 희망에 따라 한국이 아닌 북한으로 송환하겠다는 뜻을 밝히면서 한국이 그 반발로 일부 일본인 어부의 송환을 거부하였기 때문이다. 이승만 대통령은 일본의 이와 같은 예상치 못했던 움직임에 반발하여 한일회담 재개 자체를 무산시키려 하였다.
그러나 기시 일본 총리가 1957년에 이어 생일을 맞은 이승만에게 3월 24일 축하 서한을 보내면서 종래의 주장에 구애됨이 없이 한일 간의 우호 관계 수립에 노력하고 싶다는 뜻을 전함에 따라, 한국은 회담 재개에 관한 협의를 계속하였으며, 결국 4월 15일 제4차 한일회담이 재개된 것이다.

1. 일본국 수상 기시 노부스케의 서한에 관한 주일 대표부 보고 공문

1914 한일대정 제1896호

단기 4291년 1월 3일

주일 대사[관인]

외무부 장관 각하

일본국 수상 기시 노부스케의 서한에 관한 건

수제의 건에 관하여는 단기 4290년 12월 28일 자로 본직이 본국 여행 시 수교하신 귀관의 영문 지령에 의거하여 즉일 도쿄에 부임 후 적극 노력을 한바, 동 서한 초안 중 제2항의 "반공민주 운운"의 구절과 제5항 후반의 "shown through the preliminary talks"의 문구의 삭제에는 응하였으나 그 외에는 자기의 원안을 첨삭하지 않겠다고 주
1915 장하여 결국 12월 29일 오전 중에 일본 측과의 회담(시차 일부를 통한)에서 12월 31일 오전 10시 반에 기시 수상이 서명한 서한의 부본을 무위 전달하겠다는 언약을 받았었는데 결국 12월 31일 오전 10시 반 정각에 동 문서를 전하여 왔었음을 보고하오며 그 문서를 이에 별첨하오니 사수하시길 바랍니다.

추이: 최종 구절에 있는 "Mr. Kazuo Yatsugi" 운운은 편의상 타자한 것뿐이고, 이것은 장차 양국 정부 간의 절충에 의하여 변경할 수 있다는 구두 양해가 되어있사옴을 첨신하오며 또한 이 서한 내용은 12월 31일 ST 9012104호 무전 지시 중의 본건 지시와도 부합되오며 조인 전에 입수한 것이 사실이옵기에 양지하시길 바랍니다.

일본국 수상 기시 노부스케의 서한의 서명된 부본 1통

1916 비고: 동 수상이 한문으로 서명한 일문 서한 부본은 유태하 공사가 보관 중임.

2. U.S. MEMORANDUM을 공표하지 않는 문제에 관한 주일 대사의 보고 공문

1917 한일대정 제1898호

단기 4291년 1월 3일

주일 대사[관인]

외무부 장관 각하

「U.S. MEMORANDUM」을 공표하지 않는 문제에 관한 건

수제의 건에 관하여는 단기 4290년 12월 31일 오후 5시 30분 귀부 무전 ST-901304호 제3항 지시에 의거하여 제 문서 조인 전에 일본 측으로부터 확실한 약속을 얻어놓을 필요성에 감하여, 위 지시 접수 후 즉시 일본 외무성과 교섭을 개시하였으나, 일본 측은 국회 답변 또는 기자회견 등에서 일본의 대한 재산청구권 철회의 경
1918 위를 질문당할 시 U.S. MEMORANDUM을 발표하지 않을 수 없게 된다 하여, 상당히 강경한 반대와 저항을 함으로써 상당한 시간을 소비하게 되었으며 결국 동일 오후 9시부터 동 9시 반까지에 행하여진 본직 및 유 공사와 일본 외무차관 및 동 외무 사무차관 사이의 회담에서 논의를 거듭한 결과 별첨과 여한 양해사항을 성문화하여 여타 문서의 조인과 동시에 본직과 후지야마 일본 외상 간에 INITIAL을 하여 각각 1매씩 보관하기로 되었기에 그 원문을 별첨하여 보고하나이다.

추이: 아 측으로서는 장차도 발표를 않기로 하자고 계속 주장하였으나 일본 측은 완강히 이를 반대하고 '당분간은 공표하지 아니하되, 장래에 있어서는 양국 정부의 상
1919 의되는 바에 의하자는' 정도로 되었으나 장래(in future)에도 우리는 계속 공표 반대를 주장할 권리만은 유보되어 있음을 첨신함. 그리고 12월 31일 밤 10시 반(도쿄 시

간)에 조인식을 개시하기로 결정되었으나 실지 조인이 예정보다 약 50분간이나 늦어진 11시 20분경부터 시작되게 된 것도 우리 대표단이 조인식 장소인 일본 외상 공관에 도착한 후에도 계속하여 U.S. MEMORANDUM 발표 여부 문제로 논의가 되풀이된 바에 연유함. 본 문제 때문에 일본 측은 그 정치적 중요성을 고려함인지 그날 밤에 기시 수상, 이시이 부수상, 아이치 관방장관, 후지야마 외상 등이 기시 수상 관저에서 긴급 회담을 개최한 바 있었음을 첨신하나이다.

1920 별첨: U.S. MEMORANDUM 불발표에 관한 양해사항 원본 및 사본 1부

별첨

2-1. US MEMORANDUM 미발표에 관한 양해사항

1921 With regard to the Statement of U.S. Position on Interpretation of Article 4 of the Japanese Peace Treaty with Respect to Korean-Japanese Claims Settlement dated December 31, 1957, it is understood that this document will not be released for publication for the time being, and if and when either Government deems it necessary to release the said Statement in future consultation will be made.

번역 1957년 12월 31일 자 한일 청구권 청산과 관련한 대일강화조약 제4조의 해석에 대한 미국의 입장 성명서와 관련하여 본 문서는 당분간 공개하지 않으며, 추후 두 정부 중 하나가 해당 성명서를 공개할 필요가 있다고 판단하는 경우와 시점에 대해서는 협의하기로 했다.

3. 한일예비교섭의 합의사항 이행에 관한 지시 전문

1922 No. ST 910121

DATE. 031550

JANUARY 3, 1958

SENT TO. AMBASSADOR YU TAIK KIM KORDIPSION

SUBJECT IMPLEMENTATION OF THE TERMS AGREED ON AT THE CONCLUSION OF THE KOREA JAPAN PRELIMINARY TALKS PD

IN ORDER TO INTERPRET AND IMPLEMENT THE TERMS AGREED ON IN THE DOCUMENTS SIGNED ON DECEMBER THIRTYFIRST NINETEEN FIFTYSEVEN CMA IT IS CONSIDERED NECESSARY FOR THE TWO GOVERNMENTS TO SET UP URGENTLY A WORKING COMMITTEE FOR PREPARATION OF OVERALL TALKS PD THE ESTABLISHMENT OF THE ABOVE COMMITTEE IS NECESSARY PARTICULARLY FOR SUCCESSFUL IMPLEMENTATION OF TIE FOLLOWING POINTS COLON

ITEM ONE ACCORDING TO THE MEMORANDUM OF UNDERSTANDING AND JOINT COMMUNIQUE CMA OUR GOVERNMENT QUOTE WILL ACCEPT THE DEPORTATION OF KOREAN ILLEGAL ENTRANTS UNQUOTE PD ATTENTION IS INVITED TO THE POINT THAT THE SCOPE OF SUCH KOREAN ILLEGAL ENTRANTS IS NOT TO BE CONFINED TO THOSE WHO ARE BEING DETAINED AT THE JAPANESE CAMPS CMA BUT INCLUDE ALL

THOSE WHO PROCEEDED TO JAPAN WITHOUT VALID PASSPORT AFTER THE END OF WORLD WAR TWO PD JAPAN MAY ARGUE THAT SHE WILL BE FREE IN DECIDING WHO SHOULD BE DEPORTED PD BUT OUR FEAR IS
1923 THAT JAPAN MAY TRY TO PROTECT IN HER TERRITORY KOREAN ILLEGAL ENTRANTS OF CERTAIN CATEGORY PD

ITEM TWO ACCORDING TO ANNEXED UNDERSTANDING CMA NECESSITY FOR THE HELP FOR THE LIVLIHOOD OF THE RELEASED KOREANS WILL BE TAKEN INTO CONSIDERATION PD WE WILL WATCH WITH DEEP CONCERN WHAT ACTION WILL BE TAKEN BY THE JAPANESE GOVERNMENT IN THIS REGARD PD

ITEM THREE BY ORAL STATEMENT CMA JAPAN WILL TURN OVER TO KOREA THOSE KOREAN ART OBJECT NOW IN POSSESSION OF WHICH THE IMMEDIATE TRANSFER IS POSSIBLE PD THEREFORE CMA JAPAN IS OBLIGATED TO PRESENT WITHOUT DELAY THE LIST OF THE ABOVE ART OBJECTS WHICH WILL BE SATISFACTORY TO US PD

ITEM FOUR UNLESS WE ARE ASSURED BY JAPAN THAT THE ABOVE THREE TERMS WILL BE FAITHFULLY OBSERVED CMA WE ON OUR PART MUST HESITATE TO DO WHAT WE SHOULD DO ACCORDING TO THE AGREED TERMS PD

ITEM FIVE IN ACCORDANCE WITH THE SIGNED TERMS WE WILL REPATRIATE THOSE FISHERMEN WHO HAVE SERVED OUT THEIR SENTENCES AND ARE BEING DETAINED AT THE ALIENS DETENTION CAMP AS OF DECEMBER THIRTYFIRST NINETEEN FIFTYSEVEN PD PLEASE KEEP IN MIND THAT WE DID NOT PROMISE TO REFRAIN FROM DETAINING

1924 JAPANESE FISHERMEN OTHER THAN THOSE DETAINED AS OF DECEMBER THIRTYFIRST NINETEEN FIFTYSEVEN PD

UNDER THESE CIRCUMSTANCES CMA YOU ARE INSTRUCTED AS FOLLOWS COLON

ITEM A PROPOSE WITHOUT DELAY TO SET UP A WORKING COMMITTEE FOR PREPARATION OF OVERALL TALKS PD IF IT IS AGREED TO SET UP SUCH COMMITTEE CMA OUR REPRESENTATIVES WILL BE HEADED BY MINISTER YIU PD

ITEM B THE WHOLE PROBLEMS CONCERNING INTERPRETATION OR IMPLEMENTATION OF THE SIGNED DOCUMENTS SHOULD BE DISCUSSED AND SETTLED AT THIS COMMITTEE PD THE MISSION SHOULD DECLINE TO DISCUSS ANYTHING WITH THE JAPANESE SIDE ON THIS MATTER BEFORE SETTING UP THE COMMITTEE PD

ITEM C THE JAPANESE SIDE PROPOSES TO DISPATCH ITS VESSELS TO KOREA TO TAKE OVER THE FISHERMEN CMA PLEASE REPLY TO THE JAPANESE THAT THOSE FISHERMEN WILL BE TRANSPORTED BY KOREAN VESSELS CMA AND NOT BY JAPANESE VESSELS PD

ITEM D IF THE JAPANESE SIDE STARTS TO RELEASE IN JAPAN KOREAN DETAINEES, CMA DISPATCH SOME MEMBERS OF THE MISSION TO THE JAPANESE CAMPS AND REPORT ON THE DETAILED SITUATION THERE PD

1925 ITEM E SEND AS SOON AS POSSIBLE THE LIST OF KOREAN ILLEGAL ENTRANTS WHO ARE BEING DETAINED AT THE DETENTION CAMPS AND THOSE ILLEGAL ENTRANTS WHO ARE NOT IN SUCH CAMPS CMA AND THOSE KOREAN RESIDENTS WHO HAVE BEEN RESIDING IN JAPAN SINCE PRIOR TO THE END OF WORLD WAR TWO AND ARE BEING DETAINED AT THE ALIENS DETENTION CAMPS TO BE RELEASED PURSUANT TO THE TERMS AGREED ON PD

FOREIGN MINISTER

번역 번호: ST 910121

일자: 031550
1958년 1월 3일

수신인: 김유택 대사

제목: 한일예비교섭에서 합의한 사항의 이행

1957년 12월 31일 서명한 문서에서 합의한 조건을 해석 및 이행하기 위해 양국 정부가 전면회담을 준비하기 위한 실무위원회를 긴급히 구성할 필요가 있다고 판단됩니다. 특히 다음과 같은 사항을 성공적으로 이행하기 위해 실무위원회가 필요합니다.

1. 양해각서 및 공동성명서에 따라 우리 정부는 '한국인 불법 입국자들의 추방을 수락할 것'입니다. 여기에서 말하는 한국인 불법 입국자의 범위가 일본의 수용소에 억류되어 있는 자들로 국한되지 않고 제2차세계대전 종전 이후에 유효한 여권을 소지하지 않은 상태로 일본에 입국한 모든 이들을 포함한다는 점에 주의를 기울여야 합니다. 일본은 추방할 대상을 자신들이 자유롭게 결정하겠다고 주장할 수 있습니다. 그러나 우리가 우려하는 부분은 일본이 특정 유형의 한국인 불법 입국자들을 자국 영토에서 보호하려 할 수 있다는 것입니다.

2. 부속 양해서에 따라 석방된 한국인들의 생계를 지원할 필요성을 검토할 것입니다. 일본 정부가 이 부분에 있어서 어떠한 조치를 취할지 깊이 우려하며 지켜볼 것입니다.

3. 구두전달문에 따라 일본은 현재 일본이 소유하고 있으며 즉시 인도가 가능한 한국 예술품을 한국에 인도할 것입니다. 따라서 일본은 우리가 만족할 만한 예술품 목록을 지체 없이 제출해야 합니다.

4. 일본이 위의 세 가지 조건을 충실히 이행할 것이라는 확신이 있지 않은 한 우리는 합의한 조건에 따른 의무를 이행하는 것을 주저해야 합니다.

5. 서명한 조건에 따라 우리는 1957년 12월 31일 기준 외국인수용소에 억류되어 있으며 형기를 마친 일본 어민들을 송환할 것입니다. 우리는 1957년 12월 31일 기준 억류 중인 이들 외에 다른 일본 어민들을 억류하는 것을 삼가겠다고 약속하지는 않았음을 유념해야 합니다.

이에 다음과 같이 지시합니다.

A. 전면회담 준비를 위한 실무위원회의 구성을 지체 없이 제안하십시오. 이러한 위원회의 구성이 합의되면 우리 측 대표는 유 공사가 맡을 것입니다.

B. 서명한 문서의 해석 또는 이행과 관련한 문제 전반은 앞서 언급한 위원회에서 논의 및 해결해야 합니다. 한국대표부는 실무위원회 구성 전에 이 문제에 대해 일본 측과 어떠한 주제에 대해서도 논의하기를 거부해야 합니다.

C. 일본 측이 어민들을 인도받기 위해 한국에 선박을 보내겠다고 제안하고 있는데, 이 어민들을 일본 선박이 아닌 한국 선박으로 수송하겠다고 일본 측에 답변하십시오.

D. 일본 측이 한국인 억류자들을 석방하기 시작하면 주일 한국대표부 관계자 일부를 일본 수용소에 보내 자세한 상황을 보고하십시오.

E. 수용소에 억류되어 있는 한국인 불법 입국자와 수용소에 억류되어 있지 않은 불법 입국자, 그리고 제2차세계대전 종전 전부터 일본에 거주해 왔으며 외국인수용소에 억류되어 있고 이번에 합의한 조건에 따라 석방될 한국인들의 명단을 최대한 빠른 시일 내에 보내주십시오.

외무부 장관

4. 한일예비교섭의 합의사항 이행과 관련한 지시 전문 초안

1926 DRAFT CABLE

January 3, 1958

To: Ambassador Yu Taik Kim

Subject Implementation of the terms agreed on at the conclusion of Korea–Japan Preliminary Talks

In order to Interpret and implement the terms agreed on in the documents signed on December 31, 1957, it is considered necessary for the two Governments to set up urgently a working committee for preparation of overall talks. The establishment of the above committee is necessary particularly for successful implementation of the following points:

1. According to the Memorandum of Understanding and Joint Communique, our Government "will accept the deportation of Korea illegal entrants". Attention is invited to the point that the scope of such Korean illegal entrant is not to be confined to those who are being detained at the Japanese camps, but include all those who proceeded to Japan without valid passport after the end of World War II. Japan may argue that she will be free in deciding who should be deported. But our fear is that Japan may try to protect in her territory Korean illegal entrants of certain category.

2. According to Annexed Understanding, necessity for the help for the

livlihood of the release Koreans will be taken into consideration. We will watch with deep concern what action will be taken by the Japanese Government in this regard.

1927 3. By Oral Statement, Japan will turn over to Korea those Korean art object now in possession of which the immediate transfer is possible. Therefore, Japan is obligated to present without delay the lists of the above art objects which will be satisfactory to us.

4. Unless we are assured by Japan that the above three terms will be faithfully observed, we on our part must hesitate to do what we should do according to the agreed terms.

5. In according with the signed terms we will repatriate those fishermen who have served out their sentences and are being detained at the aliens detention camp as of December 31, 1957. Please keep in mind that we did not promise to refrain from detaining Japanese fishermen other than those detained as of December 31, 1957.

Under these circumstances, you are instructed as follows:

A. Propose without delay to set up a working committee for preparation of overall talks. If it is agreed to set up such committee, our representatives will be headed by Minister Yiu.

B. The whole problems concerning interpretation or implementation of the signed documents should be discussed and settled at this committee. The Mission should decline to discuss anything with the Japanese side on this matter before setting up the committee.

1928 C. The Japanese side proposes to dispatch its vessels to Korea to take over the fishermen, please reply to the Japanese that those fishermen will be transported by Korean vessels, and not by Japanese vessels.

D. If the Japanese side starts to release in Japan Korean detainees, dispatch some members of the Mission to the Japanese camps and report on the detailed situation there.

E. Send as soon as possible the list of Korean illegal entrants who are being detained at the Detention Camps and those illegal entrants who are not in such camps, and those Korean residents who have been residing in Japan since prior to the end of World War Two & are being detained at the Alien Detention Camps, to be released pursuant to the terms agreed on.

FOREIGN MINISTER

Chung W. Cho[서명]

번역 전문 초안

1958년 1월 3일

수신인: 김유택 대사

제목: 한일예비교섭 타결 시 합의한 조건의 이행

1957년 12월 31일 서명한 문서에서 합의한 조건을 해석 및 이행하기 위해 양국 정부가 전면회담을 준비하기 위한 실무위원회를 긴급히 구성할 필요가 있다고 판단됩니다. 특히 다음과 같은 사항을 성공적으로 이행하기 위해 실무위원회가 필요합니다.

1. 양해각서 및 공동성명서에 따라 우리 정부는 '한국인 불법 입국자들의 추방을 수락할 것'입니다. 여기에서 말하는 한국인 불법 입국자의 범위가 일본의 수용소에 억류되어 있는 자들로 국한되지 않고 제2차세계대전 종전 이후에 유효한 여권을 소지하지

않은 상태로 일본에 입국한 모든 이들을 포함한다는 점에 주의를 기울여야 합니다. 일본은 추방할 대상을 자신들이 자유롭게 결정하겠다고 주장할 수 있습니다. 그러나 우리가 우려하는 부분은 일본이 특정 유형의 한국인 불법 입국자들을 자국 영토에서 보호하려 할 수 있다는 것입니다.

2. 부속 양해서에 따라 석방된 한국인들의 생계를 지원할 필요성을 검토할 것입니다. 일본 정부가 이 부분에 있어서 어떠한 조치를 취할지 깊이 우려하며 지켜볼 것입니다.

3. 구두전달문에 따라 일본은 현재 일본이 소유하고 있으며 즉시 인도가 가능한 한국 예술품을 한국에 인도할 것입니다. 따라서 일본은 우리가 만족할 수 있도록 예술품의 목록을 지체 없이 제시해야 합니다.

4. 일본이 위의 세 가지 조건을 충실히 이행할 것이라는 확신이 있지 않은 한 우리는 합의한 조건에 따른 의무를 이행하는 것을 주저해야 합니다.

5. 서명한 조건에 따라 우리는 1957년 12월 31일 기준 외국인수용소에 억류되어 있으며 형기를 마친 일본 어민들을 송환할 것입니다. 우리는 1957년 12월 31일 기준 억류 중인 이들 외에 다른 일본 어민들을 억류하는 것을 삼가겠다고 약속하지는 않았음을 유념해야 합니다.

이에 다음과 같이 지시합니다.

A. 전면회담 준비를 위한 실무위원회의 구성을 지체 없이 제안하십시오. 이러한 위원회의 구성이 합의되면 우리 측 대표는 유 공사가 맡을 것입니다.

B. 서명한 문서의 해석 또는 이행과 관련한 문제 전반은 앞서 언급한 위원회에서 논의 및 해결해야 합니다. 한국대표부는 실무위원회 구성 전에 이 문제에 대해 일본 측과 어떠한 주제에 대해서도 논의하기를 거부해야 합니다.

C. 일본 측이 어민들을 인도받기 위해 한국에 선박을 보내겠다고 제안하고 있는데, 이 어민들을 일본 선박이 아닌 한국 선박으로 수송하겠다고 일본 측에 답변하십시오.

D. 일본 측이 한국인 억류자들을 석방하기 시작하면 주일 한국대표부 관계자 일부를 일본 수용소에 보내 자세한 상황을 보고하십시오.

E. 수용소에 억류되어 있는 한국인 불법 입국자, 수용소에 억류되어 있지 않은 불법 입국자, 그리고 제2차세계대전 종전 전부터 일본에 거주해 왔으며 외국인수용소에 억류되어 있고 이번에 합의한 조건에 따라 석방될 한국인들의 명단을 최대한 빠른 시일 내에 보내주십시오.

외무부 장관

조정환[영문 서명]

5. 실무위원회 구성을 위한 김유택 주일 대사와 오노 일본 외무차관의 회담 요록

1929

January 6. 1958

THE SUMMARY RECORD OF THE TALKS BETWEEN AMBASSADOR KIM AND JAPANESE VICE-MINISTER OF FOREIGN AFFAIRS OHNO REGARDING THE ESTABLISHMENT OF A WORKING COMMITTEE

1. Time and place:

At 10:45 a. m., January 6, 1958 at the Japanese Foreign Ministry

2. Conferees:

The Korean side:	Ambassador Kim
	Minister Yiu
	Counsellor Choi
The Japanese side:	Vice-Minister Ohno
	Counsellor Miyake

3. The gist of the talks:

AMBASSADOR KIM: With a view to a smooth interpretation and implementation of the terms agreed upon at the preliminary talks which were concluded on December 31. 1957, I would like topropose that a sort of working committee be set up. The Korean side wishes to name the committee tentatively as "THE KOREA-JAPAN WORKING COMMITTEE FOR THE

PREPARATION FOR RESUMPTION OF THE OVERALL TALKS AND FOR THE IMPLEMENTATION OF THE TERMS AGREED UPON AT THE PRELIMINARY TALKS."

VICE-MINISTER OHNO: In principle, I agree to your suggestion. I do not think the Japanese side has any objection to the setting up of such a working committee but I hope you will allow me to have a chance to discuss this matter with the Minister of Foreign Affairs of Japan. In fact, as far as the Japanese side is concerned, it will have a meeting among representatives of various ministries concerned tom map out the overall plan to implement the terms agreed upon at the preliminary talks. Therefore, as soon as that meeting is over, our side will inform you of the definite attitude of the Japanese side toward your proposal.

AMBASSADOR KIM: The as will await your answer.

AMBASSADOR KIM: I would like to inform you that the Korean side has delegated the following gentleman as members of the Korean delegation to the committee:

Chief delegate: Minister Tai Ha Yiu

Delegate: Counsellor Kyu Hah Choi

First Secretary Pil Silk Chin

Assistant: Mr. Young Park, Second Secretary

Mr. Ki Bong Han, Second secretary

Mr. To Kyong Limb Third Secretary

Mr. Won Dal Lee Third Secretary

I hope that your side will also inform us of the names of the Japanese delegation to such committee.

1930 VICE-MINISTER OHNO: I wish to acknowledge the reciept of your kind information on the composition of the Korean delegation to such a committee. As far as the names of the Japanese delegation are concerned, we will let you know later. However, I think that the leader of the Japanese delegation will be

Mr. Itagaki who is director of the Asian Affairs bureau. Anyhow, our side will inform the Korean Mission of the names of the Japanese delegation and the time and place when and where this committee meeting will be held within today.

AMBASSADOR KIM: I will appreciate your earliest reply in regard to the main points which we discussed this morning.

-The end-

번역

1958년 1월 6일

실무위원회 구성과 관련한 김유택 대사와 오노 일본 외무차관의 대화 요록

1. 일시 및 장소

1958년 1월 6일 오전 10시 45분, 일본 외무성

2. 참석자

한국 측 김 대사
유 공사
최 참사관

일본 측 오노 외무차관
미야케 참사관

3. 회의록

김 대사: 1957년 12월 31일에 타결된 예비교섭에서 합의한 조건의 원활한 해석과 이행을 위해 일종의 실무위원회를 구성하는 것을 제안한다. 한국 측은 이 위원회의 명칭을 잠정적으로 '전면회담 재개 준비와 예비교섭에서 합의한 조건의 이행을 위한 한

일실무위원회'로 정하고자 한다.

오노 외무차관: 대체적으로 제안한 바에 동의한다. 일본 측이 실무위원회 구성에 반대할 것이라고 생각하지는 않는다. 그러나 이 문제를 일본 외무상과 논의할 수 있는 시간을 주기 바란다. 사실 예비교섭에서 합의한 조건을 이행하기 위한 전체적인 계획을 수립하기 위해 다양한 관련 부처들의 관계자들이 참석하는 회의를 소집할 예정이다. 따라서 이 회의가 끝나면 한국이 제안한 내용에 대한 일본 측의 입장을 바로 통보하겠다.

김 대사: 답변을 기다리겠다.

김 대사: 실무위원회의 한국 측 대표는 다음과 같이 임명되었다.

수석대표: 유태하 공사

대표: 최규하 참사관

진필식 1등서기관

보조: 박영 2등서기관

한기봉 2등서기관

임도경 3등서기관

이원달 3등서기관

실무위원회의 일본 측 대표단 명단도 통보해 주기를 바란다.

오노 외무차관: 한국대표단의 구성원에 대한 정보에 감사한다. 일본 측 대표단의 명단은 추후에 통보하겠다. 일본대표단은 이타가키 아시아국장이 이끌 것으로 예상된다. 어쨌든 일본대표단의 명단과 실무위원회 회의를 개최할 일시와 장소를 오늘 내에 한국대표부에 통보하겠다.

김 대사: 오늘 오전 논의한 주요 사안들에 대해 최대한 빨리 답변을 주면 고맙겠다.

끝

6. 전면회담 재개와 예비교섭 합의사항 수행을 위한 한일실무위원회 한국 측 대표단 명단

1931 THE KOREA–JAPAN WORKING COMMITTEE FOR THE PREPARATION OF RESUMPTION OF THE OVERALL TALKS AND FOR IMPLENTATION OF THE TERMS AGREED UPON AT THE PRELIMINARY TALKS

The Members of the Korean Delegation to the Committee are as follows:

Chief Delegate : Minister Tai Ha Yiu

Delegate: Counsellor Kyu Hah Choi

Delegate: First Secretary Pil Shik Chin

Assistant: Second Secretary Young Park

Assistant: Second Secretary Ki Bong Han

Assistant: Third Secretary To Kyoung Limb

Assistant: Third Secretary Won Dal Lee

번역 **전면회담 재개 준비와 예비교섭에서 합의한 조건의 이행을 위한 한일실무위원회**

실무위원회의 한국대표단은 다음과 같이 구성된다.

수석대표: 유태하 공사

대표: 최규하 참사관

대표: 진필식 1등서기관

보조: 박영 2등서기관

보조: 한기봉 2등서기관

보조: 임도경 3등서기관

보조: 이원달 3등서기관

7. 한일 정식 회담 재개 준비 및 예비교섭에서 합의된 청구권 이행을 위한 제1차 한일연락회의 요록

1932 제1차

단기 4291년 1월 7일

한일 정식 회담 재개 준비 및 예비교섭에서 합의된 제 조항 이행을 위한 제1차 한일연락회의 요록

1. 일시 및 장소

1956년 1월 7일 오후 3시~오후 3시 45분

일본 외무성 311호실

1. 회의 출석자

한국 측:	유태하 공사	최규하 참사관
	진필식 1등서기관	박영 2등서기관
	임도경 3등서기관	이용달 3등서기관
일본 측:	이타가키 아세아국장	미야케 참사관
1933	스가누마 제1과장	쓰치야, 후루야마 양 사무관
	이세키 입관국장	나카가와 총무과장
	가키무라 수산청 생산부장	나카무라 해양 제2과장

1. 회의 진행 초록

이타가키 국장: 예비교섭을 마치고 억류자를 서로 석방하게 됨은 양국이 다 서로 치하하는 바이다. 이 연락회의의 목적은 예비교섭에서 합의된 것을 촉진하고 오는 3월 1일부터 재개되는 전면회의를 준비하고 억류자의 상호 석방에 관한 자세한 수속 절차

에 관해서 토의코자 하는데 귀측의 의견을 듣기로 하자.

유 공사: 예비교섭이 잘 체결되었음을 대단히 기쁘게 여기며 또한 억류자의 상호 석방을 될 수 있는 대로 빨리 실시되도록 원하며 우선 억류자의 상호 석방 절차를 토의

1934 하기로 하고 전면회의 재개에 관한 사항은 다음 회합에서 하기로 하자.

유 공사: 한인 억류자의 명부, 즉 일은 일본 국내에서 석방할 자의 명부와 또 하나는 한국으로 송환할 자의 명부를 주기 바란다.

이타가키 국장: 우리도 형여자(刑余者)와 상금 복역 중인 자의 명부를 따로 만들어 보내주기 바란다. 전체의 수효도 아는 잔류자는 그 형기도 알기 위하여.

유 공사: 잔류자는 극소수일 것이다. 자세한 것은 본국에서 명부가 도착하면 알게 될 것이다.

유 공사: 일본 국내에서 석방되는 자에 관하여는 우리 형편상 우리 측에서 입회하고자 한다.

1935 이세키 국장: 입회함도 좋다. 대개 5일 만에 한 번씩 매회 90명씩. 가석방 중인 불법 입국자를 1개월 반 이내에 송환 완료하기는 좀 힘들다. 수용 중인 밀항자의 것은 될 수 있는 대로 빨리 하겠지만. 가석방 중인 불법 입국자의 수효는 2,000명가량 있는데 시일이 좀 걸린다. (한국으로부터의 □래 밀입국자의 통계를 보면 매월 약 80명가량 된다.)

유 공사: 그 명부도 보내주기 바란다. 또 이자들의 사진은 3매씩 (이면에 생년월일 등을 기입하여, 즉 신분증명서용으로) 보내주기 바란다.

최 참사관: 밀입국자가 한국에 송환될 때는 밀항자라는 것을 증명하는 서류가 필요할 것이니 그 증명서를 우리 대표부에서 발급하겠는데 거기에 첨부할 사진이 3매 필요하다.

이타가키: 문화재에 관한 것은?

1936 유 공사: 문화재의 LIST는 즉 구두각서에 있는 전반적인 것 즉시 반환할 수 있는 것의 도록을 주기 바란다.

이타가키: 시일이 좀 소요된다.

이타가키: 한인 억류자의 국내 석방은 곧 하겠는데 약 1개월 반 걸리겠다. 첫 단계로서

(1) 신원 인수자가 있는 자를 먼저 하고 차후에 인수자가 없는 자를 하겠다.

(2) 그리고 불법 한인 입국자와 일본인 어부 억류자의 상호 송환함에도 그 운반용 선박으로서 한국에서 선박 준비가 있는가? 불연(不然)이면 우리 측에서 선박을 내겠다.

유: 어부 송환용 선박은 우리가 내겠다. 될 수 있으면 밀항자도 그 회편(回便)에 싣고 가겠다.

1937 이타가키: 배가 얼마나 있나?

유: 상당히 큰 것이 있다.

이세키: 오무라에는 큰 배가 들어가지 못하니 작은 배를 사용하여 매회 300명가량 싣고 1주일에 한 번씩, 4, 5회로 나누어 순서대로 송환할 계획이다.

이타가키: 사진을 붙이고 증명서를 만들면 오래 걸리지 않을까?

유: 곧 된다.

이세키: 사진 작성함에는 3, 4일 소요될 것이다.

그리고 일본 측의 조서는 오무라수용소에 비치되어 있으니 그곳에서 대조함이 약하(若何)?

최: □□되로 □□으로 보내주기 바란다. 조서도 2매씩.

1938 이타가키: 일본 배가 밀항자를 싣고 가서 회편에 빈 배로 돌아오는 것보다 그편에 일본인 어부를 싣고 옴이 어떠한가?

유: 우리나라 내무부에서 신원 조회가 있으니 전에 내가 말한 대로 해주기 바란다.

이타가키: 어부 송환은 언제 하느냐?

유: 추후 통지하겠다. 오무라에는 얼마나 큰 배가 들어가느냐?

이세키: 650톤 및 820톤 배가 들어갈 정도다. 650톤에 평균 350인이 탈 수 있다.

이타가키: 한국 배가 일본 어부를 싣고 와서 회편에 밀항자를 싣고 갈 작정인가?

유: 그것까지는 아직 생각하지 않았으나 할 수 있는 것으로 생각한다.

1939 이타가키: 한인 밀항자도 그러하겠지만 일인 어부 중에도 병자가 있을 것이니 의사를 내겠는데 어떤가?

유: 병자의 유무를 알아보겠다. 명부는 언제쯤 되겠는가?

이세키: 불법 입국자가 약 12,000명, 국내 석방이 약 470명, 가석방자가 약 2,000명

있다.

이타가키: 2, 3일 걸린다. 선박 문제인데 불법 입국자를 싣고 간 일선의 회편에 일본 어부를 싣고 오도록 우리 측에서 배선할 것이오니 고려하여 줌이 약하(若何)?

유: 본국 정부의 훈령이 있으니 배는 우리 쪽에서 내겠다.

이타가키: 조속히 송환하여 주기 바란다. 장기간 고대하고 있는 처자도 반가워하는 등 국내적 문제도 있으니까.

유: 그 점은 피차일반이다. 될 수 있는 대로 빨리 하겠다.

1940 이세키: 1주일에 한 번씩 배를 보냄이 가장 적당할 것 같다. 가석방된 것은 현재 2,000명이나 앞으로는 없을 것이다. 그러나 밀항을 했으나 우리도 모르고 아직 발각되지 않고 있는, 말하자면 잠재 밀항자도 있다.

이타가키: 전면회담에 관해서 인선—우리도 아직 되지 않았지만—기타 무슨 의견이 있는가?

유: 명부를 우선 교환한 후에 토의하기로 하자.

이타가키: 그러면 다시 모여서 회의할 필요도 없지 않을까?

유: 명부 교환 준비가 되었을 때 다시 만나자.

이타가키: 국내 석방자의 사진도 필요한가?

유: 2매 필요하다.

1941 최: 불법 입국자에 증명서를 발급할 시 본인과 면접하게 해주겠지.

이세키: 알았다.

유: 국내 석방자에 대한 생활보장책은?

이세키: 신원 인수자가 있는 자를 먼저 석방하고 인수자가 없는 자 약 200명은 각 방면에 인수토록 교섭하고 있다. 대개 15일부터 시작하여 석방한 객차를 빌려 약 90명씩 운반하여 1주에 한 번씩 약 5회에 걸쳐 내월(來月) 10일경에는 완료할 것이다.

유: 국내 석방자의 석방 일시도 미리 알려주기 바란다.

이세키: 연락하겠다.

이타가키: 부산의 일인 어부를 한국 선박으로 송환하기로 한다면 송환 시 일인의 의
1942 사와 계관(係官)을 파송하고자 하오니 고려해 주기 바란다.

유: 우리 경찰병원 의사가 있느니만큼 불필요하나 본국 정부에 알아보겠다.

이타가키: 선중에서 지방별 (송환자의) 조사도 있으니 계관 파송은 고려해 주기 바란다.

유: 문화재 LIST를 빨리 보내주기 바란다. 전에 나카가와 아세아국장 시대 송환을 할 때 전전(戰前)부터 거주한 사람을 태워 보낸 일이 있었기 때문에 여러 가지로 복잡하게 되었다.

이세키: 불법 입국자 중에서 본국에도 친척이 없고 연고자도 없고 생활이 대단히 곤란한 자는 이곳에 그냥 두기로 할 것을 고려해 보겠다.

1943 유: 다음 회의 일자는?

이타가키: 준비가 되는 대로 곧 연락하겠다.

별첨

7-1. 한일 정식 회담 재개 준비 및 예비교섭에서 합의된 청구권 이행을 위한 제1차 한일실무위원회 회의 요록(영문본)

1944 Tokyo, January 7, 1958

THE KOREA-JAPAN WORKING COMMITTEE FOR THE PREPARATION FOR RESUMPTION OF THE OVERALL TALKS AND FOR IMPLEMENTATION OF THE TERMS AGREED UPON AT THE PRELIMINARY TALKS … No. 1

1. Time and place:

From 3 p.m. to 3:45 p.m. on January 7, 1958, at the Japanese Foreign Office, Tokyo.

2. Conferees:

The Korean side: Minister Tai Ha Yiu
Counsellor Kyu Hah Choi
First Secretary Pil Shik Chin
Second Secretary Young Park
Third Secretary Won Dal Lee
Third Secretary To Kyong Limb

The Japanese side: Mr. Osamu Itagaki, Director of the Asian Affairs Bureau of the Japanese Foreign Office.
Mr. Iseki, Director of the Immigration Bureau.
Mr. Miyake, Counsellor of the Foreign Office
Asia First Section Chief Suganuma.
Mr. Nakagawa, Chief of the General Affairs Section of

the Immigration Bureau.
Mr. Sakamura, Chief of Production Bureau of the Marine Affairs Bureau.
Mr. Nakamura, Chief of the Second Section of the Marine Affairs Bureau.
Mr. Tsuchiya, and Mr. Koyama of the Asia First Section of the Foreign Office.

3. The gist of talks:

DIRECTOR ITAGAKI: It is very grateful for both countries that the long pending preliminary talks have been brought to a successful conclusion, thus materializing the mutual release of the detainees. The purpose of holding this meeting is to implement the terms agreed upon at the preliminary talks, and to prepare for resumption of the overall talks to be resumed on March 1, 1958. We are here to discuss the detailed procedural matters in connection with the mutual release of the detainees.

MINISTER YIU: I am also happy to note that the preliminary talks have been concluded successfully. I earnestly hope that the both sides will work out most suitable plans so that the mutual release of the detainees may be implemented at an earliest possible date. Matters concerning the preparation for resumption of overall talks will be discussed at the next meeting, and at this meeting, I will begin with my proposals on the implementation of the mutual release of the detainees.

MINISTER YIU: I like to propose that the both sides exchange lists of the detainees. We would like to have lists of the Korean detainees-one concerning
1945 the Korean detainees who will be released in Japan, and the other concerning the illegal entrants who will be deported to Korea. I want the Japanese side to prepare the above-mentioned two lists separately.

I think it is necessary for the Korean Mission to issue certain certificate to those illegal entrants. In this connection, the Korean side needs three pictures each of those detainees.

In the meantime, when the Korean detainees are going to be actually released in Japan, we want to dispatch a few Korean officials to the camps for on-the-spot observation.

DIRECTOR ITAGAKI: I think the lists of the Korean detainees will be ready within a few days. When ready, we will hand them over to your side. On the other hand, we request the Korean side to provide lists of the Japanese fishermen detained in Pusan and of the fishermen who are now in prison. The Japanese side will furnish three sheets of pictures of the Korean detainees as it has no objection to the issuance of such certificate by the Korean Mission. As to dispatching of Korean officials to the camps, the Japanese side has no objection.

MINISTER YIU: We will hand the list of the Japanese fishermen to your side within a few days.

DIRECTOR ISEKI: What I figure now is that we can release about 90 Koreans in Japan once every five days successively due to complicated procedural process. Therefore it will take about one and a half months to complete the release of about 470 Korean detainees in Japan. Other than the above Koreans to be released in Japan, there are about 1,200 illegal entrants now under detention and about 2,000 illegal entrants who are out on bail, all entrants are subject to deportation to Korea.

MINISTER YIU: As to the art objects, the Korean side would like to have list of art objects as stipulated in Oral Statement(referring to those art objects of which immediate transfer is Possible.)

DIRECTOR ITAGAKI: I think it will take quite a time, but the Ministry of Education is preparing for it. As soon as the list is ready, I will hand it over.

DIRECTOR ITAGAKI: As to the Koreans who will be released in Japan, the

Japan is considering that those Koreans who have guarantor in Japan will be released earlier, and then those without guarantor will be released later □…□ arrangements being made with certain social work organizations, □…□.

1946 As to the travel means, the Japanese side will provide vessels for both Japanese fishermen in Korea and Korean illegal entrants in Japan.

MINISTER YIU: As to the Japanese fishermen in Korea, the Korean side will ship them to Japan by Korean vessels. If possible, the Korean ships which will transport the Japanese fishermen to Japan may transport, on their return trip, those Korean illegal entrants back to Korea.

DIRECTOR ISEKI: As the entrance of the Omura port is narrow and small, the Japanese side is obliged to use a small type of Ship which can transport about 300 persons at a time.

DIRECTOR ITAGAKI: Since Japanese ships will be sent to Korea to transport Korean illegal entrants, how about carrying back those Japanese fishermen aboard the same Japanese vessels on their return trip?

MINISTER YIU: The Korean side will provide its own vessels to transport Japanese fishermen in Korea, as I have just mentioned above.

DIRECTOR ISEKI: The number of illegal entrants who are out on bail will not increase any more in the future. The statistical study in the past shows that about 80 Koreans enter into Japan illegally in a month.

DIRECTOR ITAGAKI: In case the Japanese fishermen will be transported by Korean vessels, the Japanese side would like to dispatch a few officials end doctors to the Korean repatriating vessels.

MINISTER YIU: In this regard, I will check with my home Government. By the way, it is recalled that the Japanese side attempted to deport those Korean residents to be released in Japan to Korea in the past, thus brewing unnecessary conflicts between the two countries. Therefore, I would like to draw your attention to this matter.

DIRECTOR ISEKI: We will take note of it.

MINISTER YIU: When should the next meeting be opened?

DIRECTOR ITAGAKI: As soon as the lists of both sides are prepared, we will inform your side of the date for next meeting.

1947 DIRECTOR ISEKI: Does the Korean side want pictures of those Korean detainees to be released in Japan?

MINISTER YIU: Yes, We do. We need two sheets each.

MINISTER YIU: What will be your programme to provide livelihood to those released Koreans as stipulated in the signed documents?

DIRECTOR ISEKI: The Japanese side would like to release those Koreans who have relatives or guarantors in Japan in the first stage. I think about 200 Koreans have no relatives nor guarantors in Japan. Therefore, we are going to find jobs or guarantors for them.

DIRECTOR ITAGAKI: I request the Korean side to repatriate the Japanese fishermen as soon as possible in consideration of the fact that their early return is awaited by Japanese.

MINISTER YIU: The Korean side has the same desire. Therefore, the Japanese fishermen will be repatriated to Japan as soon as possible. We want your side to release those Koreans at the earliest possible date.

DIRECTOR ITAGAKI: Do you have any suggestion in connection with the resumption of the overall talks?

MINISTER YIU: Nothing particular in mind now except the list of the art objects, as I mentioned above. We will discuss about the resumption of the overall talks later after the lists of the detainees of both sides are exchanged.

DIRECTOR ISEKI: As soon as a part of the lists of the Korean detainees is prepared, the Japanese side will send it to your side.

-The end-

8. 이승만 대통령에게 보내는 기시 수상의 서한

1948 COPY

Office of the Prime Minister TOKYO

January 8th, 1958

Dear Mr. President,

I have long felt great respect and admiration towards the fact that ever since the restoration of your country's independence, Your Excellency has stood steadfastly against communism and made outstanding efforts for the prosperity of your country and for the sake of world peace.

The influential leaders of our country, together with the majority of our people, are sincerely looking forward to achieving fruit in goodwill and concert as soon as is possible between our two countries, in fulfilling the responsibility that our two countries will contribute to the rehabilitation and prosperity of Asia, thereby working towards the materialization of world peace.

Amidst such circumstances, it is indeed most fortunate that the preliminary talks that have been underway between our two nations over a long period have, as Your Excellency knows, reached an agreement at the end of last year. This is indeed a matter of mutual congratulations, and I wish to take this opportunity to express my deep gratitude for the many kindnesses extended by Your Excellency in connection with the conclusion of the talks.

The conclusion of the preliminary talks constitutes a major step towards longlasting peace and goodwill between our two countries, a step that is truly worthy of felicitations, and I believe sincerely that with the formal talks that are to be held shortly now close at hand, it has made great contributions towards eliminating the historical barriers that have long existed between our two countries.

I believe that 1 have a full understanding of the intent of the assertations expressed by your country at the preliminary talks, so when the formal talks begin, I am determined to guide our government and make efforts with all sincerity towards an early agreement, based on a spirit of good neighborly relations. I pray that Your Excellency will have faith in my sincerity and determination and will extend the necessary guidance towards your Government.

I am entrusting this letter to Mr. Kazuo Yatsugi, who, in a civilian capacity, extended his invaluable cooperation to me up to the time the preliminary talks reached an agreement, in order that I may, through him, lay my respects to you. Mr. Yatsugi is fully cognizant of my policies and ideas, so I wish to ask with all respect that you lend an ear to him when you grant him an audience.

In closing, I extend my heartiest wishes for Your Excellency's continued good health.

Yours most sincerely,

Signed: Nobusuke Kishi
Nobusuke Kishi
Prime Minister of Japan

His Excellency Mr. Syngman Rhee,
President of Republic of Korea, Seoul.

번역 사본

도쿄 총리실

1958년 1월 8일

대통령 각하,

한국 독립 후 공산주의에 단호히 맞서고 한국과 전 세계의 번영을 위해 빛나는 노력을 기울이시는 모습에 오랜 시간 큰 존경심을 느껴왔습니다.

일본의 지도자들은 대다수의 일본 국민들과 함께 세계 평화를 위해 아시아의 재건과 번영에 기여한다는 의무를 다하고자 양국이 선의와 협력의 결실을 맺을 수 있기를 진심으로 고대하고 있습니다.

오랜 시간 양국 간에 이어진 예비교섭이 지난해 말 타결된 것은 매우 훌륭한 성과입니다. 서로 축하할 일임이 분명하며, 이 기회를 빌려 예비교섭에서 도출한 결론과 관련한 대통령 각하의 배려에 깊은 감사를 표합니다. 예비교섭이 타결되면서 양국의 영구적 평화와 선의를 향한 큰 걸음을 내디뎠습니다. 참으로 축하할 만한 일보 진전이고, 공식 회담이 다가오는 지금 우리 양국 사이를 오랫동안 가로막던 역사적 장벽들을 무너뜨리는 데 크게 기여했다고 생각합니다.

예비교섭에서 한국이 제기한 주장의 의도를 전적으로 이해한다고 생각합니다. 따라서 공식 회담이 시작되면 좋은 이웃의 정신을 바탕으로 조기 합의를 위해 우리 정부를 이끌고 성의 있게 임할 것입니다. 저의 진정성과 의지에 믿음을 갖고 한국 정부에 필요한 지침을 내려주시기를 기원합니다.

대통령 각하에 대한 존경을 담아 예비교섭이 합의에 이르는 순간까지 민간인으로서 매우 의미 있는 기여를 해준 야쓰기 가즈오에게 이 서한을 맡깁니다. 제가 추구하는 정책과 아이디어를 완전히 파악하고 있는 인물이오니 야쓰기가 알현하면 그의 말에 귀 기울여 주시기를 부탁드리고자 합니다.

이만 줄이며 앞으로도 건강하시기를 진심으로 기원합니다.

감사합니다.

서명: 기시 노부스케

기시 노부스케 일본 총리

이승만 각하

대한민국 대통령, 서울

10. 1957년 12월 31일 예비교섭 타결에 대한 보고 서한

1950 COPY

No. 39

Tokyo, January 9, 1958

Excellency:

1. As I reported by Cables Nos. TS-901285 and 901292 of December 29 and 31, 1957, respectively and also by letter report Nos Hanildai Jung-1896, 1897 and 1898 of January 3, 1958, to the Foreign Minister, the preliminary talks with Japan have been concluded with a signing ceremony which took place from 11:20 to 11:40 p.m., December 31, 1957. Further, in compliance with the Foreign Minister's cable instructions dated January 3, I have already forwarded all the signed documents via special pouch last Saturday (January 4).

I would like to repeat my most profound appreciation and gratitude for Your Excellency's kind guidance and instructions given me throughout the entire negotiations with the Japanese side.

2. Supplementing my previous reports, I am herewith submitting for Your Excellency's perusal a report outlining the conclusion of the preliminary talks.

REPORT ON CONCLUSION OF PRELIMINARY TALKS WITH JAPAN

I. Following my return here from Seoul on December 28, I approached the Japanese side immediately and as a result, a meeting between Foreign Minister Fujiyama and myself at 4 p.m., next day (December 29) was arranged. As reported in my cable No.TS-901285 of December 29, Minister Yiu and I called on Mr. Fujiyama, accompanied by Counselor Choi and First Secretary Chin, while the Japanese side was represented, besides Fujiyama, by Vice Minister Ohno, Asian Bureau Director Itagaki and Counselor Miyake.

1951 The Japanese side officially notified our side that it would accept all our amendment proposals to the June 14 draft documents on points other than the property claims issue, on condition that our side would accept the June 14 draft documents on the property claims issue without modification. As this was fully in accord with the instructions from the Government which were handed over to no by Foreign Minister Cho in Seoul on December 28, an oral agreement on the preliminary talks had thus been reached with the Japanese side. (Summary records of this meeting is enclosed herewith)

It was also agreed at this meeting that at the ensuing administrative-level meeting details concerning signing of the documents would be discussed, including the date for the resumption of the overall talks and the date of the US memorandum, etc., and also that the signing were to take place tentatively at 12:00 noon, December 31.

At these administrative-level meetings held twice (from 5 to 8 p.m., December 29 and from 3:30 to 9 P.m., December 30) the Japanese side first proposed March 15, 1958 as the date for the resumption of the overall talks. Our side, however, with the approval of the Government, proposed that March 1 be made the date and gave our official notification in this regard at 11:00 a.m., December 31, which was then agreed to by the Japanese side.

With regard to the question on the date of the US memorandum, it was similarly agreed that both sides approach the US Embassies in Tokyo and Seoul, respectively, and have the memorandum dated December 31, 1957.

II. Meanwhile, I had been in touch with the Japanese side regarding the personal letter from Premier Kishi. As a result of my immediate contact with Mr. Yatsugi after my return from Seoul, the Japanese side agreed to delete, from the original draft of the said letter, the reference to Japan's anti-communistic stand, etc. (in Paragraph 2) and a phrase: "shown through the preliminary talks"(in Paragraph 5), while insisting on the remainder of the wording to be left as it was.

Mr. Yatsugi gave me a definite commitment that a signed copy of Kishi's letter would be delivered to me at the Latest by 10:30 a.m., the day of signing. Under Foreign Minister's instructions I was required to obtain the said copy prior to the signing of the documents and the Japanese side gave me such assurances, as mentioned above.

1952 As I reported already, the Japanese side handed over the signed copy of Kishi's letter at the appointed time (10:30 a.m., December 31), on the basis of which the signing of the documents was held later the same day.

III. I received about 5:30 p.m., the day of signing, Foreign Minister's cable No.ST-9012104, authorizing me to sign all the documents. After receipt of this cable instructions, this office exerted every possible effort to obtain Japan's assurances that the US memorandum would not be released for publication, as instructed in the said cable.

The Japanese side first showed great reluctance to give our side such assurances, maintaining that it was necessary to make the US memorandum public when the Japanese Government was required to explain to the Diet on the circumstances leading to the withdrawal of the Japanese property claims against Korea (which was to be officially notified to us in the Note Verbale together with the withdrawal of the Kubota statement).

Finally, a little before 9 p.m., the same day, Foreign Minister Fujiyama requested to see me, and Minister Yiu and I called on his and held a top-level talk on the non-release of the US memorandum from 9 to 9:30 pm. Mr. Fujiyama was assisted at this meeting by both of his Vice Ministers Ohno (Administrative) and Matsumoto (Parliamentary). As a result of this talk, it was finally agreed that an understanding reading: "this (the US memorandum) will not be released for publication for the time being and if and when either Government deems it necessary to release the said Statement in future consultation will be made", be initialed by both sides at the time of signing of the other documents.

Only after this, the signing was finally set for 10:30 p.m., JST, or 10:00, p.m., KST; with the Joint Communique and other publishable documents to be released at 11:00 p.m., JST, or 10:30 p.m., KST. Although our delegation arrived at the Foreign Minister's official residence (where the signing was to take place) at the designated time of 10:30 p.m., actual signing did not take place until 11:20 p.m., JST, due to further delay caused by the Japanese side in last-minute adjustment of views among its top officials regarding the non-release of the US memorandum.

As covered in my previous reports, at the signing ceremony, besides Minister Yiu and myself, our delegation was represented by Counselor Choi, First Secretary Chin and a few others of my staff, while the Japanese side by
1953 Mr. Fujiyama, Vice Ministers Ohno and Matsumoto, Treaties Bureau Director Takahashi, Information and Cultural Bureau Director Kondo and Asian Bureau Counselor Miyake.

3. As I mentioned in the preceding paragraph, all the signed documents have already been sent to the Government (via especial pouch CAT, January 4), in accordance with the cable instructions from the Foreign Minister dated January

3, together with a full report on the conclusion of the preliminary talks (to the Foreign Minister with a copy for Office of the President).

With sentiments of loyalty and esteem, I remain,

Most respectfully,

Enclosure:

Summary records of my meeting with Fujiyama/Dec. 29, 1957

번역 사본

번호: 39

1958년 1월 9일, 도쿄

대통령 각하,

1. 각각 1957년 12월 29일 자 및 12월 31일 자 전보 TS-901285 및 901292를 통해, 그리고 1958년 1월 3일 자 서한 보고서 제1896, 1897, 1898호를 통해 외무부 차관에게 보고했듯이 1957년 12월 31일 오후 11시 20분에서 11시 40분까지 열린 체결식과 함께 일본과의 예비교섭이 타결되었습니다. 또한 1월 3일 자 외무부 전보 훈령에 따라 이미 지난 토요일(1월 4일)에 특별 행낭을 통해 서명한 모든 문서를 송부했습니다.

일본 측과 교섭하는 과정 내내 친절히 이끌어 주시고 지시해 주신 것에 대해 이루 말할 수 없이 감사드립니다.

2. 기존 보고서에 더하여 예비교섭에서 내린 결론의 윤곽을 담은 보고서를 첨부합니다.

일본과의 예비교섭 결과 보고서

I. 12월 28일 서울에서 복귀한 후 즉시 일본 측에 접촉한 결과 다음 날(12월 29일) 오후 4시 후지야마 외무상과 만나게 되었습니다. 12월 29일 자 전보 TS-901285에서 보고드렸듯이 유 공사와 제가 후지야마 외무상과의 회담을 요청했고, 최 참사관과 진 1등서기관이 동행했습니다. 일본 측에서는 후지야마 외무상 외에 오노 외무차관, 이타가키 아시아국장, 미야케 참사관이 참석했습니다.

우리 측이 청구권 문제에 대한 6월 14일 자 초안을 수정 없이 수용한다는 조건하에 일본 측은 청구권 문제를 제외하고 6월 14일 자 초안에 대하여 우리가 제시한 수정안을 모두 수용하겠다고 공식적으로 통보했습니다. 이는 12월 28일 서울에서 조 외무부장관에게 전달받은 정부 훈령에 완전히 부합하는 내용이었기 때문에 일본 측과 구두로 합의했습니다(이 회의의 요록을 첨부했습니다).

또한 다음 실무급회의에서 전면회담 재개 일자와 미국 각서 일자 등 세부사항을 논의할 것이고, 체결식은 12월 31일 정오에 개최하기로 잠정 합의했습니다.

두 차례 열린 실무급 회의에서(12월 29일 오후 5~8시, 12월 30일 오후 3시 30분~9시) 일본 측이 먼저 전면회담을 1958년 3월 15일에 재개하자고 제안했으나 우리 측은 정부의 승인을 받아 3월 1일을 제안했습니다. 12월 31일 오전 11시에 회담 재개일을 공식 통지했고 일본 측이 합의했습니다.

미국 각서의 일자 문제에 대해서는 양측이 각각 도쿄와 서울의 미국 대사관에 접촉하여 각서의 일자를 1957년 12월 31일로 공표해 달라고 요청하기로 합의했습니다.

II. 동시에 저는 기시 총리의 개인적 서한에 대하여 일본 측과 소통했습니다. 서울에서 돌아온 후 바로 야쓰기와 접촉한 결과 일본은 해당 서한의 원안에서 (두 번째 문단) 일본의 반공주의적 입장에 대한 언급과 (다섯 번째 문단) "예비교섭 전반에 걸쳐 보여준"이라는 문구를 삭제하되 나머지 부분은 그대로 남겨두기로 합의했습니다.

야쓰기는 늦어도 체결식 당일 오전 10시 30분까지 기시 총리 서한의 서명본을 저에게 전달하겠다고 확약했습니다. 외무부의 지시에 따라 저는 협약 체결식 전에 서명된 서한을 확보해야 했고, 일본 측이 앞서 말했듯이 그렇게 하겠다고 약속했습니다.

이미 보고드렸듯이 일본 측은 기시가 서명한 서한을 정해진 시간(12월 31일 오전 10시 30분)에 전달했고, 이 서명본을 바탕으로 같은 날 체결식이 열렸습니다.

III. 체결식 당일 오후 5시 30분경 외무부 장관의 전보 ST-9012104를 받았고, 이 전보를 통해 모든 문서에 서명할 수 있는 권한이 제게 부여되었습니다. 이 전보 훈령을 수신한 후에 지시받은 바에 따라 미국 각서를 공개하지 않겠다는 일본의 확약을 얻고자 모든 노력을 기울였습니다.

일본은 처음에는 우리 측에 확약하는 것을 매우 주저하며 일본 정부가 의회에 일본의 대한 청구권을 철회(구보타 성명 철회와 함께 구상서를 통해 우리 측에 공식적으로 통보될 사항)하게 된 상황을 설명하기 위해서는 미국 각서를 공개해야 한다는 입장을 견지했습니다.

같은 날 오후 9시가 되기 조금 전에 마침내 후지야마 외무상이 저와 유 공사를 만날 것을 요청했고 유 공사와 저는 후지야마 외무상과 만나 오후 9시에서 9시 30분까지 미국 각서 비공개 문제에 대해 고위급 논의를 진행했습니다. 이 자리에 오노 (사무)차관과 마쓰모토 (정무)차관이 배석했습니다. 결과적으로 "본 각서는(미국 각서는) 당분간 공개하지 않으며, 추후 두 정부 중 하나가 해당 성명서를 공개할 필요가 있다고 판단하는 경우와 시점에 협의할 것이다"라는 문구에 합의했고 다른 문서들을 서명할 때 양측이 가서명했습니다.

마침내 오후 10시 30분 일본 표준시 또는 오후 10시 한국 표준시에 체결식을 개최하고, 공동성명서 및 기타 공개 가능한 문서는 오후 11시 일본 표준시 또는 오후 10시 30분 한국 표준시에 공개하기로 했습니다. 우리 측 대표단이 정해진 시간이었던 오후 10시 30분에 (체결식 장소인) 외무성 관저에 도착했으나 미국 각서 비공개 문제를 두고 일본 측 고위급 간에 의견을 조율하느라 시간이 지체되어 실제 체결식은 오후 11시 20분 일본 표준시가 되어서야 진행되었습니다.

기존 보고서에서도 언급했듯이 체결식에는 유 공사와 저 외에 최 참사관, 진 1등서기관 및 기타 몇몇 참모들이 참석했고, 일본 측에서는 후지야마 외무상, 오노 차관, 마쓰모토 차관, 다카하시 조약국장, 곤도 정보문화국장, 미야케 아시아국 참사관이 참석했습니다.

3. 앞 문단에서 언급했듯이 1월 3일 자 외무부 장관 전보 훈령에 따라 예비교섭 타결에 대한 종합 보고서와 함께 체결된 모든 문서를 (1월 4일 특별 행낭 CAT 편으로) (대통령실을 위한 사본 1부와 함께 외무부 장관 앞으로) 정부에 송부했습니다.

감사합니다.

별첨: 후지야마와의 회의 요록/1957년 12월 29일

11. 기시 수상 개인 특사 건에 대한 김유택 대사의 회신 서한

1954 COPY

No. 40

Tokyo, January 9, 1958

Excellency:

With regard to the question on Premier Kishi's personal letter, a signed copy of which I believe is already in Your Excellency's hands, the Japanese side is still desirous of sending a personal envoy of Premier Kishi with the original of this letter, as I reported personally to the Government.

In this regard I also discussed with Foreign Minister Cho, while in Seoul, and also with his staff. Minister Cho then suggested that I try to find out the possibility of getting some other person than Mr. Yatsugi as Mr. Kishi's personal envoy, saying that he personally thought a person like Deputy Premier Ishii might be more logical choice for this purpose.

Consequently, after my return here I immediately contacted the Japanese side to sound out the possibility for Mr. Ishii to make such a visit to Korea together with Mr. Yatsugi for the purpose of delivering the said personal letter to Your Excellency. Mr. Ishii made it clear to our side that he regretted that he would be unable to make such a visit at this time due to his heavy pressure of duties, especially in connection with the passage of the new budget bill and eventual election campaign in near future.

In the meantime, the Japanese press reported as if Premier Kishi was contemplating a visit to meet Your Excellency after Yatsugi's visit to Korea. It is
1955 my observation that, although I do not know if such a press report truly reflects

official Japanese view, it was reported mostly as a trial baloon to sound out our reaction to such a possibility. I personally do not feel it absolutely necessary for Premier Kishi to visit Korea at this stage, inasmuch as I believe the settlement of the outstanding problems should be reached through expression of sincerity by the Japanese side at the resumed overall talks.

Regarding the method of receiving Kishi's personal letter, in view of Japan's insistence that Mr. Yatsugi be sent to Korea as his personal envoy and in view of the fact that the said letter will not be official until its original is received by our Government, I believe Yatsugi's visit to Korea may be favorably considered by our side. It may be added, in this connection, that Mr. Yatsugi, being a personal representative of Mr. Kishi, his visit will in no way be governmental but purely of private nature.

As Your Excellency may recall, two Japanese fishery representatives (Nabeshima and Ito) were permitted to visit Korea in 1953 and were received in audience by Your Excellency. It is true that they had then been greatly impressed by words given by Your Excellency in regard to the Korea-Japan relations, as evident from their statement to the press after their return to Japan.

In view of the fact that to receive the original of Kishi's letter at an earliest possible date is to our advantage, it would be highly appreciated if the Government would decide on this matter favorably and instruct me as soon as possible.

With sentiments of loyalty and esteem, I remain,

Most respectfully,

Y. T. K.

번역 사본

번호: 40

1958년 1월 8일, 도쿄

대통령 각하,

정부에 개인적으로 보고한 바와 같이 서명된 사본이 이미 대통령께 전달된 것으로 아는 기시 총리의 개인적 서한과 관련하여 일본 측은 여전히 해당 서한의 원본과 함께 기시 총리의 개인 특사를 파견하기를 원하는 상태입니다.

이 문제에 대해 서울에 있는 동안 조 외무부 장관과 및 장관의 참모들과도 논의했습니다. 당시 조 장관은 개인적으로 특사 파견의 목적을 생각했을 때 이시 부총리와 같은 인물이 보다 타당한 선택일 수 있다고 생각한다면서 야쓰기 외에 다른 인물을 기시 총리의 개인 특사로 정할 수 있는 가능성에 대해 알아볼 것을 제안했습니다.

이에 이곳에 복귀하자마자 일본 측에 접촉하여 대통령께 개인 서한을 전달하기 위해 야쓰기와 함께 이시 부총리가 특사로서 방한할 수 있는 가능성을 타진해 보았습니다. 이시 부총리는 안타깝지만 이번에는 특히 새로운 예산안의 통과와 다가오는 선거운동으로 인해 업무가 과중하여 방한하기 어려움을 확실히 밝혔습니다.

한편 일본 언론은 기시 총리가 야쓰기의 한국 방문 후 대통령 각하를 만나기 위한 방한을 검토하고 있다고 보도했습니다. 이러한 언론 보도가 일본 측의 공식적인 견해를 정말 반영하는 것인지는 모르겠으나 그러한 총리의 방한에 대한 우리 측의 반응을 알아보기 위한 보도라고 생각합니다. 재개될 전면회담에서 일본 측과 진정성을 가지고 남은 문제들에 대한 합의를 도출해야 한다고 생각하기 때문에 제 개인적으로는 지금 시점에서 기시 총리의 방한이 절대적으로 필요하다고 생각하지는 않습니다.

기시의 개인 서한을 받는 방법과 관련하여 총리의 개인 특사로서 야쓰기를 한국으로 파견하겠다는 일본의 제안과 우리 정부가 원본을 수신할 때까지 해당 서한은 공식적인 서한이 아니라는 사실을 고려하여 우리 측이 야쓰기의 방한을 긍정적으로 검토해 볼 수도 있다고 생각합니다. 덧붙이자면 기시 총리의 개인 특사인 야쓰기의 방문은 결코 정부 차원의 방한이 아니고 순수히 개인적인 성격의 방문이 될 것입니다.

기억하시겠지만 1953년 일본 어업 대표 2인(나베시마와 이토)의 한국 방문이 허용되고 대통령 각하를 예방한 바 있습니다. 이들이 일본으로 귀국한 후 언론에 발표한 내용에서도 명확하게 확인할 수 있듯이 당시 한일 관계에 대한 대통령 각하의 말씀이 큰 감동을 주었습니다.

최대한 빠른 시일 내에 기시가 보낸 서한의 원본을 받는 것이 우리에게 유리하다는 사실을 고려하여 정부가 이 문제에 대한 긍정적인 결정을 내리고 최대한 조속히 지시를 내려주시면 매우 감사하겠습니다.

감사합니다.

Y. T. K.

12. 실무위원회 구성에 관련한 김유택 주일 대사의 보고 서한

1956 COPY

No. 41

Tokyo, January 9, 1958

Excellency:

With regard to the question on the implementation of the terms agreed upon at the conclusion of the preliminary talks, I have been instructed by Foreign Minister Cho's cable of January 4 to propose to the Japanese side that a working committee be set up for preparation of the overall talks and the implementation of other agreed terms.

Accordingly, Minister Yiu and I visited Vice Minister Ohno at the Japanese Foreign Ministry at 10:45 a.m., January 6, to discuss the matters concerning the set-up of the working committee (Foreign Minister Fujiyama was sick in bed). At this meeting it was agreed that the working committee be set up, as soon as Possible.I informed the Japanese side that Minister Yiu will head our delegation to the committee and will be assisted by Counselor Choi, First Secretary Chin and a few others of my staff. (Enclosed please find the copy of the summary records of this meeting) As a result of this arrangement, the first meeting of the working committee was held at 3 p.m., January 7, at the Foreign Ministry, the summary records of which is also enclosed.

I carefully studied the Foreign Minister's cable instructions and familiarized myself with the instructions and am fully determined to carry them out. At the same time, I wish to mike the following observation:

First, since the Japanese side officially committed itself to return to Korea those Korean art objects now in the Japanese Government's possession, of which immediate

1957 transfer is possible, I will do my utmost in obtaining the list of such art objects from the Japanese side. As appearing in the enclosed summary record, the Japanese side is now preparing the said list and will deliver it to our side as soon as it is completed.

Secondly, regarding the treatment by the Japanese side of about 470 Korean detainees (pre-war category) to be released in Japan, particularly such questions as "help for their livelihood", I will closely watch the action of the Japanese side to see if it will live up to the agreed terms.

Thirdly, as pointed out in the said Foreign Minister's cable, it is necessary for our side to be cautious lest the Japanese side should try to give "protection" to a certain category of Korean illegal entrants. There are about 100 Korean illegal entrants who allegedly desire to go to north Korea and some others who fled from Korea after committing crimes and who are not at the detention camps.

With regard to the question on the deportation to our side of the above 100 Koreans (allegedly desiring to go to north Korea), I will do my best to see to it that they be sent back to our country together with other illegal entrants detained at Omura and Hamamatsu. I will also do my best to block any possible Japanese attempt to exclude names of those 100 persons from the list of Koreans subject to imminent deportation.

Concerning the question on some Korean illegal entrants who are believed to be under "protection" by the Japanese side, it is my understanding that their turn-over to our side had strongly been insisted upon by our side at the negotiations between the Japanese side and my predecessor, Minister Yong Shik Kim and that it was agreed finally, with the Government's approval, that the matter would officially be taken up at the resumed overall talks. I understand that Article 2 of the Agreed Minutes signed on December 31, 1957, was so worded specifically for this purpose.

(Article 2 of the Agreed Minutes:

Chief of the Korean Mission in Japan:

I understand that when the problem of treatment of Korean residents in Japan is discussed at the overall talks to be resumed between the Republic of Korea and Japan, the problem of the deportation of illegal entrants will also be subject of discussion.

Minister for Foreign Affairs of Japan:

So do I.)

Fourthly, Foreign Minister Cho also requested me to obtain from the Japanese side the list of those illegal entrants who are not at the detention camps, together with the lists of the Korean detainees to be released in Japan shortly and of the illegal entrants now at the detention camps. If this request were to be made at our initiative, there is fear that the Japanese side is likely, taking such opportunity, to give our side, in succession, lists of Koreans who it claims belongs to such category, because it, as evident from the past experience, can easily make, under various pretexts, any Korean residents here 'illegal entrants', who could be thus deportable.

In this connection the Japanese side has already notified our side at the working committee meeting on January 7 that there are about 2,000 Koreans not under detention at present, who are, however, subject to deportation together with some 1,200 illegal entrants now at the detention camps. Therefore, it seems to me that it will be to our advantage to insist that our side would not accept, this time, the deportation of those "illegal" entrants not under detention at present unless it is on condition that "some Korean illegal entrants" under "protection" by the Japanese side also be turned over to our side simultaneously.

If the Japanese side insists that the matter on "some Korean illegal entrants" in question should be taken up at the resumed overall talks, according to Article 2 of the Agreed Minutes, we will say that the matter on the 2,000 Korean "illegal entrants" should also be discussed at the overall talks.

It seems logical for our side to seek such a bargain and, by so doing we can apply pressure to the Japanese side in settling in our favor the problem on an early turn-over of "some Korean illegal entrants" at the overall talks to be resumed.

Fifthly, Minister Yiu reported to me that Director Itagaki asked to see him
1959 right after the first meeting of the working committee held on January 7. According to Min. Yiu, Mr. Itagaki told him that the Japanese side was placed in difficulty in connection with the deportation to our side of the above-mentioned 100 Koreans (allegedly desiring to go to north Korea). He also told me that he bad strongly insisted that it was quite essential to send those people to our side together with other illegal entrants. I told him that he should keep up his firm attitude in this regard throughout the entire meetings of the working committee in future.

In summing up, the main points with which this office is now confronted in relation to the future meetings of the working committee are as follows:

i. Whether or not we accept the deportation of the so-called Korean illegal entrants not under detention at present, said to total some 2,000, separately from the deportation of "some Korean illegal entrants".

(As detailed above, it is considered to be to our advantage not to accept the deportation of this category of Koreans at this stage, because the question on the 2,000 Koreans may well be linked to that of the turn-over of "some Korean illegal entrants" to be taken up at the overall talks.)

ii. This office realizes that it is essential to send back to our side those 100 Korean illegal entrants allegedly desiring to go to north Korea, as soon as possible, and this office will do everything in its power for this purpose.

iii. It will be necessary for this office to have a copy of our own list of art objects now in the Japanese Government's possession of which the immediate transfer is possible, to enable me to compare it with the list of the Japanese side expected to be handed over to us shortly.

iv. It is requested that the Government sends to this office, as soon as possible, lists of Japanese fishermen to be repatriated soon and those fishermen who are yet to serve their sentences.

v. I would highly appreciate it, if the Government would kindly give this report a perusal and send me necessary instructions as soon as possible.

With sentiments of loyalty and esteem, I remain,

Most respectfully,

Y. T. K.[서명]

Two(2) enclosures

번역 사본

번호: 41

1958년 1월 9일, 도쿄

대통령 각하,

예비교섭 타결 시 합의한 조건의 이행 문제와 관련하여 조 외무부 장관의 1월 4일자 전보를 통해 전면회담 준비와 기타 합의한 조건의 이행을 위한 실무위원회 구성을 일본 측에 제안하라는 지시를 받았습니다.

이에 유 공사와 제가 1월 6일 오전 10시 45분 외무성에서 오노 차관을 만나 실무위원회 구성과 관련한 문제를 논의했습니다(후지야마 외무상은 병중이었습니다). 이 회의에서 최대한 빠른 시일 내에 실무위원회를 구성하기로 합의했습니다. 저는 유 공사가 실무위원회에서 우리 측 대표를 맡고, 최 참사관, 진 1등서기관 및 몇 명의 참모들이 실무위원회에 참여할 것이라고 일본 측에 통보했습니다(회의 요록을 첨부했습니다). 그 결과 실무위원회의 첫 번째 회의가 1월 7일 오후 3시 외무성에서 개최되었습니다. 이 회의의 요록 또한 첨부했습니다.

저는 외무부 장관의 전보 훈령을 신중히 분석하고 숙지하여 이행하기 위한 만반의 준비를 했으며, 다음과 같은 의견을 제시하고자 합니다.

먼저, 일본 측이 현재 일본 정부가 소유하고 있으며 즉시 인도가 가능한 한국 예술품을 한국에 반환하겠다고 공식적으로 약속했기 때문에 일본으로부터 인도받을 예술품의 목록을 확보하기 위해 최선을 다하겠습니다. 첨부한 요록에서 확인할 수 있듯이 일본 측이 현재 반환할 예술품 목록을 작성하고 있으며 완성되는 대로 우리 측에 전달할 예정입니다.

둘째, 일본에서 석방될 (전쟁 전 입국) 한국인 억류자 약 470명에 대한 일본의 처우, 특히 '생계 지원' 문제와 관련하여 일본이 합의한 조건을 이행하는지 확인하기 위해 일본의 취하는 조치를 면밀히 살펴볼 것입니다.

셋째, 앞서 언급한 외무부 장관 전보에서 지적되었듯이 일본이 특정 유형의 한국인 불법 입국자들을 '보호'하려고 할 수 있다는 점에 유의해야 합니다. 북송을 원한다고 알려진 약 100명의 한국인 불법 입국자들과 범죄를 저지른 후 한국에서 망명했으며 수용소에 억류되어 있지 않은 기타 일부 불법 입국자들이 여기에 해당합니다.

(북송을 원한다고 알려진) 100명 이상의 한국인들을 오무라와 하마마쓰 수용소에 억류되어 있는 다른 불법 입국자들과 함께 한국으로 송환하는 것을 확인하기 위해 최선을 다하겠습니다. 또한 일본이 이 100명을 즉시 추방 대상 한국인 명단에서 배제하려고 시도할 가능성을 전면 차단하기 위해 최선을 다하겠습니다.

일본 측이 '보호'하고 있다고 사료되는 일부 한국인 불법 입국자 문제의 경우 제 전임자인 김용식 공사와 일본 측이 교섭할 때 이들을 한국으로 송환할 것을 강하게 요구했었고 정부의 승인을 받아 재개될 전면회담에서 이 문제를 공식적으로 논의하기로 최종 합의한 바 있습니다. 이 문제를 위해 1957년 12월 31일 체결된 합의의사록 제2조를 작성한 것으로 압니다.

(합의의사록 제2조

주일 한국대표부 대표:

재일한인의 처우 문제는 대한민국과 일본 간 재개될 전면회담에서 논의하고, 불법 입국자 추방 문제도 논의의 대상이 된다고 이해했다.

일본 외무상:

동일하게 이해했다.)

넷째, 조 외무부 장관이 곧 일본에서 석방될 한국인 억류자 및 현재 수용소에 억류되어 있는 불법 입국자의 명단과 함께 수용소에 억류되어 있지 않은 불법 입국자의 명단을 일본 측으로부터 확보할 것을 요청했습니다. 우리가 이러한 명단을 먼저 요청하면 일본이 이것을 기회로 삼아 자신들이 추방하고 싶은 사람들의 명단을 제공할 가능성이 있어서 우려가 됩니다. 과거의 경험에서도 알 수 있듯이 일본은 갖가지 명분으로 재일한인 누구든 '불법 입국자', 즉 추방 가능한 대상으로 쉽게 규정할 수 있기 때문입니다.

일본 측은 이미 1월 7일 실무위 회의에서 현재 억류되어 있지 않은 약 2,000명의 한국인도 현재 수용소에 억류 중인 약 1,200명의 불법 입국자들과 함께 추방 대상에 포함된다고 통보했습니다. 따라서 이번에는 일본 측이 '보호'하고 있는 '일부 한국인 불법 입국자들'도 함께 추방한다는 조건을 이행하지 않는다면 현재 억류 중이지 않은 '불법' 입국자들의 추방은 수용하지 않겠다는 입장을 견지하는 것이 우리에게 유리할 것입니다.

일본이 합의의사록 제2조에 따라 문제의 '일부 한국인 불법 입국자' 문제를 재개될 전면회담에서 논의하자고 한다면, 한국인 '불법 입국자' 2,000명의 문제 또한 전면회담에서 논의해야 한다고 말할 것입니다.

이렇게 협상하는 것이 우리 측에 타당해 보이며, 이렇게 함으로써 재개될 전면회담에서 '일부 한국인 불법 입국자'의 조기 송환 문제를 우리 측에 유리하게 해결하도록 일본에 압박을 가할 수 있습니다.

다섯째, 유 공사가 이타가키 국장이 1월 7일에 열린 실무위원회 회의 직후에 면담을 요청했다고 보고했습니다. 유 공사에 따르면 이타가키는 일본이 앞서 언급한 (북송을 원한다는) 한국인 100명의 한국 송환과 관련하여 곤란한 입장에 놓여있다고 합니다. 또한 유 공사는 이들을 다른 불법 입국자와 함께 우리 측에 송환하는 것이 매우 중요하다고 강조했다고 합니다. 유 공사에게 앞으로 있을 모든 실무위원회 회의에서도 이 문제에 대한 확고한 입장을 견지해 줄 것을 요청했습니다.

요약하자면 우리 대표부가 앞으로 개최될 실무위원회에서 다루게 될 문제의 요점은 다음과 같습니다.

i. '일부 한국인 불법 입국자'의 추방과 별개로 현재 억류 중이지 않은 소위 한국인 불법 입국자 약 2,000명의 추방을 수락할 것인지의 여부

(위에서 상술했듯이 한국인 2,000명의 문제를 전면회담에서 논의할 '일부 한국인 불법 입국자' 인도와 연관시킬 수 있기 때문에 현시점에서는 억류 중이지 않은 한국인의 추방은 수락하지 않는 것이 유리하다고 사료됩니다.)

ii. 주일 한국대표부는 북송을 원한다고 알려진 한국인 불법 입국자 100명을 최대한 조속히 우리 측에 송환하는 것이 중요하다고 보며, 이를 위해 최선을 다할 것입니다.

iii. 일본이 곧 우리에게 인도할 예정인 예술품에 대한 일본 측 목록과 비교할 수 있도록 현재 일본 정부가 소유하고 있으며 즉시 인도가 가능한 한국 예술품에 대한 우리 측이 작성한 목록을 저희 한국대표부가 가지고 있어야 할 것입니다.

iv. 곧 송환될 일본 어민들의 명단과 아직 형기를 마치지 않은 일본 어민들의 명단을 정부가 최대한 빠른 시일 내에 주일 한국대표부에 보내줄 것을 요청합니다.

v. 본 보고서를 검토하고 정부에서 최대한 빠른 시일 내에 지시를 내려주시면 감사하겠습니다.

감사합니다.

Y. T. K.[서명]

별첨: 2건

14. 한일예비교섭 종결에 있어서 조인된 협정을 시행하는 데 관한 정부 방침의 요강안

2040 단기 4291년 1월 10일

한일예비교섭 종결에 있어서
조인된 협정을 시행하는 데 관한 정부 방침의 요강안

외무부

2041 단기 4291년 1월 10일

한일예비교섭 종결에 있어서 조인된 협정을 시행하는 데 관한 정부 방침의 요강안

1. 일본인 어부 송환에 관한 문제

4290년 12월 31일 현재 형기를 만료하고 부산 외국인수용소에 수용되어 있는 일본인 어부를 4291년 2월 14일까지 3반에 나누어 3회에 걸쳐 한국 선박으로 송환한다. 단 그 송환 일자까지 협정 시행에 관한 우리의 요구를 관철하기 위하여 일본 측의 어부 귀환에 대한 기대를 심리적으로 최대한 이용한다.

2. 한국 예술품 반환 문제

(ㄱ) 일본이 구상언약(口上言約)에 의하여 반환할 한국 예술품의 목록을 4291년 2월 14일까지 확정하도록 하되 그 범위는 일본 정부가 소유하고 있는 전 해당 예술품에 미치는 것으로 주장한다.

2042 (ㄴ) 전 (ㄱ)항의 예술품의 실제 반환에 있어서는 4291년 2월 말일까지를 제1차적

기한으로 하되 잔여분(전기 목록 중 미합의된 분과 실제 반환이 지연된 분)의 반환 문제에 대하여서는 전면회담에서 토론 결정한다. 따라서 전면회담에서 구성될 '한국의 대일 청구권위원회(가칭)'에서 이 문제를 제1차적인 토의 제목으로 주장하고 여기서 현재 진행 중인 한일 실무자 회담의 이 방면의 노력을 계속하도록 한다. 이 방침은 전면회담 각 분과위원회 특히 청구권 문제 분과위원회에 있어서 과거에 있어서와 같은 '전면적 해결 방침'을 지양하고 '가능한 것부터 받아둔다는 방식'으로 교섭을 진행한다는 근본 방침을 전제한다는 것이다.

3. 유효한 여행증명서를 소지하지 않고 일본에 체류 중인 한국인의 송환 문제

2043 (ㄱ) 일본 외국인수용소에 수용 중인 해당자의 명부를 현지에서 우리 관계관이 일일이 면접한 후 이를 확인한 다음, 이들을 일본 선박으로 부산까지 일본 측 책임하에 송환하도록 한다. (ㄴ) 기타의 해당자 중 일부를 일본 측이 어떤 이유로서 자(自) 영토 내에 비호하기를 획책할 경우에 있어서는 우리 측은 본 (ㄴ)항 해당자 전원을 받아들이는 것을 거부하기로 한다. 본 항의 우리 방침 실현에 있어서 만족할 만한 성과를 거두지 못할 경우에는 이 점을 전면회담에서 구성될 '재일한인의 법적지위문제위원회(가칭)'에서 계속 토의, 결정하기로 한다.

15. 주일 대사에 대한 이승만 대통령의 지시사항이 기재된 문서

2044 All that we have done so far is to clear the way which was blocked by the two Japanese claims: One is on the Korean Property and another is on the question of Korean sovereignty. All this time we spent a lot of energy due to these two points. Now we are glad that Japan finally decided to withdraw these two claims and did it. However, we cannot consider this action as an act of great deed done by the Japanese toward Korea. It will be much better we wait until the Formal Conference opens, and then both Korean and Japanese show spirit of mutual friendship and confidence which will really bring sentiments closer together. That is the time we will exchange cordiality and friendly spirit. So we think it is a little bit too early to exchange good will mission now.

[이하 수기로 쓰여있음]

「주일 대사에게 지시사항」

4291년 1월 11일 조(朝)

대통령 각하의 말씀을 박 비서관이 전달함.

수령자 정무국장[인장]

번역 우리가 이제까지 해온 노력은 모두 일본의 두 가지 주장으로 인한 장애물을 제거하기 위함이었습니다. 첫 번째는 한국 재산에 대한 주장, 두 번째는 한국 주권에 대한 주장입니다. 이 두 가지 문제로 인해 이제까지 많은 에너지를 소모했습니다. 일본이 마침내 두 가지 주장을 철회하기로 결정하고, 실제로 철회하여 기쁘게 생각합니다. 그렇다고 해서 일본이 한국에게 큰일을 해주었다고 생각할 수는 없습니다. 공식 회담이 열릴 때까지 기다려 봐야 하며, 그 후에 한국과 일본 모두가 상호적 우정과 신뢰의 정신을 보여 감정의 간극이 실제로 좁혀질 수 있을 것입니다. 이때가 친선과 친목을 도모하기에 적기일 것입니다. 따라서 아직은 친선사절단을 교환하기에는 시기상조라고 생각합니다.

[이하 수기로 쓰여 있음]

「주일 대사에게 지시사항」

4291년 1월 11일 조(朝)

대통령 각하의 말씀을 박 비서관이 전달함.

수령자 정무국장[인장]

16. 일본 수상의 개인 특사 파견과 관련해 외무부 장관이 주일 대사에게 보낸 서한

2045

Jannary □□, 1958

No. □···□1

TO: Ambassador Yu Taik Kim

FROM: Foreign Minister

SUBJECT: The question of the Japanese suggested idea of sending a special personal envoy of their Prime Minister

In my Instructions letter of December 28, 1957, you will find the following passage:

"As for the suggested idea of a special personal representative of the Japanese Prime Minister, such representative should be dispatched under agreement, which will be reached by both sides after the conclusion of the preliminary talks, concerning the personality of the representative and date of dispatching."

As the above quotation of my letter is self-explanatory in its meaning, our Government presumed at that time that agreement might or might not be reached between both sides on the personality of the representative and date of dispatching. Accordingly, if you perused and were careful enough to follow out the said instructions, you might not have approached and impressed the Japanese side as if our Government were ready to receive the personal envoy in question. If so, there might not be unnecessary clamors in Japanese newspapers in this regard. According to your Report No.40 addressed to His Excellency,

2046 I, in our conversation while you were in Seoul, and personally that I thought a person like Deputy Premier Ishii rather than Mr. Yatsugi for the personality of the envoy in question, and after your return to Tokyo, you immediately contacted the Japanese side to sound out the possibility for Mr. Ishii to make such a visit to Korea together with Mr. Yatsugi for the purpose of delivering the said personal letter to His Excellency.

However, referring to the same of Mr. Ishii, I did not mean that our Government was ready to receive the Japanese envoy in question but merely exchanged mutually our views saying that in case we should receive such enovy(envoy), we would prefer Mr. Ishii to Mr. Yatsugi. There is no room for you to misunderstand the intention of our Government, because my instructions letter of December 28, 1958 was written and handed to you shortly before your return trip to Tokyo, and, accordingly, after our conversation you referred to in your Report No.40.

As for the question of the Japanese suggested idea of sending a special personal enovy(envoy) of their Prime Minister, I hereby advise you again to keep in mind the following Government position:

All that we have done so far is to clear the way which was blocked by the two Japanese claims: one is on the Korean property and another is on the question of Korean sovereignty. All this time we spent a lot of energy due to these two points and Japan's insincerity. Now we are glad that Japan finally decided to withdraw their two claims which did never exist and did it. However, we cannot consider this action as an act of great deed done by
2047 the Japanese toward Korea. It will be much better if we wait until the Formal Conference opens, and then Japan shows real spirit of friendship and sincerity. That is the time that we exchange cordiality and friendly spirit. So we think it is

a little bit too early to exchange any good-will mission now.

번역

1958년 1월 □□일

번호: □…□1

수신인: 김유택 대사
발신인: 외무부 장관

제목: 일본 수상의 개인 특사를 파견하겠다는 일본의 제안에 대한 의문

1957년 12월 28일에 보낸 지시사항을 담은 서한을 보면 다음과 같은 부분이 있습니다.

"일본 총리의 개인 특사를 파견하겠다는 의견에 대해서는 이러한 특사의 경우 특사의 성격과 파견 일자에 대하여 예비교섭에서 결론을 내린 후 양측이 합의하여 파견해야 합니다."

위 문장이 지닌 의미는 따로 설명이 필요하지 않은 내용이었기 때문에 정부에서는 당시 특사의 성격과 파견 일자에 대해 양측이 합의를 할 수도, 하지 않을 수도 있겠다는 생각이었습니다. 따라서 위의 지시사항을 주의 깊게 읽고 신중하게 이행했다면 일본 측에 접근하여 우리 정부가 마치 개인 특사를 받을 준비가 되어있다는 듯한 인상을 줄 수는 없었을 것이라고 생각합니다. 그랬다면 일본 신문에 불필요한 소란이 일지는 않았을 수도 있습니다. 대통령께 보낸 보고서 제40호에 따르면 대사께서 서울에 머무는 동안 나눈 우리 대화에서 나는 개인적으로 특사의 성격을 고려하여 야쓰기보다 이시이 부총리를 생각했고, 그리고 대사께서는 도쿄로 복귀한 후 바로 일본 측에 접촉하여 총리의 개인 서한을 대통령께 전달하기 위해 야쓰기와 이시이가 함께 한국을 방문할 가능성을 타진했습니다. 그러나 이시이 부총리가 온다고 할지라도 우리 정부가 일본의 특사를 받을 준비가 되어있다는 의미가 아니라 만약 특사를 받게 된다면 야쓰기보다는 이시이가 방문하는 것을 선호한다는 견해를 서로 교환한 것일 뿐입니다.

1958년 12월 28일 자에 보낸 지시사항을 담은 제 서한은 김 공사가 도쿄로 돌아간 직후, 즉 보고서 제40호에서 언급한 우리의 대화 직후에 작성 및 전달된 것이니 김 공사가 우리 정부의 의도를 오해할 여지는 없었다고 생각합니다.

총리의 개인 특사를 파견하겠다는 일본의 제안에 대해 다음과 같은 우리 정부의 입장을 다시 한 번 전달하니 유념해 주기 바랍니다.

우리가 이제까지 해온 노력은 모두 일본의 두 가지 주장으로 인한 장애물을 제거하기 위함이었습니다. 첫 번째는 한국 재산에 대한 주장, 두 번째는 한국 주권에 대한 주장입니다. 이 두 가지 문제로 인해 이제까지 많은 에너지를 소모했습니다. 일본이 마침내 두 가지 주장을 철회하기로 결정하고, 실제로 철회하여 기쁘게 생각합니다. 그렇다고 해서 일본이 한국에게 큰일을 해주었다고 생각할 수는 없습니다. 공식 회담이 열릴 때까지 기다려 봐야 하며, 그 후에 한국과 일본 모두가 상호적 우정과 신뢰의 정신을 보여 감정의 간극이 실제로 좁혀질 수 있을 것입니다. 이때가 친선과 친목을 도모하기에 적기일 것입니다. 따라서 아직은 친선사절단을 교환하기에는 시기상조라고 생각합니다.

18. 제2차 실무위원회 개최 관련 주일 대사 보고 전문

2054 NO. TS-910127

DATE. 151300

TO. FOREIGN MINISTER

AT THE SECOND WORKING COMMITTEE MEETING HELD AT ONEFIVE ZERO ZERO HOUR ON JAN FOURTEEN AT JAPANESE FOREIGN OFFICE THE FOLLOWING ITEMS HAVE BEEN DISCUSSED COLON

ITEM ONE

JAPANESE CHIEF DELEGATE MR ITAGAKI OFFICIALLY NOTIFIED KOREAN SIDE THAT FIRST GROUP OF KOREAN DETAINEES NUMBERING SEVENTY WHO HAVE RELATIVES OR GUARANTORS IN JAPAN WILL BE RELEASED IN JAPAN ON JAN NINETEEN AND THAT SECOND GROUP OF SEVENTY KOREAN DETAINEES OF SAME NATURE WILL BE SET FREE ON JAN TWENTYSECOND THOSE KOREAN DETAINEES WHO HAVE NO RELATIVES OR GUARANTORS IN JAPAN WILL BE RELEASED IN JAPAN BY FEB FIFTEENTH PD

ITEM TWO

AT THE SECOND MEETING JAPANESE SIDE HANDED US LIST OF KOREAN DETAINEES TO BE RELEASED IN JAPAN PO JAPAN SIDE REQUESTED AT SAME TIME KOREAN SIDE TO PROVIDE LIST OF JAPANESE FISHERMEN DETAINED. IN KOREA AT AN EARLIEST POSSIBLE DATE PD IT FURTHER
2055 REQUESTED KOREAN SIDE TO PROVIDE LISTS OF FIRST AND SECOND

GROUPS OF JAPANESE FISHERMEN SEPARATELY IN CASE KOREAN SIDE SHIPS THEM TO JAPAN IN SEVERAL GROUPS PD

ITEM THREE

AS THE JAPAN SIDE STARTS RELEASING KOREAN DETAINEES THIS OFFICE IS DISPATCHING ONE OFFICIAL EACH FROM MISSION AND FUKUOKA BRANCH OFFICE TO OMURA CAMP FOR THE ON-THE-SPOT OBSERVATION OF THEIR RELEASE PD

ITEM FOUR

JAPANESE SIDE REQUESTED TO DISPATCH A FEW OFFICIALS FROM FISHERIES AGENCY TO PUSAN TO MAKE ON-THE-SPOT OBSERVATION OF RELEASE OF JAPANESE FISHERMEN IN KOREA PD

ITEM FIVE

THE SUMMARY RECORDS OF SECOND WORKING COMMITTEE MEETING WILL BE SENT VIA NEXT POUCH TOGETHER WITH THE LIST OF KOREAN DETAINEES TO BE RELEASED IN JAPAN PD

AMBASSADOR KIM

번역 번호: TS-910127

일자: 151300[1958. 1. 15]

수신인: 외무부 장관

일본 외무성에서 1월 14일 오후 3시에 개최된 제2차 실무위원회 회의에서 다음과 같은 사안을 논의했습니다.

1. 일본 측 이타가키 수석대표가 1차로 1월 19일에 일본에 친인척이나 보증인이 있는 한국인 억류자 70명을 석방하고, 2차로 1월 22일에 동일한 유형에 속하는 한국인 억류자 70명을 석방할 것이라고 한국에 공식적으로 통보했습니다. 일본에 친인척이나 보증인이 없는 한국인 억류자들은 2월 15일까지 석방될 예정입니다.

2. 2차 회의에서 일본은 우리 측에 일본에서 석방될 한국인 억류자 명단을 제출했습니다. 일본 측은 동시에 우리 측에 한국에 억류 중인 일본 어민의 목록을 최대한 빠른 시일 내에 제공해 줄 것을 요구했습니다. 그리고 한국이 어민들을 몇 개의 그룹으로 나누어 일본에 수송하는 경우 1차로 송환할 그룹과 2차로 송환할 그룹의 명단도 제공할 것을 요청했습니다.

3. 일본이 한국인 억류자들을 석방하기 시작함에 따라 석방 과정을 현장에서 관찰하기 위해 주일 한국대표부 관계자 1명과 후쿠오카 지사 관계자 1명을 오무라수용소에 파견하고 있습니다.

4. 일본은 한국에서 일본 어민들의 석방 과정을 현장 관찰하기 위해 수산청 관계자 몇 명을 부산으로 보내게 해달라고 요청했습니다.

5. 제2차 실무위원회 회의 요록을 일본에서 석방될 한국인 억류자 명단과 함께 다음 행낭으로 송부하겠습니다.

김 대사

19. 한일회담 재개 준비 및 예비교섭에서 합의된 제 조항 이행을 위한 양국 간 제2차 연락회의 요록

2056 제2차

단기 4291년 1월 14일

한일회담 재개 준비 및 예비교섭에서 합의된 제 조항 이행을 위한 양국 간 제2차 연락회의 요록

1. 일시

단기 4291년 1월 10일 오후 3시~오후 4시 25분

1. 장소

외무성 311호실

1. 참석자

한국 측: 유 공사 최 참사관, 박영 2등서기관, 임도경 3등서기관, 이용달 3등서기관

일본 측: 이타가키 아세아국장, 이세키 입관국장, 오쿠하라 수산부장, 미야케 참사관, 나카가와 입관총무과장, 스가누마 제1과장,

2057 쓰치야 및 후루야마 외무성 양 사무관

1. 회의 경위

이타가키: 제1차 연락회의 이래 국내 석방자 및 불법 입국자의 명부를 작성하여 거의 완성되었는데 귀측의 억류 어부의 명부는?

유: 전주 토요일까지 도착 예정이었으나 내무부에서 상금 작성 중이며 늦어도 금주

금요일까지는 도착 예정이다. 금일도 연락을 취하고 있는 중이다.

이타가키: 신문에 의하면 언제 송환한다는 등 기사가 있는데 이에 관한 정보는 없는가?

유: 연락회의의 진행에 따라서 송환 일자도 알게 될 것이다.

이타가키: 3, 4회로 나누어 송환할 예정인가?

2058 유: 확실한 것은 모르겠으나 연락해 보겠다.

이타가키: 송환자의 전체의 인원수, 병자의 유무 등 알기 위하여 명부가 빨리 되면 좋겠다.

유: 대표부에도 있기는 있지만 만전을 기하기 위하여 상세한 것을 보내달라고 하였다.

이타가키: (1) 소화 30년(1955년) 2월 19일 자 나포된 제12평어환(平漁丸)이 부산으로 연행, 행방불명되었다고 하는데 이에 관한 조사를 부탁한다.

(2) 라디오 구주(九州)에서 특파원을 보내겠다고 진정하여 왔는데 받아주겠는가?

(3) 의사 파송은 병자가 없으면 좋으나 계관(係官)은 상륙 사무를 선내에서 하기 위

2059 하여 농림성에서 2, 3명 보내겠다고 하니 고려하여 주기 바란다.

(4) 송환용 선으로 일본선을 사용코자 하는데 어떤가?

유: (1) 평어환에 관해서는 즉시 조사 연락하겠다.

(2) RADIO 구주 특파원 파견은 잘 모르겠음. 알아보겠다.

(4) 선박 사용은 한국 선박을 사용하겠다.

이타가키: 송환선의 도착항은 일본의 희망대로 하겠는가? 분할 송환할 시는 시모노세키(下關)가 가장 좋고 한꺼번에 전부 송환할 시는 마이즈루(舞鶴)가 좋다.

유: 도착 항구는 관계없으나 일시라도 조속히 도착함이 좋지 않을까?

오쿠하라 수산부장-항구의 설비 관계도 고려되어야 하니 시모노세키가 좋다.

유: 시모노세키가 좋다고 생각한다. 명부가 도착되는 대로 다시 통지하겠다.

2060 이세키: 19일에 제1차로 70명가량 석방하겠다. 470여 명 중 히로시마(廣島)까지는 보통열차로, 히로시마 이서(以西)〈고베(神戶), 오사카(大阪), 도쿄(東京), 센다이(仙台)〉에는 특별열차로 보내겠다. 20일에는 도쿄에 도착할 것이다. 제2차로 22일 약 70명가량 석방하고 순차적으로 3, 4, 5차로 석방하여 대개 2월 13일까지 완료할 것이다. 히로시마 이서에 가는 자는 수시로 열차를 내어서 1월 말 내지 2월 초까지는 완료하겠다.

유: 명부를 주기 바라며 직원을 파송하여 조사할 수 있도록 고려하여 주기 바란다.

이세키: 명부는 나중에 주겠다. 수시로 석방하는 것을 그곳 열차의 편의를 보고 부
2061 정기가 되는데 귀측의 직원 파송 의도는?

유: 미리 접견하여 신원 등 참고로 알아두기 위하여.

이세키: 명부에 모두 기재되어 있으며 불법 입국자에 대해서는 조사할 것이나 국내 석방자는 오무라수용소에 맡겨서 석방하기로 되어있다.

유: 1차 회의 시에 거의 이야기가 된 것이 아닌가? 대거 석방 시는 대표부에 연락해 주기 바라며 수시 석방 시에는 오무라수용소에서 대표부 후쿠오카(福岡) 사무소에 연락해 주기 바란다.

이세키: 석방자의 가족이 오무라에 오면 인수해도 좋다고 했다. 약 10명쯤 있다. 석방된 일자는 연락해 주겠다. 선박 송환의 제1회분은 준비가 되어있다(약 250명가량).
2062 명부도 되어있다.

유: 그 명부를 일자 여유를 두고 보내주기 바란다.

이세키: 배 관계로 좀 빨리 해주면 좋겠다. 오무라에서 보내는 것은 좋다.

유: 곧 본국 정부에 물어보겠다. 1척으로 수회로 나누어 보낸다.

오쿠하라: 어부를 보낼 때 전체의 명부와 기시로 송환할 때 별의 명부를 주면 좋겠다.

유: 알았다.

이타가키: 한국 배에도 싣고 또 일선(日船)으로도 보내는 것은 좋다.

한국 배가 오무라까지 들어오는 것이 어떤가?

2063 유: 오무라에 들어갈 수 있는 배를 내도록 연락해 보겠다. 석방자의 생활 보장의 구체적 내용은?

이세키: 구체적 내용에 관해서는 상의할 것이 아닌 줄 안다. 확정되면 연락하겠다. 신원 인수자가 있는 자부터 석방하므로 없는 자는 추후 통지하겠다.

유: 신원 인수자가 없는 자의 생활 보장 등에 관해서는 우리도 지대한 관심을 가지고 있으므로 상의하고 싶다.

이세키: 국내 문제인 고로, 즉 예산에 관계되는 것이므로 일본이 독자적으로 할 문제이고 상의할 의무가 있다고는 생각지 않는다.

유: 국내 문제이건 국제 문제이건 우리는 다대한 관심을 가진 문제이니 상의해 주기

바란다.

2064 이세키: 실질적으로 상의하는 것은 좋다.

유: 석방자의 자유를 구속하는 것은 없겠지?

이세키: 없다. 월 1회씩 소재를 보고할 의무가 있다.

최: 어떠한 근거의 의무인가? 일반 외국인도 보고하기로 되어있는가?

이세키: 물론 일반 외국인도 보고하기로 되어있고 다만 일반 외국인은 6개월 또는 1년에 한 번이라는 데 비하야 기한이 짧다는 차이뿐이다. 이들은 원래 강제 퇴거나 오무라에서 가석방 형식을 취한 것이다.

최: 각서에 '석방'으로 되어있으니 일반 외국인과 동일한 대우를 해주어야 할 것이다. 그자들의 STATUS는?

이세키: 실질적으로는 일반 외국인과 다른 것이 없다. 외국인등록증도 교부한다. 국
2065 내 법령에 의한 조치를 약속하는 것이니 가석방이 되는 것이다.

최: 가석방란에서 '가' 자는 있을 수 없으니 없애야 될 것이다.

이세키: 등록증 비고란에 '가방면 허가서와 교환하여 외국인등록증을 교부한다'고 기입하기로 되어있다.

최: 가방면이란 문구가 비고란에 들어가면 역시 나타나는 것이니 합리적으로 이것을 없애도록 해주기 바란다.

이세키: 귀측의 의도는 잘 알았다. 사무적인 것은 나중에 돌아가서 잘 연구해서 좋도록 고려해 보겠다.

유: 부속 양해 중에 수용소에서 나온 자의 생계에 관해서는 쌍방이 상의한다고 되어있다고 안다.

최: 한국 측으로서는 실제 문제로서 귀측이 초기 생계를 고려한다는 것에 지대한 관
2066 심사인 만큼 쌍방이 서명한 것인데 귀측에서 이 점에 관하여 일방적으로 통고만 한다면 우리의 관심으로서는 그 이상의 것이니 국내 문제이니 운운의 문제는 고사하고 상의해서 결정하는 것이 당연하다고 본다.

이세키: 관심이 있다는 것은 잘 알겠다. 그렇다고 해서 상의해서 결정한다는 의무가 있는 것은 아니다. 주문이 있으면 만들기는 하겠다.

이타가키: 실질적으로 상의하는 형식이 되면 쌍방 만족될 것으로 본다.

유: 19일에 석방하는 것은 신원 인수자 있는 것이나 없는 자의 석방 후의 생계 보장 등에 관해서는 연락해 주기 바란다.

이세키: 예산 관계로 확정되지 않았으나 확정되면 하겠다.

오쿠하라: 10월 11일에 나포된 일 어선을 신문 보도에 보면 반환하겠다고 한국 정부의 의향을 전하고 있는데.

2067 유: 신문에 보았으나 정식으로 나포된 사실 반환한다는 등의 아무런 연락을 받은 일이 없다.

20. 한일예비교섭에서 합의된 조항의 이행 건과 관련한 훈령 전문

2068 NO. ST910138

DATE. 151800

JAN. 15. 1958

SENT TO: AMBASSADOR YU TAIK KIM

SUBJECT: CLN IMPLEMENTATION OF THE TERMS AGREED UPON AT THE CONCLUSION OF THE KOREA JAPAN PRELIMINARY TALKS PD

ACKNOWLEDGING THE RECEIPT OF YOUR CABLE TS910105 AND TS910109 CMA THIS IS TO SUPPLEMENT THE CABLE ST910101 CMA GIVING ADDITIONAL INSTRUCTIONS UNDER WHICH WE SHOULD GO AT THE WORKING COMMITTEE PD

ITEM ONE PD ON EVERY QUESTION DEALT WITH AT THE COMMITTEE MEETING CMA RESERVE OUR VIEWS TO THE LAST MOMENT CMA AND ALWAYS BE CAREFUL IN MAKING ANY COMMITMENT ON OR ANY REVELATION OF OUR GOVERNMENT INTENTION PD IF EVEN A SLIGHTEST QUESTION ARISES CMA PLEASE REQUEST THE GOVERNMENT INSTRUCTIONS BEFORE MAKING COMMITMENT PD

ITEM TWO PD THE JAPANESE FISHERMEN FOR RELEASE WILL BE

SHIPPED TO JAPAN BY THREE TIMES IN THREE GROUPS ABOARD KOREAN VESSELS BEFORE FEBRUARY 14 CMA 1958 PD IT IS NOT CONSIDERED
2069 NECESSARY FOR JAPANESE OFFICIALS OR DOCTORS TO BE ABOARD THESE KOREAN VESSELS PD WE ARE PLANNING TO SEND KOREAN OFFICIALS AND DOCTORS ABOARD THESE VESSELS PD

ITEM THREE PD PARAGRAPH A PD OUR OFFICIALS SHOULD CHECK IN JAPAN PERSON BY PERSON THOSE KOREANS WHO WILL BE REPATRIATED CMA ACCORDINGLY WE ARE PLANNING TO SEND OUR INVESTIGATORS TO JAPAN FOR THIS PURPOSE PD AFTER CONFIRMATION AFTER CONFIRMATION OF THE LIST OF THOSE KOREANS CMA THEY SHOULD BE REPATRIATED BY JAPANESE VESSELS TO PUSAN UNDER JAPANESE RESPONSIBILITY PD PARAGRAPH B PD INSIST THAT IN ACCORDANCE WITH THE AGREED TERMS JAPAN SHOULD REPATRIATE THOSE KOREANS SOJOURNING IN JAPAN WITHOUT TRAVEL DOCUMENTS CMA AND SHE SHOULD NOT GIVE POLITICAL PROTECTION IN HER TERRITORY TO ANY OF THOSE KOREANS PD THEREFORE CMA IT IS URGENT FOR THE GOVERNMENT TO OBTAIN A COMPLETE LIST OF THEM AND LATER FURTHER INSTRUCTIONS WILL BE GIVEN TO THE MISSION ON THIS QUESTION PD

2070 PARAGRAPH C PD IT IS THE VERY FIRM AND IRREVOCABLE POSITION OF THE GOVERNMENT THAT JAPAN MUST NOT REPATRIATE TO THE PUPPET REGIME BUT REPATRIATE TO OUR GOVERNMENT THOSE KOREANS OF ABOUT 100 WHO ALLEGEDLY DESIRE TO GO TO NORTH KOREA PD THEREFORE CMA IT IS URGENT FOR US TO BE ASSURED BY THE JAPANESE SIDE ON THIS MATTER PD

ITEM FOUR PD THE LIST OF KOREAN ART OBJECTS CMA WHICH JAPAN

IS TO TURN OVER TO US BY THE ORAL STATEMENT CMA SHOULD COVER ALL THOSE ITEMS NOW IN THE JAPANESE GOVERNMENT POSSESSION CMA AND THEY SHOULD BE FIXED BY FEBRUARY 14 CMA 1958 PD

THOSE ART OBJECTS OF WHICH THE IMMEDIATE TRANSFER IS POSSIBLE SHOULD BE ACTUALLY EARMARKED BY THE END OF FEBRUARY CMA 1958 PD PRESS THE JAPANESE SIDE TO SUBMIT THE LIST WITHOUT DELAY PD

FOREIGN MINISTER

번역

번호: ST 910138

일자: 151800

1958년 1월 15일

수신인: 김유택 대사

제목: 한일예비교섭 타결 시 합의사항 이행

전보 TS 910105와 TS 910109를 잘 받았습니다. 이번 전보는 ST 910101를 보완하는 내용이며, 실무위원회에서 따를 추가적인 지시사항을 담았습니다.

1. 실무위원회 회의에서 논의한 모든 문제에 있어서 마지막 순간까지 우리 측 의견을 유보하고 어떠한 약속을 하거나 우리 정부의 의도를 드러내는 데 있어서 항상 신중을 기해야 합니다. 사소한 질문이라도 제기되면 약속을 하기 전에 정부에 지시를 요청하기 바랍니다.

2. 석방될 일본 어민들은 1958년 2월 14일 전까지 세 그룹으로 나누어 세 차례에 걸쳐 한국 선박으로 일본까지 수송할 예정입니다. 이 선박에 일본 측 관계자나 의사가

동승할 필요는 없다고 판단됩니다. 우리 측 관계자와 의사가 동승할 예정입니다.

3. a. 우리 관계자들이 일본에서 송환될 한국인들을 한 명씩 점검해야 합니다. 이에 일본으로 조사관들을 파견할 계획입니다. 송환 대상 한국인 명단을 확인한 후에 일본의 책임하에 일본의 선박으로 부산까지 수송해야 합니다.

b. 합의한 조건에 따라 일본은 여행증명서 없이 일본에 체류 중인 한국인들을 송환해야 하고, 일본은 일본 영토 내에서 이러한 한국인 중 누구도 정치적으로 보호하지 않아야 한다고 주장하십시오. 따라서 정부가 이들의 명단을 확보하는 것이 시급하고 추후 이 문제에 대한 지시를 한국대표부에 전달할 예정입니다.

c. 일본이 북한 괴뢰 정권에 한국인을 송환해서는 절대로 안 되며, 북송을 원한다고 알려진 약 100명의 한국인을 대한민국 정부로 송환해야 한다는 것이 우리 정부의 확고하고 돌이킬 수 없는 입장입니다. 따라서 이 부분에 대한 일본의 확약이 시급히 필요합니다.

4, 구두전달문을 통해 한국에 인도하겠다고 약속한 한국 예술품의 목록에 현재 일본 정부가 소유하고 있는 품목들을 모두 포함시키고 1958년 2월 14일까지 목록을 완성해야 합니다.

즉각 인도가 가능한 예술품을 1958년 2월 말까지 결정해야 합니다. 일본이 지체 없이 목록을 제출하도록 압박하기 바랍니다.

외무부 장관

21. 제2차 실무위원회에서의 일본 측 요구사항과 관련한 본부 청훈 전문

2071 NO. TS-910129

DATE. 151800

TO. FOREIGN MINISTER, KYUNG MU DAI

SECOND MEETING OF THE WORKING COMMITTEE FOR IMPLEMENTATION OF AGREED TERMS WAS HELD TUESDAY FOURTEENTH AT JAPANESE REQUEST DETAILS OF WHICH ARE BEING REPORTED BY SEPARATE CABLE PD FOR PURPOSES OF SMOOTH PROGRESS OF THE WORKING COMMITTEE THIS OFFICE IS IN URGENT NEED OF GOVERNMENT INSTRUCTIONS ON FOLLOWING MATTERS CLN

ITEM ONE

LIST OF JAPANESE FISHERMEN TO BE RETURNED TO JAPAN SHORTLY AND OF THOSE WHO ARE STILL SERVING THEIR TERNS INCLUDING DETAILED INFORMATION OF REMAINING TERMS CMA ARE AWAITED ANXIOUSLY PD PLEASE SEND THEM BY POUCH AS THE LATEST PD

ITEM TWO

AMONG KOREAN ILLEGAL ENTRANTS TO BE DEPORTED SHORTLY ARE THOSE WHO ALLEGEDLY DESIRE RETURN TO NORTH KOREA PD THOUGH THEY TOTAL SOME EIGHTFIVE NOW CMA NUMBER IS GRADUALLY DECREASING PD IN THIS REGARD JAPANESE SIDE EXPLAINS TO US ITS DIFFICULT POSITION DUE TO CONSIDERATION OF BOTH DOMESTIC

POLITICS AIM ICRC PRESSURE PD HOWEVER THIS OFFICE IS CONTINUING
2072 INSISTENCE THAT THIS CATEGORY OF KOREANS ALSO BE DEPORTED TO OUR SIDE PD DEVELOPMENT IN THIS REGARD WILL CAREFULLY BE WATCHED PD

ITEM THREE

JAPANESE SIDE IS PREPARING A LIST OF ART OBJECTS PURSUANT TO FIRST PART OF ORAL STATEMENT PD IN ORDER FOR THIS OFFICE TO CHECK JAPANESE LIST AGAINST OUR OWN CMA IT IS HIGHLY APPRECIATED IF OUR LIST IS COMPLETED AND SENT HERE AS SOON AS POSSIBLE PD

ITEM FOUR

REGARDING PREMIER KISHIS PERSONAL LETTER CMA JAPANESE SIDE HAS NOT CHANGED ITS ATTITUDE CONCERNING DISPATCH OF YATSUGI AS HIS PERSONAL REPRESENTATIVE CARRYING THE ORIGINAL OF LETTER AND IS STILL AWAITING OUR REPLY AS YATSUGI WILL MERELY AS A CARRIER OF THE LETTER CMA IT IS SEEMED ADVISABLE FOR OUR SIDE TO CONSIDER HIS VISIT TO KOREA FAVORABLY PD PROMPT INSTRUCTIONS ARE AWAITED PD FOR SMOOTH IMPLEMENTATION OF AGREED TERMS INCLUDING COMPLETION OF DETAINEES EXCHANGE DY SCHEDULED DATE OF FEB FIFTEENTH PD OVERALL TALKS ON MAR FIRST IT IS FELT NECESSARY FOR THIS OFFICE TO BE INSTRUCTED ON ABOVE POINTS PRPOMPTLY PD

2073 IF THE GOVERNMENT SEEMS IT HELPFUL EITHER MIN YIU OR MYSELF WISH TO BE PERMITTED TO RETURN TO SEOUL FOR TWO TO THREE DAYS STAY TO MAKE PERSONAL REPORT AND ASK FOR INSTRUCTIONS PD

AMBASSADOR KIM

번역 번호: TS-910129

일자: 151800[1958. 1. 15]

수신인: 외무부 장관, 경무대

일본의 요청하에 14일 화요일 오후 3시에 합의한 사항의 이행을 위한 실무위원회 2차 회의가 개최되었습니다. 세부사항은 별도의 전보로 보고합니다. 실무위원회의 원활한 진행을 위해 다음 문제에 대한 정부의 지시가 시급히 필요한 상황입니다.

1. 근 시일 내에 일본으로 송환될 일본 어민의 명단과 복역 중인 일본 어민의 명단과 자세한 정보를 최대한 빨리 행낭으로 보내주시기 바랍니다.

2. 근 시일 내에 추방될 한국인 불법 입국자 중 북송을 원한다고 알려진 이들이 있습니다. 현재 인원은 총 85명 정도인데, 인원이 점차 감소하고 있습니다. 이에 대해 일본 측은 국내 정치와 국제적십자위원회의 압박으로 인해 입장이 곤란하다고 설명했습니다. 그러나 우리 대표부는 계속해서 이러한 한국인들도 한국으로 추방해야 한다고 주장하는 중입니다. 이 문제가 어떻게 전개되는지 신중히 살펴봐야 할 것입니다.

3. 구두전달문의 첫 번째 부분에 따라 일본이 예술품 목록을 작성하고 있습니다. 일본 측 목록과 우리가 작성한 목록을 비교하여 확인할 수 있도록 우리 측 목록이 완성되면 바로 보내주시기 바랍니다.

4. 기시 총리의 개인 서한과 관련하여 일본 측은 서한 원본을 가지고 갈 기시 총리의 개인 특사로 야쓰기를 파견하는 것에 대한 입장을 바꾸지 않고 계속 우리 측의 답변을 기다리고 있습니다. 야쓰기는 서한을 전달하는 역할 정도만 할 것이므로 그의 방문을 긍정적으로 검토하는 것이 바람직해 보입니다. 즉시 지시를 내려주시기 바랍니다.

억류자 교환을 예정된 일정대로 2월 15일까지 완료하는 등 합의한 조건을 원활하게 이행하기 위해서는 위 사안들에 대한 지시를 신속히 받아야 할 것 같습니다.

정부에 도움이 된다고 판단된다면 유 공사나 제가 서울로 가서 2, 3일간 머무르면서 직접 보고드리고 지시를 받고자 합니다.

김 대사

22. 제2차 실무위원회에서의 일본 측 요구사항과 관련한 주일 대사의 청훈 서한

2074 Copy For The Foreign Minister[수기]

Tokyo, January 16, 1958

No. 42

Excellency:

1. As reported by cable already, the second meeting of the working committee for implementation of the agreed terms was held at the Japanese Foreign Ministry at 3 p.m. January 14, summary records of which are enclosed herewith.

I have meanwhile received with appreciation a cable, ST-910138, instructing this office on future conduct of the working committee.

2. As covered in my reports last week, in carrying on the working committee, controversial issues seem to be on the following points:

i. Whether or not our side accepts the deportation of post-war illegal entrants who are not under detention at present.

ii. Question on Korean illegal entrants (numbering some 80) who allegedly desire return to north Korea (This figure is gradually decreasing).

iii. Transfer of art objects now in the possession of the Japanese Government, of which immediate transfer is possible.

In this relation, I would be grateful if the Government would send me instructions on overall matters in this regard. I am submitting below my observation which I hope will be taken into consideration in formulating the

2075 policy of the Government.

3. First, as covered in my report No.41 of last week, the Japanese side notified our side that there are an estimated number of 2,000 Korean (post-war) illegal entrants who are not under detention at present. I believe this problem had better be linked to that of "some Korean illegal entrants" who are believed to be under "protection" by the Japanese side.

Further, it does not appear wise for us to take up the question of the deportation of more than 2,000 Korean illegal entrants (not under detention now) at this stage as it will no doubt cause not a little confusion among the local Korean populace. As briefly mentioned in my report No.41, in accordance with Article 2 of the Agreed Minutes, the problem concerning the deportation of "some Korean illegal entrants" will be discussed at the overall talks. Therefore, it is felt more appropriate to discuss the matter concerning the above 2,000 persons at the overall talks, together with the question of "some Korean illegal entrants."

4. Regarding the question on those Korean illegal entrants who allegedly desire to go to north Korea, I will make every effort to press the Japanese side to turn them over to our side, together with the post-war illegal entrants now under detention.

In this connection, the Japanese side, as reported previously, explained to our side on its difficult position due to consideration of domestic politics and also of the pressure from the ICRC.

5. As requested in my report last week and also in my cable report, this office is awaiting the list of our art objects to be prepared by the Government to enable this office to check the Japanese list (expected to be delivered to us

shortly) against ours, for accuracy and completeness.

6. The Japanese side notified our side that the 470 prewar Korean detainees at Omura will be released, beginning Sunday January 19, in several groups (about 70 persons each) and their release will be completed by February 15.

This office will send Third Secretary Kim, Young Hwan, who has previous experience of police investigation at home, together with Second Secretary Park, Kwang Hai (in charge of our Fukuoka Office), to Omura to make person
2076 by person check-up of those to be released and also gather any useful information.

The Japanese side promised that it will issue Alien Registration Cards to these people, just like to other foreigners resident in Japan. This office will also issue to them our Registration Cards in accordance with our law concerning registration of our nationals living abroad.

7. Similarly, person by person check-up will be conducted by this office prior to the deportation of other illegal entrants under detention now.

With regard to the question on the dispatch of our investigators to Japan, it seems that the Japanese side will not permit their entry here, unless our side gives the Japanese side assurances that Japanese officials will be permitted to enter Korea at the time of the transportation of Japanese fishermen.

In Foreign Minister's cable, ST-910138 of January 15, it was indicated that the Government will repatriate these Japanese fishermen in three groups before February 14. In this connection, it would be appreciated if this office is given information as to when each group is due to leave Pusan, together with relevant name-lists.

8. Finally, with regard to Premier Kishi's personal letter, I consider it is

advantageous for our side to receive the original of the letter as soon as possible. According to the latest report after seeing our reaction the Japanese Government is likely to re-examine its plan to send such a letter. If the original of the letter is to be received by our side, it is deemed advisable to consider Yatsugi's visit to Korea this time favorably, I would highly appreciate it, if the Government would instruct me on this matter as soon as possible.

With sentiments of loyalty and esteem, I remain,
Most respectfully,

His Excellency
President Syngman Rhee

Enclosure: summary records

번역 외무부 장관을 위한 사본[수기]

1958년 1월 16일, 도쿄

번호: 42

각하,

1. 전보로 이미 보고한 바와 같이 1월 14일 화요일에 합의한 사항의 이행을 위한 실무위원회 2차 회의가 개최되었습니다. 요록을 함께 첨부합니다.

앞으로 실무위원회에서 따라야 할 지시가 담긴 전보 ST-910138를 잘 받았습니다.

2. 지난주에 보고했듯이 실무위원회를 진행하면서 논란이 되는 문제는 다음과 같습니다.

i. 현재 구금 중이지 않은 전후 불법 입국자의 추방 수락 여부

ii. 북송을 원한다고 알려진 한국인 불법 입국자(약 80명)의 문제(인원은 점차 감소 중)

iii. 현재 일본 정부가 소유하고 있으며 즉시 이송이 가능한 예술품 인도

이러한 전반적인 문제에 대한 훈령을 정부가 보내주시면 감사하겠습니다. 다음은 정부 정책을 수립하는 과정에 반영되기를 바라는 의견입니다.

3. 첫째, 지난주 보고서 41호에서 다루었듯이 일본은 현재 구금되어 있지 않은 한국인 (전후) 불법 입국자의 규모가 약 2,000명이라고 통보했습니다. 이 문제를 일본 측이 '보호'하고 있다고 사료되는 '일부 한국인 불법 입국자' 문제와 연계했으면 더 좋았을 것이라고 생각합니다.

또한 지금 시점에서 2,000명이 넘는 (현재 구금되어 있지 않은) 한국인 불법 입국자들의 추방을 거론하는 것은 현명하지 않다고 사료되며, 재일한인들 사이에서 작지 않은 혼란을 야기할 것임에 의심의 여지가 없습니다. 41호 보고서에서 간략히 언급했듯이 합의의사록 제2조에 따라 '일부 한국인 불법 입국자'의 추방 문제는 전면회담에서 논의할 예정입니다. 따라서 위에서 말한 2,000명에 대해서도 '일부 한국인 불법 입국자'와 함께 전면회담에서 논의함이 보다 적절하다고 생각합니다.

4. 북송을 원한다는 한국인 불법 입국자들을 현재 억류 중인 전후 불법 입국자들과 함께 한국으로 인도하도록 일본을 압박하기 위해 최선을 다하겠습니다.

이미 보고했듯이 이에 대해 일본은 국내 정치와 국제적십자위원회의 압박으로 인해 입장이 곤란하다고 설명했습니다.

5. 지난주 보고서와 전보 보고서에서 요청했듯이 (곧 전달될 것으로 예상되는) 일본 측 목록과 우리 측 목록을 비교하며 정확한지, 그리고 누락된 부분이 없는지 확인할 수 있도록 정부가 예술품 목록을 작성하여 보내주시기를 기다리고 있습니다.

6. 일본은 1월 19일 일요일부터 몇 개의 그룹으로 나눠 (그룹당 약 70명) 전쟁 전 입국한 한국인 억류자 470명을 오무라수용소에서 석방할 것이고, 석방이 2월 15일까지

완료될 것이라고 통보했습니다.

한국대표부는 국내에서 경찰 조사 경험이 있는 김영환 3등서기관을 (후쿠오카 지사를 관리하는) 박광해 2등서기관과 함께 오무라로 보내 석방되는 한국인들을 한 명씩 확인하고 유용한 정보를 수집할 계획입니다.

일본은 다른 외국인 거주자들과 마찬가지로 위의 한국인들에게 외국인등록증을 발급하겠다고 약속했습니다. 저희 대표부도 재외 국민 등록에 관한 법에 따라 등록증을 발급할 계획입니다.

7. 현재 억류 중인 기타 불법 입국자를 추방하기 전에 한 명씩 확인할 예정입니다.

일본 어민이 송환될 때 일본 관계자들의 한국 입국이 허용된다고 확약하지 않는 한 우리 측 조사관들을 일본에 보내는 것을 일본 측이 허용하지 않을 것입니다.

1월 15일 자 외무부 장관 전보 ST-910138를 보면 정부가 2월 14일까지 세 그룹으로 나누어 일본 어민들을 송환할 것이라고 되어있습니다. 이와 관련하여 명단과 함께 각 그룹이 부산에서 출항할 시간을 알려주시면 감사하겠습니다.

8. 마지막으로 기시 총리의 개인 서한과 관련하여, 서한의 원본을 최대한 빨리 받는 것이 우리에게 유리하다고 사료합니다. 최근 보고된 내용에 따르면 우리 측 반응을 본 일본 정부가 서한을 보내겠다는 계획을 재고했을 가능성이 높습니다. 서한 원본을 받으려면 이번에는 야쓰기의 방한을 긍정적으로 검토해 보는 것이 바람직하다고 생각합니다. 이 문제에 대해 최대한 빠른 시일 내에 지시를 내려주시면 감사하겠습니다.

감사합니다.

이승만 대통령 각하

별첨: 요록

23. 외무부 장관이 미국 측의 샌프란시스코 강화조약 제4조 해석 공개 여부와 관련하여 주일 대사에게 보내는 훈령 서한

2077 January 17, 1958

Dear Mr. Ambassador:

I have been instructed by His Excellency the President to acknowledge receipt of your report No.39 dated January 9, 1958, in which you reported on the conclusion of the preliminary talks.

According to your report, the Japanese side was very reluctant to give us assurance that the U.S. Memorandum will not be released. I know that to the last moment you conducted difficult negotiations with the Japanese side on this question. However, I regret to say that the understanding you reached with the Japanese side in this connection is not satisfactory to the Government, because by cable instruction ST-9012104 dated December 31, 1957, you were instructed to "Make it clear with the Japanese side that it will be kept in lasting secret." If the Memorandum is not to be released "for the time being", there is no reason why it should not be released at this time. Our position that the document be kept in 'lasting secret' is unchanged. You are advised that the American Embassy in Seoul virtually concurred with us on not releasing the U.S. Memorandum. Therefore, if and when the Japanese Government consult us for release of the document, please do not agree to release it.

I take this opportunity to acknowledge receipt of eight (8) original documents signed, one understanding and a copy of the draft letter of the Japanese Prime Minister.

Sincerely yours,

Chung W. Cho Minister

Ambassador Yu Taik Kim

Korean Mission in Japan

Tokyo

번역

1958년 1월 17일

김 대사,

대통령 각하의 지시를 받아 예비교섭 타결에 대해 보고한 1958년 1월 9일 자 39호 보고서를 잘 받았음을 통보합니다.

보고서에서 일본이 미국 각서를 공개하지 않겠다고 확약하는 것을 매우 주저하고 있다고 했는데, 이 문제로 인해 막판에 일본과 힘든 협의를 거친 것으로 압니다. 하지만 김 대사가 일본 측과 도달한 합의사항이 정부로서는 만족스럽지 않아 유감입니다. 1957년 12월 31일 자 전보 훈령 ST-9012104을 통해 당분간 "계속 기밀로 유지할 것임을 일본 측에 확실히 하라"고 지시했습니다. 각서를 당분간 공개하지 않을 것이라면 언제든 공개하지 않아야 할 이유가 없습니다. 미국 각서를 '영구적 기밀'로 유지해야 한다는 우리 정부의 입장은 변하지 않았습니다. 주한 미국 대사관도 미국 각서를 공개하지 않는다는 데 사실상 동의했습니다. 따라서 일본 정부가 미국 각서 공개에 대해 협의를 제안하면 공개하는 것에 동의하지 않아야 합니다.

서명된 8개 문서 원본, 1개 양해서와 일본 총리의 서한 초안 사본도 잘 받았습니다.

감사합니다.

조정환 장관

주일 한국대표부 김유택 대사

도쿄

24. 기시 수상의 개인 특사 건 관련 훈령 서한

2078

January 17, 1958

Dear Mr. Ambassador:

I have been instructed to acknowledge the receipt of your report No.40 of January 9, 1958 addressed to His Excellency the President, in which you referred to the Japanese suggested idea of sending a special personal envoy of the Japanese Prime Minister.

According to your report, while you were in Seoul, I suggested that you try to find out the possibility of getting some other person than Mr. Yatsugi as Mr. Kishi's personal envoy, saying that I personally thought a person like Deputy Premier Ishii might be more logical choice for this purpose. But referring to the name of Mr. Ishii, I did not mean that our Government was ready to receive the Japanese envoy in question, but merely exchanged with you our mutual views on the personality of such envoy in case we should receive such envoy. I think there is no room for you to misunderstand the intention of the Government if you perused and were careful enough to follow out my instructions letter of December 28, 1957, which partly read:

"As for the suggested idea of a special personal representative of the Japanese Prime Minister, such representative should be dispatched under agreement, which will be reached by both sides after the conclusion of the preliminary talks, concerning the personality of the representative and date of dispatching."

As the Government did not instruct you on the personality of the envoy in question and date of dispatching, I regret that you, after you return to Tokyo, hastily approached and impressed the Japanese side as if our Government were ready to receive the personal envoy in question.

2079 In the view of the Government, an urgent question is to settle the long-pending problems as soon as possible and not to exchange goodwill missions. The Japanese Government withdrew the Kubota statement and their claim to property in Korea, but it means that they have done nothing special but only withdrew their absurd claims. Therefore, the Japanese sincerity is to be further demonstrated in the forthcoming overall talks, Until such time, the Government does not consider it appropriate to accept the Japanese idea of sending a special envoy in any manner.

Though the Japanese side wants to send their Prime Minister's personal letter through personal representative, the Government considers that there is no reason why they cannot send it through the diplomatic channels, even if such letter is personal.

Sincerely yours,

Chung W. Cho

Ambassador Yu Taik Kim
Korean Mission in Japan
Tokyo

번역

1958년 1월 17일

김 대사,

일본 총리의 개인 특사를 파견하겠다는 제안을 전달하기 위해 대통령께 보낸 1958년 1월 9일 자 40호 보고서를 수신했음을 알리라고 지시받았습니다.

보고서에 김 대사가 서울에 왔을 때 내가 개인적으로 이시이 부총리와 같은 인물이 특사 파견의 목적을 고려했을 때 보다 논리적인 선택이라고 생각한다면서 야쓰기가 아닌 다른 인물을 기시 총리의 개인 특사로 파견할 수 있는 가능성을 타진해 보라고 김 대사에게 제안했다고 되어있었습니다. 하지만 내가 이시이 부총리의 이름을 언급했던 것은 우리 정부가 일본 특사를 받을 준비가 되어있다는 의미가 아니라 만약 우리가 특사를 받아야 하는 경우에 대비해 특사의 성격에 대한 의견을 교환했던 것뿐이었습니다. 다음과 같은 내용이 포함된 1957년 12월 28일자 지시사항을 숙지하고 신중하게 이행했다면 정부의 의도를 오해할 여지가 없다고 생각합니다.

"일본 총리의 개인 특사를 파견하겠다는 의견에 대해서는 이러한 특사의 경우 특사의 성격과 파견 일자에 대하여 예비교섭에서 결론을 내린 후 양측이 합의하여 파견해야 합니다."

정부가 김 대사에게 특사의 성격과 파견 일자에 대해서 지시한 바가 없기 때문에 도쿄로 복귀한 후 성급하게 일본 측에 접촉하여 우리 정부가 특사를 받을 준비가 되었다는 인상을 준 것이 유감스럽습니다.

정부의 입장에서 시급한 과제는 오랜 시간 이어져 온 문제들을 최대한 빨리 해결하는 것이지 친선사절단을 교환하는 게 아닙니다. 일본 정부가 구보타 성명과 청구권을 철회했지만 무언가 특별한 행동을 한 게 아니라 터무니없는 주장을 포기한 것뿐입니다. 따라서 곧 개최될 전면회담에서 일본의 진정성을 증명해야 합니다. 그때까지는 어떠한 방식으로든 특사를 파견한다는 일본의 제안을 수용하는 것이 적절하지 않다는 것이 정부의 판단입니다.

일본이 총리의 개인 서한을 개인 특사를 통해 보내고 싶어 한다 할지라도, 이 서한이 개인적인 성격을 띤다면 외교적인 경로로 보내지 못할 이유가 없다는 것이 우리 정부의 생각입니다.

감사합니다.

조정환 장관

주일 한국대표부 김유택 대사

도쿄

25. 일본 정부가 반환하는 문화재 목록 건과 관련한 훈령 서한

2080

January 17, 1958

Dear Mr. Ambassador:

I have been instructed by His Excellency the President to acknowledge receipt of your report No.41 dated January 9, 1958 referring to the question on the implementation of the terms agreed upon at the conclusion of the preliminary talks.

Some questions raised in the said report were answered in the Ministry's cable instructions ST-910138 dated January 15 1958 which supplemented cable instructions ST-910101 dated January 4, 1958. But now you are advised again of our Government's position on issues in the implementation of the agreed terms.

The list of Korean art objects which Japan should submit at the working committee should cover not only those for which the immediate transfer is possible but also all those now in Japanese Government possession. We should have confirmed why some of the Korean art objects in Japanese Government possession cannot be transferred 'immediately'. This list should be fixed by February 14, 1958. According to the agreed terms, Japan should turn over to us what she should transfer "at an early possible date" and such date should be the end of February, 1958, namely before the resumption of the overall talks.

We are quite surprised that the Japanese side was, "placed in difficulty" in connection with the repatriation to our country of about 100 Koreans who allegedly desire to go to north Korea. Needless to say, it is the consistent

and very firm position of our Government that Japan must not be allowed to send a single Korean in Japan to the puppet regime. You are aware that our Government, on various occasions, has expressed this position to the Japanese Government. Please keep in mind that the repatriation of these Koreans is imperative for successful implementation of all the terms agreed upon at the conclusion of the preliminary talks. Unless the Koreans of this category are
2081 included in the list submitted by the Japanese, we can hardly expect that the other agreed terms will be successfully implemented.

In connection with 'the Koreans of a certain category, whom the Japanese side may try to protect in her territory, in your report you quoted Article 2 of the Agreed Minutes. But nothing in the Agreed Minutes is interpreted as preventing our side from requesting the Japanese side to turn over to us all those Koreans who are now sojourning in Japan without our travel documents. I have noted your recommendation on the move you deem advisable in case the Japanese should try to protect in her territory some Koreans. But at this time, insist to the Japanese side that we must and, are ready to, receive all these Koreans without exception.

When the list of the Koreans for repatriation is handed to us, the Government plans to dispatch investigators to Japan to check person by person the people listed, confirming whether or not they are really those Koreans without travel documents who entered Japan after the end of World War II. You are instructed to propose this to the Japanese side.

As for the Japanese obligation by the Annexed Understanding, please report on what actual action the Japanese has taken and will take.

In the same pouch by which this letter is sent, you will find a tentative list of the Korean art objects to be returned to us, which should be kept secret. You will also find lists of those Japanese fishermen who have served out their sentences and those who are yet to serve out their sentences.

Sincerely yours,

Chung W. Cho
Minister

Ambassador Yu Taik Kim Korean Mission in Japan Tokyo

번역

1958년 1월 17일

김 대사,

대통령께서 예비교섭 타결 시 합의한 조건의 이행에 대한 내용을 담아 대통령께 보낸 1958년 1월 9일 자 41번 보고서를 수신했음을 알리라고 지시하셨습니다.

이 보고서에서 제기된 몇 가지 문제는 1958년 1월 4일 자 전보 훈령의 보완 내용을 담은 1958년 1월 15일 자 외무부 전보 훈령 ST-910138을 통해 답변이 되었습니다. 하지만 합의된 조건의 이행 문제에 대한 우리 정부의 입장을 다시 한 번 통보합니다.

일본이 실무위원회에 제출할 한국 예술품 목록에는 즉각 이송이 가능한 품목뿐 아니라 현재 일본 정부가 소유하고 있는 모든 품목이 포함되어야 합니다. 일본 정부가 소유하고 있는 한국 예술품 중 일부를 '즉시' 이송할 수 없는 이유를 확인했어야 합니다. 이 목록은 1958년 2월 14일까지 완성되어야 합니다. 합의한 조건에 따라 일본은 '최대한 빠른 시일 내에' 예술품을 인도해야 하며, 빠른 시일이란 1958년 2월 말, 즉 전면회담 재개 전이어야 합니다.

북송을 원한다고 알려진 한국인 약 100명을 한국으로 송환하는 것과 관련하여 일본이 '곤란한 입장'에 놓였다는 것이 상당히 놀랍습니다. 말할 것도 없이 우리 정부가 일관적으로 매우 확고하게 취해온 입장은 일본이 단 한 명의 재일한인도 괴뢰 정권에 보내도록 허용할 수 없다는 것입니다. 우리 정부가 이러한 입장을 일본 측에 여러 차례 표명한 바 있다는 것을 김 대사도 잘 알고 있으리라 믿습니다. 예비교섭 타결 시 합의한 모든 조건을 성공적으로 이행하기 위해서는 이러한 한국인들을 한국으로 송환하는 것이 매우 중요합니다. 일본이 제출한 명단에 이러한 유형의 한국인이 포함되어 있지 않다면 다른 합의사항들이 성공적으로 이행될 것이라고 기대하기는 어렵습니다.

일본이 자국 영토 안에서 보호하려 할 수 있는 '해당 유형의 한국인들'과 관련하여 보고서에서 합의의사록 제2조를 인용했는데, 우리 측이 일본에 대해 여행증명서 없이 일본에 체류 중인 한국인 전원을 인도할 것을 요청하지 못하게 규정하는 내용은 합의의사록에 존재하지 않습니다. 일본이 일부 한국인들을 자국 영토에서 보호하려 하는 경우 바람직하다고 생각하는 대처 방안을 권고해 준 것을 보았습니다. 하지만 이번에는 예외 없이 한국인 전원을 우리 측이 인도받아야 하고 준비도 되어 있음을 강하게 주장하기 바랍니다.

송환 대상 한국인 명단이 우리에게 전달되면 정부는 명단에 포함된 이들이 제2차세계대전 종전 이후 일본에 입국한, 여행증명서를 소지하지 않은 한국인들이 맞는지 한 명씩 확인하기 위해 일본에 조사관들을 파견할 계획입니다. 이 내용을 일본에 제안하십시오.

부속 양해서에 따른 일본의 의무사항과 관련하여 일본이 실제로 취한 조치와 앞으로 취할 조치에 대해 보고하기 바랍니다.

이 서한을 발송하는 행낭에 우리가 반환받을 한국 예술품의 잠정적 목록이 포함되어 있고, 형기를 마친 일본 어민들과 아직 형기를 마치지 못한 일본 어민들의 명단도 함께 보냅니다.

감사합니다.

조정환 장관

주일 한국대표부 김유택 대사

도쿄

27. 제3차 실무위원회 회의 결과 보고 전문

2083 NO. TS-910139

DATE. 202100

TO. KYUNG MU DAI, FOREIGN MINISTER

THE THIRD MEETING OF THE WORKING COMMITTEE AS HELD AT THE JAPANESE FOREIGN OFFICE AT THREE PM ON JANUARY TWENTY CMA ONENINEFIVEEIGHT AND MAIN POINTS THAT WERE DISCUSSED ARE AS FOLLOWS COLON

ITEM ONE

WE DEMANDED THAT THE JAPANESE SIDE SHOULD GIVE US THE DETAILED INFORMATION ON THE MEASURES TO BE TAKEN BY THE JAPANESE GOVERNMENT FOR THE HELP FOR THE LIVELIHOOD OF KOREANS TO BE RELEASED IN JAPAN PD THE JAPANESE SIDE TOLD US THAT IT IS NOW MAPPING OUT A PLAN TO PROVIDE THEM WITH REASONABLE JOBS AND TO EXTEND ASSISTANCE TO THEM FOR THE INITIAL PERIOD AFTER THEIR RELEASE IN JAPAN AND THAT ARRANGEMENTS THEREFOR WILL BE MADE BY THE EARLY PART OF FEBRUARY PD

ITEM TWO

THE JAPANESE SIDE TOLD US THAT IT WAS READY TO PRESENT TO US THE LISTS OF KOREAN ART OBJECTS CMA KOREAN ILLEGAL ENTRANTS UNDER DETENTION AND THOSE WHO ARE NOW OUT ON BAIL AND

2084 ASKED US IF WE WERE READY TO HAND OVER TO THE JAPANESE SIDE THE RELEVANT LISTS OF JAPANESE FISHERMEN PD AT THIS STAGE CMA WE CMA IN ACCORDANCE WITH THE SPIRIT OF THE LAST PART OF THE FORM IN INSTRUCTIONS OF JANUARY FOURTEEN CMA WOIJUNG NUMBER ONEONETWO CMA STRONGLY REQUESTED THAT THE JAPANESE SIDE SHOULD SEND WITHOUT FAIL TO THE REPUBLIC OF KOREA THOSE KOREAN ILLEGAL ENTRANTS WHO ALLEGEDLY DESIRE TO GO TO NORTH KOREA PD THE JAPANESE SIDE STATED THAT NAMES OF SUCH KOREANS ARE CMA OF COURSE CMA INCLUDED IN THE LIST OF KOREAN ILLEGAL ENTRANTS NOW UNDER DETENTION PD JAPANESE OFFICIALS CONTINUED THAT IN PRINCIPLE SUCH KOREANS SHOULD BE DEPORTED TO THE REPUBLIC OF KOREA AND THAT THEY PROMISE THAT THE KOREANS IN QUESTION WOULD NEVER BE DEPORTED TO NORTH KOREA CMA BUT THEY SAID THAT IN THE LIGHT OF DOMESTIC AND INTERNATIONAL PRESSURE CMA IT WAS IMPOSSIBLE FOR THEM TO GIVE FIRM ASSURANCE THAT THE KOREANS IN QUESTION WOULD BE DEPORTED TO THE REPUBLIC OF KOREA WITHOUT FAIL TOGETHER WITH THE OTHER
2085 ILLEGAL ENTRANTS IN THE DETENTION CAMPS AT THE SAME TIME THEY SAID THAT THEY ARE NOW SECRETLY PERSUADING THAT MEANS OF FORCE COULD NOT BE EMPLOYED AGAINST THE WILL OF THE KOREANS IN QUESTION PD UNDER THESE CIRCUMSTANCE CMA WE POINTED OUT THAT THE JAPANESE SIDE FAILED TO GIVE US FIRM ASSURANCES IN REGARD TO THE DEPORTATION OF KOREANS IN QUESTION PD

ITEM THREE

WE DEMANDED THAT THE JAPANESE SIDE SHOULD PRESENT TO US THE LISTS OF ART OBJECTS AND KOREAN ILLEGAL ENTRANTS BOTH UNDER DETENTION AND ON A BAIL PD THE JAPANESE SIDE ANSWERED

THAT IT WOULD DO SO ONLY IN EXCHANGE FOR THE RELEVANT LISTS OF JAPANESE FISHERMEN PD HOWEVER CMA IN ACCORDANCE WITH INSTRUCTIONS OF JANUARY FOURTEEN CITED IN ITEM TWO ABOVE AND IN VIEW OF THE QUESTION ON KOREAN ILLEGAL ENTRANTS ALLEGEDLY DESIRING TO GO TO NORTH KOREA CLAIMS DID NOT HAND OVER TO THE JAPANESE SIDE THE LIST OF THE JAPANESE FISHERMEN PD

2086 ITEM FOUR

THE MEETING WAS THUS ADJOURNED WITHOUT DECIDING ON THE DATE OF THE NEXT MEETING PD IN CONCLUSION YOUR URGENT INSTRUCTIONS WOULD BE HIGHLY APPRECIATED REGARDING ITEM TWO AND THREE ABOVE PD

AMBASSADOR KIM

번역 번호: TS-910139

일자: 202100[1958. 1. 20]

수신인: 경무대, 외무부 장관

1월 20일 오후 3시에 일본 외무성에서 3차 실무위원회가 열렸고 다음과 같은 내용을 논의했습니다.

1. 일본에서 석방될 한국인의 생계를 지원하기 위해 일본 정부가 취할 조치에 대한 구체적인 정보를 제공해 줄 것을 일본에 요구했고, 일본은 석방 후 초기에 생계를 지원하고 합당한 일자리를 제공하기 위한 계획을 구상하고 있으며 2월 초순까지 제반 사항을 준비할 것이라고 답변했습니다.

2. 일본이 한국 예술품 목록, 억류 중인 한국인 불법 입국자 명단, 보석으로 석방된 한국인 명단을 전달할 준비를 마쳤다고 했고, 한국이 일본에 일본 어민에 대한 명단을 전달할 준비가 되었는지 물었습니다. 이때 우리 측에서는 1월 14일 자 훈령(외정 제112호)에 따라 북송을 원한다는 한국인 불법 입국자들을 반드시 대한민국으로 송환해야 한다고 강하게 요청했습니다. 일본은 이러한 한국인들의 이름이 억류 중인 한국인 불법 입국자 명단에 포함되어 있고, 이러한 한국인들을 대한민국으로 추방하는 것이 원칙이고 절대로 북송하지 않을 것이라고 약속했습니다. 그러나 국내외적 압박으로 인해 해당 한국인들을 수용소에 억류 중인 다른 불법 입국자들과 함께 모두 대한민국으로 송환할 것이라고 확언할 수는 없다고 말하며 이러한 한국인들의 의지에 반하여 무력을 행사할 수는 없다고 했고, 비밀리에 설득하고 있다는 말도 했습니다. 이때 우리 측은 일본이 이러한 한국인들의 추방에 대해 확약하지 못했음을 지적했습니다.

3. 한국 예술품 목록과 억류 중인 한국인 불법 입국자와 보석으로 석방된 한국인 불법 입국자 명단을 제공할 것을 요구했습니다. 일본은 우리 측이 일본 어민 명단을 제공하면 위의 목록과 명단을 제공할 수 있다고 답변했습니다. 그러나 위 1번 항목에서 언급한 1월 14일 자 훈령과 북송을 원한다고 알려진 한국인 불법 입국자 문제를 고려하여 일본에 일본 어민 명단을 전달하지 않았습니다.

4. 다음 회의 일자를 결정하지 않고 회의가 종료되었습니다. 위의 2번 및 3번 사안에 대해 조속히 훈령을 전달해 주시면 감사하겠습니다.

김 대사

별첨

28-1. 한일회담 재개 준비 및 예비교섭에서 합의된 제 조항 이행을 위한 양국 간 제3차 연락회의 요록

2089 제3차

단기 4291년 1월 20일

한일회담 재개 준비 및 예비교섭에서 합의된 제 조항 이행을 위한 양국 간 제3차 연락회의 요록

1. 일시 및 장소

단기 4291년 1월 20일 오후 3시~오후 4시 25분

1. 장소

외무성 311호실

1. 출석자

한국 측: 유 공사, 최 참사관, 진 1등서기관, 박영 2등서기관,
임 및 이 양 3등서기관

일본 측: 이타가키 아세아국장, 미야케 참사관, 스가누마 과장, 쓰치야,
2090 후루야마 사무관, 이세키 입관국장, 나카야마 총무과장

一. 회의 경위

이타가키: 우리 측도 명부 준비가 되었는데 귀측의 송환 어부 명부 도착하였는가?

유: 다 되었다. 오무라수용소에서 석방되는 자의 생활 원조에 관한 구체적 내용에 관하여 말하여 주기 바란다.

이타가키: 문제는 신원 인수자가 없는 자의 대책인데 직업을 알선 중임. 대개 토건업에 채용 조건 설비 공사 연수 등 조사하여 조건이 좋은 곳으로 알선하도록 방금 교

섭 중이다.

유: 직업이 결정된 후에 석방하는가?

2091 이타가키: 2월에 들어가서 석방한다. 2월 5, 6일까지는 대개 직업도 결정될 것이다.

유: 그 인원은?

이타가키: 150~160명 내지 180명 된다(병인 제외하고). 병자는 오래 걸리는 환자는 없다.

유: 문화재의 목록은 여하히 되었는가?

이타가키: 일본인 어부 명부는?

유: 어부 송환 계획은 대체로 3회에 나누어서 할 예정이다.

이타가키: 언제부터 송환하는가?

유: 이 연락회의 경과에 따라서 결정된 것이고 항구는 귀측 희망에 따라서 하겠다. 명부는 오무라, 하마마쓰(浜松) 양 수용소(불법 입국자) 및 가방면되는 자의 명부 전부를 주겠는가?

2092 이타가키: 다 준다. 내월 초에 하마마쓰수용소 수용자를 오무라로 이송한다.

최: 석방되는 자들에 대한 외국인등록증에 관하여는 결정을 보았는지?

이세키: '며칠 며칠 부(소화 33년 1월 4일 부) 입관 제 호 훈령에 의한 것'이라고 기입하고 가방면이란 말을 안 쓴다.

최: 형식은 본인이 신청하여 외국인등록증을 받게 되는 것인가?

이세키: 그렇다.

유: 한국 보도에 의하면 북한으로 가기를 희망하는 자는 송환을 보류한다는 설이 있는 것 같은데 외무성이 보도한 일이 있는가?

이타가키: 전연 없다.

2093 전체의 LIST는 변함이 없겠으나 그때 송환하는 자의 명단은 변경될지도 모른다. 말썽이 있는 자는 후송하고 없는 자와 교체시키기 때문에 자연 변경될 수도 있다.

유: 남행, 북행을 막론하고 밀입국자의 명단은 다 주느냐?

이타가키: 남행, 북행 등 의사를 표시한 자는 있으나 구체적으로 누가 남행, 누구는 북행 등은 아직 모른다.

유: 송환자의 확실한 수효는?

이세키: 1,259명이다.

최: 이 중 남행, 북행은 비고란에 기입되어 있는가?

이세키: 없다. 아직 의사가 확실한 것이 없다. 수시 변하고 있다. 당초에는 북한에 간다고 하다가 대한민국으로 간다고 변경한 자도 있다.

2094 유: 가석방 중의 밀입국자 수 2,000명이란 확실한 숫자인가?

이세키: 2,010명이다. 이 중 다소 감소할 것이다. 생활 근거가 확실하고 자녀도 있어 생활 기반이 확고한 자 등을 고려하면 어느 정도 줄 것이다. 불법 입국자 명부는 12월 31일 현재로 하고 그 후의 것은 계산에 넣지 않았다.

유: 일단 12월 31일 현재로 마감하기로 하자. 그리고 2,000명 건은 원칙적으로 우리가 인수한다고 정해놓자.

2095 이세키: 인도적인 문제가 있으니 나중에 구체적으로 이야기하기로 하자.

이타가키: 원칙적으로는 좋다.

최: 누구는 남고 누구는 보내고 하면 문제가 복잡하게만 되니 밀항자는 밀항자로 확실한 선을 그어서 하지 않으면 안 된다.

이세키: 인도적인 문제가 당연히 일어난다. 부모가 있어 부모를 찾아온 자녀들 등 인정상 문제도 많이 있다.

최: deportation에 인도적인 문제가 개재되나? Deportation 자체가 강제력을 포함한다고 보는데?

유: 이 문제에 관해서 대표자끼리 회의를 하자.

약 30분간 휴회

2096 (30분간에 걸쳐 양측의 수위(首位) 대표자들끼리 소위 북한행을 원한다는 불법 입국자의 대한민국으로의 강제 송환 문제에 관하여 토의하였는데 그 내용은 영문으로 된 회의록에 기재된 바와 같으며 한국 측은 일본 측의 이 문제에 관한 확약 결여의 이유로 송환 어부의 명부를 수교치 않았으며 일본 측도 문화재 및 불법 입국자 목록 및 명부를 수교함이 없이 산회하였음.)

29. 미국 각서 공개와 관련한 주일 대사의 보고 서한

2097 Tokyo, January 23, 1958

No. F/1

Dear Mr. Minister:

I wish to acknowledge with appreciation the receipt of your letter of January 17, 1958, regarding the question on not releasing the U.S. Memorandum.

I appreciate your sympathetic understanding toward my having gone through difficult negotiations to the last moment on this question. The circumstances leading to such understanding were reported in detail in my official letter, Hanildai Jung No. 1898 of January 3.

In this connection I am glad to note that the US Embassy in Seoul has agreed with our side on not releasing the Memorandum and 1 believe this will be helpful, when this office insists to the Japanese side in the future that the Memorandum continue to be kept secret.

The said understanding reached with the Japanese side, as you are no doubt aware, makes it obligatory for the Japanese side to conduct prior consultation in the event it should attempt to take up the matter on the release "in future", and it goes without saying that this office will not agree to release the Memorandum, even if such consultation is made in the future.

With regards and highest esteem, I remain,

Sincerely yours,

Y. T. KIM[서명]

His Excellency

Dr. Chung W. Cho

Minister of Foreign Affairs

번역

1958년 1월 23일, 도쿄

번호: F/1

장관님,

미국 각서 비공개 문제에 대한 1958년 1월 17일 자 서한을 감사히 받아보았습니다.

이 문제에 있어서 막판에 힘겨운 협의를 거친 데 대해 공감해 주셔서 감사합니다. 합의에 이르기까지의 상황을 1월 3일 자 공한(한일대정 제1898호)에서 상세히 보고했습니다.

주한 미국 대사관이 해당 각서를 공개하지 않는 데 동의한 것에 대해 기쁘게 생각하고, 향후 우리 대표부가 각서를 계속 기밀로 유지하자고 일본 측에 주장할 때 도움이 될 것이라고 생각합니다.

물론 알고 계시겠지만 일본 측과 합의한 사항에 따라 일본은 '향후' 미국 각서를 공개하는 문제를 거론하려는 경우 사전에 협의할 의무가 있으며, 우리 대표부는 향후 이러한 협의를 하게 된다고 하더라도 말할 필요도 없이 각서 공개에 동의하지 않을 것입니다.

감사합니다.

Y. T. KIM

조정환 외무부 장관

30. 기시 수상의 개인 특사 야쓰기 파견 건에 관한 주일 대사의 외무부 장관 앞 보고 서한

2098 Tokyo, January 23, 1958

No. F/2

Dear Mr. Minister:

1. I wish to acknowledge with appreciation the receipt of your letter of January 17, 1958, concerning the question on the personal representative of the Japanese Prime Minister. I have carefully read your letter and fully agree with you that an urgent question is to settle the long-pending problems as soon as possible and that the Japanese sincerity is to be further demonstrated in the forthcoming overall talks. I will bear in mind your kind guidance in this regard.

2. Taking this opportunity, I wish to state that at my several meetings with you and Vice Minister Kim, while in Seoul, the following points have been made clear with regard to the question on the said personal representative:

i. Premier Kishi's personal letter, as it is not an official diplomatic letter, cannot be delivered through regular diplomatic channels, but only by a personal representative of Mr. Kishi.

ii. The Japanese side has informally decided to name Mr. Yatsugi as such personal representative.

iii. Therefore, in case such letter is to be received, such personal representative will carry the letter directly to our Government.

Further, I was instructed by your official letter, Woijung No.4355 of December 12,to obtain a secret letter from the Japanese Prime Minister or Foreign Minister

and the idea of the above personal letter was designed as a compromise plan.
2099 This point was also made clear at my talks with you and Vice Minister Kim. Therefore, from the Japanese standpoint, it was with reluctance to have agreed to send such personal letter.

As a matter of fact, as reported last week, the Japanese side is reportedly re-examining its plan to send such a letter after seeing our reaction thereto (Japan Times, January 16).

3. The instructions I received from you, both orally and in writing, can be summed up as follows:

i. Person like Mr. lshii say be preferred to Mr. Yatsugi, but there is no objection to including Mr. Yatsugi as a member of Ishii' s delegation.

ii. By letter instructions, part of which was quoted in your letter under reference, I was told that mutual agreement should be reached as to the personality of the representative and date of dispatching. in other words, the quoted portion of your letter of December 28 is interpreted as showing that the idea of the dispatch of the personal representative, itself, was not in question but what was at issue was the "personality" and "date".

4. Your letter of January 17 states that after my return here I hastily "approached and impressed the Japanese side as if our Government were ready to receive the personal envoy in question". This is not factual. All I discussed with the Japanese side after my return from Seoul, was regarding the wording of the Japanese draft of the said personal letter.

Among the Japanese side Premier Kishi, Deputy Cabinet Secretary Tanaka and Mr. Yatsugi were the only ones who knew about this plan at the time and on our side only Min. Yiu and myself. Quite unexpectedly, however, the Japanese press started reporting on the question of the dispatch of the personal representative. I then immediately pointed out to the Japanese side that such a report should not have appeared. In addition to this, both Min. Yiu and 1 issued statements denying that our side had concurred with the Japanese side on the dispatch of the personal representative in question. I am, therefore, at a loss to understand how your conclusion that I hastily approached and impressed the Japanese side, etc., was drawn.

2100 5. I have heretofore made several attempts to persuade the Japanese side to send the said letter through this office. The Japanese side maintained that in that case, such letter must go through its Foreign Ministry and then approved by the Cabinet meeting, of which possibility is extremely remote.

Such being the case, I do not think it possible that the said personal letter can be received by our side through this office, as you suggested in your letter, in my humble opinion, it would be better for our side to receive the letter at an early date. Otherwise, it is feared that our hesitation would only give the Japanese side a good excuse to withdraw the letter altogether, because it was, at first, quite reluctant to issue such letter anyway. I would be grateful, if the Government would instruct me in this regard.

With regards and highest esteem, I remain,

Sincerely yours,

Y. T. KIM[서명]

번역

1958년 1월 23일, 도쿄

번호: F/2

장관님,

1. 일본 총리의 개인 특사 파견 문제에 대한 1958년 1월 17일 자 서한을 잘 받았습니다. 신중히 읽어보았고 오랜 현안을 최대한 조속히 해결하는 것이 시급한 과제이며 개최될 전면회담에서 일본의 진정성을 증명해야 한다는 데 전적으로 동의합니다. 지시하신 내용을 유념하겠습니다.

2. 서울에서 장관님, 김 차관과 몇 차례 대화했을 때 개인 특사 문제에 대해 다음과 같은 사항을 확실히 했음을 언급하고자 합니다.

i. 기시의 개인 서한은 공식적인 외교 서한이 아니므로 일반적인 외교적 경로로는 전달할 수 없으며 기시의 개인 특사를 통해서만 전달 가능합니다.

ii. 일본은 비공식적으로 야쓰기를 개인 특사로 임명하기로 결정했습니다.

iii. 따라서 이 서한을 받게 된다면 총리의 개인 특사가 직접 우리 정부로 가져오는 형태가 될 것입니다.

12월 12일 자 공한(외정 제4355호)에서 일본 총리 또는 외무상으로부터 기밀 서한을 받을 것을 지시하셨고 위의 개인 서한이 타협안으로 구상되었다는 생각을 공유하셨습니다. 이 부분은 제가 장관님 및 김 차관과의 대화에서도 명확히 설명한 부분입니다. 이러한 이유로 일본이 개인 서한을 발송하기로 동의하기를 꺼리는 것입니다.

사실 지난주에 보고했듯이 일본은 우리 측 반응을 확인한 후 서한을 보내려는 계획을 재검토하고 있는 것으로 보입니다(『재팬 타임스』, 1월 16일).

3. 구두로, 그리고 서면으로 장관님께 지시받은 내용을 요약하면 다음과 같습니다.

i. 야쓰기보다는 이시이와 같은 인물을 선호하나 야쓰기를 이시이의 사절단 중 한 명으로 포함시키는 것에는 이의가 없다.

ii. 위 서한에서 부분적으로 언급된 서한 훈령에 특사의 성격과 파견 일자에 대한 상호 합의가 필요하다는 내용이 있는데, 다시 말해 12월 28일 서한의 관련 내용이 개인 특사를 파견하겠다는 생각 자체가 문제가 아니라 특사의 '성격'과 '파견 일자'가 문제인 것으로 해석되었다.

4. 1월 17일 자 서한에 제가 일본에 복귀한 후 성급하게 일본 측에 "접촉하여 우리 정부가 특사를 받을 준비가 되었다는 인상을 주었다"라고 되어있는데, 이는 사실이 아닙니다. 제가 서울에서 복귀한 후 일본 측과 나눈 대화는 총리 개인 서한 초안의 표현에 대한 것이었습니다.

일본 관계자 중 당시 (특사 파견) 계획에 대해 알고 있는 이들은 기시 총리, 다나카 관방차관과 야쓰기뿐이었고 우리 측에서는 유 공사와 저만 알고 있던 내용입니다. 그러나 일본 언론이 돌연 개인 특사 파견 문제를 보도하기 시작했습니다. 이에 즉시 일본 측에 이러한 내용이 보도되어서는 안 된다고 지적했고, 유 공사와 제가 개인 특사 파견에 대한 일본의 제안에 동의한 바 없다는 성명을 발표했습니다. 어떻게 제가 일본 측에 성급히 접촉하여 이러한 인상을 주었다는 결론을 내리신 것인지 이해가 되지 않습니다.

5. 저희 대표부를 통해 총리의 서한을 발송하도록 일본 측을 설득하려고 몇 차례 시도했습니다. 일본은 그렇게 한다면 서한은 일본 외무성을 통해 전달되어야 하고 내각 회의에서 가결되어야 한다고 답변했는데, 이 방법이 실현될 가능성은 매우 작습니다.

따라서 감히 말씀드리자면 제안하신 방법과 같이 기시 총리의 개인 서한을 저희 대표부를 통해 받기란 불가능할 것 같습니다. 빨리 서한을 받는 것이 우리 측에 더 유리할 것입니다. 그렇게 하지 않으면 우리가 주저하는 모습이 당초 이러한 서한을 작성하는 것을 상당히 꺼렸던 일본에 서한을 완전히 철회할 좋은 구실이 될 것입니다. 이 부분에 대해 지시를 내려주시면 감사하겠습니다.

감사합니다.

Y. T. KIM

31. 문화재 반환 및 석방 한국인 문제에 관한 주일 대사 보고 서한

2101 Tokyo, January 23, 1958

No. F/3

Dear Mr. Minister:

1. I wish to acknowledge with appreciation the receipt of your letter of January 17, 1958, concerning the implementation of the terms agreed upon at the conclusion of the preliminary talks. I am grateful for all your guidance contained in this letter and am determined to follow them to the best of my ability.

2. Regarding the list of our art objects, as reported by my cable No.TS-910139 of January 20, the Japanese side notified us at the January 20 meeting of the working committee, summary records of which is enclosed herewith, that it was ready to deliver the lists to us, together with the lists of Korean illegal entrants, both now under detention and out on bail, in exchange for the lists of Japanese fishermen. However, this office has not given the lists of the Japanese fishermen to the Japanese side, in accordance with your instructions in your official letter, Woijung No.112 of January 14, 1958.

3. As regards the question of those Korean illegal entrants allegedly desiring to go to north Korea, as I reported in my cable cited above, our side strongly insisted that Koreans of this category should be made no exception and be deported to our side along with other illegal entrants now under detention.

As mentioned in my cable, the Japanese side told us that in principle such
Koreans should also be deported to our side and that it can promise that they
would never be sent to north Korea. However, the Japanese side said that it
2102 cannot give us firm assurance that all such Koreans would be sent back to
our side without fail together with other illegal entrants now under detention,
because it cannot employ means of force against their will, in the light of
'domestic and international pressure'.

The Japanese side further said that, under such circumstances, it is now secretly persuading these people to change their mind. I an fully aware of our Government's position in this regard and will continue to make every effort to make the Japanese side send these people back to our side.

4. In regard to the question of "the Koreans of a certain category"(whom the Japanese side may try to protect in her territory) this office will continue to insist that these people be turned over to our side, as instructed.

5. Concerning the matter on the dispatch to Japan of our investigators, as reported in my report No.42 of last week, this office has sounded out that the Japanese have no intention to permit entry of our investigators, unless our side give then assurances that Japanese officials and doctors would be permitted to enter Korea when the Japanese fishermen are repatriated.

6. Regarding the matter concerning the help for the livelihood for the Koreans to be released in japan, a brief report was made in my cable, TS-910139 of January 20. I will report to the Government, as soon as detailed information is received in this regard.

I would be grateful, if the Government would give me prompt instructions in regard to my cable of January 20.

With regards and highest esteem, i remain,

Sincerely yours,

Y. T. KIM[서명]

Enclosure: Summary records/Jan. 20

번역

1958년 1월 23일, 도쿄

번호: F/3

장관님,

1. 예비교섭 타결 시 합의한 조건의 이행에 대한 1958년 1월 17일 자 서한을 감사히 받아보았습니다. 지침에 감사드리며 최선을 다해 따르겠습니다.

2. 1월 20일 자 전보 TS-910139에서 보고했듯이 일본 측이 요록을 함께 첨부한 1월 20일 실무위원회에서 억류 중인 한국인 불법 입국자와 보석으로 석방된 한국인 불법 입국자 모두의 명단과 함께 한국 예술품 목록을 전달할 준비가 되었다고 통보했습니다. 그러나 1958년 1월 14일 자 공한(외정 제112호)에 따라 우리 대표부는 일본 어민 명단을 일본 측에 전달하지 않은 상태입니다.

3. 북송을 원한다고 알려진 한국인 불법 입국자 문제에 대해서는 앞서 언급한 전보에서 보고했듯이 우리 측이 해당 유형의 한국인들에게 예외를 적용해서는 안 되며 억류 중인 다른 불법 입국자들과 함께 한국으로 송환해야 한다고 강하게 주장했습니다.

전보에서 언급했듯이 일본은 원칙적으로 이러한 한국인들은 한국으로 추방되어야 하며 북한으로 절대 보내지 않겠다고 약속할 수 있다고 말했습니다. 그러나 일본은 '국내외적 압박'으로 인해 이들의 의견에 반하여 무력을 행사할 수는 없기 때문에 이 유형에 속하는 모든 한국인을 빠짐없이 억류 중인 다른 불법 입국자들과 함께 한국으로 송환하겠다고 확언할 수는 없다고 했습니다.

또한 일본은 현재 이러한 한국인들이 마음을 바꾸도록 은밀히 설득하고 있다고도 말했습니다. 이 문제에 대한 우리 정부에 입장을 완전히 파악하고 있으며 일본이 이들을 우리 쪽으로 송환하도록 계속해서 최선을 다하겠습니다.

4. (일본이 자국 영토에서 보호하려 할 수 있는) '특정 유형의 한국인' 문제에 대해 우리 대표부는 지시받은 대로 이들이 한국에 인계되도록 계속 요구할 계획입니다.

5. 지난주 보고서 42호에서 보고했듯이 일본에 우리 측 조사관들을 파견하는 문제의 경우 일본 어민이 송환될 때 일본 관계자 및 의사들의 한국 입국을 보장해 주지 않는 한 일본은 우리 측 조사관들의 일본 입국을 허용해 줄 의향이 없습니다.

6. 일본에서 석방될 한국인들의 생계 지원 문제에 대해 1월 20일 자 전보 TS-910139에서 간략히 보고드렸습니다. 구체적인 정보를 입수하는 대로 정부에 보고하겠습니다.

1월 20일 자 전보에 대해 조속히 지시를 내려주시면 감사하겠습니다.

감사합니다.

김유택

별첨: 요록/1월 20일

33. 실무위원회 회의 문제에 관한 지시 서한

2108 January 24, 1958

No. PS. 4

발송: 1/25 정 해군참모총장 □일 편[수기로 작성]

Dear Mr. Ambassador:

I have been instructed by His Excellency the President to acknowledge the receipt of your report No.42 dated January 16, 1958 referring to the implementation of the terms agreed upon at the conclusion of the preliminary talks.

In the said report, you pointed out particularly three issues which, in your view, will be controversial at the working committee. You have been already advised of basic stand of our Government on three issues through a series of instructions dispatched since the conclusion of the preliminary talks. However it seems necessary to supplement again the pregious government instructions so that you can successfully conduct at the working committee.

I must reiterate our position on the question of those Koreans in Japan without travel documents. Our position is that Japan should repatriate all of them whether they are under detention or not under detention. Regardless of number of those Koreans, our Government is determined to be firm on this policy.

In my letter last week, I expressed our surprise at the Japanese attitude towards those Koreans who allegedly desire to to to north Korea, and our irrevocable position on this question was instructed by the cable ST-910138.

But I must remind you again of seriousness of the question which might affect not only the implementation of the other terms agreed on recently but also the basic relations between two Governments. And, Japan must not be allowed to semi a single Korean to the purppet regime, and at the same time, she must not allow them to remain in Japan at this time. You are instructed to request the Japanese side to give us a clear-cut assurance on record on this question, and give priority to discussion of this question at the working committee.

2109 As for the Korean art objects to be returned to us in accordance with the Oral Statement, you are instructed to send without delay to the Government the list to be submitted by the Japanese side so that it may be finally checked by experts at home.

The Government considers it appropriate that the Mission will issue our registration cards to those Koreans who are released in Japan in accordance with our law. With respect to the Koreans of this category, please see to it that they should be released in Japan without any condition in the spirit of the agreed terms.

As you know it through instructions dispatched twice, the Government is planning to dispatch our investigators to Japan to check person by person those people for repatriation. According to your report, Japan may not permit our investigators to enter Japan unless we permit Japanese officials to enter Korea. We do not understand what the Japanese officials are intending to come to Korea for. On our part, it is indispensable for us to interview the Koreans in question to differentiate among them those post-war category and those who are sojourning in Japan without travel documents. And doing this, we will save time and confusion.

Repatriation of Japanese fishermen will be made by three time in three groups and the repatriation will be completed before February 14, 1958. The Government did not yet decide when we should start repatriation of the first group of them, but we are planning to send the first group shortly before the first group of Koreans is to arrive at Pusan. But you are advised that Korean repatriation will not be received until our investigators complete their checking.

I will not say anything more about a Japanese idea of sending a special envoy or personal letter because I made clear our position in my previous letter.

Aside from the question of the repatriation of Japanese fishermen, the Ministry sent the list of some other Japanese who have served out their sentences in Korean prisons on various charges but are now waiting for repatriation to Japan. Those Japanese have nothing to do with the implementation of the terms agreed on recently. But we are planning to send
2110 them to Japan by the same vessels by which the Japanese fishermen will be repatriated for the convenience of transportation. You are instructed to inform this to the Japanese side presenting the list of 17 persons, which the Ministry sent by pouch last week.

Sincerely yours,

Chung W. Cho

Minister

Ambassador Yu Taik Kim,

Korean Mission in Japan,

Tokyo

번역

1958년 1월 24일

번호: PS. 4

발송: 1/25 정 해군참모총장 □일 편[수기로 작성]

대사님,

대통령 지시에 따라 예비교섭 타결 시 합의한 조건의 이행에 대한 1958년 1월 16일자 보고서 42호를 잘 받았음을 알립니다.

위 보고서에서 실무위원회에서 논란이 될 것이라고 판단한 세 가지 문제를 언급했습니다. 예비교섭 타결 이후 송부한 일련의 훈령을 통해 이 세 가지 문제에 대한 우리 정부의 기본적인 입장은 이미 전달했습니다. 그러나 실무위원회에서 성공적으로 이행할 수 있도록 다시 한 번 정부의 지시사항을 보완할 필요가 있을 듯합니다.

여행증명서 없이 일본에 머무르고 있는 한국인 문제에 대한 우리 측 입장을 거듭하여 전달합니다. 일본은 현재 억류 중이든 아니든 이러한 한국인 전원을 송환해야 합니다. 이러한 한국인의 인원과 관계없이 전원 송환해야 한다는 것이 우리 정부의 확고한 방침입니다.

지난주에 보낸 서한에서 북송을 원한다는 한국인들에 대한 일본의 태도에 느낀 놀라움을 표현했고, 전보 ST-910138를 통해 우리 측의 확고한 입장을 전달한 바 있습니다. 이 문제는 최근 합의한 조건의 이행뿐만이 아니라 두 정부의 기본적 관계에도 영향을 미칠 수 있는 심각한 사안임을 다시 한번 상기시키고 싶습니다. 일본은 단 한 명의 한국인도 괴뢰 정권에 보낼 수 없어야 하고, 동시에 지금으로서는 일본에 잔류하게 허용하지도 않아야 합니다. 이 부분에 있어서 일본이 확실히 보장할 것을 요구하고 실무위원회에서 우선적으로 논의해야 합니다.

구두전달문에 따라 한국에 반환해야 하는 한국 예술품에 대해서는 국내 전문가들이 최종적으로 확인할 수 있도록 일본이 제출할 목록을 정부에 지체 없이 보내주시기 바랍니다.

정부는 우리 법에 따라 일본에서 석방될 한국인들에게 주일 한국대표부가 등록증을 발급하는 것이 적절하다고 사료합니다. 이 유형에 속하는 한국인들에 대해서는 합의한 조건에 따라 어떠한 조건도 없이 석방해야 한다고 말하기를 바랍니다.

두 차례 전달한 훈령을 통해 알 수 있듯이 우리 정부는 송환 대상자들을 한 명씩 확인하기 위해 일본으로 조사관들을 파견할 계획입니다. 김 대사가 보고서에서 따르면 우리가 일본 관계자들의 한국 입국을 허용하지 않으면 일본이 우리 조사관들의 일본행을 허용하지 않을 수 있다고 했는데, 일본 관계자들이 한국에 오려는 의도가 무엇인지 이해되지 않습니다. 우리 입장에서는 전쟁 후에 입국한 이들과 여행증명서 없이 일본에 체류 중인 이들을 구분하기 위한 면담이 필요하기 때문에 반드시 필요한 부분이고, 시간을 절약하고 혼동을 줄일 수 있는 방법이기도 합니다.

일본 어민들은 세 그룹으로 나누어 세 차례에 걸쳐 송환할 것이고, 1958년 2월 14일 전까지 모두 송환될 것입니다. 정부는 언제부터 첫 번째 그룹의 송환을 시작할지 아직 결정하지 않았으나 한국인 송환 대상자의 첫 번째 그룹이 부산에 도착하기 직전에 수송할 계획입니다. 하지만 우리 측 조사관들이 확인 작업을 완료할 때까지 한국인 송환을 수용하지 않을 것입니다.

이미 지난 서한에서 우리의 입장을 확실히 전달했으니 일본이 제안한 특사 또는 개인 서한 문제에 대해서는 더 이상 말하지 않겠습니다.

일본 어민 송환 문제와 별개로 외무부가 다양한 협의로 한국의 교도소에서 형기를 마친 후 일본으로 송환되기를 기다리고 있는 기타 일본인들의 명단을 보냈습니다. 이 일본인들은 최근 합의한 조건의 이행과는 무관합니다. 그러나 수송의 편의를 고려하여 이번에 송환할 일본 어민들과 같은 선박에 실어 보낼 계획입니다. 지난주 외무부가 행낭으로 보낸 17명의 명단을 제시하며 일본 측에 위의 내용을 알려주기 바랍니다.

조정환 장관

주일 한국대표부 김유택 대사

도쿄

34. 실무위원회 회의에 임하는 자세에 대한 지침 서한

2117 January 24, 1958

No. PS. 5

발송: 1/25 정 해군참모총장 □일 편[수기로 작성]

Dear Mr. Ambassador:

This is to acknowledge the receipt of your cable TS-910139 dated January 21, 1958 in which you reported on the proceeding of the working committee for implementation of the term agreed upon at the conclusion of the preliminary talks.

At this stage of negotiations with the Japanese at the said working committee, please observe the following instructions:

1. Our negotiators are especially required to be cool headed in their approach to every problem and in the discussions with the Japanese negotiators, and they should never break off the meeting or walk out of the meeting on their own initiative. They should, at the same time, impress the Japanese side with calm conduct that our Government is most sincere to honor the agreed terms and expedite their implementation. For this reason, even at times when our negotiators are waiting for instructions, from home government, they should continue with patience the working committee meetings, avoiding any indefinite adjournment.

2. With regard to Item 2 of the above-cited cable of the Mission, you are

instructed to request the Japanese side to assure us 1) that those Koreans in question should be repatriated to the Republic of Korea without fail; and 2) that they would never be sent to the north Korea. If the Japanese aide is intending not to repatriate them to the Republic of Korea, please tall them outrightly that we cannot but consider it as a Japanese flagrant violation of the agreed terms. We cannot be satisfied with this 'partial fulfillment'.

2118 3. With regard to Item 3 of your cable, you are permitted to present the lists of Japanese fishermen, in simultaneous exchange for the relevant liests with Japan. You are exclusively informed that the presentation of such lists does not necessarily mean that a11 those listed should be repatriated even in case that the Japanese side fails to honor the agreed terms.

4. The Government is planning to repatriate the first group of Japanese fisherman of 300 by a Korean vessel by the end of January, 1958. You will be informed very soon of the list of those 300 Japanese fishermen. You are exclusively informed that the first group will include those who are old, minor and sick people and those comparatively longer detained.

Sincerely yours,

Chung W. Cho
Minister

Ambassador Yu Taik Kim,
Korean Mission in Japan,
Tokyo

번역 1958년 1월 24일

번호: PS. 5

발송: 1/25 정 해군참모총장 □일 편[수기로 작성]

김 대사,

예비교섭 타결 시 합의한 조건의 이행과 관련한 실무위원회 진행 상황에 대해 보고한 1958년 1월 21일 자 전보 TS-910139를 잘 받았습니다.

실무위원회에서 일본과 교섭함에 있어서 다음과 같은 지시를 따라주기 바랍니다.

1. 우리 측 대표들은 모든 문제에 접근함에 있어서, 그리고 일본 교섭자들과 논의하는 과정에서 냉정을 유지하고, 절대로 먼저 회의를 결렬시키거나 회의 도중에 퇴장하지 않아야 합니다. 동시에 침착하게 행동하며 한국 정부는 합의한 조건을 지키고 신속히 이행하고자 진정성을 갖고 임하고 있다는 인상을 줘야 합니다. 이를 위해 자국 정부의 지시를 기다리는 중에도 실무위원회 회의를 인내심 있게 이어나가 논의가 무기한 중단되는 상황을 방지해야 합니다.

2. 위에서 말한 대표부 전보의 두 번째 항목과 관련하여, 1) 문제의 한국인들을 필히 대한민국으로 추방해야 하고, 2) 이들은 절대로 북송되지 않을 것이라고 확약해 줄 것을 일본에 요청하십시오. 일본이 이들을 대한민국으로 송환하지 않을 생각이라면 한국은 이것을 합의한 조건에 대한 명백한 위반이라고 간주할 수밖에 없다고 직언하기 바랍니다. 한국은 이와 같은 '부분적 이행'에 만족할 수 없습니다.

3. 전보의 세 번째 항목과 관련하여, 일본이 작성한 명단과 동시에 교환하는 방식으로 일본 어민 명단을 전달하는 것을 허용합니다. 명단을 제공한다고 해서 일본이 합의한 조건을 이행하지 않는 경우에도 명단에 포함된 모든 이들을 송환할 것이라는 의미가 아님은 김 대사만 알고 계십시오.

4. 정부는 1958년 1월 말까지 한국 선박으로 일본 어민 300명으로 구성된 첫 번째 그룹을 송환할 계획입니다. 이 첫 번째 그룹에 속하는 일본 어민 300명의 명단을 곧 통보하겠습니다. 첫 번째 그룹에는 노령자, 미성년자, 환자, 그리고 상대적으로 장기간 억류된 이들이 포함될 것임은 김 대사만 알고 계십시오.

감사합니다.

조정환 장관

주일 한국대표부 김유택 대사
도쿄

35. 제4차 실무위원회(연락회의) 회의 결과 보고 전문

2119 NO. TS-910151

DATE. 272100

TO. KYUNG MU DAI, FOREIGN MINISTER

THE FOURTH MEETING OF THE WORKING COMMITTEE WAS HELD AT THE JAPANESE FOREIGN OFFICE CMA AT THREE THIRTY PM ON JANUARY TWENTY SEVEN CMA ONE NINE FIVE EIGHT CMA AND MAIN POINTS THAT WERE DISCUSSED ARE AS FOLLOWS COLON

ITEM ONE

WE RECEIVED FROM THE JAPANESE SIDE TWO SEPARATE LISTS OF KOREAN ILLEGAL ENTRANTS NOW UNDER DETENTION AND OF THOSE WHO ARE NOW OUT ON BAIL PD CONCERNING THE LIST FOR KOREAN ART OBJECTS THE JAPANESE SIDE PRESENTED TO US AS A FIRST STEP A LIST CONTAINING NINTYSEVEN ITEMS OF ART OBJECTS IN POSSESSION OF TOKYO NATIONAL MUSEUM PD IN EXCHANGE FOR THE ABOVE LIST WE HANDED OVER TO THE JAPANESE SIDE A LIST OF JAPANESE FISHERMEN WHO HAVE SERVED OF THEIR PRISON TERMS AS OF DEC 31 1957 PD WE WILL EXAMINE THE ABOVE LIST WE RECEIVED FROM THE JAPANESE SIDE THOROUGHLY AND DISCUSSION THERE OF WILL BE CONTINUED AT THE MEETING TO BE HELD TOMORROW PD

2120 ITEM TWO

IN REGARD TO THE MATTER ON THE DISPATCH OF OUR INVESTIGATORS WE DEMANDED THAT ENTRY PERMIT FOR ALL THE OFFICIALS BE GRANTED AS SOON AS POSSIBLE SO THAT THE CHECKING OF KOREAN ILLEGAL ENTRANTS MAY BE EXPECTED PD REFERRING TO UP DISPATCH FROM SEOUL THE JAPANESE OFFICIALS ANSWERED THAT IT WAS HARDLY POSSIBLE FOR THEM TO RECEIVE WELL KNOWN AND HIGH BANKING POLICE OFFICERS AT THIS STAGE IN VIEW OF DOMESTIC AND INTERNATIONAL POLITICS PD THEY SAID THAT THEY WOULD FAVOURABLY CONSIDER IT IF THE KOREAN SIDE APPLY FOR ENTRY PERMIT FOR THREE OR FOUR OFFICERS PARENTHESIS NOT SO HIGH RANKING PARENTHESIS AS QUOTE OFFICIALS OF THE KOREAN FOREIGN MINISTRY OR OF THE KOREAN GOVERNMENT UNQUOTE TO QUOTE HELP THE WORK OF THE KOREAN MISSION IN REGARD TO THE MUTUAL RELEASE OF DETAINEES PD UNQUOTE

YOUR URGENT INSTRUCTIONS ARE HIGHLY APPRECIATED REGARDING WHO WILL BE DISPATCHED AMONG OUR INVESTIGATORS AND IT IS
2121 REQUESTED THAT THEIR OCCUPATION SHOWN IN THEIR PASSPORTS BE AMENDED ACCORDINGLY PD

ITEM THREE

REGARDING THE TRANSPORTATION OF THE DETAINEES IT WAS SUGGESTED BOTH SIDES ARRANGE FOR THOSE VESSELS TRANSPORTING DETAINEES TO ARRIVE AT RESPECTIVE PORTS OF DESTINATION PREFERABLY EARLY IN THE MORNING PD

ITEM FOUR

JAPANESE SIDE TOLD US THAT FIRST GROUP OF TWO FIVE ZERO KOREAN ILLEGAL ENTRANTS UNDER DETENTION WILL BE REPATRIATE

ON FEB SIX AND SECOND GROUP OF FIVE ZERO ZERO ON FEB NINE IF KOREAN SIDE IS READY PD YOUR URGENT INSTRUCTIONS IN THIS REGARD WILL BE APPRECIATED PD

ITEM FIVE

2122 JAPANESE SIDE WANTS TO HAVE LIST OF FIRST GROUP OF THREE ZERO ZERO JAPANESE FISHERMEN ON ADVANCE OF THEIR ARRIVAL AS SHIMONOSEKI PD IN THIS CONNECTION OLD ARE INFORM US OF WHEN LIST WILL BE SENT TO THIS OFFICE PD

ITEM SIX

AS TO THOSE KOREAN ILLEGAL ENTRANTS ALLEGEDLY DESIRING TO GO TO NORTH KOREA WE AGAIN REQUESTED JAPANESE OFFICIALS THAT THEY SHOULD ASSURE US THAT KOREANS IN QUESTION SHOULD BE REPATRIATED TO OUR SIDE WITHOUT FAIL AND THAT THEY WOULD NEVER BE SENT TO NORTH KOREA PD JAPANESE OFFICIALS ANSWERED THAT THEY CAN PROMISE THAT KOREANS IN QUESTION WILL NEITHER BE SENT TO NORTH KOREA NOR BE RELEASED IN JAPAN PD THEY ADDED THAT LIST OF KOREAN ILLEGAL ENTRANTS UNDER DETENTION INCLUDES NAMES OF THOSE KOREANS IN QUESTION AND THAT INCLUSION OF
2123 THEIR NAMES IN THE LIST WOULD MEAN THAT KOREANS IN QUESTION ARE SUBJECT TO DEPORTATION TO THE REPUBLIC OF KOREA PD

IN THIS CONNECTION WE WILL AGAIN TAKE UP THIS MATTER AT THE NEXT MEETING PD

ITEM SEVEN

THE NEXT MEETING WILL BE HELD AT THREE PM ON JAN TWOEIGHT PD

AMBASSADOR KIM

번역

번호: TS-910151

일자: 272100[1958. 1. 27]

수신인: 경무대, 외무부 장관

1958년 1월 27일 오후 3시 30분 일본 외무성에서 4차 실무위원회 회의가 개최되었고 논의한 내용은 다음과 같습니다.

1. 일본으로부터 억류 중인 한국인 불법 입국자와 보석으로 석방된 한국인 불법 입국자 각각에 대한 두 개의 명단을 받았습니다. 한국 예술품 목록의 경우 일본은 첫 단계로서 도쿄국립박물관에 소장되어 있는 예술품 97점이 포함된 목록을 제출했습니다. 위 명단을 받으며 우리 측은 1957년 12월 31일 기준으로 형기를 마친 일본 어민들의 명단을 일본 측에 전달했습니다. 일본이 제공한 명단을 철저히 검토하고 이에 대한 논의를 내일 있을 회의에서 이어갈 계획입니다.

2. 우리 측 조사관 파견 문제에 대해서는, 한국인 불법 입국자에 대한 확인 작업을 신속히 진행할 수 있도록 최대한 빠른 시일 내에 우리 측 조사관 전원의 입국을 허가할 것을 일본 측에 요구했습니다. 한국에서 조사관을 파견하는 것에 대해 일본 관계자들은 국내외 정치를 고려하면 지금 시점에서 잘 알려진 고위급 경찰 관료들의 입국을 허용하는 것이 거의 불가능하다고 답변했습니다. 억류자의 상호적 석방과 관련하여 주일 한국대표부를 지원하기 위해 '(그다지 고위급이 아닌) 한국 외무부 또는 한국 정부 관계자' 3~4명에 대한 입국 허가를 요청한다면 긍정적으로 검토해 보겠다고 합니다.

우리 측에서 파견할 조사관이 누구인지 조속히 통보해 주시기 바라며, 여권에 표기되어 있는 이들의 직업을 적절히 수정해 주실 것을 요청합니다.

3. 억류자 수송에 대해 되도록 이른 오전에 각 목적지 항구에 도착하도록 억류자를 수송할 선박을 양측이 준비하자고 제안되었습니다.

4. 일본 측은 억류 중인 한국인 불법 입국자 250명이 포함되는 첫 번째 그룹이 2월 6일에, 500명으로 구성되는 두 번째 그룹은 2월 9일에 송환될 예정이라고 말했습니다. 한국 측의 송환이 준비된 상태라면 긴급히 지시를 내려주시기 바랍니다.

5. 일본 측은 송환 대상 일본 어민의 첫 번째 그룹에 속하는 300명이 시모노세키에 도착하기 전에 이들의 명단을 받고 싶어 합니다. 이 명단이 대표부로 언제 전달될 것인지 알려주시기 바랍니다.

6. 북송을 원한다고 알려진 한국인 불법 입국자들을 필히 한국으로 송환하고 절대 북한으로 보내지 않겠다고 확약할 것을 다시 한 번 일본 관계자들에게 요청했습니다. 일본 측은 해당 한국인들이 북한으로 보내지거나 일본에서 석방되지 않을 것이라고 약속할 수 있다고 답변했고, 억류 중인 한국인 불법 입국자 명단에 앞서 말한 한국인들의 이름이 포함되어 있고 명단에 이들의 이름을 포함시킨 것은 대한민국으로 송환할 대상임을 의미한다고 덧붙였습니다. 이 문제를 다음 회의에서 다시 논의할 계획입니다.

7. 다음 회의는 1월 28일 오후 3시에 개최될 예정입니다.

김 대사

36. 피탈 미술품에 관하여 외무부 장관이 교육부 장관에게 보내는 공문 재가 문서

2124 장관[인장] 차관[서명] 방교국장[인장]

시행 1/30
단기 4291년 1월 28일 기안
외방 제325호

수신인: 문교부 장관
발신인: 외무부 장관

건명: 피탈 미술품에 관한 문의의 건

머리의 건 피탈 미술품의 반환에 관한 대일교섭에 관련하여 긴급히 필요하오니 좌
2125 기의 문의에 대한 귀부의 의견을 조속히 제출해 주시기 바라나이다.

기

一. 미 예술품의 종류
一. 우리의 미 예술품이 일본에게 피탈된 시기의 범위
一. 피탈 대상에 해당하는 우리 미 예술품의 산출 연대의 범위

이상

37. 제5차 실무위원회(연락회의) 회의 결과에 대한 보고 전문

2126 NO. TS-910153

DATE. 282200

TO. KYUNG MU DAI, FOREIGN MINISTER

THE FIFTH MEETING OF THE WORKING COMMITTEE WAS HELD AT THE JAPANESE FOREIGN OFFICE AT THREE PM ON JANUARY TWO EIGHT CMA ONE NINE FIVE EIGHT CMA AND MAIN POINTS THAT WERE DISCUSSED ARE AS FOLLOWS COLON

ITEM ONE:

CONCERNING THOSE KOREAN ILLEGAL ENTRANTS ALLEGEDLY DESIRING TO GO TO NORTH KOREA CMA WE AGAIN INSISTED AT THE MEETING WITH JAPANESE OFFICIALS TODAY THAT THE JAPANESE SIDE SHOULD GIVE US FIRM ASSURANCE THAT THE KOREANS IN QUESTION SHOULD BE REPATRIATED TO THE REPUBLIC OF KOREA WITHOUT FAIL CMA ETC PD THE JAPANESE OFFICIALS REPEATED WHAT THEY HAVE SO FAR TOLD US REGARDING THIS PROBLEM PD THE JAPANESE OFFICIALS ADDED THAT SOME JAPANESE OFFICIALS ARE NOW PERSUADING SECRETLY THOSE KOREANS IN QUESTION TO CHANGE THEIR MIND PD THIS MATTER WILL BE TAKEN UP AGAIN AT THE NEXT MEETING TO CONTINUE TO PRESS THE JAPANESE SIDE PD

ITEM TWO:

REGARDING THE PROBLEM OF KOREAN ART OBJECTS CMA WE
2127 REQUESTED THE JAPANESE OFFICIALS THAT THE LIST OF ART OBJECTS SHOULD COVER ALL THOSE KOREAN ART OBJECTS NOW IN POSSESSION OF THE JAPANESE GOVERNMENT AND THAT SUCH LIST SHOULD BE PRESENTED TO US BY FEBRUARY ONE FOUR CMA ONE NINE FIVE EIGHT PD THE JAPANESE OFFICIALS ANSWERED THAT THEY WILL REPORT TO THE HIGHER OFFICIALS CONCERNED OF THE ABOVE REQUEST BY THE KOREAN SIDE CMA THOUGH THEY ARE HARDLY AGREEABLE TO THE KOREAN POSITION PD IN THIS CONNECTION CMA THE JAPANESE OFFICIALS RAISED QUESTION ON KOREAN VIEWS ON THE FOLLOWING POINTS:

ONE PARENTHESIS THE MEANING OF QUOTE ART OBJECTS UNQUOTE CMA PARTICULARLY IN REGARD TO THE KINDS THERE OF SEMICOLON

TWO PARENTHESIS THE MEANING OF QUOTE KOREAN ART OBJECTS UNQUOTE PARTICULARLY REGARDING THE RANGE OF TIME OF THEIR REMOVAL FROM KOREA CMA OF THE ERA OF PRODUCTION CMA ETC PD YOUR URGENT INSTRUCTION IN THIS REGARD WILL BE APPRECIATED PD

2128 ITEM THREE :

UPON A BRIEF STUDY OF THE TWO SEPARATE LISTS OF THOSE KOREAN ILLEGAL ENTRANTS BOTH NOW UNDER DETENTION AND OUT ON BAIL WHICH WERE PRESENTED TO US BY THE JAPANESE SIDE AT THE MEETING YESTERDAY CMA WE FOUND OUT THAT QUOTE KOREANS OF CERTAIN CATEGORY UNQUOTE WERE NOT INCLUDED IN THOSE LISTS PD SO CMA WE INSISTED TO TIE JAPANESE SIDE THAT SUCH KOREANS SHOULD ALSO BE INCLUDED IN THE SAID LISTS TO BE DEPORTED TO THE REPUBLIC OF KOREA PD THE JAPANESE OFFICIALS TOLD US THAT THE ANSWER ON THE

ABOVE MATTER WILL BE MADE AT THE NEXT MEETING PD

ITEM FOUR:

IT WAS AGREED THAT LEADING DELEGATES OF BOTH SIDES WILL HOLD MEETINGS CONTINUOUSLY FROM TIME TO TIME WHILE DELICATE AND CONFIDENTIAL MATTERS ARE SUBJECTS OF DISCUSSION PD

AMBASSADOR KIM

번역 번호: TS-910153

일자: 282200[1958. 1. 28]

수신인: 경무대, 외무부 장관

1958년 1월 28일 오후 3시, 일본 외무성에서 5차 실무위원회 회의가 개최되었고 논의한 내용은 다음과 같습니다.

1. 북송을 원한다고 알려진 한국인 불법 입국자들에 대해 오늘 다시 한 번 일본 측에 해당 한국인들을 필히 대한민국으로 송환해야 한다는 등을 확약할 것을 요구했습니다. 일본은 이 문제에 대해 지금까지 했던 말을 반복하며, 현재 몇몇 일본 관계자들이 이 한국인들이 마음을 바꾸도록 은밀히 설득하고 있다고 덧붙였습니다. 일본을 계속 압박하기 위해 다음 회의에서 이 문제를 다시 거론할 계획입니다.

2. 한국 예술품 문제와 관련하여, 예술품 목록에 현재 일본 정부가 소유 중인 한국 예술품 전체가 포함되어야 하고, 이 목록을 1958년 2월 14일까지 한국에 제시할 것을 요구했습니다. 일본은 이러한 요청사항에 동의하기는 어렵지만 상부에 보고하겠다고 답변했습니다. 일본 관계자들이 다음과 같은 지점에 있어서 한국의 입장에 대한 의문

을 제기했습니다.

1) 특히 예술품의 유형과 관련하여 '예술품'의 의미

2) 특히 한국에서 반출된 시기, 생산 연대 등과 관련하여 '한국 예술품'의 의미

이 부분에 대해 급히 지시를 내려주시기 바랍니다.

3. 어제 있었던 회의에서 일본이 제출한 억류 중인 한국인 불법 입국자와 보석으로 석방된 한국인 불법 입국자 각각에 대한 두 개의 명단을 간략히 분석한 결과 '특정 유형의 한국인'이 명단에 포함되어 있지 않다는 사실을 발견했습니다. 일본 측에 이러한 한국인들도 대한민국 송환 대상자 명단에 포함시켜야 한다고 말했고, 일본 측은 이 문제에 대해서는 다음 회의에서 답변하겠다고 했습니다.

4. 양측 주요 대표자들이 이따금씩 회의를 열어 민감하고 기밀에 해당하는 문제를 주제로 논의하기로 합의했습니다.

김 대사

38. 일본인 어부 석방 관련 이승만 대통령에 대한 외무부 장관 보고 서한

2129 COPY

January 29, 1958

Excellency:

In line with Your Excellency's approval as indicated in the attached record, the Foreign Ministry will take the following measures:

1. The Foreign Ministry will advise the Home Ministry to proceed with the repatriation of Japanese fishermen in accordance with the list prepared jointly by Foreign Ministry and Home Ministry so as to effectuate the repatriation either on January 31 or on February 1, 1958.

2. The Ministry will notify the Tokyo Mission of the above decision and let the Mission inform the Japanese Foreign Ministry thereof. Names of 300 Japanese fishermen to be repatriated will be sent to the Mission for delivery to the Japanese Government. The Ministry will notify the Mission, as soon as it receives information from the Home Ministry, of the details on the names of vessels and the date of arrival in Japan of our repatriation vessels.

3. With regard to other matters including the above, the attached instructions will be dispatched to Amb. Kim.

Most respectfully yours,

His Excellency

Dr. Syngman Rhee

President

Seoul

번역 사본

1958년 1월 29일

각하,

첨부한 기록과 같이 승인하신 바에 따라 외무부는 다음과 같은 조치를 취할 것입니다.

1. 외무부는 1958년 1월 31일 또는 2월 1일에 송환을 시행하기 위해 외무부와 내무부가 공동으로 작성한 명단에 따라 일본 어민의 송환을 진행하겠다고 내무부에 통보할 예정입니다.

2. 외무부는 위의 결정을 도쿄의 한국대표부에 통보하고 대표부가 일본 외무성에 통보하게 할 것입니다. 일본 정부에 전달할 수 있도록 송환될 일본 어민 300명의 명단을 대표부에 전송할 예정입니다. 외무부는 내무부로부터 정보를 받는 대로 선박명과 송환선의 일본 도착 일자에 대한 세부적인 정보를 한국대표부에 통보할 것입니다.

3. 위 사안 등 다른 문제들에 대하여 본 서한에 첨부된 훈령을 김 대사에게 보내겠습니다.

감사합니다.

대통령 각하

서울

39. 불법 체류 한국인 문제 관련 조사관 파견에 관한 지시 서한

2130 January 29, 1958

No. PS/7

Dear Mr. Ambassador:

I acknowledge the receipt of your cable TS-910151 of January 27, 1958, and following instructions are given for your observance:

1. As regards your item one, please send two separate lists of the Koreans of post-war category and also the list of art objects to Foreign Ministry by the earliest pouch.

2. Now that you presented to the Japanese side the list of Japanese fishermen, it is once again reminded that presentation of such list does not necessarily mean that all those listed should be repatriated even in case Japanese side fails to honor the agreed terms, as you were already informed by Formin instruction No.PS/5 dated January 24, 1958.

3. As regards your item 2, we dropped Mr. Suh Jung Hak, Chief of Police Bureau, from the investigators` list. As you suggested we will send following five police officers as Foreign Ministry officials. Please get their entry permits and report as early as possible. homes of five officials are: Sang Kuk Lee, Kyung Chul Cho, Ki Suk Suh, Won Bae Kim and Jong Ok Han.

2131 4. As regards your item 3 and 5, efforts will be made to meet your suggestions. The date and time of transportation and the port of arrival will be communicated to you as soon as they become definite so that you may inform Japanese side in advance. The list of first 300 Japanese fishermen is herewith attached.

5. As regards your item 4, our investigators to be dispatched from Seoul will check the detainees person by person to establish whether they belong to those Koreans of post-war category. Unless those Koreans have met this process, we will not be ready to receive them for repatriation.

6. As to the question of about 100 Korean detainees who allegedly wish to be sent to North Korea, we firmly maintain that they must be sent to the Republic of Korea without fail. Unless it is so settled we will not receive Koreans of post-war category for repatriation.

Sincerely yours,

Chung W. Cho
Minister

The Honorable
Ambassador Yu Taik Kim
Korean Mission in Japan Tokyo

번역

1958년 1월 29일

번호: PS/7

김 대사,

1958년 1월 27일 자 전보 TS-910151를 받았고 아래와 같은 지시사항을 전달합니다.

1. 1번 항목과 관련하여 전후 입국 한국인 명단과 예술품 목록을 가장 빠른 행낭으로 외무부에 보내주기 바랍니다.

2. 1958년 1월 24일 자 외무부 훈령 PS/5호를 통해 전달했듯이 명단을 일본 측에 전달한 것이 일본이 합의한 조건을 이행하지 않는 경우일지라도 명단에 포함된 모든 이들을 송환해야 한다는 의미는 아님을 다시 상기시키고 싶습니다.

3. 2번 항목과 관련하여 서정학 경찰청장은 조사관 명단에서 제외시켰습니다. 김 대사가 제안했듯이 아래에 나열한 경찰 5명을 외무성 관계자로 파견할 계획입니다. 입국 허가를 취득하고 최대한 빨리 보고해 주시기 바랍니다.

파견할 경찰 5명의 이름: 이상국, 조경철, 서기숙, 김원배, 한종옥

4. 3번 및 5번 항목과 관련하여 김 대사의 제안을 반영하기 위해 노력할 것입니다. 수송 일시와 입국항은 김 대사가 사전에 일본 측에 통보할 수 있도록 확실해지면 바로 전달하겠습니다. 첫 번째로 송환될 일본 어민 300명의 명단을 첨부합니다.

5. 4번 항목에 대해서는, 서울에서 파견될 조사관들이 억류자들을 한 명씩 확인하여 전후 입국자에 해당하는 한국인인지 판단할 것입니다. 이 과정을 통과하지 못한 한국인들의 경우 우리 측이 송환을 수락할 준비가 되어있지 않을 것입니다.

6. 북송을 원한다고 알려진 한국인 억류자 약 100명에 대해서는 이들을 필히 대한민국으로 송환해야 한다는 입장을 확고히 유지하고 있습니다. 우리 측으로 송환하지 않으면 전후 입국 한국인들의 송환을 수락하지 않을 계획입니다.

감사합니다.

조정환 장관

주일 한국대표부 김유택 대사

도쿄

40. 기시 수상의 개인 특사와 서한 문제에 관한 지시 서한

2132 COPY

발송 전[수기로 기재]

January 29, 1958

No. PS/6

Dear Mr. Ambassador:

1. This is to acknowledge the receipt of your reports Nos. F/1, F/2 and F/3 dated January 23, 1958.

2. With respect to the question of 'personal envoy' or 'personal letter', I think that the intention of the Government has been fully conveyed to you, and there is no room for you to misunderstand the government instructions dated December 28, 1957, particularly because shortly after receiving that instructions, you may have perused the instructions letter No.13 doted December 24, 1957 by His Excellency the President, according to which I understand the time was not yet ripe for our Government to receive any Japanese envoy.

3. To my regret, however, you are still employing some unreasonable argument which is entirely against explicit government instructions. I can hardly understand what motivated you to refer, so often, to oral remarks allegedly made by officials here in Seoul, by which you have never been
2133 authorized to conduct any sort of negotiations in this regard, considering that in normal conditions which rule the conduct of foreign affairs, no verbal

statement, if there is any, can supersede any written instructions. Your way of thinking is still more incomprehensible as I have never thought nor stated that our Government was ready to receive a Japanese envoy in any manner.

4. The Government does not consider that the climate surrounding Korea-Japan relations at present warrants us that such a visit to Korea of a 'personal envoy' of the Japanese Prime Minister is advisable at this stage. This problem should not be taken up again. I wish to inform you that His Excellency the President would favor the Japanese Prime Minister's personal letter at this time if they wish to send one.

5. As to the main questions in the implementation of the terms agreed upon at the conclusion of the preliminary talks, detailed and repeated instructions were already sent to you in my consecutive letters and cables dispatched recently, and I believe that you are fully aware of the government positions on these main questions.

6. The Ministry acknowledges the receipt of Korean and English versions of summary records of three working committee sessions. We found, however, several discrepancies in contents between the two versions which are supposed
2134 to be covering the some meetings of the committee. The Ministry cannot determine which versions is the correct one. Please be careful in describing precisely the proceeding of such important meetings.

7. From now on, please do not use the term 'Korean illegal entrants'(those Koreans in Japan without travel documents. Instead of this term, use the term 'those Koreans of post-war category'.

Sincerely yours,

Chung W. Cho
Minister

The honorable
Ambassador Yu TaiK Kim
Korean Mission in Japan
Tokyo

번역 사본

발송 전[수기로 기재]

1958년 1월 29일

번호: PS/6

김 대사,

1. 1958년 1월 23일 자 보고서 F/1, F/2, F/3호를 잘 받았습니다.

2. '개인 특사' 또는 '개인 서한' 문제와 관련하여, 정부의 의사를 김 대사에게 충분히 전달했다고 생각합니다. 특히 1957년 12월 28일 자 정부 훈령은 우리 정부가 일본 특사를 받는 것은 시기상조라는 내용이 담긴 1957년 12월 24일 자 대통령 훈령 서한 13호를 숙지한 직후에 받았으니 오해할 여지가 없습니다.

3. 그런데 아직도 정부의 명확한 지시를 완전히 역행하는 비이성적인 주장을 하고 있으니 유감스럽습니다. 서울에서 관계자들이 했다는 구두 발언을 그렇게 자주 언급하는 이유가 이해되지 않고, 구두 발언을 통해 이 문제에 대한 어떠한 종류의 교섭도 진행하라고 승인한 바가 없습니다. 정상적인 상황에서 어떠한 구두전달문도 서면으로 지시한 사항에 우선할 수 없다는 것이 외교의 원칙입니다. 나는 우리 정부가 어떠한

방식으로든 일본의 특사를 받을 준비가 되었다고 생각한 적도, 말한 적도 없기 때문에 김 대사의 사고방식이 이해되지 않습니다.

4. 정부는 현재 한일 관계를 둘러싼 분위기를 고려했을 때 일본 총리 '개인 특사'의 한국 방문이 바람직하다고 판단하지 않습니다. 이 문제는 다시 거론하지 않아야 합니다. 일본이 원한다면 총리의 개인 서한을 보내는 것은 대통령께서 찬성하실 것입니다.

5. 예비교섭 타결 시 합의한 조건의 이행에 대한 주요 질문에 대해서는 최근 연속적으로 보낸 서한과 전보를 통해 이미 구체적인 지시사항을 반복하여 전달했고, 이 문제들에 대한 정부 입장을 주지하고 있으리라 생각합니다.

6. 외무부에 보낸 실무위원회 1, 2, 3차 회의 요록의 국문본과 영문본을 잘 받았습니다. 그러나 동일한 회의의 요록인데 두 버전의 내용에 몇 가지 차이가 있는 부분을 발견했습니다. 외무부는 어떠한 버전이 맞는지 판단할 수 없으니 이렇게 중요한 회의의 기록은 정확하게 작성될 수 있도록 주의해 주시기 바랍니다.

7. 지금부터는 '한국인 불법 입국자(여행증명서 없이 일본에 체류 중인 한국인)'라는 용어를 사용하지 말고, 대신 '전후 입국 한국인'이라는 용어를 사용해 주기 바랍니다.

감사합니다.

조정환 장관

주일 한국대표부 김유택 대사
도쿄

41. 주일 대사에게 보낸 일본인 어부 석방 통보 관련 지시 전문

2135 NO. ST-910188

DATE. 301600

SENT TO. AMBASSADOR YU TAIK KIM

PLEASE NOTIFY JAPANESE GOVERNMENT NECESSARY INFORMATION CONTAINED HEREUNDER PD

ITEM ONE

FIRST GROUP OF THREE HUNDRED JAPANESE FISHERMEN WILL BE READY ABOARD AT FOUR PM JANUARY THIRTYFIRST AND DEPART PORT OF PUSAN AT SIX PM PD

ITEM TWO

THE REPATRIATION SHIP WILL ARRIVE AT PORT OF SHIMONOSEKI AT SIX AM FEBRUARY FIRST PD JAPANESE FISHERMEN WILL FIRST BE TURNED OVER TO KOREAN MISSION OFFICIAL AND THEN TO COMPETENT JAPANESE AUTHORITIES PD PLEASE MAKE IMMEDIATE ARRANGEMENT EITHER TO DISPATCH HUKUOKA BRANCH CHIEF MR KWANG HE PARK OR ANY OTHER OFFICIALS FROM YOUR MISSION PD ABOARD THE SHIP WILL BE THIRTYTWO KOREAN NATIONAL POLICE MEMBERS CMA TWO DOCTORS AND FOUR NURSES PD AMONG THIRTYTWO POLICE MEMBERS
2136 ARE TWO OFFICERS OF THE HOME MINISTRY AND THIRTY OF KYUNG NAM PROVINCIAL POLICE PD

FIVE OUT OF THIRTYTWO WILL LAND ON SHIMONOSEKI BY SHORE PASS IN THE CAPACITY OF KOREAN GOVERNMENT OFFICIALS PD PLEASE MAKE NECESSARY ARRANGEMENT TO EFFECTUATE LANDING OF THESE FIVE OFFICIALS PD FOR THIS REPATRIATION QUOTE PYONG TAIK HO UNQUOTE OF KOREAN MARINE CORPORATION 500 TONNAGE IS DESIGNATED PD

ITEM THREE

THE LIST OF 300 JAPANESE FISHERMEN TO BE REPATRIATED IN THE FIRST GROUP WILL BE DISPATCHED BY TOMORROW POUCH PD

FOREIGN MINISTER

번역 번호: ST-910188

일자: 301600[1958. 2. 3]

수신인: 김유택 대사

여기에 담긴 필요한 정보를 일본 정부에 통보하기 바랍니다.

1. 첫 번째 송환 그룹인 일본 어민 300명이 1월 31일 오후 4시에 승선하여 6시에 부산항을 출발할 예정입니다.

2. 송환선은 2월 1일 오전 6시에 시모노세키항에 도착할 예정입니다. 일본 어민들은 먼저 한국대표부 관계자에게 인도한 후에 일본 당국에게 넘길 것입니다. 후쿠오카 지부장 박광희(KWANG HE PARK) 또는 기타 대표부 관계자를 파견할 수 있도록 즉시 준비해 주시기 바랍니다. 송환선에는 한국 경찰 32명, 의사 2명, 간호사 4명이 동승할

것이고, 경찰 32명 중 2명은 내무부, 30명은 경상남도 경찰 소속입니다.

32명 중 5명은 한국 정부 관계자 자격으로 받은 입국허가증으로 시모노세키에 내릴 것입니다. 이 다섯 명의 입항을 위해 필요한 준비를 해주기 바랍니다. 한국 해운사의 500톤 규모 '평택호'가 송환 선박으로 지정되었습니다.

3. 첫 번째 그룹으로 송환될 일본 어민 300명의 명단은 내일 행낭 편에 보내겠습니다.

외무부 장관

43. 제8차 실무위원회(연락회의) 회의 개최 결과 보고 전문

2141 NO. MT-013

DATE. 02121920

TO. KYUNG MU DAI, FOREIGN MINISTER

THE EIGHT MEETING OF THE WORKING COMMITTEE WAS HELD AT THE JAPANESE FOREIGN OFFICE AT THREE PM ON FEBRUARY TWELVE CMA ONE NINE FIVE EIGHT CMA MAIN POINTS THAT WERE DISCUSSED ARE AS FOLLOWS COLON

ITEM ONE PD

CONCERNING THE LEAKAGE OF THE SOCALLED UNITED STATES STATEMENT FROM THE JAPANESE GOVERNMENT SOURCE CMA OUR SIDE HANDED A FORMAL NOTE OF PROTEST TO THE JAPANESE SIDE AT THE MEETING IN ACCORDANCE WITH THE FORMIN INSTRUCTIONS PS HYPHEN EIGHT OF FEBRUARY TEN PD IT IS UNDERSTOOD THAT THE JAPANESE SIDE WILL GIVE US ITS ANSWER IN LINE WITH THE FIVE MEASURES CMA AS REFERRED TO IN THE ABOVE FORMIN INSTRUCTIONS PD

ITEM TWO PD

REGARDING KOREAN ART OBJECTS CMA WE SET FORTH THE DEFINITION OF QUOTE KOREAN ART OBJECTS UNQUOTE AT THE MEETING AS INSTRUCTED BY FORMIN LETTER PS HYPHEN NINE OF FEBRUARY TEN PD THE JAPANESE OFFICIALS TOLD US THAT THEY WILL

2142 CONTACT WITH THE JAPANESE MINISTRY OF EDUCATION WITH THE ABOVE DEFINITION PD IN THIS CONNECTION CMA WE PRESSED THE JAPANESE OFFICIALS TO EXPEDITE THE PRESENTATION TO US OF THE LIST OF THE LIST OF KOREAN ART OBJECTS WHICH WILL COVER ALL THE KOREAN ART OBJECTS NOW IN POSSESSION OF THE JAPANESE GOVERNMENT PD WE TOLD THE JAPANESE SIDE THAT THIS OFFICE IS READY TO RECEIVE THE NINETY SEVEN ARTICLES OF KOREAN ART OBJECTS ARE BY NO MEANS SATISFACTORY TO US AS THOSE IMMEDIATELY TRANSFERABLE PD

ITEM THREE PD

REGARDING THOSE KOREANS ALLEGEDLY DESIRING TO GOT TO NORTH KOREA CMA WE CONTINUED TO PRESS THE JAPANESE OFFICIALS TO GIVE US FIRM ASSURANCES THAT THE KOREANS IN QUESTION SHALL BE SENT TO THE REPUBLIC OF KOREA WITHOUT FAIL PD THE JAPANESE OFFICIALS REPEATED WHAT THEY HAVE TOLD US SO FAR IN THE PREVIOUS MEETINGS AND INFORMED US THAT THE MATTER HAS ALREADY BEEN REPORTED TO THE PREMIER AND THE FOREIGN MINISTER FOR THEIR
2143 POLITICAL DECISION AS IT IS IMPOSSIBLE FOR ADMINISTRATIVE OFFICIALS TO SETTLE SUCH A MATTER OF POLITICAL IMPLICATIONS PD

ITEM FOUR PD

REGARDING THOSE KOREANS OF POSTWAR CATEGORY CMA AS INSTRUCTED BY FORMIN LETTER CABLE PS HYPHEN NINE CMA WE INFORMED THE JAPANESE SIDE THAT OUR GOVERNMENT IS READY TO RECEIVE THE REPATRIATION OF THE FIRST GROUP OF TWO HUNDRED FIFTY OF WHOM CONFIRMATION WAS ALREADY MADE BY OUR INVESTIGATION OFFICERS DISPATCHED FROM SEOUL AS BELONGING TO

POSTWAR CATEGORY PD THE JAPANESE SIDE TOLD US THAT THE FIRST GROUP OF TWO HUNDRED FIFTY KOREANS REFERRED TO ABOVE WILL BE TRANSPORTED ABOARD A JAPANESE VESSEL TO PUSAN AFTER ABOUT A WEEK FROM TODAY AND THAT THEY WILL LET US KNOW THE DATE AND TIME OF THEIR DEPARTURE FROM JAPAN AND THE NAME OF SHIP CMA ETC PD LATER PD

AMBASSADOR KIM

번역 번호: MT-013

일자: 02121920[1958. 2. 12]

수신인: 경무대, 외무부 장관

1958년 2월 12일 오후 3시, 일본 외무성에서 8차 실무위원회 회의가 열렸고 다음과 같은 내용을 논의했습니다.

1. 일본 정부에서 이른바 미국 성명서가 유출된 것에 대해 2월 10일 자 외무부 훈령 PS-8에 따라 공식적인 항의서를 일본 측에 전달했습니다. 일본 측이 외무부 훈령에 언급되어 있는 다섯 가지 조치에 대한 답변을 할 것으로 알고 있습니다.

2. 한국 예술품에 대해서는 2월 10일 자 외무부 서한 PS-9에 따라 회의에서 '한국 예술품'의 정의를 제시했습니다. 일본 측은 이 정의에 대해 일본 교육성과 논의하겠다고 말했습니다. 우리는 현재 일본 정부가 소유하고 있는 모든 한국 예술품을 포함시킨 목록을 조속히 제출하라고 압박했습니다. 그리고 즉시 이송 가능하다는 예술품 97점이 전혀 만족스럽지는 않지만 한국대표부에서 받을 준비가 되었다고 말했습니다.

3. 북한으로 가고 싶어 하는 한국인들에 대해서는 해당 한국인들을 틀림없이 대한민국으로 보낼 것임을 확약하라고 계속해서 일본을 압박했습니다. 일본 측은 기존 회의에서 이미 했던 말을 반복했습니다. 정치적인 문제여서 실무급에서 해결할 수 없기에 정치적인 결정을 내릴 수 있도록 총리와 외무상에게 이미 보고했다고 했습니다.

4. 전후 입국한 한국인에 대해서는 외무부 전보 PS-9에 따라 한국 정부는 서울에서 파견된 우리 측 조사관들이 전후 입국자임을 확인한 첫 송환 그룹 250명을 맞이할 준비가 되어있다고 통보했습니다. 일본 측은 한국인 250명으로 이루어진 첫 번째 그룹은 오늘로부터 약 1주일 후에 일본 선박을 통해 부산으로 수송될 것이라고 말했고, 일본에서의 출발 일시와 선박명 등은 추후 통보하겠다고 했습니다.

김 대사

44. 대일 청구권 문제 토의를 위한 관계 부처 회의 소집 관련 공문

2144 결재 연월일 4291. 2. 17

외정 제659호

건명: 대일 청구 문제 토의를 위한 관계 부청 회의 소집의 건

수신인: 재무, 체신부 각 차관 해무청장

발신인: 차관

양국 간에 조인된 합의 문서의 시행에 대해서 내 3월 1일부터 일본국 도쿄에서 한
2145 일전면회담이 재개될 것인바 당부에서는 이의 전면적 준비를 위하여 예의 노력 중이며 특히 대일 청구 문제에 관하여는 단기 4291년 1월 15일 자 외정 제192호 공보에 의하여 귀부에서도 대일 청구 확증 자료 수집에 상당한 진전이 있을 줄로 사료하옵는데 이제 한일전면회담의 재개를 목도(目睹) 간에 앞두고 본건 대일 청구 문제에 있어서 귀부(청)와의 관련 사항을 전면적으로 토의하기 위하여 아래에 의하여 연석회의를 소집고자 하오니 □□ 참석하여 주심을 바랍니다.

기

1. 참석자: 재무부 체신청 각 차관 해무청장 및 각 보좌관
2. 일시: 단기 4292년 2월 20일 하오 2시

2146 3. 장소: 외무부 차관실

45. 제9차 실무위원회(연락회의) 회의 개최 결과 보고 전문

2147 NO. MT-024

DATE. 02242200

TO. FOREIGN MINISTER, KYUNG MU DAI

THE NINTH MEETING OF THE KOREA-JAPAN WORKING COMMITTEE WAS HELD AT THE JAPANESE FOREIGN OFFICE AT THREE P.M. ON FEBRUARY TWENTY FOUR CMA ONE NINE FIVE EIGHT CMA AND THE MAIN POINTS THAT WERE DISCUSSED AT THE MEETING ARE AS FOLLOWS COLON

ITEM ONE PD

WITH REGARD TO KOREAN ART OBJECTS CMA WE AGAIN PRESSED THE JAPANESE SIDE FOR PRESENTATION TO US OF THE LIST OF ALL KOREAN ART OBJECTS IN THE POSSESSION OF THE GOVERNMENT OF JAPAN PD THE JAPANESE SIDE REPLIED THAT OFFICIALS CONCERNED OF THE FOREIGN MINISTRY HAVE BEEN IN LIAISON WITH THE MINISTRY OF EDUCATION PD THE JAPANESE SIDE CONTINUED THAT TODAY SOME RESPONSIBLE OFFICIALS OF THE FOREIGN OFFICE HAVE BEEN DISPATCHED TO THE NATIONAL MUSEUM FOR CHECKING THE LIST OF ART OBJECTS STORED AT THE MUSEUM PD

ITEM TWO PD

WITH REGARD TO THOSE KOREANS UNDER DETENTION ALLEGEDLY

2148 DESIRING TO GO TO NORTH KOREA CMA WE AGAIN PRESSED THE JAPANESE SIDE THAT IT SHOULD SEND ALL OF THEM TO THE REPUBLIC OF KOREA WITHOUT FAIL PD THE JAPANESE SIDE REPEATED WHAT THE JAPANESE HAVE TOLD US SO FAR PD IT ADDED THAT CMA IN ADDITION TO THOSE NINETY FIVE KOREANS IN QUESTION CMA ABOUT EIGHTEEN KOREAN DETAINEES NEWLY EXPRESSED THE SO HYPHEN CALLED DESIRE TO GO TO NORTH KOREA AFTER DECEMBER THIRTY ONE CMA ONE NINE FIVE SEVEN BUT THE JAPANESE SIDE IS PLANNING TO SEND THEM TO THE REPUBLIC OF KOREA FOR TESTING PURPOSES WHEN THE THIRD REPATRIATION IS MADE AND THAT THE JAPANESE SIDE IS CONTINUING TO PERSUADE THE NINETY FIVE KOREANS IN QUESTION TO CHANGE THEIR MIND PD

ITEM THREE PD

THE JAPANESE SIDE WANTED TO KNOW WHEN THE REMAINING
JAPANESE FISHERMEN WOULD BE REPATRIATED TO JAPAN AND WHEN
THE SECOND GROUP OF KOREANS OF POSTWAR CATEGORY WOULD
BE RECEIVED BY THE KOREAN SIDE PD THE JAPANESE SIDE THAT THEY
2149 WANTED TO KNOW THE SCHEDULE FOR THE REPATRIATION AS SOON AS
POSSIBLE IN THEIR EARNEST HOPE THAT THE REPATRIATION BE CARRIED
OUT BY THE END OF FEBRUARY PD WE TOLD THE JAPANESE SIDE THAT
THE REPATRIATION WOULD HAVE BEEN CONDUCTED MORE QUICKLY
IF THE JAPANESE SIDE HAD PUT INTO PRACTICE WHAT IT PROMISED TO
DO AT THE CONCLUSION OF THE PRELIMINARY TALK PD WE HINTED
THAT THE CARRYING OUT OF THE SECOND REPATRIATION BY THE END
OF FEBRUARY IS BEING CONSIDERED PD UNDER THE CIRCUMSTANCES
CMA YOUR URGENT INSTRUCTIONS IN THIS REGARD WILL BE HIGHLY
APPRECIATED AS THERE ARE ONLY A FEW DAYS LEFT BEFORE MARCH

FIRST PD

ITEM FOUR PD

THE JAPANESE SIDE CMA SO FAR CMA HAS NOT RAISED OBJECTION TOWARD THE OPENING OF THE OVERALL TALKS ON MARCH FIRST AND SAID THAT IT WANTED THE LISTS OF BOTH DELEGATIONS TO BE EXCHANGED AS SOON AS POSSIBLE PD HOWEVER CMA IN THIS REGARD THE JAPANESE SIDE EXPRESSED ITS DEEP CONCERN OVER THE REPATRIATION OF THE REMAINING JAPANESE FISHERMEN BY THE END OF FEBRUARY PD YOUR URGENT INSTRUCTIONS IN REGARD TO COMPOSITIONS OF YOUR DELEGATION WOULD BE HIGHLY APPRECIATED PD

AMBASSADOR KIM

번역 번호: MT-024

일자: 02242200[1958. 2. 24]

수신인: 외무부 장관, 경무대

1958년 2월 24일 오후 3시, 일본 외무성에서 한일실무위원회 9차 회의가 개최되었고 다음과 같은 내용을 논의했습니다.

1. 한국 예술품에 대해 다시 한 번 일본 정부가 소유 중인 모든 한국 예술품의 목록을 제공하라고 일본 측을 압박했습니다. 일본은 외무성 관계자들이 교육성과 접촉하고 있다고 답변했습니다. 일본은 오늘 외무성 담당자 일부가 국립박물관에 소장 중인 예술품 목록을 확인하고자 박물관에 파견되었다고 덧붙였습니다.

2. 북송을 원한다는 한국인 억류자들에 대해서는 이들 모두를 어김없이 대한민국으로 송환해야 한다고 다시 일본을 압박했습니다. 일본은 현재까지 우리에게 했던 말을 다시 반복하고, 문제의 한국인 95명 외에 한국인 억류자 약 18명이 추가로 1957년 12월 31일 이후 북한으로 가고 싶다는 의사를 표명했으나 일본은 이들을 세 번째 송환 시 시험적으로 대한민국으로 보낼 것이라고 말했고, 일본은 계속해서 북송을 원하는 한국인 95명에게 마음을 바꾸라고 설득하고 있다고 덧붙였습니다.

3. 일본은 나머지 일본 어민들은 언제 일본으로 송환될 것인지, 그리고 전후 입국자 한국인이 포함된 두 번째 송환 그룹을 한국이 수용할 것인지 알고 싶어 했습니다. 일본은 송환 일정을 최대한 빨리 통보받고 싶어 했고, 2월 말까지 송환이 완료되기를 진심으로 바란다고 말했습니다. 우리는 일본이 예비교섭 타결 시 약속한 바를 실천으로 옮겼다면 송환이 더욱 신속하게 진행되었을 것이라고 말했습니다. 2월 말 전에 2차 송환을 실시하는 방안을 검토하고 있다면서 실마리를 제공했습니다. 3월 1일까지 며칠밖에 남지 않았으니 이 부분에 대해 신속히 지시를 내려주시면 감사하겠습니다.

4. 일본은 지금까지 3월 1일 전면회담 개최에 이의를 제기하지 않았고 최대한 빠른 시일 내에 양국 참석자 명단을 교환하고 싶다고 말했습니다. 그러나 일본은 2월 말까지 나머지 일본 어민들을 송환하는 것에 대해 깊은 우려를 표명했습니다. 전면회담 참석자 구성에 대해 조속히 지시해 주시면 감사하겠습니다.

김 대사

46. 실무위원회 구성에 관한 지시 서한(초안)

2150 DRAFT

April 11, 1958

Dear Mr. Ambassador:

1. You are instructed to resume on April 15, 1958 the meeting of the Korea-Japan working committee, which has functioned since the early part of January, 1958, to discuss for settlement the implementation of the terms agreed on December 31, 1957.

2. At the above working committee, our side should be represented by the exactly same members who have participated in the previous meetings of the committee, we are intending to impress the Japanese side that the committee meeting is really continuance of the previous meetings.

3. Since the working committee continues to function, not being a separate committee set up within the forthcoming Korea-Japan overall talks, the proceeding of the working committee is logically independent of the proceeding of the overall talks. Thus, the proceeding of the former does not
2151 affect the one of the latter, and vice versa. The result of the this committee meeting is no subject which is reported to the plenary session of the overall talks, but it should be conducted under your responsibility and reported directly to the home Government.

4. As the Joint Communique released by you and Japanese Foreign Minister

on April 11, 1958 made it clear, the meeting of the working committee is resumed to discuss for settlement the implementation of the terms agreed on December 31, 1957. As soon as the committee meeting is convened, you are instructed that our representatives should strongly request the Japanese side for answering the following questions: 1) whether the Japanese will repatriate the whole Korean detainees of postwar category to the Republic of Korea without delay; 2) how the Japanese Government took into consideration the necessity for livlihood of the Koreans of pre-war category released in Japan; 3) when the Japanese side will present to us the list of Korean art objects which will indicate evidence of Japanese sincerity, and whether it is ready to deliver the
2152 106 objects which it promised to deliver us and the 400 articles which it said transferable to us.

5. With regard to such Koreans as allegedly desiring to go to north Korea, government position remains unchanged. According to your report, the Japanese side assured us that the Koreans in question would never be sent to north Korea nor released in Japan. Then, please ask them whether the Japanese is intending to detain them for indefinite period.

6. As to the 422 Japanese fishermen, you are authorized to inform at appropriate time after the resumption of the working committee, that the third group of them (300) will be repatriated soon.

7. You are strictly confidentially informed that the Government is planning to repatriate the third group of Japanese fishermen on April 22, 1958 in the expectation that around that time the Korea-Japan overall talks on April 22, 1958 in the expectation that around that time as soon as the Korea-Japan overall talks as well as the working group committee will successfully

conducted.

Sincerely yours,

Chung W. Cho

Minister

Copies to:

Ambassador Limb, Minister Yiu

Ambassador Yu Taik Kim,

Korean Mission in Japan,

Tokyo

번역 초안

1958년 4월 11일

김 대사,

1. 1958년 1월 초부터 1957년 12월 31일에 합의한 조건의 이행에 대해 논의하는 자리가 된 한일실무위원회 회의를 1958년 4월 15일에 재개하십시오.

2. 실무위원회 참석자는 기존 회의 참석자와 완전히 동일하게 하고, 이번 회의는 기존 회의의 연장선상이라는 인상을 일본에 주고자 합니다.

3. 실무위원회는 다가오는 한일전면회담 내의 별도의 위원회로 구성된 것이 아니라 기존의 역할을 계속하는 것이기 때문에 실무위원회는 전면회담과는 독립적으로 진행됩니다. 따라서 실무위원회와 전면회담의 진행 상황이 서로 영향을 미치지 않습니다. 실무위원회 회의 결과는 전면회담 본회의 보고 대상은 아니나 김 대사의 책임하에 진행하고 한국 정부에 직접 보고해야 합니다.

4. 1958년 4월 11일 일본 외무상과 함께 발표한 공동성명서를 통해 명확히 밝혔듯이 실무위원회 회의를 재개하는 목적은 1957년 12월 31일에 합의한 조건의 이행을 논의하기 위함입니다. 실무위원회 회의가 소집되자마자 우리 측 대표들은 일본 측에 다음과 같은 질문에 답변할 것을 강경하게 요구해야 합니다. 1) 일본은 전후 입국 한국인 억류자들을 지체 없이 대한민국에 송환할 예정인가? 2) 일본 정부는 일본에서 석방된 종전 이전 입국 한국인의 생계 지원 필요성에 대해 어떻게 검토했는가? 3) 진정성을 보여줄 증거인 한국 예술품 목록은 언제 제출할 것인가? 그리고 우리에게 전달하기로 약속한 예술품 106점과 우리에게 인도 가능하다고 말한 400점을 반환할 준비가 되어있는가?

5. 북송을 원한다고 알려진 한국인들에 대한 정부의 입장에는 변화가 없습니다. 김 대사의 보고서에 따라 문제의 한국인들은 절대로 북송되지도, 일본에서 석방되지도 않을 것이라고 일본 측이 보장했습니다. 그렇다면 일본은 이들을 무기한 억류할 계획인지 문의하기 바랍니다.

6. 일본 어민 422명과 관련하여 실무위원회 재개 후 적절한 시점에 세 번째 그룹(300명)을 곧 송환할 예정이라고 통보하는 것을 인가합니다.

7. 이 시기쯤이면 한일전면회담과 실무위원회가 성공적으로 진행된 상태일 것으로 기대하며 한국 정부가 1958년 4월 22일에 세 번째 송환 그룹에 속하는 일본 어민들을 송환할 계획이라는 것은 엄격히 기밀로 유지해야 합니다.

조정환 장관

사본: 임 대사, 유 공사

주일 한국대표부 김유택 대사

도쿄

별첨

47-1. 한일회담 재개에 따른 공동성명서 초안 작성을 위한 사무 담당자 제1차 회의 요록

2154 Tokyo, April 9, 1958

SUMMARY RECORD

No. 1

A MEETING ON AN ADMINISTRATIVE LEVEL CALLED ON FOR DRAFTING A STATEMENT TO BE RELEASED, REGARDING THE RESUMPTION OF THE OVERALL TALKS

1. Time and place:

From 4:30 p.m to 7:00 p.m. on April 9, 1958 at Room 320 of the Japanese Foreign Ministry

2. Conferees:

The Korean side: Counsellor Kyu Hah Choi
First Secretary Pil Shik Chin

The Japanese side: Mr. Kiyoshi Suganuma, Chief of the Asia First Section of the Japanese Foreign Office.

3. Gist of talks:

MR. SUGANUMA: I have before me a copy of the draft statement regarding the resumption of the overall talks, which was handed by Vice Foreign Minister Yamada to Minister Yiu as a new proposal of the Japanese Government, at a meeting between them held early in the afternoon, today. As I think that you have seen this draft statement under reference, I would like to have your comment on it. (A copy of the Japanese draft statement is attached hereto)

MR. CHOI: Before doing so, I take this opportunity to make a few remarks on works to be done in general at this meeting on an administrative level for the drafting of statement to be released, on the basis of which higher level talks may be held. I think that, as a result of sincere efforts to break the deadlock, differences in the stands of the both sides are being adjusted. In this connection, I hope that both sides at the meeting will work hard in a constructive way to work out a mutually satisfactory draft statement, in a desire to pave the way for higher level talks.

Now, referring to the draft statement your side newly proposed, so far I see, the first paragraph is same with that of the draft statement proposed previously by the Korean side, and it seems to me that the second paragraph up to … December 31, 1957, would have no particular difficult points as the meaning thereof would be almost same with that of the draft statement proposed by the Korean side on April 8. However, I would like to propose that the last phrase ", including the problem of the repatriation of the Japanese fishermen," be deleted on the ground that the foregoing paragraph covers all the problem and therefore, propriety for the inserting of the said phrase in tin statement would not to recognized.

MR. SUGANUMA: The insertion of the said phrase in the statement is considered necessary in view of the domestic political reasons. I mean that the face on the Japanese side should be saved insomuch as Japan called off the opening of the overall talks on March 1, in connection with the problem of the repatriation of the Japanese fishermen.

MR. CHOI: If we want to express specific problems, there will be many things to he pointed out by the Korean side, for example, Korean detainees issue, etc. I think I understand the domestic situation in your country in
2155 connection with Korea-Japan relations in our country. However, I hope you

will also realize that the same thing can be said of the domestic feeling in Korea in regard to Korea-Japan relations. Therefore, I think it would be wise to avoid any specific expressions on particular matters such as 'Japanese fisherman' or 'Korea detainees', etc in working out a draft statement at the meeting, taking into consideration the domestic reasons of the both countries and with a view to saving faces on both sides.

MR. SUGANUMA: I understand what you mean well, but it is difficult to delete the said phrase. I would like to propose that the meeting this evening be adjourned till tomorrow morning. In the meantime, I appreciate vary much the friendly talks we have exchanged this evening. I will study over the question tonight to make reconciliation in this regard, and I hope you will also study over the matter.

MR. CHOI: We have exchanged this evening frank view of both sides in good atmosphere in a constructive way and I hope that this atmosphere will continue at this meeting to be resumed tomorrow morning. I will also study over the questions tonight.

-The end-

번역

1958년 4월 9일, 도쿄

요록

번호: 1

전면회담 재개에 관한 성명서 작성을 위한 실무급 회의

1. 일시 및 장소

1958년 4월 9일, 오후 4시 30분~7시, 일본 외무성 320호

2. 참석자

한국 측　최규하 참사관

　　　　진필식 1등서기관

일본 측　스가누마 기요시 아시아제1과장

3. 회의록

스가누마: 오늘 이른 오후에 가진 회의에서 야마다 외무차관이 유 공사에게 일본 정부의 새로운 초안으로 전달한 전면회담 재개에 관한 성명서 초안의 사본을 지금 가지고 있다. 이 초안을 이미 확인했을 것 같으니 의견을 듣고 싶다(일본 측 성명서 초안 사본 첨부).

최 참사관: 그 전에 이 기회를 빌려 고위급 회의의 토대가 될 수 있는 본 실무급 회의에서 해야 할 전반적인 작업에 대해 몇 마디 하고 싶다. 교착 상태를 극복하려는 성실한 노력의 결과로 양측의 입장 차이가 조율되었다고 생각한다. 이에 실무급회의에서 양측이 고위급 회의를 위한 토대를 마련한다는 의미에서 서로 만족할 만한 초안을 마련할 수 있도록 열심히 했으면 좋겠다.

일본 측이 새로이 제안한 초안에 대해 지금까지 확인한 내용에 대해 말하자면, 첫 번째 문단은 한국이 기존에 제안한 초안과 동일하고, 두 번째 문단에서 '… 1957년 12월 31일'까지는 4월 8일에 우리 측이 제안한 초안과 거의 의미가 동일하기 때문에 어려운 부분이 없을 것 같다. 그러나 일본 어민 송환 문제를 포함하는 마지막 구절을 삭제할 것을 제안하고 싶다. 바로 앞 문단에 모든 문제가 포함되어 있기 때문에 성명서에 해당 구절을 삽입하는 것의 적절성을 인정할 수 없다.

스가누마: 내정상의 이유로 성명서에 해당 구절을 삽입하는 것이 필요하다고 판단했다. 일본 어민 송환 문제와 관련하여 3월 1일에 일본이 전면회담 소집을 취소함으로써 일본의 체면을 지켰다는 의미다.

최 참사관: 특정 문제를 표시하고 싶다면 한국도 억류자 문제 등 언급할 부분이 많이 있다. 한일 관계와 관련한 한국 내 상황을 생각하면 일본의 상황도 짐작이 간다. 그러나 한일 관계에 있어서 한국의 국내적 감정도 같은 상황에 놓여있음을 인지하기 바란다. 따라서 양국 모두의 국내적 상황과 양측의 체면을 고려하여 성명서 초안을 작성

할 때는 '일본 어민'이나 '한국 억류자'와 같은 특정한 문제를 명시하지 않는 것이 현명하다고 생각한다.

스가누마: 의미는 알겠으나 삭제하기는 어렵다. 내일 오전까지 회의를 중단하는 것을 제안하고 싶다. 오늘 저녁에 나눈 좋은 이야기들에 대해 매우 고맙게 생각한다. 오늘 밤에 이 문제를 검토해 보고 의견을 조정하겠다. 한국 측도 검토해 보기 바란다.

최 참사관: 오늘 좋은 분위기에서 건설적인 방식으로 솔직한 견해를 나눈 것 같고, 이 회의의 분위기가 내일 아침까지 이어지기를 바란다. 나도 오늘 밤에 해당 문제에 대해 검토해 보겠다.

끝

47-2. 일본 측 성명서 두 번째 초안

2156 JAPANESE DRAFT(SECOND)

(On the morning of April 9, 1958 handed by Mr. Yamada to Minister Yiu)

DRAFT STATEMENT

The Government of the Republic of Korea and Japan will resume the overall talks on April , 1958, and will discuss the issues which have been pending since the first, second and third Korea-Japan conferences.

The two Governments have also agreed to resume on the same day the Korea-Japan Working Committee (liaison meeting) to discuss for settlement the implementation of the terms agreed on December 31, 1957. including the problem of the repatriation of the Japanese fishermen.

번역 일본 측 (2차) 초안

(1958년 4월 9일 오전 야마다가 유 공사에게 전달)

성명서 초안

대한민국 정부와 일본 정부는 1958년 4월 일 전면회담을 재개하고 1차, 2차, 3차 한일회담 이후 계류 중인 현안들을 논의할 것이다.

또한 양국 정부는 일본 어민 송환 문제를 포함하여 1957년 12월 31일에 합의한 조건의 이행을 논의하기 위해 한일실무위원회(연락 담당자 회의)를 같은 날 재개하기로 합의했다.

47-3. 한일회담 재개에 따른 공동성명서 초안 작성을 위한 사무 담당자 제2차 회의 요록

2157 SUMMARY RECORD

No. 2

A MEETING ON AN ADMINISTRATIVE LEVEL CALLED UPON FOR DRAFTING A STATEMENT TO BE RELEASED, REGARDING THE RESUMPTION OF THE OVERALL TALKS

1. Time and place:

From 9:30 a.s. to 10:30 a.m. on April 10, at Room 320 of the Japanese Foreign Ministry.

2. Conferees:

The Korean side:	Counsellor Kyu Hah Choi
	First Secretary Pil Shik Chin
The Japanese side:	Mr. Suganuma, Chief of the Asia First Section of the Foreign Ministry

3. Gist of talks:

MR. CHOI: Did you find, Mr. Suganuma, any encouraging idea in connection with the problem of the last phrase of your draft statement?

MR. SUGANUMA: well?

MR. CHOI: By the way, I found that it is all right to put the word "meaning" to the "Korea-Japan working committee" in the second paragraph of your draft statement. This is rather a matter of minor change for grammatical reasons, I think. However, in view of the lengthy name of the committee, I would think it better to put the word "meeting" before the Committee, instead of after the committee so that it will read "the Meeting of the Korea-Japan Working Committee". And the word "meeting" should be capitalized for grammatical reasons, too.

MR. SUGANUMA: No objection, That would be fine.

MR. CHOI: There are "alternate" on three points : Two of them, as you see, are in the first paragraph of the draft statement and there is one is the second paragraph on "the Republic of Korea and Japan", "Korea-Japan Conferences" and "the Korea-Japan Working Committee."

MR. SUGANUMA: I agree with you in identifying these three alternate.

MR. CHOI: Now, may I expect to have your views on the problems of the last phrase of the draft statement?

MR. SUGANUMA: On our part, we studied over the question, but found it rather necessary to keep the last phrase in question in the statement, in view of the domestic political reasons and with a view to saving face on the Japanese
2158 side. Otherwise, it would be a complete defeat on the part of Japan.

MR. CHOI: No, it is not true to say that it would be a defeat on your side because of the deletion of the last phrase. Did you read today's morning papers regarding the Korean-Japan talks? It is very harmful to our constructive efforts to open the way for higher level talks, in the light of possible repercussions in Seoul to be caused by such unfounded news story. (Some morning papers reported to the effect that it was agreed that the third repatriation of Japanese fishermen will be made on April 17, 1958, and the 4th repatriation of the remainder by the end of April. Minister Yiu charged that the news article is entirely groundless by releasing a written statement to the press.)

MR. SUGANUMA: I read the news article regarding Japanese fishermen. You are well aware of Japanese journalism. But I tell you that the Japanese Government has to make supplementary comment or statement regarding the problem of the repatriation of Japanese fishermen when we suppose that the last phrase of the Japanese proposed draft is going to be deleted,

MR. CHOI: Taking into account the domestic political reasons of the both sides, I can go so far to modify the last phrase by inserting words which could imply a little mere specific thing. What could be the generally accepted term of the long title of the "memorandum of understanding, etc.", regarding the detainee issue? Isn't it "agreement on mutual release of detainees?" That would be the only way for adjusting the views to insert the above generally accepted term in working out mutually satisfactory statement. But being the view strictly personal one of mine, this would be withdrawn when you are not ready to make reconciliation.

MR. SUGANUMA: I don't believe there would be any reason why the question could not be settled. I am sorry, MR. Choi and Mr. Chin, due to an urgent matter, I have to be back to my office by 11 o'clock if you please excuse me. I want to continue the meeting sometime this afternoon and I will give you a ring for the definite time for this afternoon meeting. Please do not think that this meeting came to a deadlock.

MR. CHOI: Then Mr. Suganuma, shall we understand regarding the progress of this meeting as follows:

1) Both side on administrative level agreed on the wording of the draft statement from the beginning up to the words··· December 31, 1957, provided that the question on the last phrase that "including ···" is settled. (In accordance with the draft text submitted by Mr. Yamada at 2:30 p.m. on April 9,1958)

MR. SUGANUMA: It is also my understanding.

(The meeting was adjourned till 4:15 p.m.)

2159 NO. 3

4 : 15 p.m. on April 16, 1958

At 4 : 15 in the afternoon, both sides started administrative talks on the drafting of the statement.

Arguments went on for little while as the Japanese side maintained its stand to add the words "including the problem of the repatriation of the Japanese fishermen" or to insert words "including the problem of setting the repatriation programms" which our side immediately rejected because of its being all the words.

Our side maintained that the words "including the agreement on mutual release of detainees" be added instead of the above Japanese proposed words at the end of the draft statement. At around 5 : 00 o'clock the Japanese side came to propose that the words "including the problem of the repatriation of the Japanese fishermen" could be deleted if the Korean side could drop the words "including the agreement on mutual release of detainees". At this point, in accordance with the instructions from both Ambassador Kim and Minister Yiu, our side tentatively accepted the above Japanese proposal and the full text of the agreed draft statement reads as follows.

"The Government of the Republic of Korea and Japan will resume the overall talks on April 15, 1958, and will discuss the issues which have been pending since the first, second and third Korea-Japan Conferences.

The two Government have also agreed to resume on the same day the Meeting of the Korea-Japan Working Committee to discuss for settlement the implementation of the terms agreed on December 31, 1958."

In this connection, the Japanese side accepted our strong request that no supplementary statement or comment on the draft statement would be made by the Japanese Foreign Office in connection with the statement

The meeting was closed at 5:30 p.m.

Messrs. Choi and Chin came back to the Mission and reported on the meeting to Chief and Deputy Chief of the Mission who approved the two administrative officials' report. And instructions were given to Mr. Choi to inform the Japanese side of the approval of the draft statement. By an exchange of telephone conversation thereafter between Mr. Choi and Mr. Suganuma both sides confirmed the approval by the Chief of the Korean Mission and the Japanese foreign Minister to the draft statement(around 7 p.m. on April 10, 1958.)

-The End-

번역 요록

번호: 2

전체 회담 재개와 관련하여 발표할 성명서 초안 작성을 위한 실무 회의

1. 일시 및 장소

4월 10일 오전 9시 30분부터 오전 10시 30분까지, 일본 외무성 320호실

2. 참석자

한국 측: 최규하 참사관, 진필식 제1차관

일본 측: 스가누마 외무성 아시아 제1과장

3. 회의록

최규하: 스가누마 과장님, 성명 초안 마지막 문구 문제와 관련해서 고무적인 아이디어가 있었는가?

스가누마: 글쎄요?

최규하: 그건 그렇고, 내가 봤을 때는 성명 초안 두 번째 문단에서 '한일실무위원회'

에 '의미'라는 단어를 넣어도 괜찮을 것 같다는 생각이 들었다. 이것은 문법적인 이유로 약간의 변경이 필요한 부분이라고 생각한다. 다만 위원회라는 명칭이 긴 점을 고려할 때 '회의'라는 단어를 위원회 뒤에 넣지 말고 위원회 앞에 넣어서 '한일실무위원회 회의'로 읽는 것이 좋다고 생각한다. 그리고 문법적으로도 '회의'라는 단어를 대문자로 써야 한다.

스가누마: 이의 없다, 그렇게 해도 좋겠다.

최규하: 세 군데에 '대체'가 있다. 두 개는 보는 것처럼 성명 초안의 첫 번째 문단에 있고, 하나는 '대한민국과 일본', '한일회담', '한일실무위원회'에 대한 두 번째 문단에 있다.

스가누마: 이 세 가지를 구분하는 것에 동의한다.

최규하: 이제 성명서 초안 마지막 문구의 문제점에 대해 귀하의 견해를 말해주겠는가?

스가누마: 우리도 이 문제에 대해 검토했지만, 국내 정치적인 이유와 일본 측의 체면을 고려할 때 문제의 마지막 문구를 성명서에 그대로 넣는 것이 오히려 필요하다고 판단했다. 그렇지 않으면 일본 측의 완전한 패배가 될 것이기 때문이다.

최규하: 그렇지 않다. 마지막 문구가 삭제됐다고 해서 일본 측의 패배라고 말하는 것은 사실이 아니다. 한일회담과 관련한 오늘 조간신문을 읽어보았는가? 이런 근거 없는 보도로 인해 서울에 미칠 파장을 고려할 때, 고위급 회담의 길을 열려는 우리의 건설적인 노력에 매우 해롭다. (일부 조간신문은 1958년 4월 17일 3차 일본인 어부 송환이 이루어지고, 4월 말까지 나머지 인원을 4차 송환하기로 합의했다는 취지로 보도했다. 유 공사는 언론에 성명서를 발표하여 해당 보도가 전혀 근거가 없다고 주장했다.)

스가누마: 일본 어부들에 관한 기사를 읽었다. 일본 저널리즘에 대해 잘 알고 있을 것이다. 하지만 일본 정부가 제안한 초안의 마지막 문구가 삭제될 것이라고 가정할 때 일본 어부 송환 문제에 대해 일본 정부가 보충적인 의견이나 성명을 발표해야 한다.

최규하: 양측의 국내 정치적인 이유를 고려하여 마지막 문구에 조금 더 구체적인 것을 암시할 수 있는 문구를 삽입해서 수정하는 정도까지는 갈 수 있을 것 같다. 억류자 문제와 관련하여 "양해각서 등"이라는 긴 제목의 일반적으로 통용되는 용어는 무엇인가? "억류자 상호 석방에 관한 합의"가 아닌가? 상호 만족스러운 문구를 작성하는 데 일반적으로 인정되는 위의 용어를 삽입하는 것이 견해를 조정할 수 있는 유일한 방법

일 것이다. 그러나 이것은 지극히 개인적인 견해이기 때문에 일본 측에서 받아들일 준비가 되지 않으면 철회될 것이다.

스가누마: 이 문제가 해결되지 않을 이유가 없다고 생각한다. 미안하지만, 급한 일이 있어서 11시까지 사무실로 돌아가야 하므로 실례하겠다. 오후에 회의를 계속하고 싶고 오후 회의의 정확한 시간을 위해 전화하겠다. 이 회의가 교착 상태에 빠졌다고 생각하지 말기 바란다.

최규하: 그럼 스가누마 씨, 이번 회의의 진행 상황과 관련하여 다음과 같이 이해해 주겠는가?

1) 양측 실무자들은 성명 초안의 문구에 대해 "…을 포함하여…"라는 문구에 대한 문제가 해결될 경우, 처음부터 1957년 12월 31일이라는 마지막 문구까지 합의했다. (1958년 4월 9일 오후 2시 30분에 야마다 씨가 제출한 문안 초안에 따라)

스가누마: 나도 그렇게 이해한다.

(회의는 오후 4시 15분까지 정회되었다.)

번호: 3

1958년 4월 16일 오후 4시 15분

오후 4시 15분, 양측은 성명서 초안 작성을 위한 실무 협의를 시작했다.

일본 측은 '일본인 어부의 송환 문제를 포함한다'는 문구를 추가하거나 '송환 프로그램 설정 문제를 포함한다'는 문구를 삽입하자는 입장을 고수했고, 우리 측은 그 문구가 전부라는 이유로 즉각 거부하면서 잠시 논쟁이 계속됐다.

우리 측은 성명 초안 말미에 위 일본 측 제안 문구 대신 '억류자 상호 석방에 관한 합의를 포함한다'는 문구를 추가할 것을 주장했다. 5시경 일본 측은 우리 측이 '억류자 상호 석방에 관한 합의를 포함한다'는 문구를 삭제하면 '일본인 어민 송환 문제를 포함한다'는 문구를 삭제할 수 있다는 제안을 해왔다. 이때 김 대사와 유 공사의 지시에 따라 우리 측은 위 일본 측 제안을 잠정적으로 수용하였으며, 합의된 성명 전문은 다음과 같다.

"대한민국 정부와 일본 정부는 1958년 4월 15일에 전체 회담을 재개하여 제1차, 제2차, 제3차 한일회담 이래 계류되어 온 문제들을 협의할 것이다. 또한 양국 정부는 1958년 12월 31일에 합의한 조건의 이행을 협의하기 위한 한일실무위원회 회의를 같은 날에 재개하기로 합의하였다".

이와 관련, 일본 측은 동 성명 초안에 관해 일본 외무성의 추가 성명이나 논평을 하지 않겠다는 우리 측의 강력한 요청을 수용하였다.

회의는 오후 5시 30분에 폐회되었다.

최 참사관과 진 서기관은 대표부로 돌아와 대사 및 공사에게 회의 내용을 보고했고, 대사는 두 실무자의 보고를 승인했다. 그리고 최 참사관에게 성명서 초안의 승인 사실을 일본 측에 알리라는 지시가 내려졌다. 그 후 최 참사관은 스가누마 과장과의 전화 통화를 통해 성명 초안에 대한 한국 대사와 일본 외무대신의 승인을 확인하였다(1958년 4월 10일 오후 7시경).

끝

48. 한일회담 재개 문제에 관한 일본 대신과의 회견 결과 보고 서한

2160 한일대 제302호
단기 4291년 4월 14일

주일 대사[관인]

외무부 장관 각하

한일회담 재개 문제에 관한 일본 대신과의 회견에 관한 건

머리의 건 4월 11일 자 MTIO 36호 전문으로서 보고드린 바와 같이 4월 11일 오후 2시 45분(도쿄 시간) 일본 외무대신실에서 한일 정식 회담 재개 문제에 관한 일본 외무대신과의 회견이 있었으며 이 회견에 있어서 한일 정식 회담 재개에 관하여 저간 아측 유 공사와 일본 측 야마다(山田) 차관 및 이타가키(板垣) 아세아국장 간에 절충이
2161 있어서 나타난 선과 또한 정부에서 지시하신 성명서 초안에 의거하여 양측 사무진 회합에서 기초한 공동성명서 안을 정식으로 확인하였음을 이에 보고합니다. 또한 이 회의에는 대표부로서는 본직과 더불어 최 참사관 및 진 1등서기관이 참석하였고 일본 외무성 측으로부터는 후지야마(藤山) 외무대신과 더불어 이타가키(板垣) 아세아국장 및 스가누마(管沼) 아세아 제1과장이 참석하였었으며 상기 공동성명서 안을 확인한 후 정식 회담 재개 일시에 관하여 4월 15일 오전 10시 반(도쿄 시간)에 일본 외무성에서 개회할 것에 합의를 본 후 10여 분으로 회담을 끝마쳤습니다.

2162 추이: 상기한바, MTIO 36호 전문 보고의 ITEM ONE에 있어서 AT TWO TWENTY FIVE로 된 것은 AT TWO FORTY FIVE의 타자 착오이오니 삼가 정정하나이다.

별첨: 1. 아 측 보유분 공동성명서 원본 및 일본 측 보유분 사본 각 1통

2. 수제 회견 영문 회의 약록 1통

49. 후지야마 일본 외상과의 회담 내용 보고 서한

2163 Tokyo, April 14, 1958

No. 69

Excellency:

1. As reported briefly by my cable No.MT-036 of April 11, I met Foreign Minister Fujiyama at 2:45 p.m., April 11, and confirmed the draft statement to which our side pressed Japan to agree previously at a series of administrative level meetings conducted, on the basis of the Government instructions given in Cable Nos. FT-025 (April 7) and FT-028 (April 9) between the two sides (final draft statement was sent to the Government via last pouch).

At the meeting which was also attended by Minister Yiu, Counselor Choi and First Secretary Chin on our side, and Director Itagaki and his 1st Section Chief Suganuma on the Japanese side, on the basis of the Government's suggestion contained in Cable No.FT-025, our side accepted the Japanese proposal that the overall talks be resumed on April 15 at the Japanese Foreign Ministry.

After the meeting which lasted only about 10 minutes the joint statement, being confirmed by initial, was simultaneously announced at 3:30 p.m., JST, and 3:00 p.m., KST, under the date of April 11, 1958. (Initialed copy of the joint statement is being sent to the Foreign Ministry under separate cover)

2. As evident from reports in the newspapers here next (April 12) and yesterday (April 13) and also commentaries by Japanese radio and TV stations, the consensus of the so-called public opinion here indicates that the public are greatly dissatisfied with the way the Japanese Government agreed to the

resumption of the overall talks with our side, because in the joint statement no
2164 mention was made of the problem of the Japanese fishermen, despite Japan's previous stand that the completion of their repatriation was the prerequisite to the resumption of the overall talks.

For instance, the Asahi in its editorial on April 13, attacked the Japanese Government for agreeing to resume the talks without obtaining from our side assurances regarding the repatriation of the Japanese fishermen. It also stated that despite quite natural stand of the Japanese Government that the repatriation of the fishermen should precede the resumption of the overall talks, all of a sudden the Japanese side made concession to the Korean side by agreeing to resume the talks before the fishermen's repatriation.

The Mainichi also in its editorial the same day, stated that no mention was made of the repatriation of the Japanese fishermen, and that the joint statement indicated that Japan had agreed to resume the talks without obtaining assurances from the Korean side in this regard, thus Japan's basic line on this issue collapsed.

3. As Your Excellency is well aware, the overall talks were originally scheduled for March 1, in accordance with the agreement signed on December 31, 1957. However, the Japanese side failed to abide by its commitment at the last moment.

Under such circumstances our side maintained that as long as the Japanese side one-sidedly broke its part of the agreement, it should agree to the resumption of the overall talks without any particular conditions attached. This stand of our side was maintained to the last at the guidance of Your Excellency and in accordance of the Government instructions. As a result, the Japanese side has finally yielded to our stand, thus agreeing to resume the talks without any particular conditions attained. I am confident that this achievement is a result from perfect cooperation among the officials concerned of our Foreign Ministry and this office, for which I am grateful.

4. I am herewith enclosing a copy of summary records of my meeting with Mr. Fujiyama and copies of the joint statements to be kept by both sides.

With sentiments of loyalty and esteem, I remain,
Most respectfully,

Y. T. K.[서명]

Enclosures: 1. Summary records/April 11
2. Copies of joint statements

번역

1958년 4월 24일, 도쿄

번호: 69

대통령 각하,

1. 4월 11일 전보 MT-036호에서 간략히 보고드렸듯이 4월 11일 오후 2시 45분 후지야마 외무상을 만나 정부 훈령이 담긴 전보 FT-025호(4월 7일)와 FT-028호(4월 9)를 바탕으로 실무급 회의에서 일본 측이 동의할 것을 압박한 성명서 초안을 확인했습니다(가장 최근 행낭으로 정부에 성명서 최종안을 보냈습니다).

유 공사, 최 참사관, 진 1등서기관이 함께 참석했고, 일본 측에서는 이타가키 국장과 스가누마 제1과장이 참석했습니다. 전보 FT-025호에 포함된 정부의 제안사항을 바탕으로 4월 15일 일본 외무성에서 전면회담을 개최하자는 일본의 제안을 수용했습니다.

약 10분간 짧게 회의를 진행한 후에 가서명한 공동성명서를 1958년 4월 11일 자로 일본 표준시 오후 3시 30분, 한국 표준시 오후 3시에 동시 발표했습니다(별도의 커버를 씌운 가서명 공동성명서 사본이 외무성으로 발송 중입니다).

2. 다음 날(4월 12일)과 어제(4월 13일) 일본 신문에 보도된 내용과 일본 라디오 및 TV 방송국의 논평이 보여주듯이 일본 어민 송환 완료가 전면회담 재개를 위한 전제조건이라는 일본의 기존 입장과 달리 공동성명서에 일본 어민 문제가 언급되지 않아 전면회담 재개에 일본 정부가 동의한 방식에 이곳 여론이 큰 불만을 가지고 있음을 알 수 있습니다.

예를 들어, 『아사히신문』은 4월 13일 사설에서 한국 측으로부터 일본 어민 송환을 보장받지 않고 회담을 재개하기로 합의한 데 대해 일본 정부를 비난하고, 전면회담을 재개하기 위해서는 어민들의 송환이 선행되어야 한다는 일본 정부의 상당히 당연한 입장에도 불구하고 어민 송환 전에 회담을 재개하기로 합의함으로써 일본 측이 난데없이 한국에 타협했다고 언급했습니다.

『마이니치신문』 또한 같은 날 사설에서 일본 어민 송환이 언급되지 않았고 공동성명서에 따르면 일본은 한국 측으로부터 어민 송환을 보장받지 않은 채 회담을 재개하기로 합의했다며, 이 문제에 대한 일본의 기본적인 선이 무너졌다고 말했습니다.

3. 아시다시피 1957년 12월 31일에 체결한 협정에 따라 전면회담은 당초 3월 1일에 재개될 예정이었으나, 일본 측이 막판에 약속을 이행하지 않았습니다. 이러한 상황에서 우리 측은 일본이 협약한 내용을 일방적으로 파기하면 어떠한 조건도 붙이지 않고 전면회담 재개에 동의해야 한다는 입장을 견지했습니다. 대통령 각하의 지시에 따라, 그리고 정부 훈령에 의거하여 이러한 입장을 끝까지 고수했습니다. 그 결과 일본이 마침내 우리의 요구를 수용하여 일체의 조건 없이 회담을 재개하기로 합의한 것입니다. 외무성과 주일 한국대표부 관계자들 간의 완벽한 공조가 낳은 성과라고 확신하며 감사하게 생각합니다.

4. 본 서한과 함께 후지야마와의 회의 요록과 양측이 보관할 공동성명서 사본을 첨부합니다.

감사합니다.

Y. T. K.

별첨: 1. 요록/4월 11일
2. 공동성명서 사본

별첨

49-1. 주일 대표부와 일본 외무성의 회의 요록

2165 SUMMARY RECORD

Tokyo, April 11, 1958

A MEETING BETWEEN THE KOREAN MISSION AND THE JAPANESE FOREIGN OFFICE

1. Time and place:

2:45 p.m. on April 11, 1958 at Japanese Foreign Minister's Office.

2. Conferees:

The Korean side:	Ambassador Yu Taik Kim
	Minister Tai Ha Yiu
	Counsellor Kyu Hah Choi
	Secretary Pil Shik Chin
The Japanese side:	Foreign Minister Mr. Aiichiro Fujiyama
	Director Osamu Itagaki
	Mr. Suganuma, Chief, Asia First Section

3. Gist of talks:

MINISTER FUJIYAMA: Would you say some words in connection with the resumption of the overall talks, Mr. Ambassador?

AMBASSADOR KIM: As the understanding is being made to resume the overall talks on the basis of the draft statement which was worked out through a series of administrative meetings, how would you think of confirming the draft statement, Mr. Minister?

MINISTER YIU: Shall we confirm the document?

MINISTER FUJIYAMA: Would it mean that both the overall talks and the Meeting of the Working Committee are going to be resumed in parallel on April 15, 1958?

AMBASSADOR KIM: The matter would be as is referred to in the draft statement under reference. (Here the both sides confirmed the Joint Statement by initial which was prepared by the Japanese side.)

DIRECTOR ITAGAKI: Shall we set the time for the opening of the overall talks for April 15th? For convenience of the Japanese side, I would propose 10 o'clock.

MINISTER YIU: Would it be inconvenient for your side if the time will be set at 11 o'clock, instead of 10? Then, how about at 10:30 a.m.?

2166 DIRECTOR ITAGAKI: It would be all right to our side.

AMBASSADOR KIM: Where would the conference be held?

DIRECTOR ITAGAKI: Conferences will be hell in the Japanese Foreign Office.

MINISTER YIU: Would you take into consideration the matter of courtesy call by the Korean delegate on the Japanese Foreign Minister and on the Prime Minister?

DIRECTOR ITAGAKI: How about setting the time at 10:15 a.m. on April 15th for the Korean Chief Delegate to pay call on the Foreign Minister, and the time to pay call on the Premier will be set later, sometime after the opening of the Conference.

MINISTER YIU: No objection.

-The end-

1958년 4월 11일, 도쿄

주일 한국대표부와 일본 외무성의 회의

1. 일시 및 장소

1958년 4월 11일, 오후 2시 45분, 일본 외무상 집무실

2. 참석자

한국 측 김유택 대사
유태하 공사
최규하 참사관
진필식 서기관

일본 측 후지야마 아이이치로 외무상
이타가키 오사무 국장
스가누마 아시아제1과장

3. 회의록

후지야마 외무상: 전면회담 재개에 대해 발언하겠는가?

김 대사: 일련의 실무급 회의를 통해 작성한 성명서 초안을 바탕으로 전면회담 재개에 대한 이해에 도달해 가고 있는데, 성명서 초안을 확정하는 것에 대해 어떻게 생각하는가?

유 공사: 확정하자. 어떤가?

후지야마 외무상: 확정하면 전면회담과 실무위원회 회의 모두 1958년 4월 15일에 동시에 재개된다는 의미가 맞는가?

김 대사: 지금 이야기하고 있는 성명서 초안과 동일하게 간다. (이때 양측이 일본이 준비한 공동성명서에 가서명하며 확정했다.)

이타가키 국장: 4월 15일에 전면회담을 시작할 시간을 정해야 하는데, 우리는 10시

를 제안한다.

유 공사: 10시 대신 11시에 시작하기는 어려운가? 어렵다면 10시 30분은 어떤가?

이타가키 국장: 괜찮을 것 같다.

김 대사: 어디에서 개최할 것인가?

이타가키 국장: 회담은 일본 외무성에서 개최할 것이다.

유 공사: 한국대표단이 일본 외무상과 총리를 예방할 시간을 고려해 주기 바란다.

이타가키 국장: 4월 15일 오전 10시 15분에 한국 수석대표가 외무상을 예방하고, 총리 예방은 회담 개최 후로 정하는 것이 어떤가?

유 공사: 이의 없다.

끝

49-2. 공동성명문

2167 **Joint Statement**

The Governments of the Republic of Korea and Japan will resume the overall talks on April 15, 1958, and will discuss the issues which have been pending since the first, second and third Korea-Japan Conferences.

The two Governments have also agreed to resume on the same day the Meeting of the Korea-Japan Working Committee to discuss for settlement the implementation of the terms agreed on December 31, 1957.

April 11, 1958.

번역 **공동성명문**

대한민국 정부와 일본 정부는 1958년 4월 15일 전면회담을 재개하고 1차, 2차, 3차 한일회담 이후 계류 중인 현안들을 논의할 것이다.

또한 양국 정부는 1957년 12월 31일에 합의한 조건의 이행을 논의하기 위해 한일 실무위원회 회의를 같은 날 재개하기로 합의했다.

1958년 4월 11일

50. 실무위원회의 구성 건에 관한 주일 대사 앞 지시 전문(안)

2168 AMBASSADOR YU TAIK KIM

THE FOLLOWING IS INSTRUCTIONS PS NUMBER TWELVE DATED APRIL FOURTEEENTH PD THE ORIGINAL TEXT WILL BE SENT BY NEXT POUCH PD

ITEM ONE YOU ARE INSTRUCTED TO RESUME ON APRIL FIFTEENTH FIFTYEIGHT THE MEETING OF THE KOREA JAPAN WORKING COMMITTEE CMA WHICH HAS FUNCTIONED SINCE THE EARLY PART OF JANUARY CMA FIFTYEIGHT CMA TO DISCUSS FOR SETTLEMENT THE IMPLEMENTATION OF THE TERMS AGREED ON DECEMBER THIRTYFIRST CMA FIFTYSEVEN PD

ITEM TWO AT THE ABOVE WORKING COMMITTEE CMA OUR SIDE SHOULD BE REPRESENTED BY THE EXACTLY SAME MEMBERS WHO HAVE PARTICIPATED IN THE PREVIOUS MEETINGS OF THE COMMITTEE CMA WE ARE INTENDING TO IMPRESS THE JAPANESE SIDE THAT THE COMMITTEE MEETING IS REALLY CONTINUANCE OF THE PREVIOUS MEETINGS PD

ITEM THREE SINCE THE WORKING COMMITTEE CONTINUES TO FUNCTION CMA NOT BEING A SEPARATE COMMITTEE SET UP WITHIN THE FORTHCOMING KOREA JAPAN OVERALL TALKS CMA THE PROCEEDING OF THE WORKING COMMITTEE IS LOGICALLY INDEPENDENT OF THE PROCEEDING OF THE OVERALL TALKS PD THUS CMA THE PROCEEDING OF THE FORMER DOES NOT AFFECT THE ONE OF THE LATTER CMA AND

VICE VERSA PD THE RESULT OF THIS COMMITTEE MEETING IS NO SUBJECT WHICH IS REPORTED TO THE PLENARY SESSION OF THE OVERALL TACKS CMA BUT IT SHOULD BE CONDUCTED UNDER YOUR RESPONSIBILITY AND REPORTED DIRECTLY TO THE HOME GOVERNMENT PD

2169 ITEM FOUR AS THE JOINT COMMUNIQUE RELEASED BY YOU AND JAPANESE FOREIGN MINISTER ON APRIL ELEVENTH CMA FIFTYEIGHT MADE IT CLEAR CMA THE MEETING OF THE WORKING COMMITTEE IS RESUMED TO DISCUSS FOR SETTLEMENT THE IMPLEMENTATION OF THE TERMS AGREED ON DECEMBER THIRTYFIRST CMA FIFTYSEVEN PD AS SOON AS THE COMMITTEE MEETING IS CONVENED CMA YOU ARE INSTRUCTED THAT OUR REPRESENTATIVES SHOULD STRONGLY REQUEST THE JAPANESE SIDE FOR ANSWERING THE FOLLOWING QUESTIONS COLON NUMBER ONE WHETHER THE JAPANESE WILL REPATRIATE THE WHOLE KOREAN DETAINEES OF POSTWAR CATEGORY TO THE REPUBLIC OF KOREA WITHOUT DELAY SEMICOLON NUMBER TWO HOW THE JAPANESE GOVERNMENT TOOK INTO CONSIDERATION THE NECESSITY FOR LIVLIHOOD OF THE KOREANS OF PREWAR CATEGORY RELEASED IN JAPAN SEMICOLON NUMBER THREE WHEN THE JAPANESE SIDE WILL PRESENT TO US THE LIST OF KOREAN ART OBJECTS WHICH WILL INCLUDE EVIDENCE OF JAPANESE SINCERITY CMA AND WHETHER IT IS READY TO DELIVER THE ONE HUNDRED AND SIX OBJECTS WHICH IT PROMISED TO DELIVER US AND THE FOUR HUNDRED ARTICLES WHICH IT SAID TRANSFERABLE TO US PD

ITEM FIVE WITH REGARD TO SUCH KOREANS AS ALLEGEDLY DESIRING TO GO TO NORTH KOREA CMA GOVERNMENT POSITION REMAINS UNCHANGED PD ACCORDING TO YOUR REPORT CMA THE JAPANESE SIDE

ASSURED US THAT THE KOREANS IN QUESTION WOULD NEVER BE SENT TO NORTH KOREA NOR RELEASED IN JAPAN PD THEN CMA PLEASE ASKS THEM WHETHER THE JAPANESE IS INTENDING TO DETAIN THEM FOR INDEFINITE PERIOD PD

2170 ITEM SIX AS TO THE FOUR HUNDRED TWENTY TWO JAPANESE FISHERMEN CMA YOU ARE AUTHORIZED TO INFORM AT APPROPRIATE TIME AFTER THE RESUMPTION OF THE WORKING COMMITTEE CMA THAT THE THIRD GROUP OF THEM PARENTHESIS THREE HUNDRED PARENTHESIS WILL BE REPATRIATED SOON PD

ITEM SEVEN YOU ARE INFORMED CONFIDENTIALLY THAT THE GOVERNMENT IS PLANNING TO REPATRIATE THE THIRD GROUP OP JAPANESE FISHERMEN ON OR ABOUT APRIL TWENTY SECOND CMA FIFTYEIGHT CMA EXPECTING THAT BY THAT TIME THE KOREA JAPAN OVERALL TALKS CMA AS WELL AS THE WORKING GROUP COMMITTEE CMA WILL HAVE BEEN CONDUCTED SUCCESSFULLY PD

COPIES TO AMBASSADOR LIMB AND MINISTER YID PD

FOREIGN MINISTER

번역 김유택 대사

다음은 4월 14일 자 훈령 PS 12호입니다. 원문은 다음 행낭으로 보내겠습니다.

1. 1958년 1월 초부터 1957년 12월 31일에 합의한 조건의 이행에 대해 논의하는 자리가 된 한일실무위원회 회의를 1958년 4월 15일에 재개하십시오.

2. 실무위원회 참석자는 기존 회의 참석자와 완전히 동일하게 하고, 이번 회의는 기존 회의의 연장선상이라는 인상을 일본에 주고자 합니다.

3. 실무위원회는 다가오는 한일전면회담 내에 별도의 위원회로 구성된 것이 아니라 기존의 역할을 계속하는 것이기 때문에 실무위원회는 전면회담과는 독립적으로 진행됩니다. 따라서 실무위원회와 전면회담의 진행 상황이 서로 영향을 미치지 않습니다. 실무위원회 회의 결과는 전면회담 본회의 보고 대상은 아니나 김 대사의 책임하에 진행하고 한국 정부에 직접 보고해야 합니다.

4. 1958년 4월 11일 일본 외무상과 함께 발표한 공동성명서를 통해 명확히 밝혔듯이 실무위원회 회의를 재개하는 목적은 1957년 12월 31일에 합의한 조건의 이행을 논의하기 위함입니다. 실무위원회 회의가 소집되자마자 우리 측 대표들은 일본 측에 다음과 같은 질문에 답변할 것을 강경하게 요구해야 합니다. 1) 일본은 전후 입국 한국인 억류자들을 지체 없이 대한민국에 송환할 예정인가? 2) 일본 정부는 일본에서 석방된 종전 이전 입국 한국인의 생계 지원 필요성에 대해 어떻게 검토했는가? 3) 진정성을 보여줄 증거인 한국 예술품 목록은 언제 제출할 것인가? 그리고 우리에게 전달하기로 약속한 예술품 106점과 우리에게 인도 가능하다고 말한 400점을 반환할 준비가 되어있는가?

5. 북송을 원한다고 알려진 한국인들에 대한 정부의 입장에는 변화가 없습니다. 김 대사의 보고서에 따라 문제의 한국인들은 절대로 북송되지도, 일본에서 석방되지도 않을 것이라고 일본 측이 보장했습니다. 그렇다면 일본은 이들을 무기한 억류할 계획인지 문의하기 바랍니다.

6. 일본 어민 422명과 관련하여 실무위원회 재개 후 적절한 시점에 세 번째 그룹(300명)을 곧 송환할 예정이라고 통보하는 것을 인가합니다.

7. 이 시기쯤이면 한일전면회담과 실무위원회가 성공적으로 진행된 상태일 것으로

기대하며 한국 정부가 1958년 4월 22일에 세 번째 송환 그룹에 속하는 일본 어민들을 송환할 계획이라는 것은 엄격히 기밀로 유지해야 합니다.

외무부 장관

사본: 임 대사, 유 공사

51. 한일 양 대표단 간 실무 회의 요록

2171 Tokyo, April 17, 1958

SUMMARY RECORD

No. I

MEETING ON ADMINISTRATIVE LEVEL BETWEEN THE TWO DELEGATIONS

A meeting was held at Room No.212 of the Japanese foreign Office during the time between 3:50 p.m. and 6:10 p.m. on April 17, 1958, between Counsellor Choi, First Secretary Chin and Mr. Kang, Asia Section Chief, for the Korean side and Counsellor Takano, Mr. Suganuma, Chief, Asia First Section and Mr. Tsuchiya for the Japanese side to make prearrangements in preparation of the Second Plenary Session to be held on April 22, including procedural matters and, the gist of talks at this meeting is as follows

1. Our side explained our view that the number of main committees of the overall talks be four instead of five and the claims committee be decided into three subcommittees, in accordance with the instructions from the Government. Our side also expressed our view on the procedural matters for the fourth overall talks, such as language, compiling of summary records, press release, etc. In this connection, our side told the Japanese side that the prearrangement be completed as soon as possible so that they could be promptly formalized at the second plenary session of the overall talks on April 22 and that actual works of the overall talks may be placed on the line from April 23.

2. The Japanese side raised no particular objection to mere procedural matters for the overall talks, but reserved its view on the composition of the committees and sub-committees. The Japanese side told us that it would express its view on the composition of the committees sometime tomorrow afternoon (April 18).

3. The Japanese side referred to their plan that Japanese Chief Delegate Mr. Sawada is going to make a general statement at the second plenary session on April 22. The Japanese side explained, in this connection, that the general statement, making general observations on pending issues between the two countries, would clarify Japanese views regarding the works of the fourth overall talks.

4. From purely technical point of view and in the light of past experiences that reading statement by one side and countering it by the other side with respect to principles for the settlement of issues would not only cause undesirable delay of the actual work of the conference but arouse unexpected misunderstandings or conflicts of views, our side told the Japanese side that it would not be advisable to exchange general statements by both sides from the beginning of the overall talks.

-The end-

번역

1958년 4월 17일, 도쿄

요록

번호: 1

양국 대표단의 실무급 회의

1958년 4월 17일 오후 3시 50분부터 6시 10분까지 일본 외무성 212호에서 우리 측에서는 최 참사관, 진 1등서기관, 강 아시아과장이, 일본 측에서는 다카노 참사관, 스가누마 아시아제1과장, 쓰치야가 참석하여 회의가 열렸고, 절차상의 문제를 포함하여 4월 22일에 예정되어 있는 제2차 본회의를 준비하기 위해 사전 협의했다. 논의의 요점은 다음과 같다.

1. 우리 측은 정부 훈령에 따라 전면회담의 본위원회는 5개가 아닌 4개여야 하고, 청구권위원회는 3개의 소위원회로 구분해야 한다는 입장을 설명했다. 또한 언어, 요록 작성, 보도 자료 등 제4차 전면회담의 절차상의 문제에 대한 견해도 표명했다. 일본은 4월 22일에 있을 전면회담 2차 본회의에서 공식화할 수 있도록 사전 협의를 최대한 빨리 완료하자고 했고, 전면회담의 실질적인 작업은 4월 23일부터 본궤도에 오를 것이라고 말했다.

2. 일본은 전면회담의 절차상의 문제에 대해서는 별다른 이의를 제기하지 않았으나 위원회와 소위원회의 구성에 대한 입장을 고수했다. 일본 측은 내일(4월 18일) 오후쯤 위원회 구성에 대한 입장을 표명하겠다고 말했다.

3. 일본은 사와다 일본 수석대표가 4월 22일 2차 본회의에서 총평을 통해 양국 간 현안에 대한 전반적인 의견을 제시하면서 제4차 전면회담이 수행해야 하는 과제에 대한 일본의 입장을 명확히 밝힐 것이라고 설명했다.

4. 기술적인 측면에서, 그리고 일방이 성명문을 읽고 문제 해결의 원칙을 지키며 상

대방이 반박하는 형태는 회담의 실질적인 진행을 부적절하게 지연할 뿐만 아니라 의견 충돌이나 예기치 않은 오해를 야기한다는 과거의 경험을 바탕으로 우리 측은 일본 측에 전면회담을 시작할 때부터 총평을 양측이 교환하는 것은 바람직하지 않을 것이라고 말했다.

끝

52. 한일 양 대표단 간 실무 회의 요록

2172 Tokyo, April 18, 1958

SUMMARY RECORD

No. II

MEETING ON ADMINISTRATIVE LEVEL BETWEEN THE TWO DELEGATIONS

1. Time and place:

From 7 : 00 p.m. to 9 : 30 p.m. on April 18, 1958 at Room 523 of the Japanese Foreign Office.

2. Conferees:

The Korean side:	Counsellor Kyu Hah Choi
	First Secretary Pil Shik Chin
	Mr. Yung Kyu Kang, Chief of Asia Section
The Japanese side:	Counsellor Takano
	Mr. Kiyoshi Suganuma, Chief of Asia Section.
	Mr. Tsuchiya, Deputy Chief of Asia Section

3. Gist of talks:

COUNSELLOR TAKANO: Concerning the view that the Korean side expressed at our meeting yesterday, with respect to the adoption of agenda for the fourth overall talks, the Japanese side has no objection to the adoption of the agenda of the 4th overall talks as agreed upon in the Agreed Minutes.

COUNSELLOR CHOI: Leaving the question of expression or wordings in this regard for later discussions, may I understand that the agenda for the 4th overall talks will be the same as agreed on December 31, 1957.

COUNSELLOR TAKANO: No objection. Now, with regard to procedural matters, how it would be to fix language question as follows: The Japanese side will use Japanese or English and the Korean side will use Korean or English. When necessary, interpretation service will be provided by the speaker's side for interpretation into English or in the language of the other party.

COUNSELLOR CHOI: There would not be any difficulties in fixing language problem. It is, therefore agreed between us that the Korean side will use Korean or English, while the Japanese side will use Japanese or English through the whole meetings of the plenary sessions and of the committees and sub-committees. Regarding the interpretation service, as it seems to me that there would be some more alternatives to be considered. I would like to reserve my definite view until tomorrow.

2173 COUNSELLOR CHOI: Regarding the compiling of summary record for the plenary sessions, our side has no objection to your suggestion that the gist of talks of each session will be drafted in English alternately by the designated officials from each side and that the summary record so drafted will be subject to confirmation by the two chief delegates at the following session. Such draftee will be appointed from full delegates.

COUNSELLOR TAKANO: No objection. In this regard, how is it that the draft summary record to be submitted to the plenary session be initialed?

COUNSELLOR TAKANO: Do you have any idea on the compiling of summary record for various committee meetings?

COUNSELLOR CHOI: How would it be to follow the practice in the previous conference? As for committee meetings, I don't think they prepared any joint summary records in the past.

COUNSELLOR TAKANO: So do I understand.

COUNSELLOR TAKANO: Our side agrees to your suggestion with regard to press release that joint press release will be made immediately after each plenary session through the designated press officers of the both sides. It will be subject to decision to be made by the Chief Delegates of both sides.

COUNSELLOR CHOI: The joint press release will be made in English, won't it be? How about the press release on committee meetings?

COUNSELLOR TAKANO: Yes, the press release will be made in English. As for committee meetings, why don't we leave the matter to the chairman of each committee?

MR. CHIN: As for the Korean side, Counsellor Choi will be the press officer on while sessions of the conference including the committee mooting, and therefore, any release will be made through Counsellor Choi.

COUNSELLOR TAKANO: In this connection, it would be very difficult, technically, for the chairman of a committee to keep his mouth shut in the face of reporters' questions. How do you think regarding the problem?

2174 COUNSELLOR CHOI: All official press release will be made through the press officer. In this connection, I think it would be very important to release any statements or comments through a designated officer in order to avoid unnecessary reactions from misunderstandings and for protection of secrecy, etc.

COUNSELLOR TAKANO: I agree with you in principle.

COUNSELLOR CHOI: It would be taken for granted that the relationship between the works of the plenary session and those of various committees will be in accordance with general practices of previous conferences and other international conferences. I agree with you on your view that the works of committees covering understanding reached and points of conflict shall be reported to the plenary session for its confirmation or discussions.

COUNSELLOR TAKANO: With regard to composition of committees, our side wants to set up 5 committees as before, namely, (1) Basie Relations Committee, (2) the Claims Committee, (3) the Fisheries Committee, (4) the Nationality and Treatment Committee and (5) the Vessels Committee. Wordings thereof will be subject to later discussions. The question of setting up sub-committee may be considered by Chairmen of each committee, When they find it necessary according to progress of each committee.

In view of internal reasons, our side wants to set up the same five committees as in the previous conferences. For one reason, the Chairman and members for the five committees have already been decided. The Director of the Maritime Transportation Bureau of the Transportation Ministry has been already appointed as Chief Japanese member of the vessels committee. As it involves problem of personnel of other Ministries concerned beyond Foreign Office, it is a really difficult problem for our side to consider any change of organization of the overall talks from that of the previous conferences. I am further afraid that by placing the vessels problem under the claims committee as a sub-committee thereof, the job of settling the problem of vessels will become more difficult, because when the problem put under a sub-committee, Chief Japanese member of the sub-committee naturally has to be a minor officials.

COUNSELLOR CHOI: I would like to reserve our opinion on you counter proposal regarding the composition of committees and sub-committees, but I would like to state that your reasons are hardly convincing.

COUNSELLOR TAKANO: In the meantime, wouldn't it be convenient for both sides to appoint liaison officers to handle liaison business as we are doing now for convenience' sake.

2175 MR. CHIN: Agreeing to your opinion in general, I thick that for such liaison business as we are doing, Now, Counsellor Choi will attend such meeting for the Korean side.

COUNSELLOR TAKANO: How about having liaison officers from both sides?

COUNSELLOR CHOI: As we had in the past, 1 have no particular objection from convenience sake.

COUNSELLOR CHOI: What would it be the agenda for second plenary session?

COUNSELLOR TAKANO: We have proposed that the chief delegate Sawada reads "general statement" and then the adoption of agenda for the 4th Korea-Japan overall talks, decision on procedural matters, and composition of committees and so forth will follow. Regarding the "general statement" as I understand very well personally your position, I am trying to convince other Japanese delegates with your view to meet the wish of the Korean side. There are several delegates who are still insisting that the general statement be read by Japanese chief delegate at the second plenary session.

COUNSELLOR CHOI: When can I expect to have your definite answer in this regard?

COUNSELLOR TAKANO: I will try my best to give you a definite answer as soon as possible.

COUNSELLOR CHOI: Since our proposal concerning the composition of committee and the setting of sub-committee under the claims committee are logical and reasonable, I sincerely hope that your side will reconsider your position regarding the composition of committees so that we can start actual works of plenary session and thus things be placed on the line through the second plenary session scheduled on April 22, 1958. As you know, the problem on return of vessels was dealt with separately from the first Korea-Japan conference. It was fully discussed in October, 1951 to implement the SCAP instructions. There won't be any further argument on this matter. We will just put into practice what SCAP ordered Japan to do. Thus, the problem will be simply handled by experts at a sub-committee under the committee on Korean claims against Japan. The nature of the vessels problem belongs to the claims problem, and we could realistically and logically put this problem under the claims committee.

Furthermore, after December 31, 1957, the situations have been quite changed from the situation in the previous Korea-Japan conferences Therefore. we should adopt an improved measure for handling the vessels problem in a most effective and practically may by means of setting up a sub-committee under the claims committee. We should find out a constructive way for solving this problem. I can hardly understand the Japanese argument, since it is only concerned with internal situation of Japan.

2176 MR. CHIN: How about, in the meantime, to study the wordings in naming of 3 committees, namely, basic relations, fisheries, and status of Korean residents, leaving the question regarding the claims committees and setting up of sub-committees for later discussions?

MR. SUGANUMA: No objection.

MR. CHIN: I would like to propose that the names of the above three committees be as follows; Committee on Basic Relations, Committee on Fisheries problem and Peace Line, and Committee on Legal Statue of Korean Residents in Japan.

MR. SUGANUMA: There will be no question regarding the naming of basic relations committee. When we are to use the word of "Peace Line", they should be placed with quotation as was the case in the Agreed Minutes signed December 31. 1957. I will study further regarding the naming of 3 committees and will give you definite answer at next meeting.

The meeting was adjourned upon decision that next meeting will be held at one p.m. on April 19. 1958.

-The end-

번역 1958년 4월 18일, 도쿄

요록

번호: 2

한일대표단 실무급 회의

1. 일시 및 장소

1958년 4월 18일, 오후 7시~9시 30분, 일본 외무성 523호

2. 참석자

한국 측 최규하 참사관

진필식 1등서기관

강영규 아시아과장

일본 측 다카노 참사관

스가누마 기요시 아시아과장

쓰치야 아시아과장보좌

3. 회의록

다카노 참사관: 한국 측이 어제 회의에서 4차 전면회담 의제 채택에 대해 표명한 의견과 관련하여, 일본 측은 합의의사록에서 합의한 4차 전면회담의 의제를 채택하는데 이의가 없다.

최 참사관: 표현이나 단어 선택의 문제는 추후 논의하는 것으로 하고, 4차 전면회담 의제가 1957년 12월 31일에 합의한 의제와 동일하다고 생각하면 되는가?

다카노 참사관: 이의 없다. 절차상의 문제로 넘어가자면, 언어의 경우 일본 측은 일본어 또는 영어를, 한국 측은 한국어 또는 영어를 사용하는 것으로 결정하는 것이 어떨까 한다. 필요하면 발언자 측 대표단에서 영어로 또는 상대 측 언어로의 통역 서비스를 제공한다.

최 참사관: 언어 문제에 있어서는 문제가 없을 것이다. 총회, 위원회 및 소위원회 회의 전반에 걸쳐 한국 측은 한국어 또는 영어, 일본 측은 일본어 또는 영어를 사용하는 것으로 합의하자. 통역 서비스에 대해서는 추가적으로 고려해 봐야 할 대안이 몇 가지 있을 것 같다. 이 부분에 대해서는 내일 확실한 입장을 표명하겠다.

최 참사관: 총회 요록 작성과 관련하여 각 세션의 요점을 각 측의 지정된 담당자가 번갈아가며 영어로 작성하고, 이렇게 작성한 요록을 다음 세션에서 양측의 수석대표가 확정하자는 한국 측 제안에 이의가 없다. 작성 담당자는 대표단 구성원 중에서 임명한다.

다카노 참사관: 이의 없다. 본회의에 제출할 요록 초안에 가서명해야 되는 이유가 무엇인가?

다카노 참사관: 위원회 회의에 대한 요록 작성에 대한 아이디어가 있는가?

최 참사관: 기존 회담의 관행을 따르는 것이 어떤가? 과거 한일회담의 위원회 회의에서는 공동 요록을 작성하지 않았을 것 같다.

다카노 참사관: 나도 그렇게 생각한다.

다카노 참사관: 양측의 지정된 언론 담당관을 통해 각 본회의 직후에 공동 보도 자료를 만들자는 의견에 우리도 동의한다. 최종 결정은 양측 수석대표가 내릴 것이다.

최 참사관: 공동 보도 자료는 영문으로 작성하는 것인가? 위원회 회의에 대한 보도 자료는 어떻게 할 것인가?

다카노 참사관: 그렇다. 보도 자료는 영문으로 작성할 것이다. 위원회 회의의 보도 자료에 대해서는 각 위원회 의장이 결정하도록 하는 게 어떤가?

진 서기관: 한국 측에서는 최 참사관이 위원회 회의를 포함하여 회담의 모든 회의에 대한 언론 담당관 역할을 할 예정이므로 모든 보도 자료는 최 참사관을 통해 작성할 계획이다.

다카노 참사관: 기자들의 질문이 쏟아질 때 위원회 의장이 말을 아끼기란 사실상 매

우 어려울 텐데, 이 문제에 대해서는 어떻게 생각하나?

최 참사관: 모든 공식 보도 자료와 발표는 언론 담당관을 통해 이루어질 것이다. 오해로 인한 불필요한 반응을 방지하고 기밀을 보호하기 위해서는 모든 성명이나 발언을 지정 담당관을 통해 전달하는 것이 매우 중요하다고 생각한다.

다카노 참사관: 원칙에 동의한다.

최 참사관: 본회의와 여러 위원회에서 진행되는 논의 간의 관계가 기존 한일회담과 다른 국제 회의의 일반적인 관행을 따른다는 것이 당연하게 여겨질 것이다. 도출한 합의와 의견이 상충하는 부분을 포함하여 위원회에서 발생한 상황을 본회의에 보고하여 확정하거나 논의해야 한다는 의견에 동의한다.

다카노 참사관: 위원회 구성과 관련하여 우리 측은 과거와 같이 (1) 기본관계위원회, (2) 청구권위원회, (3) 어업위원회, (4) 국적 및 처우위원회, (5) 선박위원회 등 5개 위원회를 수립하고 싶다. 위원회 명칭은 추후 논의하면 될 것이다. 소위원회 구성에 대해서는 각 위원회가 진행됨에 따라 필요하다고 판단되면 각 위원회의 의장이 검토할 수 있을 것이다.

내부적인 이유로 인해 우리 측은 과거 회담에서와 마찬가지로 5개 위원회를 구상하고 있다. 5개 위원회에 대한 의장과 구성원을 이미 결정했다는 것도 한 가지 이유다. 교통성 해양교통국 국장이 이미 선박위원회의 일본 측 수석대표로 임명되었다. 외무성의 범위를 넘어서는 다른 부처 관계자가 다루는 문제가 결부되므로 전면회담의 구성을 과거의 회담에서 조금이라도 변경하는 것이 우리로서는 정말 어렵다. 그리고 선박 문제를 청구권위원회의 소위원회가 다루는 문제로 삼으면 선박 문제를 해결하기가 더욱 어려워질 것이다. 소위원회는 상대적으로 지위가 낮은 관료가 이끌 수밖에 없기 때문에 소위원회가 다루는 문제가 되면 해결이 어려워진다.

최 참사관: 위원회와 소위원회의 구성에 대한 일본 측의 역제안에 대한 우리의 입장은 유보하고 싶다. 하지만 방금 제시한 이유는 설득력이 거의 없다.

다카노 참사관: 편의를 위해 우리가 지금 하고 있는 것처럼 연락 업무를 담당할 연락 담당관을 양측이 임명하면 편하지 않겠는가?

진 서기관: 지금 우리가 하는 것 같은 연락 업무를 말하는 것이라면 의견에 동의한다. 이제 그러한 (연락)회의에는 최 참사관이 한국 대표로 참석할 것이다.

다카노 참사관: 양측 모두 연락 담당관을 두는 것이 어떤가?

최 참사관: 과거에도 그랬듯이 편의를 위한 것이라면 특별히 반대할 이유는 없다.

최 참사관: 2차 본회의 의제는 무엇인가?

다카노 참사관: 사와다 수석대표가 '총평'을 낭독하고 4차 한일전면회담의 의제를 채택하며 절차상의 문제를 결정하고 위원회 구성 등에 대해 논의하자고 제안한 바 있다. '총평'에 대해 개인적으로 어떠한 입장인지 아주 잘 알고 있다. 한국 측이 바라는 바를 충족하기 위해 다른 일본대표단들을 설득하고 있는 중이다. 여전히 몇몇 대표들이 2차 본회의에서 일본 수석대표가 총평을 낭독해야 한다고 주장하는 상황이다.

최 참사관: 확실한 답변은 언제 줄 수 있는가?

다카노 참사관: 최대한 빨리 확실한 답변을 주기 위해 최선을 다하겠다.

최 참사관: 위원회 구성, 그리고 청구권위원회 밑에 소위원회를 설치하는 것에 대한 우리 측 제안사항이 논리적이고 합당하기 때문에 일본 측이 위원회 구성에 대한 입장을 재고하여 본회의의 실질적인 작업에 착수하고 1958년 4월 22일에 예정되어 있는 2차 본회의를 통해 제반 사항들이 궤도에 오를 수 있기를 바란다. 알다시피 선박 반환 문제는 1차 한일회담 때부터 별도로 다루었던 사안이다. 1951년 10월에 SCAP 훈령을 이행하자고 논의하기도 했다. 이 문제에 있어서는 더 이상의 논쟁이 없을 것이다. SCAP이 일본에게 지시한 사항을 실천에 옮기기만 하면 된다. 따라서 이 문제는 한국의 대일 청구권을 관장하는 위원회에 소속된 소위원회에서 전문가들이 간단히 다루면 될 사안이다. 선박 문제의 성격상 청구권 문제에 포함되고, 이 문제를 청구권위원회하에서 다루는 것은 현실적이고 논리적인 결정이다.

그리고 1957년 12월 31일 이후에 많은 변화가 있었기 때문에 기존 한일회담 때와는 매우 다른 상황이다. 따라서 청구위원회 밑에 소위원회를 열어 가장 효과적이고 실용적으로 선박 문제를 해결하는 더 좋은 방법을 채택해야 한다. 건설적인 방식으로 문제를 해결해야 한다. 일본 내부의 상황에만 몰두하고 있는 일본 측의 논지가 잘 이해되지 않는다.

진 서기관: 일단은 기본관계위원회, 어업위원회, 재일한국인 지위위원회의 명칭에 대해서만 검토하고, 청구권위원회와 소위원회 설치 문제는 추후에 논의하는 게 어떤가?

스가누마: 이의 없다.

진 서기관: 위 3개 위원회의 명칭은 '기본관계위원회, 어업 문제 및 평화선위원회, 재일한인 법적지위위원회'로 하는 것을 제안하고 싶다.

스가누마: 기본관계위원회의 명칭은 문제가 없을 것이다. '평화선'이라는 단어를 사용할 때는 1957년 12월 31일에 채택한 합의의사록과 마찬가지로 인용 부호와 함께 표기해야 한다. 3개 위원회의 명칭에 대해서는 추가로 검토한 후 다음 회의에서 확실히 답변하겠다.

1958년 4월 19일 오후 1시에 다음 회의를 가지기로 결정하고 회의를 종료했다.

끝

53. 한일 양 대표단 간 실무 회의 요록

2177 Tokyo, April 19, 1958

SUMMARY RECORD

No. III

SUMMARY RECORD ON A MEETING ON ADMINISTRATIVE LEVEL BETWEEN THE TWO DELEGATIONS

1. Time and Place:

From 1:00 p.m, to 4:30 p.m. on April 19, 1958, at Room 523 of the Japanese Foreign Office.

2. Conferees:

The same as in the previous meting on April 18, 1958.

3. Gist of talks:

COUNSELLOR TAKANO: I would like to convey the opinion of the Japanese delegation that there would hardly be any reasons to change the organization of the overall talks now and therefore, the number of committee will be five as before. We have exhausted reasonings regarding the problem. Aside from the reasons as I referred to yesterday, on why we insist on having 5 committees, it is almost impossible to consider the change of organization now at this last hour when we had only a few days till the 2nd plenary session, in view of procedural and technical reasons.

COUNSELLOR CHOI: In view of the fact that the nature of the problem of vessels falls under the category of property and claims, it is reasonable and natural that the vessels problem should be incorporated into the property claims committee. Considering the particular background of the vessels committee that it was set up prior to the opening of the Ist overall talks and later the committee was included under the umbrella of the overall talks as a committee, it would not be reasonable nor practical for your side to insist on the old organization. I think it is certainly an improvement to incorporate the two similar nature of problems under a committee. Further, when the problem of vessels is considered to be cooperatively simple, it is hardly understandable why this reasonable and logical proposal of ours is not agreeable to the Japanese side, if your side is sincere enough to start actual works as soon as possible,

COUNSELLOR TAKANO: From technical reasons, it would be very difficult to consider the change of organization and personnel which is subject to approval at the Vice Ministers'meeting and the Cabinet meeting. Therefore, I think it would be the best idea that, after starting as it is, we may consider the re-arrangement of the organization according to the progress of the conference.

COUNSELLOR CHOI: When I had consultation with Ambassador Limb regarding the question, my impression was that Ambassador Limb had a very nice talks with your chief delegate Mr. Sawada at the latter's informal luncheon regarding the composition of committees.

COUNSELLOR CHOI: I think you have no objection to setting up a sub-committee on Korean art objects? As the problem was handled in Oral Statement, it is quite reasonable to have a specific sub-committee under the claims committee.

COUNSELLOR TAKANO: Doing so would bring about adverse affect upon

2178 the realistic settlement of the problem. There are broadminded persons in Japan, but the trouble would be with those narrow-minded persons concerned. It would be good to settle the art object problem quietly.

COUNSELLOR CHOI: I wish that you would agree to our proposal. How did you decide regarding the "general statement"?

COUNSELLOR TAKANO: In consideration of talks in this regard with Mr. Limb, Mr. Sawada thinks that the plan can be cancelled though he wanted very much to road a general statement at the 2nd meeting.

COUNSELLOR CHOI: Mr. Sawada's feeling in this regard is encouraging.

COUNSELLOR CHOI: Pending the solution of composition of committees, shall we complete the fixing of language problem? As was understood, Korean side will use Korean or English and Japanese side will use Japanese or English. For interpretation service, I like to propose as follows: When necessary, either side will provide its own translation service for comprehension of the language spoken by the other side. In other words, the responsibility for understanding what is stated will rest with the listening side.

COUNSELLOR TAKANO: No objection.

MR. SUGANUMA: Regarding the Korean proposal on the naming of three committees, I like to express our view that we agree to the Korean proposal on the naming of the Basic Relations Committee, that the Fishery Committee be named as Committee on Fisheries or when the name is not acceptable to the Korean side, as Committee on Fisheries and "Peace Line" and that the Resident Committee be maned as Committee on Status and Treatment. of Korean Residents in Japan. As you see, the wordings in naming three committees, the exact relevant wordings from the Agreed Minutes are used.

MR. CHIN: On our proposal, we did not put the quotation on the word of Peace Line in naming the Fisheries Committee. I hope that the Japanese side reconsider the Korean proposal in this regard.

MR. SUGANUMA: How about finalizing the wordings in naming these committees at the tomorrow's meeting upon reconsideration of proposal and counter proposal by the both sides.

COUNSELLOR CHOI: When organizations be completed, our side would like to proceed first with simpler problems, namely, such as Korean residents problem, art objects, and vessels problem. (The Japanese side did not raise any particular objection to the above suggestion by the Korean side.) Counsellor Choi presented a written proposal to Mr. Takano regarding the exact wordings on the claims committee and three sub-committees thereof as follows: Committee on Korean Claims against Japan: (1) Sub-Committee on return of Vessels, (2) Sub-Committee on return of Korean art objects, and (3) Sub-Committee on other claims.

2179 COUNSELLOR CHOI: In-asmuch as the claims committee will handle Korean claims against Japan, I hope that our proposal as presented now will be favourably considered by the Japanese side.

COUNSELLOR TAKANO: This is what you have hitherto told us. The question of naming the committees will be subject for later discussion pending the solution of the composition of committees.

COUNSELLOR CHOI: I like to repeat my view and sincere desire and hope of the Korean delegation that the Korean proposal regarding the composition of the committees will be favourably considered so that the composition of committees will be completed at the second plenary session on April 22, 1958 in order to place the works on the line after April 22, 1958. I would like to state that I take a firm stand in this matter.

COUNSELLOR TAKANO: There will be no hope or prospect for any change of organization, although I did all I could. I hope that the Japanese proposal be favourably considered by the Korean delegation

(Upon decision to continue the meeting tentatively at 11 a,m. on April 21, 1958, the meeting was adjourned at 4:30.p.m.)

–The end–

번역

1958년 4월 19일, 도쿄

요록

번호: 3

한일대표단 실무급 회의 요록

1. 일시 및 장소

1958년 4월 19일, 오후 1시~4시 30분, 일본 외무성

2. 참석자

1958년 4월 18일 회의와 동일

3. 회의록

다카노 참사관: 지금 전면회담의 구조를 변경할 이유가 전혀 없기 때문에 위원회 숫자도 전과 같이 다섯 개로 할 것이라는 일본 정부의 의견을 전한다. 더 이상 설명할 부분은 없을 것 같다. 어제 언급한 이유 외에 위원회를 5개 운영해야 하는 이유를 말하자면 2차 본회의가 며칠밖에 남지 않은 지금 절차적으로나 기술적으로나 구조를 바꾸기를 검토하기란 거의 불가능하기 때문이다.

최 참사관: 선박 문제는 재산과 청구권 카테고리에 속하기 때문에 선박 문제를 청구권위원회에 포함시키는 것은 타당하고 자연스러운 선택이다. 1차 전면회담 개회 전에 구성되었다가 후에 하나의 위원회로서 전면회담 아래에 포함된 선박위원회의 배경을 고려했을 때 기존의 구조를 고집하는 일본 측의 주장은 합리적이지도, 타당하지도 않다. 유사한 성격을 지닌 두 가지 문제를 하나의 위원회에 속하게 하는 것이 더 나은 방법임은 명백하다. 또한 선박 문제가 상대적으로 간단히 해결할 수 있는 문제이고 일본

이 정말 실질적인 작업을 시작하고 싶다면 우리 측의 타당하고 논리적인 제안사항에 동의하지 못하는 이유를 이해하기 어렵다.

다카노 참사관: 기술적인 이유 때문에 차관회의와 내각회의에서 승인을 받아야 하는 인력과 구조 변경을 고려하기가 매우 어렵다. 따라서 기존 방식대로 시작하고 회담의 진행 경과에 따라 구조를 재편하는 것을 고려해 보는 것이 최선이라고 생각한다.

최 참사관: 이 문제에 대해 임 대사와 협의했을 때 임 대사는 비공식 오찬에서 사와다 수석대표와 위원회 구성에 대해 상당히 좋은 방향으로 대화했다는 인상을 받았다고 했다.

최 참사관: 한국 예술품에 대한 소위원회 구성에는 이의가 없을 것 같은데, 맞나? 이 문제는 구두전달문에서 언급했기 때문에 청구권위원회 아래에 별도의 소위원회를 두는 것이 합리적이다.

다카노 참사관: 그렇게 하면 문제의 현실적인 해결에 부정적인 영향을 미칠 것이다. 일본에 관대한 사람들도 있지만, 편협한 사람들이 문제가 될 것이다. 예술품 문제는 조용히 해결하는 게 좋을 것이다.

최 참사관: 우리 제안에 동의해 주기 바란다. '총평'에 대해서는 어떻게 결정했는가?

다카노 참사관: 임 대사와 대화한 내용을 고려하여 사와다는 총평 낭독 계획을 취소할 수 있다고 생각하고 있으나 2차 회의에서 총평 낭독하는 것을 크게 원했다.

최 참사관: 사와다의 생각은 고무적이다.

최 참사관: 위원회 구성에 대한 결정은 유보해 두고, 언어 문제부터 결정하는 것이 어떤가? 한국 측은 한국어 또는 영어, 일본 측은 일본어 또는 영어를 사용할 예정이다. 통역 서비스의 경우 필요하면 상대방의 언어를 이해하기 위한 통역 서비스를 듣는 쪽에서 자체적으로 제공하는 방안을 제안하고 싶다. 다시 말해 상대측의 발언을 이해하는 데 대한 책임은 듣는 쪽에 있는 것이다.

다카노 참사관: 이의 없다.

스가누마: 세 위원회의 명칭에 대한 한국의 제안에 대해 기본관계위원회의 명칭에는 동의하고, 어업위원회는 어업에 관한 위원회로 명명할 것을 제안한다. 한국 측이 이 명칭을 수용할 수 없다면 어업 및 *평화선에 관한 위원회로 하고, 재일한인위원회는 재일한인 지위 및 처우에 관한 위원회로 부를 것을 제안한다. 보다시피 세 위원회

의 명칭에 사용한 단어는 합의의사록에서 사용한 단어와 동일하다.

진 서기관: 제안하면서 어업위원회 이름에서 평화선에 인용 부호를 넣었었다. 일본이 한국의 제안을 재고해 주기를 바란다.

스가누마: 양측이 제안과 역제안한 내용을 재고해 보고 내일 회의에서 위원회 명칭의 단어 선택을 확정하는 것이 어떤가?

최 참사관: 구조가 결정되면 우리 측은 재일한인 문제, 예술품, 선박 문제 등 상대적으로 간단한 문제부터 해결하고 싶다.

(일본은 한국 측의 위와 같은 제안에 특별한 이의를 제기하지 않았다. 최 참사관이 청구권위원회와 3개 소위원회의 명칭을 다음과 같이 작성한 서면 제안서를 다카노에게 전달했다.)

한국의 대일 청구권에 관한 위원회 (1) 선박 반환에 관한 소위원회, (2) 한국 예술품 반환에 관한 소위원회, (3) 기타 청구권에 관한 소위원회

최 참사관: 청구권위원회가 한국의 대일 청구권을 다룰 것임을 고려하여 지금 제안한 내용을 일본이 긍정적으로 검토하기를 바란다.

다카노 참사관: 위원회 명칭 문제는 위원회 구성 방식이 결정된 후에 논의할 것이다.

최 참사관: 위원회 구성에 대한 한국 측 제안을 긍정적으로 검토하여 위원회 구조가 1958년 4월 22일 2차 본회의에서 최종 확정되고 1958년 4월 22일 이후에는 논의가 본궤도에 오르기를 바란다는 나의 견해와 한국대표단의 바람을 거듭 강조하고 싶다. 이 문제에 있어서 확고한 입장을 취하겠다.

다카노 참사관: 최선을 다해봤지만 구조를 변경할 가능성이나 가망이 없다. 한국이 일본 측 제안을 긍정적으로 검토해 주기 바란다.

(잠정적으로 1958년 4월 21일 오전 11시에 회의를 이어가기로 결정하고 오후 4시 30분에 회의가 종료되었다.)

끝

54. 한일 양 대표단 간 실무 회의 요록

2180 Tokyo, April 21, 1958

SUMMARY RECORD

No. IV

MEETING ON ADMINISTRATIVE LEVEL BETWEEN THE TWO DELEGATIONS

1. Time and place:

From 3:30 p.m. to 6,30 p.m. on April 21, 1958 at Room 523 of the Japanese Foreign Office

2. Conferees:

The Korean side:	Counsellor Kyu Hah Choi
	First Secretary Pil Shik Chin
	Asia Section Chief Yung Kyu Kang
The Japanese side:	Counsellor Takano
	Asia First Section Chief Suganuma
	Mr. Tsuchiya, Deputy Chief of Asia First Section

3. Gist of talks:

MR. CHOI: I would like to know whether your side considered my idea on the machinery of the overall talks.

MR. TAKANO: We like to start with five committees at least at the beginning. The question of rearrangement or reorganization of committees may be considered at a later stage according to progress of talks.

MR. CHOI: (Explaining again the position of the Korean side regarding the composition of committees,) (Counsellor Choi) expressed hopes that the Japanese side would consider favourably the Korean proposal in this regard so that committees be set up at the second plenary session tomorrow for placing the works on the line after that.

MR. TAKANO: I agree with you that committees be set up at the second plenary session tomorrow but I insist upon setting up five committees as was the case in the previous conferences.

MR. CHIN: In order for economising time, may I propose that Mr. Suganuma and I start to draft the schedule, agenda and joint press release, etc. on the points understood in preparation for the second plenary session tomorrow except the question pending on the composition of committees, for which Counsellor Choi and Counsellor Takano, would continue discussion.

(Thus, the drafting work started.)

On the basis of prepared draft texts concerning schedule, agenda and press release, discussions were made for a while between Mr. Chin and Mr. Suganuma concerning expressions and wordings in drafting those papers.

— The draft thereof agreed to are attached hereto —

— The underlined parts are subject to alternate. —

MR. CHOI: What would be the matters to be taken up at the second plenary session tomorrow?

2181 MR. TAKANO: We might limit them to the points agreed upon up to now. However, I don't understand why you so strongly insist on your own idea from the beginning.

MR. CHOI: Our proposal concerning the composition of committees is logical, reasonable and practical as I repeatedly explained to you. Your counter proposal in this regard only based on internal technical reasons is hardly convincing.

MR. TAKANO: Each side explained its position thoroughly in this connection. (At this stage, Mr. Choi reported the situation to his superiors.)

MR. CHOI: Position of our Delegation is very strong in this regard as our proposal is not illogical nor unreasonable one. I don't know any value or significance on holding the second plenary session tomorrow for the reason that main job to be done at the meeting tomorrow would be to complete committees and sub-committees for placing the job on the line. (The above remarks were made upon instructions from Mr. Choi's superiors through telephone.)

MR. TAKANO: Is it your personal opinion or ?

MR. CHOI: It is the opinion of my Delegation.

MR. TAKANO: It is very important. I must convey correctly what you have declared now. Would you please give me a clear-cut statement an what you have said now. Do you mean one of the following two? In case, the problem under issue could not be solved by the tomorrow's session: (1). No significance of holding session tomorrow; (2). No actual taking place of tomorrow's session.

MR. CHOI: I hope you will not distort what I intended to say. We strongly hope that the second plenary session will be a successful one with a view to having the overall talks be placed on the right line. The following are what I meant,: "My Delegation believes that unless there is good prospect for arriving at successful conclusion on the problem at tomorrow's meeting, it would be of little significance to have the second plenary session tomorrow." I hope you will neither add nor cut down any words from the quoted remarks of mine.

MR. TAKANO: I think we should be practical. If it is called as committee or sub-committee, or so on, would it be so important. I don't understand why you insist so strongly in this connection.

MR. CHOI: That is exactly the question I would like to raise. I hardly understand why your side insist on your side so strongly with simply unconvincing reasons.

2182 MR. TAKANO: According to Agreed Minutes on December 31, 1957, the same five items are to be discussed at this Talks.

MR. CHOI: No. If you carefully read the Agreed Minutes, you will realize that they have nothing to do with the number of committees to be set up. Reference is made to subjects of discussion in the documents, but no mention was made regarding the composition of committees.

MR. TAKANO: It is my personal feeling that, pending the problem, your side is "refusing" to have the second plenary session.

MR. CHOI: No, that is not the case. It is your side that is "refusing" to start actual works I hope you will accept our proposal.

MR. TAKANO: I have studied it.

-The end-

번역

1958년 4월 21일, 도쿄

요록

번호: 4

한일대표단 실무급 회의 요록

1. 일시 및 장소

1958년 4월 21일, 오후 3시 30분~6시 30분, 일본 외무성 523호

2. 참석자

한국 측 최규하 참사관

진필식 1등서기관

강영규 아시아과장

일본 측　다카노 참사관

스가누마 아시아제1과장

쓰치야 아시아제1과장보좌

3. 회의록

최 참사관: 전면회담 구조에 대한 우리 측 제안에 대해 검토해 봤는지 알고 싶다.

다카노 참사관: 적어도 처음에는 5개 위원회 구조로 시작하고 싶다. 회담이 진행됨에 따라 추후 위원회 구조의 재편이나 재구성을 고려할 수 있을 것이다.

최 참사관: (다시 한 번 위원회 구성에 대한 한국 측 입장을 설명하며) (최 참사관은) 일본 측이 한국의 제안을 긍정적으로 검토하여 내일 있을 3차 본회의에서 위원회를 설치하고 후에는 본격적인 논의를 진행할 수 있기를 바란다고 표명했다.

다카노 참사관: 내일 있을 2차 본회의에서 위원회를 설치하자는 의견에는 동의하지만, 기존 회담에서와 같이 5개 위원회를 구성하자는 입장을 견지하겠다.

진 서기관: 시간을 효율적으로 사용하기 위해 위원회 구성 문제를 제외하고 내일 있을 2차 본회의를 준비하는 과정에서 합의한 사항을 바탕으로 스가누마와 내가 일정, 의제 및 공동 보도 자료 작성을 시작하는 것을 제안하고 싶다. 위원회 구성 문제는 최 참사관과 다카노 참사관이 논의를 이어갈 것이다.

(작성 작업을 시작했다.)

(일정, 의제 및 보도 자료의 작성된 초안을 바탕으로 진 서기관과 스가누마가 표현과 단어 선택에 대해 한동안 논의했다.)

(이렇게 합의한 초안을 첨부함.)

(밑줄 친 부분은 변경될 수 있음.)

최 참사관: 내일 2차 본회의에서는 어떠한 문제를 다루게 되는가?

다카노 참사관: 현재까지 합의된 사안들로 제안할 수 있겠다. 그런데 시작부터 왜 이렇게 강경하게 한국 측의 제안을 고집하는지 이해되지 않는다.

최 참사관: 위원회 구성에 대한 우리 측 제안은 이미 여러 차례 말했듯이 논리적이

고, 합리적이며 타당한 것이다. 일본 측이 역으로 제안한 내용은 내부적인 기술적 문제만을 근거로 하며 설득력이 거의 없다.

다카노 참사관: 이 부분에 대해서 각 측이 자신의 입장을 충분히 설명했다. (이때 최 참사관이 상황을 상부에 보고했다.)

최 참사관: 우리가 제안한 내용이 비논리적이거나 부당하지 않은 것이므로 이 문제에 있어서 우리 대표단의 입장은 매우 확고하다. 내일 있을 본회의에서 완수해야 할 가장 중요한 과제가 본격적인 회담을 위해 위원회와 소위원회 구성을 완료하는 것이므로 이 상황에서 내일 2차 본회의를 진행하는 것이 의미나 가치가 있는지 모르겠다. (최 참사관이 전화로 상부에서 지시받은 내용을 바탕으로 한 발언이다.)

다카노 참사관: 개인적 의견인가?

최 참사관: 우리 대표단의 의견이다.

다카노 참사관: 아주 중요한 문제다. 방금 말한 내용을 정확하게 전달해야 한다. 방금 한 발언을 명확하게 정리해 줄 수 있는가? '(1) 내일 본회의를 진행하는 것이 무의미하다.'와 '(2) 내일 본회의를 진행하지 않을 것이다.' 중 하나를 의미한 것인가? 그렇다면 지금 우리가 논의하고 있는 문제는 내일 회의에서 해결할 수 없을 것이다.

최 참사관: 내가 말하려고 했던 바를 왜곡하지는 않기를 바란다. 전면회담이 올바른 궤도에 오르기 위해 2차 본회의가 반드시 성공적으로 진행되기를 바란다. '우리 대표단은 내일 있을 회의에서 이 문제에 대한 성공적인 결론이 도출될 가능성 없다면 내일 2차 본회의를 개최하는 것이 의미가 거의 없다고 생각한다'는 의미였다. 인용 부호를 달아 발언한 내용에서 어떠한 단어도 더하거나 빼지 않기를 바란다.

다카노 참사관: 현실적으로 접근해야 한다고 생각한다. 위원회로 부르든, 소위원회로 부르든 그것이 그렇게 중요한가? 왜 그렇게 강경하게 주장하는지 모르겠다.

최 참사관: 그것이야말로 내가 던지고 싶은 질문이다. 설득력 없는 이유를 대면서 왜 그렇게 고집을 부리는지 이해가 되지 않는다.

다카노 참사관: 1957년 12월 31일 자 합의의사록에 이번 회담에서도 동일하게 다섯 가지 사안을 논의한다고 되어있다.

최 참사관: 그렇지 않다. 합의의사록을 자세히 읽어보면 구성될 위원회의 숫자와는 전혀 관계가 없는 내용임을 알 수 있다. 합의의사록에서 논의의 주제에 대해서는 언급

했지만 위원회 구성에 대해서는 언급하지 않았다.

다카노 참사관: 개인적으로 한국 측이 이 문제를 유보하며 2차 본회의 개최를 '거부'하고 있다는 느낌이 든다.

최 참사관: 아니다. 그렇지 않다. 실질적인 논의를 시작하기를 '거부'하고 있는 것은 일본 측이다. 우리 제안을 수용하기를 바란다.

다카노 참사관: 검토했다.

끝

55. 한일 양 대표단 간 실무 회의 요록

2183 SUMMARY RECORD

No. IV[V의 오타로 추정] Session

MEETING ON ADMINISTRATIVE LEVEL BETWEEN THE TWO DELEGATIONS

1. Time and place:

From 1:30 p.m. to 3:20 p.m. on April 23, 1958 at the Japanese Foreign office (Room 523).

2. Conferees:

The Korean side:	Counsellor Kyu Hah Choi
	First Secretary Pil Shik Chin
	Mr. Yung Kyu Kang, Asia Section Chief
The Japanese side:	Counsellor Takano
	Mr. Suganuma, Asia First Section Chief
	Mr. Tsuchiya, Deputy Chief of Asia First Section

3. Gist of talks:

MR. TAKANO: Let me ask you a question first concerning your proposal on composition of committees. At the previous meeting, we have discussed on the namings of the following committees a). Committee on Basic Relations, b). Committee on Status and Treatment of Korean Residents in Japan. would there be any change from our discussion?

MR. CHOI: No, there won't be any fundamental change in it. The Committee on Legal Status of Korean Residents in Japan is the same naming as was originally proposed by our side at the previous meetings on this level.

MR. TAKANO: I think we reached understanding.

MR. CHOI: That is up to future discussion. What we made at yesterday's plenary session is our formal proposal.

MR. TAKANO: Yesterday morning, you told us that Korean side would make a proposal at the plenary session in general terms.

MR. CHOI: Contrary to our understanding, your side did not say that the Japanese side would study it in the beginning. He rather said we would refer the matter at the Working Committee before he stated after an interval that the matter would be referred to the Japanese Government for consideration. No Working Committee has been concerned on the matter of composition of committees

MR. TAKANO: If your side names as committee on legal status, won't the problem of treatment be discussed? This question was raised up by the Ministry of Justice.

2184 MR. CHOI: We will discuss it, too as in the Agreed Minutes.

MR. TAKANO: As for Peace Line, does the Korean side like to put it without quotation? And, will the Peace Line be discussed independent of fishery problems under the same committee you proposed, or discussed together with fisheries?

MR. CHOI: Yes, we want to put Peace Line without quotation.

MR. TAKANO: Will question of vessels and art objects be discussed under the category of Korean Claims against Japan? This question was raised up by other Ministries concerned.

MR. CHOI: Yes, they will, but our present meeting is not supposed to go into substantial matter at this meeting.

MR. TAKANO: However, in order to decide the composition of committees, we cannot help going into substantial matter.

MR. CHOI: Do you have any argument on the namings of committees?

MR. TAKANO: Yes, regarding committees on claims and on fisheries.

MR. CHOI: What is question on committee on fisheries?

MR. TAKANO: Peace Line.

MR. CHOI: You have already agreed to discuss Peace Line. In reference to the incorporation of committee on vessels into the committee on Koran claims and set-up of the sub-committees on vessels and on other question, you proposed matter of composition of sub-committees would be left over to committee concerned itself. Now do you answer that the committee on Korean claims will be divided into three sub-committees later, on committee level, but the vessels committee will be incorporated into the Korean claims committee immediately on the plenary level?

MR. TAKANO: No, it is not acceptable. We like to have all the committees as before. This matter touches upon the substantial matter. It is obviously beyond my power. We want to start committee work with five committees.

2185 MR. CHOI: What is your opinion on composition of committees, then?

MR. TAKANO: Firstly, we like to have five committees just as at the previous overall talks but it will be changed later depending upon the decision by committees concerned.

MR. CHOI: Which committee will discuss art objects?

MR. TAKANO: Committee on claims will discuss it, first.

MR. CHOI: (Explaining the term of the Agreed Minutes of December 31, 1957)

The matter on Korean art objects is included in Korean claims, and it is the past practices and on agreed point.

MR. TAKANO: The namings and composition of committees, at this stage, have become to touch upon the substantial matter of the conference. It is entirely out of my power. Therefore, we think it will be necessary to organize a special committee for studying the matter of the namings and composition of committees.

MR. CHOI: I do not think it necessary to have another committee for studying the namings and composition of committees or at committees. Anyhow, what is the position of Japanese side concerning the question on composition of committees?

MR. TAKANO: An independent main committees on vessels should be established, and five committees including committees on vessel will start their work, and then the question on sub-committees will be left over to the committee concerned, itself.

MR. CHOI: Your position is still same as it has been. I am disappointed to learn that your side did not say constructive words.

MR. TAKANO: (Regarding the proceeding of the third plenary session,) would it be all right with the Korean side that the Japanese side would present its proposal on the composition of committees at this afternoon's meeting, and further propose that the matter would be discussed at the fourth plenary session?

MR. CHOI: Would your proposal be that you accept our proposal at the plenary meeting? How are you going to proceed with this afternoon's meeting?

MR. SUGANUMA: Japanese side will present its own proposal, and later, both sides. will study the proposals on composition of committees either at plenary session or at a special committee.

2186 MR. CHOI: (After a telephone conversation with the superior,) I was ordered to be right back to the the office. I wish that some measures would be taken by your side for the plenary session this afternoon. I hope you will say that your side will accept the Korean proposal. Unless you can say that you accept the Korean proposal, the only thing that you can say will be that your side is still studying the Korean proposal.

MR. TAKANO: (Coming back after referring the matter to his superior) Committee on vessels will be put into sub-committee. However we haven't decided under what committee it would be incorporated. We are studying Korean proposal.

MR. CHOI: To what committee, do you think, sub-committee on vessels would belong, if you havn't decided? What committee does the sub-committee on vessel belong to ? It is quite natural that it should belong to committee Korean claims in view of its nature.

MR. TAKANO: We are still studying Korean proposal. Anyway, we have no objection to the idea of making it a sub-committee, instead of main independent committee. However, it has not been decided what committee it would come under.

MR. CHOI: You mean that it will not be an independent sub-committee.

MR. TAKANO: I mean that way. Is it acceptable to you?

MR. CHOI: I have to know how you intend to treat the sub-committee on return of vessels. You have to tell us about your idea as a whole, and not bit by bit, before you want to have my answer on your suggestion on making the committee on vessels the sub-committee on vessels. I will reserve my answer to it, before you tell me about the whole idea on the composition of committees.

(4:09 p.m. before the start of the third plenary session)

MR. CHOI: We will have to set the date for the next plenary session.

MR. TAKANO: Since many Ministries are involved in this conference, it would be hard to set it at today's meeting.

MR. CHOI: We will leave it to both Chief Delegates.

MR. TAKANO: As the Japanese side has not completed the study on your proposal, the Japanese side will say that the Korean proposal is under study.

2187 MR. TAKANO: Is it be all right that a special committee be set up for studying the composition of committees?

MR. CHOI: I don't think it necessary to make another special committee.

MR. CHOI: How about press release today?

MR. TAKANO: We will leave this matter to Chief Delegates.

-The end-

번역 요록

번호: 4[5의 오타로 추정]

한일대표단 실무급 회의

1. 일시 및 장소

1958년 4월 23일, 오후 1시 30분~3시 20분, 일본 외무성 523호

2. 참석자

한국 측 최규하 참사관

진필식 1등서기관

강윤규 아시아과장

일본 측 다카노 참사관

스가누마 아시아제1과장

쓰치야 아시아제1과장보좌

3. 회의록

다카노 참사관: 먼저 위원회 구성에 대한 제안에 대해 질문하고 싶다. 전 회의에서 a) 기본관계에 관한 위원회, b) 재일한인의 지위와 처우에 관한 위원회의 명칭을 논의했다. 전에 논의한 내용에서 변경된 것이 있는가?

최 참사관: 없다. 근본적인 변화는 없을 것이다. 재일한인의 법적 지위에 관한 위원회는 지난 실무급 회의에서 우리 측이 당초 제안한 것과 동일한 명칭이다.

다카노 참사관: 합의가 된 것 같다.

최 참사관: 그건 향후 논의하기에 달려있다. 어제 본회의에서 발언한 것이 우리의 공식적인 제안사항이다.

다카노 참사관: 어제 오전에 한국 측이 전체적인 조건에 대해 본회의에서 제안을 할 것이라고 말했다.

최 참사관: 반대로 일본 측이 처음에는 검토하겠다고 말하지 않은 것으로 우리는 알고 있다. 실무위원회에서 이 문제를 논의하겠다고 말하고 어느 정도 지난 후에 검토를 위해 일본 정부에 전달하겠다고 했다. 어떠한 실무위원회에서도 위원회 구성 문제를 다룬 바 없다.

다카노 참사관: 법적 지위에 관한 위원회라고 명명하면 처우 문제는 논의하지 않는 것인가? 법무성이 이러한 의문을 제기했다.

최 참사관: 합의의사록에서 언급했듯이 논의할 것이다.

다카노 참사관: 평화선은 인용 부호와 함께 표기하고 싶은가? 그리고 평화선에 대해서는 제안한 위원회에서 어업 문제와 별도로 논의할 것인가, 아니면 어업 문제와 함께 논의할 것인가?

최 참사관: 평화선은 인용 부호와 함께 표기하고 싶다.

다카노 참사관: 선박과 예술품은 한국의 대일 청구권 카테고리에서 논의할 것인가? 다른 부처에서 문의한 사항이다.

최 참사관: 그렇게 할 것이다. 하지만 이번 회의는 본격적으로 문제를 논의하기 위한 자리가 아니다.

다카노 참사관: 하지만 위원회 구성을 결정하기 위해서는 구체적인 문제를 언급하지 않을 수 없다.

최 참사관: 위원회 명칭에 대한 의견이 있는가?

다카노 참사관: 있다. 청구권에 관한 위원회와 어업에 관한 위원회에 대한 것이다.

최 참사관: 어업에 관한 위원회에 대한 질문이 무엇인가?

다카노 참사관: 평화선에 대한 것이다.

최 참사관: 이미 평화선을 논의하기로 합의했다. 선박에 관한 위원회를 한국 청구권에 관한 위원회로 통합하고 선박과 기타 문제에 대한 소위원회를 구성하는 것과 관련해서 소위원회 설치 문제는 해당 위원회가 직접 결정하는 방식을 일본 측이 제안했다. 그런데 지금은 한국 청구권에 관한 위원회는 위원회 차원에서 추후 3개 소위원회로 나누고, 선박위원회는 바로 본회의 차원에서 한국청구권위원회에 포함시킨다고 생각하는 것인가?

다카노 참사관: 아니다. 수용할 수 없다. 과거 회담에서 설립했던 위원회를 모두 설치하고 싶다. 본질적인 문제가 결부되어 내가 해결할 수 있는 범위를 크게 벗어나는 사안이다. 5개 위원회를 설치하면서 시작하고 싶다.

최 참사관: 그럼 위원회 구성에 대해서는 어떻게 생각하는가?

다카노 참사관: 먼저 지난 전면회담과 동일하게 5개 위원회를 설치하고 싶지만 추후 각 해당 위원회의 결정에 따라 변경될 것이다.

최 참사관: 위원회에서 예술품 문제를 논의할 것인가?

다카노 참사관: 일단 청구권에 관한 위원회에서 논의할 것이다.

최 참사관: (1957년 12월 31일 자 합의의사록의 조건을 설명하며) 한국 예술품 문제가 한국의 청구권에 포함되어 있으며, 과거에도 이것이 관행이었고 합의도 했다.

다카노 참사관: 위원회 명칭과 구성으로 인해 회담의 본질적 문제를 거론하게 되었다. 내가 해결할 수 있는 문제가 아니다. 따라서 위원회 명칭과 구조를 검토하기 위한 특별위원회를 설립할 필요가 있다고 생각한다.

최 참사관: 별도의 위원회를 만들어서 위원회의 명칭과 구성을 검토하거나 위원회에서 검토하는 것이 필요하지 않다고 생각한다. 위원회 구성 문제에 대한 일본의 입장은 무엇인가?

다카노 참사관: 선박에 대한 독립적인 위원회가 설치되어야 하고, 선박위원회를 포함하는 5개 위원회가 논의를 시작할 것이다. 그 후에 소위원회 문제를 각 위원회에서 결정하는 것이다.

최 참사관: 일본 측 입장에는 변화가 없다. 건설적인 답변을 주지 않은 것이 실망스럽다.

다카노 참사관: (3차 본회의 진행에 대하여) 일본이 오늘 오후 회의에서 위원회 구성

에 대한 의견을 제시하고, 4차 본회의에서 논의할 문제도 제안하는 것에 찬성하는가?

최 참사관: 본회의에서 우리 측 제안을 수용하겠다는 의견을 제시할 것인가? 오늘 오후 회의는 어떻게 진행할 계획인가?

스가누마: 우리 자체적으로 제안하는 의견을 제시할 것이고, 그 후에 양측이 본회의나 특별위원회에서 위원회 구성에 대한 제안사항을 검토할 것이다.

최 참사관: (상부와 전화 통화 후) 바로 사무소로 복귀하라는 지시를 받았다. 오늘 오후 본회의에서 일본 측이 무언가 조치를 취해주기를 바란다. 한국의 제안을 수용한다고 말해주면 좋겠다. 한국의 제안을 받아들인다고 말할 수 있는 게 아니라면 일본 측은 아직 한국의 제안을 검토 중이라는 말밖에 할 수 없다.

다카노 참사관: (상부에 보고한 후 돌아와서) 선박에 관한 위원회를 소위원회로 설치할 것이다. 하지만 어떠한 위원회에 부속시킬 것인지는 결정하지 않았다. 한국 측 제안을 검토 중이다.

최 참사관: 아직 결정을 안 했다면 선박에 관한 위원회가 어떠한 위원회에 속하게 될 것이라고 생각하는가? 문제의 성격을 생각했을 때 한국청구권위원회에 귀속되는 것이 상당히 자연스럽다.

다카노 참사관: 여전히 한국의 제안을 검토 중이다. 어쨌든 독립적인 본위원회가 아니라 소위원회로 설치한다는 생각에는 이의가 없다. 그러나 어떠한 위원회에 속할 것인지는 결정하지 않은 상태다.

최 참사관: 독립적인 소위원회로 설치되지 않는다는 의미인가.

다카노 참사관: 그렇다. 문제없는가?

최 참사관: 선박 반환에 대한 소위원회를 어떻게 취급할 계획인지 궁금하다. 선박위원회를 선박에 관한 소위원회로 설치하자는 제안에 대한 내 답변을 듣고 싶으면 하나씩이 아니라 계획 전체를 말해줘야 한다. 위원회 구성에 대한 생각 전체를 말해주기 전까지는 대답을 유보하겠다.

(오후 4시 9분, 3차 본회의 시작 전)

최 참사관: 다음 본회의 일자를 정해야 한다.

다카노 참사관: 많은 부처가 관계되어 있기 때문에 이 자리에서 정하기는 어렵다.

최 참사관: 양측 수석대표들이 정하게 하자.

다카노 참사관: 일본 측이 한국의 제안에 대한 검토를 완료하지 않았기 때문에 한국 측 제안을 검토 중이라고 말하겠다.

다카노 참사관: 위원회 구성을 검토하기 위한 특별위원회를 구성해도 괜찮은가?

최 참사관: 또 다른 특별위원회를 만들 필요가 없다고 생각한다.

최 참사관: 오늘 보도 자료는 어떻게 할 것인가?

다카노 참사관: 수석대표들에게 맡기겠다.

끝

교섭 및 훈령, 1958~1960

분류번호 : 723.1JA 교1958-60
등록번호 : 706
생산과 : 아주과
생산연도 : 1960
필름번호 : C1-0004-01
프레임번호 : 0001~0221

제4차 한일회담 본회의 및 각 위원회별(재일한인 법적지위위원회, 선박소위원회, 한국청구권소위원회 등) 교섭 요령에 관한 외무부의 훈령, 지침 등에 관한 문서가 수록되었다. 일본이 한국에 대한 청구권 주장을 철회함에 따라 1958년 4월 15일 재개된 제4차 회담에서 청구권위원회의 명칭은 이전의 재산청구권위원회에서 한국청구권위원회로 개칭되어 재개되었다.

2. 제4차 한일회담 협상 지침 문서

1270 GUIDING PRINCIPLES FOR COMMITTEE NEGOTIATION AT THE 4TH KOREA-JAPAN CONFERENCE

On May 22, 1958 (p.m.), Vice-Minister orally reported again to His Excellency the President on this draft. This draft was approved by His Excellency.

Y. C. K.

외정 1851호
MAY 22 1958

번역 4차 한일회담의 위원회 교섭에 대한 기본 원칙

1958년 5월 22일(오후)에 차관이 본 초안을 대통령께 구두로 보고했고, 대통령께서 승인했습니다.

Y. C. K.

외정 1851호
1958년 5월 22일

별첨

2-1. 제4차 한일회담 일반 및 위원회별 협상 지침(초안)

1271 On may, 1958, this draft was orally recommended to His Excellency the President by Vice-Foreign Minister Kim.

Approved by His Excellency. Formal recommendation was submitted on the same day.

GUIDING PRINCIPLES FOR NEGOTIATIONS AT THE FOURTH KOREA-JAPAN CONFERENCE

General Rules-I

1. We should be very careful lest we should reveal the ultimate intention of the Government on any issue at the Conference.

2. We should do our best to fathom real intention and true motive of the Japanese on any issue. Let them talk first.

3. We should not be trapped, consciously or unconsciously, into delaying tactics or deviation from proper agenda.

4. Our negotiators, of course, should act in accordance with government instructions. But they should be positive enough at the same time to recommend to the Government on their findings and observations so that the Government map out a proper course of negotiation.

5. Our negotiators including the whole members of the Mission should

make constant efforts to research data for negotiation, particularly on claims question. They should be ready to find out on the spot necessary files which would be the basis of our assertion at the Sub-Committee on Korean Claims.

1272

GUIDING PRINCIPLES FOR NEGOTIATIONS AT THE FOURTH KOREA-JAPAN CONFERENCE

Committee on Legal Status of Korean Residents in Japan-I

1. (Starting point of negotiation) It is recalled that both sides almost drafted a joint draft agreement on Legal Status of Korean Residents in Japan on April 1, 1952. It is now obvious, however, that even our draft proposal of April 1, 1952 is never satisfactory and practicable to meet the present circumstances, particularly as the said draft stipulated, in a few points, time limits during which the Japanese Government is restrained from taking arbitrary measures. Therefore, the said draft should not be a starting point of negotiation. Moreover, we are not bound by our proposal of April 1, 1952, in view of the Agreed Minutes of December 31, 1957 in which sub-agenda items were stipulated especially for agenda item "Status and Treatment of Korean Residents".

2. (Nationality and permanent residence) It goes without saying that the whole Koreans in Japan who have been residing in Japan since prior to World War II are nationals of the Republic of Korea without exception, and are to be granted permanent residence in Japan. This is an irrevocable position of our Government. But our negotiators at this committee should start its work on the assumption that the Japanese side has already admitted these things. Never ask these questions to the Japanese on our own initiative.

1273 3. (Initial move-deportation) Annexed Understanding of December 31, 1957 stipulated, "…including arrangements for the acceptance of deportees,…" In our interpretation, these words at least imply that the Japanese Government will not deport unilaterally those Koreans of pre-war category. If Japan promises to grant permanent residence to Koreans of prewar category as it did in the previous conferences, it is logical conclusion that Japan cannot deport them unilaterally. "Permanent residence subject to arbitrary deportation" is not worth "permanent residence" in any means.

Additional clause, May 20, 1958

4. Our negotiators are confidentially informed that the Government is planning to request a sort of compensation to be paid to those Korean residents in Japan who have been forcibly brought to Japan as conscripted laborers. In this regard, please refer to Item V of our proposal dated February 21, 1952 concerning Principles of the Draft Agreement on the Disposition of Property Claims between the Republic of Korea and Japan (to repay … the Japanese obligations to the conscripted Korean laborers and other claims of Korean nationals or other claims of Korean nationals or its juridical persons to the Government of Japan …) In discussion of the issue of legal status of Korean residents in Japan, our negotiation are accordingly required to bear in mind the above points which the Government has in mind.

1274 GUIDING PRINCIPLES FOR NEGOTIATIONS AT THE FOURTH KOREA-JAPAN CONFERENCE

Sub-Committee on Vessel-I

1. (Nature of question and scope of vessels to be dealt with) We take the view that the "vessel question" is nothing but one of the Korean claims against Japan. There is no room for Japan to expand unduly agenda at the sub-committee on vessel. The problems of Japanese (fishing boats) which have been confiscated by our Law or the problems of Korea-Japan navigation must not be subject for discussion at this sub-committee. Korea and Japan have some other various vessel questions which are beyond the province of the Korea-Japan overall talks (for instance, question of wrecked vessels, etc.), but those questions should be settled through the routine diplomatic channel and not by the present conference.

2. (Not donation but right) For return of vessels to Korea, we are demanding by the right we are entitled to. We will never accept the Japanese donation of vessels, as it suggested in the previous conference, regardless of tonnage of vessels.

3 (Sub-agenda of sub-committee) We have no objection to the proceeding of the sub-committee on the basis of the same four sub-agenda items A, B, C and D, which have been previously adopted. But our negotiators should keep in mind that the main task of the sub-committee is to settle the questions of Agenda items A and B.

1275 4. (Priority of discussion) At the sub-committee, discussion should go first with Agenda item A. Agenda item B should be discussed after complete settlement of Agenda item A. Agenda items C and D must not be taken up before the settlement of questions in Agenda items A and B.

5. (Category of vessels in our list) Our list of vessels which fall under agenda

item A include (1)vessels that Japan admitted falls under this category; (2)ones whose whereabouts we know exactly; (3)ones that we know are in Japan but without having information of whereabouts; (4)ones that are presumed to have been carried away to Japan after August 9, 1945; (5)ones that are not located in Korean waters but of which we have not information about their whereabouts. This classification is for confidential information for our negotiators.

6. (Initial move at negotiation for Agenda item A) Negotiation for Agenda item A should be conducted as follows:

a. Ask the Japanese side as to whether it will present a list additional to the one that it presented to us in the previous conference. Press the Japanese side for presenting a final and last list of vessels which it is ready to return to us.

b. If the above negotiation has been done, present to the Japanese side a list of a group of vessels (consisting of 20 to 30), of which about seventy per cent
1276 is from category (1) and about thirty percent from (2), (3), (4), (5) and pressing the Japanese side for answering whether it is ready to deliver them.

1277 GUIDING PRINCIPLES FOR NEGOTIATIONS AT THE FOURTH KOREA-JAPAN CONFERENCE

Sub-Committee on Korean Claims-I

1. (Agenda priority) It is considered that agenda items at this sub-committee are divided into two parts: a) return of Korean art objects and b) other claims. That is why our side originally proposed to set up a sub-committee on Korean art objects. "Other claims" should be discussed after a satisfactory settlement of "return of Korean art objects", because the latter question has been already taken up for settlement since the days of the preliminary talks.

2. (Initial move on return of art objects) In discussion of return of Korean art objects, the following principles should be observed:

1) At the opening of the first session of the sub-committee, request the Japanese side to present to our side a full list of Korean art objects, which it is ready to return to us, in addition to those 107 and 489 objects. It is the Japanese side that should first declare what Korean art objects it is possessed of. Never hand our list of Korean art objects in Japanese possession before we (Government) confirm that the Japanese side has presented a final and last list of the objects which it is prepared to deliver to us.

1278 2) Our negotiators' move at next stage will be instructed later. But our negotiators are confidentially informed that after the foregoing negotiation has been done, we will present our list of those objects which are not included in the Japanese list. Even in that case, we will not hand to the Japanese the list of whole objects that we prepared.

3. (Research by delegates on art objects) Our delegates, especially expert on art objects, should make constant efforts to study our list of art objects in Japanese possession, inquiring into value of objects, year of production, when and how they were taken away from Korea, etc., and report from time to time to the Government.

4. (Art objects privately owned) Our negotiators should bear in mind that the Government intends to pursue not only those Korean art objects in the Japanese Government possession but also ones privately owned by Japanese nationals or organizations.

5. (Definition of Korean art objects) The meaning of "Korean art objects" has been already defined in the previous instructions to the Mission PS/9

ITEM 5 PS/9 (dispatched by cable FT-006, Feb. 10, 1958)

6. "Korean art objects" mean all classical books, art objects in narrow sense, curios and other national treasure. As for the range of time of removal from Korea of Korean art objects, our position is that the Japanese Government should turn over to us all those art objects taken away from Korea since 1950.

번역 1958년 5월 김 차관이 본 초안을 대통령께 구두로 보고했고, 대통령께서 승인했습니다. 같은 날 공식 권고사항을 제출했습니다.

4차 한일회담의 교섭에 대한 기본 원칙

일반적 규칙-I

1. 회담에서 일체의 현안에 대한 정부의 궁극적인 의도를 드러내지 않도록 매우 주의해야 한다.

2. 모든 문제에 대해 일본의 진의와 진정한 동기를 파악하기 위해 최선을 다해야 한다. 일본이 먼저 말하게 한다.

3. 의식적으로나 무의식적으로 지연 전략이나 의제로부터의 이탈의 함정에 빠지지 않아야 한다.

4. 우리 교섭자들은 물론 정부의 지시에 따라 행동해야 하지만, 동시에 정부가 적절한 교섭 경로를 구상할 수 있도록 의견을 정부에 권고할 만큼 적극적이어야 한다.

5. 주일 대표부 전 구성원을 포함하여 우리 교섭자들은 특히 청구권 문제에 대해 교

섭을 위한 연구자료를 도출하기 위해 지속적으로 노력해야 한다. 한국 청구권소위원회에서 우리 측이 주장하는 내용의 근거가 될 자료를 바로 찾을 수 있는 준비가 되어 있어야 한다.

4차 한일회담의 위원회 교섭에 대한 기본 원칙

재일한인 법적지위위원회-I

1. (교섭의 출발점) 양측이 1952년 4월 1일에 재일한인의 법적 지위에 관한 공동 협약 초안을 거의 작성했었다. 그러나 현재 1952년 4월 1일의 제안서 초안은 특히 몇몇 지점에서 일본 정부가 독단적인 조치를 삼가는 기간에 제한을 두는 등 현재의 상황에 부합하기에는 절대로 만족스럽거나 현실적이지 않다는 것이 명백하다. 따라서 해당 초안을 교섭의 출발점으로 삼지 않아야 한다. 또한 우리는 '재일한인의 지위와 처우'에 대한 하위 항목이 명시되어 있는 1957년 12월 31일 자 합의의사록에 따라 1952년 4월 1일 자 제안서에 구속받지 않는다.

2. (국적 및 영주권) 제2차세계대전 전부터 일본에 거주해 온 모든 재일한인이 예외 없이 대한민국 국민이며, 일본에서 영주권을 부여받아야 한다는 것은 말할 필요도 없다. 이것은 변경의 여지가 없는 우리 정부의 확고한 입장이다. 그러나 본 위원회에서 우리 교섭자들은 일본 측이 이미 이러한 내용을 인정했다고 가정하고 논의를 시작해야 한다. 절대로 먼저 일본 측에 이러한 질문을 던지지 않아야 한다.

3. (초기의 방향-추방) 1957년 12월 31일 자 부속 양해서에는 '… 추방자 수용을 위한 계획을 포함하여…'라는 문구가 포함되어 있다. 우리의 해석에 따르면 이 표현은 최소한 일본 정부가 종전 전 카테고리에 해당하는 한국인들을 일방적으로 추방하지 않을 것임을 암시한다. 일본이 지난 회담에서 그랬듯이 종전 전 유형에 해당하는 재일한인들에게 영주권을 부여하겠다고 약속한다면, 일본이 이들을 일방적으로 추방할 수 없다고 결론짓는 것이 논리적이다. '독단적 추방이 가능한 영주권'은 어떠한 의미에서

도 '영주권'이 될 수 없다.

추가 조항, 1958년 5월 30일

4. 정부가 강제 징용 노동자로 일본에 강제로 이주한 재일한인들에게 일종의 보상을 지급할 것을 요청하기 위한 계획을 수립하고 있다는 사실을 우리 교섭자들에게 기밀로 통보한 바 있다. 이와 관련하여 한일 청구권 처분 협정 초안의 원칙(한국인 강제 징용 노동자에 대한 미지급금, 한국 국민 또는 법인의 기타 청구권 … 상환)과 관련한 1952년 2월 21일 자 한국 제안서의 항목 V를 참고할 것. 재일한인의 법적 지위를 논의할 때 정부가 생각하고 있는 위와 같은 내용을 유념해야 한다.

4차 한일회담의 교섭에 대한 기본 원칙

선박소위원회-I

1. (문제의 성격과 선박의 범위) '선박 문제'는 한국의 대일 청구권 중 하나에 불과하다는 것이 우리의 입장이다. 일본이 선박소위원회에서 의제를 과하게 확대할 여지가 없다. 우리 법에 따라 몰수된 어선과 관련한 일본의 문제나 한일 항행 문제는 본 소위원회의 논의 대상으로 삼지 않아야 한다. 한국과 일본은 한일전면회담의 범위를 넘어서는 다양한 선박 문제를 가지고 있다(예를 들면 난파선 문제 등). 그러나 이러한 문제는 이번 회담이 아닌 정규 외교 채널을 통해 해결해야 한다.

2. (기부가 아닌 권리) 선박의 한국 반환을 위해 우리가 가진 권리를 요구하고 있다. 선박의 톤수와 무관하게 이전 회담에서 일본이 제안한 선박 기부를 절대로 수락하지 않을 것이다.

3 (소위원회의 하위 의제) 기존에 채택한 것과 동일한 4가지 하위 안건 A, B, C, D를 바탕으로 소위원회를 진행하는 데 이의가 없다. 그러나 우리 교섭자들은 소위원회의 주요 과업은 안건 A 및 B를 해결하는 것임을 유념해야 한다.

4. (논의의 우선순위) 선박소위원회에서 먼저 안건 A부터 논의해야 한다. A를 해결한 후에 안건 B를 논의해야 한다. 안건 A 및 안건 B의 문제가 해결되기 전에 안건 C와 안건 D를 거론하지 않아야 한다.

5. (우리 측 목록의 선박 유형) 우리가 작성한 안건 A에 해당하는 선박 목록에는 (1) 일본이 해당 유형에 속한다고 인정한 선박, (2) 위치가 정확히 파악된 선박, (3) 일본에 있는 것은 알지만 소재지에 대한 정보가 없는 선박, (4) 1954년 8월 9일 이후 일본으로 반출되었다고 추정되는 선박, (5) 한국 영해에 위치하지 않으나 소재지에 대한 정보가 없는 선박. 이러한 분류는 우리 교섭자들에게만 전달하는 기밀 정보다.

6. (안건 A에 대한 교섭의 초기 방향) 안건 A에 대한 교섭을 다음과 같이 진행해야 한다.

a. 일본 측이 이전 회담에서 제공한 것에 추가하여 목록을 제출할 예정인지 물어볼 것. 우리에게 반환할 준비가 된 선박의 최종 목록을 제출하도록 일본 측을 압박할 것.

b. 위의 교섭이 완료되었다면 70퍼센트는 유형 (1)에, 약 30퍼센트는 (2), (3), (4), (5)에 속하는 (20~30척의) 선박의 목록을 일본 측에 제시하며 해당 선박들을 반환할 준비가 되었는지 답변하도록 일본 측을 압박할 것.

4차 한일회담의 교섭에 대한 기본 원칙

한국청구권소위원회-I

1. (의제의 우선순위) 본 소위원회의 안건은 a) 한국 예술품 반환과 b) 기타 청구권, 이 두 가지 부분으로 나뉜다. 그렇기 때문에 당초 한국 예술품에 대한 소위원회를 구

성하자고 제안한 것이다. '기타 청구권'에 대해서는 '한국 예술품 반환' 문제를 만족스럽게 해결한 후에 논의해야 한다. 예비교섭 당시부터 청구권 문제가 이미 논의된 바 있기 때문이다.

2. (한국 예술품 반환에 관한 초기 방향) 한국 예술품 반환에 대해 논의할 때 다음과 같은 원칙을 준수해야 한다.

1) 본 소위원회의 1차 회의를 시작할 때 107점 및 489점의 예술품 외에 일본 측이 반환할 준비가 된 한국 예술품의 전체 목록을 제출할 것을 일본 측에 요청할 것. 일본 측이 먼저 소지하고 있는 한국 예술품을 밝혀야 한다. 일본 측이 반환할 준비가 될 예술품 최종 목록을 제출했다고 우리 (정부)가 확정하기 전에 우리가 작성한 일본 소유 예술품 목록을 절대 전달하지 않아야 한다.

2) 우리 교섭자들이 다음 단계에서 지향할 방향에 대해서는 추후 지시하겠다. 하지만 앞에서 말한 협상이 완료되면 일본 측 목록에 포함되지 않은 예술품의 한국 측 목록을 제시할 예정임을 교섭자들에게만 비밀리에 전달한다. 이 경우에도 일본 측에 우리가 작성한 예술품 전체 목록을 전달하지 않을 것이다.

3. (예술품에 대한 대표단의 연구) 우리 대표단 구성원들, 특히 예술품 전문가들은 예술품의 가치, 생산 연도, 한국으로 반출된 시점 및 과정 등을 문의함으로써 일본 소유 예술품의 우리 측 목록을 분석하기 위해 지속적으로 노력해야 한다.

4. (사적 소유 예술품) 교섭자들은 정부가 일본 정부가 소유한 한국 예술품뿐만이 아니라 일본 국민 또는 기관이 사적으로 소유한 예술품까지 반환받을 계획임을 유념해야 한다.

5. (한국 예술품의 정의) '한국 예술품'의 의미는 이미 주일 대표부에 발송한 훈령 PS/9에 정의되어 있다.

항목 5 PS/9(1958년 2월 10일 전보 FT-006로 전달)

6. '한국 예술품'은 고서, 협의의 예술품, 골동품, 기타 문화재를 의미한다. 한국에서 한국 예술품이 반출된 기간의 경우 1950년 이후에 한국에서 피탈된 모든 예술품을 우리에게 인도해야 한다는 것이 한국의 입장이다.

2-2. 대일 반환 요구 선박 수 및 톤수

1279 **대일 반환 요구 선반 수 및 톤수**

의제 A(한적선)

	척수	톤수	비고
1. 일본 측이 의제 A에 해당함을 인정한 것	38척	1,598.49	1척 톤수 이상
2. 일본 측과 조선계약을 체결하고 대금 전액을 지불하였으나 인수하지 못한 선박	15척	2,400.00	
3. 일본에 소재하는 것이 확실한 선박	383척	61,900.21	4척 톤수 이상
4. 일본인 사유 선박으로서 가져간 것으로 추정되는 선박	83척	11,633.35	
5. 한국 수역에 있지 않으므로 대체로 일본에 있을 것이라고 추정되는 선박	111척	46,087.16	상금 내무부 장관에서 조회 중임
소계	630척	123,619.21	

의제 B

	척수	톤수	비고
	46척	76,061.00	1척 톤수 이상
총계	676척	199,680.21	

비고: 증빙 서류 불명 및 톤수 미상분에 관하여서는 계속 조사하여 추후 상세 분류 보고할 것임.

이상

별첨

3-1. 제4차 한일회담 교섭 요령

1281 GUIDING PRINCIPLES FOR NEGOTIATION AT THE FOURTH KOREA–JAPAN CONFERENCE

General Rule–I

1. We should be very careful lest we should reveal the ultimate intention of the Government on any issue at the Conference. Therefore, avoid unnecessary conversation in formal or informal talks.

2. We should do our best to fathom real intention and true motive of the Japanese on any issue. Do not express our views prematurely. Let them talk first. Sit to be a good listener.

3. We should not be trapped, consciously or unconsciously, into delaying tactics or deviation from proper agenda.

4. Our negotiators, of course, should act in accordance with government instructions. But they should be positive enough at the same time to recommend to the Government on their findings and observations so that the Government map out a proper course of negotiation.

5. Our negotiators including the whole members of the Mission should make constant efforts to research data for negotiation, particularly on claims question.

1282 They should be ready to find out on the spot necessary files which would be the basis of our assertion at the Sub-Committee on Korean Claims.

Committee on Legal Status of Korean Residents in Japan-I

1. (Starting point of negotiation) It is re-called that both aides almost drafted a joint draft agreement on Legal Status of Korean Residents in Japan on April 1, 1952. It is now obvious, however, that even our draft proposal of April 1, 1952 is never satisfactory and practicable to meet the present circumstances, particularly as the said draft stipulated, in a few points, time limits during which the Japanese Government is restrained from taking arbitrary measures. Therefore, the said draft should not be a starting point of negotiation. Moreover, we are not bound by our proposal of April 1, 1952, in view of the Agreed Minutes of December 31, 1957 in which sub-agenda items were stipulated especially for agenda item "Status and Treatment of Korean Residents".

2. (Nationality and permanent residence) It goes without saying that the whole
1283 Koreans in Japan who have been residing in Japan since prior to World War II are nationals of the Republic of Korea without exception, and are to be granted permanent residence in Japan. This in an irrevocable position of our Government. But our negotiators at this committee should start its work on the assumption that the Japanese side has already admitted these things. Never ask these questions to the Japanese on our own initiative.

3. (Initial move-deportation) Annexed Understanding of December 31, 1957 stipulated, "… including arrangements for the acceptance of deportees, …" In our interpretation, these words at least imply that the Japanese Government will not deport unilaterally those Koreans of pre-war category. If Japan

promises to grant permanent residence to Koreans of prewar category as it did in the previous conferences, it is logical conclusion that Japan cannot deport them unilaterally. "Permanent residence subject to arbitrary deportation" is not worth "permanent residence" in any means.

4. Our negotiators are confidentially informed that the Government is planning to request a sort of compensation to be paid to those Korean residents
1284 in Japan who have been forcibly brought to Japan as conscripted laborers. In this regard, please refer to Item V of our proposal dated February 21, 1952 concerning Principles of the Draft Agreement on the Disposition of Property Claims between the Republic of Korea and Japan (to…repay the Japanese obligations to the conscripted Korean laborers and other claims of Korean nationals or other claims of Korean nationals or its juridical persons to the Government of Japan …) In discussion of the issue of legal status of Korean residents in Japan, our negotiators are accordingly required to bear in mind the above points which the Government has in mind.

Sub–Committee on Korean Claims–I

1. (Agenda priority) It is considered that agenda items at this sub–committee are divided into two parts: a) return of Korean art objects; and b) other claims. That is why our side originally proposed to set up a sub–committee on Korean art objects. "Other claims" should be discussed after a satisfactory settlement of "return of Korean art objects", because the latter question has been already
1285 taken up for settlement since the days of the preliminary talks.

2. (Initial move on return of art objects) In discussion of return of Korean art objects, the following principles should be observed:

1) At the opening of the first session of the sub-committee, request the Japanese side to present to our side a full list of Korean art objects, which it is ready to return to us, in addition to those 107 and 489 objects. It is the Japanese side that should first declare what Korean art objects it is possessed of. Never hand our list of Korean art objects in Japanese possession before we (Government) confirm that the Japanese side has presented a final and last list of the objects which it is prepared to deliver to us.

2) Our negotiators' move at next stage will be instructed later. But our negotiators are confidentially informed that after the foregoing negotiation has been done, we will present our list of those objects which are not included in the Japanese list. Even in that case, we will not hand to the Japanese the list of whole objects that we prepared.

3. (Research by delegates on art objects) Our delegates, especially expert on art
1286 objects, should make constant efforts to study our list of art objects in Japanese possession, inquiring into value of objects, year of production, when and how they were taken away from Korea, etc., and report from time to time to the Government.

4. (Art objects privately owned) Our negotiators should bear in mind that the Government intends to pursue not only those Korean art objects in the Japanese government possession but also ones privately owned by Japanese nationals or organizations.

5. (Definition of Korean art objects) The meaning of "Korean art objects" has been already defined in the previous instructions to the Mission PS/9.

Sub–Committee on Vessel–I

1. (Nature of question and scope of vessels to be dealt with) We take the view that the "vessel question" is nothing but one of the Korean claims against Japan. There is no room for Japan to expand unduly agenda at the sub–committee on vessel. The problems of Japanese fishing boats which have been confiscated by our Law of the problems of Korea–Japan navigation must not be subject for discussion at this sub–committee Korea and Japan have some other various
1287 vessel questions which are beyond the province of the Korea–Japan overall talks (for instance, question of wrecked vessels, etc.), but those questions should be settled through the routine diplomatic channel and not by the present conference.

2. (Not donation but right) For return of vessels to Korea, we are demanding by the right we are entitled to. We will never accept the Japanese donation of vessels, as it suggested in the previous conference, regardless of tonnage of vessels.

3. (Sub–agenda of sub–committee) We have no objection to the proceeding of the sub–committee on the basis of the same four sub–agenda items A, B, C and D, which have been previously adopted. But our negotiators should keep in mind that the main task of the sub–committee is to settle the questions of Agenda items A and B.

4. (Priority of discussion) At the sub–committee, discussion should go first with Agenda item A. Agenda item B should be discussed after complete settlement of Agenda item A. Agenda items C and D must not be taken up before the settlement of questions in Agenda items A and B.

1288 5. (Category of vessels in our, list) Our list of vessels which fall under Agenda item A include (1) vessels that Japan admitted falls under this category (2) ones whose whereabouts we know exactly; (3) ones that we know are in Japan but without having information of whereabouts; (4) ones that are presumed to have been carried away to Japan after August 9, 1954; (5) ones that are not located in Korean waters but of which we have not information about their whereabouts. This classification is for confidential information for our negotiators.

6. (Initial move at negotiation for Agenda item A) Negotiation for Agenda item A should be conducted as follows:

a. Ask the Japanese side as to whether it will present a list additional to the one that it presented to us in the previous conference. Press the Japanese side for presenting a final and last list of vessels which it is ready to return to us.

b. If the above negotiation has been done, present to the Japanese side a list of a group of vessels (consisting of 20 to 30), of which about seventy per cent. is from category (1) and about thirty percent from (2), (3), (4), (5) and (6), pressing the Japanese side for answering whether it is ready to deliver them.

번역

4차 한일회담의 교섭에 대한 기본 원칙

일반적 규칙-I

1. 회담에서 일체의 현안에 대한 정부의 궁극적인 의도를 드러내지 않도록 매우 주의해야 한다. 따라서 공식적 또는 비공식적 논의에서 불필요한 대화를 피할 것.

2. 모든 문제에 대해 일본의 진의와 진정한 동기를 파악하기 위해 최선을 다해야 한다. 일본이 먼저 말하게 하고 경청하는 것에 중점을 둘 것.

3. 의식적으로나 무의식적으로 지연 전략이나 의제로부터의 이탈의 함정에 빠지지 않아야 한다.

4. 우리 교섭자들은 물론 정부의 지시에 따라 행동해야 하지만, 동시에 정부가 적절한 교섭 경로를 구상할 수 있도록 의견을 정부에 권고할 만큼 적극적이어야 한다.

5. 주일 대표부 전 구성원을 포함하여 우리 교섭자들은 특히 청구권 문제에 대해 교섭을 위한 연구자료를 도출하기 위해 지속적으로 노력해야 한다. 한국 청구권소위원회에서 우리 측이 주장하는 내용의 근거가 될 자료를 바로 찾을 수 있는 준비가 되어 있어야 한다.

재일한인 법적지위위원회-I

1. (교섭의 출발점) 양측이 1952년 4월 1일에 재일한인의 법적 지위에 관한 공동 협약 초안을 거의 작성했었다. 그러나 현재 1952년 4월 1일의 제안서 초안은 특히 몇몇 지점에서 일본 정부가 독단적인 조치를 삼가는 기간에 제한을 두는 등 현재의 상황에 부합하기에는 절대로 만족스럽거나 현실적이지 않다는 것이 명백하다. 따라서 해당 초안을 교섭의 출발점으로 삼지 않아야 한다. 또한 우리는 '재일한인의 지위와 처우'에 대한 하위 항목이 명시되어 있는 1957년 12월 31일 자 합의의사록에 따라 1952년 4월 1일 자 제안서에 구속받지 않는다.

2. (국적 및 영주권) 제2차세계대전 전부터 일본에 거주해 온 모든 재일한인들이 예외 없이 대한민국 국민이며, 일본에서 영주권을 부여받아야 한다는 것은 말할 필요도 없다. 이것은 변경의 여지가 없는 우리 정부의 확고한 입장이다. 그러나 본 위원회에서 우리 교섭자들은 일본 측이 이미 이러한 내용을 인정했다고 가정하고 논의를 시작해야 한다. 절대로 먼저 일본 측에 이러한 질문을 던지지 않아야 한다.

3. (초기의 방향-추방) 1957년 12월 31일 자 부속 양해서에는 '… 추방자 수락을 위

한 계획을 포함하여…'라는 문구가 포함되어 있다. 우리의 해석에 따르면 이 표현은 최소한 일본 정부가 종전 전 카테고리에 해당하는 한국인들을 일방적으로 추방하지 않을 것임을 암시한다. 일본이 지난 회담에서 그랬듯이 종전 전 유형에 해당하는 재일한인들에게 영주권을 부여하겠다고 약속한다면, 일본이 이들을 일방적으로 추방할 수 없다고 결론짓는 것이 논리적이다. '독단적 추방이 가능한 영주권'은 어떠한 의미에서도 '영주권'이 될 수 없다.

4. 정부가 강제 징용 노동자로 일본에 강제로 이주한 재일한인들에게 일종의 보상을 지급할 것을 요청하기 위한 계획을 수립하고 있다는 사실을 우리 교섭자들에게 기밀로 통보한 바 있다. 이와 관련하여 한일 청구권 처분 협약 초안의 원칙(한국인 강제 징용 노동자에 대한 미지급금, 한국 국민 또는 법인의 기타 청구권 … 상환)과 관련한 1952년 2월 21일 자 한국 제안서의 항목V를 참고할 것. 재일한인의 법적 지위를 논의할 때 정부가 생각하고 있는 위와 같은 내용을 유념해야 한다.

한국 청구권소위원회-I

1. (의제의 우선순위) 본 소위원회의 안건은 a) 한국 예술품 반환과 b) 기타 청구권 이렇게 두 가지 부분으로 나뉜다. 그렇기 때문에 당초 한국 예술품에 대한 소위원회를 구성하자고 제안한 것이다. '기타 청구권'에 대해서는 '한국 예술품 반환' 문제를 만족스럽게 해결한 후에 논의해야 한다. 예비교섭 당시부터 청구권 문제가 이미 논의된 바 있기 때문이다.

2. (한국 예술품 반환에 관한 초기 방향) 한국 예술품 반환에 대해 논의할 때 다음과 같은 원칙을 준수해야 한다.

1) 본 소위원회의 1차 회의를 시작할 때 107점 및 489점의 예술품 외에 일본 측이 반환할 준비가 된 한국 예술품의 전체 목록을 제출할 것을 일본 측에 요청할 것. 일본 측이 먼저 소지하고 있는 한국 예술품을 밝혀야 한다. 일본 측이 반환할 준비가 될 예술품 최종 목록을 제출했다고 우리 (정부)가 확정하기 전에 우리가 작성한 일본 소유

예술품 목록을 절대 전달하지 않아야 한다.

2) 우리 교섭자들이 다음 단계에서 지향할 방향에 대해서는 추후 지시하겠다. 하지만 앞에서 말한 협상이 완료되면 일본 측 목록에 포함되지 않은 예술품의 한국 측 목록을 제시할 예정임을 교섭자들에게만 비밀리에 전달한다. 이 경우에도 일본 측에 우리가 작성한 예술품 전체 목록을 전달하지 않을 것이다.

3. (예술품에 대한 대표단의 연구) 우리 대표단 구성원들, 특히 예술품 전문가들은 예술품의 가치, 생산 연도, 한국으로 반출된 시점 및 과정 등을 문의함으로써 일본 소유 예술품의 우리 측 목록을 분석하기 위해 지속적으로 노력하고 수시로 정부에 보고해야 한다.

4. (사적 소유 예술품) 교섭자들은 정부가 일본 정부가 소유한 한국 예술품뿐 아니라 일본 국민 또는 기관이 사적으로 소유한 예술품까지 반환받을 계획임을 유념해야 한다.

5. (한국 예술품의 정의) '한국 예술품'의 의미는 이미 주일 대표부에게 발송한 훈령 PS/9에 정의되어 있다.

선박소위원회-I

1. (문제의 성격과 선박의 범위) '선박 문제'는 한국의 대일 청구권 중 하나에 불과하다는 것이 우리의 입장이다. 일본이 선박소위원회에서 의제를 과하게 확대할 여지가 없다. 우리 법에 따라 몰수된 어선과 관련한 일본의 문제나 한일 항행 문제는 본 소위원회의 논의 대상으로 삼지 않아야 한다. 한국과 일본은 한일전면회담의 범위를 넘어서는 다양한 선박 문제를 가지고 있다(예를 들면 난파선 문제 등). 그러나 이러한 문제는 이번 회담이 아닌 정규 외교 채널을 통해 해결해야 한다.

2. (기부가 아닌 권리) 선박의 한국 반환을 위해 우리가 가진 권리를 요구하고 있다.

선박의 톤수와 무관하게 이전 회담에서 일본이 제안한 선박 기부를 절대로 수락하지 않을 것이다.

3 (소위원회의 하위 의제) 기존에 채택한 것과 동일한 4가지 하위 안건 A, B, C, D를 바탕으로 소위원회를 진행하는 데 이의가 없다. 그러나 우리 교섭자들은 소위원회의 주요 과업은 안건 A 및 B를 해결하는 것임을 유념해야 한다.

4. (논의의 우선순위) 선박소위원회에서 먼저 안건 A부터 논의해야 한다. A를 해결한 후에 안건 B를 논의해야 한다. 안건 A 및 안건 B의 문제가 해결되기 전에 안건 C와 안건 D를 거론하지 않아야 한다.

5. (우리 측 목록의 선박 유형) 우리가 작성한 안건 A에 해당하는 선박 목록에는 (1) 일본이 해당 유형에 속한다고 인정한 선박, (2) 위치가 정확히 파악된 선박, (3) 일본에 있는 것은 알지만 소재지에 대한 정보가 없는 선박, (4) 1954년 8월 9일 이후 일본으로 반출되었다고 추정되는 선박, (5) 한국 영해에 위치하지 않으나 소재지에 대한 정보가 없는 선박이 있다. 이러한 분류는 우리 교섭자들에게만 전달하는 기밀 정보다.

6. (안건 A에 대한 교섭의 초기 방향) 안건 A에 대한 교섭을 다음과 같이 진행해야 한다.

a. 일본 측이 이전 회담에서 제공한 것에 추가하여 목록을 제출할 예정인지 물어볼 것. 우리에게 반환할 준비가 된 선박의 최종 목록을 제출하도록 일본 측을 압박할 것.

b. 위의 교섭이 완료되었다면 70퍼센트는 유형(1)에, 약 30퍼센트는 (2), (3), (4), (5), (6)에 속하는 (20~30척의) 선박의 목록을 일본 측에 제시하며 해당 선박들을 반환할 준비가 되었는지 답변하도록 일본 측을 압박할 것.

4. 한일회담 경과에 대한 주일 대사 보고 서한

1289 Tokyo, June 12, 1958

No. 74

Excellency:

As I traced the development of the current talks with the Japanese side after 1 resumed my duties, 1 felt it opportune to make a summary report thereon:

I. The Plenary Sessions

The first plenary session was held on April 15 and since then nine sessions were held in all until May 14. In the course of these plenary sessions procedural matters, composition of Committees and Sub-committees, order of function of the Committees and Subcommittees were decided.

At the second plenary session on April 22, procedural matters, such as languages, summary records, press release, were decided. At the same time our side proposed on the composition of the Committees. The Japanese side first was reluctant to accept our proposal, but due to our continuous efforts of persuasion, they finally accepted our proposal for the most part at the sixth session held on May 6.

Thus, the following Committees and Sub-committees were established:

1. Committee on Basic Relations

2. Committee on Korean Claims

a) Sub-committee on Claims

b) Sub-committee on Vessels

1290 3. Committee on Fisheries and "peace Line"

4. Committee on Legal Status of Korean Residents in Japan

At the seventh session held on May 8 our delegation proposed that the work of the Committees on Korean Claims and on Legal Status of Korean Residents in Japan be taken up first and that the matters concerning art object sand vessels be taken up first at the respective Sub-committees. At the eighty plenary session held on May 12 the Japanese side accepted our proposal on the order of the function of the Committees and Sub-committees. Thus lists of members of each side were exchanged.

The ninth plenary session was held on May 14 and it was decided at the session that the first Legal Status Committee and Korean Claims Committee meetings be held on May 19 and 22 respectively. I am happy to note that the setting up of the Committees and Sub-committees was thus completed along the line of the Government instructions. It was also decided that the future plenary sessions may be called, whenever both Chief Delegates deem it necessary, inasmuch as actual work of the two Committees would start functioning.

II. Proceedings of Committee on Legal Status of Korean Residents in Japan

As stated above, the first meeting of the Legal Status Committee was held on May 19 and since then four meetings were held until June 9. At these meetings the Japanese side expressed the view that they rather favor discussion item by item, irrespective of the past Korea-Japan conferences.

At the fourth meeting held on June 9 the Japanese side stated that they took the view that "alignant criminals" of Koreans residents were subject to deportation under the existing Japanese immigration control law, adding that it would consider special status of the Korean within the framework of the internal laws of Japan. The Japanese side also stated that under the premises that the deportation problem is settled, the Japanese side would consider some measures by which these residents could enjoy stabilised life "for a considerably long period of time." Our side raised objection to the above Japanese views.

III. Proceedings of Committee on Korean Claims

1291 The Committee on Korean Claims met three times until May 29, and at the third meeting held on May 29, it was decided that the problem regarding art objects be taken up first and that the first Sub-committee on Claims would be held on June 4 for discussion of Korean art objects. Our side strongly demanded that the Japanese side present us a complete list of all Korean art objects it was prepared to return to us. It is expected that our side would continue its effort to have the Japanese side fulfil what it should do.

The Sub-committee on Vessels met twice until June 11. At the second session held on June 11, the Japanese side proposed that the problem regarding five vessels on loan to Korea and Japanese fishing boats now detained in Korea be added to the agenda for the Sub-committee, adding that problems on 141 Japanese fishing boats captured by our side for violation of our Peace Line would be taken up. Our side strongly insisted that the problem on the so-called Japanese fishing vessels violating our Peace Line was entirely beyond the scope of the Sub-committee which is a part of the Committee on Korean Claims. Thus, the Japanese said it would study the Korean view on this matter. It was further decided that the third meeting of the Sub-committee would be held on June 17, Tuesday.

IV. As I generally observe the development of the talks, it is going on steadily. I think fine work has been done by our delegation under the leadership of Ambassador Limb. The Japanese side is not so positive in making constructive proposals at present, but substantial discussion of various matters will get underway after the Japanese Cabinet formation which is expected shortly.

With sentiments of loyalty and esteem, I remain,
Most respectfully,

Y. T. K.[서명]

His Excellency
President Syngman Rhee

번역

1958년 6월 12일, 도쿄

번호: 74

각하,

복귀한 후 일본 측과 진행 중인 회담의 진행 상황을 살펴본 결과 요약하여 보고드릴 시점이라고 판단되었습니다.

I. 본회의

4월 15일에 1차 본회의가 개최되었고, 그 후 5월 14일까지 회의가 9차례 열렸습니다. 본회의 과정에서 절차상의 문제, 위원회 및 소위원회 구성, 위원회 및 소위원회 진행순서를 결정했습니다.

4월 22일에 열린 2차 본회의에서 언어, 요록, 보도 자료 등의 절차적인 문제를 결정했고, 위원회 구성에 대한 우리 측의 의견을 제안했습니다. 일본 측은 처음에는 우리 측의 제안을 수용하지 않으려 했으나 계속 설득한 끝에 5월 6일에 개최된 6차 본회의에서 제안한 대부분의 내용을 수용했습니다.

다음과 같은 위원회와 소위원회가 설치되었습니다.

1. 기본관계위원회

2. 한국청구권위원회

   a) 청구권소위원회

   b) 선박소위원회

3. 어업 및 '평화선' 위원회

4. 재일한인 법적지위위원회

5월 8일에 개최된 7차 본회의에서 우리 대표단은 한국청구권위원회와 재일한인 법적지위위원회의 논의를 먼저 시작하고 예술품과 선박 문제는 일단 해당 소위원회에서 논의하자고 제안했습니다. 5월 12일 8차 본회의에서 일본 측이 위원회 및 소위원회 진행 순서에 대한 우리 측의 제안을 받아들였고 각 측의 위원회 명단을 교환했습니다.

5월 14일에 열린 9차 본회의에서 법적지위위원회와 한국청구권위원회 1차 회의를 각각 5월 19일과 5월 22일에 개최하기로 결정했습니다. 정부의 지시에 따라 위원회와 소위원회가 구성되어 기쁘게 생각합니다. 또한 위원회의 실질적인 논의가 시작될 것이므로 양측 수석대표가 필요하다고 판단할 때마다 본회의를 소집하기로 했습니다.

II. 재일한인 법적지위위원회의 진행 상황

앞서 언급했듯이 5월 19일에 법적지위위원회의 첫 번째 회의가 열린 이후 6월 9일까지 4번의 회의를 개최했습니다. 일본 측은 기존 한일회담과 다르게 안건 별로 논의하고 싶다는 의견을 제시했습니다.

6월 9일에 개최된 4차 회의에서 일본 측은 기존 일본 이민통제법에 따라 '범죄자' 재일한인들은 추방 대상이며, 일본 국내법의 틀 안에서 재일한인에게 특별한 지위를 부여하는 방안을 고려하겠다는 입장을 취했습니다. 또한 추방문제가 해결되면 재일한인들이 '상당히 긴 시간 동안' 안정적인 생활을 이어갈 수 있도록 일부 대책을 고려하겠다고 말했습니다. 우리 측은 이러한 일본의 견해에 이의를 제기했습니다.

III. 한국청구권위원회의 진행상황

한국청구권위원회는 5월 29일까지 세 차례 회의를 가졌고 5월 29일에 열린 3차 회의에서 예술품 문제에 대해 먼저 논의하기로 결정하고, 한국 예술품에 대해 논의하기 위한 청구권소위원회 1차 회의를 6월 4일에 소집하기로 했습니다. 한국에 반환할 준비가 된 한국 예술품의 전체 목록을 제시하라고 강경히 요구했으며, 일본 측이 해야 할 일을 하도록 계속 노력할 것입니다.

선박소위원회는 6월 11일까지 두 차례 회의를 가졌습니다. 6월 11일에 열린 2차 회의에서 일본 측은 한국에 대여해 준 선박 5척과 현재 한국에 억류되어 있는 일본 어선들을 소위원회 의제에 추가하자고 제안했습니다. 평화선을 위반한 혐의로 한국이 나포한 일본 어선 141척을 소위원회에서 논의하자는 제안이었습니다. 우리 측은 평화선을 위반한 일본 어선 문제는 한국청구권위원회의 일부인 선박소위원회의 소관 범위를 완전히 벗어난다고 강하게 주장했습니다. 이에 일본 측은 한국의 견해를 검토해 보겠다고 답변했습니다. 소위원회 3차 회의는 6월 17일 화요일에 개최하기로 결정했습니다.

IV. 회담은 전체적으로 서서히 진행되고 있습니다. 우리 대표단은 임 대사의 지휘 아래 잘 해주고 있습니다. 현재 일본 측이 건설적인 의견을 내고 있지는 않지만 곧 일본 내각이 새로 구성되면 여러 가지 문제에 대한 구체적인 논의가 진행될 것으로 예상합니다.

감사합니다.

Y. T. K.[서명]

이승만 대통령 각하

5. 문화재 반환에 관한 기자회견 내용이 담긴 문서(초안)

1292 Orally delivers to the Press[수기로 작성]

DRAFT

JUN 11 1958

In response to questions raised up at press interview, a Foreign Ministry official answered on return of Korean art objects by Japan as follows:

Q. It has been frequently reported that, at the conclusion of the preliminary talks on December 31, 1957, the Governments of the Republic of Korea and Japan reached an agreement on return of Korean art objects held by Japan. Is this report true?

A. I do not deny that.

Q. Why was this agreement not released at the conclusion of the preliminary talks, together with other agreements?

A. At the request of the Japanese, it was to be kept confidential. Inasmuch as it was so agreed on, we could not unilaterally release it.

Q. The Japanese side reportedly said that the agreement had been made 'orally', or as a kind of gentlemen's agreement. Would you comment thereon?

A. It is an agreement after all.

1293 Q. Now that Japanese Director for Asian Affairs made public the contents of the agreement on Korean art objects, is there still a reason for the Korean side to withhold the announcement?

A. No.

Q. What kind of art objects will be returned by virtue of this agreement?

A. According to the agreement, the Japanese Government is obliged to turn over to us at an early date those Korean art objects now in its possession (of which immediate transfer is possible) and as for the later transfer of other art objects, it will be discussed for settlement at the present overall talks.

Q. Then, is the report true that the Japanese side already delivered earlier 106 articles of Korean art objects to the Korean Mission in Japan?

A. Yes. They are now in the custody of the Mission.

Q. Why does the Government not bring them back to Korea?

A. Anyway, they are in our hands.

1294 Q. Is it also true that the Japanese side handed to the Korean side a list of 489 art objects?

A. Yes, it is.

Q. Does the list cover all the art objects to be returned to Korea?

A. Please wait and see the future development.

Q. Can you disclose the list of art objects, the return of which Korea is requesting?

A. It will be made at the Conference.

Q. The Japanese side reportedly said that Korean art objects were and will be turned over to the Korean side as 'donation'. Will such theory be acceptable to the Korean Government?

A. No. We are demanding by right we are property titled to.

번역 언론에 구두로 전달[수기로 작성]

초안

1958년 6월 11일

기자회견에서 제기한 질문에 대해 외무부가 일본의 한국 예술품 반환에 대해 다음과 같이 공식적으로 답변했다.

Q. 1957년 12월 31일에 예비교섭이 타결되었을 때 대한민국 정부와 일본 정부가 일본이 소유 중인 한국 예술품을 반환하기로 합의했다고 여러 차례 보도되었다. 이 보도 내용이 사실인가?

A. 부인하지 않겠다.

Q. 예비교섭 타결 시 예술품 반환에 대한 합의사항을 다른 합의서와 함께 공개하지 않은 이유가 무엇인가?

A. 일본 측이 요청하여 기밀로 유지했고, 그렇게 합의했기 때문에 일방적으로 공개할 수 없었다.

Q. 일본 측에서는 이 협약이 '구두'로, 또는 신사협정으로 이루어졌다고 말했다. 이 부분에 대해 설명해 줄 수 있나?

A. 어떠한 형식이든 협약이다.

Q. 일본 아시아국장이 한국 예술품에 대한 협약의 내용을 공개했는데, 한국 측에서 발표를 유보할 이유가 있나?

A. 없다.

Q. 이 협약을 통해 어떠한 종류의 예술품이 반환될 예정인가?

A. 협약에 따라 일본 정부는 최대한 빠른 시일 내에 현재 소유 중인, (그리고 즉시 인도가 가능한) 한국 예술품들을 한국에 인도하고, 다른 예술품의 추후 반환에 대해 이번 회담에서 논의해야 한다.

Q. 일본 측이 이미 주일 한국대표부에 한국 예술품 106점을 전달했다는 보도는 사실인가?

A. 그렇다. 현재 주일 대표부가 보관하고 있다.

Q. 정부가 해당 예술품들을 한국으로 가져오지 않는 이유는 무엇인가?

A. 어쨌든 우리 손에 들어와 있다.

Q. 일본 측이 예술품 489점의 목록을 한국 측에 전달했다는 것도 사실인가?

A. 그렇다.

Q. 해당 목록에 한국에 반환될 예술품 전체가 포함되어 있나?

A. 앞으로 상황을 지켜봐 달라.

Q. 한국 측이 반환을 요청 중인 예술품의 목록을 공개할 수 있나?

A. 회담에서 공개할 예정이다.

Q. 일본 측이 한국 예술품이 '기부'되었고, '기부' 형태로 한국 측에 인도할 것이라고 말했다고 알려져 있다. 한국 정부는 이러한 이론을 수용할 수 있다고 생각하는가?

A. 그렇지 않다. 권리를 소유한 재산의 반환을 요구하고 있을 뿐이다.

12. 레바논 사태에 대한 일본 대응, 억류 한인 석방 문제 및 선박위원회 회의 결과 보고서

1313 Tokyo, July 21, 1958

No. 85

Excellency:

1. As I covered partly in my political report No.21 last week regarding the revolt in Iraq and subsequent landing of the US and British troops in Lebanon and Jordan, the Japanese Government took an attitude that the uprising in Iraq should be interpreted as a domestic issue of Iraq and therefore, a solution must be found through the United Nations.

In reality, the Japanese Government instructed its UN representative, Amb. Matsudaira, to support the US resolution when it was submitted to the Security Council last Thursday. Amb. Matsudaira voted for the US plan, although with certain reservations. Japan took a position that it shared the US view that in view of the fact that the US forces were already in Lebanon, the right thing to do was to take a step which would assist in bringing about a situation where an early evacuation of the US forces would become possible.

In this connection, the Foreign Office here is being criticized not only by the public and press but by the ruling Liberal-Democratic Party for making such an apparent about-face within a few hours over the landing of the US forces in Lebanon. Their criticism centered on vacillation among Foreign Office officials. According to press reports, the Foreign Ministry came under fire on two separate occasions, the first at a liaison meeting between the Government and party leaders and the second meeting of the party's Executive Board.

Further, at the above liaison meeting between the Government and party leaders, it was decided to call of Prime Minister Kishi's scheduled visit to Latin America in fall, because of "pressing administrative affairs in the tense world situation today." The meeting also decided to revive the party's Foreign Policy
1314 Research Committee which is scheduled to start functioning `tomorrow with Mr. Naka Funada as its chairman.

Meanwhile, as Your Excellency is no doubt informed, the resolutions by the US, Soviet Union and Sweden in relation to the Middle East situation were rejected by the UN Security Council, following which the Japanese Government decided to introduce its own resolution calling for "strengthening of the UN supervision in order to make possible an early withdrawal of the US forces and ensure the political independence and security of Lebanon." According to the latest report, the Security Council is expected to act on the Japanese plan before the General Assembly meets in its emergency session.

2. In regard to the Japanese decision to parole certain Korean detainees, the situation remains unchanged with the Japanese Government believed to carry out the release decision shortly, just as soon as guarantors for prospective parolees are found.

Meanwhile, our Mindan leaders have been active since last week in an effort to lodge a protest with the Japanese Government against its decision to release those detainees in violation of the existing agreement with our side. Subsequent to a demonstration staged by our Mindan members in Tokyo last week (a cable report in this regard was sent to the Foreign Ministry already), another demonstration was staged by some 300 members of our Mindan in the Kyushu area in front of the Omura camp. Women detainees who were last reported to be still on hunger strike, called off their strike finally last Thursday, July 18, morning, according to the report from our Fukuoka branch.

3. The ninth session of the Vessels Subcommittee was held at the Japanese Foreign Office last Friday, July 18, and 1 believe a cable report has been sent to the Government in this regard by Amb. Limb. 1 understand that no progress was made at this session which was devoted to continued debate on the matter concerning the words: as of Nov. 6, 1951," in the proposed agenda item (d).

It has been arranged at this session that Counselor Choi and Mr. Takano of the Japanese side will have an informal meeting and further meeting will be arranged between the two chief members, in case the former failed to reach any agreement on the matter. The next meeting is scheduled for Friday, July 5.

With sentiments of loyalty and esteem, I remain,
Most respectfully,

Y. T. K.[서명]

His Excellency
President Syngman Rhee

번역

1958년 7월 21일, 도쿄

번호: 85

각하,

1. 이라크의 반란과 이로 인해 레바논과 요르단에 미군과 영국군이 상륙한 것에 대한 지난주 주일 대표부 정치보고서 제21호에서도 일부 보고드렸듯이 일본 정부는 이라크에서 벌어진 반란은 이라크 국내의 문제로 해석해야 하고, 따라서 UN을 통해 해결책을 도출해야 한다는 입장을 취했습니다.

실제로 일본 정부는 마츠다이라 UN 대사에게 지난주 목요일 안전보장이사회에 제출된 미국의 결의안을 지지할 것을 지시했습니다. 마츠다이라 대사는 의구심을 가지긴 했으나 미국의 계획을 지지했습니다. 일본은 미군이 이미 레바논에 진입했다는 사실을 고려하여 미군이 조기에 철수할 수 있는 상황을 조성하는 데 도움이 될 조치를 취해야 한다는 미국의 견해에 동의한다는 입장을 취했습니다.

여기에 대해 미군이 레바논에 상륙한 후 몇 시간도 안 지났을 때 이렇게 180도 다른 태도를 보인 것에 대해 일본 외무성은 여론과 언론뿐만이 아니라 여당인 자민당의 비난까지 받고 있습니다. 외무성 관료들의 우유부단함이 집중적으로 비판받고 있습니다. 언론 보도에 따르면 외무성은 두 가지 상황에서 보인 모습으로 인해 비난받고 있는데, 첫 번째는 정부와 당 지도자 간의 연락회의였고 두 번째는 당 이사회의 2차 회의였습니다.

위에서 말한 정부와 당 지도자들의 연락회의에서 '긴장감이 맴도는 세계 정세에도 시급한 행정 문제'로 인해 가을에 예정되어 있었던 기시 총리의 중남미 방문을 취소하기로 결정했습니다. 또한 이 회의에서 내일부터 후나다 나카를 의장으로 하여 논의를 시작할 예정인 외교정책연구위원회를 부활시키기로 결정했습니다.

보고받으셨겠지만 일본 정부가 '미군의 조기 철수와 레바논의 정치적 독립 및 안보 보장을 위한 UN 감독 강화'를 요구하는 자체적인 결의안을 채택하기로 결정한 후에 중동의 상황과 관련하여 미국, 소련 및 스웨덴이 제시한 결의안을 UN 안전보장이사회가 거부했습니다. 최근 보고된 내용에 따르면 안전보장이사회는 UN 긴급 총회가 열리기 전에 일본의 계획에 따라 조치를 취할 것으로 예상됩니다.

2. 특정 한국인 억류자를 가석방하겠다는 일본의 결정에 대해서는 일본 정부가 가석방 예정자에 대한 보증인을 찾으면 곧 석방 결정을 이행할 것이라고 예상되며 상황의 변화는 없습니다.

한편 민단 지도자들은 한국 측과의 기존 합의사항을 위반하고 앞서 말한 억류자들을 석방하겠다는 결정에 대해 일본 정부에 항의하기 위해 지난주부터 활동적인 모습을 보이고 있습니다. 지난주 도쿄에서 민단이 벌인 시위 후에 (이 시위에 대해 이미 외무부에 전보로 보고했습니다) 규슈 지역의 오무라수용소 앞에서 민단 관계자 약 300명이 또 다른 시위를 벌였습니다. 후쿠오카 지사의 보고에 따르면 마지막 보고 당시에도 단식투쟁을 이어가고 있었던 여성 억류자들이 7월 18일 목요일 오전에 마침내 단식투쟁을 중단했습니다.

3. 선박소위원회 9차 회의가 지난주 금요일이었던 7월 18일 일본 외무성에서 개최되었습니다. 임 대사가 전보로 정부에 보고했을 것입니다. 이번 회의에서는 안건(d)의 "1951년 11월 6일 기준"이라는 문구에 대한 논쟁이 이어지고, 진척된 사항은 없었습니다.

이 회의에서 최 참사관과 다카노가 비공식 회의를 갖고, 이 면담에서 합의에 도달하지 못하면 두 수석대표가 앞으로도 만나 대화하기로 결정했습니다. 다음 회의는 7월 5일 금요일에 열릴 예정입니다.

감사합니다.

Y. T. K.

이승만 대통령 각하

20. 제4차 한일회담 진행에 관한 훈령 공문

1331 사본(정무국 비치)

외무부

외정 제4099호
단기 4291년 11월 4일

외무부 장관

제4차 한일회담 수석대표 임병직 대사 귀하
(사본: 유태하 공사 귀하)

건명: 제4차 한일회담 진행에 관한 건

머리의 건에 관하여 최근의 귀하의 보고를 검토한 후 앞으로의 회담 진행에 관하여 별첨과 같이 지시하오니 그 시행에 있어서 만전을 기하시기 바라나이다.

별첨: 1. Legal Status of Korean Residents in Japan
2. Return of Korean Vessels
3. Return of Korean Art Objects
4. Other Claims (the remaining problems)

(이 공문의 매수는 전부 6매임.)

이상

별첨

20-1. 재일한인의 법적 지위

1332 Document No. 외정 4098호 Date: November 4, 1958

Re: Legal Status of Korean Residents in Japan
(Refer to MTB-035)

1. It is absolutely necessary for the two Governments "to affirm that Koreans in Japan are nationals of the Republic of Korea." This is one of the essential parts of our draft of October 20, 1958, to which there is no alternative.

2. "Korean residents in Japan" include descendants of those Koreans who have been residing since prior to World War II. This is our firm stand which is irrevocable.

3. As to the Japanese question concerning paragraph 2 of Article 2 of our draft, we reserve our answer pending our further study.

4. In connection with the procedures for Korean residents' applications for permanent residence, our draft may be revised so that they could be granted permanent residence automatically with the coming into force of the Agreement.

5. "Consultation case by case" is a logical conclusion from "permission for permanent residences" if the Japanese side really intends to grant such permission.

6. We do not think 1.8 billion Yen per annum is sufficient subsidies to Koreans in poverty, for whose being in Japan is solely responsible. But if the Japanese Government is unable, by financial difficulty, to continue to subsidize such Koreans, we are ready to receive them to home if japan makes
1333 compensation for their having been in slavery predicament since they were forcibly taken to Japan for Japan's purpose.

7. With regard to the Japanese question concerning our reservation to Articles 4 and 5 of our draft, if the Japanese side clearly tells us (putting into record) that Korean residents in Japan have actually enjoyed property rights and occupations which aliens in ordinary case could not enjoy since the coming into force of the San Francisco Peace Treaty, we are ready to withdraw the said reservation.

(이하 여백)

번역 문서번호: 외정 4098호 일자: 1958년 11월 4일

재일한인의 법적 지위 관련

(MTB-035 참조)

1. 한일 양국 정부는 "재일한인이 대한민국 국민임을 확인"하는 것이 절대적으로 필요함. 이것은 1958년 10월 20일 초안의 핵심 부분 중 하나이며, 다른 대안이 없음.

2. ‘재일한인’에는 제2차세계대전 이전부터 거주해 온 재일한인의 후손이 포함됨. 이것은 철회할 수 없는 우리의 확고한 입장임.

3. 우리 초안 제2조 2항에 대한 일본의 질의에 대해서는 추가 검토가 이루어질 때까지 답변을 유보함.

4. 한국인의 영주권 신청 절차와 관련하여, 우리 초안은 협정 발효와 함께 자동적으로 영주권을 부여할 수 있도록 수정될 수 있음.

5. “건별 협의”는 일본 측이 정말로 영주권을 허가할 의사가 있는 경우 “영주권 허가”에서 논리적으로 결론을 내리는 것임.

6. 우리는 연간 18억 엔이, 빈곤한 한국인이 일본에 체류하는 것에 전적으로 책임이 있는 일본의 이들에 대한 충분한 보조금이라고 생각하지 않음. 그러나 만약 일본 정부가 재정적 어려움 때문에 그러한 한국인들에게 계속 보조금을 지급할 수 없다면, 일본이 일본의 목적을 위하여 그들이 일본에 끌려간 이래 노예의 곤경에 처한 데 대한 보상을 할 경우 우리는 그들을 본국으로 받아들일 준비가 되어있음.

7. 우리 초안 제4조 및 제5조에 대한 우리의 유보에 관한 일본 측의 질의에 대하여, 일본 측이 샌프란시스코 평화조약 발효 이후 재일한인이 통상의 경우 외국인이 누릴 수 없는 재산권 및 직업을 실제로 누려왔다는 사실을 명확히 (기록으로) 알려준다면, 우리는 상기 유보를 철회할 준비가 되어있음.

(이하 여백)

20-2. 한국 선박의 반환 문제

1334 Document No. 외정 4098호 Date: November 4, 1958

Re: Return of Korean Vessels

(Refer to MTB-038)

1. It is Japan that should present a list of vessels since the vessels in question are now in Japan's possession. It is in the spirit of expediting the proceeding of the committee meeting that we are going to present a list of vessels one after another.

2. We do not consider that the presentation of "a complete list of vessels" falling under agenda item A would expedite the proceeding of the committee meeting. We must implement without delay the previous government instructions on the subject.

3. If the Japanese side continues to argue about nature of SCAPIN, etc., please evade discussion on nature or interpretation of documents concerned, but sound out what their real intention is in this connection, requesting them to present their view in writing (in the form of Memorandum and so on).

(이하 여백)

번역 문서번호: 외정 4098호 일자: 1958년 11월 4일

한국 선박 반환 관련

(MTB-038 참고)

1. 문제의 선박을 현재 일본이 보유하고 있으므로 선박 목록을 제출해야 하는 것은 일본이다. 위원회의 진행 속도를 높이기 위해 선박 목록을 하나씩 제공할 예정임.

2. 안건 A에 속하는 '선박의 전체 목록'을 제시하는 것이 위원회의 진행 속도를 높이지는 않을 것이다. 이 문제에 대한 정부의 기존 지시사항을 지체 없이 이행해야 함.

3. 일본 측이 계속해서 연합국 최고사령관 지령의 성격에 대해 논쟁을 벌이려고 하는 경우, 관련 문헌의 해석이나 성격에 대한 논의를 피하고 일본의 진의를 파악하며 일본 측의 의견을 서면으로 (양해서 등의 형식으로) 제시할 것을 요청하기 바람.

(이하 여백)

20-3. 한국 문화재의 반환 문제

1335 Document No. 외정 4098호 Date: November 4, 1958

Re: Return of Korean Art objects

(Refer to MTB-031)

1. It is not our side but the Japanese side that must present the list of Korean art objects to be returned to our side, because they are now in Japan's possession. It is to expedite the proceeding of the talks that we presented the list containing about 1,000 items.

2. An important thing at this stage of the talks is for us to confirm, at the earliest possible date, whether the Japanese side is really determined to return Korean art objects. We cannot but entertain doubt in this regard in view of the recent proceeding of the Committee on Other Claims (regarding art objects) and also in view of remarks made by responsible officials at the Diet or to the press.

3. As for the list of art objects which are mutually satisfactory, joint investigation can be made by the Working Party consisting of representatives of both sides, only if the Japanese side agrees to return them, and only if both sides agree on general principles on a way of returning them.

(이하 여백)

번역 문서번호: 외정 4098호 일자: 1958년 11월 4일

한국 미술품 반환 관련

(MTB-031 참조)

1. 우리 측에 반환할 한국 미술품 목록을 제시해야 할 것은 우리 측이 아니라 일본 측이며, 현재 일본이 소장하고 있기 때문임. 우리가 약 1,000여 점의 목록을 제시한 것은 회담의 조속한 진행을 위한 것임.

2. 현 단계에서 중요한 것은 일본 측이 진정으로 우리 미술품을 반환할 의지가 있는지를 조속한 시일 내에 확인하는 것임. 우리는 최근 (미술품 관련) 기타청구권위원회의 진행 상황과 국회 또는 언론에 대한 책임 있는 관계자의 발언을 고려할 때 이 점에 대해 의구심을 가질 수밖에 없음.

3. 상호 만족할 수 있는 미술품 목록에 대해서는 일본 측이 반환에 동의하고, 반환 방식에 대한 일반 원칙에 양측이 합의하는 경우에 한해 양측 대표로 구성된 실무위원회에서 공동 조사를 실시할 수 있음.

(이하 여백)

20-4. 기타 청구권(잔여 문제)

1336 Document No. 외정 4098호 Date: November 4, 1958

Re: Other Claims (the remaining problems)

1. In parallel with our talks with Japan on the problem of return of Korean art objects, we are ready to commence talks on the remaining and major problems at the Sub-Committee on Other Claims. Please propose to the Japanese side that this talks (the remaining problems) be commenced on and from Monday, November 17, 1958.

2. In discussing this subject, our side was to be represented by Mr. CHANG Kyung Keun. But the Delegation is re-instructed to let Mr. LEE Ho represent our side instead of Mr. Chang.

3. As for our position to be taken on this subject, the Delegation will be instructed later.

(이하 여백)

번역 문서번호: 외정 4098호 일자: 1958년 11월 4일

기타 청구(나머지 문제) 관련

1. 우리는 한국 미술품 반환 문제에 관한 일본과의 회담과 병행하여 기타청구권에 관한 소위원회에서 나머지 주요 문제에 관한 회담을 개시할 준비가 되어있음. 이 회담

(잔여 문제)을 1958년 11월 17일(월)부터 개시할 것을 일본 측에 제안해 주시기 바람.

2. 이 문제를 협의함에 있어서 우리 측은 장경근 씨가 대표로 참석하기로 되어있었음. 그러나 대표단은 장경근 씨 대신에 이호 씨가 우리 측을 대표하도록 재지시함.

3. 이 문제에 대한 우리 측의 입장에 대해서는 추후 대표단에게 지시할 것임.

(이하 여백)

22. 오무라수용소에 수용되어 있는 한인 억류자 문제에 관한 훈령 문서

1340 Document No. ___ Date: November 24, 1958

Re: The Problem of Koreans of Postwar Category under Detention at Omura Detention Camp

(Refers MTB-052, HID No.2166)

1. As the Mission was instructed in FTB-007, our Government is ready to receive, in principle, those Koreans of postwar category. But our fear is that in taking up this issue at the present moment, we cannot but resume hot debate on Communist detainees or parolees. That is why we proposed, in PKM Note number 32 dated September 27, to take up the issue of this kind sometime at the overall talks so that the detainee issue may not be further deter the proceedings of the 4th Korea-Japan overall talks.

2. For the present moment, we do not consider it advisable to pull out an eruptive issue at the Working Committee in connection with the detainee issue.

3. Before taking up this issue sooner or later, we consider it highly necessary that the Legal Status Committee should expedite its proceeding particularly concerning the problem of "Nationality" in accordance with government instructions.

4. The Mission is informed that our side will withhold for the time being

reply to the Japanese Note Verbale No.171/ASN dated October 2, 1958.

5. Please submit the Delegation's observations and recommendations on this subject.

번역 문서번호: ___ 일자: 1958년 11월 24일

오무라수용소에 억류 중인 전후 입국 재일한인 문제 관련

(MTB-052, HID 제2166호 참고)

1. 주일 대표부는 FTB-007을 통해 우리 정부가 기본적으로 전후 입국 한국인을 수용할 준비가 되었다고 전달받았습니다. 하지만 현시점에 이 문제를 거론하면 공산주의자 억류자 또는 가석방자에 대한 설전을 벌일 수밖에 없어서 우려가 됩니다. 그렇기 때문에 9월 27일 자 PKM 제32호에서 억류자 문제가 4차 한일전면회담의 진행을 더 이상 지연시키지 않도록 이러한 문제는 전면회담의 적절한 시점에 논의하자고 제안했던 것입니다.

2. 현재로서는 억류자 문제와 관련하여 실무위원회에서 자극적인 사안을 거론하는 것이 바람직하지 않다고 생각합니다.

3. 이 문제를 거론하기 전에 특히 '국적' 문제와 관련하여 정부의 지시에 따라 법적지위위원회의 진행 속도를 반드시 높여야 한다고 사료합니다.

4. 주일 대표부는 우리 측이 당분간 1958년 10월 2일 자 일본 측 구상서 171/ASN에 대한 답변을 유보할 것이라고 통보받았습니다.

5. 해당 문제에 대한 대표단의 의견과 권고사항을 제출해 주시기 바랍니다.

23. 제4차 한일회담 진행에 관한 훈령 문서

1341 외무부

외정 제 호

단기 4291년 11월 26일

외무부 장관

제4차 한일회담 수석대표 임병직 대사 귀하

건명: 제4차 한일회담 진행에 관한 건

머리의 건, 앞으로의 회담 진행에 관하여 별첨과 같이 지시하오니 그 시행에 있어서 만전을 기하시기 바라나이다.

별첨: 1. Legal Status of Korean Residents in Japan.
2. Return of Korean Vessels.

사본: 유태하 공사

별첨

23-1. 재일한인의 법적 지위

1342 Document No. Oi-jung 4355 Date: November 24, 1958

Re: Legal Status of Korean Residents in Japan

(Refer: MTB-046,054 and 055, and HID NO. 2418)

1. The Delegation is advised that the Government is ready to receive all Korean residents in Japan for their settlement at home, if the Japanese Government pays due compensation for the present predicament for which the Japanese Government should be responsible. If the Japanese side be ready to make approach to the problem from this angle, the Korean side would revise its draft proposal in entirety.

2. Our draft agreement was presented to the Japanese side as an alternative to our position set forth in the preceding paragraph.

3. However, it is not for hairsplitting questions and answers that our side presented the draft agreement on October 20, 1958. We presented it for general debate, through which the Committee could and should map out fundamental principles to govern the status of Korean residents in Japan.

4. If and after both sides agree on fundamental principles as stated above, the Committee can deliberate on the draft agreement article by article determining the meanings of various terns. This is not the time when the Committee wastes time la elaborating definition of one term after another.

5. Therefore, our side should reserve answers, for the time being, to all the questions prematurely raised up by the Japanese side on November 17, 1958;
1343 and now we must know, first of all, about Japanese views on the following matters:

A) whether the Japanese Government recognizes that those Koreans concerning whom the committee is seeking an agreement are nationals of the Republic of Korea;

B) whether the Japanese Government is ready grant them permanent residence in Japan if they so desire, and assure that they enjoy their lives as human beings;

C) whether in Japan its laws and regulations are criteria for circumscribing the scope of an international agreement on the subject now under debate;

D) whether the Japanese Government is intending to grant Koreans in Japan a sort of "special status" different from other aliens, and if so, what such status will be.

E) whether the Japanese side shares the view with the Korean side that to grant all of Koreans in Japan permanent residence is not a sole way to the settlement of the problem of Koreans in Japan, as the Korean side is ready to encourage their repatriation to home only if the Japanese Government is ready to pay due compensation for their compulsory emigration to Japan and their predicament of living since that time.

1344 We believe that Japanese clarification on the above-mentioned points would expedite on accord on fundamental principles to govern the proposed agreement on the subject.

6. However, the Delegation is exclusively informed of what the Government has in mind concerning those question which the Japanese side recently raised up. They are as follows:

1) It is our view that the date of the termination of hostilities of the Pacific War is August 9, 1945.

2) The word, "Descendants" referred to in Article 1 of the draft agreement means those lineal descendants of Koreans continuously residing in Japan since the date of the termination of hostilities of the Pacific war or since prior thereto, who are nationals of the Republic of Korea by the Nationality Law of the Republic of Korea, and it should cover all the descendants to follow without limit of time so long as this Agreement remains in effect; the draft agreement provides for nothing about "places of their living," but will there be any actual question when they gave up their residence in Japan ?

3) The Japanese question item 8 seems to have been raised up with a malicious intent; in any civilized country, descendants of those aliens residing in that country with the status of permanent resident are usually granted permanent residence; our side wishes, in this regard, to know what the Japanese practice is on this point.

1345 4) Those Koreans who would not take the prescribed procedures for the permanent residence should be governed also by the proposed agreement, though Article 3 may not apply to those Koreans logically.

5) Even before the end of the 2 year period stipulated in Article 3 of the draft agreement, deportation of Koreans may be carried out if and then consultation is made with the Korean side.

6) By the word, "Consultation" in paragraph 2 of Article 3 of the draft agreement, our side take it that deportation of Koreans can be carried out only with the consent of the other party case by case; "Such matters as are required for the enforcement thereof" mean "requirements for implementing deportation".

7) Paragraph 2 of Article 3 will not apply to those who would not obtain due permanent residence under paragraph 1 of the same article.

8) Instead of answering the Japanese question concerning the meanings of Articles 4 and 5 in relation to paragraph 3 of Article 7 and our reservation item 3, we may suggest to the Japanese side that the phrase "the Present Agreement" in Article 4 and 5 be replaced by the phrase "the Peace Treaty with Japan signed at the City of San Francisco, September 8, 1951," while withdrawing paragraph 3 of Article 7 and our reservation item 3.

9) As regards Article 6, the Korean residents in Japan in this article includes
1346 their descendants including those who might be born in distant future.

10) The Japanese position concerning paragraph 1 of Article 6 (MTB-046) is unacceptable.

11) We take the position that "procedures" stipulated in paragraph 2 of Article 6 does not include the question on the amount of money to be remitted, and accordingly, we cannot accept the Japanese position that the amount of money remitted should be limited.

12) We have no objection in principle to setting up a Working Party Meeting to deal with matters concerning Article 6, but we consider that time has not yet come for the committee to set up such meeting because we believe that adjustment of difference of views on basic points of the draft agreement is to be more urgently done.

번역 문서번호: 외정 4355호 일자: 1958년 11월 24일

재일한인의 법적 지위 관련

(참조: MTB-046,054, 055, HID NO. 2418)

1. 대표단은 일본 정부가 책임져야 할 현재의 곤경에 대하여 일본 정부가 정당한 보상을 지불한다면 재일한인 전원의 국내 정착을 위해 수용할 준비가 되어있음을 통보한다. 일본 측이 이러한 관점에서 이 문제에 접근할 준비가 되어있다면, 한국 측은 제안 초안을 전면 수정할 것입니다.

2. 우리 측 합의안은 전항의 우리 측 입장에 대한 대안으로서 일본 측에 제시된 것입니다.

3. 그러나 우리 측이 1958년 10월 20일에 협정 초안을 제시한 것은 질의응답을 위한 것이 아닙니다. 우리는 위원회가 재일한인의 지위를 규정할 기본 원칙을 마련할 수 있고 또 마련해야 하는 일반적 토론을 위해 이를 제시한 것입니다.

4. 위와 같이 양측이 기본 원칙에 합의하면, 위원회는 협정 초안을 조문별로 심의하여 각 조문의 의미를 결정할 수 있다. 지금은 위원회가 용어 하나하나의 정의를 정교하게 정립하느라 시간을 낭비할 때가 아닙니다.

5. 따라서 우리 측은 1958년 11월 17일 일본 측이 성급하게 제기한 모든 질문에 대한 답변을 당분간 유보해야 합니다.

우선 다음 사항에 대한 일본의 견해를 알아야 합니다.

가) 일본 정부가 본 위원회가 합의를 요구하고 있는 한국인들이 대한민국 국민임을 인정하는지 여부

나) 일본 정부가 그들이 원할 경우 일본 영주권을 부여하고 그들이 인간으로서의 삶을 누릴 수 있도록 보장할 준비가 되어있는지 여부

다) 일본의 법률과 규정이 현재 논의 중인 주제에 대한 국제 협약의 범위를 제한하는 기준이 되는지 여부

라) 일본 정부가 재일한인에게 다른 외국인과는 다른 일종의 '특별 지위'를 부여할 의향이 있는지, 부여할 의향이 있다면 그 지위는 어떤 것인지에 대해.

마) 일본 정부가 재일한인들의 강제 동원과 그 이후 생활고에 대한 정당한 보상을 지불할 준비가 되어있을 때만 본국 송환을 추진할 용의가 있다는 한국 측의 입장에 대해 일본 측이 모든 재일한인에게 영주권을 부여하는 것이 재일한인 문제 해결의 유일한 방안이 아니라는 점에 대해 한국 측과 견해를 같이하는지 여부.

우리는 위에 언급된 사항에 대한 일본의 해명이 이 주제에 대한 협정안을 규정할 기본 원칙에 대한 합의를 촉진할 것으로 믿습니다.

6. 다만 대표단은 최근 일본 측이 제기한 의문사항에 대해 우리 정부가 염두에 두고 있는 바를 별도로 통보한다. 그 내용은 다음과 같습니다.

1) 태평양전쟁의 적대 행위 종결일은 1945년 8월 9일이라는 것이 우리 정부의 견해이다.

2) 협정문 초안 제1조에서 말하는 "후손"이란 태평양전쟁의 적대 행위 종료일 또는 그 이전부터 계속하여 일본에 거주하고 있는 한국인의 직계비속으로서 대한민국 국적법에 의하여 대한민국 국민인 자를 의미하며, 이 협정이 유효하게 존속하는 한 그 후손은 기간의 제한 없이 모두 포함된다고 할 것인데, 협정문 초안에는 '그들의 거주지'에 대한 규정이 없는데 실제로 그들이 언제 일본에 거주를 포기한 것인지 문제 될 수 있는 것 아닌가?

3) 일본 측 질의 8항은 악의적인 의도를 가지고 제기한 것으로 보이며, 어느 문명국가에서나 그 나라에 영주 자격을 가지고 거주하고 있는 외국인의 후손에게는 영주권을 부여하는 것이 일반적인데, 우리 측은 이 점에 대한 일본의 관행이 어떠한지 알고자 한다.

4) 영주권 취득을 위해 규정된 절차를 밟지 않는 한국인에 대해서는 제3조가 논리적으로 적용되지 않더라도 협정 초안의 적용을 받아야 한다.

5) 협정안 제3조에 규정된 2년의 기간이 끝나기 전이라도 한국 측과 협의가 이루어

진다면 한국인의 강제 퇴거가 이루어질 수 있다.

6) 협정문 초안 제3조 제2항의 "협의"라는 표현에 대해 우리 측은 사안별로 상대방의 동의가 있어야만 한국인 강제 퇴거를 실시할 수 있는 것으로 받아들이고 있으며, "그 집행을 위해 필요한 사항"은 "강제 퇴거 실시를 위한 요건"을 의미한다.

7) 동조 제3항 제2호는 동조 제1항에 따라 정당한 영주권을 취득하지 못하는 자에 대해서는 적용하지 않는다.

8) 제7조 제3항 및 우리의 유보 제3호와 관련하여 제4조 및 제5조의 의미에 관한 일본 측의 질의에 답변하는 대신, 제4조 및 제5조의 "본 협정"이라는 문구를 '1951년 9월 8일 샌프란시스코시에서 체결된 일본과의 평화조약'이라는 문구로 대체하고 제7조 제3항 및 우리의 유보 제3호를 철회할 것을 일본 측에 제안할 수 있다.

9) 제6조와 관련하여, 이 조의 "재일한인"에는 먼 장래에 태어날 자손을 포함한 그 후손을 포함한다.

10) 제6조 제1항(MTB-046)에 대한 일본의 입장은 받아들일 수 없다.

11) 우리는 제6조 제2항에 규정된 "절차"에는 송금 금액에 관한 사항은 포함되지 않는다는 입장을 취하며, 이에 따라 송금 금액을 제한해야 한다는 일본 측 입장을 수용할 수 없다.

12) 우리는 제6조에 관한 사항을 다루기 위한 실무자 회의 설치에 원칙적으로 반대하지 않으나, 협정문 초안의 기본적인 사항에 대한 견해차 조정이 보다 시급히 이루어져야 할 것으로 판단되므로 동 회의를 설치할 시기가 아직 도래하지 않았다고 본다.

23-2. 한국 선박의 반환 문제

1347 Document No. ___ Date: November 24, 1954

Re: Return of Korean Vessels

(Refer: MTB-047 HID No.2363 and Ambassador Limb's report No.32)

1. The Delegation is right in stating to the Japanese side that the Sub-Committee should proceed to Agenda item only after the settlement of the problem of Agenda item A pursuant to government instructions OJ No.1851, and this position still remains unchanged;

2. After perusal of gist or talks of the 19th session of the Sub-Committee, we wish to know whether the Japanese side has no question on the vessels other than 6 concerning which it raised up questions at the above session of the meeting;

3. There is no reason why the Delegation should not present the second list covering next group of vessels. But we still doubt how the presentation of an overall list of vessels within the scope of Agenda item A could expedite the proceeding. In this connection, instructions OJ No.4099 still remains standing.

4. Please question what the Japanese side means when it said "received the list for reference".

5. We should avoid discussion on legal interpretation of the documents concerned at the meeting; but please request the Japanese side to present its legal point of view in writing if it has any; if the Japanese side is ready to raise

1348 up an issue in writing, we are ready to counter its argument in writing.

6. The Delegation is advised that what it is important at this stage or negotiation is to sound out as soon as possible what the Japanese side is really intending to do on this issue.

번역 문서번호: __ 일자: 1954년 11월 24일

한국 선박 반환 관련

(MTB-047 HID 제2363호 및 임 대사의 32번 보고서 참고)

1. 대표단이 일본 측에 정부 훈령 외정 제1951호에 따라 선박소위원회에서 안건A를 해결한 후에 다른 안건으로 넘어가야 한다고 말한 것은 적절한 선택이었고, 이와 같은 정부의 입장은 변경되지 않았습니다.

2. 선박소위원회 19차 회의의 요록을 숙독했으며, 일본 측이 회의에서 제기한 여섯 가지 질의 외에 다른 질의사항이 없는지 알고 싶습니다.

3. 두 번째 선박 목록을 제시하지 않아야 할 이유는 없으나, 안건A에 속하는 선박의 전체 목록을 제시하면 진행 속도가 빨라질 것인지가 아직 의심스럽습니다. 이 부분에 대해서는 훈령 외정 제4099호가 계속 유효합니다.

4. 일본 측이 "참고를 위해 목록을 받았다"라고 말한 의미가 무엇인지 문의하시기 바랍니다.

5. 회의에서 관련 문서의 법적 해석에 대한 논의는 피해야 하지만, 일본 측이 법적 견해를 제시하고 싶다면 서면으로 전달할 것을 요청하십시오. 일본 측이 서면으로 문제를 제기할 준비가 되어있다면 서면으로 반박할 준비가 되어있습니다.

6. 현 교섭 단계에서 중요한 것은 이 문제에 대한 일본의 진의를 최대한 조속히 파악하는 것입니다.

31. 제4차 한일회담 진행에 관한 훈령 문서

1366 외무부

외정 제4563호
단기 4281년 12월 10일

외무부 장관

한일회담 수석대표 임병직 대사 귀하

건명: 제4차 한일회담 진행에 관한 건

머리의 건 한일회담 진행에 관하여 별첨과 같이 훈령하오니 동 시행에 있어 만전을 기하시기 바라나이다.

별첨: The 4th Korea-Japan Conference

추이: 본건 공문은 전 4페이지임.

이상

별첨

31-1. 제4차 한일회담

1367 Document No. OIJUNG-No. 4563 Date December 4, 1958

Re: The 4th Korea-Japan Conference

1. The Japanese proposal for a provisional fishery agreement of November 28, 1958 is hardly worthy of any serious consideration. However, this is not a right time for us to irritate unnecessarily the Japanese side at the above-mentioned committee, for even at worst case, we have to avoid a rupture at this stage.

2. While the Korean side is presently in position to encounter the Jap proposal at the Fisheries and Peace Line Committee discussions, we must exhaust our energy at the Committees on Korean claims and legal status of Korean Residents in Japan, for it is highly necessary for us to sound out what the Japanese side really has in its own aims on the issues.

3. At the Fisheries and Peace Line Committee, we should conduct the negotiation in the following way:

a. We will tell the Japanese side that their draft of November 28 is under study by our side and raise questions. With presenting various technical questions for the Japanese reply, we may gain time to take active move at the other committees.

1368 b. A series of questions as stated above will include, among others, the following questions:

1) What is your purpose in having no reflection in your draft of the subject

of the Peace Line which was to be placed on agenda at the 4th Korea-Japan Conference by the Agreed Minutes of December 31 1957

2) The Japanese proposal of November 28 is mainly to regulate fishing in the areas closely adjacent to the Korean peninsula. "We wonder, under the circumstance, whether the Japanese side presented the said proposal really in the spirit of preventing the fishing disputes."

3) "It seems that principles governing the said Japanese draft proposal are different form those of the Japan-U.S.-Canada Fishery Agreement. We wonder under what ground they are so different."

4. In the view of our Government, there will be no prospect of progress at the Committee on Korean Claims unless the Japanese side shapes up the so-called "basic policy". Under this circumstance, we should request the Japanese side to hold a plenary session, at which the following questions will be raised up:

1) Art objects-"We wonder when the Japanese side will set forth its basic
1369 policy for returning the Korean art objects." "We wonder whether the Japanese side really means to return these objects."

2) Vessels-Our request for vessels of Korean registry is made on the ground of SCAPIN No.2168. Question "whether the Japanese side has any different view on it".

Delegation should be cautious to put exactly on record the Japanese remarks which it may make in reply to our questions.

5. In the Committee on Legal Status of Korean Residents in Japan, Delegation should put forward such five questions as stated in government instructions No.OJ-4355, and put Japanese answers into record.

6. We should not take initiative for adjourning the conference or for postponing meetings under any circumstance, because we should impress the world that the Japanese side is responsible for delay or failure of settlements.

7. It is highly necessary for our delegates to have active contacts informally with the Japanese authorities or Japanese chief members of committees to sound out what the Japanese side is really contemplating in its talks with us.

번역 문서번호: 외정 제4563호 일자: 1958년 12월 4일

제4차 한일회담 관련

1. 1958년 11월 28일 자 잠정 어업협정에 대한 일본의 제안서는 진지하게 검토할 가치가 없습니다. 그러나 최악의 상황일지라도 어업위원회에서 불필요하게 일본 측을 자극할 시점이 아니므로 회담이 지금 단계에서 결렬되는 상황은 방지해야 합니다.

2. 한국 측은 현재 어업 및 평화선위원회에서 일본의 제안서를 마주하는 입장이나, 일본이 진정으로 목표로 하는 바가 무엇인지 파악하는 것이 매우 중요하기 때문에 한국청구권위원회와 재일한인 법적지위위원회에서 모든 노력을 쏟아야 합니다.

3. 어업 및 평화선위원회에서는 다음과 같은 방식으로 교섭을 진행해야 합니다.

a. 11월 28일 자 초안을 검토 중이라고 말하고 질문을 던져야 합니다. 여러 가지 기술적인 의문을 제기하며 일본 측의 답변을 요구하면서 다른 위원회에서 적극적인 행보를 이어가기 위한 시간을 벌어야 합니다.

b. 이를 위해 제기할 수 있는 질문에는 다음과 같은 내용이 포함될 것입니다.

1) 1957년 12월 31일 자 합의의사록을 통해 4차 한일회담의 의제에 포함시키기로 한 평화선을 협정 초안에 반영하지 않은 의도가 무엇인가?

2) 11월 28일 자 초안은 주로 한반도 인근 수역에서의 어획을 규제하는 내용을 다루고 있다. 일본 측이 정말 어업 분쟁을 예방하기 위해 작성한 제안서가 맞는지 궁금하다.

3) 일본이 제출한 초안은 일본-미국-캐나다 어업협정과 다른 원칙을 바탕으로 하는 것으로 보인다. 그렇게 다른 원칙을 적용한 근거가 무엇인지 궁금하다.

4. 일본 측이 소위 '기본적인 방침'을 정하지 않는 한 한국청구권위원회가 진행될 기미가 보이지 않습니다. 이러한 상황을 고려하여 본회의를 개최하자고 일본 측에 요청하고 본회의에서 다음과 같은 질문을 제기해야 합니다.

1) 예술품: 일본 측이 한국 예술품 반환에 대한 기본적인 방침을 언제 수립할 것인지 알고 싶다. 일본 측이 정말 예술품을 반환할 의향이 있는지 궁금하다.

2) 선박: 연합국최고사령관 지령 제2168호를 근거로 한국적 선박의 반환을 요청했다. 일본 측이 이 부분에 대해 다른 견해를 가지고 있는지 알고 싶다.

대표단은 일본 측이 우리의 질문에 답변하며 하게 될 발언을 정확히 기록하기 위해 주의를 기울여야 합니다.

5. 재일한인 법적지위위원회에서 정부 훈령 외정 제4355호에서 언급한 다섯 가지 질문을 제기하고, 일본의 답변을 기록해야 합니다.

6. 어떠한 상황에서도 우리 측에서 먼저 회담을 중단하거나 회의를 연기하지 않아야 합니다. 전 세계에 회담이 지연되거나 타결되지 못하는 상황에 대한 책임이 일본 측에 있다는 인상을 주어야 하기 때문입니다.

7. 일본 당국 또는 위원회의 일본 측 수석대표들과 비공식적으로 적극적으로 접촉하여 일본 측이 이번 회담에서 진정으로 계획하고 있는 바가 무엇인지 파악하는 것이 매우 중요합니다.

42. 사와다 대사와의 면담 보고 서한

1385 Tokyo, December 18, 1958

Dear Mr. President:

I called on Japanese chief delegate Sawada at 11 this morning at the Kayu Kaikan (Foreign Office club) to discuss the proposed recess of the talks over the year-end and other accompanying matters. Minister Yiu and Delegate Lee accompanied me on this call.

Minister Yiu first told Mr. Sawada about his meeting with Vice Minister Yamada the previous day. He said he expressed to Yamada his regrets over the slow progress in the current talk, especially in the Vessels and Art Objects Subcommittees due mainly to the Japanese political situation. Yamada then suggested that he favored a discussion between the top officials of both sides, like Amb. Sawada, Director ltagaki and himself on one side and Amb. Limb, Min. Yiu and Mr. Lee on the other, for the purpose of efficient progress of the overall talks.

With regard to the Japanese proposal to recess the Committee sessions until next January 25, in accordance with the government instructions we told Sawada that we have no objection. However, we pointed out the slow progress made so far which in our opinion was due to indecision and lack of sincerity on the Japanese side. We told the Japanese side that Korea could not afford to keep a full delegation too long, if the overall talks were to remain at the present speed. We regretted that in most of Committee discussions the Japanese delegation merely told us that they had to await decision on policy matters by the top level and such decision was delayed because of the current political situation, etc. We further requested that the Japanese made efforts to expedite the talks with utmost sincerity when the talks are resumed next year.

At this point Mr. Sawada said he would exert every effort in order to convince his government of the necessity for a speedy settlement of the pending problems during the recess. He stressed that in his opinion that approach was the best way for successful conclusion of the talks. He also expressed his desire that the talks would progress when resumed.

1386 With regard to the matter of holding a plenary session, Amb. Sawada said that he did not believe it wise to make statements charging either side at such session, because he feared that it would only prompt the Foreign Office and other Government agencies to make counter remarks or excuses, thus giving unfavorable publicity to the overall talks. In case the papers report that in the plenary session such arguments or counter arguments arose, it would be only creating adverse effect on efforts which are being made by the factions who favor the solution to the pending problems.

He said that he would not raise objection holding a plenary session on December 20, if this plenary session is only to confirm that the talks would enter into recess on Dec. 20 until Jan. 26. However, he opposed raising questions on substantial matters at this particular plenary session for reasons set forth in the above paragraph.

Then, we said that substantial matters might also be taken up in review of the proceedings of various Committees or Subcommittees. Sawada said in this connection that he could agree on this only if a statement of objective facts about the works of the Committees is to be made upon prior agreement on the draft thereof.

After we came back to the office, we held a meeting among members of our delegation, carefully analyzing the situations. It is easily imagined that when we talk about points of our concern, the Japanese will also attempt to refer to the points of their concern, such as fisheries issue, etc., at such plenary session, and in such case, our purpose of holding a plenary session might hardly be met. Thus, we thought over a method that we meet again Sawada at his office to have him express his frank views on the problems on art objects and vessels and that the contemplated plenary session could be held some time early next year to meet our purpose more effectively.

With renewed assurances of my highest esteem,

I remain,

Most respectfully,

Ben C. Limb

번역

1958년 12월 18일, 도쿄

대통령 각하,

오늘 오전 11시 가유회관(외무성 클럽)에서 일본의 사와다 수석대표를 만나 연말연시 기간에 회담을 휴회하자는 제안과 기타 수반되는 문제에 대해 논의했습니다. 유 공사와 이 대표가 배석했습니다.

유 공사가 먼저 사와다에게 전날 야마다 차관과 만났다며, 야마다에게 현 한일회담, 특히 일본의 정치 상황으로 인한 선박 및 예술품 소위원회의 부진한 진행 상황에 대해 유감을 표했다고 말했습니다. 어제 야마다는 전면회담의 효율적인 진행을 위해 사와다 대사, 이타가키 국장과 본인, 그리고 임 대사, 유 공사와 이 대표 등 양측의 고위급 관계자들이 모여 논의하고 싶다고 제안했다고 합니다.

내년 1월 25일까지 위원회를 휴회하자는 일본의 제안에 대해서는 정부 훈령에 의거하여 이의가 없다고 사와다에게 통보했습니다. 그러나 한국의 관점에서는 일본 측의 진정성 결여와 우유부단함이 원인이라고 생각되는 한일회담의 부진한 진행 경과를 지적했고, 회담이 현재의 속도를 유지한다면 한국대표단 전원이 계속해서 체류할 수 없을 것이라고 말했습니다. 대부분의 위원회에서 일본대표단이 고위급 각료들의 정책 결정을 기다리고 있고, 현재의 정치 상황 등으로 인해 결정이 내려지지 않고 있다는 말만 반복하는 것에 대해 유감을 표하고, 내년에 회담이 재개되면 회담의 진행 속도를 높이기 위해 최대한의 성의를 보일 것을 요청했습니다.

이때 사와다는 휴회 기간 중 현안을 조속히 해결할 필요성에 대해 정부가 납득할 수 있도록 최선을 다하겠다고 말하고 회담의 성공적인 타결을 위해서는 방금 말한 접근법이 최선의 방식이라고 생각한다고 강조했습니다. 사와다는 재개된 후에 회담이 진척을 보이기를 바란다고 말했습니다.

본회의 개최 문제에 대해 사와다는 본회의와 같은 자리에서 한쪽에 책임을 묻는 발언을 하면 외무성과 다른 정부 기관이 반박하거나 핑계를 대도록 자극하여 언론을 통해 회담에 대한 부정적인 인상이 초래될 것이므로 현명하지 않다고 생각한다고 했습니다. 신문을 통해 본회의에서 이러한 논쟁이나 반박이 있었던 것이 보도되면 현안을 해결하고자 기울인 노력에 부정적인 영향을 미칠 것입니다.

사와다는 12월 20일부터 1월 26일까지 회담을 휴회하는 것을 확정하기 위한 본회의라면 12월 20일에 개최하는 것에 이의를 제기하지 않겠다고 말했으나, 앞서 말한 이유로 이 본회의에서 구체적인 문제에 대해 질문을 던지는 것은 반대했습니다.

우리 측에서는 여러 위원회 또는 소위원회의 진행 경과를 검토하는 과정에서 구체적인 문제를 거론할 수도 있다고 말했고, 사와다는 초안에 대해 사전에 합의한 사항을 바탕으로 위원회의 성과에 대한 객관적인 사실을 발표할 계획인 경우에만 동의할 수 있다고 답변했습니다.

사무소로 돌아온 후 우리 대표단과 회의를 소집하여 상황을 신중하게 분석했습니다. 본회의에서 우리가 우려하는 사항에 대해 언급하면 일본 측은 어업 문제 등 자신들이 우려하는 사안을 거론하려 할 것이고, 이 경우 우리가 본회의를 개최하는 목적을 달성하기 어려울 것입니다. 따라서 사와다를 다시 만나 예술품과 선박에 대한 그의 솔직한 견해를 들어보고, 본회의는 우리의 목적을 보다 효과적으로 달성할 수 있도록 내년 초에 개최하는 방안에 대해 생각해 보았습니다.

감사합니다.

임 대사

41. 유태하 공사와 사와다 수석대표의 면담 결과 보고 전문[8]

1383 NO. MTB-096

DATE. 1219

TO. Office of the President & Foreign Minister

At 11:30 a.m. on December 19, deputy chief delegate met the Japanese Chief Delegate Sawada at his Office. The gist of talks is as follows:

Item 1. At the meeting, I said that the Korean side has no objection to the proposal on a temporary recess from December 20, 1958 until January 25, 1959, stating his remarks made at the meeting between him and Ambassador Limb and myself at 11 a.m. on December 18 that he would exercise every effort to bring about an early solution of pending problems, when the talks are resumed on January 26, 1959. We confirmed what he stated at the yesterday's meeting.

Item 2. With regard to the matter of holding a plenary session I stated that, taking into consideration of words made at yesterday meeting, Korean side
1384 would not insist on holding of such a plenary session at this stage.

Item 3. Thus it has been agreed that the talks will enter into a temporary recess from December 20, 1958 until January 25, 1959 and it has been

8 편집자가 편철 순서를 바꾸었다.

confirmed that Committee or Sub-committee will be resumed from January 26, 1958 as scheduled.

Minister Yiu

번역 번호: MTB-096

일자: 1219[1958. 12. 19]

수신인: 대통령실, 외무부 장관

12월 19일 오전 11시 30분에 우리 측 차석대표가 일본의 사와다 수석대표를 집무실에서 만났습니다.

이날 나눈 대화의 요지는 다음과 같습니다.

1. 저는 1958년 12월 20일에서 1959년 1월 25일까지 회담을 일시 휴회하는 것에 한국 측은 이의가 없다고 말했고, 사와다가 12월 18일 오전 11시에 임 대사 및 저와 한 회의에서 1959년 1월 26일에 회담이 재개되면 현안을 조기에 해결하기 위해 최선을 다하겠다고 한 말을 거론했습니다. 우리 측은 어제 있었던 회의에서 사와다가 한 발언을 확인한 것입니다.

2. 본회의 개최 건에 대해서는 어제 회의에서의 발언을 고려하여 한국 측은 지금 단계에서 본회의 개최를 고집하지 않겠다고 말했습니다.

3. 따라서 한일회담을 1958년 12월 20일부터 1959년 1월 25일까지 임시 휴회하기로 합의했고, 위원회 또는 소위원회는 일정에 따라 1958년 1월 26일부터 재개하기로 확정했습니다.

유 공사

44. 한일 고위급 정치회담 내용 보고 전문

1391 NO. MTB-097

DATE. 1220

TO. Office of the President & Foreign Minister

As reported previously I met top government leaders Ohno, Executive Board Chairman Khono, Foreign Relations Committee Chairman Funada and Ambassador Sawada at 6 this evening and talked for two hours. Though not informed before I learned today Premier Kishi and Secretary-General Kawashima would have also boon present had it not been for urgent matter. Khono did most of talking to me and Ambassador Limb, Khono not only head of Executive Board of Government Party but is a holder of real power and is most feared by anti-main current factions of Liberal Democrats. Khono wanted to be frank with us and we agreed. He said majority of Japanese leaders are not so certain about our intention toward settlement. He said Kishi and Funada have confidence in our sincerity the honest has not so much faith in your sincerity if not suspicious.

1392 He continued in case Korea change her antagonism toward Japan and tries to be friends, he is seriously interested to do his best for settlement. He said will settle not only Art Objects issue but other problems as well. Khono also said he himself settled Russo-Japanese fishery and normalization talks but he is not pre-communist. He said he talked with Ishkov and Khrushchev in Moscow but frankly it is more difficult to reach settlement on Fisheries with Korea.

However, he is fully aware of advanced fishing technique of Japan and

Japanese fishing boats going out every corner of world to detriment of other nation.

Therefore he understand other nations concerned in this regard. But Khono continued he did not think it right for Korea to draw a line and capture every
1393 violator. He is willing to make concession for instance in Art Objects issue. He asked we present our concrete position in relation to other Committees so that Japan can study it thoroughly. In reply I told Khono that it seems Japan only wants to settle fisheries issues, ignoring other matters which are as important. We want Japan to be more sincere in other matters. I said our position is well known to Ambassador Sawada. Ohno then spoke that Liberal Democrats Convention is slated to be on January 17th, so why not settle Korea-Japan issue even before then as we cannot expect Committees to settle it. In conclusion I told them at least Art Objects issue should be settled first to show our people that Japan is doing something. On this Ambassador Sawada repeated that vice-minister Yamada had already told me confidentially Friday. I told him that is not satisfactory. As this meeting was only the first one I did
1394 not go into details and promised to meet Ambassador Sawada on Monday or Tuesday next. Details will be reported via pouch.

My impression is that although unknown if acceptable or not, Japan will present something more concrete from now on.

Minister Yiu

번역 번호: MTB-097

일자: 12월 20일[1958. 12. 20]

수신인: 대통령실 및 외무부 장관

보고드린 바와 같이 오노, 고노 의장, 후나다 외교위원회 의장과 사와다 대사 등 일본 정부의 최고위급 관료들과 오늘 저녁 6시에 만나 두 시간 동안 대화를 나누었습니다. 사전에 통보받지는 못했으나 기시 총리와 가와시마 부총재도 시급한 사안이 발생하지 않았다면 오늘 회의에 참석했을 것이라고 합니다. 고노가 저와 임 대사에게 주로 말을 했습니다. 고노는 여당 이사회의 대표일 뿐만 아니라 실세이자 자민당의 비주류파가 가장 두려워하는 인물입니다. 고노는 솔직하게 대화하기를 원했고 저희도 동의했습니다. 그는 일본 지도자들의 대다수는 문제 해결에 대한 한국의 진의에 대해 그다지 확신하지 못하고 있다고 했습니다. 기시와 후나다는 한국의 진정성을 신뢰하고 있지만 나머지 지도자들의 경우 한국의 진정성을 의심하지 않으면 다행이고 큰 믿음은 갖고 있지 않은 이들이 많다고 말했습니다.

고노는 일본에 대한 한국의 적대감에 변화가 있고 친교를 쌓고자 한다면 문제 해결을 위해 최선을 다할 의지가 있으며, 예술품뿐만 아니라 다른 문제까지 해결할 것이라고 했고, 자신이 러일 어업협상과 국교 정상화 회담을 타결하기는 했으나 친공산주의자는 아니라고 말했습니다. 그는 모스크바에서 이시코프 및 흐루쇼프와도 대화를 나누었지만 솔직히 말하면 한국과 어업 문제를 타결하는 것이 더욱 어렵다고 했습니다.

그러나 고노는 일본의 조업 기술이 뛰어나고 일본 어선들이 전 세계 곳곳에서 다른 국가에 피해를 주고 있다는 사실을 잘 알고 있습니다.

고노는 다른 국가들이 이 문제에 대해 우려하고 있음은 이해하나 한국이 선을 설정하고 그 선을 위반하는 모든 이들을 나포하는 것은 옳지 않다고 생각하며, 예술품 문제 등에 대해 타협할 의향이 있다고 말하면서 일본이 철저히 검토해 볼 수 있도록 기타 위원회들에 대한 한국 측의 구체적인 입장을 표명해 줄 것을 요청했습니다. 이에 저는 고노에게 일본은 동등한 중요성을 지닌 다른 문제들은 간과한 채 어업 문제만을 해결하고 싶어 하는 듯이 보인다고 답변했습니다. 우리 측의 입장은 사와다 대사가 잘 알고 있다고 말했고, 오노는 자민당 전당대회가 1월 17일에 열릴 예정이고 위원회에서 문제가 타결될 것이라고 기대할 수 없는 상황이니 전당대회 전에 한일 문제를 해결하는 것이 어떻겠냐고 했습니다. 저는 한국인들에게 일본이 무언가 하고 있음을 보여주기 위해 최소한 예술품 문제는 먼저 해결해야 한다고 말했습니다. 사와다 대사는 야마다 차관이 이미 금요일에 비밀리에 저에게 말한 내용을 반복했고, 저는 그것으로는 충분하지 않다고 답변했습니다. 이번이 첫 번째 만남이었기 때문에 구체적인 사안을 언급하지는 않았고 다음 주 월요일이나 화요일에 사와다 대사를 다시 만나기로 약속했습니다. 자세한 내용은 행낭을 통해 보고드리겠습니다.

수용 가능한 내용일지는 모르겠지만 일본이 지금부터는 보다 구체적인 무언가를 제시할 것이라는 인상을 받았습니다.

유 공사

48. 기시 수상 방미 관련 주미 대사관에 대한 외무부의 훈령 전문

1415 NO. 900624

DATE. 190920

SENT TO. KORIC WASHINGTON AMBASSADOR YANG

WITH REGARD TO KOREA-JAPAN PRELIMINARY TALKS FOR RESUMPTION OF THE CONFERENCE YOU ARE INFORMED THAT THE DRAFT PREPARED IN JAPAN REACHED SEOUL ON SATURDAY THE 15TH ONE DAY PRIOR TO PRIME MINISTER KISHIS DEPARTURE FOR AMERICA PD ACCORDING TO RECENT PRESS REPORTS FROM JAPAN THE JAPANESE INDICATED THAT THEY EXPECTED THE ROK GOVERNMENT TO COME TO A FINAL DECISION BEFORE MR KISHI WERE TO LEAVE AND SEEM TO E LAME ROK GOVERNMENT FOR FAILING TO SIGN THE PRESENTED PAPERS PD PLEASE TAKE NECESSARY STEPS FOR FINAL CORRECTIONS THAT ROK REPRESENTATIVE DID NOT GIVE ANY COMMITMENT TO JAPAN TO SIGN THE DOCUMENTS BEFORE MR. KISHIS DEPARTURE PD AS THE AMERICANS ARE PRESSING THE JAPANESE FOR SOME AGREEMENT WITH ROK MR KISHI MAY BLAME US FOR THE DELAY PD POINT OUT THAT DOCUMENTS ARRIVED ON THE 14TH IN THE AFTERNOON BY DIPLOMATIC POUCH AND OFFICIALLY REACHED THE FOREIGN MINISTRY ON THE 15TH PD

FORMIN

번역 번호: 900624

일자: 90920[1959. 6. 19]

수신인: 양유찬 주미 대사

회담 재개를 위한 한일예비교섭과 관련하여 기시 총리가 미국으로 출국하기 하루 전인 15일(토요일)에 일본이 작성한 초안이 서울에 도착했음을 알립니다. 최근 일본의 언론 보도에 따르면 일본은 기시 총리가 출국하기 전에 한국 정부가 최종 결정을 내릴 것을 기대하며 초안에 서명하지 않은 것에 대한 책임을 한국 정부에 돌리고 있는 것으로 보입니다. 한국대표단은 기시 총리의 출국 전에 초안에 서명하겠다는 약속을 한 바가 없다고 정정하기 위해 필요한 조치를 취해주십시오. 미국이 일본에 한국과의 합의를 종용하고 있는 상황이기 때문에 기시 총리가 회담이 지연되는 원인을 우리에게 돌릴 가능성이 있습니다. 협약 초안이 외교 행낭을 통해 14일 오후에 도착했고 외무성이 공식적으로 입수한 시점은 15일이라는 사실을 강조하시기 바랍니다.

외무부 장관

50. 제4차 한일회담 대표에 대한 설명 자료

1428 외무부 정무국

제4차 한일회담 대표에 대한 설명자료

단기 4292년(1959년) 8월 11일

1429 I. 제4차 한일회담 교섭 경위(1958년 4월 15일~12월 20일)

1. 개관

제4차 한일회담은 1958년 4월 16일에 개최된 이래 8개월여를 계속하였으나 이렇다 할 성과를 얻지 못하였는바 각 위원회의 회의 경과를 개관하면 양국은 현안의 제반 문제의 실질적인 면에 대한 구체적인 토의에 들어가지도 못하고 12월 20일 휴회하고 말았다고 할 수 있다.

우리 측에서는 우선 문화재, 선박 등 비교적 단순하고 용이하게 해결점에 도달할 수 있다고 생각되는 문제부터 토의 해결하고 어업 및 평화선 문제와 청구권 문제 등과 같이 비교적 복잡하고 그 해결에는 상당한 시일이 요할 것으로 예상되는 문제는 뒤로 미루고자 하였는데 우리의 의도는 이와 같이 비교적 용이하게 해결될 수 있는 문화재나 선박 문제 등을 먼저 토의하는 가운데 회담에 임하는 일본의 태도와 진의를 타진하여 보는 동시에 회담 초기에 이와 같이 비교적 간단한 문제를 먼저 해결함으로써 앞으로 전면회담의 순조로운 진행을 돕고자 하였던 것이다.

그러나 일본 측은 처음부터 순조로운 회담 진행에 협력하려 하지 않고 문화재, 선박 문제의 토의에 있어서도 지연 작전을 써가면서 이 문제에 대한 분명한 의사 표시조차
1430 하지 않고 기타 문제, 특히 어업 및 평화선 문제에 대하여서만 관심을 표시하고 어업 및 평화선위원회를 조속히 개최할 것을 고집하는 동시에 이러한 문제에 있어서 적어

도 어느 정도 자기 측에 이득이 있어야만 다른 문제의 토의 진행에 응하겠다는 태도를 역력히 보인 것이다.

이와 같이 회담 진행 방법에 대한 상반되는 양국 태도는 그 후 전면회담의 원활한 진행을 방해한 가장 근본적인 원인의 하나가 되었다. 일본 측이 그들의 지연 작전을 궤변하기 위하여 빈번히 내세운 구실 중에서 전형적인 것을 예시하면 다음과 같은 것이 있다.

(1) 첫째, 정부의 기본 방침이 결정되지 않았다는 것으로, 그 이유로서 특히 국내 정국의 불안정을 들었다. (이 구실은 특히 문화재소위원회에서 빈번히 사용되었다.)

(2) 둘째로 국내법의 규정상 우리의 요구에 응하기 곤란하다는 것이다. (이것은 특히 문화재와 재일한인의 법적 지위 문제의 토의에 있어서 빈번히 사용되었다.)

(3) 셋째로 국내 여론에 비추어 우리 측의 요구에 응하기 곤란하다는 것이다.

회담의 진척을 방해한 요인으로서는 이상과 같은 일본 측의 지연 작전 외에도 소위 북한 괴뢰 치하로 가기를 원한다고 하는 한인 억류자 문제가 있었는데 이 문제는 현재의 재일한인 북송 기도와도 관련이 있는 것으로, 6월 말경부터 갑자기 심각화하기 시작
1431 하여 이 문제로 말미암아 회담은 일본이 이 문제에 관한 우리의 요구를 고려하겠다고 타협적인 태도를 표시한 9월 말까지 근 3개월간이나 완전히 마비 상태에 빠져버렸다.

2. 각 위원회의 회의 경과

(1) 문화재소위원회

이 소위원회는 일본 측이 이 문제에 관하여 협조적 태도를 표명한 1957년 12월 31일의 구두 성명(Oral Statement)에 의거한 우리 측의 강력한 주장에 의하여 설치를 보게 된 것이다.

동 소위원회의 개회에 앞서 1958년 4월 16일 일본 정부는 전기 구두 성명의 체면상 도합 106점의 우리나라 문화재를 반환하였는데 이것들은 대체로 문화재로서의 가치가 별반 없는 것들뿐인 것이었다. 이것도 일본 측은 "반환"한 것이 아니고 일본 국내법에 의한 "기증"이라고 말하고 있는 것이다. 이때에 동시에 일본은 486점의 한국 문화재 목록을 우리에게 수교하였는데 이에 대하여도 반환하겠다는 것인지 또는 반환한다면 언제 할 것인지에 관하여는 아무런 확실한 언질도 주지 않았던 것이다.

그 후 1958년 6월 4일에 동 소위원회가 개최된 후 전후 12회나 회담을 거듭하였는데도 이렇다 할 진전을 보지 못하였는데 일본 측의 지연 작전은 동 소위원회에서 특히 현저하게 나타났다. 일본 측은 106점 외에 문화재를 더 이상 반환하려 하지 않을뿐더
1432 러 반환하겠다는 언질도 주지 않고 심지어는 한국 점령 중 한국으로부터 탈취하여 간 문화재 목록을 제시하여 달라는 우리 측의 요구에 대하여 번번이 회답조차 하지 않았다. 이에 우리 측은 일본이 동 목록을 제시하기를 언제까지나 기다릴 수도 없으므로 11월에 우리에게 반환되어야 할 문화재의 요록을 제시하였던바 일본 측은 이것을 "참고"로 받아둔다고 할 뿐 이 내역에 대한 구체적인 토의조차 거부하였다.

이리하여 소위원회는 우리에게 반환되어야 할 문화재에 관한 구체적인 토의를 할 단계에도 이르지 못하고 말았다. 동 소위원회에서 구체적 토의에 들어갈 것을 거부하는 데 있어서 일본 측은 다음과 같은 몇 가지 이유를 내세웠는데 그중 일부는 앞에 언급한 바 있다.

① 이 문제에 대하여 정부의 기본 방침이 결정되지 않았다는 점

② 국내법의 규정과 국내 여론으로 말미암아 우리 요구에 응하기 곤란하다는 점

③ 동 소위원회에서 취급될 문제는 그 외의 각 위원회 및 소위원회에서 취급될 여러 문제와 연관되어 있다는 점

상기 이유 중에서 주의할 만한 것은 제3의 이유뿐인데 이것으로써 일본은 특히 어업 및 평화선위원회와 같은 다른 위원회에서 소득이 있는 때만 이 문제를 해결할 용의
1433 가 있다는 것을 시사한 것이다. 그 후의 일본 측과의 비공식 접촉에 의하여 알려진 바에 의하면 그들은 현재 정부가 소유하고 있는 문화재만은 경우에 따라서는 반환할 수도 있다고 말하고 있다고 하는데 이것도 그들이 과연 타 위원회에서 어떤 소득을 얻기 전에 전면회담의 원활한 진행을 돕는 정신에서 그들 정부 소유의 문화재를 반환하겠다고 공언할 용의가 있는지 의심스러운 것이다.

(2) 선박소위원회

선박소위원회는 1958년 6월 6일 처음 개최되어 24회에 걸쳐 회합하였다. 동 소위원회는 겨우 11월 10일에야 제1차 한일회담에서 채택한 바와 같은 4항목의 의제를 그 의제로서 채택하기에 이르렀는바 이렇게 진행이 부진하였던 이유는 일본 측이 6월 11일 회의 이래 평화선 침범으로 나포된 일본 어선(141척) 문제를 의제로 채택할 것을

고집한 까닭이었다. 이 문제는 결국 양측 고위층에서 달리 결정을 내릴 때까지는 동 소위원회에서 문제 삼지 않을 것을 양측이 양승함으로써 낙착되었다. 이와 같이 4항목의 의제가 채택되자 소위원회는 우선 의제 "A" 즉 "1945년 8월 9일 현재로 한국적이던 선박의 반환"에 관한 토의로 들어갔다.

의제 "A"에 의한 우리의 선박 반환 요구는 연합군 최고사령부 명령 제2168호와 재
1434 한일본인 재산의 소유권은 미군정청 법령 제33호에 의하여 동 군정청으로 이관되었다가 그 후 한미간의 재정과 재산에 관한 최초 협정이 체결됨으로써 한국 정부로 이양이 되었고 이 재산 처분을 쌍항평화조약 제4조 B항에 의하여 일본 정부가 확인한 사실에 근거를 둔 것이다.

이와 같이 합법적인 근거를 가진 우리의 요구에도 불구하고 일본 측은 다음과 같은 이유를 들고 그들의 법적 의무를 이행할 것을 거부하였다.

① 소위 연합군 최고사령부 명령(SCAPIN)은 쌍항평화조약의 발효와 더불어 효력을 상실한 것이므로 일본 정부는 동 명령의 구속을 벗어난 지 오래다.

② 동 명령은 일본 정부와 동 사령부의 관계만을 규제하였을 뿐이므로 제3국은 동 명령의 이해에 관하여 간섭할 권한이 없다.

③ 쌍항평화조약에서 일본 정부가 승인한 것은 평화조약 발효 이전에 연합군에 의하여 실제로 완전히 이행된 재산의 처분뿐이며 따라서 일본 정부는 상금 실제로 반환하지 않은 재산을 반환할 의무는 없다.

이와 같은 구실로써 그들은 의제 "A"에 해당하는 선박 목록을 제시하여 달라는 우리의 요구를 거절하였다. 이에 우리 측은 비건설적인 법률 해석상의 논의를 중지하고
1435 소위원회의 의사 진행을 촉진하기 위하여 의제 "A"에 의하여 우리가 청구할 선박 약 360척 중에서 가장 근거가 확실한 31척의 목록을 제출하였던바 일본 측은 또다시 "참고"로 받는다고 말하고 이에 관한 구체적 토의에 응하지 않고 의제 "A"에 의한 선박 반환에 관한 그들의 법적 의무를 계속 부인할 뿐 아니라 제1차 회담 때의 예를 들면서 의제 "A"의 토의를 종결하고 의제 "B"의 토의로 들어갈 것을 제안하였다. 동 소위원회의 의사 진행은 이리하여 의제 "A"의 토의에 있어서 벌써 정돈 상태에 빠지고 말았던 것이다.

우리는 아직도 선박 문제에 있어서의 일본의 진의가 어디에 있는지 알기 어려운바

추측건대 그들은 제1차 회담 때 그들이 한 것과 같이 이들 선박을 반환할 법적 의무를 부인하고 극소수의 선박을 "반환"이 아니라 "기증"할 방법을 모색하고 있다고 볼 수 있는 것이다.

(3) 일반청구권소위원회

동 소위원회는 늦게 12월 1일에야 첫 회합을 가졌으며 그 후 회담이 휴회로 들어갈 때까지 3차의 회합을 가졌을 뿐이므로 동 소위원회도 구체적 토의의 단계에 이르지 못하였다. 다만 우리 측은 1957년 12월 31일의 합의된 회의록(AGREED MINUTES)에 의거하여 제1차 회담에서 제출한 8항목의 청구와 같은 것을 다시 청구할 것임을 분명
1436 히 하였는바 일본 측은 이에 대하여 이의가 있음을 시사하는 동시에 이에 대한 그들의 공식 견해는 후에 제시할 것이라고 말하였다.

3. 재일한인의 법적 지위에 관한 위원회

이 위원회는 5월 19일에 개최된 이래 전후 15회에 걸쳐 회합하였다. 이 문제는 제1차 한일회담 시에 상당한 정도로 토의가 진전되어 몇 가지 미해결점을 남긴 채 양측의 공동협정안을 성안하는 데까지 이른 문제이므로 비교적 용이하게 해결될 수 있는 소지가 있다면 있는 문제이었다. 6월 2일 일본 측은 소위 재일한인 처우에 관한 3대 원칙이라는 것을 제시하였으나 이것은 일본 측의 진의를 알기에는 너무도 막연한 것이었다. 그러나 이것을 통하여 우리가 알 수 있는 것은 일본 측의 관심은 처음부터 특히 재일한인 강제 퇴거 문제에 집중되어 있었다는 점이다.

일본 측은 7월에 강제 퇴거 기준에 관한 제안을 내놓았는바 일본 측이 제안한 기준은 어디까지나 그들의 출입국관리법령의 범위를 벗어나지 못한 것이었는바 이것으로 일본은 재일한인에 관한 전반 문제를 해결하는 데 있어서 그들 국내법의 범위를 넘어설 용의가 없다는 것을 여실히 나타낸 것이다.

이와 같이 일본 측으로부터 만족할 만한 제안이 나올 것을 기대할 수 없었으므로
1437 10월에 우리 측은 재일한인의 법적 지위와 처우에 관한 협정 초안을 제시하였다. 1차 회담이 종결한 이후로 사정이 많이 변경하였으므로 동 초안에 있어서의 우리의 제의는 몇 가지 점에 있어서 1차 회담 당시 양측 대표가 기초한 협정 초안과는 차이가 있는 것이었는바 특히 금번 초안에 있어서는 소위 '재일한인' 중에 그들의 자손들까지

포함하도록 하였다. 동 초안은 명시적인 합의는 없었으나 여하튼 동 위원회에 있어서 토의의 기초가 되었다.

동 협정 초안에 대하여 4차 회담이 휴회로 들어갈 때까지 일본 측이 표명한 공식 견해는 다음과 같은 것이었다.

(1) 국제법에 의하면 국적 문제는 소위 국내 사항에 속하는 것이므로 국가 간의 협정으로 국적을 확인하는 것은 부적당하다. 그러나 일본은 재일한인이 대한민국 국민이라고 하는 한국 측의 견해에 반대하지는 않는다. (이에 관련하여 유의할 것은 1차 회담에 있어서는 오히려 일본 측이 국적 확인의 필요를 역설하였다는 사실인바 아직까지 일본 측으로부터 이러한 태도 변경에 대한 명확한 설명이 없으나 생각건대 이렇게 함으로써 그들은 북한 괴뢰를 자극하지 않으려는 것으로 보인다.)

(2) 일본 측은 초안에 규정한 바와 같은 특별한 지위와 처우를 재일한인의 자손들에게까지 부여할 수 없다.

1438 (3) 재일한인의 영주권 문제와 강제 퇴거 문제는 별도로 따로따로 취급할 수 없다. 일본으로서는 미리 합의된 규정에 의한 강제 퇴거의 권리를 유보한다는 조건하에서만 재일한인에게 영주권을 부여할 용의가 있다. 또한 한국 측 제안에 의한 영주권 부여의 수속은 막대한 비용이 소요될 것이므로 이를 간소화할 필요가 있다. (이에 관하여 일본 측은 아무런 대안을 제시하지 않고 있는바 우리 측은 협정이 효력을 발생함과 동시에 재일한인은 자동적으로 영주권을 부여받게 되는 것을 내용으로 하는 대안을 준비하고 있다.)

(4) 일본 측의 견해에 의하면 재일한인은 쌍항평화조약의 발효와 함께 일본 국적을 상실하고 외국인이 되었다. 따라서 일본 법에 의하여 외국인은 향유할 수 없는 광산권(광산권은 외국인이 향유할 수 없는 유일한 재산권이라고 한다.)을 가지고 있던 재일한인은 평화조약 발효 후 3년 내에 이 권리를 처분하도록 지시를 받았다. 일본 측은 재일한인에 대하여 평화조약 발효 일자까지 소급하여 이와 같은 일반 외국인이 향유할 수 없는 재산권을 향유할 특권이 주어져야 한다는 제의에 동의할 수 없다. 직업에 관하여서는 외국인은 공무원 이외의 여하한 직업도 가질 수 있는 것이므로 이 점에 관하여서는 한국 측은 아무 걱정도 할 필요가 없다.

1439 (5) 일본 측은 송환되는 한국인에게 3년이라는 제한된 기간 내에 있어서만 부동산 반출 또는 송금에 관한 특권을 인정하고자 하며 특히 송금에 있어서는 일본이 그 금액

을 제한할 수 있어야 할 것이다.

4. 어업 및 평화선위원회

동 위원회는 10월 3일 이래로 8회의 회합을 가졌다.

10월 10일 일본 측은 어업협정 요강을 제의하였으나 그 내용은 우리의 평화선을 분명히 전적으로 부정한 것이었으므로 우리 측은 그것이 토의 기초가 될 수 없음을 주장하고 이 제의를 철회할 것을 요구하였다.

그 후 11월 28일 일본 측은 동 제의를 철회하고 새로운 어업협정 요강을 제의하였는바 이 신제안에 있어서는 전자에서와 같은, 평화선을 분명히 부정하는 문구는 삭제되고 그 대신에 한국 연안해에 있어서의 금어 구역과 어업 통제 구역을 설정하는 데 대한 상세한 규정이 포함되어 있었다. 한마디로 말해서 한국 해안에 근접한 평화선 내의 해역에서의 어로를 공동 관리하자는 제안으로, 연안국의 인접 해양에 대한 특별한 이익을 존중하는 최근 국제법의 경향을 무시한 제안이었다.

이에 대하여 우리 측은 우리의 입장에 좀 더 가까운 것을 다시 제의하여 줄 것을 요
1440 청하였다. 그러나 일본 측은 만일 동 제안이 토의의 기초가 될 수 없는 것이라면 우리 측에서 이에 대한 대안을 작성하여 제시하여 달라고 요청하였다. 그 후 양측의 의견은 그 이상 접근하지 못하고 휴회에 이르렀던 것이다.

1441 II. 일본의 추방 계획과 이에 대한 정부의 조치

1. 일본의 재일한인 추방 계획의 경위

1952년 4월에 쌍항대일평화조약이 발효한 이래 일본 정부는 재일한인의 축출을 희구하여 왔는바 이러한 일본의 의도는 우리가 알고 있는 바로서는 1955년에 1명, 1956년 48명에 달하는 재일한인의 북한 강송으로서 나타난 것이다.

1958년에 들어와서는 종래 소규모적이었던 추방 계획은 대규모적, 집단적으로 확대되어 갔는바 특히 4월 15일에 재개된 제4차 한일회담을 극력 좌절하려고 하는 재일 북한계 단체 조련의 공작은 일본 정부의 이러한 의도에 한층 용기를 가하는 결과가 되었다.

한일회담을 파괴하려는 조련계의 공작은 자연 재일한인의 소위 '북한 송환'운동으로 표면화되고 이러한 운동은 1957년 가을부터 점차 전국적, 집단적인 성격을 띠게 되었는바 이 운동은 음으로 양으로 일본 정부의 협조와 지지를 받아왔던 것이다.

이러한 사태를 배경으로 하여 일본 정부는 드디어 금년 1월 22일에 일본적십자사로 하여금 재일한인을 소위 '인도주의 원칙'에 따라 북한으로 추방하는 데 필요한 조치를
1442 취할 것이라는 원칙을 재확인하였고 그 후 1월 30일에 이르러 '후지야마' 외상이 그의 재일한인 추방 계획에 관한 결정을 발표함에 이르러 제4차 한일회담은 금일까지 속개를 보지 못하게 되었던 것이다.

그 후 2월 13일에는 일본 각의는 정식으로 일본 외상 '후지야마'의 재일한인 추방 계획에 관한 결정을 승인하게 되고 일본 정부는 그 뜻을 주일 대표부에 통고하여 오는 동시, 그의 앞잡이인 일적 대표를 제네바에 파견하여 추방 흉계에 대한 국적의 승인 개입을 얻고자 국적 당국과 교섭하였다. 그러나 뜻밖에도 북한 괴뢰는 추방 계획에 국적이 관여하는 것을 강력히 반대하였고 또한 월여에 걸친 교섭과 설득 공작에도 불구하고 국적이 일본의 요청을 수락하지 않고 드디어 3월 23일에는 국적으로서는 당분간 재일한인 추방 계획에 대하여 아무 결정도 내리지 않을 것이라는 입장을 취하게 되자 일본은 국적의 조속한 승인과 참여를 단념하고 다른 도리를 강구하지 않으면 안 될 난처한 입장에 서게 되었다.

이러한 곤경에 처한 일본은 추방 계획의 단행을 위하여 괴뢰와의 직접 협상을 획책하였으며 일본-괴뢰 직접 협상은 마침내 4월 13일 제네바에서 개시되었다. 소위 '송
1443 환자'의 명단 작성과 국적 침해 문제 등을 위요하여 초기에 상당히 난항을 계속하던 직접 협상은 한때 결렬 상태에까지 도달하였으나 일본 측의 계속적인 양보로 말미암아 드디어 6월 10일에 쌍방은 국적의 실질적인 참여를 배제한 형식으로 추방 계획에 대하여 원칙적인 합의를 보았다.

이어 일적 및 괴적은 소위 '송환자 협정 초안'을 작성하기 시작하였고 6월 24일에는 동 초안을 작성 완료하였으며 그 후 이를 국적에 제출하여 승인하여 줄 것을 요청하게 되자 국적은 동 협정 초안에 대하여 검토를 가하기 시작하였다. 국적에 전기 협정안을 제출한 이후에도 일본은 국적의 승인 없이는 동 협정에 정식 조인하지 않을 것이라고 누차 천명하였음에도 불구하고 일본은 북한 괴뢰의 강권에 못 이겼음에서인지 혹은

국적으로부터 동 계획에 관여할 것이라는 상당한 언질을 받았음에서인지 드디어 오는 8월 13일 인도 '캘커타[콜카타]'에서 북한 괴뢰와 동 협정에 정식 조인할 것을 결정하였다고 한다. 일방 확인된 정보에 의하면 국적은 전기 협정에 대하여 승인도 불승인도 하지 않을 것이나 독자적인 입장에서 소위 '자유의사의 확인'을 할 용의를 갖추고 있다고 하며 그 대표가 오는 8월 15, 6일경에 일본으로 오리라고 한다.

전술한 바와 같이 일본은 그의 추방 계획을 실천하기 위하여 대국적, 대외적 노력을 계속하여 왔으며 이제 괴뢰와 직접 흥정으로써 재일한인의 운명을 자의로 결정지으려
1444 하고 있는바 이러한 음흉한 일본 정부의 추방 노력은 기별적으로 보아 대체로 3기로 구분할 수 있는 것으로서 즉 제1기라고 할 수 있는 것은 재일한인의 추방 계획이 일본 정부에 의하여 승인된 후 이에 대한 승인과 개입을 얻기 위하여 국적과의 교섭이 계속되던 기간(2월 하순~3월 하순)이며 제2기는 국적과의 교섭이 여의하게 진행되지 않으므로 괴뢰와의 직접 교섭을 시작한 후 동 교섭이 일본 측의 양보로서 원칙적인 합의에 도달하고 이에 의거하여 소위 '송환자 협정 초안' 작성이 완료되기까지의 기간(4월 중순~6월 하순)이라고 할 수 있고 제3기는 동 협정 초안이 국적에 제출되고 국적에 의한 심사가 시작된 후 현재까지에 이르는 기간이라고 할 수 있는바 다음에 이러한 일본 측의 노력에 대하여 우리 정부가 취한 조치에 관하여 약술하여 본다.

2. 일본의 추방 계획에 대하여 정부가 취한 조치

(1) 제1기에 있어서 정부가 취한 조치

① 정부, 적십자사 및 민간 대표 등의 제네바 파견

일본의 추방 계획이 2월 13일에 일본 각의에 의하여 승인되고 일적 대표가 제네바에 파견되자 정부는 이에 대처하여 2월 하순에 당시 주불 공사였던 김용식
1445 공사 및 최규하 공사를 제네바에 급파하고 국적에 대하여 일본의 추방 계획의 불법 및 부당성을 주장하고 추방 계획에 국적이 참여하지 말 것을 강력히 요청하도록 하였으며 이어 같은 목적을 위하여 대한적십자사 대표 이범석 씨 및 전국 투쟁위원회 민간 대표 장택상, 최규남, 유진오 제씨도 파견되었는바 국적은 마침내 3월 23일 "당분간은 일본의 추방 계획에 아무 결정도 내리지 않겠다"는 공식적인 태도를 밝히게 되었다.

② 재일한인북송반대전국위원회의 발족

일본의 불법적이고 비인도적인 추방 계획을 반대하고 전국적인 투쟁을 통하여 동 계획을 분쇄하기 위하여 각계각층의 인사들이 모인 가운데 정부의 뒷받침으로 2월 16일 서울대학교 강당에서 거족적인 기구인 '재일한인북송반대전국위원회'가 결성 발족되었으며 동위원회는 전국적인 일대 반대 운동을 주도하는 동시, 2월 16일 자로 국제연합 총회 의장, 국제연합 사무총장, 한국전쟁 참전 16개국 정부 및 국적 총재에 추방 계획을 반대하는 '메시지'를 채택 송부하였다.

③ 재외공관을 통한 활동 및 기타의 노력

이외에 정부는 계속적으로 재외공관을 통하여 세계 자유 우방 국가에 대하여
1446 일본의 추방 계획의 배후에 숨은 정치적인 음모를 폭로함과 동시에 동 계획의 불법 부당성을 지적하고 우리 정부의 입장을 이해, 지지하여 줄 것을 호소하였다.

또한 정부는 4월 6일 및 제4차 한일회담 1주년 기념일인 4월 16일에 성명을 발표하고 일본의 추방 계획의 비인도적인 부당성을 지적하고 일본 정부에 대하여 추방 계획을 청산하고 재일한인 및 기타 한일 간의 현안 문제를 한일회담을 통하여 해결할 것을 종용하였다.

(2) 제2기에 있어서 정부가 취한 조치

국적의 승인과 개입을 얻는 데 실패한 일본이 4월 13일 괴뢰 적십자사와 직접 협상을 시작한 후에 있어서도 정부는 계속 국적과의 강력한 교섭을 통하여 일본의 추방 계획에 절대로 참여하는 일이 없도록 요청함과 동시에 재외공관을 통하여 선전 활동에 전심전력하였으며 일적, 괴적 간의 직접 협상의 경위를 정관하면서 일본 정부에 대하여 그 추방 계획을 포기할 것을 누차 종용하였다.

(3) 제3기에 있어서 정부가 취한 조치

국적의 승인과 관여 없이는 추방 계획을 실천하지 않겠다고 하던 일본이 그 태도를 표변하여 사실상 국적의 관여 없는 형식의 추방 계획에 괴뢰 측과 6월 10일에 원칙적
1447 으로 합의를 보게 되자 새로운 사태에 임하게 된 정부는 중대 성명을 통하여 일본과의 통상을 중단하였으며 이어 최규하 공사를 재차 제네바에 파견하여 김용식 공사와 같이 국적에 대하게 하였으며 대한적십자사에서는 부총재 강환만 박사를 동지에 파견하여 우리 측 입장을 재차 강력히 국적에 주장하도록 하였고 6월 24일 작성 완료한 일

적, 괴적 사이의 소위 '송환협정 초안'을 승인하는 일이 없도록 강력히 요청하도록 하였다. 일방 일본 정부에 대하여는 재일한인의 추방 계획을 버리고 재일한인 및 기타에 관한 문제를 한일회담을 통하여 해결하자는 뜻을 재차 강조하였으나 일본 측은 추호도 이를 고려함이 없이 추방 계획에 관한 괴뢰 측과의 음모를 계속 추진하였다.

이러한 사태에 제한 정부는 미국 정부의 주선을 요청하고 재외공관을 통하여 우리 측의 입장을 누차 천명함으로써 우리 측에 유리한 국제 여론을 환기시키는 데 전력을 경주하는 일방, 일본 정부가 북송 기도를 포기하지 않는 한 한일회담을 재개할 수 없다는 종래의 입장을 버리고 대승적인 견지에서 7월 30일 주일 대표부 유 대사를 통하여 일본 정부에 대하여 한일회담의 무조건 재개와 억류자의 상호 석방 및 송환을 제의
1448 하고 현재 한일 간에 개재하고 있는 긴박 사태에 관하여 이를 토의 재개하여야 할 것
이라는 뜻의 각서를 수교하였는바 이에 대하여 일본 정부는 정식으로 동 제안을 수락한다는 뜻을 8월 1일 전달하였다. 또한 정부는 제네바에 훈령하여 재개될 한일회담에서 재일한인에 관한 문제가 토의되고 이에 관한 결정이 내릴 때까지 일본의 추방 계획에 관한 결정을 보류할 것을 요청하였으며 대한적십자사 총재 및 외무부 장관은 직접 전보로 국적 총재에게 한일회담에서 가부간 결정이 날 때까지 국적의 결정을 보류하여 줄 것을 호소하였다.

동시에 주일 대표부 유 대사에게 훈령하여 일본 외무성과 한일회담 재개에 대한 사전 타합을 하도록 하였는바 8월 7일 유 대사는 외무성 '야마다' 차관과 회담하여 한일회담을 8월 12일 재개하도록 하자는 데 합의하였다.

53. 제4차 한일회담 재개에 관한 훈령 전문

1452 발신번호: FTB-005

발신일시: Jan. 7

수신인: AMBASSADOR YIU

발신인: FOREIGN MINISTER

REGARDING MTB ZERO ZERO ONE PD JAPANESE PROPOSAL FOR RESUMING TALKS ON JANUARY TWENTY SEVEN IS ACCEPTABLE TO THE GOVT PD

발신번호: FTB-005

발신일시: 1월 7일[1960. 1. 7]

수신인: 유 공사

발신인: 외무부 장관

MTB-001과 관련하여, 정부는 1월 27일에 회담을 재개하자는 일본 측의 제안을 수용할 수 있다는 입장입니다.

54. 우익 동향에 관한 주일 대사 보고 전문

1453 번호: MTB-200

일시: 10 7, 60. 1. 7

외무부 장관 귀하

(사본: 유 대사)

(때: 10월 5일 자 MT-1021호)

대호로 조사 하명이 유하신 독도 점령 운운의 일본 우익의 동향에 관하여 아래와 여히 보고하나이다.

기

기 9월 18일 당지 히비야 소재 마쓰모토 루에서 일본 우익단체 대표 25명이 회합하여 일미 안전보장조약 찬성문 등에 대한 토의가 있은 끝에 규슈[九州]의 치안확립동지회(회원 300명 폭력배)와 도쿄의 국수회(회원 2,000명, 폭력 단체)가 주동이 되어 현하 문제에 놓여있는 독도를 우리가 배 3척을 빌려 점령하는 게 어떤가고 말을 꺼내게 되자 화제가 여기에 들어가 치안확립회는 자재와 자금 그리고 배 3척을 마련하고 그리고 국수회는 100명 점령 대원을 책임지고 운운하다 일소에 붙인 바 있는데 이 사실을 치안확립동지회의 모인이 취재차 내방한 요미우리신문 기자에게 사실인 것처럼 누설함으로써 보도된 것으로, 논의된 사실은 유하나 그 후 별 특기사항 없었기에 이에 보고하나이다.

주일 대사

55. 이승만 대통령에게 보내는 양유찬 주미 대사의 보고 서한 No. 14

1454 January 14, 1960

Letter Number 14

Your Excellency,

As I reported earlier, I went to see Mr. Parsons, Assistant Secretary of State for Far Eastern Affairs, accompanied by Minister Han. Mr. David Bone was present with Mr. Parsons. Our meeting took place at his office at 4:00 p.m. January 13, and it lasted a little over an hour. I am reporting to Your Excellency the gist of our conversation, and incidentally, may I say that the meeting was called by the State Department, and it was not for the discussion of the Korea-Japan negotiation or any phase of it, as Your Excellency can readily see from the following account of the meeting. I did, of course, bring out the question of the compensation and the basic requirements that we demand for the just settlement of our Korean residents in Japan and other matters during our meeting with Mr. Parsons. This will also be reported later in this letter.

Now, as for the items brought up by Mr. Parsons, first of all he said very
1455 sincerely that they were very chagrined about the shaving incident of the two Korean women involving US Army officers and G.I.s. He said that Ambassador McConaughy had already expressed regrets to our Government. He than pointed out that remedial action seemed to have taken place, but he said again that he was very sorry about the incident, and he wondered why people sometimes behaved the way these people did.

I told him too, that when General Magruder was in town, I talked with him at my residence when the General came to see me and also at the airport when I went to see him off in Baltimore. I said that we talked about this shaving incident in Korea and General Magruder promised some action as soon as possible. In saying all this, I told Mr. Parsons that we do not condone what these two women were trying to do, but certainly, I pointed out that it is bad for anyone to take the law into his own hands. These things do not help the good relations between our two countries.

When I said this, Mr. Parsons repeated how badly he felt about the incident, and then pointed out that General Magruder is a strict man and that anyone under his command who was guilty of misbehavior would certainly get proper and strict punishment.

1456 The next item that Mr. Parsons brought up was regarding the new United States-Japan Security Treaty. It appeared that this was one of the two major items Mr. Parsons wanted to take up with me in our meeting of January 13th. The other item was the Exchange Rate, on which I will report later in this letter.

Mr. Parsons said that he wanted to tell me something about the U.S.-Japanese Security Treaty which is scheduled to be signed next week. He said that naturally the text will not be made public until its final signing, but he said he wanted to let us know about the Treaty and also he told me that he has called a Sixteen Nations Meeting on January 14, to also tell them about the Treaty, particularly because of the fact that the UN Command position will continue to be in affect as it was before and this earlier arrangement regarding the position of the UN Command forces was done in an exchange of notes between Secretary of State Acheson and Yoshida.

As soon as Mr. Parsons brought up the question of the new Japanese-American Treaty I said that we were quite concerned about the prior consultation provision in the Treaty. I pointedly asked a question of Mr.

1457 Parsons — if the communists launch an attack against Korea, what if Japan deliberately tries to prevent any effective deployment of US Forces and facilities to give proper assistance to Korea's defense against such a communist invasion? Mr. Parsons, instead of answering this question directly wanted to explain the background and then said he would answer my question. What he said was that the Soviet Union and Communist China have been trying very hard to obstruct the negotiations of this Treaty. However, now that Japan has shown her willingness to collaborate with America in a collective security measure, it appears to be a major setback for the communists. He said that the chief aim of the communists in that part of the globe is the neutralization of Japan, the capture of Formosa and the withdrawal of US influence and forces from the Pacific. These basic aims are not being fulfilled by the communists because of the signing of this new Treaty.

He further stated that Japan, under this new Treaty, is assuring America the continued use of the bases and facilities — thus America retains all the same rights and privileges as before, but under this new Treaty Japan voluntarily lets America retain all these rights and privileges, while under the old Treaty Mr.
1458 Parsons said that America merely had rights and privileges but no obligations. Then he pointed out that the new development should be good for the Republic of Korea, because he said from the standpoint of the interests of the Republic of Korea it is better to have Japan committing herself to such a defense alliance with countries like the United States rather than choosing to be a neutral country.

Coming back to my earlier question, he said that it isn't really important whether we have the consultation provision in the Treaty or not. He said the absence or presence of that clause is not the significant thing. The significant thing is whether the US will continue to have the rights and privileges regarding the bases and facilities and freedom for the deployment of forces and weapons. Mr. Parsons said that America does have all this and that is the most important thing.

I said we do not question the US judgment in this, but that in case of any major trouble in Korea, if Japan tries to stop America or any other countries helping Korea, that certainly is our concern. We just went to be sure that there won't be anything like this under the Treaty. Then I said that we know the Japanese — we know they have been "fence-straddlers" for a long time. We
1459 certainly would not be too concerned as long as America is free to take action whenever the need arises without specific Japanese approval.

Mr. Parsons said he can readily understand the feelings of the Koreans and he said that if America had been under the Japanese for forty years as Korea had been, he too, would feel the way we do. I added that we do not trust the Japanese wholeheartedly and Mr. Parsons said that the important thing is that Japan is willingly committing herself to a collective security arrangement. To this, I asked what would happen if there is a new government or even if a leftist Government comes into power — there is no way of knowing what they may do. Mr. Parsons said that we all have to take some chances in this, but we always hope for the best.

I further dwelt on this problem and said that certainly Korea would not be the only country in Asia which would be concerned with the consultation provision and I suggested that in order to reassure Korea and other Asian countries, the United States could perhaps communicate with these countries giving specific assurance that they can always depend on America in case of danger regardless of the thinking and wishes of Japan. Mr. Parsons said he
1460 would think about this suggestion and I repeated that this is a very disturbing aspect of the Treaty, but Mr. Parsons reminded me that America has given repeated assurances to Korea and actually under the present Treaty America's position is much better in the sense that she is getting voluntary consent from

Japan which was not the case in the old treaty.

The next important item which Mr. Parsons brought up was the question of the Exchange Rate. As I said earlier, the main purpose of his calling for the meeting with me was to take up the two items—namely, the new American-Japanese Treaty and the Exchange Rate.

As for the Exchange Rate, Mr. Parsons said that he was not too happy to bring this out, but as Ambassador McConaughy had already talked to the Korean Government at instruction of his home government, they are concerned with the continuing and growing gap between the real value and the external value of the US aid money. He said that many of the US Government departments such as Defense and Treasury are much concerned about this problem and the State Department shares this concern. The US money being spent in Korea under the Aid Program is not getting the true return of its real value. He said that the US Congress is also concerned about this problem
1461 and to make the situation even more difficult the US itself is having difficulty
because of the imbalance of the flow of the US money. For example, more money is going out then coming in and Mr. Parsons said that if the US does not get adequate relief from the Republic of Korea, the American Government may get into a great deal of difficulty in Congress, and I think he meant with regard to the Aid Fund.

I told him immediately that I knew something about this problem myself, but I pointed out to him that our budget has all been finished and if any change in the Exchange Rate is to take place it would have a disastrous effect on the whole economy of the Country; and I said perhaps it would be better if the American Government doesn't push this matter for the next six or seven months. Mr. Parsons repeated that there are many agencies which are concerned with this problem including Congress, but I said that certainly people in Congress could understand our problem if Mr. Parsons and his associates would point out to the Congressmen and Senators that the Korean Budget had already been passed and that it would be disastrous to introduce any change now.

At any rate, Mr. Parsons repeated that he wanted me to know that this is a very strongly held view in the American Government.

1462 The above matters are what he wanted to discuss with me, and at the conclusion of his observations on the Exchange Rate, I brought out the question of the Korean residents in Japan. I told him very firmly that the only ways to settle the Korea-Japan question are:

1) That the amount of compensation should be decided to the mutual satisfaction of both Korea and Japan.

2) That all the Koreans who went to be repatriated (and from our own knowledge I told him that they all went to go back to Korea) must be allowed to take back all their assets.

3) Japan should agree to give proper status to those Koreans who choose to remain in Japan. I said further that the Republic of Korea will undertake the mass repatriation but I pointed out that Japan should pay the compensation before the actual repatriation takes place.

Of course we certainly will need money in Korea for the resettlement of all these people. Then I said that perhaps we will come and ask the United States for help in this connection.

Then I pointed out further that sometimes we are accused that Korea refuses to buy things from Japan but I said this is not true because actually Korea
1463 has bought more from Japan than Japan has bought from Korea, but then we always are puzzled because Japan does not buy Korean rice which they like very much, and Korean see weed. I said that even about the fishermen the Japanese talk about so much — if the Japanese are doing right with the inmates of Omura and other camps in Japan — in other words if they release them from

these camps and send them back to Korea would also send these fisherman back to Japan. Mr. Parsons said he knows all these issues very well, but he said he was quite disturbed about the element of confusion which had set in recently and which certainly hinders the progress of current negotiations by recalling the question of compensation. Of course, he was referring to whether or not America was to advance the money to Japan for the compensation of the Korean repatriots. I pointed out to him that this information emanated from the Japanese Foreign Ministry and I suggested that perhaps the American Government could check and investigate about the motives of the Japanese Foreign Office in saying such a thing. Another point I made in connection with the Korean residents in Japan was that Korea is willing to accept all these Koreans in Japan regardless of political affiliations if they went to come back to Korea.

1464 Mr. Parsons said that about two years ago, the American Government had told our people to settle the problems between Korea and Japan, saying that under Kishi's Government it might be a better time than others. I immediately countered by saying that we have been continuing to negotiate but that Japan has to show her good faith. For example, they promised to send art treasures that belong to Korea back to us but they still have not done so. These art treasures were those they had stolen from Korea.

That was about all I discussed with Mr. Parsons on the Korea-Japan problem and then I again sold to him that we are still anxiously waiting for discussion on the Agreement for the facilities and status of United States Forces in Korea. Mr. Parsons said he knows he certainly owes me a letter regarding this matter since June of last year, at which time 1, under Government instruction, sent a formal note to the State Department regarding this matter. He said that the State Department and other agencies concerned have been seriously looking into this matter and that substantial progress has been made. I believe they are about ready to enter into a formal discussion with our Government.

With renewed sentiments of loyalty and esteem, I remain Respectfully yours,

You Chan Yang

번역

1960년 1월 14일

번호: 14

보고드렸듯이 한 공사와 함께 파슨스 국무성 극동 지역 차관보를 만났고, 데이비드 본(David Bone)도 함께했습니다. 1월 13일 오후 4시 파슨스 차관보의 집무실에서 면담했고 1시간 조금 넘게 대화를 나누었습니다. 대화 내용의 요점을 보고드리면서, 이번 회동은 국무성이 요청한 것이며 아래 내용에서 쉽게 파악하실 수 있듯이 한일교섭에 대해 논의하기 위한 자리는 아니었습니다. 물론 파슨스 차관보와 대화하는 중에 재일한인의 정착을 위한 기본적인 요건과 보상 문제, 그리고 다른 문제들에 대해 거론은 했습니다.

파슨스 차관보가 언급한 내용을 말씀드리자면, 먼저 그는 진심을 담아 미 육군 장교 및 병사와 관련하여 한국인 여성 2명이 겪은 사건에 큰 유감을 표현했고, 매카너기 대사[9]가 한국 정부에 유감을 표했다고 말했습니다. 또한 시정 조치가 취해진 것으로 알지만 이번 사건에 대해 매우 유감이고 그러한 행동을 사람들이 있는 것이 이해되지 않는다고 했습니다.

저도 매그루더 장군[10]이 공관으로 방문했을 때, 그리고 볼티모어에서 환송하기 위해 공항에서 만났을 때 한국에서 발생한 이번 사건에 대해 매그루더 장군이 최대한 조속히 조치를 취하기로 약속했다고 말했습니다. 저는 파슨스 차관보에게 이 여성들이 하려던 행위를 용인하지는 않으나 누구든 법을 자신의 손으로 직접 집행하려 해서는 안 되는 것은 분명하고, 이러한 행동은 양국의 우호적인 관계에 도움이 되지 않는다고 말했습니다.

9 Walter P. McConaughy, 1959년 12월부터 1961년 4월까지 주한 미국 대사를 역임한 미국 외교관.

10 Carter B. Magruder, 한국전 참전, 1959~1961 주한 미8군 사령관 역임.

파슨스 차관보는 사건에 대해 다시 한번 유감을 표하고 매그루더 장군이 엄격한 인물이므로 그의 휘하에 있는 사람이 잘못된 행동을 하면 적절하고 엄격한 처벌이 이루어질 것은 확실하다고 말했습니다.

다음으로는 미국과 일본이 새로 체결한 안보조약에 대해 논의했습니다. 이 내용이 그날 파슨스가 거론하고자 한 두 가지 주요 주제 중 하나였던 것 같습니다. 두 번째 주제는 본 서한의 뒷부분에서 보고드릴 환율 문제였습니다.

그는 다음 주에 체결할 예정인 미일안보조약에 대해 말할 것이 있다며, 최종적으로 서명할 때까지는 조약의 내용을 공개하지 않는 것이 당연하지만 조약 체결에 대해 한국 측에 알리고 싶었다고 말했습니다. 또한 UN군 사령부로서의 지위는 애치슨 국무장관과 요시다가 주고받은 문서를 통해 이미 결정된 것이고 전과 동일하게 유지될 것이라고 했고, 16개 국가들에게도 조약 체결을 알리고자 1월 14일에 16개국 회의를 소집했다고도 말했습니다.

저는 조약에 담긴 사전 협의에 대한 조항에 상당히 우려하고 있다고 말하며, 공산 진영이 한국을 공격하는 경우 한국의 방어 태세를 적절히 지원하기 위해 미군의 병력과 시설을 효과적으로 배치하는 것을 일본이 고의적으로 막으려고 한다면 어떻게 되는 것인지 질문했습니다. 파슨스는 바로 답하기보다는 조약의 배경에 대해 설명한 후에 답변하고 싶다고 말했습니다. 그는 소련과 중공이 이 조약을 위한 교섭을 가로막기 위해 많은 노력을 기울였으나, 일본이 공동의 안보 대책을 위해 미국과 공조하겠다는 의지를 보이고 있다는 사실이 공산 진영에 커다란 차질을 빚고 있다고 했습니다. 파슨스는 일본을 중립화하고 대만을 장악하며 태평양 지역으로부터 미국의 영향력과 군사력을 배제하는 것이 공산 국가들의 가장 큰 목표이고, 이번 조약이 공산 진영의 이러한 기본적인 목표를 달성하지 못하게 하는 효과가 있다고 말했습니다.

이번 조약에 따라 일본은 미국이 군 기지와 시설을 계속 이용할 수 있도록 보장하고, 미국은 전과 동일한 권한과 특혜를 유지하게 된다고 합니다. 새로 체결하는 조약에서는 일본이 자발적으로 미국이 이러한 모든 권한과 특혜를 유지하게 하는 형태인 반면, 기존 조약에서 미국은 권한과 특혜만 보유하고 의무는 지니지 않았습니다. 파슨스는 일본이 중립국이 되기를 선택하기보다는 미국 등의 국가와 방위 동맹을 약속하는 것이 대한민국의 국익에도 부합하므로 이러한 변화가 한국에도 긍정적으로 작용할 것이라고 말했습니다.

제가 던진 질문으로 돌아가 보자면, 파슨스는 안보조약에 사전 협의 조항이 포함된 것은 그다지 중요하지 않고, 미국이 군사 기지와 시설, 병력과 무기 배치의 자유에 관한 권한과 혜택을 계속해서 보유할 수 있느냐가 가장 중요한 문제라고 말했습니다.

파슨스는 미국이 이 모든 요소를 확보했다는 것이 가장 중요한 사실이라고 했습니다. 저는 미국의 판단에 의구심을 가지고 있지는 않지만 한국에 중대한 문제가 발생했을 때 일본이 미국 또는 다른 국가가 한국을 지원하는 것을 가로막는다면 분명히 우려할 만한 문제이고, 이번 조약으로 인해 그러한 상황이 발생하지 않을 것임을 확인하고 싶을 뿐이라고 말했습니다. 또한 일본이 오랜 시간 어떠한 한쪽의 입장에 서지 않는 태도를 보여왔다는 것을 알고 있고, 일본의 승인 없이 필요하면 언제든 미국이 자유롭게 조치를 취할 수 있기만 하다면 크게 우려하지는 않는다고 답변했습니다.

파슨스는 한국의 생각을 충분히 이해한다면서 한국처럼 40년간 일본의 지배를 받았다면 미국도 같은 입장이었을 것이라고 했습니다. 저는 한국은 일본을 진심으로 신뢰하지는 않는다고 덧붙였고, 파슨스는 일본이 공동 안보 체제를 약속할 의지가 있다는 사실이 중요하다고 말했습니다. 이에 저는 정권이 교체되거나 좌파 정부가 들어서면 상황이 어떻게 될지 모르는 것 아니냐고 물었습니다. 파슨스는 운에 맡겨야 하는 부분이 있지만 최선의 상황이 되기를 바라야 하지 않겠냐고 답변했습니다.

저는 사전 협의 조항에 대해 우려하는 아시아 국가가 한국만은 아닐 것이 분명하다고 말하며, 한국과 다른 아시아 국가들에 확신을 주기 위해 미국이 이러한 국가들과 소통하여 일본의 생각이나 바람과 무관하게 위험한 상황이 발생하면 미국에 의지할 수 있을 것이라는 구체적인 믿음을 주면 좋겠다고 제안했습니다. 파슨스는 이러한 제안에 대해 생각해 보겠다고 했고, 저는 해당 조항이 매우 큰 불안감을 초래하는 요소라고 다시 한 번 강조했습니다. 파슨스는 미국이 한국에게 여러 차례 확신을 주었고, 이번 조약에서는 과거 조약과 달리 일본의 자발적인 동의를 얻었다는 점에서 미국의 입장이 과거에 비해 크게 개선된 상황이라고 했습니다.

파슨스가 다음으로 거론한 주제는 환율 문제였습니다. 이미 언급했다시피 파슨스가 이번 회동을 요청한 것은 두 가지 주제, 즉 미일조약과 환율에 대해 논의하기 위함이었습니다.

파슨스는 환율 문제를 언급하는 것이 그다지 달갑지는 않지만 매카너기 대사가 이미 본국의 지시를 받아 한국 정부에 전달한 바와 같이, 미국 원조금의 실제 가치와 대외 가치 간의 격차가 계속해서 벌어지는 것에 대해 우려하고 있다면서, 국방성과 재무성 등 미국의 여러 정부 부처에서 이 문제에 대해 크게 걱정하고 있고 국무성도 같은 입장이라고 말했습니다. 원조 프로그램에 따라 한국에 투입되는 미국 화폐가 실제 가치로 돌아오지 않고 있다는 것입니다. 그는 미 의회 또한 우려를 표명하고 있으며 미화 유입의 불균형으로 인해 미국이 어려움을 겪고 있다고 했습니다. 들어오는 돈보다 나가는 돈이 많은 상황이고, 대한민국으로부터 적절한 경감을 받지 않으면 미국 정부가 의회에서 큰 곤경에 처할 수 있다고 했는데, 원조 기금을 말하는 것 같습니다.

저는 즉시 저 또한 이 문제에 대해 어느 정도 인지하고 있지만, 우리 정부의 예산 책정이 모두 종료되었고 환율에 변화가 발생한다면 한국 경제 전체에 엄청나게 부정적인 영향을 미칠 것이라 언급하며, 미국 정부가 앞으로 6~7개월 동안은 이 문제에 대해 강요하다시피 하지 않는 것이 좋을 것이라고 말했습니다.

파슨스는 의회를 포함하여 여러 정부 부처와 기관에서 우려하고 있다고 다시 한 번 언급했고, 저는 파슨스와 동료들이 의회와 상원에 한국의 예산이 이미 통과되었고 지금 무언가를 변경하면 큰 문제가 발생할 것임을 언급하면 이해해 줄 것이라고 답변했습니다.

파슨스는 자신이 말한 내용에 대한 미국 정부의 입장이 매우 확고하다는 것을 다시 언급했습니다.

파슨스와 제가 논의한 내용은 이렇고, 환율에 대한 대화를 마무리하면서 제가 재일한인 문제를 언급했습니다. 저는 한일 문제를 해결하기 위해서는 다음과 같은 조건이 반드시 충족되어야 한다는 확고한 입장을 전달했습니다.

1) 한일 양국이 상호 만족할 수 있는 보상 금액을 결정할 것.

2) 대한민국 송환을 원하는 한국인 전원(우리 측이 파악하기로는 모두 한국 송환을 원한다고 말했습니다.)이 자산 전체를 가지고 돌아갈 수 있도록 허용할 것.

3) 일본 잔류를 선택하는 한국인들에게 적절한 지위를 부여하는 데 합의할 것.

또한 대한민국이 집단 송환을 실시할 예정이지만 일본이 실제 송환 전에 보상금을 지급해야 한다고도 말했습니다. 물론/당연히 모든 재일한인들이 한국에 재정착하려면 자금이 필요할 것이므로 이와 관련하여 미국에 도움을 요청할 수도 있다고 언급했습니다.

그리고 한국이 대일본 수입을 거부한다는 말을 들을 때가 있는데 실제로 한국이 일본에서 수입하는 규모가 일본이 한국에서 수입하는 규모보다 크기 때문에 사실이 아니고, 일본에서 선호도가 매우 높은 한국산 쌀과 김을 일본이 수입하지 않고 있어서 혼란스럽다고 말했습니다. 어민 문제에 대해서도 오무라와 기타 수용소의 수감자들에 대한 처우가 적절한가에 대해 언급하고, 일본이 수용소에서 한국인들을 석방하고 한국으로 송환한다면 우리 또한 일본 어민들을 일본으로 송환할 계획이라고 했습니다. 파슨스는 이러한 모든 문제들에 대해 잘 알고 있지만 보상 문제가 다시 거론되면서 최근 혼란이 가중되고 있는 것과 교섭이 지연되고 있는 상황에 대한 불편함을 표시했습니다. 물론 파슨스가 말하는 부분은 한국인 송환자들에 대한 보상을 위해 미국이 일본에 자금을 지원해야 하는가의 문제였을 것입니다. 저는 일본 외무성발 정보이며 일본 외무성에서 그러한 발언을 한 동기가 무엇인지 미국 정부가 확인해 볼 것을 제안했습니다. 저는 또한 정치적 지향과 관계없이 한국으로 귀환하기를 원한다면 재일한인 전원을 수용할 의향이 있다고 말했습니다.

파슨스는 약 2년 전에 미국 정부가 기시 내각이 다른 정권보다 한일 문제를 해결하기에 적절할 수 있다며 한일문제를 해결할 것을 우리 측에 제안했다고 말했습니다. 한국은 일본과 교섭을 지속해 왔으나 일본이 성의를 보여야 할 것이라고 즉시 반박했습니다. 한국에서 갈취한 예술품을 반환하겠다고 약속해 놓고 아직까지도 반환하지 않았다는 점을 예로 들었습니다.

한일 문제에 대해 논의한 내용은 위와 같습니다. 주한 미군의 지위와 시설에 관한 협정에 대한 논의를 고대하고 있다고 하자 파슨스는 작년 6월에 이 문제에 대해 서한을 보내기로 했음을 알고 있다고 말했습니다. 당시 제가 정부의 지시에 따라 국무성에 공한을 보냈습니다. 파슨스는 국무성과 기타 관련 부처가 이 문제에 대해 진지하게 검토 중이며 상당한 진전이 있었다고 말했습니다. 우리 정부와 공식적인 논의를 시작할 준비를 거의 마친 것 같습니다.

감사합니다.

양유찬 올림

56. 이승만 대통령에게 보내는 양유찬 주미 대사의 파슨스 국무차관보 면담 내용 보고 서한 No. 13[11]

1465 January 14, 1960

For Information

No. 13

Your Excellency,

Yesterday afternoon at 4:00 p.m. I went to see Assistant Secretary of State, Mr. J. Graham Parsons, at the State Department as previously scheduled. I was accompanied by our Minister Han.

Prior to going to the State Department, I familiarized myself with all the pertinent facts of the Korea-Japan negotiations and what Our Government requires of Japan for the settlement of the Korean residents' status as well as other related existing problems between the two countries in spite of the Japanese propaganda and double-talk to convince the world and to justify Japan's actions. In other words, I wanted to put on record what we felt in case Kishi and Fujiyama should bring up the matter when they get here to President Eisenhower and others.

Naturally, my reaction was that they wished to talk with me about this problem However, to my great surprise Mr. Parsons wanted to tell me about the matter of the United States-Japan revised security treaty so that there will be absolutely no misunderstanding on our part or on that of the Sixteen

11 55번과 56번 문서는 1960. 1. 14 주미 대사가 파슨스 미국 국무부 차관보와 면담한 결과를 보고한 서한인데, 그 내용이 약간 상이한 관계로 두 문서 모두 수록하였다.

Nations that fought in Korea. In fact, they are having a meeting of the Sixteen Nations at the State Department in order to inform them on the same subject, as they did me yesterday.

First, Mr. Parsons wanted to apologize to our Government for the most regrettable incident of the shaving of the heads of the two Korean women by the order of an American Army Captain.

Then he brought up the matter of this U.S.-Japan Security Treaty which will be signed next week. After he explained the whole treaty and how the new security pact will strengthen the position of the Republic of Korea, particularly having Japan on the side of the Free World rather than her going neutral, I brought up the question of the "prior consultation" clause and asked
1466 them whether the United States Government has to consult with the Japanese Government before any military action involving U.S. forces in Japan or U.S. bases in Japan can be made and also what would America do in case Japan refused. Did it mean that American forces and the bases in Japan cannot be utilized in defending the Republic of Korea or any of the Far Eastern areas that have been attacked? He very honestly stated that that is not true. Whether Japan objects or not, the United States has a mutual security pact with Korea and with 40 or more other countries in the world. The "prior consultation" clause merely means that they will inform Japan just exactly what the United States is going to do, and since the United States forces in Korea are part of the United Nations forces under the Acheson-Yoshida Agreement which still stands and since Japan is also a member of the United Nations, there is absolutely nothing Japan can do except go along with it whether she likes it or not. I went so far as to state that it would be a very fine assurance to Korea as well as to the other Far Eastern countries that Japan cannot influence America's decision as to whether she should enter and defend other Far Eastern countries that Japan cannot influence America's decision as to whether she should enter

and defend other Far Eastern countries in case of attack.

Mr. Parsons said they would like to think about that, but we can be absolutely sure that the United States is not forgetting Korea especially where they have a large force nor other parts of the Far East. When the revised security pact between the United States and Japan is signed, they will issue a joint communique which he feels will clarify many of these points.

Minister Han who accompanied me will submit a memorandum on the conversation.

Mr. Parsons then brought up the question of the realistic exchange rate as well as the tourist exchange rate—how the State Department is pressured by other Departments of the U.S. Government as well as Congress relative to this matter. I told Mr. Parsons that we should drop this matter of a new exchange rate discussion at this time, and take up this matter again some time after July of this year.

1467 I pointed out to him that after months of discussion our National Assembly has finally passed the budget. Now, if our government officials went to the legislature asking them to increase the budget even before it went into effect, it will terribly upset our whole economy; also, I said the Opposition Party members of the legislature would propagandize that the administration does not know what it is doing. For instance, if a new exchange rate should go into effect after half a year has gone by, possibly a supplementary budget could be submitted and passed, but certainly not now. I am sure the administration in the United States, I said, would be in a very embarrassing position if it had to submit a supplementary budget immediately after the budget had been passed by the legislature.

Mr. Parsons and his associates immediately saw my point and they actually agreed with me that I have a point there. I, therefore, urged the State Department to send a memorandum to Ambassador McConaughy to drop the matter at this time. Another reason which I gave, which was a very personal one to me, was that if the U.S. Government presses this matter too severely, I was convinced that the opposition Democratic Party might utilize this fact in their election campaign. I may have been wrong in making that statement to them, but I sincerely wanted to stop them from discussing this matter further.

Then I presented certain facts to Mr. Parsons for the record, and stated that if the Japanese bring up the question of Korea-Japan relations and particularly that of the deportation problem, the Republic of Korea requires Japan to do the following:

1) give proper compensation for the slave labor they have exacted from our people prior to, and during, World War II

2) all those who wish to be repatriated to Korea should be allowed to take all their assets with them; in other countries of the Free World one is given the privilege of taking one's property and other assets with one; to this they agreed

3) those Koreans who remain in Japan should be given a proper legal status
1468 so that they may remain in Japan without fear

4) Japan should return to the Republic of Korea all art objects belonging to Korea which Japan stole during their occupation of Korea for 40 years or more

5) the offer of compensation or resettlement fund should be paid in advance of the actual repatriation of our people

I then mentioned the Japanese propaganda about the Japanese fishermen held in Pusan they felt should be released and returned to Japan. I told Mr. Parsons that we Koreans have always lived up to our promises but Japan has always practiced a double-talk. I think the ICRC even went so far as to condemn the Japanese on the treatment of our Korean at the OMURA camp. However, if they will carry out the points mentioned above, I said our Government is willing to have this exchange of those fishermen who have served their terms in Pusan and exchange them for the Korean detainees.

Another point that the Japanese propaganda mentions is that the Republic of Korea refuses to purchase Japanese goods. I said this is absolutely false, and that if they would check the trade balance between the Republic of Korea and Japan, it is very plain that Japan is the country which does not buy from Korea. They even refuse to buy Korean rice which the Japanese people prefer to any other rice produced in Japan or anywhere else. Besides, I pointed out two years ago our whole laver production was destroyed because the Japanese Government refused to buy it although the Japanese people liked it very much.

I then stated to Mr. Parsons that if and when Japan agrees to the points I have mentioned above and mass repatriation actually takes place, I sincerely hoped America would give us some financial assistance for the resettlement of all these Korean repatriates. However, the financial assistance given by the United States should not be confused with Japanese compensation payments.

Mr. Parsons listened to my appeal with a great deal of sympathy and he said that he understood that the resettlement of over half a million people is a great problem.

1469 Finally, I asked him to begin the conference for the conclusion of the agreement for facilities in the areas in use by U.S. forces in Korea. I said it had been too long delayed. Mr. Parsons said that they are in the midst of discussing this particular problem with the Pentagon, but sometime real soon they will have some good news for us. The meeting lasted for over one hour.

With renewed sentiments of loyalty and esteem, I remain,

Respectfully yours,

You Chan Yang

His Excellency

Dr. Syngman Rhee

President of the Republic of Korea Seoul

번역

1960년 1월 14일

참고

번호: 13

대통령 각하,

예정대로 어제 오후 4시 한 공사와 함께 국무성에서 J. 그레이엄 파슨스 차관보를 만났습니다.

국무성으로 향하기 전에 한일교섭과 관련한 모든 내용과 재일한인의 지위에 대해 우리 정부가 일본에 대해 요구하고 있는 조건, 그리고 전 세계를 설득시키고 일본의 행위를 정당화하기 위한 일본의 선전과 이치에 어긋나는 주장에도 불구하고 양국 간에 남아있는 기타 현안들에 대해 숙지하였습니다. 기시와 후지야마가 미국에 도착하여 아이젠하워 대통령 등을 만나 한일 문제를 거론했을 때 한국이 느낄 감정을 기록에 남기고 싶었습니다. 미국 측에서 이 문제에 대해 논의하기 위해 회동을 요청했다고 생각했지만, 파슨스는 한국 또는 한국전쟁에 참전한 16개 국가가 오해하는 상황을 방지하기 위해 새로 체결할 미일안보조약 문제에 대해 논의하고 싶었던 것이었습니다. 이 조약에 대해 16개 국가들에게 통보하고자 국무성에서 16개 국가와 회의를 개최한다고 들었습니다.

먼저 파슨스는 미군 장교의 명령으로 한국 여성 2명의 머리를 삭발한 사건에 대하여 우리 정부에 사과하고 싶어 했고, 그 후에는 다음 주에 체결할 미일안보조약에 대해 언급했습니다. 조약 전반에 대해 설명하고, 이번에 체결하는 조약을 통해 일본이 중립국이 되지 않고 자유 진영의 편에 서게 됨에 따라 한국의 입지가 강화될 것이라고 말했습니다. 저는 '사전 협의' 조항의 문제를 거론하며 주일 미군이나 일본 소재 미국 기지와 관련하여 어떠한 군사적 조치를 취하기 전에 일본 정부와 협의해야 하는 것인지, 그리고 일본이 거부하는 경우 미국은 어떻게 대응할 계획인지 물었습니다. 대한민국이나 다른 극동 지역 국가가 공격받는 경우 방어를 위해 일본의 미군 기지나 병력을 활용할 수 없게 된다는 의미인지 묻자, 파슨스는 그렇지 않다고 매우 솔직하게 답변했습니다. 일본이 반대하든 찬성하든 미국은 한국, 그리고 전 세계 40개 이상의 국가와 상호 안보조약을 맺고 있으며, '사전 협의' 조항은 미국이 취할 조치에 대해 일본에 통보한다는 내용일 뿐이며 주한 미군은 애치슨-요시다 협정에 따라 UN군의 일부이고 해당 협정이 여전히 유효하고 일본도 UN 회원국이기 때문에 일본은 좋든 싫든 미국의 결정에 반하는 어떠한 행동도 할 수 없다고 설명했습니다. 저는 공격 발생 시 미국이 다른 극동 국가들에 진입하여 방어하겠다고 결정을 내리면 일본이 영향력을 행사할 수 없음이 확실하다면 한국뿐만이 아니라 다른 극동 국가들도 상당히 안심할 것이라고 말했습니다.

파슨스는 그러한 방법도 생각해 보겠지만 미군이 대규모로 주둔하고 있는 한국과 기타 극동 국가들을 미국이 잊지 않는다는 사실은 절대적으로 신뢰해도 좋다고 했습니다. 개정된 미일안보조약이 체결되면 이러한 문제의 상당 부분을 명확히 밝혀줄 공동 성명서를 발표할 계획이라고 합니다.

저와 동석한 한 공사가 이번 면담에 대한 자료를 제출할 예정입니다.

파슨스는 현실적인 환율과 관광객 환율 문제를 언급했습니다. 이 문제로 인해 국무성이 미국의 다른 부처 및 의회로부터 압박을 받고 있다고 합니다. 저는 당장 환율 문제에 대해 논의하기보다는 올해 7월 이후에 다시 이야기하는 것이 좋겠다고 했습니다.

몇 달에 걸친 논의 끝에 우리 국회가 예산을 최종적으로 통과시킨 상황인데, 예산이 발효되기도 전에 증액을 요청하면 한국 경제 전체에 매우 부정적인 영향을 미칠 것이고, 야당에서도 현 정부의 실책이라고 선전할 것이라고 했습니다. 반년 후에 새로운 환율을 적용하면 추경예산을 제출하여 통과될 가능성이 있지만, 지금은 절대로 불가능하다고 덧붙였습니다. 미국 행정부에 대입해 보더라도 예산을 통과시킨 직후에 추경예산안을 제출하면 입장이 매우 난처해지지 않겠느냐고 말했습니다.

파슨스와 참모진들이 제가 말한 바의 의미를 즉시 이해하고 동의했습니다. 이에 저는 국무성이 매카너기 대사에게 환율 문제를 유보하자는 서한을 보낼 것을 요청했습니다. 또한 매우 개인적인 견해로서 미국 정부가 이 문제를 너무 강하게 밀어붙이면 야당인 민주당이 선거 운동에 이용할 것이라고 확신한다고 덧붙였습니다. 잘못된 발언일 수도 있겠지만 더 이상 환율 문제를 논의하지 않도록 만들고 싶었습니다.

그 후에는 파슨스에게 몇 가지 사실에 대해 설명하고 일본이 한일 관계 문제, 특히 추방 문제를 언급하는 경우 한국은 일본에 다음과 같은 조건을 요구한다고 말했습니다.

1) 제2차세계대전 발발 전과 도중에 한국인에게 자행한 강제 노역에 대해 적절히 보상할 것.

2) 한국으로 귀환하기를 원하는 모든 재일한인들이 재산을 가져갈 수 있도록 허용할 것. 다른 자유 진영 국가에서는 부동산과 기타 자산을 가져갈 수 있는 권한을 부여하며, 이 부분에 일본도 수긍함.

3) 일본에 잔류할 한국인들은 두려움 없이 일본에 체류할 수 있도록 적절한 법적 지위를 부여할 것.

4) 40년 넘게 이어진 한국 지배 기간 동안 일본이 갈취한 한국의 모든 예술품을 대한민국으로 반환할 것.

5) 재일한인의 실제 송환 전에 보상금 또는 재정착 자금을 지급할 것.

그리고 부산에 수용 중이며 일본이 석방과 본국 송환을 요구하고 있는 일본 어민에 대한 일본의 선전 공작에 대해 언급했습니다. 한국은 언제나 약속을 지켰지만 일본은 그렇지 않았다고 지적하고, 국제적십자위원회가 오무라수용소에 수용 중인 한국인에 대한 처우에 대해 일본을 규탄하기까지 했다고 말했습니다. 그럼에도 앞서 언급한 조건을 이행하면 우리 정부는 형기를 마친 부산의 일본 어민들과 한국인 억류자들을 교환할 의향이 있다고 밝혔습니다.

일본이 선전 활동을 펼치면서 말하는 또 한 가지는 한국이 일본 제품의 수입을 거부하고 있다는 것인데, 절대 사실이 아니라고 말했습니다. 양국의 무역수지를 살펴보면 한국에서 수입을 하지 않고 있는 것은 오히려 일본임이 매우 명확히 드러납니다. 일본인들이 자국이나 다른 어떠한 국가에서 생산된 쌀보다도 선호하는 한국산 쌀마저 수입을 거부하고 있습니다. 또한 2년 전에 일본 정부가 국민들이 매우 좋아하는 품목임에도 불구하고 한국산 김의 수입을 거부하면서 한국 김 산업 전체를 무너뜨렸다는 사실도 지적했습니다.

파슨스에게 일본이 앞서 언급한 조건에 합의하고 집단 송환이 이루어지면 미국이 한국인 송환자 전원의 재정착을 위해 어느 정도의 금융적 지원을 해주면 좋겠다고 말하며, 미국의 금융적 원조가 일본의 보상금 지급과 혼동되어서는 안 될 것이라고 했습니다.

파슨스는 제 의견에 깊이 공감하며 50만 명이 넘는 사람들의 재정착이 큰 문제가 될 것임을 이해한다고 했습니다.

마지막으로 주한 미군이 사용하고 있는 구역의 시설에 대해 합의하기 위한 회담을 시작할 것을 요청하며 너무 오랜 시간 지연되었다고 말했습니다. 파슨스는 국방성과 해당 문제를 논의 중이며, 빠른 시일 내에 좋은 소식을 전할 수 있을 것이라고 답변했습니다. 이번 회동은 1시간 넘게 이어졌습니다.

감사합니다.

양유찬

대한민국 대통령 이승만

57. 이승만 대통령에게 보내는 한일회담의 재개 연기에 관한 보고 서한(초안)

1470 DRAFT

TO: His Excellency the President

FROM: Vice-Foreign Minister

SUBJECT: Resumption of the Korea-Japan Talks

The Korea-Japan talks which entered into a year-end and New Year vacation since December 30, 1959 was originally scheduled to be resumed from January 27, 1960. However, all key members of the Japanese Government including Premier Kishi, Foreign Minister Fujiyama and Asian Bureau Director Iseki, who have been out of Japan, will come back to Japan before and on or around January 26, 1960. It is presumed that the Japanese side might come out with a new tactics in its approach to the settlement of Korea-Japan problems.

In order to allow our Delegation to have time to detect what the Japanese approach or tactics would be toward the Korea-Japan talks to be resumed, it is recommended that the Korea-Japan talks be resumed on January 30, 1960. The Japanese side is not likely to raise particular opposition to the three-day postponement of the resumption of the Korea-Japan talks.

If this recommendation meets with Your Excellency's approval, delegates and members of our Delegation will leave for Tokyo on Friday, January 29, 1960 to resume the Korea-Japan talks from January 30, 1960.

Most respectfully,

수신인: 대통령 각하
발신인: 외무부 장관

제목: 한일회담 재개

1959년 12월 30일부터 연말 및 신년 휴회에 들어간 한일회담은 당초 1960년 1월 27일에 재개될 예정이었으나 기시 총리, 후지야마 외무상, 이세키 아시아국장 등 일본 정부의 주요 인사들이 모두 해외에 있다가 1960년 1월 26일 전후로 귀국할 예정입니다. 일본 측이 한일 문제 해결을 위한 새로운 전략을 가지고 돌아올 것으로 예상됩니다.

우리 대표단이 재개될 한일회담에 대한 일본의 접근법이나 전술을 파악하기 위한 시간을 확보하기 위해 한일회담을 1960년 1월 30일에 재개하는 것이 바람직할 것으로 사료됩니다. 일본이 한일회담의 재개를 3일 늦추는 것에 대해 특별히 반대하지는 않을 것입니다.

이승만 대통령께서 인가하신다면 우리 대표단은 1960년 1월 29일(금요일)에 도쿄로 출국하여 1960년 1월 30일부터 한일회담을 재개하고자 합니다.

감사합니다.

별첨

57-1. 이승만 대통령에게 보내는 한일회담의 재개 연기에 관한 보고 서한

1471 January 25, 1960

TO: His Excellency the President

FROM: Vice-Foreign Minister

SUBJECT: Resumption of the Korea-Japan Talks

The Korea-Japan talks which entered into a year-end and New Year vacation since December 30, 1959 was originally scheduled to be resumed from January 27, 1960. However, all key members of the Japanese Government including Premier Kishi, Foreign Minister Fujiyama and Asian Bureau Director Iseki, who have been out of Japan, will come back to Japan before and on or around January 26, 1960. It is presumed that the Japanese side might come out with a new tactics in its approach to the settlement of Korea-Japan problems.

In order to allow our Delegation to have time to detect what the Japanese approach or tactics would be toward the Korea-Japan talks to be resumed, it is recommended that the Korea-Japan talks be resumed on January 30, 1960. The Japanese side is not likely to raise particular opposition to the three-day postponement of the resumption of the Korea-Japan talks.

If this recommendation meets with Your Excellency's approval, delegates and members of our Delegation will leave for Tokyo on Friday, January 29, 1960 to resume the Korea-Japan talks from January 30, 1960.

Most respectfully,

번역

1960년 1월 25일

수신인: 대통령
발신인: 외무부 차관

제목: 한일회담 재개

1959년 12월 30일부터 연말, 신년 휴회에 들어간 한일회담은 당초 1960년 1월 27일에 재개될 예정이었으나 기시 총리, 후지야마 외무상, 이세키 아시아국장 등 일본 정부의 주요 인물들이 모두 해외에 있다가 1960년 1월 26일 전후로 일본에 귀국할 예정입니다. 일본 측이 한일 문제 해결을 위한 새로운 전략을 가지고 회담장에 복귀할 수도 있다고 예상됩니다.

우리 대표단이 재개될 한일회담에 대한 일본의 접근법이나 전술을 파악할 수 있도록 한일회담을 1960년 1월 30일에 재개하는 것이 바람직할 것으로 사료됩니다. 일본이 한일회담의 재개를 3일 늦추는 것에 대해 특별히 반대하지는 않을 것입니다.

대통령께서 인가하신다면 우리 대표단은 1960년 1월 29일(금요일)에 도쿄로 출국하여 1960년 1월 30일부터 한일회담을 재개하고자 합니다.

감사합니다.

59. 한일회담 재개 연기 합의 보고 전문

1473 번호: TM-01101

일시: 251900

TO: FOREIGN MINISTER, AMB. YIU

RE: TM-0165

IN ACCORDANCE WITH INSTRUCTIONS UNDER THE ABOVE CABLE, EYE MET ASIAN BUREAU DIRECTOR ISEKI AT HIS OFFICE AT 5:30 THIS AFTERNOON (JA 25).

AT THIS MEETING, MR ISEKI AGREED TO RESUME THE TALKS ON JAN.30 WITHOUT ANY OBJECTION.

COUNSELLOR CHIN

번역 번호: TM-01101

일시: 251900[1960. 1. 25]

수신인: 외무부 장관, 유 공사

TM-0165 관련

위 전보를 통한 지시사항에 따라 오늘(1월 25일) 오후 5시 30분에 이세키 아시아국장을 집무실에서 만났습니다. 오늘 면담에서 이세키 국장은 1월 30일에 회담을 재개하는 것에 동의했습니다.

진 참사관

66. 한일회담 재개 관련 보고 전문

1482 가번호: TM-01136

암호번호: MTB-29

발신시간: 301350

수신인: OFFICE OF THE PRESIDENT, FOREIGN MINISTER

발신인: ALTERNATE CHIEF, DELEGATE

A MEETING OF DELEGATES OF THE BOTH SIDES TO THE 4TH KOREA-JAPAN OVERALL TALKS FOR FORMALLY RESUMING THE OVERALL TALKS WAS HELD AT THE OFFICE OF THE JAPANESE CHIEF DELEGATE SAWADA FOR ABOUT FORTY MINUTES FROM 11 A.M. TODAY (THIRTY) THE JAPANESE SIDE WAS HEADED BY DR SAWADA AND OUR SIDE BY ME. AT THIS MEETING, DR SAWADA INTRODUCED TO OUR SIDE TWO NEW JAPANESE DELEGATES, MR TAKASE (NEWLY APPOINTED IMMIGRATION BUREAU DIRECTOR) AND MR TAKAHASHI (DEPUTY CHIEF FISHERY AGENCY), AND I INTRODUCED TO THE JAPANESE SIDE FOUR NEWLY APPOINTED ALTERNATE DELEGATES. AFTER THE INTRODUCTION, I MADE A BRIEF REMARKS IN WHICH I HOPED THAT THE RESUMED OVERALL TALKS WOULD BRING ABOUT AN EARLY SUCCESSFUL CONCLUSION, ESPECIALLY STRESSING THAT ANY OBSTACLE HINDERING SMOOTH PROCEEDING OF THE TALKS INCLUDING THE DEPORTATION ISSUE SHOULD BE ELIMINATED AS SOON AS POSSIBLE. DR SAWADA RECIPROCATED HIS HOPE FOR EARLY FRUITFUL CONCLUSION OF THE TALKS

(THE END)

번역 가번호: TM-01136

암호번호: MTB-29

발신시간: 301350[1960. 1. 30]

수신인: 대통령실, 외무부 장관

발신인: 교체수석대표

전면회담을 공식적으로 재개하기 위한 4차 한일전면회담 양국 대표단 회의가 오늘(30일) 오전 11시에 사와다 일본 수석대표의 집무실에서 개최되었고 약 40분간 진행되었습니다. 일본 측에서는 사와다가, 우리 측에서는 제가 회의를 주도했습니다. 사와다는 일본대표단에 새로 합류한 다카세(신임 이민국장)와 다카하시(수산청 차장)를 소개했고, 저는 새로 임명된 교체대표 4명을 소개했습니다. 저는 재개될 전면회담에서 성공적인 결론을 조기에 도출할 수 있기를 바란다고 말하며, 특히 추방 문제 등 회담의 원활한 진행을 가로막을 수 있는 일체의 요소를 최대한 빠른 시일 내에 해소할 수 있기를 바란다고 간략히 발언했습니다. 사와다 또한 조기에 생산적인 결론에 도달하기를 바란다고 화답했습니다.

(끝)

67. 한일회담 운영에 관한 훈령 전문

1483 발신번호: FTB-9

발신일자: APR. 13. 1960

수신인: 주일 대사 귀하
발신인: 장관

한일회담 운영에 관한 건

1. 앞으로 진행될 한일회담에 관하여 "회담을 재개" 운운하는 보도가 있어서 마치 결렬 내지는 중단되었던 것이 재개되는 듯한 인상을 주는데 비록 활발치는 않아도 형식적으로는 회담은 진행되어 온 것이오니 예컨대 "토의의 계속" 등과 같이 평범한 표현을 상용하는 것이 좋을 것입니다.

2. 앞으로 회담을 진행하는 데 있어서 중대하지 않은 절차사항, 예컨대 위원회 운영방식 등(공식, 비공식 등)에 관하여서는 일일이 청훈을 할 것 없이 대표단이 잘 재량하여 처리하시기 바랍니다.

3. 교포 한국 귀환 문제, 선박, 문화재, 청구권 등 우리에게 도움이 되는 문제가 속히 해결되기를 희망합니다.

(이하 여백)

대표단 임면 관계, 1958~1960

분류번호 : 723.1JA 대1956-58
등록번호 : 707
생산과 : 아주과
생산연도 : 1960
필름번호 : C1-0004
파일번호 : 02
프레임번호 : 0001~0110

제4차 한일회담 대표단, 각 위원회별 위원 임면에 관한 문서, 한일 양국 대표단 명단들이 수록되어 있다.

8. 제4차 한일회담 한국 측 대표 명단

1513 제4차 한일회담 한국 측 대표 명단

수석대표(전반)	임병직(林炳稷)(전 주국련 대사)
수석대표(후반)	허정(許政)(전 대통령 권한 대행 국무총리)
교체수석대표	유태하(柳泰夏)(전 주일 대사)
대표	이호(李澔)(전 내무부 장관)
대표	장경근(張暻根)(전 내무부 장관)
대표	최규하(崔圭夏)(전 외무부 차관)

기본문제위원회(불개최)

재산청구권위원회

이호(李澔)(전 내무부 장관)
최규하(崔圭夏)(전 외무부 차관)
진필식(陳弼植)(통상국장)
황수영(黃壽永)(동대 교수)
한기봉(韓麒鳳)(1등서기관)
엄영달(嚴永達)(아주과장)
임도경(林道京)(2등서기관)
노재원(盧載源)(2등서기관)

어업문제위원회

장경근(張暻根)(전 내무부 장관)
최규하(崔圭夏)(전 외무부 차관)

1514 진필식(陳弼植)(통상국장)

엄영달(嚴永達)(아주과장)

임도경(林道京)(2등서기관)

노재원(盧載源)(2등서기관)

법적지위위원회

최규하(崔圭夏)(전 외무부 차관)

이호(李澔)(전 내무부 장관)

이재항(李載沆)(본부 대기공사)

진필식(陳弼植)(통상국장)

엄영달(嚴永達)(아주과장)

임도경(林道京)(2등서기관)

노재원(盧載源)(2등서기관)

선박문제위원회

이호(李澔)(전 내무부 장관)

최규하(崔圭夏)(전 외무부 차관)

진필식(陳弼植)(통상국장)

엄영달(嚴永達)(아주과장)

노재원(盧載源)(2등서기관)

9. 제4차 한일회담 일본 측 대표단 명단 [1959. 8. 12 현재]

1515 第四次 韓日會談 日本側 代表團 名單

首席代表 澤田 廉三(外務省 顧問)

代表(法的地位) 勝野 康助(法務省 出入國管理局長)

代表(法的地位) 平賀 健太(法務省 民事局長)

代表(平和線) 大隈 涉(外務省 審議官)

代表(文化財) 伊關 佑二郎(外務省 亞細亞局長)

代表(法的地位) 三宅 喜二郎(外務省 審議官)

代表(請求權) 西原 直廉(大藏省 理財局長)

代表(平和線) 西村 健次郎(水産廳次長)

代表(船舶) 朝田 靜夫(運輸省 水運局長)

代表(文化財) 板垣 修(前 外務省 亞細亞局長)

各分科委員會別 名單

一. 基本關係 委員會

代表 大隈 涉(外務省 審議官)

委員 中川 豊吉(外務省 東北亞課長)

委員 土屋 三男夫[南夫](外務省 東北亞課事務官)

委員 池部 健(外務省 東北亞課事務官)

1516 二. 韓國請求權 委員會

代表 西原 直廉(大藏省 理財局長)

代表 朝田 靜夫(運輸省 水運局長)

代表 三宅 喜二郎(外務省 審議官)

代表 板垣 修(外務省 亞細亞局長)

代表 吉田 信邦(大藏省 理財局副局長)

代表 矢部 正信(運輸省 水運局參事官)

委員 半田 剛(大藏省 理財局 外債課長)

委員 細川 年造[俊三](大藏省 財産管理局 第二國財課長)

委員 吉田 도시로[俊郎](運輸省 水運局 總務課長)

委員 中川 豊吉(外務省 東北亞課長)

委員 土屋 三男夫[南夫](外務省 東北亞課事務官)

委員 中島 도시지로[敏次郎](外務省 條約局 條約課事務官)

委員 池部 健(外務省 東北亞課事務官)

三. 平和線 및 漁業委員會

代表 大隈 涉(外務省 審議官)

代表 西村 健次郎(水産廳次長)

1517 委員 木戶 良雄[四夫](水産廳 水産管理部 水産調整課長)

委員 中村 正道[路](水産廳 生産部 第二海洋課長)

委員 中川 豊吉(外務省 東北亞課長)

委員 오기소 모토오[小木曾 本雄](外務省 條約局 法務課長)

委員 土屋 三男夫[南夫](外務省 東北亞課事務官)

委員 古山 四郎(外務省 東北亞課事務官)

四. 法的地位委員會

代表 勝野 康助(法務省 出入國管理局長)

代表 平賀 健太(法務省 民事局長)

委員 長谷川 信造[藏](法務省 民事局 第五課長)

委員 淸水 四郎[志水 志郎](法務省 出入國管理局 總務課長)

委員 森 淳[順]造(法務省 出入國管理局 法的地位課長)

委員 平塚 根[子]之一(法務省 執行課長)

委員 長橋 히사시[尙](大藏省 外換局 稅制課長)

委員 가지키 도시미치[加治木 俊道](大藏省 司稅廳 稅關部 運營課長)

委員 土屋 三男夫[南夫](外務省 東北亞課事務官)

委員 中島 도시지로[敏次郎](外務省 條約課事務官)

委員 池部 健(外務省 東北亞課事務官)

11. 제4차 전면한일회담 분과위원회별 한국 측 대표 영문 명단 (1958. 5)

1523 LIST OF MEMBERS OF COMMITTEE AT THE FOURTH KOREA-JAPAN OVERALL TALKS

1. Committee on Basis Relations

Chief Member	Mr. KIM, Yu Taik
	Mr. CHOI, Kyu Hah
	Mr. CHIN, Pil Shik
	Mr. KIM, Hak Wan
	Mr. ROH, Jae Won

2. Committee on Korean Claims

Chief Member	Mr. LEE, Ho
	Mr. YIU, Tai Ha
	Mr. CHOI, Kyu Hah
	Mr. CHIN, Pil Shik
	Mr. WHANG, Soo Yung
	Mr. KANG, Yung Hyu
	Mr. OHM, Young Dal

3. Committee on fisheries and "Peace Line"

Chief Member	Mr.
	Mr. EA, Chai Hang
	Mr. CHIN, Pil Shik

Mr. MOON, Chul Soon

Mr. KANG, Yung Kyu

Mr. LIMB, To Kyong

Mr. LEE, Won Ho

4. Committee on Lagal Status of Korean Residents in Japan

Chief Member	Mr. YIU, Tai Ha
	Mr. CHOI, Kyu Hah
	Mr. EA, Chai Hang
	Mr. KANG, Yung Kyu
	Mr. PARA, Young

-The end-

12. 분과위원회별 일본 측 대표 영문 명단(1958. 5)

1524 May 12, 1958

LIST OF JAPANESE MEMBERS OF COMMITTEE

(Subject to alteration)

1. Committee on Basic Relations

Chief Member	Ambassador Extraordinary and Plenipotentiary	Mr. Takajiro Inoue
Deputy Chief Member	Councilor, Ministry of Foreign Affairs	Mr. Wataru Okuma
Assistant Member	Chief, Northeast Asian Section, Asian Affairs Bureau, Ministry of Foreign Affairs	Mr. Kiyoshi Suganuma
Assistant Member	Deputy Chief, Northeast Asian Section, Asian Affairs Bureau, Ministry of Foreign Affairs	Mr. Minao Tsuehiya
Assistant Member	Secretary, Northeast Asian Section, Asian Affairs Bureau, Ministry of Foreign Affairs	Mr. Ken Ikebe

2. Committee on Korean Claims

Chief Member	Director, Financial Bureau, Ministry of Finance	Mr. Keijiro Shoji

	Chief Member	Director, Maritime Transportation Bureau, Ministry of Transportation	Mr. Kasue Awasawa
	Deputy Chief Member	Councilor, Ministry of Foreign Affairs	Mr. Tokichi Takane
	Deputy Chief Member	Deputy Director, Financial Bureau, Ministry of Finance	Mr. Yoshisuke Iseda
	Deputy Chief Member	Counselor, Maritime Transportation Bureau, Ministry of Transportation	Mr. Masanabu Yabe
	Assistant Member	Chief, Foreign Debts Section, Financial Bureau, Ministry of Finance	Mr. Go Kanda
	Assistant Member	Chief, Second National Property Section, Property Custodial Bureau, Ministry of Finance	Mr. Taise Ichinose
	Assistant Member	Chief, General Affairs Section Maritime Co-ordination Division Maritime Transportation Bureau, Ministry of Transportation	Mr. Teshiro Yoshida
1525	Assistant Member	Chief, Northeast Asian Section, Asian Affairs Bureau, Ministry of Foreign Affairs	Mr. Kiyoshi Suganuma
	Assistant Member	Deputy Chief, Treaties Section, Treaties Bureau, Ministry of Foreign Affairs	Mr. Misuo Kuroda
	Assistant Member	Deputy Chief, Northeast Asian Section, Asian Affairs Bureau, Ministry of Foreign Affairs	Mr. Minao Tsuehiya

Assistant Member	Secretary, Northeast Asian Section, Asian Affairs Bureau, Ministry of Foreign Affairs	Mr. Chihiro Katsuta

3. Committee on Fisheries and "Peace Line"

Chief Member	Counselor, Ministry of Foreign Affairs	Mr. Wataru Okuma
Chief Member	Vice Director, Fisheries Agency, Ministry of Agriculture and Forestry	Mr. Kenjiro Nishimura
Assistant Member	Chief, First Adjustment Section, Fisheries Administration Division, Fisheries Agency, Ministry of Agriculture and Forestry	Mr. Motoi Tachikawa
Assistant Member	Chief, Second Ocean Section, Production Division, Fisheries Agency, Ministry of griculture and Forestry	Mr. Masamichi Nakamura
Assistant Member	Chief, Northeast Asian Section,Asian Affairs Bureau, Ministry of Foreign Affairs	Mr. Kiyoshi Suganuma
Assistant Member	Secretary, Legal Section,Treaties Bureau, Ministry of Foreign Affairs	Mr. Kense Kawakami
Assistant Member	Deputy Chief, Northeast Asian Section, Asian Affairs Bureau, Ministry of Foreign Affairs	Mr. Minao Tsuchiya
Assistant Member	Secretary, Northeast Asian Section Asian Affairs Bureau, Ministry of Foreign Affairs	Mr. Shiro Koyama

4. Committee on Legal Status of Korean Residents in Japan

	Chief Member	Director, Immigration Bureau, Ministry of Justice	Mr. Yasusuke Katsuno
1526	Chief Member	Acting Director, Civil Affairs Bureau, Ministry of Justice	Mr. Kenta Hiraga
	Assistant Member	Chief, Fifth Section, Civil Affairs Bureau, Ministry of Justice	Mr. Shinzo Hasegawa
	Assistant Member	Chief, General Affairs Section Immigration Bureau, Ministry of Justice	Mr. Toyokichi Nakagawa
	Assistant Member	Chief, Status Section, Immigration Bureau, Ministry of Justice	Mr. Minoru Imai
	Assistant Member	Chief, Control Section, Foreign Exchange Bureau, Ministry of Finance	Mr. Kyoichi Miyagi
	Assistant Member	Chief, Management Section, Customs Division, Tax Bureau, Ministry of Finance	Mr. Toshimichi Kajiki
	Assistant Member	Chief, Northeast Asian Section, Asian Affairs Bureau, Ministry of Foreign Affairs	Mr. Kiyoshi Suganuma
	Assistant Member	Deputy Chief, Northeast Asian Section, Asian Affairs Bureau, Ministry of Foreign Affairs	Mr. Minao Tsuchiya
	Assistant Member	Secretary, Treaties Section, Treaties Bureau, Ministry of Foreign Affairs	Mr. Toshijiro Nakajima

Assistant Member	Secretary, Northeast Asian Section, Asian Affairs Bureau, Ministry of Foreign Affairs	Mr. Ken Ikebe

17. 제4차 한일회담 대표단 개편에 관한 훈령 재가 요청 서한

1533 September 30, 1958

TO: His Excellency the President

FROM: Vice-Foreign Minister

SUBJECT: Recommendation on Revising List of Delegation to the Fourth Korea-Japan Conference

As Ambassador Yu Taik Kim was relieved of his duty as Chief of Tokyo Mission and Minister Tai Ha Yiu took over the above duty, it became necessary for the Government to revise the list of the Delegation to the fourth Korea-Japan Conference. Revision of the above list is also necessitated in view of the prospect that the forthcoming committee meetings will cover wider scope of agenda items including various claims against Japan.

Under these circumstances, it is recommended for Your Excellency's approval that Messrs. LEE, Sang Duk and YU, Chang Soon, both members of the Bank of Korea, be additionally appointed as members of the Delegation, and that members of the Delegation be re-assigned to appropriate posts so that they may work more efficiently adapting themselves to a new situation we shall be faced with at the Conference.

The Ministry's draft revised list of the Delegation is enclosed herewith
1534 for Your Excellency's approval (Annex I), and the present list of the same Delegation is also enclosed for Your Excellency's reference. (Annex II).

Most respectfully,

Enclosure: as stated.

번역

1958년 9월 30일

수신인: 대통령 각하

발신인: 외무부 차관

제목: 4차 한일회담 대표단 명단 수정에 관한 권고사항

김유택 대사가 주일 대표부 대사직에서 물러나고 유태하 공사가 대사직을 이어받음에 따라 4차 한일회담 대표단 명단을 변경해야 합니다. 또한 앞으로 있을 위원회 회의에서 다양한 대일 청구권을 포함하여 보다 폭넓은 안건들을 다루게 될 것임을 고려했을 때에도 명단 수정이 필요한 상황입니다.

이에 한국은행 소속인 이상덕과 유창순을 대표단 위원으로 추가 임명하고, 우리 대표단이 한일회담에서 당면하게 될 새로운 상황에 보다 효율적으로 적응할 수 있도록 위원들을 적절한 위치로 재배치하는 방안을 대통령께서 승인해 주시기 바랍니다.

대통령 승인이 필요한 외무부 측 대표단 명단 수정안(별첨 I)과 참고를 위한 기존 명단(별첨 II)을 함께 첨부합니다.

감사합니다.

별첨: 상동

별첨

17-1. 제4차 한일회담 대표단 개정 명단

1535 REVISED LIST OF THE KOREAN DELEGATION TO THE FOURTH KOREA-JAPAN CONFERENCE (as of September 20, 1958)

I. Delegates to the Conferences

1. Chief delegate: Mr. Ben C. Limb
2. Deputy chief delegate: Mr. YIU, Tai Han
3. Delegate: Mr. CHANG, Kyung Keun
4. Delegate: Mr. LEE, Ho
5. Delegate: Mr. CHOI, Kyu Hah

II. Members of the Committees

1. Committee on Basic Relation:

Chief member: Mr. YIU, Tai Ha

Member: Mr. CHANG, Kyung Keun

Member: Mr. LEE, Ho

Member: Mr. CHOI, Kyu Hah

Member: Mr. CHIN, Pil Shik

2. Committee on Korean Claims:

Chief member: Mr. LEE, Ho

Alternate chief member: Mr. CHANG, Kyung Keun

Alternate chief member: Mr. CHOI, Kyu Hah

A. subsub on the vessels:

Member: Mr. LEE, Ho

Member: Mr. CHI, Chul Keun

Member: Mr. CHIN, Pil Shik

Secretary: Mr. OHM, Yong Dal

B. ON Korean art objects:

Member: Mr. CHOI, Kyu Hah

Expert: Mr. WHANG, Soo Young

Secretary: Mr. Limb, To Kyung

1536 C. On other Claims:

Member: Mr. CHANG, Kyung Keun

Member: Mr. EA, Chai Hang

Member: Mr. LEE, Sang Duk

Member: Mr. YU, Chang Soon

Secretary: Mr. LEE, Won Ho

Secretary: Mr. RO, Jae Won

3. Committee on Fishery Problems and Peace Line: (no revision)

4. Committee on Legal Status of Korean Residents

Chief member: Mr. CHOI, Kyu Hah

Member: Mr. EA, Chai Hang

Member: Mr. CHIN, Pil Shik

Member: Mr. MOON, Chul Soon

Member: Mr. HAN, Ki Bong

Secretary: Mr. OHM, Yong Dal

18. 제4차 한일회담 한국 측 대표단 개편 통보 전문

1537 NO. ST-911005

DATE. 021625

SENT TO. MINISTER TAI HA YIU KORDIPSION

YOU ARE INSTRUCTED TO INFORM THE JAPANESE GOVERNMENT THAT THE LIST OF THE KOREAN DELEGATION TO THE FOURTH KOREA JAPAN CONFERENCE WAS REVISED UNDER DATE OF OCTOBER SECOND AS FOLLOWING COLON

ITEM ONE DELEGATES TO THE CONFERENCE COLON CHIEF DELEGATE AMBASSADOR LIMB CMA DEPUTY CHIEF DELEGATE YIU TAI HA CMA DELEGATE CHANG KYUNG KEUN CMA DELEGATE LEE HO CMA AND DELEGATE CHOI KYU HAH PD

ITEM TWO SUBITEM ONE COMMITTEE ON BASIC RELATIONS COLON CHIEF MEMBER YIU TAI HA MEMBERS CHANG KYUNG KEUN CMA LEE HO CMA CHOI KYU HAH CMA AND CHIN PIL SHIK PD SUBITEM TWO COMMITTEE ON KOREAN CLAIMS COLON CHIEF MEMBER LEE HO CMA ALTERNATE CHIEF MEMBER CHANG KYUNG KEUN CMA AND ALTERNATE CHIEF MEMBER CHOI KYU HAH SEMICOLON SUBSUB ITEM A ON VESSEL COLON MEMBER, LEE HO CMA CHI CHUL KEUN CMA SUBSUB ITEM B ON KOREAN ART OBJECTS COLON MEMBER CHOI KYU HAH CMA EXPERT WHANG SOO YOUNG CMA AND SECRETARY LIMB TO KYUNG SEMICOLON

1538 SUBSUBITEM C ON OTHER CLAIMS COLON MEMBER, CHANG KYUNG KEUN CMA EA CHAI HANG CMA LEE SANG DUK CMA YU CHANG SOON CMA SECRETARIES LEE WON HO CMA AND RO JAE WON PD SUBITEM THREE COMMITTEE ON FISHERIES AND PEACE LINE COLON PARENTHESIS NO REVISION PARENTHESIS PD SUBITEM FOUR COMMITTEE ON LEGAL STATUS OF KOREAN RESIDENTS IN JAPAN COLON CHIEF MEMBER CHOI KYU HAH CMA MEMBERS EA CHAI HANG CMA CHIN PIL SHIK CMA MOON CHUL SOON CMA HAN KI BONG CMA AND SECRETARY OHM YONG DAL PD

FOREIGN MINISTER

번역 번호: ST-911005

일자: 021625[1958. 10. 2]

수신인: 유태하 공사

일본 정부에 4차 한일회담 한국대표단 명단이 10월 2일 자로 다음과 같이 변경되었음을 통보하시기 바랍니다.

1. 한일회담 대표단
   수석대표: 임 대사
   부수석대표: 유태하
   대표: 장경근
   대표: 이호
   대표: 최규하

2. (1) 기본관계위원회

수석위원: 유태하

위원: 장경근, 이호, 최규하, 진필식

(2) 한국청구권위원회

수석위원: 이호

교체수석위원: 장경근

교체수석위원: 최규하

a. 선박소위원회

위원: 이호, 지철근

b. 한국예술품소위원회

위원: 최규하

전문위원: 황수영

서기: 임도경

c. 기타청구권소위원회

위원: 장경근, 이재항, 이상덕, 유창순

서기: 이원호, 노재원

(3) 어업 및 평화선위원회

(변동사항 없음)

(4) 재일한인 법적지위위원회

수석위원: 최규하

위원: 이재항, 진필식, 문철순, 한기봉

서기: 엄영달

외무부 장관

24. 제4차 한일회담 한국대표단의 개편 명단을 일본 측에 통보하는 공한

1547 Tokyo, October 3, 1958

Excellency:

I should like to inform Your Excellency, under instructions from my home Government, that the list of the Korean Delegation including the Members of Committees has been revised under the date of October 2, 1958. The revised list thereof is attached hereto.

With the highest consideration I remain,

Sincerely yours,

Ben C. Limb
Chief Delegate
Korean Delegation to the
Fourth Korea-Japan Overall Talks

His Excellency
Dr. Renzo Sawada
Chief Delegate, Japanese Delegation
to the Fourth Korea-Japan Overall Talks

번역

1958년 10월 3일, 도쿄

각하,

본국 정부의 지시에 따라 분과위원회 위원들을 포함하여 한국대표단 명단이 1958년 10월 2일 자로 변경되었음을 알립니다. 변경된 명단을 함께 첨부합니다.

가장 존경하는 마음 담아 감사드립니다.

4차 한일회담

한국대표단 수석대표 임병직

4차 한일회담

일본대표단 수석대표 사와다 렌조

첨부

24-1. 제4차 한일회담 한국 측 대표의 개정 명단

1548 REVISED LIST OF KOREAN DELEGATION to the FOURTH KOREA-JAPAN CONFERENCE

1549 1. Delegation

1) Chief Delegate	Mr. LIMB, Ben C.	Ambassador th[to] the UN
2) Deputy Chief Delegate	Mr. YIU, Tai Ha	Chief of Korean Mission in Japan
3) Delegate	Mr. CHANG, Kyung Keun	Member of National Assembly
4) Delegate	Mr. LEE, Ho	Ex-Minister of Justice
5) Delegate	Mr. CHOI, Kyu Hah	Counselor of Korean Mission in Japan

1550 2. Members of Committees

1) Committees on Basic Relations

Chief Member	Mr. YIU, Tai Ha	
Member	Mr. CHANG, Kyung Keun	Member of National Assembly
Member	Mr. LEE, Ho	Ex-Minister of Justice
Member	Mr. CHOI, Kyu Hah	Counsellor of Korean Mission in Japan
Member	Mr. CHIN, Pil Shik	First Secretary of Korean Mission in Japan
Secretary	Mr. OHM, Young Dal	Third Secretary of Korean Mission in Japan

Secretary	Mr. LEE, Won Ho	Third Secretary of Korean Mission in Japan
Secretary	Mr. ROH, Jae Won	Third Secretary of Korean Mission in Japan

1551 2) Committees on Korean Claims

Chief Member	Mr. LEE, Ho	Ex-Minister of Justice
Alternate Chief Member	Mr. CHANG, Kyung Keun	Member of National Assembly
Alternate Chief Member	Mr. CHOI, Kyu Hah	Counsellor of Korean Mission in Japan
Member	Mr. EA, Chai Hang	Consul-General of Korean Mission in Japan
Member	Mr. CHEE, Choul Keun	Director of Fisheries Bureau, Office of Marine Affairs
Member	Mr. CHIN, Pil Shik	First Secretary of Korean Mission in Japan
Member	Mr. LEE, Sang Duk	Chief of Management Department, Bank of Korea
Member	Mr. YU, Chang Soon	Chief of Research Department, Bank of Korea
Member	Mr. MOON, Chul Soon	Chief of Asia Section, Ministry of Foreign Affairs
Member	Mr. WHANG, Soo Yung	Official of Education Ministry
Secretary	Mr. OHM, Young Dal	Third Secretary of Korean Mission in Japan
Secretary	Mr. LIMB, To Kyung	Third Secretary of Korean Mission in Japan
Secretary	Mr. LEE, Won Ho	Third Secretary of Korean Mission in Japan

Secretary	Mr. ROH, Jae Won	Third Secretary of Korean Mission in Japan

a) Sub-committee on Vessel

Mr. LEE, Ho

Mr. CHEE, Choul Keun

Mr. CHIN, Pil Shik

Mr. OHM, Young Dal

b) Sub-committee on Other Claims

i) Regarding Korean Art Objects

Mr. CHOI, Kyu Hah

Mr. CHIN, Pil Shik

Mr. WHANG, Soo Yung

Mr. LIMB, To Kyung

Mr. ROH, Jae Won

ii) Regarding Other Claims

Mr. CHANG, Kyung Keun

Mr. EA, Chai Hang

Mr. LEE, Sang Duk

Mr. YU, Chang Soon

Mr. LEE, Won Ho

Mr. ROH, Jae Won

3) Committee on Fisheries and "Peace Line"

Chief Member	Mr. CHANG, Kyung Keun	Member of National Assembly
Member	Mr. CHOI, Kyu Hah	Counsellor of Korean Mission in Japan

Member	Mr. CHEE, Choul Keun	Director of Fisheries Bureau, Office of Marine Affairs
Member	Mr. CHIN, Pil Shik	First Secretary of Korean Mission in Japan
Member	Mr. MOON, Chul Soon	Chief of Asia Section, Ministry of Foreign Affairs
Secretary	Mr. OHM, Young Dal	Third Secretary of Korean Mission in Japan

4) Committee on Legal Status of Korean Residents in Japan

Chief Member	Mr. CHOI, Kyu Hah	Counsellor of Korean Mission in Japan
Member	Mr. EA, Chai hang	Consul-General of Korean Mission in Japan
Member	Mr. CHIN, Pil Shik	First Secretary of Korean Mission in Japan
Member	Mr. MOON, Chul Soon	Chief of Asia Section, Ministry of Foreign Affairs
Member	Mr. HAN, Ki Bong	Second Secretary of Korean Mission in Japan
Secretary	Mr. OHM, Young Dal	Third Secretary of Korean Mission in Japan

44. 제4차 한일회담 한국대표단의 개정 명단 [1960. 2. 16 현재]

1580 REVISED LIST OF THE KOREAN DELEGATION TO THE FOURTH KOREA-JAPAN CONFERENCE (as of February 16, 1960)

1581 I. Delegates to the Conference:

1. Chief delegate: Mr. HUH, Chung
2. Deputy chief delegate: Mr. YIU, Tai Ha
3. Delegate: Mr. YU, Chin O
4. Delegate: Mr. CHANG, Kyung Keun
5. Delegate: Mr. LEE, Ho
6. Alternate delegate: Mr. EA, Chai Hang
7. Alternate delegate: Mr. CHIN, PiL Shik
8. Alternate delegate: Mr. CHI, Chul Keun
9. Alternate delegate: Mr. LEE, Sang Duk
10. Alternate delegate: Mr. YU, Chang Soon
11. Alternate delegate: Mr. WHANG, Soo Young

II. Members of the Committees:

1. Committee on Basic Relations:

Chief member: Mr. YIU, Tai Ha

Member: Mr. CHANG, Kyung Keun

Member: Mr. LEE, Ho

Member: Mr. CHIN, Pil Shik

2. Committee on Korean Claims:

Chief member: Mr. LEE, Ho

Alternate chief member Mr. CHANG, Kyung Keun

A. Specially for vessel question

Member: Mr. LEE, Ho

Member: Mr. CHI, Chul Keun

Member: Mr. CHIN, Pil Shik

Secretary: Mr. OHM, Yong Dal

B. Specially for Korean art objects question:

Member: Mr. LEE, Ho

Expert: Mr. WHANG, Soo Young

C. Specially for other claims:

Member: Mr. LEE, Ho

Member: Mr. EA, Chai Hang

Member: Mr. LEE, Sang Duk

Member: Mr. YU, Chang Soon

Secretary: Mr. LEE, Won Ho

Secretary: Mr. RO, Jae Won

3. Committee on Fishery problems and Peace Line:

Chief member: Mr. CHANG, Kyung Keun

Member: Mr. CHI, Chul Keun

Member: Mr. MOON, Chul Soon

4. Committee on Legal Status of Korean Residents in Japan:

Chief member: Mr. YU, Chin O

Member: Mr. EA, Chai Hang

Member: Mr. CHIN, Pil Shik

Member: Mr. MOON, Chul Soon

Member: Mr. HAN, Ki Bong

Secretary: Mr. OHM, Yong Dal

III. Advisor: ……

48. 제4차 한일회담 한국 측 대표 명단 [1960. 4. 13 현재]

1585 LIST OF THE KOREAN DELEGATION TO THE FOURTH KOREA–JAPAN CONFERENCE (as of April 13, 1960)

I. Delegates to the Conference

1. Chief delegate: Mr. HUH, Chung
2. Deputy chief delegate: Mr. YIU, Tai Ha
3. Delegate: Mr. YU, Chin O
4. Delegate: Mr. CHANG, Kyung Keun
5. Delegate: Mr. LEE, Ho
6. Alternate delegate: Mr. EA, Chai Hang
7. Alternate delegate: Mr. LEE, Won Kyung
8. Alternate delegate: Mr. CHI, Chul Keun
9. Alternate delegate: Mr. LEE, Sang Duk
10. Alternate delegate: Mr. YU, Chang Soo
11. Alternate delegate: Mr. WHANG, Soo Young

1586

II. Members of the Committees

1. Committee on Basic Relations

Chief member: Mr. YIU, Tai Ha

Member: Mr. CHANG Kyung Keun

Member: Mr. LEE, Ho

Member: Mr. LEE, Won Kyung

2. Committee on Korean Claims

Chief member: Mr. LEE, Ho

Alternate chief member: Mr. CHANG, Kyung Keun

a. Specially for vessel question

Member: Mr. LEE, Ho

Member: Mr. CHI, Chul Keun

Member: Mr. LEE, Won kyung

Secretary: Mr. OHM, Yong Dal

b. Specially for Korean art objects question

Member: Mr. LEE, Ho

Expert: Mr. WHANG, Soo Young

c. Specially for other claims

Member: Mr. LEE, Ho

Member: Mr. EA, Chai Hang

Member: Mr. LEE, Sang Duk.

Member: Mr. YU, Chhag Soon

Secretary: Mr. LEE, Won Ho

Secretary: Mr. RO, Jae on

1587 3. Committee on Fishery Problems and Peace Line

Chief member: Mr. CHANG, Kyung Keun

Member: Mr. CHI, Chul Keun

Member: Mr. MOON, Chul Soon

4. Committee on Legal Status of Korean Residents on Japan

Chief member: Mr. YU, Chin O

Member: Mr. EA, Chai Hang

Member: Mr. LEE, Won Kyung

Member: Mr. MOON Chul Soon

Member: Mr. HAN, Ki Bong

Secretary: Mr. OHM, Yong Dal

49. 제4차 한일회담 일본 측 대표 명단 [1960. 4. 13 현재]

1588 List of Japanese Delegation

As of April 13, 1960

Chief Delegate	Dr. Renzo Sawada	
Delegate	Mr. Takase	Director, Immigration Bureau, Ministry of Justice
Delegate	Mr. Kenta Hirage	Director, Civil Affairs Bureau, Ministry of Justice
Delegate	Mr. Atsushi Uyama	Counsellor, Ministry of Foreign Affairs
Delegate	Mr. Yujiro Iseki	Director, Asian Affairs Bureau, Ministry of Foreign Affairs
Delegate	Mr. Kijiro Miyuke	Councillor, Ministry of Foreign Affairs
Delegate	Mr. Naokado Nishihara	Director, Financial Bureau, Ministy of Finance
Delegate	Mr. Takahashi	Vice Director, Fisheries Agency, Ministry of Agriculture and Forestry
Delegate	Mr. Shizuo Asada	Director, Maritime Transportation Bureau, Ministry of Transportaion

1589 List of Japanese Members of Committees

April 13, 1960

(Subject to alternation)

1. Committee on Basic Relations

Chief	Counsellor, Ministry of Foreign Affairs	Mr. Atsushi Uyams
Assistant Member	Chief, Northeast Asian Section, Asian Affairs Bureau, Ministry of Foreign Affairs	Mr. Toyokichi Nakagawa
Assistant Member	Deputy Chief, Northeast Asian Section, Asian Affairs Bureau, Ministry of Foreign Affairs	Mr. Minao Tsuchiya
Assistant Member	Secretary, Northeast Asian Section, Asian Affairs Bureau, Ministry of Foreign Affairs	Mr. Ken Ikebe

1590 2. Committee on Koreans Claims

Chief Member	Director, Financial Bureau, Ministry of Finance	Mr. Naokado Nishihara
Chief Member	Director, Maritime Transportation Bureau, Ministry of Transportation	Mr. Shizuo Asada
Chief Member	Counsellor, Ministry of Foreign Affairs	Mr. Kijiro Miyake
Deputy Chief Member	Deputy Director, Financial Bureau, Minisrty of Finance	Mr. Nobukuni Yoshida
Deputy Chief Member	Counsellor, Maritime Transportation Bureau, Ministry of Transportation	Mr. Masanobu Yabe

Assistant Member	Chief, Foreign Debts Section, Financial Bureau, Ministry of Finance	Mr. Go Handa
Assistant Member	Chief, Second National Property Section, Property Custodian Bureau, Ministry of Finance	Mr. Toshizo Hosokawa
Assistant Member	Chief, General Affairs Section, Maritime Transportation Bureau, Ministry of Transportation	Mr. Toshiro Yoshida
Assistant Member	Chief, Northeast Asian Section, Asian Affairs Bureau, Ministry of Foreign Affairs	Mr. Toyokichi Nakagawa
Assistant Member	Deputy Chief, Northeast Asian Section, Asian Affairs Bureau, Ministry of Foreign Affairs	Mr. Minao Tsuchiya
Assistant Member	Secretary, Treaties Section, Treaties Bureau, Ministry of Foreign Affairs	Mr. Toshijiro Nakajima
Assistant Member	Secretary, Northeast Asian Section, Asian Affairs Bureau, Ministry of Foreign Affairs	Mr. Ken Ikebe

1591 3. Committee on Fisheries and "Peace Line"

Chief Member	Counsellor, Ministry of Foreign Affairs	Mr. Atsushi Uyama
Chief Member	Vice Director, Fisheries Agency, Ministry of Agriculture and Forestry	Mr. Takahashi

Assistant Member	Chief, Fisheries Adjustment Section, Fisheries Administration Division, Fisheries Agency, Ministry of Agriculture and Forestry	Mr. Yoshio Kodo
Assistant Member	Chief, Second Ocean Section, Production Division, Fisheries Agency, Ministry of Agriculture and Forestry	Mr. Masamichi Nakamura
Assistant Member	Chief, Northeast Asian Section, Asian Affairs Bureau, Ministry of Foreign Affairs	Mr. Toyokichi Nakagawa
Assistant Member	Chief, Legal Section, Treaties Bureau, Ministry of Foreign Affairs	Mr. Motoo Ogiso
Assistant Member	Deputy Chief, Northeast Asian Section, Asian Affairs Bureau, Ministry of Foreign Affairs	Mr. Minao Tsuchiya
Assistant Member	Secretary, Northeast Asian Section, Asian Affairs Bureau, Ministry of Foreign Affairs	Mr. Shiro koyama

1592 4. Committee on Legal Status of Korean Residents in Japan

Chief Member	Director, Immigration Bureau, Justice Ministry	Mr. Takase
Chief Member	Director, Civil Affairs Bureau, Justice Ministry	Mr. Kenta Hirage
Assistant	Chief, Fifth Section, Civil Affairs Bureau, Justice Ministry	Mr. Shinzo Hasegawa
Assistant	Chief, General Affairs Section, Immigration Bureau, Justice Ministry	Mr. Shiro Shimizu

Assistant	Chief, Status Section, Immigration Bureau, Justice Ministry	Mr. Junzo Mori
Assistant	Chief, Enforcement Section, Immigration Bureau, Justice Ministry	Mr. Nenoichi Hiratsuka
Assistant	Chief, Control Section, Foreign Exchange Bureau, Finance Ministry	Mr. Hisashi Nagahashi
Assistant	Chief, Management Section, Customs Division, Tax Bureau, Finance Ministry	Mr. Toshimichi Kajiki
Assistant	Chief, Northeast Asian Section, Asian Affairs Bureau, Foreign Ministry	Mr. Toyokichi Nakagawa
Assistant	Deputy Chief, Northeast Asian Section, Asian Affairs Bureau, Foreign Ministry	Mr. Minao Tsuchiya
Assistant	Secretary, Treaties Section, Treaties Bureau, Foreign Ministry	Mr. Toshijiro Nakajima
Assistant	Secretary, Northeast Asian Section, Asian Affairs Bureau, Foreign Ministry	Mr. Ken Ikebe

53. 주일 한국대표부 대표 교체에 관한 보고

1596 TO: WOIMUBU

RE UR MT-04108 AS INSTRUCTED COUNSELOR CHAI HANG EA DELIVERED AN OFFICIAL NOTE INFORMING AMB YIU'S RESIGNATION AND TAKING OVER OF COUNSELOR EA AS ACTING CHIEF OF MISSION TO JAPANESE FOREIGN MINISTRY AT ELEVEN SATURDAY MORNING PD TAKING OVER OF MISSION BUSINESS IS NOW UNDERWAY AND WILL BE REPORTED IMMEDIATELY UPON COMPLETION

DAEPYO TOKYO

번역 수신처: 외무부

MT-04108 관련 지시받은 바에 따라 11일(토요일) 오전에 이재항 참사관이 유 대사의 사임과 이 참사관의 주일 한국대표부 대표대리 임명을 통보하기 위한 공한을 일본 외무성에 전달했습니다. 현재 인수인계를 진행 중이며 완료 즉시 보고드리겠습니다.

주일 한국대표부

본회의 회의록 1~15차, 1958. 4. 15~1960. 4. 15

분류번호 : 723.1JA 본1958-60 1~15차
등록번호 : 708
생산과 : 아주과
생산연도 : 1960
필름번호 : C1-0004
파일번호 : 03
프레임번호 : 0001~0120

제4차 한일회담 본회의 제1차에서 제15차까지의 회의 기록이 수록되어 있다. 이 회의에서는 주로 회의 절차상의 문제, 즉 위원회의 구성과 회의 개시 일자 등에 관한 협의가 이루어졌다. 한국 측은 제2차 본회의에서 1. 기본관계위원회, 2. 한국청구권위원회(이 위원회 산하에 a) 선박반환소위원회, b) 문화재반환소위원회, c) 기타청구권소위원회를 설치), 3. 재일한인 법적지위위원회, 4. 어업 및 평화선위원회의 설치를 요청하였으며, 일본 측은 시간을 끌다가 제6차 본회의에서야 문화재반환소위원a회를 제외한 다른 위원회 구성에 동의한다는 의견을 제시하였다. 한국 측은 일본 측의 이 제의를 수용하였으며, 이 합의에 따라 각 위원회 회의가 본회의와 함께 진행되었다. 문화재 반환에 관한 소위원회는 한국청구권위원회 제3차 회의에서 별도로 설치하기로 합의함에 따라 결국 한국 측이 당초에 요구한 대로 위원회가 구성되었다.

1. 제4차 한일회담 제1차 본회의 회의록

1603 SUMMARY RECORD

Tokyo, April 15, 1958

1st PLENARY SESSION
FOURTH KOREA–JAPAN OVERALL TALKS

1. Time and places:

10:30 a.m. 11:05 a.m. on April 15, 1958 at the Japanese Foreign Office.

2. Conferees:

The Korean side: Ambassador Ben C. Limb
Ambassador Yu Taik Kim
Minister Tai Ha Yiu
Mr. Ho Lee
Counsellor Kyu Hah Choi
Consul-General Chai Hang Ea
First Secretary Pil Shik Chin
Mr. Soo Yung Whang
Mr. Yung Kyu Kang, Asia Section
Chief of the Foreign Ministry Messrs.
Ki Bong Han, Won Dal Lee and To Kyong Limb

The Japanese side: Mr. Renzo Sawada, Chief Delegate
Delegates: Messrs, Takajiro Inoue, Yujiro Iseki, Kenta Hiraga, Wataru Okuma, Osamu Itagaki, Tokichi Takano,

Keijiro Shoji, Kenjiro Nishimura, Kazuo Awasawa
Assistant Members: Messrs. Shinao Hasegawa, Toyokichi Nakagawa, Minoru Imai, Kiyoshi Suganuma, Yoshisuke Isoda, Go Handa, Motoi Tachikawa, Masamichi Nakamura, Masanobu Yabe, Toshiro Yoshida

3. Proceedings:

a). Mr. Sawada, Chief Delegate of the Japanese side, introduced the number of the Japanese delegation to the Korean delegation.

b). Ambassador Limb, Chief Delegate of the Korean side, introduced the members of the Korean delegation to the Japanese side.

c). Mr. Sawada, Chief Delegate of the Japanese side, made an address. (A copy of his address is attached hereto)

d). Ambassador Limb, Chief Delegate of the Korean side, made an address. (A copy of his address is attached hereto.)

e). Decision of the date for next session.

1604 MR. SAWADA: The Japanese side proposed to hold the next plenary session on April 22, 1958.

AMB. LIMB: The Korean side preferred April 21, 1958 to April 22, 1958.

MR. SAWADA: April 21 is Monday, and April 20 is Sunday. We would like to have Monday for preparation for the second plenary session.

AMB. LIMB: The Korean side accepted April 22, 1958 as the date for second plenary session.

AMB. LIMB: What time shall we meet on April 22, 1958?

MR. SAWADA: How about 10:30 a.m. on April 22, 1958?

AMB. LIMB: Ne objection.

f). Press release.

The both sides agreed to release the following statement after the adjustment of the first plenary session of the fourth Korea-Japan overall talks.

"The first plenary session of the Korea-Japan Overall Talks was held at the Ministry of Foreign Affairs at 10:30 a.m., an April 15, 1958. The Korean delegation was headed by Mr. Ben. C. Limb and the Japanese delegation was headed by Mr. Renzo Sawada. At this meeting the Chief Delegates of the two Governments delivered opening addresses after having introduced the members of their respective delegations. It was decided also that the second plenary session be hold on April 22, 1958."

g). The first plenary session of the fourth Korea-Japan overall talks was adjourned at 11:00 a.m., on April 15, 1958.

-The end-

1958년 4월 15일, 도쿄

제4차 한일회담 1차 본회의 회의 요록

1. 일시 및 장소
   1958년 4월 15일, 오전 10:30~11:00, 일본 외무성

2. 참석자
   한국 측 임병직 대사, 김유택 대사, 유태하 공사, 이호·최규하 참사관,
   이재항 총영사, 진필식 1등서기관, 황수영 · 강영규 외무부 아시아과장,
   한기봉, 이원달, 임도경
   일본 측 수석대표: 사와다 렌조
   대표: 이노우에 다카지로, 이세키 유지로, 히라가 겐타, 오쿠마 와타루,
   이타가키 오사무, 다카노 도키치, 쇼지 게이지로, 니시무라 겐지로,
   아와사와 가즈오
   대표단: 하세가와 시나오, 나카가와 도요키치, 이마이 미노루,
   스가누마 기요시, 이소다 요시스케, 한다 고, 다치카와 모토이,
   나카무라 마사미치, 야베 마사노부, 요시다 도시로

3. 회의록
   a) 일본 측 수석대표 사와다, 한국대표단에 일본대표단을 소개함.

   b) 한국 측 수석대표 임 대사, 일본 표단에 한국대표단을 소개함.

   c) 일본 측 사와다 수석대표 개회 연설함(연설문 사본 첨부).

   d) 한국 측 임 수석대표, 개회 연설함(연설문 사본 첨부).

e) 차기 회의에 관한 결정사항

사와다: 일본 측은 1958년 4월 22일에 차기 본회의 개최를 제의한다.

임: 한국 측은 4월 22일보다 4월 21일을 선호한다.

사와다: 4월 21일은 월요일이며 4월 20일은 일요일임. 우리는 월요일에 2차 본회의 준비를 하기를 희망한다.

임: 차기 본회의 개최 일자로 1958년 4월 22일을 수락한다.

임: 1958년 4월 22일 몇 시에 만날지?

사와다: 1958년 4월 22일 오전 10시 30분이 어떤가?

임: 이의 없다.

f) 보도 자료

양측은 제4차 한일전면회담 제1차 본회의의 종료 후 다음과 같은 보도 자료를 배포하기로 합의함.

"한일전면회담 제1차 본회의가 1958년 4월 15일 오전 10시 30분에 외무성에서 개최되었다. 한국 측은 임병직 대사가, 일본 측은 사와다 렌조가 각각 대표단을 이끌었다. 이 회의에서는 양국 정부 수석대표는 각각 대표단을 소개한 후 개회 연설을 하였다. 제2차 본회의는 1958년 4월 22일에 개최하기로 합의하였다."

g) 제4차 한일전면회담 제1차 본회의는 1958년 4월 15일 오전 11시에 종료됨.

끝

2. 제4차 한일회담 제2차 본회의 회의록

1609 Tokyo, April 22, 1958

SUMMARY RECORD

No. II

THE SECOND PLENARY SESSION OP THE FOURTH KOREA–JAPAN OVERALL TALKS

1. Time and place:

From 10:45 a.m. to 11:07 a.m. on April 22, 1958

2. Conferees:

The Korean side: Same as in the previous session except Amb. Kim who was absent.

The Japanese side: Same as in the previous session except Director Itagaki who was absent.

3. Proceedings:

a). Adoption of the agenda of 4th Korea-Japan Overall Talks

MR. SAWADA: The agenda of the 4th Japan-Korea Overall Talks will be the same as agreed on December 31, 1957.

AMB. LIMB: The agenda of the 4th Korea-Japan Overall Talks will be the same as agreed on December 31, 1957.

(Both sides agreed on the agenda of the 4th Korea-Japan Overall Talks.)

b). Decision on the procedural matters for the 4th Korea-Japan Overall Talks

(1) Language:

MR. SAWADA: The Japanese side will use Japanese or English and the Korean side will use Korean or English. Each side will provide its own translation service for comprehension of the languages spoken by the other side.

AMB. LIMB: The Korean side will use Korean or English and the Japanese side will use Japanese or English. Each side will provide its own translation service for comprehension of the languages spoken by the other side.

(Both sides agreed on the language matter as mentioned above.)

(2) Summary record:

MR. SAWADA: Each side will designate one officer for drafting summary records on the meeting of the plenary session, The summary records will be
1610 drafted in English alternately by the designated officers. The summary records so drafted will be initialed by the both officers and will be presented to the following plenary session for the confirmation by the Chief Delegates of both sides.

AMB. LIMB: Each side will designate one officer for drafting summary records on the meetings of the plenary sessions. The summary records will be drafted in English alternately by the designated officers. The summary records so drafted will be initialed by the both officers and will be presented to the following plenary session for the confirmation by the Chief Delegates of both sides.

(Both sides agreed on the compiling of summary records.)

(3) Press release

AMB. LIMB: Each side will designate one press officer. Joint press release will be made through the press officers, upon decision by the Chief Delegates of the both sides at the end of each plenary session.

MR. SAWADA: Bach side will designate one press officer. Joint press release will be made through the press officers, upon decision by the Chief Delegates of the both sides at the end of each plenary session.

(Both sides agreed on the matter of press release.)

c). Composition of Committees

AMB. LIMB: For the smooth proceeding of the Overall Talks, I would like to make the following proposal in organizing the committees of this Talks. I will name the committees to be set up.

1. Committee on Basic Relations

2. Committee on Korean Claims against Japan

In this committee, three sub-committees will be set up as follows:

a). Sub-committee on return of Vessels

b). Sub-committee on return of Korean Art Objects

c). Sub-committee on other Claims

3. Committee on Legal Status of Korean Residents in Japan

4. Committee on Fishery Problems and Peace Line

These are my proposal. I request you, gentlemen, to consider the above my proposal.

MR. SAWADA: I think your proposal on composition of the committees is subject to consideration of the administrative level meeting. (After interval about two minutes or so.) Of course, I will refer your proposal to my Government for consideration. I will reply to you as soon as possible.

1611 AMB. LIMB: It seems all right.

d). Setting of the date of the next plenary session.

AMB. LIMB: I would like to propose April 23, 1958 as the date for the third plenary session.

MR. SAWADA: All right. How about holding the meeting at 4 p.m. tomorrow

(April 23, 1958)?

AMB. LIMB: No objection.

e). Designation of officers for compiling of the summary records and for press release.

AMB. LIMB: How about designating press officer and officer for drafting summary record?

MR. SAWADA: All right. On behalf of our side, I will designate Mr. Okuma as officer in charge of drafting summery records and press release for the Japanese Delegation.

AMB. LIMB: I designate Mr. Kyu Hah Choi as officer for both drafting summary records and press release for the Korean Delegation.

f). Press release concerning the second plenary session.

MR. SAWADA: I will read the text of press release. "The second plenary session of the Fourth Japan-Korea Overall Talks was hold at the Ministry of Foreign Affairs at 10:30 a.m. on April 22, 1958. At this meeting both sides confirmed that the agenda of the Overall Talks would be the same as agreed on December 31, 1957, and agreed on relevant procedural matters for the Talks. It was further agreed that the third plenary session would be held on April 23, 1958."

AMB. LIMB: The second plenary session of the Fourth Korea-Japan Overall Talks was held at the Ministry of Foreign Affairs at 10;30 a.m. on April 22, 1950. At this meeting both sides confirmed that the agenda of the Overall Talks would be the same as agreed an December 31, 1957, and agreed on relevant procedural matters for the Talks. It was further agreed that the third plenary session would be held on April 23, 1958.

1612 (Thus, both Chief Delegates decided to release the draft to the press.)

The meeting was adjourned at 11:07 a.m. On April 22, 1958.

-The end-

번역

1958년 4월 22일, 도쿄

요록

번호: 2

제4차 한일전면회담 2차 본회의

1. 일시 및 장소

1958년 4월 22일, 오전 10시 45분~11시 7분

2. 참석자

한국 측: 불참한 김 대사를 제외하고 지난 회의와 동일

일본 측: 불참한 이타가키 국장을 제외하고 지난 회의와 동일

3. 회의록

a) 4차 한일전면회담의 의제 채택

사와다: 4차 한일전면회담의 의제는 1957년 12월 31일에 합의한 내용과 동일하게 한다.

임: 4차 한일전면회담의 의제는 1957년 12월 31일에 합의한 내용과 동일하게 한다.

(양측이 4차 한일전면회담의 의제에 합의했다.)

b) 4차 한일전면회담의 절차상의 문제에 관한 결정

(1) 언어

사와다: 일본 측은 일본어 또는 영어를, 한국 측은 한국어 또는 영어를 사용한다. 각 측은 상대방이 사용하는 언어를 이해하기 위해 자체적으로 통역 서비스를 제공한다.

임: 한국 측은 한국어 또는 영어를, 일본 측은 일본어 또는 영어를 사용한다. 각 측은 상대방이 사용하는 언어를 이해하기 위해 자체적으로 통역 서비스를 제공한다.

(양측이 위에서 언급한 것과 같이 언어 문제에 대해 합의했다.)

(2) 요록

사와다: 각 측이 본회의 요록을 작성하기 위한 담당자를 1명씩 지정한다. 지정된 담당자가 번갈아 가며 영어로 요록을 작성한다. 이렇게 작성한 요록을 양측 담당자가 가서명하고 다음 본회의에서 제출하여 양측 수석대표가 확정한다.

임: 각 측이 본회의 요록을 작성하기 위한 담당자를 1명씩 지정한다. 지정된 담당자가 번갈아 가며 영어로 요록을 작성한다. 이렇게 작성한 요록을 양측 담당자가 서명하고 다음 본회의에서 제출하여 양측 수석대표가 확정한다.

(양측이 요록 작성에 대해 합의했다)

(3) 보도 자료

임: 각 측이 언론 담당자를 지정한다. 각 본회의 종료 시 양측 수석대표의 결정에 따라 언론 담당자가 공동 보도 자료를 작성한다.

사와다: 각 측이 언론 담당자를 지정한다. 각 본회의 종료 시 양측 수석대표의 결정에 따라 언론 담당자가 공동 보도 자료를 작성한다.

(양측이 보도 자료 문제에 합의했다.)

c) 위원회 구성

임: 전면회담의 원활한 진행을 위해 위원회 구성에 관하여 다음과 같이 제안한다. 설치할 위원회를 나열하면 다음과 같다.

1. 기본관계위원회
2. 한국청구권위원회. 이 위원회 산하에 하기 3개 소위원회를 설치한다.
   a) 선박반환소위원회
   b) 예술품반환소위원회
   c) 기타청구권소위원회

3. 재일한인 법적지위위원회

4. 어업 및 평화선위원회

이러한 제안사항을 검토해 줄 것을 요청한다.

사와다: 위원회 구성에 대한 제안은 실무 차원에서 검토할 내용이라고 생각한다(약 2분이 지난 후). 제안한 내용은 물론 검토를 위해 정부에 전달하겠다. 최대한 빠른 시일 내에 답변하겠다.

임: 좋다.

d) 다음 본회의 일정

임: 1958년 4월 23일에 3차 본회의를 개최하는 것을 제안하고 싶다.

사와다: 좋다. 내일(1958년 4월 23일) 오후 4시 어떤가?

임: 이의 없다.

e) 요록 및 보도 자료 작성 담당자 지정

임: 언론 담당자와 요록 작성 담당자를 지정하는 것이 어떤가?

사와다: 좋다. 우리 측에서는 오쿠마를 요록과 보도 자료 작성 담당자로 지정하겠다.

임: 우리 측에서는 최규하를 요록과 보도 자료 작성 담당자로 지정하겠다.

f) 2차 본회의에 관한 보도 자료

사와다: 보도 자료 문안을 낭독해 보겠다. "4차 한일전면회담의 2차 본회의가 1958년 4월 22일 오전 10시 30분 외무성에서 개최되었다. 이번 회의에서 양측은 전면회담의 의제가 1957년 12월 31일에 합의한 내용과 동일하다는 데 동의하고 회담의 절차상의 문제에 대해 합의했으며, 1958년 4월 23일에 3차 본회의를 개최하기로 결정했다."

임: 4차 한일전면회담의 2차 본회의가 1958년 4월 22일 오전 10시 30분 외무성에서 개최되었다. 이번 회의에서 양측은 전면회담의 의제가 1957년 12월 31일에 합의한 내용과 동일하다는 데 동의하고 회담의 절차상의 문제에 대해 합의했으며, 1958년 4월 23일에 3차 본회의를 개최하기로 결정했다.

(이에 양측 수석대표가 보도 자료 초안을 결정했다.)

회의는 1958년 4월 22일 오전 11시 7분에 종료되었다.

끝

3. 제4차 한일회담 제3차 본회의 회의록

1616 Tokyo, April 23, 1958

GISTS OF TALKS

No. III

THIRD PLENARY SESSION OF THE FOURTH KOREA-JAPAN OVERALL TALKS

1. Time and place:

From 4:25 p.m. to 4:35 p.m. on April 23, 1958 at the Japanese Foreign Office

2. Conferees:

The Korean side: Same as in the previous session

The Japanese side: Same as in the previous session

3. Gist of talks:

MR. SAWADA: The proposal presented by Mr. Limb has been subject of study of our delegation. Our side did not finish studying it. I would like to ask you for more time to study your proposal.

AMB. LIMB: Our delegation is very anxious to get down the important work as soon as possible. We don't want to allow more time to pass without doing nothing like this.

MR. SAWADA: For the smooth proceeding of this negotiations, our side is now giving serious and important consideration to your proposal.

AMB. LIMB: Our side wants the Japanese side to study over our proposal as quickly as possible for the smooth proceeding of this talks.

AMB. LIMB: As to the fourth plenary session, shall we meet again tomorrow?

MR. SAWADA: Even though I should like to meet again tomorrow, our side needs more time to study your proposal. It is funny for our side to ask you for more time again and again if the meeting is held tomorrow. We don't like to ask you tor more time so often. If our side finishes studying your proposal, our side will approach you for next meeting.

AMB. LIMB: Our side is very anxious to get down the important works as soon as possible. I hope you will finish your study on my proposal as soon as possible. That is why we would like to hold another plenary session sometime tomorrow.

1617 MR. SAWADA: As I mentioned before, our side doesn't like to ask you for more time again in order to study your proposal. As soon as we finish studying it, we will approach your side for speedy proceeding of this negotiations.

AMB. LIMB: I would like to propose that the fourth plenary session be hold on April 25, 1958. I think 48 hours are enough for your side to study our proposal.

MR. SAWADA: Then, I would like to suggest that the next meeting be held at 4 p.m. on April 25, 1958.

AMB. LIMB: No objection.

AMB. LIMB: How about preparing press release concerning the third plenary session of the Fourth Korea-Japan Overall Talks?

MR. SAWADA: I think there is no concrete thing in today's meeting. If reporters ask, how about telling then that we studied over measures for smooth operation of the Overall Talks?

AMB. LIMB: We have 7 Korean reporters waiting outside now. We have to say something to them after the meeting. Let's release to the press to the effect that both sides studied ever measures for smooth operation of this negotiations, just as you mentioned now.

MR. SAWADA: No objection.

AMB. LIMB: Shall we release to the press that the fourth plenary session will be held on April 25, 1958 too?

MR. SAWADA: No objection.

The meeting was adjourned at 4:35 p.m. on April 23, 1958.

After the adjournment of third plenary session, both sides(officers) met to draft the text of press release. Both sides agreed to release the following press release, of which the text is attached herewith.

-The end-

번역

1958년 4월 23일, 도쿄

요록

번호: 3

제4차 한일전면회담 3차 본회의

1. 일시 및 장소

1958년 4월 23일 오후 4시 25분~4시 35분, 일본 외무성

2. 참석자

한국 측: 지난 회의와 동일

일본 측: 지난 회의와 동일

3. 회의록

사와다: 임 대사가 제안한 내용을 우리 대표단이 검토해 보았는데, 아직 검토가 완료되지 않았다. 더 기다려 줄 것을 요청하고 싶다.

임: 우리 대표단은 최대한 조속히 중요한 논의에 착수하고 싶다. 아무것도 못하고 이렇게 시간만 허비하고 싶지 않다.

사와다: 교섭의 원활한 진행을 위해 한국 측 제안을 중요한 문제로 보고 진지하게 검토 중이다.

임: 일본 측이 회담의 원활한 진행을 위해 우리가 제안한 내용을 최대한 신속히 검토해 주기를 바란다.

임: 4차 본회의는 내일 개최하는 것이 어떤가?

사와다: 내일 만날 수 있으면 좋겠지만 제안 내용을 검토하기 위해 더 많은 시간이 필요하다. 내일 회의를 소집한다면 또다시 시간이 더 필요하다고 답변해야 하니 상황이 우스워질 것이다. 그렇게 같은 말을 반복하고 싶지는 않다. 제안사항에 대한 검토가 완료되면 우리 측에서 먼저 접촉하여 다음 회의 일정을 잡겠다.

임: 우리 대표단은 최대한 빠른 시일 내에 중요한 논의에 돌입하고 싶다. 최대한 신속히 검토를 완료해 주기를 바란다. 그렇기 때문에 내일 다시 본회의를 개최하고 싶었던 것이다.

사와다: 앞서 언급했듯이 제안사항을 검토하기 위한 시간이 더 필요하다고 또다시 말하고 싶지는 않다. 빠르게 교섭을 진행하기 위해 검토를 마치는 즉시 한국 측에 연락하겠다.

임: 1958년 4월 25일에 4차 본회의를 개최하는 것을 제안하고 싶다. 48시간이면 우리가 제안한 내용을 검토하기에 충분한 시간이라고 생각한다.

사와다: 그렇다면 1958년 4월 25일 오후 4시에 다음 본회의를 개최하는 것을 제안하고 싶다.

임: 이의 없다.

임: 4차 전면회담 3차 본회의에 대한 보도 자료는 어떻게 작성할 것인가?

사와다: 오늘 회의에서 구체적으로 논의된 내용은 없다고 생각한다. 기자들이 문의하면 전면회담의 원활한 진행을 위한 조치들을 검토했다고 말하는 것이 어떤가?

임: 지금 밖에서 한국 기자 7명이 기다리고 있다. 회의가 끝나면 무슨 말이든 해야 한다. 방금 말한 것과 같이 교선의 원활한 진행을 위한 대책을 양측이 검토했다는 내용을 전달하자.

사와다: 이의 없다.

임: 1958년 4월 25일에 4차 본회의를 개최할 것이라고 언론에 알리는 것이 어떤가?

사와다: 이의 없다.

1958년 4월 23일 오후 4시 35분에 회의가 종료되었다.

3차 본회의 종료 후 양측(담당자)이 만나 보도 자료의 문안을 작성했다. 양측은 본 요록에 첨부한 문안과 같은 내용의 보도 자료를 배포하기로 합의했다.

끝

4. 제4차 한일회담 제4차 본회의 회의록

1621 Tokyo, April 25, 1958

GIST OF TALKS

No. IV

THE FOURTH PLENARY SESSION OF THE FOURTH KOREA-JAPAN OVERALL TALKS

1. Time and place:

From 4:25 p.m. to 4:55 p.m. on April 25, 1958, at the Room No. 311 of the Japanese Foreign Office

2. Conferees:

The Korean side: Same as in the previous session

The Japanese side: Same as in the previous session except Mr. Nishimura and Itagaki who were absent

3. Gist of talks:

MR. SAWADA: First thing we should do today is the confirmation of the summary records of 2nd and 3rd plenary sessions of the Fourth Korea-Japan Overall Talks.

MR. SAWADA: Will you read your version first?

AMB. LIMB: Since the summery record of the 2nd plenary session was drafted by the Japanese side, it should be read by your side first.

AMB. LIMB: Same of our members cannot understand English, therefore, We would like to have our interpreter translate what is said in English into Korean.

MR. SAWADA: All right.

(Here. Mr. Ki Bong Han, one of the assistants of our delegation acted a interpreter throughout the meeting.)

(Here, Mr. Okuma, Japanese officer responsible for drafting the summary record, read the text of the summary record of 2nd plenary sessions which was initialed by recording officers of the both delegations, the text of which is attached hereto.)

MR. SAWADA: Will you confirm the summary record which Mr. Okuma has just read?

AMB. LIMB: Confirmation should be made after our recording officers, Mr. Choi reads our version.

1622 (Here, Mr. Choi, Korean officer responsible for drafting the summery record, read the text of our version of the summery record of 2nd Plenary Session, the text of which is attached hereto.)

MR. SAWADA: Now then, shall we confirm?

AMB. LIMB: Yes, all right.

(Here the Chief Delegates of both sides confirmed the summary record of 2nd Plenary Session.)

MR. SAWADA: Shall we confirm the summary record of 3rd Plenary Session?

AMB. LIMB: Since the summary record of 3rd Plenary was drafted by our side, I think we should read it first this time.

(Mr. Choi, Korean officer responsible for drafting the summary record, read the text of the summary record of 3rd Plenary Session, the text of which le attached hereto.)

(Mr. Okuma, Japanese officer responsible for drafting the summary record for the Japanese side, read the text of the summary record of 3rd Plenary Session, the text of which is attached hereto.)

AMB. LIMB: Shall we confirm?

MR. SAWADA: Yes, record is confirmed.

MR. SAWADA: As for the composition of committees, the Korean proposal is still under study by the Japanese Delegation.

AMB. LIMB: As soon as your side finishes studying it, please give us your prompt reply to our proposal.

MR. SAWADA: I think we have exhausted it to be discussed for today's meeting.

AMB. LIMB: I would like to suggest that the date for next plenary session(Fifth plenary Session) be decided.

1623 AMB. LIMB: Will your side make a proposal in this connection?

MR. SAWADA: I suggest that the fifth plenary session be held on April 30, 1958(Wednesday). As you know, the coming Tuesday(April 29, 1958) is the Emperor's birthday. Therefore, it is convenient for us to held next plenary session on Wednesday(April 30, 1958).

AMB. LIMB: I think it seems all right.

AMB. LIMB: What is shall we meet on April 30, 1958?

MR. SAWADA: I suggest 4:00 p.m. as usual.

AMB. LIMB: How about holding the next plenary session in the morning Instead of afternoon?

MR. INOUE: It is easy and convenient for us to meet next plenary session in the afternoon. We need a little more time to prepare for the meeting on Wednesday.

AMB. LIMB: It seems that we have to consult with my home Government after the meeting. Therefore, it is convenient for the Korean side to hold the next plenary session at 3 p.m. in the afternoon instead of 4 p.m.

MR. SAWADA: No objection.

AMB. LIMB: How about preparing the press release? How about having the press officers of both sides to draft the text of press release concerning today's meeting?

MR. SAWADA: All right. No objection. Let us leave the matter to the press officers of both sides.

(here both press officers worked on the press release, of which the text is attached hereto.) The fourth Plenary Session of the Fourth Korea-Japan Overall Talks was adjourned at 4:55 p.m. on April 25, 1958.

-The end-

번역

1958년 4월 25일, 도쿄

요록

번호: 4

제4차 한일전면회담 4차 본회의

1. 일시 및 장소

1958년 4월 25일 오후 4시 25분부터 4시 55분까지, 일본 외무성 311호 회의실

2. 참석자

한국 측: 이전 회의와 동일

일본 측: 불참한 니시무라 씨와 이타가키 씨를 제외하고 전회와 동일함.

3. 회의록

사와다: 오늘은 우선 제4차 한일회담 제2차, 제3차 본회의 속기록 확인을 하겠다.

사와다: 먼저 읽어주시겠는가?

임: 2차 본회의 속기록은 일본 측이 초안을 작성했기 때문에 귀측이 먼저 읽어야 한다.

임: 우리 측 위원들 중에 영어를 못 알아듣는 분들이 있어서 통역이 영어로 된 것을 한국어로 통역해 주셨으면 좋겠다.

사와다: 알았다.

(우리 대표단의 일원인 한기봉이 회의 내내 통역을 맡았다.)

(일본 측 속기록 작성 책임자인 오쿠마가 양국 대표단 기록관들이 작성한 제2차 본회의 속기록의 전문을 낭독했으며, 그 전문은 첨부와 같다.)

사와다: 오쿠마 씨가 방금 읽은 속기록을 확인해 주겠는가?

임: 확인은 저희 측 최 참사관이 읽은 후에 해야 한다.

(회의록 초안을 작성한 한국 측 최 참사관이 제2차 본회의 회의록 전문을 낭독했으며, 그 전문은 첨부되어 있다).

사와다: 그러면 확인해 볼까?

임: 알겠다.

(양측 수석대표들이 제2차 본회의 요약 기록을 확인했다.)

사와다: 3차 본회의 요약 기록을 확인할까?

임: 제3차 본회의 요약 기록은 우리 측에서 초안을 작성했기 때문에 이번에는 우리가 먼저 읽어봐야 할 것 같다.

(요약 기록 초안을 작성한 한국 측 담당관 최 모 씨가 제3차 전원회의 요약 기록의 본문을 읽었고, 그 내용은 첨부된 것과 같다.)

(일본 측 요약 기록 초안 작성을 담당한 일본 측 담당관 오쿠마 씨는 제3차 본회의 요약 기록의 본문을 낭독하고, 그 전문은 첨부된 것과 같다.)

임: 확인해 볼까?

사와다: 기록 확인했다.

사와다: 위원회 구성에 관해서는 한국 측 제안을 일본대표단에서 아직 검토 중이다.

임: 귀측에서 검토가 끝나는 대로 우리 측 제안에 대한 답변을 조속히 주기 바란다.

사와다: 오늘 회의에서 논의할 내용은 다 나온 것 같다.

임: 다음 본회의(제5차 본회의) 날짜를 정하자.

임: 이와 관련하여 귀측에서 제안하겠는가?

사와다: 제5차 본회의를 1958년 4월 30일(수)에 개최할 것을 제안한다. 알다시피, 오는 화요일(1958년 4월 29일)은 천황의 생일이다. 따라서 다음 본회의는 수요일

(1958년 4월 30일)에 개최하는 것이 편리할 것 같다.

임: 괜찮을 것 같다.

임: 1958년 4월 30일 몇 시에 만날까?

사와다: 평소처럼 오후 4시가 어떤가?

임: 다음 본회의는 오후가 아닌 오전에 개최하는 것은 어떤가?

이노우에: 다음 본회의는 오후에 하는 것이 쉽고 편리하다. 수요일에 회의를 준비하려면 시간이 좀 더 필요하다.

임: 회의가 끝난 후 본국 정부와 협의해야 할 것 같다. 따라서 다음 본회의는 오후 4시가 아닌 오후 3시에 개최하는 것이 한국 측에 편리할 것 같다.

사와다: 이의 없다.

임: 보도 자료 준비는 어떻게 할까? 오늘 회담에 관한 보도 자료의 문안을 양측의 공보 담당자가 작성하는 것은 어떤가?

사와다: 좋다. 이의 없다. 그럼 양측 공보 담당에게 맡기도록 하자.

(양측 공보 담당이 보도 자료를 작성했고, 그 전문은 여기에 첨부되어 있다.) 제4차 한일회담 제4차 본회의는 1958년 4월 25일 오후 4시 55분에 산회하였다.

끝

5. 일본의 위원회 구성 지연에 관한 보고 전문

1626 NO. MT-054

DATE. 05011500

TO. KYUNG MU DAI, FOREIGN MINISTER

THE FIFTH PLENARY SESSION AS HELD AT THE JAPANESE FOREIGN OFFICE AT THREE PM ON APRIL THIRTY CMA ONE NINE FIVE EIGHT PD AT THIS MEETING CMA THE JAPANESE SIDE SAID THAT IT WAS STILL STUDYING ON OUR PROPOSAL ON THE COMPOSITION OF COMMITTEES AND THAT IT WOULD TRY ITS BEST TO GIVE US ANSWER IN THIS REGARD AT THE SIXTH PLENARY SESSION PD OUR SIDE CMA POINTING OUT THAT THE DELAY ON THE PART OF THE JAPANESE SIDE REGARDING THE COMPOSITION OF COMMITTEES BROUGHT ABOUT DIFFICULTIES CMA RENEWED THE REQUEST THAT A PROMPT CONSIDERATION BE GIVEN TO OUR PROPOSAL SO THAT COMPOSITION OF COMMITTEES BE COMPLETED AT THE NEXT SESSION AND ACTUAL WORK COULD BE STARTED THEREAFTER PD THE SIXTH PLENARY SESSION WILL BE HELD AT THREE PM ON MAY SIX CMA ONE NINE FIVE EIGHT CMA BECAUSE OF A SUNDAY AND TWO JAPANESE HOLIDAYS ON MAY THREE AND FIVE CMA ONE NINE FIVE EIGHT. PD

AMBASSADOR LIMB

번역 번호: MT-054

일자: 05011500[1958. 5. 1]

수신인: 경무대, 외무부 장관

1958년 4월 30일 오후 3시에 일본 외무성에서 5차 본회의가 개최되었습니다. 이 회의에서 일본 측은 위원회 구성에 대한 제안을 아직 검토 중이며 6차 본회의에서 답변할 수 있도록 최선을 다하겠다고 말했습니다. 우리 측은 일본이 위원회 구성에 대한 결정을 늦추면서 문제가 발생했다고 지적하며 다음 회의에서는 위원회 구성을 완료하고 그 후부터 실질적인 논의에 착수할 수 있도록 우리가 제안한 내용을 조속히 검토해 줄 것을 다시 한 번 요청했습니다. 6차 본회의는 1958년 5월 6일 오후 3시에 열릴 예정입니다. 1958년 5월 3일에서 5일까지는 일요일과 일본 공휴일이 겹쳐서입니다.

임 대사

6. 선박위원회 관련 훈령 전문

1627 NO. FT-053

DATE. 04301530 APR 30 1958

SENT TO. AMBASSADOR LIMB KORDIPSION

COPIES TO AMBASSADOR KIM AND MINISTER YIU PD TEXT OF FT ZERO FIVE TWO IS PARTLY REPLACED CMA IN THE WORDS AFTER QUOTE SUBCOMMITTEE ON VESSELS UNQUOTE DASH UNQUOTE CMA BY THE FOLLOWING REWORDED TEXT CLN DOT DOT DOT IS NOT ACCEPTABLE PD NUMBER OF COMMITTEES DOES NOT MATTER BUT REAL NATURE OF COMMITTEES DOES PD PROPOSED JAPANESE FORMULA HAS NO ESSENTIAL CHANGE IN APPROACH TO VESSEL QUESTION PD THERE IS NO WAY TO BREAK PRESENT IMPASSE DOT DOT DOT

FOREIGN MINISTER

번역 번호: FT-053

일시: 1958년 4월 30일, 오후 3시 3분

수신인: 임 대사

사본: 김 대사 및 유 공사. TF-052의 문구가 일부 수정되었습니다. "선박소위원회" 후에 이어지는 부분을 다음과 같은 문구로 교체합니다. "… 수용할 수 없다. 위원회

숫자는 문제가 되지 않지만 위원회의 성격은 문제가 된다. 일본이 제안한 내용을 보면 선박 문제에 대한 접근 방식에는 기본적으로 변화가 없다. 현재의 교착 상태를 극복할 수가 없을 것….”

외무부 장관

7. 제4차 한일회담 제5차 본회의 회의록

1630 Tokyo, April 30, 1958

GIST OF TALKS

Vth SESSION

FIFTH PLENARY SESSION OF THE FOURTH KOREA-JAPAN OVERALL TALKS

1, Time and place:

From 3:15 p.m. to 3:30 p.m. on April 30, 1958, at Room 311 of the Japanese Foreign Ministry

2. Conferees:

The Korean side: Same as in the previous session

The Japanese: Same as in the previous session

3. Gist of talks:

DR. SAWADA: Shall we confirm the summary record of the 4th plenary session of the Fourth Korea-Japan Overall Talks?

(Here, Mr. Okuma, Japanese officer responsible for drafting the summary record for the Japanese side, read the text of summary record of 4th Plenary Session.)

AMB. LIMB: Then, Mr. Choi, Korean officer responsible for drafting the summary record for the Korean side, will read our version of the summary record of the 4th Plenary Session.

(Here, Mr. Choi read the text of the summary record. of the 4th Plenary Session.)

DR. SAWADA: Shall we confirm the summary record of the 4th Plenary Session?

AMB. LIMB: Yes, it is confirmed.

DR. SAWADA: With regard to the composition of committees. our delegation is still studying it. Of course, I took note of the observation made by Amb. Limb in this regard. I express my hope that this matter be concluded and settled as soon as possible. However, we are not in a position to inform you of our final decision on this matter today. As soon as we finish studying it, we will approach your side.

AMB. LIMB: I understand your statement. However, the delay on the part
1631 of the Japanese side gives us difficulties. Therefore, I would like to renew my request that the Japanese side finish studying it as quickly as possible so that actual work could be started from next session.

AMB. LIMB: Press reports in Korea commented on the Korea-Japan talks to the effect that the Japanese side is not showing sincerity in organizing committees. Therefore, we would like to clear difficulties away by speedy works of this talks as soon as possible.

DR. SAWADA: We reciprocate your sentiment. Therefore, we will approach your side as soon as our side finishes studying it. It is my serious concern and desire to settle this matter as quickly as possible.

AMB. LIMB: Shall we decade the date for next plenary session?

DR. SAWADA: We are now in a golden week, what we called. Our side needs two or three days more to study the Korean proposal. I hope that our side will give you a final answer by the next session. How about holding next plenary session on May 6, 1958?

AMB. LIMB: It seems all right.

AMB. LIMB: How about 3 p. m.?

DR. SAWADA: No objection.

AMB. LIMB: At that time, I hope we will see final, decision on this matter.

AMB. LIMB: How about the press release? Let us have our press officers make release.

DR. SAWADA: No objection.

Here, Mr. Choi, Korean press officer, and Mr. Okuma, Japanese press officer, prepared the text of the press release concerning the Fifth Plenary Session, the text of which is attache hereto.

The Fifth Plenary Session of the Fourth Korea-Japan Overall Talks was adjourned at 3:30 p.m. on April. 30. 1958.

-The end-

번역

1958년 4월 30일, 도쿄

요록

제5차 회의

제4차 한일전면회담 5차 본회의

1. 일시 및 장소

1958년 4월 30일, 오후 3시 15분~3시 30분, 일본 외무성 311호

2. 참석자

한국대표단: 지난 회의와 동일

일본대표단: 지난 회의와 동일

3. 회의록

사와다: 4차 한일전면회담 4차 본회의의 요록을 확정하는 것이 어떤가?

(일본 측 요록 작성 담당자인 오쿠마가 4차 본회의 요록을 낭독했다.)

임: 한국 측 담당자인 최 참사관이 우리가 작성한 4차 본회의 요록을 낭독하겠다.

(최 참사관이 4차 본회의 요록을 낭독했다.)

사와다: 4차 본회의 요록을 확정하면 되겠는가?

임: 좋다. 확정했다.

사와다: 위원회 구성에 대해 아직 검토 중이다. 물론 이에 대한 임 대사의 입장을 알고 있다. 최대한 빠른 시일 내에 결론짓고 마무리할 수 있기를 바란다. 그러나 오늘 최종적인 결정을 통보해 줄 수 있는 입장은 아니다. 검토를 마치는 대로 연락하겠다.

임: 무슨 말인지 이해했다. 하지만 일본이 시간을 끌면서 우리가 곤란해지고 있다. 다음 회의부터 실질적인 논의에 돌입할 수 있도록 최대한 신속하게 검토를 완료해 줄 것을 다시 한번 요청한다.

임: 한국 언론이 한일회담에서 일본이 위원회 구성에 대한 성의를 보이지 않고 있다는 내용의 논평을 했다. 최대한 빠른 시일 내에 본 회담의 진행 속도를 높여 이러한 문제를 해결하고 싶다.

사와다: 이해한다. 검토 후에 최대한 조속히 연락하겠다. 나도 이 문제를 빨리 마무리하고 싶다.

임: 다음 본회의는 언제 개최하면 되겠는가?

사와다: 지금은 황금연휴 기간이기 때문에 한국의 제안사항을 검토하기 위해 2~3일 정도의 시간이 더 필요하다. 다음 회의에서는 우리가 최종적인 답변을 줄 수 있었으면 좋겠다. 다음 본회의는 1958년 5월 6일에 개최하는 것이 어떤가?

임: 좋다.

임: 오후 3시 어떤가?

사와다: 이의 없다.

임: 다음 회의에서는 이 문제에 대한 최종적인 결정이 내려지기를 바란다.

임: 보도 자료는? 담당자들이 보도 자료를 작성하도록 하자.

사와다: 이의 없다.

이에 한국 담당자인 최 참사관과 일본 담당자인 오쿠마가 5차 본회의에 관한 보도자료를 작성했다. 본 요록에 문안을 함께 첨부한다.

4차 한일전면회담의 5차 본회의는 1958년 4월 30일 오후 3시 30분에 종료되었다.

끝

8. 제4차 한일회담 제6차 본회의 회의록

1641 Tokyo, May 6, 1958

GIST OF TALKS

VI SESSION

THE FOURTH KOREA-JAPAN OVERALL TALKS

1. Time and place:

From 3:10 p.m. to 3:20 p.m. on May 6, 1958, at Room 311 of the Ministry of Foreign Affairs, Japanese Government

2. Conferees:

The Korean side: Same as in the previous session

The Japanese side: Same as in the previous session

3. Gist of talks:

DR. SAWADA: Shall we confirm the summary record of the fifth plenary session?

(Here, Mr. Choi, Korean officer responsible for drafting the summary record, read the text of the summary record of the fifth plenary session. Mr. Okuma, Japanese officer responsible for drafting the summary record, read the text of the summary record of the fifth plenary session.)

DR. SAWADA: We confirmed the summary record which was initialed by the recording officers of both sides.

MR. LIMB: Yes, it is confirmed.

DR. SAWADA: Now, I take the liberty to propose that the following committees and sub-committees be established.

1. Committee on Basic Relations
2. Committee on Korean-Claims
    a. Sub-Committee on Claims
    b. Sub-Committee on Vessels
3. Committee on Fisheries and "Peace Line"
4. Committee on Legal Status of Korean Residents in Japan

MR. LIMB: Your counter-proposal is acceptable.

DR. SAWADA: Thank you very much. In connection with the names of committees, I wish to add that they will not bring alteration to the matters as agreed at the time of conclusion of the Japan-Korea Preliminary Talks on December 31, 1957.

1642 MR. LIMB: Taking this opportunity, I would like to express my hope that committee works be conducted smoothly and efficiently on the basis of the matters as agreed at the time of conclusion of the Korea-Japan Preliminary Talks on December 31, 1957.

DR. SAWADA: Thank you.

MR. LIMB: How do you think about our meeting again on May 8, 1958?

DR. SAWADA: No objection.

MR. LIMB: How about 3 p.m. ?

DR. SAWADA: No objection.

MR. LIMB: How about the press release concerning the today's meeting?

DR. SAWADA: Let the press officers of both sides prepare the press release.

MR. LIMB: No objection.

(The Sixth Plenary Session of the Fourth Korea-Japan Overall Talks was adjourned, at 3:20 p.m. on May 8. 1958.) The text of the press release is attached herewith.

-The end-

번역

1958년 5월 6일, 도쿄

요록

제6차 회의

제4차 한일전면회담

1. 일시 및 장소

1958년 5월 6일(화요일), 오후 3시 10분~3시 20분, 일본 외무성 311호

2. 참석자

한국 측: 지난 회의와 동일

일본 측: 지난 회의와 동일

3. 회의록

사와다: 5차 본회의 요록을 확정하자.

(한국 측 요록 담당자인 최 참사관이 5차 본회의 요록을 낭독하고, 일본 측 요록 담당자인 오쿠마가 5차 본회의 요록을 낭독했다)

사와다: 양측 기록 담당자가 가서명한 요록을 확정했다.

임: 확정했다.

사와다: 다음과 같은 위원회와 소위원회를 설치할 것을 제안한다.

1. 기본관계위원회
2. 한국청구권위원회
   a. 청구권소위원회
   b. 선박소위원회
3. 어업 및 '평화선'위원회

4. 재일한인 법적지위위원회

임: 역으로 제안해 준 내용을 수용 가능하다.

사와다: 고맙다. 위원회 명칭과 관련하여 1957년 12월 31일 한일예비교섭 타결 당시 합의한 내용을 변경하지 않을 것이라고 덧붙이고 싶다.

임: 이번 기회를 빌려 1957년 12월 31일 한일예비교섭 타결 당시 합의한 내용을 바탕으로 원활하고 효율적으로 위원회의 논의가 진행되기를 바란다고 말하고 싶다.

사와다: 고맙다.

임: 1958년 5월 8일에 다시 만나는 것이 어떤가?

사와다: 이의 없다.

임: 오후 3시 괜찮은가?

사와다: 이의 없다.

임: 오늘 회의에 대한 보도 자료는?

사와다: 양측 언론 담당자들이 보도 자료를 작성하도록 하자.

임: 이의 없다.

(4차 한일전면회담 6차 본회의가 1958년 5월 8일 오후 3시 20분에 종료되었다.)

보도 자료 문안이 첨부되었다.

끝

9. 제4차 한일회담 제7차 본회의 회의록

1647 Tokyo, May 8, 1958

GIST OF TALKS

VII SESSION

THE FOURTH KOREA-JAPAN OVERALL TALKS

1. Time and Place:

From 3:15 p.m. to 3:50 p.m. on May 8, 1958, at Room 311, Ministry of Foreign Affairs, Japanese Government

2. Conferees:

The Korean side: Same as in the previous session

The Japanese side: Same as in the previous session

3. Gist of talks:

DR. SAWADA: Shall we confirm the summary record of 6th plenary session of the fourth Korea-Japan Overall talks?

(Here, Mr. Okuma, Japanese officer responsible for drafting the summary record, read the text of the summary record of the 6th Plenary session.)

MR. LIMB: Mr. CHOI will also read the text of the summary record of the 6th Plenary Session.

(Here, Mr. Choi, Korean Officer responsible for drafting the summary record, read the text of the summary record of the 6th Plenary session.)

DR. SAWADA: I confirmed the summary record of the 6th Plenary session of the Fourth Korea-Japan Overall Talks.

MR. LIMB: I also confirmed it.

DR. SAWADA: We would like to exchange the list of members of each committee established the other day. The Japanese side is ready now. How about the Korean side?

MR. LIMB: Since our additional members have not arrived yet, we would we to ask you to give us a few more days so that we could complete our list.

1648 DR. SAWADA: It is a agreeable. We will wait until the Korean side is ready to exchange the lists of the members of each committee.

MR. LIMB: As to the proceedings of committee, I would like to propose that the following two committees start first. They are (1) Committee on Korean Claims, and (2) Committee on Legal Statue of the Korean Residents in Japan. Since these two issues had been discussed thoroughly in the previous conferences, and are likely and easily to reach an agreement, I made this proposal. For these reasons I mentioned above, I would like to have these two committees start for discussion

DR. SAWADA: It is quite agreeable to establish principle of approaching free easier problem to expedite the talks as quickly a possible. I have no objection to take up Committee on Legal Statue of Korean residents in Japan first and then other issues such as Korean Claims and other. Domestically speaking, all these problems are Inter-dependent among the Ministries concerned. Therefore, we would like to take up the Committee on Legal Statue of Korean Residents in Japan first.

MR. LIMB: Since these two issues have well discussed and a considerable understanding has been reached already in the previous conferences, we would like to discuss these two issues at the same time prior to discussion of other issues.

DR. SAWADA: It is difficult for the Japanese side to take up two issues at the same time. Therefore, We would like to take up committee on Legal status of Korean Residents in Japan first, and then other issues afterward.

MR. LIMB: Then I would like to add that Sub-Committee on Vessels and problem of art objects be taken up together with Committee on Legal Status of Korean Residents in Japan. I think it would be much concise and easier to discuss this way.

DR. SAWADA: The talks have been already delayed about three weeks for no substantial discussion. We would like to get down the substantial works
1649 as soon as possible. Therefore, we would like to take up Committee on Legal Status of Korean Residents in Japan first for discussion, and then continue to discuss other issues.

MR. LIMB: It is our opinion that it would be much easier to discuss the problems of vessels and art objects together with the problem of Korean Residents in Japan simultaneously, because these problems have been thoroughly discussed in the past, and considerable under-standing has already been reached between the two countries.

DR. SAWADA: Your proposition is always standing. We have no objection to take up the problem of Korean Residents in Japan and afterwards get down other problems and issues. We have many things to discuss. We don't take up every issue at a time.

MR. LIMB: The main difference between our two delegations is that the Korean side would like to take up the problem of Korean residents in Japan together with the issues of vessels and art object at the same time, while the Japanese side maintained that the problem of Korean residents in Japan should be taken up for discussion first and exclusively. Let's study this problem further at another meeting.

DR. SAWADA: All right. Let's works out this problem at another conference.

MR. LIMB: In the meantime, it is stated that there is no hardship in carrying out these two issues at the same time, in view of the fact that thorough discussion has been made in the past and that considerable understanding has been reached between the two countries in the previous conferences. I think there is no difficulty to take up these two issues at a time.

DR. SAWADA: Domestically speaking, there are many difficulties for the Japanese side is arranging the views among Ministries concerned.

DR. SAWADA: Let me propose to adjourn this meeting. Let's study this problem further.

MR. LIMB: It seems all right.

MR. LIMB: How about deciding the data for next meeting?

1650 DR. SAWADA: We will wait until your side is ready to exchange the list of members of each committee.

MR. LIMB: I think the list will arrive here soon. As soon as it arrives here, I will let you know.

MR. LIMB: How about holding the next meeting on next Monday, that is May 12, 1958?

DR. SAWADA: On Monday, there are so many conferences being scheduled to be held. Therefore, it will be a little difficult for us to hold the next meeting on Monday.

MR. LIMB: Then, how about Saturday (May 10, 1958)?

DR. SAWADA: It is difficult for us to hold next meeting on Saturday. How about holding next meeting on Tuesday (May 13, 1958)?

MR. LIMB: I think it is a little difficult for us to hold the meeting on Tuesday.

DR. SAWADA: Then, we will change our schedule so as to hold the next meeting on Monday morning (May 12, 1958) at a different room.

MR. LIMB: No objection.

DR. SAWADA: How about holding next meeting at 10:30 a.m. at Room 411?

MR. LIMB: All right.

DR. SAWADA: We expect to exchange the lists of members of each
1651 committee of both sides on Monday.

MR. LIMB: Yes, as do.

MR. LIMB: How about preparing the press release concerning today's meeting?

DR. SAWADA: As usual, let the press officers of both sides take care of the press release.

MR. LIMB: No objection.

(Here, the 7th Plenary Session of the Fourth Korea-Japan Overall Talks was adjourned at 3:50 p.m. on May 8, 1958.)

The text of the press release is attached hereto.

-The end-

번역

1958년 5월 8일, 도쿄

요록

제7차 회의

제4차 한일전면회담

1. 일시 및 장소

1958년 5월 8일, 오후 3시 15분~3시 50분, 일본 외무성 311호

2. 참석자

한국 측: 지난 회의와 동일

일본 측: 지난 회의와 동일

3. 회의록

사와다: 제4차 한일회담 6차 본회의 요록을 확인할까?

(일본 측 회의록 초안 작성 담당자인 오쿠마 씨가 제6차 본회의 기록을 낭독함.)

임: 최 참사관도 제6차 본회의 기록을 읽을 것이다.

(한국 측 회의록 초안 작성 담당자인 최 참사관이 제6차 본회의 기록을 낭독함.)

사와다: 제4차 한일회담 제6차 본회의 기록을 확정한다.

임: 나도 확정한다.

사와다: 지난번 결성된 각 위원회의 위원 명단을 교환하고 싶다. 일본 측은 (이제) 준비가 다 되었다. 한국 측은 어떠한가?

임: 아직 추가 회원 명단이 도착하지 않았으므로, 명단 목록을 완성할 시간을 며칠 더 주었으면 좋겠다.

사와다: 동의한다. 한국 측이 각 위원회 위원 명부를 교환할 준비가 될 때까지 기다리겠다.

임: 위원회 진행과 관련하여, 다음 위원회를 먼저 개최할 것을 제안한다. 바로 (1) 한국청구권위원회와 (2) 재일한인 법적지위위원회이다. 이 두 가지 이슈는 지난 회담에서 계속 논의되어 왔으며, 합의에 쉽게 도달할 것으로 생각하기에 이 제안을 하는 것이다. 앞에서 말한 이유로 이 두 위원회의 논의가 먼저 이루어지기를 희망한다.

사와다: 가능한 한 빨리 회담을 진행하기 위하여 쉬운 문제부터 먼저 시작하자는 원칙은 매우 납득이 가는 이야기이다. 재일한인 법적지위위원회부터 먼저 시작하고 그 다음 한국청구권위원회와 다른 것을 하자는 제의에 동의한다. 국내적으로 이 모든 문제들은 관계 성·청 간에 서로 연관되어 있다. 재일한인 법적지위위원회부터 먼저 시작하자는 제의에 동의한다.

임: 이 두 문제는 이전 회의에서 이미 많이 논의되었고 상당한 이해 또한 이루어졌으므로 다른 문제를 토의하기 전에 이 두 가지 이슈를 동시에 논의하고자 한다.

사와다: 일본 측으로서는 두 가지 이슈를 한 번에 다루기는 어렵다. 그러므로 법적지위위원회부터 시작하고 다른 것은 그 후에 했으면 한다.

임: 그렇다면 선박소위원회와 문화재 문제를 재일한인 법적지위위원회와 함께 시작하는 것으로 했으면 좋겠다. 그것이 보다 간결하고 쉬울 것으로 생각한다.

사와다: 회담이 실질적인 토의 없이 3주간 지체되고 있다. 가급적 실질적인 작업이 이루어졌으면 한다. 그러므로 재일한인 법적지위위원회를 먼저 시작하고 다른 이슈를 진행해 나갔으면 한다.

임: 선박과 문화재 문제를 재일한인 문제와 함께 동시에 토론할 경우 훨씬 용이할 수 있다는 것이 우리의 견해다. 토론할 것이 많다. 이슈를 하나씩 토론할 수는 없다.

사와다: 귀하의 제의는 언제나 똑같다. 재일한인 문제를 먼저 시작하고 다음에 다른 문제와 이슈를 다루는 데 이의는 없으나, 토론할 것이 너무 많아 한 번에 모든 이슈를 다룰 수는 없는 것이다.

임: 두 대표단 사이의 가장 큰 차이점은 한국 측은 재일한인 문제를 선박 및 문화재 문제와 함께 먼저 시작하자는 것이고, 일본 측은 재일한인 문제만 먼저 토론을 시작하자는 것이다. 이 문제를 다음 회의에서 계속 연구해 보기를 원한다.

사와다: 좋다. 다음 회의에서 이 문제를 계속 검토해 나가는 데 동의한다.

임: 그런데 과거 회담에서 양국 간에 이 두 이슈에 관해 전반적인 토의가 이루어졌고 또한 상당한 양해에 도달한 바 있으므로 두 이슈를 동시에 다루는 데 큰 어려움은 없을 것이라고들 한다. 이 두 이슈를 동시에 다루는 데 큰 어려움은 없을 것이라 본다.

사와다: 국내적으로 일본 측은 관계 성 · 청 간 견해를 조정하는 데 많은 문제가 있다.

사와다: 오늘 회의는 여기서 마칠 것을 제의한다. 이 문제를 더 검토해 봤으면 한다.

임: 좋다.

임: 다음 회의의 날짜를 정함이 어떤가?

사와다: 일본 측은 한국 측이 각 위원회 위원의 명단을 교환할 준비가 될 때까지 기다리고자 한다.

임: 명단은 곧 도착할 것이다. 도착하는 대로 알려주겠다.

임: 다음 회의를 다음 주 월요일인 1958년 5월 12일에 개최함이 어떤가?

사와다: 월요일은 많은 회의가 예정되어 있다. 따라서 월요일에 다음 회의를 개최하는 것은 약간 무리다.

임: 그렇다면 토요일(1958년 5월 10일)은 어떤가?

사와다: 토요일 개최는 어렵다. 화요일(1958년 5월 13일) 개최는 어떠한가?

임: 화요일 개최는 한국 측이 약간 어렵다.

사와다: 그렇다면 스케줄을 다음 월요일(1958년 5월 12일) 다른 회의실에서 개최하는 것으로 바꾸는 것은 어떤가?

임: 이의 없다.

사와다: 시간은 10시 30분이 어떤가?

임: 좋다.

사와다: 다음 월요일에 각 위원회 위원 명단을 교환할 수 있기를 기대한다.

임: 우리도 기대한다.

임: 오늘 회의에 관한 보도 자료 준비는?

사와다: 평소대로 보도 담당관들이 준비하도록 했으면 한다.

임: 이의 없다.

(1958년 5월 8일 오후 3시 50분에 제4차 한일회담 제7차 본회의가 종료됨.)

보도 자료 문안이 첨부되었다.

끝

12. 제4차 한일회담 제8차 본회의 회의록

1664

Tokyo May 12, 1958

GIST OF TALKS

EIGHTH SESSION

PLENARY SESSION OF THE FOURTH KOREA–JAPAN OVERALL TALKS

1. Time and place:

From 10:45 a.m. to 11:00 a.m. on May 12, 1958 at Room 411, Ministry of Foreign Affairs, Japanese Government

2. Conferees:

The Korean side: Same as in the previous session

The Japanese side: Same as in the previous session

3. The gist of talks:

DR. SAWADA: I understand that the summary record of the 7th plenary session is not ready yet. Therefore, we will proceed to next items.

MR. LIMB: No objection.

DR. SAWADA: We have to decide procedural matters on committee meetings.

(Here, Mr. Choi read procedural matters on committee meetings which was agreed by both sides. The teat is attached hereto.)

MR. LIMB: It is agreed upon, isn't it?

DR. SAWADA: Yes, no objection.

MR. LIMB: As to the method on the proceeding of committees works, as I proposed in the previous session, the Korean side would like to take up the Committee on Korean Claims and the Committee on Legal Status of Korean Residents in Japan at the same time prior to discussing other issues. The reason
1665 why we proposed to take these two committees first is that these two issues had been well discussed in the previous conferences, and a considerable agreement had already been reached on certain points, thus making us much easier to reach an agreement on these two issues.

DR. SAWADA: I agree to your idea to expedite the works of this negotiations as soon as possible. Therefore, I have been doing my possible efforts so that actual works of committees can be started as quickly as possible. As you know well, the five items to be discussed are nearly inter-dependent. Therefore, I am of the opinion that it is most appropriate to function four committees side by side at the same time. However, I wish to assure that after having made careful study on the Korean proposal made at the previous session, the Japanese side has no objection to starting the works of the Committees on Korean Claims and on Legal Status of Korean Residents in Japan first at the same time, with explicit understanding that the Committee on Fisheries and "Peace Line" will be functioned at the earliest date.

MR. LIMB: (Mr. Limb did not say any particular thing.)

DR. SAWADA: Shall we proceed to exchange the lists of committee members?

MR. LIMB: That is fine.

(Here, the Chief Delegates of both sides exchanged the lists of committee members of each side.)

DR. SAWADA: (After examining the list of committee members of the Korean side) I found that the Chief Member of the Committee on Fisheries and "Peace Line" has not been nominated yet.

MR. LIMB: The Chief Member will be nominated later as soon as our Government selects a delegate.

MR. LIMB: I am glad that we have finished the preliminary business of this talks. In order to wind out the preliminary business and to confirm summary records, we would like to hold smother plenary session before the committees start their works.

1666 DR. SAWADA: No objection.

DR. SAWADA: How about holding next plenary session at 10:30 a.m. on May 14, 1958?

MR. LIMB: No objection.

MR. LIMB: How about having the chief members of both sides meet each other to consult the proceedings of committee meeting?

DR. SAWADA: Let the chief members of both sides take care of their business.

DR. SAWADA: We will meet in this room am May 14, 1958, too.

MR. LIMB: No objection.

MR. LIMB: How about the press release concerning today's meeting?

DR. SAWADA: Let the press officers of both sides take care of it as usual.

MR. LIMB: No objection.

(The press release concerning the 8th plenary session is attached hereto.)

The 8th plenary session of the Fourth Korea-Japan Overall Talks was adjourned at 11:00 a.m. on May 12, 1958.

-The end-

번역

1958년 5월 12일, 도쿄

요록

제8차 회의

제4차 한일전면회담 8차 본회의

1. 일시 및 장소

1958년 5월 12일, 오전 10시 45분~11시, 일본 외무성 411호

2. 참석자

한국 측: 지난 회의와 동일

일본 측: 지난 회의와 동일

3. 회의록

사와다: 7차 본회의 요록이 아직 완성되지 않았으므로 다음 안건으로 넘어가겠다.

임: 이의 없다.

사와다: 위원회 회의에 대한 절차상의 문제를 결정해야 한다.

(최 참사관이 양측이 합의한 위원회 회의의 절차상의 문제를 낭독했다. 문안을 첨부한다.)

임: 합의된 내용이다. 그렇지 않은가?

사와다: 그렇다. 이의 없다.

임: 위원회 진행 방식과 관련하여 이전 회의에서 제안했듯이 한국 측은 다른 문제를 논의하기 전에 먼저 한국청구권위원회와 재일한인 법적지위위원회를 동시에 시작하고 싶다. 이 두 위원회를 먼저 시작하자고 제안하는 이유는 해당 위원회에서 다루는 사안이 기존 회담에서 충분히 논의된 내용이고, 일정 부분들에 대해서는 이미 상당히 합의가 이루어져 있는 상태라서 합의를 도출하기가 훨씬 수월할 것이기 때문이다.

사와다: 협상의 속도를 최대한 높여야 한다는 생각에 동의한다. 그렇기 때문에 위원회의 실질적인 논의를 조속히 시작하기 위해 노력해 온 것이다. 알다시피 논의하게 될 다섯 가지 항목이 상호의존적인 특성을 지닌다. 따라서 4개 위원회를 동시에 진행하

는 것이 최선의 방법이라고 생각하지만, 지난 회의에서 한국이 제안한 내용을 신중하게 검토한 끝에 먼저 한국청구권위원회와 재일한인 법적지위위원회를 동시에 시작하고, 어업 및 '평화선'위원회는 최대한 빠른 시일 내에 시작한다는 데 이의를 제기하지 않기로 했다.

임: (특별한 답변을 하지 않았다.)

사와다: 위원회 명단을 교환하자.

임: 좋다.

(양측 수석대표가 각 측의 위원회 명단을 교환했다.)

사와다: (한국 측 명단을 검토한 후에) 어업 및 '평화선'위원회 수석위원이 아직 임명되지 않은 것으로 보인다.

임: 정부에서 대표를 지정하면 수석위원으로 바로 임명할 예정이다.

임: 이번 회담의 기초 작업을 마무리하게 되어 기쁘게 생각한다. 나머지 사항들을 결정하고 요록을 확정하기 위해 위원회 회의를 시작하기 전에 본회의를 한 번 더 개최하고 싶다.

사와다: 이의 없다.

사와다: 다음 회의는 1958년 5월 14일 오전 10시 30분에 시작하는 것이 어떤가?

임: 이의 없다.

임: 양측 수석위원들이 만나 위원회 회의 진행에 대해 협의하는 것은 어떤가?

사와다: 양측 수석위원들의 재량에 맡기자.

사와다: 1958년 5월 14일 같은 회의실에서 모이자.

임: 이의 없다.

임: 보도 자료는?

사와다: 양측 언론 담당자들이 평소와 같이 작성하게 하자.

임: 이의 없다.

(8차 본회의 보도 자료를 첨부했다.)

4차 한일전면회담의 8차 본회의가 1958년 5월 12일 오전 11시에 종료되었다.

끝

13. 위원회 회합을 위한 절차 문제가 기재된 문서

1668 PROCEDURAL MATTERS FOR COMMITTEE MEETINGS

1. Languages:

As to the languages to be used at committee meetings, both sides will follow the decision made at the second plenary session in regard to the languages.

2. Summary Record:

When necessary, the joint summary record of committee meetings will be made upon the decision by the Chief Members of both sides at each meeting.

The summary record will be drafted in English and will be initialed by the Chief Members of both sides.

3. Press release:

When necessary, press release on meetings of committees will be made upon the decision by the Chief Members of both sides at the end of each meeting.

Such press release will be made through the press officers of both sides designated at the second plenary session.

-The end-

번역 **위원회 회의 절차상의 문제**

1. 언어

위원회 회의에서 사용할 언어와 관련하여, 양측은 2차 본회의에서 언어에 대하여 내린 결정을 따른다.

2. 요록

각 회의에서 필요한 경우 양측 수석위원의 결정에 따라 위원회 회의에 대한 공동 요록을 작성한다.

요록은 영문으로 작성하고 양측 수석위원이 가서명한다.

3. 보도 자료

필요한 경우 각 회의 종료 시 양측 수석위원의 결정에 따라 위원회 회의에 대한 보도 자료를 작성한다. 2차 본회의에서 지정한 양측 언론 담당자가 보도 자료를 작성한다.

끝

14. 제4차 한일회담 제9차 본회의 회의록

1676 Tokyo, May 14, 1958

GIST OF TALKS

NINTH SESSION

THE PLENARY SESSION OF THE FOURTH KOREA-JAPAN OVERALL TALKS

1. Time and place:

From 11:00 a.m. to 11:20 a.m. on May 14, 1958, at Room 411, Ministry of Foreign Affairs, Japanese Government

2. Conferees:

The Korean side: Same as in the previous session except Minister Yiu who was absent.

The Japanese side: Same as in the previous session except Mr. Katsuno who newly participated in the conference.

3. The gist of talks:

DR. SAWADA: Shall we confirm the summary records of the seventh and eighth plenary sessions of the Fourth Korea-Japan Overall Talks?

(Here, Mr. Choi, Korean officer responsible for drafting the summary record, read the texts of seventh and eighth plenary sessions. Mr. Okuma, Japanese officer responsible for drafting the summary record, also read the texts of the seventh and eighth plenary sessions.)

DR. SAWADA: I confirmed the summary records of seventh and eighth plenary sessions.

MR. LIMB: Yes, they are confirmed.

MR. LIMB: In-asmuch as we came to conclusion that the works of the committees on Korean Claims and on Legal Status of Korean Residents in Japan would start first, I consider it proper to make arrangements for actual starting of these two committees.

Furthermore, one month has already elapsed since the opening of the Fourth Korea-Japan Overall Talks. Therefore, it is time tar both sides to get down to actual works of the committees. I would like to propose that the schedule for the first meeting of the two committees be decided here now.

DR. SAWADA: I understand that it was agreed that the date for the first meetings of the two committees would be left over to the respective chief members of both sides.

MR. LIMB: As we have a privilege of discussing the matter at this table, how about deciding it here now?

번역

1958년 5월 14일, 도쿄

요록

제9차 회의

제4차 한일전면회담 9차 본회의

1. 일시 및 장소

1958년 5월 14일, 오전 11시~11시 20분, 일본 외무성 411호

2. 참석자

한국 측: 유 공사의 불참을 제외하고 지난 회의와 동일

일본 측: 새로 합류한 가쓰노를 제외하고 지난 회의와 동일

3. 회의록

사와다: 4차 한일전면회담 7차 및 8차 본회의 요록을 확정하자.

(한국 측 요록 담당자인 최 참사관이 7차 및 8차 본회의 요록을 낭독하고, 일본 측 요록 담당자인 오쿠마 또한 7차 및 8차 본회의 요록을 낭독했다.)

사와다: 7차 및 8차 본회의 요록을 확정한다.

임: 확정한다.

임: 양측이 재일한인 법적지위위원회와 한국청구권위원회를 먼저 시작하기로 결정했으므로 이 두 위원회의 실질적인 논의를 시작하기 위한 준비를 하는 것이 적절하다고 생각한다. 두 위원회의 첫 회의 일정을 정하자고 제안하고 싶다.

사와다: 두 위원회의 첫 번째 회의 일자는 양측 수석위원이 결정하도록 맡기기로 합의한 것으로 기억한다.

임: 이 자리에서 논의할 수 있는 권한이 있으니 지금 결정하는 것이 어떤가?

17. 제4차 한일회담 제10차 본회의 회의록

1883

Tokyo, October 1, 1958

1. THE TENTH PLENARY SESSION OF THE FOURTH KOREA-JAPAN OVERALL TALKS

2. Date, time and place:

October 1, 1958 (Wednesday) 3:00 p.m. at room 311, Ministry of Foreign Affairs, Japanese Government

3. Conferees:

Korean Delegation: Mr. LIMB, Ben C.
Mr. YIU, Tai HA
Mr. CHANG, Kyung Keun
Mr. LEE, Ho
Mr. CHOI, Kyu Hah
Mr. CHIN, Pil Shik
Mr. WHANG, Soo Young
Mr. KIM, Hak Wan
Mr. HAN, Ki Bong
Mr. OHM, Young Dal
Mr. LIME, To Kyong
Mr. ROH, Jae Won
Mr. LEE, Won Ho

Japanese Delegation: Mr. Renzo SAWADA

Mr. Takajiro INQUE

Mr. Yasusuke KATSUNO Mr. Kenta HIRAGA

Mr. Wataru OKUMA

Mr. Osamu ITAJAKI

Mr. Tokichi TAKANO

Mr. Keijiro SHOJI

Mr. Kenjiro NISHIMURA

Mr. Kazuo AWASAWA

Mr. Shinzo HASEGAWA

Mr. Toyokichi NAKAGAWA

Mr. Minoru IMAI

Mr. Kiyoshi SUGANUMA

Mr. Yoshisuke ISODA

Mr. Go HANDA

Mr. Motoi TACHIKAWA

Mr. Ken IKEBE

Mr. Minao TSUCHIYA

Mr. Shiro KOYAMA

4. The gist of talks:

Amb. LIMB: I am glad to see you gentlemen back here. Shall we confirm the summary record of the 9th Plenary Session? Mr. Choi will read the Korean version of the summary record first.

(Here, Mr. Choi started reading the Korean version of the summary record of the 9th Plenary Session, and then, Mr. Okuma, Japanese officer for drafting summary records, read the Japanese version.)–thus it joint summary record was confirmed.

1884 Amb. LIMB: I would like to introduce a new chief member to the Japanese side. I present Mr. Chang Kyung Keun, who will head the Korean members of the Committee on Fisheries and "Peace Line." I believe that there will be a few changes in chief members of the Korea Delegation. As soon as new chief members have been appointed, I will inform you thereof.

Due to procedural matters, and others, we have not backed substantial problems yet. From now, we will proceed the various committee meetings, and tackle substantial issues. I hope you will find us very cooperative in proceeding various committee meetings to make this conference successful.

DR. SAWADA: I think it is a matter of sincere congratulation for us to have such distinguished Korean Delegate as Mr Chang. I know that Mr. Chang is not only a prominent expert in the fisheries problems but also a distinguished stateman in his country. With his participation and his distinction, I hope that this conference will be successfully concluded to mutual interests of both countries.

Amb. LIMB: Yes, Mr. Chang has a fine prestige. I believe that, in carrying out the conversation concerning the Committee on Fisheries and "Peace Line", you will find him very cooperative in every way. Regarding the opening of various committee meetings, do you have any suggestion on when to open committee meetings?

DR. SAWADA: I have no objection to opening the meeting on the Committee on Fisheries and "peace Line" tomorrow.

Amb. LIMB: It would be agreeable, but how about opening other committee meetings? I would like to suggest that Subcommittee on other Claims — matters regarding Korean art objects — be held on October 4 (Saturday), that Committee on Legal Status of Korean Residents in Japan be held on October 6 (Monday), and that Subcommittee on Vessels be held sometime next week, probably on Tuesday or Wednesday.

DR. SAWADA: It will be all right in principle. But, it would be a little difficult for the Japanese side to set the dates for opening various committee meetings now, as some of Delegates should attend the Diet. How about arranging dates for resuming various committee meetings among respective chief members of various committees of both sides ?

Amb. LIMB: The, I would like to suggest that the dates for opening all committee meetings including Committee meeting on Fisheries and "Peace Line" be decided by the chief members of various committees of both sides.

DR. SAWADA: You didn't mention when to open Korean Claims Committee, did you?

1885 Amb. LIMB: I understand that the committee on Korean Claims is divided into two Sub-committees: One is Subcommittee on Vessels; the other, Other Claims Subcommittee — matters regarding art objects and others.

Amb. LIMB: How about the press release concerning today's Plenary Session? How about following the same procedure?

DR. SAWADA: No objection.

(Here, after the adjournment of the Plenary Session, both Mr. Choi and Mr. Okuma met, At their meeting, it was agreed that no joint press release in particular would be made concerning today's meeting.)

The tenth Plenary Session was adjourned at 3:25 pm on October 1, 1958.

-The end-

1958년 10월 1일, 도쿄

제4차 한일회담 10차 본회의

2. 일시 및 장소

1958년 10월 1일(수요일) 오후 3시~3:25, 일본 외무성 311호

3. 참석자

한국 측: 임병직, 유태하, 장경근, 이호, 최규하, 진필식, 황수영, 김학완, 한기봉, 엄영달, 임도경, 노재원, 이원호

일본 측: 사와다 렌조, 이노우에 다카지로, 가쓰노 야스스케, 히라가 겐타, 오쿠마 와타루, 이카가키 오사무, 다카노 도키치, 쇼지 게이지로, 니시무라 겐지로, 아와사와 가즈오, 하세가와 신조, 나카가와 도요키치, 이마이 미노루, 스가누마 기요시, 한다 고, 다치카와 모토이, 이케베 겐, 쓰치야 미나오, 고야마 시로

4. 회의록

임 대사: 여러 신사분을 다시 뵙게 되어 기쁘다. 제9차 본회의 요록을 확인할까? 최 참사관이 요록 한국어본을 읽을 것이다.

(최 참사관이 제9차 본회의 요록을 읽기 시작했다. 그리고 일본 측 회의록 작성자인 오쿠마가 일본어본을 읽었다.)(이렇게 해서 요록의 확인이 끝났다.)

임 대사: 일본 측에 새로운 위원회 위원장을 소개하고자 한다. 어업 및 '평화선'위원회 한국대표단을 이끌 장경근 수석위원이다. 그 외에도 한국대표단의 수석위원들 가운데 약간의 변동이 있을 것이다. 확정되면 알려주겠다.

절차상 문제와 그 외 다른 문제들로 실질적인 문제에 대한 토론에 들어가지 못했다. 지금부터 각 위원회 토의를 진행하여 실질적인 이슈를 토론할 것이다. 이 회담의 성공을 위해 각 위원회 회의를 진행함에 있어 한국 측이 협조적으로 임할 것임을 알게 될 것이다.

사와다: 장경근 위원과 같은 훌륭한 분을 한국 대표로 함께하게 된 것은 진심으로 축하할 일이다. 장경근 위원은 어업 분야의 뛰어난 전문가일 뿐 아니라 훌륭한 정치가다. 그의 참석과 식견으로 이 회담이 양국의 상호 이익을 위해 성공적으로 끝날 수 있기를 희망한다.

임 대사: 그렇다. 장경근 수석위원은 훌륭한 명성을 지닌 분이다. 어업 및 '평화선' 위원회와 관련한 대화를 함에 있어 여러분들은 그가 모든 면에서 협조적임을 알게 될 것이다. 다른 위원회 회의의 시작과 관련하여 언제 시작할지 의견이 있는가?

사와다: 어업 및 '평화선'위원회의 회의를 내일 시작하는 것에 이의 없다.

임 대사: 동의한다. 그러나 다른 위원회는 어찌할 것인가? 문화재 관련 기타청구권 소위원회의 10월 4일(土) 개최, 재일한인 법적지위위원회의 10월 6일(월), 선박소위원회의 다음 주 화 또는 수요일 개최를 제의한다.

사와다: 원칙적으로 좋다. 그러나 일본 측으로서는 각 위원회 개회 날짜를 정하는데 약간 어려움이 있다. 몇몇 위원들이 국회에 출석해야 하기 때문이다. 각 위원회의 개회 날짜를 위원회 양국 수석위원들이 조정하는 것은 어떤가?

임 대사: 어업 및 '평화선'위원회를 포함한 모든 위원회의 개회 날짜를 각 위원회 수석위원들이 정하는 방안을 제의한다.

사와다: 한국청구권위원회는 언제 열리는지 언급하지 않은 것 같은데?

임 대사: 한국청구권위원회는 선박소위원회와 문화재를 다루는 기타 소위원회로 나뉘는 것으로 알고 있다.

임 대사: 오늘 본회의의 언론 보도는? 지금까지의 방식을 따르면 어떤가?

사와다: 이의 없다.

(본회의 종료 후 최 참사관과 오쿠마가 만났다. 오늘 본회의에 관해서는 특별히 공동 보도자료를 만들지 않는 것으로 합의했다.)

第10차 본회의는 1958년 10월 1일 오후 3시 25분에 종료되었다.

끝

19. 제4차 한일회담의 재개 및 제11차 본회의 결과에 대한 보고 전문

1697 번호: TM-0867

일시: 121150

(59. 8. 12)

OFFICE OF THE PRESIDENT, FOREIGN MINISTER

ITEM ONE CLN

THE REOPENING SESSION OF THE FOURTH KOREA-JAPAN OVERALL TALKS WAS HELD AT JAPANESE FOREIGN MINISTRY FROM 10:00 TO 10:30 AM WEDNESDAY PD ALL DELEGATES PAID A COURTESY CALL ON FOREIGN MINISTER FUJIYAMA PRIOR TO THE SESSION PD THE JAPANESE DELEGATION WAS HEADED BY DR RENZO SAWADA PD AT THIS MEETING THE CHIEF DELEGATES OF BOTH GOVERNMENTS DELIVERED ADDRESSES AFTER INTRODUCING MEMBERS OF RESPECTIVE DELEGATIONS PD ALTHOUGH WE PROPOSED FRIDAY FOURTEENTH OR MONDAY SEVENTEENTH AS DATE FOR NEXT SESSION IT WAS DECIDED TO HOLD IT THURSDAY EIGHTEENTH CMA AS IMPORTANT JAPANESE MEMBERS WILL NOT RETURN FROM LEAVE UNTIL THEN PD

ITEM TWO CLN

PRESS RELEASE TO ABOVE EFFECT HAS BEEN MADE PD

ITEM THREE CLN

EYE DELIVERED ADDRESS STRICTLY IN ACCORDANCE WITH GOVERMENT TEXT PD

TEXT OF JAPANESE CHIEF DELEGATE ADDRESS FOLLOWS CLN

ADDRESS BY DR. RENZO SAWADA

CHIEF REPRESENTATIVE OF THE JAPANESE GOVERNMENT AT THE REOPENING SESSION OF THE JAPAN-KOREA OVERALL TALES, AUGUST 12, 1959

excellencies and gentlemen

TODAY AT THE REOPENING OF THE JAPAN-KOREA OVERALL TALKS IT GIVES ME A GREAT PLEASURE TO SPEAK ON BEHALF OF THE GOVERNMENT OF JAPAN

1698 A FEW WORDS OF WELCOME TO THE DELEGATION HEADED BY A NEW CHIEF DELEGATE OF THE REPUBLIC OF KOREA.

SINCE THE FOURTH JAPAN-KOREA OVERALL TALKS ENTERED INTO RECESS FROM DECEMBER 20 LAST YEAR, WE HAVE EARNESTLY LOOKED FORWARD TO THE DAY WHEN THE DELEGATIONS OF BOTH GOVERNMENTS WOULD BE ABLE TO MEET AGAIN AT THIS CONFERENCE TABLE. RECENTLY, ON JULY 30, THE GOVERNMENT OF THE REPUBLIC OF KOREA PROPOSED THE UNCONDITIONAL RESUMPTION OF THE JAPAN-KOREA OVERALL TALKS FROM A BROAD VIEW POINT OF THE RELATIONS BETWEEN JAPAN AND REPUBLIC OF KOREA, AND THE GOVERNMENT OF JAPAN WELCOMED AND AGREED TO THIS PROPOSAL ON AUGUST

1, FROM ITS UNCHANGING DESIRE TO NORMALIZE THE RELATIONS BETWEEN THE TWO COUNTRIES IT AN EARLIEST POSSIBLE DATE. IT IS A MATTER FOR INFINITE GRATIFICATION THAT THE TALKS IS NOW TO BE

RESUMED.

IT IS MY SINCERE HOPE THAT BOTH GOVERNMENTS WILL EXERT EVERY POSSIBLE EFFORT TO OVERCOME ANY DIFFICULTIES IN A SPIRIT OF MUTUAL COOPERATION AND CONCILIATION AND TO ACHIEVE A FINAL SUCCESS OF THE PRESENT OVERALL TALKS.

I WISH TO EXPRESS MY DEEP APPRECIATION TO THE GOVERNMENT OF THE REPUBLIC OF KOREA FOR SENDING HERE SUCH A DISTINGUISHED DELEGATION NEWLY ORGANIZED, AND TO EXTEND MY HEARTY WELCOME TO YOUR EXCELLENCIES AND GENTLEMEN.

CHIEF DELEGATE HUH

번역 번호: TM-0867

일시: 12115[1959. 8. 12]

(59. 8. 12)

대통령실, 외무부 장관

1. 4차 한일전면회담을 재개하기 위한 첫 회의가 수요일 오전 10시에서 10시 30분까지 일본 외무성에서 개최되었습니다. 대표단 전원이 회의 전에 후지야마 외무상을 예방했습니다. 일본대표단은 사와다 렌조가 이끌었습니다. 양국 수석대표가 각 대표단을 소개한 후 개회사가 이어졌습니다. 14일(금요일)이나 17일(월요일)에 다음 회의를 개최하자고 제안했으나 일본대표단의 주요 인사들이 복귀한 이후인 18일(목요일)로 결정되었습니다.

2. 위와 같은 내용의 보도 자료를 작성했습니다.

3. 철저히 정부가 지시한 대로 인사말을 했습니다.

일본 수석대표의 인사말의 전문을 다음과 같이 첨부합니다.

사와다 렌조 인사말

1959년 8월 12일, 4차 한일전면회담 재개 후 1차 회의,

일본 정부 수석대표의 인사말

안녕하십니까.

오늘 한일전면회담을 재개하는 자리에서 일본 정부를 대표하여 발언할 수 있게 되어 큰 기쁨으로 생각합니다.

신임 수석대표가 이끄는 대한민국대표단을 환영합니다.

4차 한일전면회담이 작년 12월 20일 휴회한 이후 양국 대표단이 다시 회담장에서 만나게 될 날을 진심으로 고대해 왔습니다.

7월 30일에 대한민국 정부가 한일 관계를 폭넓게 고려하여 한일전면회담의 무조건적 재개를 제안했고, 8월에 일본 정부가 기꺼이 합의했습니다.

최대한 빠른 시일 내에 양국 관계를 정상화하고자 하는 변함없는 열망을 가지고 회담이 재개된 것에 무한한 기쁨을 느낍니다. 양국 정부가 상호 협력과 화해의 정신으로 어떠한 어려움이든 극복하기 위해 최선을 다하고 이번 회담의 최종적인 성공을 이끌어 낼 수 있기를 진심으로 바랍니다.

새로 구성된 대표단을 보내주신 대한민국 정부에 깊이 감사드리며, 모든 여러분을 진심으로 환영합니다.

수석대표 허정

21. 제4차 한일회담 제13차 본회의, 제3회 실무위원회 개최 일시 확정에 대한 보고 전문

1703 번호: TM-08124

일시: 251540

TO: OFFICE OF PRESIDENT, FOREIGN MINISTER

COPY TO: AMBASSADOR YIU

ITEM 1. THE 3RD MEETING OF THE WORKING COMMITTEE, WHICH HAD TENTATIVELY BEEN SCHEDULED TO BE HELD ON AUGUST 26TH, WAS DECIDED THIS MORNING TO BE HELD AT 10:30 AM ON AUGUST 29TH SATURDAY.

ITEM 2. THE 13TH PLENARY SESSION OF THE OVERALL TALKS WILL BE HELD AT 3 PM TOMORROW (AUGUST 26).

AMBASSADOR YIU AND DELEGATE CHANG WILL REPORT IN PERSON TO THE GOVERNMENT ON THE HOLDING OF THE 13TH PLENARY SESSION AS ABOVE.

CHIEF DELEGATE HUH

번역 번호: TM-08124

일시: 251540[1959. 8. 25]

수신인: 대통령실, 외무부 장관

사본: 유 대사

1. 오늘 오전, 8월 26일에 개최되기로 잠정 합의되어 있었던 실무위원회 3차 회의를 8월 29일(토요일) 오전 10시 30분에 개최하기로 결정했습니다.

2. 전면회담의 13차 본회의는 내일(8월 26일) 오후 3시에 개최될 예정입니다.

유 대사와 장 대표가 13차 본회의 개최에 관하여 정부에 직접 보고드릴 계획입니다.

수석대표 허정

23. 제4차 한일회담 제14차 본회의 회의록

1707 September 8, 1959

THE FOURTEENTH PLENARY SESSION FOURTH KOREA-JAPAN OVERALL TALKS

1. Time and place:

11:00-11:10 a.m., Sept, 8, 1959 Room 311, Japanese Ministry of Foreign Affairs

2. Conferees:

Korean side:	Mr. HUH, Chung
	Mr. YIU, Tai Ha
	Mr. YU, Chin-O
	Mr. CHANG, Kyung Keun
	Mr. LEE, Ho
	Mr. CHOI, Kyu Hah
Japanese side:	Mr. Renzo SAWADA
	Mr. Yasusuke KATSUNO
	Mr. Kenta HIRAGA
	Mr. Yujiro ISEKI
	Mr. Kijiro MIYAKE
	Mr. Naokado NISHIHARA
	Mr. Shizuo ASADA

3. Gist of Talks:

DR. SAWADA: Since the drafting of the official summary records of the previous plenary sessions has not been finalized yet, we would not be able to confirm them at today's plenary session.

Now, I would like to inform your side that, since Mr. Nishimura's post in the Fishery Agency has been changed (promoted to the Chief of the same Agency), Mr. Yasuhiko Takahashi who has been newly appointed Deputy Director of the same Agency will replace Mr. Nishimura as a member of the Japanese Delegation in charge of the fisheries and Peace Line affairs, of which a formal decision will be made at today's cabinet meeting.

I wonder if you have anything to state ?

Mr. Huh: I have not anything to say particularly, but, if you had, we would like to hear it.

DR. SAWADA: Now that the Committee on Legal Statue of Korean Residents in Japan is carrying out its works, I would like to suggest that other Committees resume their works along with the legal status committee.

Mr. Huh: No objection.

DR. SAWADA: Have you any idea as to when and what committees resume their works ?

1708 Mr. Huh: I would like to suggest that various committees resume their works as soon as feasible. If you have no objection, I would like to suggest that the details concerning the resumption of various committees be arranged between Mr. Yiu and Mr. Iseki representing both sides.

DR. SAWADA: I have no objection to your suggestion, since it seems to be in accord with my proposal for setting up a "Steering Committee" at a previous plenary session.

Mr. Huh: I would like to inform you that Dr. Yu will take a trip to Seoul on September 12 (Saturday) after attending the Legal Status Committee meeting on September 11, in order to observe his daughter's wedding. He will stay in Seoul for about 10 days. Therefore, during Dr. Yu's absence, Mr. Choi will act as chief member of the Korean side at the Legal Status Committee.

DR. SAWADA: (Bowing) I would like to express congratulations to Dr. Yu on behalf of the Japanese Delegation.

번역

1959년 9월 8일

4차 한일전면회담 14차 본회의

1. 일시 및 장소

1959년 9월 8일, 오전 11시~11시 10분, 일본 외무성 311호

2. 참석자

한국대표단: 허정, 유태하, 유진오, 장경근, 이호, 최규하

일본대표단: 사와다 렌조, 가쓰노 야스스케, 히라가 겐타, 이세키 유지로, 미야케 기지로, 니시하라 나오카도, 아사다 시즈오

3. 회의록

사와다: 지난 본회의의 공식 요록의 작성이 아직 마무리되지 않았으니 오늘 이 자리에서 확정하지 못할 것이다.

수산청에서 니시무라(수산청 본부장으로 승진)의 뒤를 이어 신임 부국장으로 임명된 다카하시 야스히코가 일본대표단에서 어업 및 평화선 문제를 담당하게 되었다. 오늘 내각회의에서 어업과 평화선에 관한 공식적인 결정이 내려질 예정이다.

발언할 내용 있는가?

허: 특별히 할 말은 없지만 일본 측에서 발언할 내용이 있다면 들어보고 싶다.

사와다: 이제 재일한인 법적지위위원회가 논의를 진행 중이니 다른 위원회의 논의

도 시작하자고 제안하고 싶다.

허: 이의 없다.

사와다: 어떠한 위원회가 언제 논의를 시작할 것인가에 대한 의견 있는가?

허: 가능한 빠른 시일 내에 여러 위원회들이 논의를 시작하면 좋겠다. 일본 측이 이의를 제기하지 않는다면 유 대사와 이세키가 양측을 대표하여 각종 위원회 재개에 대한 세부사항을 결정했으면 좋겠다.

사와다: 지난 본회의에서 내가 '운영위원회'를 설치하자고 제안한 것에 부합하는 방식이므로 이의 없다.

허: 유 대사가 9월 11일에 법적지위위원회 회의에 출석한 후 딸의 결혼식에 참석하기 위해 9월 12일(토요일)에 서울로 떠나 약 10일간 체류할 예정이다. 유 대사가 자리를 비우는 동안 최 참사관이 법적지위위원회에서 한국 측 수석위원 역할을 할 것이다.

사와다: (인사하며) 일본 측을 대표하여 유 대사에게 축하한다는 말을 전하고 싶다.

25. 한일 무역과 제4차 한일회담 재개에 관한 보고 전문

1714 가번호: TM-0421

암호번호: MTB-79

발신시간: 041400

수신인: OFFICE OF THE PRESIDENT
FOREIGN MINISTER

발신인: AMBASSADOR YIU

I MET JAPANESE VICE FOREIGN MINISTER YAMADA AT THE LATTER'S OFFICE AT 9:30 A.M. TODAY(APRIL FOUR). ASIAN AFFAIRS DIRECTOR ISEKI WAS ALSO PRESENT AT THIS MEETING. AT THIS MEETING, I INFORMED THE JAPANESE SIDE THAT THE KOREAN SIDE WOULD RESUME TODAY (APRIL FOUR) ITS ISSUANCE OF CONSULAR INVOICE AND "NON-COMMUNIST CERTIFICATE"WHICH WARE SUSPENDED SINCE LAST JUNE 15. IN THIS CONNECTION, I TOLD THE JAPANESE SIDE THAT, ALSO I BELIEVED THAT THE JAPANESE SIDE MUST BE WELL AWARE OF AS I HAD REPEATEDLY MADE CLEAR, I WOULD LIKE TO STRONGLY URGE AND BELIEVE THAT THE UNBALANCE OF TRADE BETWEEN KOREA AND JAPAN SHOULD BE REMEDIED AT THIS OPPORTUNITY. BOTH YAMADA AND ISEKI SAID IN UNISON THAT THE JAPANESE SIDE WOULD STUDY THE PROBLEM WITH UTMOST SINCERITY. THE JAPANESE SIDE, AT THE SAME TIME, FORMALLY NOTIFIED THAT IT WOULD LIFT TODAY THE TRADE COUNTER-MEASURES TAKEN SINCE LAST YEAR, AND THAT THE JAPANESE SIDE MINISTRIES CONCERNED WOULD IMMEDIATELY BE INFORMED OF THE LIFTING OF

THE SAID COUNTER-MEASURES.

(THE END)

(PART TWO OF THIS CABLE FOLLOWS IN SEPARATE CABLE)

1715 (PART TWO OF MTB-79)

AT THIS MEETING, IT WAS AGREED THAT MEETINGS OF EXPERTS OF BOTH SIDES WITH A VIEW TO WORKING OUT CONCRETE MEASURES FOR PURCHASE OF 30,000 TONS OF KOREAN RICE AND FOR INCREASE OF IMPORTATION OF KOREAN GOODS BY JAPAN WOULD BE COMMENCED ON APRIL FIVE. IN THIS CONNECTION, I INFORMED THE JAPANESE SIDE THAT COUNSELLOR EA CHAI HANG WOULD HEAD OUR EXPERTS INCLUDING THOSE DISPATCHED FROM KOREA AT THE EXPERTS MEETING AND THAT COUNSELLOR EA WOULD BE RESPONSIBLE FOR CONTACTING THE JAPANESE SIDE AS REGARD TECHNICAL MATTERS. TO THIS, ISEKI SAID THAT IT WOULD BE ALRIGHT FOR THE JAPANESE SIDE, THAT THE TALKS OF THE SAID EXPERTS BEING DIPLOMATIC ONE, THE JAPANESE FOREIGN MINISTRY ON ITS PART WOULD LEAD THE JAPANESE SIDE, AND THAT, ACCORDINGLY, NORTHEAST ASIA SECTION CHIEF NAKAGAWA WOULD MAKE CONTACT WITH COUNSELLOR EA. AS FOR KOREA-JAPAN OVERALL TALKS, THE JAPANESE SIDE EXPRESSED ITS HOPE THAT THE TALKS WOULD BE RESUMED AS SOON AS POSSIBLE. IT WAS TENTATIVELY AGREED THAT THE OVER-ALL TALKS WOULD BE RESUMED ON APRIL 15; HOWEVER, IT WAS AGREED THAT FORMAL NOTIFICATION BY OUR SIDE ON THE DEFINITE DATE FOR THE RESUMPTION OF THE TALKS WOULD BE GIVEN TO THE JAPANESE SIDE UPON RECEIPT OF INSTRUCTION FROM HOME GOVERNMENT. DETAILS FOLLOW VIA POUCH.

(THE END)

원본: OFFICE OF THE PRESIDENT FOREIGN MINISTER
사본: ECONOMIC BUREAU

번역 가번호: TM-0421
암호번호: MTB-79

발신시간: 041400[1960. 4. 4]

수신인: 대통령실, 외무부 장관
발신인: 유 대사

오늘(4월 4일) 오전 9시 30분에 야마다 차관을 집무실에서 만났습니다. 이세키 아시아국장도 함께했습니다. 이 자리에서 지난 6월 15일부터 중단된 영사송장과 '비공산주의 인증서'의 발급을 오늘(4월 4일)부터 재개할 것이라고 통보했습니다. 또한 여러 차례 말했듯이 이번 기회를 통해 한일 무역의 불균형을 시정할 것을 강력히 촉구하며, 그렇게 될 것이라고 믿는다는 사실을 일본에서도 알고 있을 것으로 생각한다고 전했습니다. 야마다와 이세키는 이 문제에 대해 성의있게 검토하겠다고 답변했습니다. 또한 작년부터 시행한 무역 조치를 철회하고, 일본의 관련 부처들에게 해당 조치가 철폐되었음을 통보할 것이라고 말했습니다.

(끝)

(이 전보의 두 번째 내용이 별도의 전보에 담겨있다.)

(MTB-79의 두 번째 부분)

한국산 쌀 3만 톤의 수입과 일본의 한국산 제품 수입 확대를 위한 구체적인 대책을 구상하기 위해 양측 전문가 회의를 4월 5일에 시작하기로 합의했습니다. 이와 관련하여, 전문가 회의에서는 한국에서 파견한 전문가 등을 이재항 참사관이 이끌 예정이고, 이 참사관은 기술적인 문제에 대해 일본 측과 소통하는 역할을 할 것입니다. 여기에 대해 이세키는 해당 전문가들의 회의가 외교적인 회의여도 좋다고 말하며 일본 외무성이 일본 측을 이끌 것이니 나카가와 아시아국장이 이 참사관과 접촉할 것이라고 말했습니다. 한일전면회담과 관련하여 일본 측은 최대한 조속히 회담을 재개하고 싶다고 말했습니다. 전면회담을 4월 15일에 재개하기로 잠정 결정했으나, 행낭을 통해 본국 정부의 지시를 받으면 일본 측에 회담의 정확한 재개일을 공식적으로 통보하기로 합의했습니다.

(끝)

원본: 대통령실, 외무부 장관

사본: 경제국

27. 제4차 회담 재개와 위원회 운영에 관한 이세키 국장과의 협의사항 보고 전문

1712 가번호: TM-0471

암호번호: MTB-83

발신시간: 12340

수신인: OFFICE OF THE PRESIDENT, FOREIGN MINISTER

발신인: AMBASSADOR YIU

I MET ISEKI FROM 10:00 TO 11:00 A.M. TODAY AT KAYUKAIKAN AT THE LATTER'S REQUEST. AT THIS MEETING, VIEWS WERE EXCHANGED ON THE OPENING OF PLENARY SESSION OF KOREA-JAPAN TALKS WHICH IS TENTATIVELY SCHEDULED TO BE HELD ON APRIL 15. ISEKI DISCLOSED VIEWS OF JAPANESE SIDE IN RELATION TO THE PROCEEDINGS OF THE VARIOUS COMMITTEE MEETINGS WHICH WOULD BE HELD AFTER PLENARY SESSION.

ITEM ONE. MAIN POINTS OF WHAT ISEKI STATED ARE AS FOLLOWS:

(A) AS REGARDS THE KOREAN ARTS OBJECTS, JAPANESE SIDE WOULD SETTLE PROBLEM ALONG THE LINE OF PROPOSAL MADE TO ME BY JAPANESE VICE FOREIGN MINISTER YAMADA (REFER TO REPORT 240 OF DECEMBER. 20, '58).

(B) AS TO TEE FISHERIES PROBLEM, THE JAPANESE SIDE WOULD LIKE TO PROCEED DISCUSSION BASED ON THE PROPOSAL MADE T0 ME BY CHIEF DELEGATE SAWADA (REFER TO REPORTS 227 OF DECEMBER 8 1958 AND

256 OF JANUARY 14, 1959).

(C) AS REGARDS VESSELS PROBLEM, THE JAPANESE SIDE WOULD RETURN TO KOREA THOSE VESSELS WHICH WERE REGISTERED AT THE KOREAN PORT AS OF AUGUST 9, 1945.

(D) SINCE THE KOREAN SIDE IS RELUCTANT TO DISCUSS AT SUB-COMMITTEE ON VESSEL ON THE JAPANESE FISHING VESSELS CAPTURED BY KOREA, JAPANESE SIDE WOULD RAISE NO OBJECTION TO SHELVE THIS PROBLEM.

(E) BESIDES, ISEKI ALSO MENTIONED IN DETAINS ON THE PROBLEMS OF KOREAN CLAIMS AND OF KOREAN RESIDENTS IN JAPAN. DETAILS WILL BE REPORTED VIA POUCH ON THE ABOVE POINTS.

ITEM TWO. ISEKI REQUESTED EARLIER RETURN OF 29 JAPANESE FISHERMEN WHO HAD SERVED OUT THEIR SENTENCES ON APRIL 9. TO THIS I EXPRESSED MY VIEWS ON K-J EXPULSION CASE AND OTHER PROBLEMS. DETAILS WILL BE REPORTED VIA POUCH.

IT IS ADDED THAT ISEKI PARTICULARLY REQUESTED ABOVE INFORMATION KEPT IN WELL GUARDED SECRET.

(THE END)

원본: OFFICE OF THE PRESIDENT FOREIGN MINISTER

번역 가번호: TM-0471

암호번호: MTB-83

발신시간: 12340[1960. 4. 12]

수신인: 대통령실, 외무부 장관

발신인: 유 대사

이세키의 요청에 가유회관에서 오전 10시부터 11시까지 회동을 가졌고, 이 자리에서 4월 15일에 개최하기로 잠정 결정한 한일회담 본회의에 대한 의견을 나누었습니다. 이세키는 본회의 이후에 열릴 각종 위원회에 대한 일본 측의 입장을 밝혔습니다.

1. 이세키가 언급한 내용의 핵심은 다음과 같습니다.

(A) 한국 예술품과 관련하여 일본은 야마다 일본 차관이 제안한 바에 따라 문제를 해결할 것이다(1958년 12월 20일 자 보고서 240호 참고).

(B) 어업 문제와 관련하여 일본은 사와다 수석대표가 제안한 바에 따라 논의를 진행할 것이다(1958년 12월 8일 자 보고서 227호 및 1959년 1월 14일 자 보고서 256호 참고).

(C) 선박 문제와 관련하여 일본은 1945년 8월 9일 기준으로 한국에 등록되어 있었던 선박들을 한국으로 반환할 것이다.

(D) 한국 측이 선박위원회에서 한국이 나포한 일본 어선들에 대해 논의하기를 주저하고 있으므로 일본 측은 이 문제를 보류하는 데 이의가 없다.

(E) 이세키는 한국 청구권과 재일한인 문제에 대해서도 구체적으로 언급했습니다. 위 사항에 대한 자세한 내용은 행낭으로 보고드리겠습니다.

2. 이세키가 4월 9일 기준으로 형기를 마친 일본 어민 29명을 조기에 송환할 것을 요청했습니다. 이에 한일 간 추방 사례와 기타 문제에 대한 저의 견해를 표명했습니다. 자세한 내용은 행낭으로 보고드리겠습니다.

이세키는 위 정보를 철저히 기밀로 유지할 것을 요청했습니다.

(끝)

원본: 대통령실, 외무부 장관

28. 제4차 한일회담 제15차 본회의 회의록

1717

Tokyo, April 18, 1960

GIST OF TALKS

FIFTEENTH PLENARY SESSION FOURTH KOREA-JAPAN OVERALL TALKS

1. Time and place:

15:00-15:20, April 15, 1960, Room 311, Japanese Ministry of Foreign Affairs

2. Conferees:

Korean side:	Alternate Chief Delegate	Mr. YIU. Tai Ha
	Delegate	Mr. CHANG, Kyung Keun
	〃	Mr. LEE. Ho
	Alternate Delegate	Mr. EA, Chai Hang
	Member	Mr. LEE, Won Kyung
	〃	Mr. MOON, Chul Soon
	〃	Mr. HAN, Ki Bong
	〃	Mr. OHM, Young Del
	〃	Mr. LEE, Won Dal
	〃	Mr. KWON, Tai Woong
	〃	Mr. ROH, Jae Won
Japanese side:	Chief Delegate	Dr. SAWADA, Renzo
	Delegate	Mr. ISEKI. Yujiro
	〃	Mr. TAKASE, Tairo

〃	Mr. HIRAGA, Kenta
〃	Mr. ASADA, Shisuo
〃	Mr. UYAMA, Atsushi
〃	Mr. MIYAKE, Kijiro
〃	Mr. NISHIHARA, Nackado
Member	Mr. NAKAGAWA, Toyokichi
〃	Mr. HANDA, GO
〃	Mr. HIRAZUKA, Nenoichi
〃	Mr. SHIMIZU, Shiro

3. Gist of talks:

DR. SAWADA: I am very glad that it has now become possible to continue the Overall. Talks after long interval. I have not any particular comment to make here today. but I would like to mention that the Japanese side is ready to make all efforts for the settlement of pending problems between the two countries with full sincerity.

I would like to inform your side that Delegate Okuma has been replaced by Delegate Uyama. Now, I present Mr. Uyama.

Mr. Yiu: I am very glad that the 15th Plenary Session of the 4th Korea-Japan Overall Talks is held today. Though they are not directly related with the Overall Talks, I am very happy to see that the mutual repatriation of detainees which was long pending has been already realized and, on the other hand, talks are under way for rectifying trade imbalance between the two countries thereby bringing about good atmosphere for full-scale proceeding of the Overall Talks. In view of the above facts, my delegation frankly feels that we have never had such a good atmosphere. The people of Korea are placing a great hope in the outcome of this talks. I believe the Japanese people would be the same. I sincerely hope that all pending problems between the two

countries will be settled as soon as possible, and that the Japanese side will reciprocate the same efforts towards this direction to bring about successful conclusion of the talks at an earliest possible date. I hope, in particular, that every and all factors which have adversely affected so far the progress of the talks will promptly be eliminated. I would like to inform your side that Mr.
1718 Chin Pil Shik has been replaced by Mr. Lee Won Kyung as alternate delegate. Now, I present Mr. Lee.

Delegate Yu will come to Tokyo around the end of April due to his school affairs, and other exports of my delegation will also arrive in Tokyo around the end of April, though one of them may come here next week.

DR. SAWADA: Is there any other thing that you would like to state?

Mr. Yiu: I wonder if you have any good idea as to ways of conducting the talks. For our side, I think it would be a good idea to hold informal talks from time to time along with the formal committee meetings, as a way to coordinate views of both sides for the rapid progress of our works.

DR. SAWADA: I have no objection. I am of the view that committee meetings would be held as soon as feasible, and that informal talks be held for expediting the smooth conduct of each committee works.

Mr. Yiu: Is there any other thing for your side to state?

Mr. Iseki: I hope we will be able to start holding come committee meetings from next week on if it is possible. I wonder if there is any personnel changes in the formation of committee members of the Korean side. I also hope that we will decide when and which committee meetings can be held.

Mr. Yiu: There is no change in the Korean side of the members of committees. As regards the question on the committee meetings, why not we follow the past practice of deciding them at the informal meeting between me and Mr. Iseki?

DR. SAWADA: No objection.

Before the session was adjourned, both sides agreed, through consultation between press officers of both sides Mr. Lee Won Kyung for the Korean side and Mr. Miyake Kijiro for the Japanese side, upon a press release for the 15th Plenary Session which reads:

"PRESS RELEAS

April 15, 1960

On the 15th Session of the Fourth
Korea-Japan Overall Talks

The 15th Session of the Fourth Korea-Japan Overall Talks was held at the Japanese Ministry of Foreign Affairs at 3:00 p.m. on April 15, 1960. The Korean Delegation was headed by Mr. Yiu, Tai Ha and the Japanese Delegation was headed by Dr. Renzo Sawada.

At this meeting, Mr. Yiu and Dr. Sawada expressed their unchanging wishes to settle pending questions between the two countries at am earliest possible date and introduced new members of their respective delegations. Views were exchanged as to the arrangements for the various committee meetings and other talks to be held henceforth."

-The end-

번역 1960년 4월 18일, 도쿄

요록

제4차 한일전면회담 15차 본회의

1. 일시 및 장소

1960년 4월 15일, 오후 3시~3시 20분, 일본 외무성 311호

2. 참석자

한국 측 수석대표: 유태하
대표: 장경근
대표: 이호
교체대표: 이재항
교체대표: 이원경
자문위원: 문철순
자문위원: 한기봉
자문위원: 엄영달
자문위원: 이원달
자문위원: 권태웅
자문위원: 노재원

일본 측 수석대표: 사와다 렌조
대표: 이세키 유지로
대표: 다카세 다이로
대표: 히라가 겐타
대표: 아사다 시스에
대표: 우야마 아츠시
대표: 미야케 기지로
대표: 니시하라 나카도

자문위원: 나카가와 도요키치

자문위원: 한다 고

자문위원: 히라주카 네노이치

자문위원: 시미즈 시로

3. 회의록

사와다: 오랜 중단 끝에 전면회담을 이어갈 수 있게 되어 매우 기쁘게 생각한다. 오늘은 특별히 말할 내용은 없지만, 일본대표단은 양국의 현안을 해결하기 위해 모든 노력을 기울일 준비가 되어있다고 언급하고 싶다.

오쿠마 대표를 대신하여 우야마 대표가 합류했다. 우야마 대표를 소개한다.

유: 오늘 4차 한일전면회담 15차 본회의를 열게 되어 매우 기쁘게 생각한다. 전면회담과 직접적인 관계는 없지만 오랜 시간 이어진 문제였던 억류자의 상호 송환이 이미 이행되었고, 양국의 무역 불균형을 해소하기 위한 대화가 진행 중이어서 전면회담의 전체적인 진행을 위한 좋은 분위기가 조성되고 있는 상황도 매우 반갑다. 솔직히 말하면 우리 대표단은 이 정도로 분위기가 좋았던 적이 없었다고 느낀다. 한국인들은 이번 회담의 결과에 큰 기대를 걸고 있다. 일본 국민들 또한 마찬가지일 것이다. 최대한 빠른 시일 내에 양국의 모든 현안을 해결할 수 있기를 바라고, 최대한 조속히 회담을 성공적으로 마무리하기 위해 일본 또한 같은 노력을 기울여 주기를 희망한다. 특히 지금까지 회담의 진행에 부정적인 영향을 미친 모든 요인이 신속히 해소되기 바란다. 진필식 대신 이원경이 교체대표 역할을 할 것임을 통보한다. 이원경 교체대표를 소개한다.

유 대표는 학교 일정으로 인해 4월 말경에 도쿄에 도착할 것이고, 다음 주에 도착할 1명을 제외한 다른 전문가들 또한 4월 말경에 도쿄에 도착할 예정이다.

사와다: 발언하고 싶은 내용 있는가?

유: 회담 진행 방식에 대한 좋은 의견이 있는지 궁금하다. 우리 대표단은 논의를 신속히 진행하기 위해 양측의 의견을 조율하기 위한 방법 중 하나로서 공식적인 위원회 회의와 함께 수시로 비공식적 논의를 가지면 좋겠다는 입장이다.

사와다: 이의 없다. 위원회 회의는 가능한 빠른 시일에 소집하고, 각 위원회의 원활한 진행을 가속화하기 위해 비공식 회의를 개최하자.

유: 발언하고 싶은 내용 있는가?

이세키: 가능하면 다음 주부터 위원회 회의를 개최할 수 있으면 좋겠다. 한국 측의 위원회 구성에 변경된 바가 있는지 궁금하다. 그리고 언제 어떠한 위원회의 회의를 소집할지도 결정하고 싶다.

유: 위원회의 한국 측 참석자는 변경된 바 없다. 위원회 회의에 대해서는 나와 이세키가 비공식적으로 논의하여 결정하는 기존의 관행을 따르는 것이 어떤가?

사와다: 이의 없다.

회의를 마무리하기 전에 한국 측 언론 담당자 이원경과 일본 측 담당자 미야케 기지로가 협의하여 다음과 같은 내용의 15차 본회의 보도 자료에 합의했다.

"보도 자료

1960년 4월 15일

제4차 한일전면회담 15차 회의

1960년 4월 15일 오후 3시 일본 외무성에서 4차 한일전면회담 15차 회의가 개최되었다. 한국대표단은 유태하가, 일본대표단은 사와다 렌조가 이끌었다.

이번 회의에서 유 수석대표와 사와다 수석대표는 최대한 빠른 시일 내에 양국의 현안을 해결하고 싶다는 바람이 여전함을 표명하고 각 대표단의 신임 대표들을 소개한 후 각종 위원회 회의 및 진행 중인 다른 논의와 관련하여 의견을 교환했다."

끝

한일회담 자료총서 3

한국외교문서
제4차 한일회담 I

초판 1쇄 인쇄 2023년 12월 15일
초판 1쇄 발행 2023년 12월 27일

엮은이 동북아역사재단
해제·번역·감수 조윤수, 유의상
펴낸이 이영호
펴낸곳 동북아역사재단

등록 제312-2004-050호(2004년 10월 18일)
주소 서울시 서대문구 통일로 81 NH농협생명빌딩
전화 02-2012-6065
팩스 02-2012-6189
홈페이지 www.nahf.or.kr
제작·인쇄 역사공간

ISBN 979-11-7161-037-2 94910
978-89-6187-641-4 (세트)